HISTOIRE DE LA PENSÉE

DU MÊME AUTEUR

Le Caractère de Pascal, Paris, PUF, 1962.

De la banalité. Durée personnelle et durée collective, Paris, Vrin, 1966, 2e éd., 2005.

Introduction à la philosophie générale, Paris, SEDES-CDU, 1969.

Dictionnaire des grandes philosophies, sous la direction de Lucien Jerphagnon, Toulouse, Privat, 4e éd., 1989.

Histoire des grandes philosophies, sous la direction de Lucien Jerphagnon, Toulouse, Privat, 3e éd., 1987.

Vivre et philosopher sous les Césars, Toulouse, Privat, 1980. Ouvrage couronné par l'Académie française.

Vivre et philosopher sous l'Empire chrétien, Toulouse, Privat, 1983.

Histoire de la Rome antique, Tallandier, 4e éd., 2002.

Œuvres de saint Augustin, sous la direction de Lucien Jerphagnon, Paris, Gallimard, « Bibliothèque de la Pléiade », 1998-2002, 3 vol. Couronné par l'Académie française.

Saint Augustin. Le pédagogue de Dieu, Paris, Gallimard, « Découvertes », 2e éd., 2003.

Les Dieux ne sont jamais loin, Paris, Desclée de Brouwer, 5e éd., 2003.

Les divins Césars. Idéologie et pouvoir dans la Rome impériale, Paris, Tallandier, 2e éd., 2004.

Au bonheur des Sages, Paris, Desclée de Brouwer, 2e éd., 2007.

Le petit livre des citations latines, Paris, Tallandier, 2e éd., 2006.

Augustin et la sagesse, Paris, Desclée de Brouwer, 2e éd., 2007.

Laudator temporis acti (C'était mieux avant), Paris, Tallandier, 2007.

La Louve et l'Agneau, roman, Paris, Desclée de Brouwer, 2007.

Julien dit l'Apostat, Paris, Tallandier, 2008.

Entrevoir et vouloir : Vladimir Jankélévitoh, Paris, Éd. de la transparence, 2008

La… Sottise. Vingt-huit siècles qu'on en parle, Albin Michel, 2010.

*

**

Du banal au merveilleux. Mélanges offerts à Lucien Jerphagnon.

Les Cahiers de Fontenay, 55-57, décembre 1989.

LUCIEN JERPHAGNON
Membre associé
de l'Académie d'Athènes

HISTOIRE
DE LA
PENSÉE

D'HOMÈRE À JEANNE D'ARC

Tableau chronologique
Schéma des relations entre les écoles
Situation des lieux philosophiques
Index onomastique

4e édition revue et augmentée

Ouvrage couronné par l'Académie
des Sciences Morales et Politiques

TALLANDIER

2, rue Rotrou – 75006 Paris

« … Les livres ne sont pas faits pour être crus, mais pour être soumis à examen. »

Umberto Eco, *Le Nom de la Rose*.

« … L'idéologie, c'est ce qui pense à votre place. »

Jean-François Revel,
La Grande Parade.

SOMMAIRE

IX. Le temps des héritiers – La philosophie sous la République romaine

X. Le temps des héritiers – Philosophie et philosophes sous les Césars

XI. Des dieux et des mots

XII. L'Absolu entrevu – Les néoplatoniciens

XIII. Le crépuscule des dieux

XIV. Les cieux nouveaux et la nouvelle terre – Saint Augustin

XV. La fin de tout – Les grandes invasions

XVI. Résurgences néoplatoniciennes Le Pseudo-Denys – Jean Scot Érigène

XVII. Les penseurs de l'an mille

XVIII. La joie de penser et de dire

XIX. Aristote est de retour

XX. L'âge d'or de la scolastique

XXI. Les cieux, la terre, les mots

Annexes

INTRODUCTION
EN FORME DE TOUR D'HORIZON

La philosophie ? Le mot, déjà, inquiète, et la chose, pour autant qu'on en ait l'expérience, ne rassure pas. Cela ressemble bien à une science, encore qu'au sens large – mais qui s'occupe de… ? Et quant aux gens qui en font profession, de nos jours presque exclusivement des professeurs, on leur assigne auprès du commun des mortels un ministère à part, dont le prestige fascine et agace. Il s'agirait de quelque chose comme une assistance intellectuelle, une obstétrique de l'esprit. Ce serait, en somme, une curatelle de la pensée. Donneurs de conseils, abstracteurs de quintessence, redresseurs de torts, signataires de pétitions – mais ils se retrouvent au coude à coude avec des journalistes, des cinéastes, des économistes et quelques romanciers –, ils prolongent, en quelque sorte, la confusion des sentiments qui nous animaient en classe, il y a de cela plus ou moins longtemps. Quand, en tout début d'année scolaire, entrait pour la première fois dans nos vies en même temps que dans la salle ce personnage insolite *a priori*, nous étions méfiants et prêts à tout gober, révoltés d'avance et admiratifs, fermés comme des chambres fortes et ne voulant rien tant qu'être forcés. Je donne le tuyau à quelque thésard en mal de sujet : la figure du professeur de philosophie dans la littérature. Le pontife ésotérique du *Bourgeois gentilhomme*, le mage impérieux et discret de Malègue dans *Augustin ou le maître est là*, le phare des adolescences dans *Les Thibault* de Martin du Gard, la « belle tête pensive » du collègue qui interrogeait Simone de Beauvoir au baccalauréat – trouvez-en d'autres : ce n'est pas ce qui manque –, tout cela, décidément, connote une transcendance insolite.

Mais faut-il faire tant d'histoires ? Car, enfin, si j'ai bien compris, il s'agit tout juste de comprendre, et vingt-cinq siècles de philosophie n'ont jamais cherché autre chose. Seulement, si le propos est resté le même pendant tout ce temps, il faut bien reconnaître que l'objet a changé avec les époques. On était, certes, parti pour comprendre le tout : le monde, l'homme, les dieux et le reste. Vaste programme, mais chemin faisant, il a fallu en rabattre, à mesure que d'autres sciences proposaient une infinité de réponses partielles et avec cela difficilement compatibles. On se contenta peu à peu de comprendre comment on pouvait comprendre, et quoi. Enfin, le fameux tout se révélant de plus en plus complexe, et donc difficile à embrasser, il semble qu'on en soit venu à ne plus s'intéresser qu'à la portée des mots, à leur rapport avec les choses – qui entre-temps avaient encore changé. Vous me direz : c'est toujours de la philosophie. Oui, en ce sens que pour désigner toutes ces tentatives, si différentes dans leur esprit et dans leurs résultats, et qui s'additionnent sans pourtant s'annuler les unes les autres, on a gardé le même vocable. Mais cela même ne rend pas la chose aussi limpide qu'il le faudrait. À considérer aussi largement qu'on le peut l'histoire de cette aventure, la philosophie apparaît comme un foisonnement, un buissonnement touffu dont les rameaux s'emmêlent, chacun poussant vers plus de lumière.

On a toujours, bien sûr, la possibilité de se renseigner auprès des philosophes, de lire leurs livres, de questionner les vivants et d'évoquer les morts. Seulement, on s'avise bien vite que le dossier n'en devient pas forcément plus clair. Je laisse de côté ceux d'entre les philosophes qui ont la coquetterie d'embrouiller d'emblée la question en vous confiant qu'ils ne savent pas trop ce qu'est la philosophie. Ce ne sont d'ailleurs pas nécessairement les moins utiles. Mais par esprit de simplicité, tenons-nous en à quelques espèces franches d'ailleurs en voie de disparition. Si vous interrogez un bergsonien, il vous parlera du monde matériel comme d'un corps indéfiniment agrandi par les sciences et les techniques, et qui réclame un supplément d'âme pour retrouver au niveau de la conscience une unité viable. Mais l'existentialiste que vous consulterez a lui aussi son idée, et toute différente. Foin de l'âme, de son supplément et de toutes ces belles espérances ! Nous nous découvrons « jetés là » dans un monde qui *a priori* n'a aucune espèce de sens : à chacun de se débrouiller comme il peut pour lui en donner un. De toute façon, l'homme est une passion inutile. Bien. Le structuraliste, lui, estime que l'humanité, en somme, parle toute seule : les éléments linguistiques dont elle s'est pourvue s'organisent *de facto* en ensembles dans ce qu'il appelle des champs. Bref, « ça cause » : pas lieu d'en faire toute une histoire, mais cela reste toujours intéressant à observer. Un sectateur de la psychanalyse vous révèlera que tout ce que vous avez la prétention d'émettre en fait d'idées personnelles n'est jamais qu'une forme déguisée de pulsions, qu'il désigne pour la commodité par des vocables allemands ou grecs. D'ailleurs, ces mouvements souterrains sont indécelables, sauf à faire appel au spécialiste si vous venez à ne plus pouvoir vous supporter vous-même. Quant au marxiste que vous irez voir, il a lui aussi son siège fait : tout part de l'économico-social et y revient. Au reste, l'important, pour lui, n'est pas d'interpréter le monde – ce qu'on s'est échiné à faire en pure perte depuis des millénaires –, mais bien de le transformer. Et pour peu que vous lui fassiez bonne impression, il ne tardera pas à vous dire à quelle manifestation vous rendre le lendemain.

Tout cela pour dire que, nous assenant nos quatre vérités – et s'il n'y en avait que quatre ! –, les philosophes ne s'entendent pas très bien entre eux. En fait, ils ne se retrouvent que sur le seul point qui les sépare : inventer ou promouvoir une philosophie. Seulement, leurs philosophies respectives étant dans l'esprit de chacun d'eux la seule qui vaille, elles s'excluent les unes les autres. Il en ira de même avec la prochaine, celle qui n'a pas encore été inventée, mais qui viendra, soyez-en sûr.

Je m'empresse de dire que rien de tout cela n'est bien nouveau ni bien surprenant, ni même aussi décevant qu'on pourrait le croire à première vue. Voyons ces trois points de plus près. Cela, disais-je, n'est pas nouveau. La constatation des mésententes ou des incompatibilités entre les philosophes est un lieu commun depuis l'Antiquité. Les non-philosophes s'en sont toujours amusés. Au second siècle de notre ère, l'apologiste saint Justin, qui avait voulu en avoir le cœur net, s'en fut trouver les concessionnaires des différentes marques de philosophies en usage dans la Rome de son temps. Il avait vu successivement un stoïcien, un aristotélicien, un pythagoricien, et un platonicien – nous expliquerons tout cela plus loin –, et il leur avait déballé ses problèmes métaphysiques. L'ennuyeux, c'est qu'à ses perplexités, ces bons messieurs avaient chacun substitué sa propre manière de voir les choses, mais cela ne cadrait jamais tout à fait avec ses espérances, et d'ailleurs, ces solutions n'allaient pas très bien les unes avec les autres. Bref, ses perplexités lui restaient sur les bras, tant et si bien que Justin avait décidé un beau jour de se faire chrétien, ce qui lui valut de se faire couper le cou peu après, sous Marc Aurèle, lui-même philosophe, soit dit en passant.

Mais ces désaccords ne sont pas plus surprenants qu'ils ne sont nouveaux : ils tiennent en effet à l'essence même de la démarche philosophique. Un philosophe, avons-nous dit, est un Monsieur qui veut comprendre, et qui un beau jour estime qu'il a compris – et qui le fait savoir. Compris quoi ? Ce qui, au départ, lui posait problème : tout, le monde, la nature, les limites de la connaissance, etc. Mais ce tout, ce monde, etc., bref, cet objet de la philosophie, procède évidemment de son expérience propre, située dans le contexte intellectuel de son temps, et cette expérience-là n'est superposable à aucune autre avant lui, ni à aucune autre après. Elle est originale. Et donc, partant de cette expérience unique, de cette intuition globale qui implicitement contient les demandes et les réponses, les problèmes et les solutions, il en organise les éléments selon l'enchaînement d'une logique incontestable, et il atteint ainsi à ce que Ferdinand Alquié appelait « une universalité personnelle ». Disons-le plus simplement : qui posera le problème comme Aristote, saint Thomas, Kant ou Marx, le résoudra nécessairement comme eux, car ni Aristote, ni saint Thomas, ni Kant, ni Marx ne déparlent, et cela vaut jusqu'à la fin des temps. Les solutions étant logiquement homogènes aux problèmes et les problèmes à l'intuition de départ du philosophe qui se les pose, la seule question qui subsiste à travers les âges est de savoir s'il est nécessaire – ou alors opportun, gratifiant, etc. – de poser les problèmes comme leur intuition les leur dictait. Georges Gusdorf prétendait que tout philosophe nourrissait l'ambition de mettre fin une fois pour toutes à la philosophie, la sienne devant s'imposer désormais à tout esprit droit jusqu'au Jugement dernier. Le fait qu'il trouve parfois des disciples pour partager cette conviction n'a pas en soi de valeur probante, même s'ils devaient être nombreux : la vérité philosophique ne se plébiscite pas. Ce qu'il faut bien comprendre, c'est que cette assurance, qui peut paraître outrecuidante, en tout cas naïve, fait corps avec l'intuition de départ et avec la réflexion qui en découle – et qui tient debout. Cela explique sans les excuser les appréciations en général peu flatteuses que les philosophes portent sur la pensée des autres. Les textes fournissent autant d'exemples qu'on en souhaite. Aimablement, Pascal jugeait Descartes inutile et incertain. Marx affirmait que Hegel, à l'instar, si j'ose dire, du bon roi Dagobert, avait mis sa dialectique à l'envers. En appliquant à l'universelle matière ce que Hegel avait conçu pour l'esprit universel, Marx déclara l'avoir remise à l'endroit jusqu'à la fin des temps, et quelques-uns le pensent encore à ce jour.

Enfin, ce défilé d'opinions incompatibles entre elles n'est pas une expérience si décevante, voire déprimante, qu'on le dit parfois. Et d'abord, à s'enquérir de tous ces systèmes, il n'est pas impossible qu'on en découvre un à son goût, qu'on y trouve une justification intime, un équilibre intellectuel, moral, politique même. Tant mieux pour ceux à qui advient cette grâce : je ne les jalouse point. Mais si ce n'était pas le cas, il resterait qu'à faire défiler ces témoignages, parfois contradictoires, sur ce qu'on aurait tant envie de savoir, on aurait quand même appris quelque chose. Cette diversité des « visions du monde » révèle la nature exacte de ce fameux « monde », précisément, dont on parle de façon si confuse. On s'aperçoit, en effet, qu'il n'y a pas *un* monde, entité immuable à travers l'espace, le temps et l'histoire, et que regarderaient une kyrielle d'observateurs soucieux chacun de l'expliquer. À la place de cette conception simpliste, statique, s'impose l'idée que « le monde » n'est jamais que la représentation qu'on peut s'en donner à une époque donnée, en fonction des connaissances dont on dispose. Bref, à une conception figée s'en est substituée une autre, dynamique, où « monde » et « vision du monde » ont partie liée et s'articulent l'une sur l'autre. Paul Nizan, jeune philosophe marxiste des années trente, formulait cela de façon intéressante : « Une pensée qui s'en tient au cercle ne possède pas le même monde matériel que celle qui peut tenir compte de l'ellipse. Le monde qui est l'objet de la philosophie est une construction des techniques, des sciences et des actions. Une modification continue de cet univers représentable interdit à Kant de répondre mot pour mot à Leibniz. Les différences capitales qui séparent les mondes contemporains de chaque philosophe interdisent aux philosophes d'attribuer des sens homogènes aux diverses expressions de la pensée générale : un nombre réduit d'invariants peut seul leur donner l'illusion d'habiter le même univers permanent. » (*Les Chiens de garde*, p. 27-28.) Chaque philosophe, en fait de vérité, ne peut énoncer que la sienne, dont l'examen attentif et sympathique peut nous aider à découvrir la nôtre.

D'un autre point de vue, cela même devrait retenir le lecteur de regarder les aventures de la pensée comme une ascension. On grimperait, échelon par échelon, vers la Vérité absolue en voie de progressive épiphanie, que le dernier philosophe, à la dernière heure du monde, atteindrait enfin. La quête du Graal, en quelque sorte. Si cela était, il faudrait admettre qu'aujourd'hui même, le tout dernier philosophe en date, celui dont le livre a paru la semaine passée, est nécessairement plus proche de cette Vérité-là que l'ensemble de ses prédécesseurs – mais aussi que sa pensée, remise en question l'année prochaine par son collègue de Heidelberg, de Bordeaux ou d'Oxford, se trouvera dans la situation de n'importe quelle denrée de consommation courante. Bref, le modèle tout dernièrement sorti provoquerait la décote des produits plus anciens. L'histoire de la philosophie devient alors un musée des curiosités doctrinales, une rétrospective groupant dans ses galeries des machines prestigieuses, et qui ne marchent plus depuis plus ou moins longtemps. Bref, une philosophie chassant l'autre, l'historien de la pensée pourrait être avantageusement remplacé par un archiviste, un documentaliste même, comme ceux qui, dans les administrations, tiennent à jour le recueil des circulaires.

Ce point de vue tout à fait optimiste d'un progrès continu de la pensée, d'une marche militante et souffrante, mais finalement glorieuse vers la Vérité – à venir ou déjà là, selon les goûts –, étend à la pensée philosophique ce qui peut valoir dans le domaine des sciences et des techniques : au cheval succède la machine à vapeur, elle-même supplantée par le moteur électrique ou à pétrole ; à la scolastique médiévale succèdent le cartésianisme, les Lumières, et le marxisme aurait atteint le point *oméga* – à moins que cela ne s'améliore encore par la suite. Seulement, il faut bien reconnaître que ce schéma, tant de fois démenti par les faits, ne soulève plus le même enthousiasme. À quoi jugerait-on un arbre, si ce n'est à ses fruits ? Au reste, l'appréciation même d'un progrès reste nécessairement subjective. À la nouvelle que Dieu était mort, les uns ont bu le champagne, les autres ont pris le deuil. Certains aussi ont estimé, avec Sartre, que si l'on avait supprimé Dieu le Père, on ne s'était pas pour autant simplifié la vie. Progrès pour les uns, régression pour les autres, ou froide constatation d'un état de la conscience collective. Mieux vaudrait donc abandonner ces simplismes plus ou moins joyeux, et considérer qu'étudier l'histoire de la philosophie, c'est élargir et approfondir, et finalement vivre époque après époque, chapitre après chapitre, l'histoire des civilisations et l'histoire des esprits, engendrant espoirs et désenchantements, enthousiasmes et retombées plus ou moins glorieuses dans la pratique.

Cette évocation désintéressée des grands moments de la pensée véhicule, à n'en pas douter, une positivité sur laquelle je voudrais attirer l'attention. À considérer cette succession de points de vue différents, l'intelligence s'éveille à des aspects nouveaux de l'expérience, qui jusqu'alors lui étaient étrangers, et que seul a su découvrir tel philosophe parmi tous les autres. Un philosophe, selon Bergson, n'a jamais dit qu'une seule chose, parce qu'il n'a vu qu'un seul point. Mais ce point-là, qu'il fut en son temps le seul à voir, est pour nous autant de gagné sur la routine, sur la claustration dans nos certitudes élémentaires. Enfin, et ce n'est pas le moindre bénéfice de ce contact avec les philosophes et leurs contradictions, on aura du moins l'occasion de réfléchir, au lieu de se laisser porter par l'air du temps.

Avec tout cela, va-t-on me dire, vous n'avez pas encore défini la philosophie ? – Certes, mais je n'ai pas l'intention d'en donner une définition *a priori*. Ce ne pourrait être que la mienne, et je ne lui vois pas si grand intérêt. Je préfère laisser le lecteur s'en faire une idée, son idée, à partir de ce qu'il va découvrir à ce sujet chez tant et tant d'auteurs. Il se peut d'ailleurs qu'en fin de parcours, il n'ait plus si grande envie d'enfermer dans un concept trop large ce foisonnement d'intuitions et de constructions mémorables. Si cela était, c'est, ma foi, qu'il serait devenu philosophe.

*

Tout cela définit déjà le propos de ce livre, et en trace les limites : donner accès à l'histoire de la philosophie. Il me faut raconter cette aventure, hasardeuse, parfois terre-à-terre, parfois sublime ; narrer la marche séculaire de la pensée qui se découvre comme telle et qui prétend se rendre à elle-même un compte exact de ce qu'est « le monde » – nous avons dit ce qu'il convenait d'entendre par là –, de ce qu'elle est elle-même, et de ce qu'elle peut et doit y faire. Cette aventure, je la réduis d'emblée à l'Occident, qui est notre milieu nourricier. En ce qui concerne la pensée de ce qu'on appelle aujourd'hui l'Orient – c'est-à-dire l'Extrême-Orient –, je n'ai pas la compétence requise. Et dans la pensée occidentale, je m'en tiendrai aux seules couches chronologiques qui me sont devenues familières au terme de soixante années d'études, dont vingt-cinq d'enseignement universitaire et de recherche : l'Antiquité et ce qu'il est convenu d'appeler le Moyen Âge.

Mais cet accès à l'histoire de la pensée antique et médiévale, je voudrais le rendre aisé. Si je devais donner à un habitant d'une île perdue du Pacifique, et qui n'en serait jamais sorti, l'idée de ce que peut être le réseau ferroviaire français, je ne crois pas que je commencerais par lui exposer, ligne par ligne, les différentes régions en lesquelles se divise notre S.N.C.F. Point ne le conduirais-je à travers cinq ou six changements, de la gare de Bénestroff (Moselle) jusqu'à celle de Vernet-les-Bains (Pyrénées-Orientales), ni ne lui raconterais par le menu l'évolution de la chaudière à vapeur de 1878 à 1938, période passionnante en vérité. Simplement, je lui montrerais les grandes lignes telles qu'elles rayonnent au départ de Paris vers nos côtes et nos frontières, et lui ferais voir sommairement les grandes transversales. Libre à lui, par la suite, d'acquérir la culture d'un ingénieur. Pourquoi procéderais-je autrement ici, sous prétexte qu'il s'agit de philosophie ? L'histoire de la pensée n'est certes pas tout à fait une histoire comme une autre, mais il ne s'y raconte rien que d'humain. Ce sera donc une « approche », ce qui exclut les développements trop spécialisés, les cheveux coupés en quatre, et ce patois des philosophes, tellement ésotérique qu'il en devient impoli. Restons donc comme tout le monde. J'ai autrefois cédé au genre, et j'ai écrit de ces livres bardés de notes, avec grec et latin à tous les étages, qui découragent les hommes de bonne volonté. Le lecteur se rassurera peut-être de savoir que j'ai su le faire, et que si je m'abstiens ici de l'entraîner dans des discussions byzantines – utiles, certes, mais dans leur ordre –, c'est de propos délibéré : qu'en aurait-il à faire ? Du moins pour le moment, car rien ne l'empêchera, si le cœur lui en dit, de poursuivre pour son compte, à l'aide de la bibliographie que je lui offrirai, ce que nous aurons commencé ensemble sur le ton de la conversation. Je sais bien que mes collègues philosophes, du moins certains d'entre eux, font la fine bouche devant les ouvrages de vulgarisation : d'instinct ils détectent ce qui leur paraît manquer, et d'un censeur à l'autre, ce n'est pas forcément la même chose. Cela prouve seulement qu'ils n'entendent écrire que pour les philosophes, autrement dit qu'ils tiennent beaucoup à rester entre eux. Peu me chaut : je n'écris pas pour eux, puisqu'aussi bien ils en savent plus long que moi.

Cet ouvrage se veut donc élémentaire, mais au sens juste du mot, qui ne veut pas dire vague, évasif, et moins encore négligé, mais ramené à l'essentiel, exposé sans détours et dans la langue de tout le monde. Je n'y sacrifie pas non plus à la tradition du faux respect ou de l'admiration de commande. Je tiens beaucoup à une certaine liberté de ton, à ce franc-parler dont mes longues années d'enseignement m'ont démontré l'utilité pédagogique. Peut-être retiendrai-je tel ou tel de mes pairs sur les pentes de l'agacement, grandement dommageable à la santé, si je rappelle que les Grecs appelaient cela *parrhésia*. La tradition est ancienne, elle remonte au moins à ce traité que consacra Philodème de Gadara, un bon siècle avant Jésus-Christ, à cette manière de dire ce qu'on pense – même si l'on ne dit pas tout –, et à travers Philodème, peut-être à Démocrite, trois cents ans plus tôt. Voilà, me semble-t-il, de quoi désarmer quelques préventions.

*

Ce livre, on l'aura compris, n'est animé d'aucune passion de convaincre – qui ? de quoi ? et de quel droit ? – et moins encore d'indiquer « la bonne direction ». Comme l'écrit Jean-François Revel, « Y a-t-il jamais un problème philosophique qui ne soit résolu ? On peut même dire, hélas ! qu'ils le sont tous. » Cela étant, tout ce que je puis faire, c'est de raconter, d'exposer sous les yeux du lecteur les vingt premiers siècles d'une aventure, à laquelle il lui revient, si le cœur lui en dit, de découvrir un sens.

Et si, chemin faisant, lui venait quelque sentiment de complicité, l'idée ne m'en déplairait point.

Rueil-Malmaison, octobre 2010.

I

AUX ORIGINES DE LA PHILOSOPHIE

OÙ IL EST DÉMONTRÉ QU'IL FAUT UNE SECONDE INTRODUCTION

Ce qui vient d'être dit en introduction vaut, dans mon esprit, pour l'histoire de la philosophie dans son ensemble. Seulement, une longue pratique, tant de la pensée antique que des étudiants à qui j'avais la charge de l'enseigner, m'a alerté aussitôt sur une difficulté majeure, et qui tient à la mutation des mentalités. Un scrupule me vient : il va me falloir dépayser le lecteur, et je dois donc l'en avertir d'entrée de jeu. En effet, nous allons entrer dans des mondes révolus, et tout s'y distribue selon un cadastre mental où seuls se retrouvent ceux dont c'est le métier. De ces décalages chronologiques, la pensée la plus contemporaine offre déjà l'expérience : entre Bergson et Sartre, par exemple – et qu'est-ce que cinquante ans ? –, s'est déjà creusé un abîme. Les *Données immédiates de la conscience* et *L'Être et le néant* parlent autrement d'autres choses, et pourtant, Bergson n'a quitté ce monde qu'au moment où Sartre se mettait à ses grands traités. Par rapport à eux deux, le temps de Descartes et de Pascal fait déjà figure de préhistoire. Alors, si de telles fractures séparent des univers aussi proches, qu'en sera-t-il lorsqu'il nous faudra remonter à deux millénaires et demi ? Ce que nous avons dit plus haut de cette liaison entre « le monde » et les « visions du monde » vaut ici comme toujours et partout. Seulement, ces « mondes »-là sont sans grand rapport avec nos mentalités d'aujourd'hui.

Vous me direz : tout est quand même resté en place, depuis ces temps reculés ! Il y a toujours, n'est-ce pas, la terre, les cieux, les hommes, et tout ce qu'on a toujours vu ? – Mais, pas du tout, justement : la terre s'est mise entretemps à être ronde, le soleil a cessé d'être un astre incorruptible accroché là-haut, les cieux se sont fameusement éloignés, et si nous nous y promenons tous les jours, les dieux, en revanche, n'y habitent plus que par manière de dire. Et quant aux hommes, leur manière d'être a tellement changé qu'un Athénien du siècle de Périclès, un Romain du temps de Cicéron auraient quelque peine à s'y faire. Il se trouve qu'en Occident du moins, c'est aux Grecs qu'est venue l'idée de philosopher, autrement dit d'organiser de façon rationnelle, selon l'enchaînement des causes, des effets et des fins, la représentation qu'ils se faisaient du monde. La philosophie grecque ne saurait donc se comprendre qu'en référence à cette image qu'ils se donnaient du monde, de l'être humain, de la société politique. La pensée grecque baigne tout entière dans les phantasmes des Grecs, et la philosophie romaine dans les phantasmes des Romains, car la raison la plus rigoureuse ne saurait instrumenter dans le vide. D'eux à nous, la distance est grande. Leurs rêves mêmes ont d'autres contenus : qu'on lise l'*Onirocriticon* – autrement dit la *Clef des songes* – d'Artémidore d'Éphèse (on la trouve en traduction française), qui vivait au IIe siècle après Jésus-Christ, et on appréciera la différence. Bref, ce fameux « monde », objet de la philosophie, autrement dit la totalité de ce qu'on a sous les yeux et de ce qu'on peut imaginer au-delà, était vu et vécu tout autrement. Les mots pour le dire ne suggéraient pas nécessairement ce que des siècles de traductions, elles-mêmes datées, ont véhiculé jusqu'à nous. Et c'est déjà tout un travail – l'exégèse – que de décrypter ces messages d'autrefois, de restituer leur sens dans leur contexte. Les images ne signifiaient pas les mêmes réalités, et le mot même de *réalité* est moderne.

Nous courons donc le risque, si nous entrons sans précautions dans un texte ancien, de moderniser les civilisations disparues en leur appliquant sans malice nos cadres de pensée. Et cela d'autant plus aisément que nous nous les figurons normatifs, valables désormais d'un bout à l'autre des temps. À la première obscurité, nous estimerons que ces gens-là ne pensaient pas clairement ; là où il y a mystère, nous verrons naïveté, et il se peut même que nous jugions ces pauvres gens bien peu malins pour n'avoir pas trouvé ce que nous voyons si simple et si naturel : notre logique, nos procédés de calcul, nos évidences. Réaction enfantine : pourquoi, à ce compte, ne pas reprocher aux Anciens d'être passés bêtement à côté de l'ordinateur, de la pilule contraceptive, des droits de l'homme et du citoyen façon 1789, et de la Sécurité sociale ? Absurde, bien sûr, mais ce sera toujours la même tentation, qui surgira de façon plus ou moins subtile, au détour de chaque page.

Encore n'est-ce pas tout. Car la pensée des Grecs et des Romains – mais, au fait, *quels* Grecs ? Ceux du siècle de Périclès ? Ceux du temps de Justinien, à la veille de Byzance ? *Quels* Romains ? Les contemporains de Scipion l'Africain ? Ceux de Dioclétien ? –, a été interprétée tout au long des âges, et il se trouve qu'on ne lisait pas Platon au Moyen Âge (encore une abstraction !) comme on le lira à la Renaissance, ou juste avant la guerre de 1939-1945. Chaque couche chronologique y trouve ses propres raisons, pour le meilleur et pour le pire, et tout cela se mêle dans les esprits, engendrant une sorte d'espace-temps des bibliothèques où tout peut arriver. Tout cela se résout au plus bas niveau en clichés, qu'on se repasse de génération en génération. « On ne s'imagine Platon et Aristote, dit Pascal, qu'avec de grandes robes de pédants. C'étaient des gens honnêtes et, comme les autres, riant avec leurs amis... » (Brunschvicg *minor*, 331) – encore faut-il entendre « honnête » au sens du XVIIe siècle... Tâche complexe, c'est sûr : autant dire qu'elle n'est jamais achevée, et moi qui écris en ce moment, puis-je prétendre avoir tout compris comme cela devait l'être ? Tâche impossible à la limite, le seul but qu'on puisse se proposer étant d'approcher toujours plus près, et d'éviter au moins les erreurs d'interprétation les plus grossières. Prenons un exemple : le mythe de Narcisse. Chacun connaît l'aventure de ce demi-dieu qui découvrit au hasard d'une source sylvestre le reflet de sa propre beauté dans les eaux, s'éprit de lui-même et en mourut, faute de pouvoir assouvir son amour. Qui dit aujourd'hui Narcisse pense « narcissisme », et la psychanalyse abonde en développements sur cette névrose : c'est tout à fait intéressant. Ce qui l'est moins, c'est de réinjecter ces savantes dissertations dans la pensée antique. Cela nous paraît aller de soi, et pourtant nous raisonnons faux, pour la bonne raison que si la conscience de la subjectivité, la conscience de soi comme centre unique, nous semble aujourd'hui première, elle n'en est pas moins une découverte tardive. La subjectivité comme telle n'a guère appelé de développements philosophiques avant le XVIe et le XVIIe siècles, avec Montaigne, Pascal et Descartes. Le premier référent de l'homme antique était moins l'individu isolé dans sa conscience unique que l'homme en société, que l'animal politique, pour le dire comme Aristote. Et donc ce que punissent les dieux en Narcisse, ce n'est pas un béguin insolite pour sa propre personne, mais sa tentative insensée pour se suffire : l'amour est une valeur à partager avec des filles et des garçons – ce à quoi Narcisse se refuse, puisqu'il entend s'en réserver le bénéfice. Il a donc péché par démesure, qui pour l'homme antique est la faute des fautes, et Némésis, la déesse de la vengeance, ne l'a pas raté. Cet exemple, simple mais insidieux, montre qu'on peut facilement prendre une pensée pour une autre, et faire ainsi un contresens de toute beauté.

Il y aurait bien encore une autre déformation « modernisante », qui est le propre des demi-philosophes : perchés sur l'acquis de tant de siècles, utilisant sans finesse un équipement conceptuel dont l'auteur ancien – et pour cause – ne disposait pas, ces gens en viennent à penser qu'ils comprennent l'auteur mieux qu'il ne s'est compris lui-même. Selon eux, Héraclite ou Lucrèce ne savaient pas à quel point ils disaient vrai, mais eux le savent, et ils estiment achever en gloire ce que ces philosophes n'avaient pu qu'ébaucher. En fait, il suffit de retourner à ces gens la politesse : attendons la suite…

De tout cela, on se corrige par l'application, par la disponibilité de l'esprit. Dure ascèse : dans les *Carnets de la drôle de guerre*, publiés trois ans après sa mort, Sartre évoque cet « effort pour comprendre, c'est-à-dire pour briser ses préjugés personnels » qu'exige le passage d'une philosophie à une autre, en l'occurrence de Husserl à Heidegger – qui pourtant étaient contemporains. Et il confesse : « Saisir les idées de Husserl à partir de ses principes propres, et non des miens, m'avait philosophiquement épuisé cette année-là » (p. 225). La leçon vaut pour toutes les philosophies que nous allons bientôt rencontrer. Dès le départ, il était bon que cela fût dit, et je le redirai aussi souvent qu'il le faudra.

PRÉHISTOIRE DE LA PHILOSOPHIE OU LE MYTHE À PLEIN TEMPS

La philosophie n'est évidemment pas sortie tout armée, un beau matin, de la tête des philosophes ioniens, sur le littoral asiatique de la mer Égée. Elle émerge d'une période infiniment longue et obscure durant laquelle, cherchant à se situer dans un environnement énigmatique, effrayant et gratifiant tour à tour, les groupes humains se donnèrent une ébauche d'explication. On ne reste pas indéfiniment sans rien comprendre à rien de ce qu'on subit et de ce qu'on fait. Il fallait, pour qu'elles soient supportables, que les choses eussent un sens « numineux », c'est-à-dire sacré, imprégné de divin. Mais cette préhistoire de la philosophie n'est pas, à proprement parler, une philosophie préhistorique, car cet effort plurimillénaire vers une cohérence de l'expérience n'avait pas encore reçu sa dimension rationnelle. Ces toutes premières mises en formes de l'univers, c'est ce que nous connaissons aujourd'hui sous le nom d'âge du mythe. Le terme est aujourd'hui confus, et nous ne le définirons correctement qu'après y avoir un peu réfléchi.

De cette première distribution de l'expérience selon l'humain et le divin, le permis et l'interdit, l'obligation et la transgression, nous ne savons ni ne saurons jamais grand-chose, sinon au travers de ce qui en survécut bien plus tard dans des mentalités déjà évoluées. Car cet effort d'élucidation et de justification, le propos historique ne l'accompagnait évidemment pas : le perpétuel présent ne comporte pas d'arrière-pensées. Rien donc n'en a été consigné par personne parmi les contemporains, et ce qui nous reste des temps archaïques est et restera toujours aussi conjectural que notre vie intra-utérine. On connaît ces dessins rupestres d'animaux sur les parois des grottes de Lascaux ou d'Altamira. Si nous les trouvons beaux, c'est que nous disposons de la catégorie esthétique. Mais allez savoir quelle était au juste l'intention des dessinateurs du magdalénien, vingt mille ans avant nous ! On n'entre pas de plain-pied dans le mythe, qui fut vécu sans distance réflexive par les sociétés archaïques. Nous en sommes réduits aux hypothèses, et pour les vérifier, il faudrait que nous sachions ce qui se racontait à la veillée dans les grottes préhistoriques, à supposer qu'il s'y fût raconté quelque chose, et que nous fussions en état de le comprendre. Lorsque nous découvrons qu'existait un certain univers mental structuré – le monde mythique –, c'est que l'Histoire est déjà là, donc la distance. Des générations d'inconnus ont déjà commencé à parler, puis à écrire, sur ce qui, bien avant eux, était seulement vécu au jour le jour, sans autre chronomètre que la perpétuelle succession des jours et des nuits, des hivers et des étés. Or, si tout cela était vécu par les hommes de ces temps infiniment lointains sans retour sur soi, c'était simplement qu'il n'y avait pas de *soi* sur quoi faire retour. Si bien que ce donné originel que nous postulons, nous ne l'appréhendons jamais que déjà mis en forme par les générations qui suivirent, et qui l'accommodèrent à leur sauce. Séparés par l'accumulation des couches chronologiques, nous sommes réduits à procéder par analogie, à partir de ce que nous livrent les peuplades, les ethnies encore étrangères à nos cadres de pensée, et que nous qualifions aimablement de primitives. Mais cela n'est jamais qu'approximatif. De ce point de vue, les cinquante premières années du XXe siècle auront été décisives. Grâce aux travaux de Leenhardt, de Lévi-Strauss, de Van der Leeuw, de Dumézil, de Dodds, de Mircea Éliade, de Gusdorf, on est actuellement arrivé à cette idée que le mythe était essentiellement un état d'esprit, une certaine disposition des hommes archaïques : cette organisation imaginaire des phénomènes permettait à ces gens de s'y retrouver, de conjurer les angoisses en les fixant, d'établir des constantes pour leur action, et ainsi de créer chaque fois un certain type, relativement stable, de culture. Longtemps après vint l'âge du récit organisé, qu'on se transmet oralement de génération en génération, puis enfin l'âge de l'écrit. Et alors seulement furent consignées par des mains anonymes, et sur des siècles, les grandes compositions mythiques que nous connaissons.

Il est à remarquer que les grands récits mythiques s'ouvrent généralement sur une référence aux origines – du monde, des hommes, et parfois même des dieux : « En ce temps-là… Il y a bien longtemps… », ou plus radicalement par : « Au commencement… » Ce préambule souligne bien que l'époque dont va parler le narrateur n'est pas la sienne.

Ce que le récitant évoque, dans l'*Épopée* (sumérienne) *de Gilgamesh*, dans la Genèse, dans la *Théogonie* d'Hésiode, dans l'*Iliade* d'Homère, dans l'*Énéide* de Virgile, dans les *Métamorphoses* d'Ovide ou d'Apulée, ce n'est pas un aujourd'hui ni même un hier : c'est un temps révolu où se déroulèrent des événements qu'on ne reverra plus, car ils n'ont eu lieu qu'une fois, « en ce temps-là ». Bref, il s'agit d'un temps hors du temps, mais qui pourtant conditionne censément l'aujourd'hui du narrateur. Nous constatons donc par rapport à nous un double décalage : entre ces temps mystérieux et celui du narrateur, et entre le temps du narrateur et le nôtre. La naissance des dieux, la création du monde et des hommes, le déluge, le feu et le soufre de Sodome et Gomorrhe, la révolte des Titans qui voulurent escalader les cieux, Kronos dévorant ses enfants, Phaëton qui prétendit conduire sans permis le char du soleil, la tour de Babel, etc. – tout cela s'est passé « en ce temps-là ». Autrement dit, ceux qui en parlent s'avouent déjà dans la même situation que nous. Ce ne sont pas des témoins, mais des conteurs, puis des exégètes. Ces textes qui rapportent les mythes originels, ils sont en train, déjà, de les interpréter à l'usage de leurs auditeurs, en fonction d'un certain présent. Bref, les narrateurs sacrés délivrent à la société de leur temps, et avec une idée derrière la tête, un message, qui est censé procéder d'un en-deçà du temps : le temps de la cité terrestre s'enracine dans le temps des dieux.

Cette première vue sur les mythes en implique une autre, à savoir que le message ainsi délivré en provenance des cieux, a une fonction : ce qui s'est passé « en ce temps-là » a des effets qui durent toujours. Si bien qu'en écoutant le récit sacré de leurs origines, les auditeurs découvrent qu'ils sont issus du dieu Un Tel ou de la déesse Une Telle, et que ce lignage les met à part de leurs voisins, qui n'ont pas cette chance. Les bénéficiaires du mythe se voient comme les seuls à avoir été favorisés de cette relation-là, et cette parenté privilégiée a pour premier et double effet de doter ce groupe humain-là d'une identité originale par rapport à tous les autres, et de le pourvoir d'une cohésion entre ses membres. Athènes est fille de la vierge Athéna, sortie tout armée du crâne de Zeus préalablement fendu, sur la demande de l'intéressé, par son fils Héphaïstos. Éphèse est la cité de l'Artémis aux seins multiples, et encore au temps de saint Paul, des siècles plus tard, les fabricants de statuettes provoqueront une émeute le jour où des étrangers prétendront prêcher Jésus sur la chasse gardée d'Artémis. Le dieu de la Bible fut d'abord conçu par les Juifs comme le dieu d'Abraham, d'Isaac et de Jacob. C'est lui qui marche à la tête des douze tribus et, si le peuple est fidèle à l'Alliance, il ira de victoire en victoire sur ses voisins. Ce n'est que bien plus tard qu'Israël concevra l'idée révolutionnaire que son dieu est le seul qui soit, ceux des Nations n'étant en définitive que des faux, des idoles, autrement dit des images.

Homogènes aux milieux où ils ont pris naissance, les récits mythiques en épousent évidemment les structures. Les dieux ne s'adressent pas à un nomade comme à un agriculteur, à un agriculteur comme à un artisan. Le récit mythique s'inscrira donc dans le genre de vie des groupes considérés ; il s'accordera à l'économie, à dominante agricole ou artisanale, à la division familière du temps, à l'alimentation traditionnelle, aux habitudes sexuelles, aux loisirs, aux folies et aux phobies autochtones. Tout cela apparaît donc sacralisé par la volonté d'En-haut, et un espace-temps s'affirme, hors duquel commencent la transgression… et les ennuis. On mesure à partir de là l'intérêt ethnologique des récits mythiques. Comme le dit Henry Duméry, « la religion est un miroir anthropologique parfait ». Bref, dis-moi qui tu adores et je te dirai sinon qui tu es, du moins ce qu'est toute la bande dont tu fais partie.

Visible aussi est l'action du mythe comme intériorisation des contraintes. Les prescriptions et les interdits, parce qu'ils apparaissent comme enracinés dans le temps des origines, celui des dieux et des premiers hommes, sont perçus comme autant d'absolus exigeant non seulement l'obéissance externe, policière en quelque sorte, mais encore l'adhésion intérieure. Et la réitération rituelle de ces commandements et de ces défenses au cours des célébrations liturgiques, fait ressortir et réactive leur caractère sacré, donc incontournable, sauf à se mettre en dehors du groupe devenu communauté d'esprit en même temps que d'intérêts. Cela dit, il est certain que cette intériorisation des contraintes par voie de sacralisation joue un rôle disciplinaire et politique appréciable, et jusque dans le détail.

Revenons un moment sur les rapports de l'individuel et du social dans le monde antique, auxquels j'ai fait allusion plus haut à propos du mythe de Narcisse. En effet, si en ces temps, l'emprise du mythe était totalitaire, ne laissant guère de place à l'initiative individuelle, c'est qu'elle s'exerçait sur une collectivité, qui est une sorte d'immense personnalité unique forte de tous ses membres, qui s'entre-confortent les uns les autres. Ce qui prime, dans l'Antiquité, ce n'est pas l'individu, le moi ; c'est le clan, le groupe, la famille, le peuple, la cité. On ne se définit pas indépendamment de ses appartenances fondamentales. Spontanément, on pense : « Nous, les Athéniens… Nous les Juifs… Nous, les Romains… » – et non pas comme aujourd'hui : « Je soussigné Dupont-Lajoie, avec ma petite histoire, mes libertés et mes droits de l'homme… » On est du peuple d'Athéna, dont le temple illustre domine l'Acropole, ou bien on est Spartiate : « Passant, va dire à Sparte que nous sommes morts pour la défense de ses lois ! » L'inscription fameuse des Thermopyles affirmera sur le mode glorieux une vérité absolue, à savoir : « … si Sparte vient à être vaincue, à disparaître, nous ne sommes plus rien du tout ». Si bien que la petite lueur d'individualité de chacun, cette étroite conscience de n'avoir qu'une peau, ne subsiste qu'autant qu'elle émane du Foyer commun de la cité si l'on est Grec, ou du temple de Jérusalem si l'on est Juif, etc. On mesure dans cette perspective la portée de l'exil, comme malchance ou comme sanction. Ce n'est pas seulement un changement de climat et d'habitudes, le désagrément d'une réinsertion quelque part ailleurs. Chassé de sa cité, éliminé de son peuple, coupé par le fait même de ses dieux, l'exilé est tout juste une épave, inassimilable, puisque par définition, il ne deviendra jamais un « semblable ». Les Hébreux en Égypte, ou encore en captivité à Babylone, ne sont plus que des forces de travail anonymes. Il faudra attendre le temps des empires, Alexandre, puis Rome, et l'unification qu'ils ont réalisée de tout le bassin méditerranéen pour qu'une certaine mobilité sociopsychologique devienne assumable. Mais entre-temps l'idée philosophique (donc transmythique) de « citoyen du monde » aura commencé de se faire jour. C'est alors seulement qu'on pourra « refaire sa vie ».

Enfin, les mythes que narrent les récits sacrés n'ont pas eu, au cours des âges, la fixité que nous leur prêtons dans la conscience des hommes de ces temps. On ne croit pas à Jupiter au IIIe siècle après J.-C. comme on y croyait au IVe siècle avant. En effet, les mythes consignés dans les livres sacrés, chez les poètes – qu'en Grèce on appelle « théologiens » –, ont accompagné des siècles durant la vie des peuples. Ils ont donc retenti dans des couches chronologiques évolutives, et la lecture du message initial s'en est trouvée modifiée à mesure. Ces récits sacrés qui remontaient censément aux origines, et qui constituaient la réponse unique, globale, aux questions qu'on pouvait se poser, vont apparaître peu à peu comme autant de légendes, certes vénérables car porteuses d'un enseignement, ou pour le dire comme on le pensait alors, d'une sagesse.

Mais quand apparaît ce propos d'une leçon à tirer des vieux mythes, c'est qu'ils ont déjà commencé à reculer dans la conscience des sociétés, cédant à une autre manière de se retrouver dans l'environnement, de s'y reconnaître, d'y agir. Cette mutation des mentalités vient de ce qu'on a découvert d'autres distributions de l'espace et du temps. On s'est assuré d'autres prises sur un entourage vu maintenant comme une Nature, et qui a des lois. On se met alors à spéculer en termes de causes, d'effets et de fins. Bref, on voit le monde – le fameux « monde » – autrement, et c'est vraiment un autre monde, né d'un autre équipement intellectuel venu avec le temps. C'est l'heure de la philosophie, qui implique une physique embryonnaire et laisse les hommes, sinon indépendants, du moins plus autonomes par rapport à la sphère du sacré. C'est ce que nous allons voir plus loin en examinant les premières systématisations rationnelles, à partir du VIe siècle av. J.-C.

Mais cette première *philosophia* restera toute bruissante de la parole des dieux : il n'y a pas d'émancipation absolue à l'égard des mythes. Simplement, ils ne seront plus vécus « à plein temps », mais *dans* le temps. Devenus un corps de sagesse, la sagesse des Anciens, les mythes vont poursuivre leur carrière indéfiniment, mais sous une autre forme. Ils seront interprétés par les initiés, les gens d'études. Alors que la masse de la société gardera aux vieux mythes une croyance de plus en plus vague et cultuelle, liturgique en quelque sorte, les gens instruits – poètes, philosophes – liront les textes avec d'autres yeux. Ils en reprendront les légendes pour en dégager des leçons subtiles, parfois tirées par les cheveux. On y découvrira des symboles ; Théagène de Rhégium, au VIe-Ve siècle, y verra des *allégories*, ce qui signifie qu'on leur fera dire *allôn*, autre chose, plus en rapport avec les requêtes de l'époque. Le mythe de Kronos dévorant ses enfants devient, en jouant sur la première lettre, la réalité du temps, Chronos, anéantissant tout ce qui naît de lui. Il se trouvera même des gens assez astucieux pour se demander si, après tout, les dieux n'auraient pas été de simples hommes, mais si remarquables en leur temps que la mémoire des générations les aurait divinisés. C'est ce qu'enseignait le poète philosophe Evhémère au IVe siècle avant J.-C., d'où le nom d'*evhémérisme* pour désigner cette théorie.

Viendra enfin le temps où les vieux mythes s'éteindront tout doucement dans la piété des hommes. Qui croit encore aujourd'hui à Jupiter, à Junon, à Minerve ? Non, certes, que l'âge du mythe ait pour autant fait place à l'âge de la raison triomphante, comme l'avait imaginé Auguste Comte, mais simplement, les vieux mythes auront fait place à de nouveaux. Et sans doute en ira-t-il ainsi jusqu'à la fin des temps. Chaque âge a ses mythes, et il semble bien qu'on ne puisse jamais s'en affranchir. Les hommes justifient leur courte présence en ce monde en se donnant des images, où ils projettent leurs craintes et leurs espérances, et même quand ils en ont atténué le divin. Je m'en suis expliqué dans *Les Dieux ne sont jamais loin*. Je rejoins sur ce point la manière de dire de Mircea Éliade dans une étude de 1963 : « Survivances et camouflage des mythes ». Ce serait bien le cas de parler de « retour du refoulé ».

Parvenus à ce point de notre réflexion, nous voyons au moins ce que les mythes ne sont pas. Ils ne sont jamais des fantaisies gratuites, sorties par jeu de l'imagination des premiers hommes. Les rédacteurs de ces histoires sacrées – qui ne sont d'ailleurs pas des histoires au sens où nous l'entendons – ne se sont pas mis à concocter des légendes comme un homme de lettres décide aujourd'hui de pondre un roman ou une plaquette de poèmes. Ils répercutent en esprit de foi des traditions remontant à la nuit des temps, et ils donnent à ce *corpus* fait de pièces et de morceaux une forme adaptée aux requêtes et aux usages de chaque époque. De même aurons-nous compris qu'on ne saurait parler des mythes en termes de vérité et d'erreur, de réalité et de fiction : catégories anachroniques que tout cela, puisque le mythe vécu l'est toujours au présent. Pour les gens qui s'y meuvent, le mythe est bien ce qu'il y a de plus vrai parce qu'il exprime ce qu'il y a de plus actuel, ou pour parler comme aujourd'hui, de plus réel. C'est à nos yeux que ce réel, cette vérité, sont devenus des fictions. Nous aurons du même coup compris que les hommes de ces époques révolues n'étaient ni des demeurés ni des inférieurs (en quel sens ?), ni même des enfants à l'âge du Père Noël. Avec le temps est venue une certaine distanciation, où mythe et raison raisonnable se sont mis à coexister. Comme le dit si gaiement Paul Veyne, et si rigoureusement : « Un Grec plaçait les dieux “au ciel”, mais il aurait été stupéfait de les apercevoir dans le ciel ; il aurait été non moins stupéfait si on l'avait pris au mot au sujet du temps et qu'on lui apprenne qu'Héphaïstos venait de se remarier ou qu'Athéna avait beaucoup vieilli ces derniers temps. » (*Les Grecs ont-ils cru à leurs mythes ?*, p. 29.)

D'un point de vue positif, nous pouvons maintenant comprendre que le mythe, c'est l'imagination à l'œuvre dans sa fonction adaptative, créatrice dans un but pratique d'une projection collective de l'humain. Encore une fois, on ne vit pas dans l'incohérence. Pourquoi la naissance ? Pourquoi la vie ? Pourquoi la mort ? Pourquoi la foudre ? Pourquoi les dieux ? Pourquoi tout – et, au fait, pourquoi *pourquoi* ? C'est pour répondre à tout cela et à bien d'autres questions dont nous n'aurons jamais l'idée exacte, que les hommes se sont pourvus de ces images d'eux-mêmes, valorisantes parce que fondées sur le divin, éclairant leurs rapports avec ce que bien plus tard, à l'âge de la raison, on appellera la Nature. Avec aussi leurs semblables et leurs ennemis ; avec les générations passées et à venir. Les dieux, qu'on savait être à l'origine de ce tout, lui donnaient un sens finalement acceptable parce que sécurisant.

Et donc, entre le corps et l'esprit – ou du moins ce que plus tard on répartira ainsi –, entre le passé et le présent, entre le présent et l'avenir, entre la vie et la mort, entre le visible et l'invisible, il y avait ce lien vécu, qui s'était noué aux origines. Tout baignait dans un éternel présent qui était une éternelle présence. C'était « en ces temps-là, il y a bien longtemps… » C'était « au commencement… » – et aujourd'hui, le soleil était déjà haut dans le ciel.

II

AUX ORIGINES DE LA NATURE

DU MYTHE AU DISCOURS RATIONNEL

Il y a donc, dans cet état de la pensée humaine que nous appelons après coup l'âge du mythe, une première mise en place du réel, une première organisation mentale où les destinées acquièrent une cohérence par le fait d'être intégrées à un ensemble sacré. Naturel et surnaturel – ou du moins ce que nous distinguons ainsi – s'expliquent l'un par l'autre jusqu'à donner à toutes choses un sens plausible et finalement rassurant. Définissant ce nouvel état, Georges Gusdorf propose une notion que nous pouvons retenir : « Le mythe s'affirme comme la forme spontanée de l'être au monde. » Il est « un formulaire ou une stylistique du comportement humain dans son insertion parmi les choses ». Et la philosophie ne procédera pas d'une autre source. La conscience philosophique est issue de la conscience mythique, sur laquelle les hommes se sont pris à réfléchir du jour où ils se sont avisés que les mythes ne saturaient plus leur besoin de comprendre.

Cela même, je l'ai dit plus haut, n'abolissait pas du jour au lendemain les mythes : dans l'histoire de la pensée, un nouvel univers mental ne périme jamais l'autre, comme s'éteignent les dispositions d'un décret en vertu d'un nouveau décret ou d'une circulaire. Les nouvelles données se fraient un chemin dans des consciences encore hantées par l'ordre ancien. Conditionnés par des millénaires à voir le monde sous un certain angle, les hommes ne se mettent que lentement à le voir sous un autre, jusqu'à ce qu'intervienne une nouvelle vision, et ainsi de suite. Il n'y a cependant pas, quoi qu'on ait dit, d'« homme éternel », qui subsisterait toujours semblable en son fond, des cavernes aux satellites habités. Il y a des couches chronologiques successives, peuplées de consciences diversement conditionnées, des strates qui ont chacune leur vérité et leurs erreurs, leur idée du possible et de l'impossible, du concevable et de l'absurde, et c'est seulement pour la commodité – ou pour le confort intellectuel – que nous englobons toutes ces consciences disparates sous le même concept d'homme. Façons de parler, bien sûr, mais qu'il faut se garder de convertir en fixisme métaphysique. Ce serait prendre un risque.

C'est ainsi qu'aux VIe-Ve siècles avant J.-C., dans le monde grec, se manifesta l'ébauche d'une rationalisation de l'expérience : la *philosophia*, comme on devait dire par la suite, en proposait une nouvelle lecture, où l'influence encore vivace des mythes dut composer avec celle d'une raison s'affirmant de plus en plus autonome. On savait désormais distinguer, comme diront Pindare, puis Socrate, le *muthos*, le mythe, et le *logos*, autrement dit le discours organisé selon les requêtes de la raison.

De cet enseignement, on ne connaît la teneur que par des fragments ou des on-dit, du genre : « Untel dit que... » ou « À propos de..., Machin enseigne que... ». Tout cela a été répercuté plus ou moins fidèlement, par d'autres textes, et réuni au cours des âges dans ces collections de morceaux choisis qu'on appelle *doxographies*, mot à mot : catalogues d'opinions, dont les écoles firent leurs choux gras au long de l'Antiquité. Le lecteur de langue française a maintenant la chance de disposer, avec *Les Présocratiques* de Jean-Paul Dumont (Gallimard, La Pléiade, 1988), d'une documentation exhaustive et d'un adéquat instrument de travail, puisque le volume couvre en traduction, utilement annotée, l'intégralité des philosophes antérieurs à Socrate. Un travail cyclopéen, et de plus, plein de charme.

On devine que cette transmission des premiers penseurs de la Grèce à travers les âges a couru bien des hasards, et sur différents plans. Matériel d'abord : les supports étaient fragiles. Si ces fragments-là furent sauvés de la moisissure, des souris, du feu, de l'oubli – quand ce n'est pas de la destruction volontaire par quelques imbéciles –, combien d'autres ont totalement disparu ! Il a pu se faire aussi que tel problème, qui a fait fureur le temps d'une génération, ait brusquement cessé d'intéresser et n'ait plus été repris par la suite. D'autre part, ces textes sont écrits dans une langue archaïque, malaisée à reconstituer, prêtant au contresens : les sous-entendus abondent, que les générations immédiatement suivantes, à cent ans de distance, peinaient déjà à comprendre. Cette difficulté même vouait les textes aux aléas des interprétations. Une obscurité dans un texte appelant toujours une fausse clarté pour la remplacer, les Anciens en usèrent comme nous faisons nous-mêmes : à ces vieilles pensées qui s'étaient exprimées pour être comprises, mais dans un autre contexte, ils appliquaient leurs propres cadres intellectuels ; ils les transposaient en fonction de leurs besoins dans leurs propres philosophies, qui étaient « la philosophie moderne » d'alors. Simplicius, qui écrivait à la fin de l'Empire romain, déplorait déjà qu'Aristote, huit bons siècles avant lui, n'ait pas exactement compris ce qu'avait enseigné Parménide un siècle plus tôt, parce que, dit-il, il lui a appliqué sa propre logique et surtout ses propres vues sur l'Être ! Bref, disons qu'un texte indéchiffrable ne le reste pas longtemps : il devient vite un texte mystérieux, à quoi des armées d'exégètes ont tôt fait d'imposer le sens qui les arrange. Les modernes ne sont d'ailleurs pas les moins acharnés à ce jeu qui consiste à faire dire aux textes ce qu'on aimerait qu'ils aient raconté, parce que cela les arrange. On pourrait faire ce que Jean Bollack appelle une « histoire de l'incompréhension des œuvres » : je gage qu'on s'enrichirait l'esprit.

Devant ces fragments épars, il faut donc rester modeste, et d'abord essayer d'en restituer le sens possible, sinon probable. Cela suppose ce décapage dont toutes les antiquités ont besoin : il faut les débarrasser des couches successives d'interprétations dont la tradition les a recouvertes époque après époque et jusqu'à nos jours. C'est le travail de savants hautement et strictement spécialisés, dont nous ne pouvons guère ici que résumer et divulguer les travaux, du moins les plus accessibles. L'idéal serait évidemment de retrouver dans le texte ce que l'auteur *a dit* à des gens alors capables de l'entendre, et non ce qu'il *a voulu dire*, selon une expression particulièrement malsaine. Mais ce qu'il a dit – à supposer que le texte nous ait été correctement transmis – étant fait pour être compris, était nécessairement homogène à tout un système de parole strictement daté et aujourd'hui disparu. Nous disions plus haut qu'il n'y avait pas d'« homme éternel ». On comprendra qu'il n'y a pas davantage de « problèmes éternels », pour la bonne raison qu'il n'y a rien d'éternel, ni langue, ni grammaire, ni syntaxe. Cette simple réflexion devrait nous prémunir contre la tentation de faire apparaître ces textes souvent énigmatiques comme des formes ancestrales du spiritualisme, du matérialisme, du marxisme ou de ce qu'on voudra. Certains ne se sont pourtant pas gênés pour le faire, car il faut bien se dire qu'on n'échappe jamais entièrement à l'illusion d'avoir – enfin ! – tout compris. Comment pourrait-on contempler les auteurs anciens face à face ? Merleau-Ponty ne s'y trompait pas quand il écrivait, dans une notice parue pour la première fois en 1956 : « Une fois introduite en philosophie, la pensée du subjectif ne se laisse plus ignorer... La philosophie même qui aujourd'hui regrette Parménide et voudrait nous rendre nos rapports avec l'être tels qu'ils ont été avant la connaissance de soi, doit justement à la conscience de soi son sens et son goût de l'ontologie primordiale » (repris dans *Signes*, Gallimard, 1960, p. 194). C'est donc parce que nous sommes – pour l'instant – des modernes que l'envie nous vient de connaître ce que fut le choc de ces pensées-là sur les modernes d'alors, que nous appelons les Anciens.

Des systématisations que nous allons rencontrer, les dieux, encore une fois, ne sont en rien exclus. Le mythe est toujours présent, mais rationalisé, continuant de fournir le fond des explications. On ne congédie pas les dieux, pas plus qu'on ne les relègue. Simplement, on les a situés ailleurs, au-delà. Et les hommes restent entre eux pour se donner quelques points fermes à quoi accrocher leur pensée et leur action.

LES SEPT SAGES DE LA GRÈCE

Car il fallait qu'ils fussent sept, bien sûr, comme les sept planètes des Babyloniens, les sept merveilles du monde, les *Sept contre Thèbes* d'Eschyle, les sept rois de Rome, sans compter tout ce qu'on trouve par lot de sept dans la Bible ! Quand nous disions qu'on ne se déprend jamais tout à fait du merveilleux, célébrât-on l'avènement de la raison ! C'est dire que ces personnages dont Socrate vante la *sophia*, la sagesse (Platon, *Protagoras*, 343 a-b), baignent, comme plus tard les rois de Rome, dans le légendaire. Il y avait donc Thalès, le géomètre (vers 625-545), Solon le législateur athénien, Chilon, un magistrat spartiate, Pittakos, homme d'armes, mais qui avait su réorganiser l'État ; il y avait Bias, politicien et poète, et Cléobule, un philosophe de bonne famille, puisqu'il descendait d'Hercule, et ce Périandre, le tyran de Corinthe, dont la réputation de sagesse m'a toujours semblé un peu surfaite, car il passe pour avoir précipité sa femme enceinte dans l'escalier, accident dont elle ne se remit pas. Il faut en ajouter un huitième, car la liste des sept flotte au gré des traditions, et on y voit parfois figurer à titre de suppléant un certain Myson, brave homme qu'Apollon lui-même aurait garanti comme le plus sage des humains. On dit qu'à l'occasion, Myson rigolait tout seul dans un coin, et quand on lui en demandait la raison, il confessait que c'était justement parce qu'il était tout seul. Ce sont tous ces Messieurs qui, réunis à Delphes, au temple d'Apollon Pythien, auraient dédié, en hommage au dieu, les inscriptions fameuses : « Connais-toi toi-même » et « Rien de trop. » Encore faudrait-il préciser que la première n'invite en aucun cas aux délices de l'introspection, mais signifie : « Aie conscience de ton exacte mesure » – autrement dit : ne te prends pas pour un dieu – ; l'autre conjure l'*hybris*, la démesure, qui est, on le sait, la faute des fautes dans l'esprit des Grecs.

La figure des Sept Sages a traversé les temps, et il n'est pas exclu qu'ils aient joui d'une large popularité de référence dans les conversations, un peu comme on parle de « la fortune de Rothschild », de « la justice de saint Louis » sous son chêne, etc. J'en veux pour preuve cette fresque qu'on retrouva dans une taverne d'Ostie, le port de Rome, contemporaine d'Hadrien, au second siècle après J.-C. Elle est à ce point scatologique qu'on l'a cru destinée à décorer des toilettes : on y voit, siégeant en groupe où vous devinez, le visage empreint d'une gravité de circonstance, les Sept Sages. Bref, le thème littéraire du banquet, mais en négatif… Des « bulles », en tout comparables à celles de nos bandes dessinées, leur prêtent des aphorismes relatifs à l'action supposée en cours, à la plus grande joie des âmes simples entrant dans la salle pour y boire un coup et jouer aux dés entre deux traversées. Une telle iconographie, analogue aux chefs-d'œuvre dont s'adornent les salles de garde en milieu hospitalier, montre au moins que les Sept Sages étaient reconnaissables sept siècles plus tard, loin de chez eux et dans tous les milieux. En ira-t-il de même en l'an 2500 pour Descartes, Kant, Hegel, Marx, Freud et quelques autres ?

Ce qu'apportaient ces premiers « intellectuels » connus de l'Antiquité classique, c'était une sagesse essentiellement pratique. Tous ou presque exerçaient des fonctions politiques : c'étaient des gouvernants, des législateurs, des gens, donc, qui prétendaient aménager la vie en commun à partir, non plus seulement d'une expérience séculaire transmise sans changement de génération en génération, mais de cette expérience repensée en fonction des requêtes nouvellement apparues. Ils remettent de l'ordre, ils réforment, etc. Au passage, profitons-en pour remarquer que dans l'Antiquité, et cela jusqu'au premier siècle au moins de notre ère, ceux qu'on appelle les sages ou les philosophes auront toujours partie liée avec la politique, à l'exception des épicuriens.

Entre les Sept sages, il en est un, Thalès de Milet, qui mérite une place à part. Il faut dire d'abord que la tradition lui en prête beaucoup, au point que sa polyvalence intrigue. C'est ainsi qu'il aurait opéré comme ingénieur militaire, détournant le cours d'un fleuve pour épargner à l'armée de Crésus la peine de construire un pont. Il donnait à l'occasion dans la météo, ce qui lui aurait permis de spéculer avec un an d'avance sur la récolte des olives. Il faisait aussi dans l'agronomie, s'intéressant aux crues du Nil, si importantes pour l'économie du pays. Toujours est-il qu'il ne paraît pas s'être voué à la recherche pour la recherche : toujours il applique son savoir à résoudre une difficulté jusqu'alors insurmontable. Il aurait prédit l'éclipse totale de soleil qui survint en 585 av. J.-C. au beau milieu d'une bataille entre Mèdes et Lydiens. Provisoirement réconciliés dans une même panique, les belligérants avaient jugé prudent de suspendre sur-le-champ les hostilités pour s'aller mettre à couvert. Toujours astucieux, il aurait mesuré la hauteur d'une pyramide grâce à son ombre portée comparée à celle d'un homme. Il aurait aussi évalué, du haut d'un observatoire, la distance qui le séparait de vaisseaux naviguant en haute mer. À ces calculs supposant le théorème dit des proportionnelles, le nom de Thalès restera attaché.

Cela dit, ce qu'il est passionnant de voir apparaître, à travers l'œuvre des Sept sages, c'est un certain nombre de relations entre ce que nul ne songeait jusqu'alors à rapprocher systématiquement : rapports entre la course des astres et la position des ombres, entre les hauteurs et les distances, entre les figures et les nombres, entre la mémoire et le présent. Bref, ce qui s'opère sous nos yeux, c'est un certain remembrement du cadastre mental jusqu'alors hérité de génération en génération, et vécu comme cadre sans distance réflexive, dans l'indivision du sacré. Si le sacré demeure, la géométrie s'y superpose, et le savoir-faire, et la prévision. L'espace et le temps sont apparus comme dimensions du vécu.

Cette percée vers l'abstraction, couronnée de succès, n'a bien sûr point échappé aux philosophes des temps modernes. C'est ainsi que dans une page sur laquelle ont peiné des générations de bacheliers, Emmanuel Kant reconnaît à Thalès – s'il s'agit bien de lui – la gloire d'une grande première : « Le premier qui démontra le triangle isocèle, qu'il s'appelât Thalès ou comme on voudra, eut une révélation. Car il trouva qu'il ne devait pas suivre pas à pas ce qu'il *voyait* dans la figure, ni s'attacher au simple concept de cette figure comme si cela devait lui en apprendre les propriétés, mais qu'il lui fallait réaliser ou *construire* cette figure au moyen de ce qu'il y *pensait* et s'y représentait lui-même *a priori*… » (*Critique de la raison pure*, Préface de la 2e éd.). Bref, s'il est vrai que Thalès s'est le premier arraché au pur empirisme en se hissant jusqu'à l'*a priori* géométrique, il devient aux yeux de Kant un ancêtre, dont les réussites justifient sa propre manière de voir les choses. Voilà donc pour nous une bonne occasion de voir un philosophe en « relire » un autre, et donc de voir une pensée postérieure inscrire dans une pensée antérieure ses propres raisons. Chemin faisant, nous en trouverons plus d'une, mais il ne nous faudra jamais perdre de vue la discordance des temps : le fameux « ciel étoilé au-dessus de sa tête » qui emplissait

Kant d'admiration n'est pas tout à fait le même qu'observait Thalès vingt-trois siècles plus tôt ; l'un est régi par la mécanique céleste de Newton, et l'autre est peuplé de dieux.

LES PREMIERS PHYSICIENS

Restons un moment encore avec Thalès, car il a quelque chose de plus à nous dire. En effet, à ses essais d'homme de science et d'homme de pratique s'ajoute une préoccupation d'un autre ordre, qui d'ailleurs le rapproche de nos modernes conceptions de la philosophie. Ce propos de Thalès, c'est de supposer à la bigarrure sans cesse mobile des phénomènes un principe de base qui en ferait l'unité. Car si le mouvement appelle une stabilité, les apparences un réel, le continu un principe et le multiple une unité, l'idée vient que tout en ce monde pourrait bien n'être, au fond, que les avatars d'une substance primordiale unique. Elle assurerait ce rôle fondateur, organisateur, unificateur, à partir de quoi tout prendrait corps dans le réel, et corrélativement, tout prendrait forme dans nos esprits. Cette substance-mère, étoffe du monde comme de ses habitants, assurerait donc le repos de l'esprit, plus rien ne restant inexplicable. En avoir conçu la représentation fut le mérite de Thalès de Milet et de quelques autres, que nous appellerons les premiers physiciens, le mot grec *phusis* désignant, mais à leur façon, notre « Nature ».

La nécessité étant admise d'une substance première, faut-il s'étonner que les physiciens aient divergé sur ce substrat supposé du cosmos ? Encore une fois, la philosophie n'est pas une motion votée par un congrès, ni le résultat d'un référendum. Chacun eut donc là-dessus ses préférences. Pour Thalès, c'était *l'eau*, omniprésente là où il y a vie – rappelons-nous les curiosités de Thalès pour les crues fertilisantes du Nil –, l'eau si précieuse dans ces contrées trop ensoleillées. Tout, donc, pour lui, s'inscrit dans le cycle de l'eau, et on le voit en cela tout proche encore des vieux mythes, où l'eau est milieu de vie en même temps que lieu de mort : les eaux de la mer dont naquit Aphrodite, et le flot funèbre du Styx ; le cours du fleuve Léthé où s'abolit toute mémoire au profit d'un présent encore vierge, et les eaux du déluge qui donneront à des hommes régénérés de nouvelles chances – et les eaux bibliques sur lesquelles, pas si loin de chez Thalès, les Hébreux disaient se mouvoir l'esprit de Dieu. Toutes ces eaux mythiques n'en font plus qu'une, qui pour Thalès devient principe scientifique d'explication. Pour la petite histoire, qui n'est jamais vide de sous-entendus, Thalès passe pour avoir si attentivement observé les astres qu'il s'en laissa choir dans un puits, où le philosophe de l'eau en trouva à discrétion. Manière ironique de rappeler que le philosophe, pour sublime que soient ses préoccupations, ne doit jamais être regardé – et moins encore se voir lui-même – comme d'une autre essence, ce qui serait démesure. Horrible détail : plus tard, Thalès serait, dit-on, mort de soif.

Anaximandre (vers 610-545), compatriote de Thalès, voit les choses un peu différemment. Pour lui, s'il faut supposer une étoffe commune à tout ce qui existe, il ne convient pas de l'identifier avec quelque substance, eau, feu, etc., choisie parmi toutes celles qui tombent sous nos prises. En effet, que ce soit l'eau chère à Thalès, l'air ou le feu selon d'autres philosophes, tout cela a déjà reçu sa détermination : toutes ces substances s'engendrent les unes les autres et s'entre-détruisent sans fin sous nos yeux, et donc aucune ne saurait être tenue pour la bonne. Les choses viennent d'ailleurs, de plus profond. C'est donc en deçà de toute réalité déjà définie qu'Anaximandre cherchera le principe : dans une espèce de « matière », si l'on veut, où tout prend forme, et qu'il appelle du mot grec *apeiron*. Le terme est délicat à traduire ; il veut dire : « ce qui n'a pas encore de limite », ou si l'on préfère : « ce qui n'a pas encore reçu la détermination » qui en fait de l'eau, du feu ou ce qu'on voudra. L'*apeiron*, c'est *le pas-encore-déterminé*. On fera bien de ne point traduire par « l'infini », qui pour un moderne a de tout autres connotations, induisant une autre problématique. Nous rencontrons pour la première fois le cas embarrassant d'une positivité dont la richesse et le vague nous contraignent à parler en alignant des négations. Cela est à retenir. Disons que pour Anaximandre, cet *apeiron* se conçoit comme une masse matricielle (J. Bernhardt) qui engendre en son sein le cosmos et le régit à la façon d'une divinité immanente. Astucieuse est l'expression de Clémence Ramnoux, qui la transpose de Teilhard de Chardin : l'*apeiron*, le « pas-encore-déterminé », serait quelque chose comme un « milieu divin ». Dans cette perspective, étrangère, je le souligne, à l'idée judéo-chrétienne de création, la venue au jour de tout être résulte d'une concrétion, d'une séparation. Naître, c'est entrer dans la finitude, et mourir, c'est retourner au principe. Pensée déjà profonde, puisqu'elle s'intéresse non seulement à l'étoffe du monde, mais au problème de l'éternel commencement et fin de tout ce qui apparaît.

Compatriote et disciple d'Anaximandre, Anaximène (vers 586-526), voit comme lui à la base de tout une substance illimitée, mais pour des raisons cosmologiques et biologiques, il l'emprunte, comme l'avait fait Thalès, à l'expérience quotidienne. Cette substance de base, c'est *l'air*. On voit très bien comment Anaximène y est venu : en un temps où l'on ne connaissait pas encore les êtres anaérobies, l'air apparaît comme essentiel à la vie. Chacun respire à la mesure de ses capacités, et la mort coïncide précisément avec le dernier soupir. La communication même : le cri des animaux, la parole articulée qui transmet les intentions, tout cela implique du souffle. Ainsi, du monde en son entier, l'air occupe tout l'espace, sans laisser place à quelque non-air qui serait au-delà. Anaximène introduit d'ailleurs dans cet air des degrés de légèreté, toute une échelle qui va du feu subtilissime au vent, déjà plus dense, puis au nuage, à l'eau qui en tombe, à la terre qui s'en imbibe, et finalement au minéral. Tout cela est air, à différents degrés de concentration. Une substance universelle, donc, mais on voudra bien remarquer qu'elle est invisible et fluide et susceptible d'un haut degré de subtilité, et bien sûr, divine en son essence. Les vieux mythes sont toujours là. Mais à y réfléchir, peut-on penser autrement que par images ? Quand, plus tard et plus savamment – au moins en apparence –, on dissertera sur l'esprit, *spiritus*, qui traduit le *pneuma* grec et ne veut dire au départ que souffle et vent, en dira-t-on plus que les Hébreux quand ils évoquaient le souffle créateur *(ruah)* de Dieu planant sur les eaux primordiales, ou encore cette respiration *(nefesh)* que le même Dieu insuffle dans les narines d'Adam « le terreux » (c'est le sens) modelé par ses mains ? La philosophie a, certes, pris quelque distance par rapport aux mythes ; elle s'en éloignera encore, mais peut-on parler autrement que par images, et philosopher autrement que par métaphores ? La seule chose à n'oublier jamais est que nous sommes toujours tentés de prendre les images pour argent comptant, alors qu'elles ne sont jamais que des signes, qui invitent à un dépassement.

Thalès, Anaximandre, Anaximène, tels sont ceux que la tradition appelle « les Milésiens » ou encore « les Ioniens », en raison de leur localisation géographique. En posant les uns et les autres un principe unique en qui se rassemble et par qui s'explique la diversité des choses, ils se sont donné l'image d'un monde bien organisé : c'est le premier sens du mot grec *cosmos*, qui s'oppose à ce *chaos*, autre mot grec du vocabulaire hésiodique qui, soit dit en passant, rejoint le *tohu-bohu* – c'est l'expression hébraïque – de la Genèse. Bref, c'est là que règnent la confusion, l'opacité. Mais en soumettant ainsi le divers à l'unique, les premiers philosophes ont soulevé en même temps que résolu à leur manière un problème qui va leur survivre en prenant toutefois un tour plus abstrait : c'est la formidable question dite « de l'Un et du Multiple », qui domine toute la pensée grecque, et plus largement, la philosophie antique tout entière. Nous n'avons pas fini de le rencontrer, et nous le retrouverons sous une autre forme au Moyen Âge. Avec les Ioniens, la *philosophia* est décidément entrée en ce monde. Le mot ne viendra que plus tard, avec Pythagore.

III

LE TOUT, L'UN ET LA PENSÉE

Il ne peut suffire longtemps au repos de l'esprit d'avoir posé une substance unique, eau, air ou ce qu'on voudra, à la base de tout ce qui se voit et ne se voit pas. D'autres curiosités ne tardent pas à se faire jour devant tant de conflits et de contradictions au sein d'un monde trop complexe. Tout est à la fois stable et instable dans la nature, dans le cœur et l'esprit des hommes, dans leur vie politique – et derrière tout cela se profile la présence énigmatique des dieux, eux-mêmes en lutte les uns contre les autres. La dimension du temps, une fois apparue, se fait obsédante, angoissante ; elle implique la conscience du fugitif, du décisif, de l'irréversible qu'on y fait advenir. Cela, les mythes le suggéraient depuis toujours, et la tragédie, avec Eschyle, Sophocle, Euripide, le représente à sa manière, condensant en une journée exemplaire les mortelles perplexités et les choix face aux destins. Mais le besoin se fait sentir d'un plan d'ensemble, qui, rendant compte de tout, permettrait une conduite moins tâtonnante. Ce sont ces curiosités-là qui ont engendré ce dessein nouveau chez les philosophes des VIe-Ve siècles : construire ces vastes systématisations où chacun d'eux enseigne ce qu'il voit d'essentiel, et définit la marche à suivre. Au point où nous voilà rendus, nous ne nous étonnerons plus que ces visions du monde divergent entre elles.

LE MOUVEMENT ET LE SENS

« Ne te presse pas en déroulant le volume d'Héraclite l'Ephésien : ses accès sont escarpés. Son obscurité, ses ténèbres sont dépourvus de lumière. Pourtant, si un initié te guide, le livre te paraîtra plus clair que le plein soleil ». – Ces vers d'un Grec anonyme ne sont rassurants ni pour mon lecteur ni pour moi, car nul n'est jamais si sûr de comprendre Héraclite (vers 567-480) qu'il s'estimerait fin prêt à endosser le rôle du guide. Cette solide réputation d'obscurité débute avec les générations immédiatement suivantes : Socrate déjà, et Aristote et Théophraste trébuchaient sur ses sentences à double sens, à se demander si Héraclite ne l'avait pas fait exprès. À cela viennent s'ajouter aujourd'hui les pièges d'une langue archaïque où, faute de ponctuation, les phrases peuvent se lire de plusieurs manières, et aussi le fait de la dispersion. Car ce serait trop simple s'il s'agissait d'un livre unique où tout se tiendrait : nous disposons de cent vingt-six fragments pêchés un peu partout et rassemblés au mieux. Inutile de préciser que les commentaires et commentaires de commentaires, les bricolages aussi qui lui ont imputé des positions philosophiques bien postérieures, n'ont rien arrangé. Je ne puis faire autre chose ici que de donner une idée de celui que Nietzsche appelait, dans *La Naissance de la philosophie*, « un astre sans atmosphère ». Mais peut-être faut-il, pour l'approcher, lui consentir une place à part, hors des règles de cohérence analytique qui ont régi par la suite toute la pensée classique.

Remarquons d'abord que pour Héraclite comme pour les Milésiens, il semble bien y avoir une substance primordiale, qui serait *le feu*, d'où tout procède et à quoi tout fera retour. Manière, peut-être, de faire droit à l'expérience d'une chaleur vitale susceptible de toute une échelle de températures

– qu'à l'époque nul n'avait le moyen de mesurer –, depuis la flamme jusqu'à la tiédeur de la vie animale, si du moins nous voulons bien laisser de côté nos animaux dits à sang-froid. Au passage, prenons en compte le fait que volontiers les Anciens étendent le bénéfice de la vie à l'ensemble du monde, tenu globalement pour une sorte de gros animal : c'est la position qu'on appelle *hylozoïsme* (du grec *hulè*, la matière, et *zôè*, la vie). Mais ici, les spécialistes subodorent que les stoïciens, dont ce sera la thèse, auraient bien pu en faire don à Héraclite avec effet rétroactif… Nous commençons à entrevoir le pouvoir occulte des relectures. Toujours est-il que chez Héraclite, ce feu universel n'a pas un pouvoir discrétionnaire, qui lui aussi serait démesuré. Il doit se mesurer avec l'eau, quand le trop de chaleur solaire aspire les nuages chargés. Bref, une loi de compensation assurerait le retour rythmé d'une alternance.

Ce monde ainsi réchauffé, Héraclite le voyait animé d'un mouvement perpétuel : un brassage incessant s'opère, qui met en présence et en conflit les éléments dont l'univers est fait. Sans ce mouvement, tout se déferait, et Héraclite propose l'image d'un cocktail assez abominable, le *kykeôn*, dont Homère donne la recette (*Il.* XI, 624 ; *Odys.*, X, 234, 290, 316) : vin, miel, fromage râpé et farine – qu'on touillait avec une brindille aromatique et qu'on buvait aux Mystères sacrés. Ce qui, par parenthèse, peut indiquer un contexte mystique : c'est un breuvage de vie. Mais n'y goûtez pas.

De cet accent mis sur le mouvement universel vient sans doute qu'une lecture superficielle – ou malveillante – d'Héraclite réduit sa pensée à un mobilisme sans consistance. On rabâche en classe de philosophie le fameux *Panta rhei*, qu'on traduit par « tout coule », alors qu'il vaudrait mieux dire : « tout se déplace selon un certain rythme », ce qui, plutôt que l'écoulement linéaire d'une rivière, évoquerait alors la danse ou la ronde. De même se plaît-on à citer la phrase célèbre : « On ne se baigne pas deux fois dans le même fleuve », qui, selon Clémence Ramnoux, se traduirait mieux par : « Pour ceux qui entrent dans ces fleuves, toujours les mêmes, d'autres, et d'autres eaux toujours surviennent », – ce qui met l'accent moins sur le flux que sur l'opposition au sein de ce qui se trouve à la fois *même* et *autre*. Nuance !

En fait, dans les fragments d'Héraclite, on assiste à un combat *(polémos)* sans trêve des *contraires* : feu solaire-eau ; jour-nuit ; santé-maladie ; justice-injustice, etc. – mais c'est que chaque force a besoin de la force antagoniste pour subsister. D'où alors cette affirmation selon laquelle *polémos*, le combat, est père et roi de toutes choses. En langage d'aujourd'hui, disons que c'est l'opposition des contraires qui constitue le moteur du devenir. De cette joute des contraires – et précisément parce qu'elle est sans fin –, naît *l'harmonie*, autre mot-clef, ou l'arrangement, ou encore l'ajustement. « Ce qui s'oppose à soi est en même temps ajustement à soi, comme les tensions opposées de l'arc et de la lyre », c'est-à-dire des cordes et du bois dans les deux cas. Essayez donc de jouer sur un piano désaccordé et vous entreverrez ce qu'Héraclite avait en tête.

Il est aussi question chez Héraclite d'un *logos*. Voilà un mot promis à un avenir philosophique d'autant plus brillant qu'il peut tout dire : la parole en général et cette parole en particulier ; une sentence et un bruit qui court ; un traité et une fable ; un sujet d'étude aussi, mais également la raison, le bon sens, un rapport de proportion, une explication qu'on donne – et bien sûr, la raison divine, en attendant la Parole de Dieu *(dabar)* selon la Bible (traduite en grec) et l'Évangile de saint Jean. Quatre colonnes du lexique : voilà qui devrait nous rendre circonspects ! On peut bien être sûr que nul ne s'est gêné, dans la suite des temps, pour réinjecter dans Héraclite tel sens jugé le bon parce qu'il convenait mieux à une autre pensée venue plus tard. Cela dit, d'autres difficultés surgissent du fait de la langue, et de l'absence de ponctuation. C'est ainsi, par exemple, que le fragment classé n° 1 par l'édition de Diels-Kranz – texte qu'Aristote déjà ne trouvait pas clair –, peut se traduire : « Car, bien que toutes les choses arrivent selon le *logos*, les hommes semblent sans expérience lorsqu'ils s'essayent à des paroles ou à des actes semblables à ceux que j'expose en distinguant chaque chose selon la nature et en disant ce qu'elle est » (Jean Brun) – et on a alors un *logos* qui serait à la fois le Tout et le sens du Tout. Il s'agirait déjà d'une sorte de grande vérité qui subsiste, immanente et transcendante à la fois au monde, et qui nous le rend compréhensible. Mais le même texte peut aussi se traduire : « Toutes choses arrivent selon ce *logos* : les hommes semblent tout à fait sans expérience, même quand ils ont fait une expérience en dit et œuvres, tels que moi je les développe en découpant chaque chose selon l'articulation naturelle, et en l'exposant comme elle est » (C. Ramnoux). *Logos* désigne alors tout simplement la parole du maître qui enseigne l'arrangement du monde en choisissant la formule homogène à cet arrangement, et donc capable par elle-même d'en suggérer l'idée. C'est assez différent. Quant à Dumont, il propose : « Le *logos*, ce qui est – toujours les hommes sont incapables de le comprendre – aussi bien avant de l'entendre qu'après l'avoir entendu pour la première fois – Car bien que toutes choses naissent et meurent selon ce *logos*-ci – Les hommes sont comme inexpérimentés quand ils s'essaient – à des paroles ou à des actes – Tels que moi je (les) explique – Selon sa nature séparant chacun – et exposant comment il est. » Et tout est ainsi dans les fragments.

Ai-je découragé le lecteur de jamais comprendre Héraclite ? Mais ne fallait-il pas lui montrer qu'on ne se lance pas dans ces textes si lointains et venus jusqu'à nous par de si nombreux intermédiaires, comme on se jette dans *Les Trois Mousquetaires* ou même dans Sartre ? La lecture d'un texte n'est pas une inhalation ; il ne s'en dégage pas de vapeurs, qu'un nez vierge – si tant est – reconnaîtrait pour peu qu'il l'approchât avec une curiosité sympathique. Les textes antiques se défendent tout seuls, et les traditions qui les véhiculent ne sont jamais tout à fait innocentes. Un dernier trait en passant : Thalès, le philosophe de l'eau était, paraît-il, mort de soif. Héraclite, le philosophe du feu, passe pour être mort hydropique : n'avait-il pas enseigné que la mort, pour les âmes, est de tourner en eau (Diels-Kranz, 36) et que l'âme sèche est la meilleure et la plus sage (Diels-Kranz, 118) ? Cette mort-là vaut vérification !

D'Héraclite, retenons le caractère antilogique qui est, selon Clémence Ramnoux, la manière des Présocratiques. L'*antilogie* transpose dans le registre philosophique cet antagonisme qui, chez les Grecs, hante les dieux aussi bien que les hommes et la nature tout entière. Dans les vieux mythes, les dieux règlent leurs comptes à coups de héros morts. Dans la nature, le jour et la nuit, l'hiver et l'été empiètent les uns sur les autres. Et dans le cœur des humains, ce ne sont que situations conflictuelles, impasses affectives, nœuds insolubles de passions qui tirent en sens contraire, et rendent indéchiffrable la destinée. Bref, ce qui dans les mythes était vécu sans recul, et qui dans la tragédie était reflété comme dans un miroir, est maintenant exposé, parlé, par la *philosophia*. La leçon d'Héraclite est qu'il ne faut jamais traiter par le mépris le mouvement, car il n'y a d'unité que dynamique. On n'isole pas l'être du mouvement des êtres.

Suivre à la trace le devenir d'Héraclite dans la pensée des philosophes serait d'un grand intérêt, chacun y ayant reconnu, à la façon d'un test de Rorschach, ses propres préoccupations, tirant d'ailleurs en sens contraire, ce qui eût enchanté l'Éphésien. Cet examen systématique des exégèses successives procurerait aussi l'occasion de quelques joyeux moments, par exemple Héraclite ancêtre du matérialisme dialectique selon Lénine et Staline, dont la compétence en ces questions fit longtemps autorité dans certains milieux. Il faut dire qu'Héraclite précurseur de Heidegger n'est pas non plus sans charme. Puissé-je avoir détourné le lecteur de la philosophie-fiction ! J'aurais déjà fait le plus clair de mon travail.

LE SENSIBLE ET L'AU-DELÀ

À peu près contemporain d'Héraclite, et né à Colophon, en Asie Mineure, Xénophane (vers 570-480) était une manière de barde philosophe, un poète errant. Lassé de parcourir le monde, il s'en vint finir ses jours à Élée, dans cette plus vaste Grèce que restera, par-delà toutes les conquêtes, l'Italie du sud. Peut-être avait-il subi quelques avanies du fait des invasions médiques. Quelques vers de lui évoquent d'une façon infiniment sympathique l'ambiance de ces soirées où les réfugiés égrènent leurs souvenirs : « Voilà les choses que nous devons dire au coin du feu, en hiver, quand nous sommes couchés sur des coussins moelleux, buvant du vin doux et grignotant des pois chiches : "De quel pays es-tu, et quel âge avais-tu, très cher, quand arriva le Mède ?" »

À peu près tout s'est perdu des ouvrages que la tradition prête à Xénophane : comme pour Héraclite et les autres, il faut se contenter de quelques fragments. On ne sait donc pas grand-chose de son enseignement, ni d'ailleurs de ses études : il aurait écouté Anaximandre, et paraît instruit de la cosmologie des Milésiens. En revanche, on sait qu'il lisait déjà d'un œil critique les vieux textes d'Homère et d'Hésiode : il se scandalisait en effet qu'on y prêtât aux dieux des tromperies, rapines et autres histoires salées qui chez les humains sont déjà regrettables. Bref, il fallait s'y attendre, les hommes ont fait les dieux à leur image. Il le dit en propres termes : « Les Éthiopiens les voient noirs avec un nez épaté ; les Thraces avec des yeux pers et des cheveux rouges. » Et il enchaîne : si les bœufs, les chevaux et les lions avaient des dieux, il est facile de deviner de quoi ils auraient l'air. Voilà donc pris sur le fait l'anthropomorphisme sous-jacent à ce qu'on pense du divin – et là, il faut bien constater que Xénophane a prêché dans le désert.

Alla-t-il plus loin dans son approche de la divinité ? Aristote assure que « promenant son regard sur le tout du ciel, il posa que l'Un est dieu » (*Métaph.*, A 5, 986 b). Ce dieu-là, « le plus grand parmi les dieux et les hommes », « n'est pareil aux humains ni par la forme ni par la pensée… Tout entier il voit, tout entier il pense, tout entier il entend » (Diels-Kranz, 24). Ce panthéisme tranche-t-il autant qu'on l'imagine des opinions ambiantes ? J. Burnet observe plaisamment qu'il y avait là de quoi faire passer Xénophane pour un athée plutôt qu'autre chose. En fait, dans la Grèce du temps, la moderne distinction entre monothéisme et polythéisme ne jouait aucun rôle, la vraie question étant celle des rapports qu'entretenait la divinité, conçue comme on voulait, avec le monde. Le dieu de Xénophane n'est pas tout à fait l'ancêtre du « Bon Dieu ».

Autre observation qui n'a l'air de rien mais va loin : « Si le dieu n'avait point fait le miel, les hommes auraient trouvé bien plus douces les figues… » Pour Xénophane, il y a donc dans toute sensation une part de relatif, qui invite à distinguer la chose en elle-même et le sentiment qu'on en a, bref, à distinguer ce que plus tard les philosophes appelleront la science et l'opinion. Un problème de plus se profilait à l'horizon de la philosophie : est-il si sûr que le monde *est* tel que *je* le vois, et que *ma* vérité soit *la* vérité ?

*

Un autre penseur, de peu postérieur, va nous permettre de voir comment se complique et s'affine la réflexion sur le multiple, sur l'un, et sur une force supérieure, plus ou moins divine, qui est censée organiser le monde de l'intérieur. Anaxagore (vers 500-428) vint de Clazomènes, sa patrie, en Asie Mineure, jusqu'à Athènes, où il fit de longs séjours.

Cet Ionien s'y fit de belles relations, puisqu'il fut le maître et l'ami de Périclès, mais politiquement compromettantes, et qui durent lui valoir quelques déconvenues par la suite.

Ses préoccupations cosmologiques sont bien dans la ligne des physiciens de Milet. Il aurait, assure-t-on, annoncé la chute d'un météore en provenance du soleil, mais nul n'a jamais précisé comment il avait pu s'y prendre, ce genre de phénomène étant toujours, à l'heure où j'écris, considéré comme difficilement prévisible. Les doxographies sont ainsi pleines de surprises.

Plus sûr en tout cas est ce qu'on rapporte de la pensée d'Anaxagore, qui est tout à fait ingénieuse. C'est toujours le problème de l'un et du multiple qui la domine, posé et résolu à partir de perplexités naissant de la vie courante. Comment expliquer, par exemple, quand on ne sait absolument rien – et pour cause – de la physiologie, de la chimie organique, etc., que l'herbe du pré une fois broutée devienne bifteck, cuisse ou peau de lapin ? Prolongeant l'enseignement des Milésiens, Anaxagore est donc amené à poser au principe du tout un substrat primordial, un « non-limité » au sein duquel tout ce que deviennent incessamment toutes choses se trouve mêlé, émulsionné sous forme de particules, infinies en petitesse comme en nombre. Si bien que chaque être distinct contenant en lui-même des particules de toutes choses – et donc l'herbe contenant des particules de vache, de lapin ou de ce qu'on voudra –, le phénomène de ces transformations incessantes perd son caractère incompréhensible. Tel est le principe anaxagoréen des « particules semblables », des *homéoméries*, qui assure dans l'esprit du philosophe, l'homogénéité de base des corps matériels dans leur ensemble. Bref, il y a un peu de tout dans tout. J'avais promis au lecteur un peu de dépaysement : j'imagine qu'il s'estime servi – mais peut-être est-il moins porté, s'il veut bien se mettre dans la perspective de ces gens étrangers à nos savoirs, à taxer de loufoquerie ces approximations qui aujourd'hui peuvent faire sourire, mais en fait ne sont pas sans génie. Il fallait bien que les choses fussent compréhensibles.

Toutes ces transformations à partir de la substance primordiale, ou fondamentale, ne sont pourtant pas arbitraires : la vache de tout à l'heure ne se change jamais en luzerne, pas plus que le lapin en carotte. Reste donc à savoir comment Anaxagore conçoit la dynamique de ce passage de l'indifférencié au défini : quelle énergie y préside, et de quelle nature est-elle ? – C'est, explique-t-il, le *Noûs* qui y pourvoit. Encore un de ces mots grecs promis à un brillant avenir : ses acceptions, dans le lexique grec, vont d'intellect, esprit, pensée, sagesse, à intention, âme, désir, volonté. Toujours ce problème du vocabulaire, chacun de ces termes faisant surgir dans nos esprits modernes un certain nombre d'associations familières, mais qui ne sauraient être toujours d'époque. L'envie nous vient aussitôt de choisir là-dedans « Intellect », ou « Esprit », et ainsi, Anaxagore serait le premier à avoir posé une Intelligence subsistante, un divin architecte du monde, distinct de ses œuvres matérielles. Bref, un dieu intelligent, omniscient, omniprésent. Ainsi semblent l'avoir entendu, avec pourtant quelques réserves, Socrate, Platon, Aristote, et bien d'autres par la suite, l'état de la philosophie évoluant chaque fois entre-temps. Reparaît le problème de la relecture des philosophes les uns par les autres, dont nous ne nous déferons jamais ! Avec Clémence Ramnoux, attentive toujours aux récupérations et à ce qu'elle appelle si bien « les superstructures idéologico-systématiques de la transmission », gardons-nous de trop vite projeter sur ces textes « le clivage radical de l'espace et de la pensée, que nous avons hérité de Descartes, et le sens de la transcendance tel que l'a nourri chez nous notre propre tradition religieuse. On reconnaîtra donc à l'*Esprit* tel qu'il surgit dans la tradition de la Grèce, une grandeur spatiale : cet âge ne concevant même pas l'*être* sans la *grandeur* » (*Études présocratiques*, II, p. 47). Évitons donc, même s'il n'est pas facile aujourd'hui d'imaginer cette « spatialité pensante » dont nous éloignent nos hérédités philosophiques et religieuses, de trop spiritualiser l'Esprit ou l'Intellect tel que le voyait Anaxagore.

LES CHOSES, LES NOMBRES ET L'UN

Avec Pythagore de Samos (vers 580-500 – mais rien n'est moins sûr), il est plus séant de parler d'hagiographie que de biographie. Si loin qu'on remonte dans le passé, on en parle déjà par allusion, et sur un mode à ce point merveilleux que toute tentative pour démêler le légendaire et l'historique est d'avance condamnée. Là n'est d'ailleurs pas le problème. On s'instruira du moins de ce climat en lisant la *Vie de Pythagore* par Porphyre, qui vécut huit siècles après lui et recueillit, en les arrangeant à sa façon, une infinité de sources antiques. On en a aujourd'hui une bonne édition en langue française par E. Des Places (Les Belles Lettres, 1982).

On lit toujours avec curiosité et goût ces *Fioretti* païennes, où Pythagore apparaît comme demi-dieu – car il n'y a pas de quarts-de-dieu –, puisque ses parents descendaient tous les deux du héros Antée, un fils de Zeus lui-même. Une telle parenté permet de s'attendre à tout sans s'étonner de rien. Allergique à la tyrannie – bien réelle celle-là – de Polycrate de Samos, Pythagore quitta sa patrie pour une longue suite de voyages qui servirent grandement à sa formation. Il passe ainsi pour avoir tout appris des mathématiques auprès des Égyptiens, des Chaldéens et des Phéniciens. Quant à sa science exceptionnelle des dieux, il la tiendrait des mages : de Zoroastre et – à tant faire ! – du Bouddha, et sa capacité d'interpréter les songes, c'est des Hébreux qu'elle lui viendrait. Tout cela nous renseigne au moins sur les spécialités qu'on prêtait aux uns et aux autres en des temps où il n'était pas aussi facile qu'aujourd'hui d'aller vérifier sur place… et de revenir.

Pythagore vint finalement s'établir en Italie méridionale, où il faisait des miracles : comme demi-dieu, il n'avait pas à s'en gêner. C'est ainsi, par exemple, qu'on put constater sa présence en deux endroits à la fois. Un autre jour, à Métaponte, en Sicile, bavardant avec des gens, il troussa sa robe et exhiba... une superbe cuisse d'or – reliquat, peut-être, de quelque liturgie égyptienne si l'on en croit les spécialistes, ce qui lui valut le surnom de Chrysomère, ou « cuisse-d'or ». Si ce bric-à-brac nous fait aujourd'hui penser aux pseudo-mages et autres gourous de nos sectes, ne nous y trompons pas : tout cela, en ces temps, connote le divin et authentifie censément l'enseignement du maître.

Pythagore fonda sur place une communauté, un ordre mi-politique mi-religieux, qui connut de nombreuses vicissitudes, mais dont l'esprit devait durer indéfiniment après lui. On n'entrait pas si facilement dans la secte. Il fallait se plier à une sorte de noviciat, qui permettait de vous classer selon diverses fonctions : les mathématiciens, qui s'appliquaient à la géométrie et à l'astronomie, les physiciens ou vénérables, qui s'adonnaient à la contemplation, et les politiciens, consacrés « aux affaires humaines » : à ses talents, le Maître ajoutait en effet celui de faiseur de constitutions. La vie y était simple, façon « bio » : vêture sobre, régime frugal, et il fallait en outre respecter un certain nombre de tabous, alimentaires ou autres. Ces interdits devaient porter une certaine charge mystique : s'abstenir de fèves – en raison, probablement, d'un symbolisme de fécondité, leur forme évoquant certains organes –, commencer par chausser son pied droit, ne pas parler dans le noir... Parfois, ce symbolisme laisse perplexe : ne pas se servir de son épée pour attiser le feu, ne pas pisser face au soleil, et j'en passe. Ces gens professaient ce qu'on a la fâcheuse habitude d'appeler « métempsycose », alors qu'il faudrait dire *métensomatose*, du grec *sôma*, le corps. Car il ne s'agit pas de changer d'âme, mais de la promener de corps en corps, au gré des réincarnations. Cette doctrine déconseille donc, et l'on voit pourquoi, la consommation de viande. Purifier son âme par une vie de plus en plus détachée était le seul moyen d'échapper à la série éprouvante des recommencements. Dans la même ligne, les pythagoriciens s'ingéniaient à améliorer la vie politique, et notamment à en éliminer injustice et violence. Je ne sache pas qu'ils aient obtenu grand résultat.

Son temps terrestre accompli, Pythagore mourut, mais bien sûr, les traditions ne s'accordent pas. D'aucuns disent que, traqué lors d'une guerre locale par un petit commando ennemi, il se refusa à couper au travers d'un champ de fèves, et tomba de ce fait entre les mains de ses poursuivants. Toujours cette ironie à laquelle nous commençons à nous faire : lui qui tant respectait les fèves, symboles de vie, voilà bien qu'il en meurt ! Mais certains disent qu'il s'éteignit à la suite d'un jeûne trop long, et d'autres prétendent l'avoir vu disparaître dans un chemin de montagne : une Ascension, en somme. Il est vrai que dans ses jeunes années, il était descendu aux Enfers, où il était resté « trois fois neuf jours ». Avec un tel palmarès, il ne pouvait évidemment finir comme tout le monde.

Si j'ai autant insisté sur le côté mage ou gourou de Pythagore, qui aujourd'hui le disqualifierait, c'est que cela même situe pour les Anciens, le niveau de son enseignement et l'affecte d'un coefficient de transcendance. Tout le monde comprend à l'époque qu'il s'agit d'une révélation, et qui procède, à travers Pythagore, des initiés, de ceux qui savent. Cela dit, voyons comment se présente ce savoir qui va au fond des choses, et que le premier il appela *philosophia*.

Les fondements du système pythagoricien tiennent dans la table fameuse, dite « des oppositions », où par groupe de deux s'expriment dix opposés, dont certains nous sont déjà connus. Cette table, la voici, telle que la donne Aristote :

1. Limité – Illimité (nous retrouvons Anaximandre)
2. Impair – Pair
3. Un – Multiple (voyez Anaxagore)
4. Droite – Gauche
5. Mâle – Femelle
6. Stable – En mouvement (songez à Héraclite)
7. Droit – Courbe
8. Lumière – Obscurité (Héraclite encore)
9. Bien – Mal
10. Carré – Oblong

Pour Pythagore, toute l'expérience de la réalité est là, qui toujours se présente sur le mode dichotomique. Et ce qui domine la réalité ainsi structurée, ce qui la gouverne, ce sont *les nombres*, car ils en sont l'*essence*. Voilà donc qu'apparaît une notion nouvelle, qu'il convient d'expliquer. Rappelons-nous le théorème bien connu, qu'on appelle précisément « de Pythagore » : dans *tout* triangle rectangle, le carré de l'hypoténuse est égal à la somme des carrés des deux autres côtés. Nous avons souligné le mot *tout*, car c'est là que se situe la découverte. En effet, avant Pythagore, d'autres géomètres avaient constaté cette propriété, mais c'était seulement pour tel cas particulier. Les Égyptiens, par exemple, avaient observé que dans le cas d'un triangle dont les côtés sont respectivement 3, 4 et 5, on a, de fait, la formule :

$$3^2 + 4^2 = 5^2$$

La découverte de Pythagore, c'est que cette relation vaut pour *tous* les triangles rectangles possibles sans exception. Il s'agit donc d'une idée générale à laquelle se conforme toute figure de ce type, si bien que, comme J.-P. Dumont le formule parfaitement, ce que la science pythagoricienne entend mettre au jour, ce sont « les attributs d'un objet qui n'appartient pas à l'expérience sensible (entendez : *le* triangle rectangle), mais se présente comme le modèle (on peut dire aussi *l'archétype*) à partir duquel il est possible de construire des représentations ou d'expliquer les représentations déjà données » (*La Philosophie antique*, p. 22). Mutation considérable : la géométrie, qui au départ était simple arpentage – c'est le premier sens du mot : la mesure de la terre –, accède au rang de science abstraite, qui définit *a priori* (dira Kant) les propriétés des figures prises selon leur universalité. Étendons cela à l'ensemble du *cosmos*, et nous aurons la thèse de Pythagore : toute chose a son nombre, et qui possède la science des nombres détient le secret ultime des choses.

Mais il faut ici consentir une fois de plus au dépaysement si l'on veut comprendre ce qui, dans la pensée des Anciens, correspond au mot *nombre*. Quand nous pensons nombre, nous pensons *chiffre*, alors que les Anciens pensent *figure*, qui se présente un peu comme les points sur un domino :

trois	quatre	six etc…
* * *	* * * *	* * * * * *

D'autre part, dans la mentalité des Anciens, pas plus qu'un chiffre le nombre n'est une collection d'unités, mais il naît de la division de l'unité, et le nombre Quatre, par exemple, ne doit pas être pensé ainsi :

1 + 1 + 1 + 1 mais ainsi

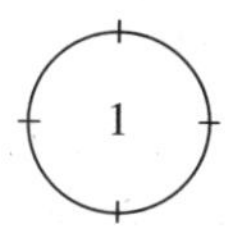

Bien des observations avaient dû conduire Pythagore et ses disciples à concevoir un tel système. Pour tenir debout solidement et offrir un joli coup d'œil, un temple doit respecter dans ses proportions certaines règles, qu'on chiffrait. De même un corps réussi : le fameux *canon* grec – le mot veut dire : tige de roseau servant de règle –, ou encore une musique, qui faute d'un accord mesurable entre ses notes, engendre une impression pénible, etc. Tout cela invitait à étendre, puis à généraliser la recherche des constantes. Si bien que de proche en proche, les pythagoriciens en vinrent à imaginer une mathématique universelle du monde. Porphyre dit que Pythagore « écoutait l'harmonie de l'univers, sensible qu'il était à l'harmonie des sphères et des astres qui s'y meuvent, que la médiocrité de notre nature nous empêche d'entendre » (*Vie*, éd. Des Places, p. 50). Bref, il se délectait de l'ordre engendré par les nombres.

Mais se borner à déclarer que Pythagore est le philosophe des nombres, et qu'il a mis au point un pan-mathématisme, ne suffit pas à donner la clef du système. On laisse ainsi de côté l'essentiel de son intuition, qui d'ailleurs inclut une donnée fondamentale de la pensée antique. Si, en effet, nous nous reportons au tableau des oppositions, exposé plus haut, nous remarquons que le pair est rangé du même côté que le femelle, le gauche, l'obscur. Il se place après l'illimité et avant le multiple. C'est qu'en effet – et cela ressort de la disposition des points représentant les nombres –, le pair apparaît comme une réalité incomplète, à qui manquera toujours quelque chose par le fait qu'il se prête à un partage, à une dichotomie allant à l'infini. Il est toujours, il est indéfiniment divisible par deux. L'impair, en revanche, comporte comme un excédent, qui en bloque la division. Dès lors, on comprend que le nombre, à lui tout seul, ne saurait suffire comme principe du cosmos, ainsi qu'on le répète trop souvent en croyant définir le pythagorisme. Le vrai principe, c'est *l'Un* primordial, l'unité fondamentale d'où procèdent tous les nombres. Cette unité première, c'est la divine *Monade*, que les pythagoriciens désignent aussi par le nom de *Mnémosunè*, la Mémoire par excellence, prégnante du souvenir des origines. Établir le rapport de toutes choses avec cette Monade originaire, tel est le but précis que se proposaient Pythagore et son école, afin de réaliser un monde parfait.

Cette recherche présente un aspect pratique évident : la mathématisation du réel donne une meilleure prise sur le monde, et donc permet de l'organiser sur le plan technique, esthétique, politique, etc. De plus, elle contente un besoin mystique. Les pythagoriciens étaient friands de cette arithmologie qui aujourd'hui nous paraît farfelue, mais qui pour eux recelait des raisons secrètes : le nombre quatre symbolisait la justice, cinq le mariage, etc. – avec chaque fois une « explication » qui nous paraît tirée par les cheveux. Quant au nombre dix – la fameuse *tétractys* –, qui n'est autre que la somme des quatre premiers nombres, 1 + 2 + 3 + 4, elle était censée être la source et la racine de la nature éternelle. On jurait par elle, revêtant ainsi de divin la parole proférée. Autre trait particulier aux pythagoriciens : ils se délectaient des assonances, des jeux de mots, qui sous un aspect innocent en disent long. Le plus cité est le fameux *sôma-sèma* : le corps est un tombeau. Tout est signe, et la parole elle-même est entraînée dans ce schématisme universel intelligible aux heureux initiés.

On peut donc regarder le pythagorisme comme une sorte de *gnose*, où le salut de l'âme est lié à l'acquisition d'une connaissance de plus en plus parfaite. La dimension mystique du mathématisme pythagoricien s'est d'ailleurs tôt combinée avec les spéculations religieuses de l'*orphisme*, du culte du dieu Orphée, que nous rencontrerons souvent. Puissante et prometteuse apparaît donc cette systématisation, qui englobe à la fois la mathématique, la métaphysique, la morale et la religion. On pourra bien la brocarder au cours des temps ; elle ne se laissera jamais oublier, et plus d'un philosophe en intégrera les intuitions. Ce bref exposé nous rappelle que dans la pensée antique, le mythe et la rationalité, loin de se combattre et de s'exclure comme c'est le cas aujourd'hui, se compénètrent toujours de façon plus ou moins évidente.

L'ÊTRE ET LE NON-ÊTRE

Au fait, pourquoi y a-t-il quelque chose plutôt que rien du tout ? Il arrive encore aujourd'hui que la question se pose. Je serais même tenté de dire que nul n'a jamais été effleuré par la philosophie s'il ne se l'est un jour posée. Il n'est pas non plus sans signification qu'on la formule spontanément sous cette forme négative, par référence à un néant qu'on s'évertue, sans succès d'ailleurs, et pour cause, à imaginer. Cette négativité, ce désespoir spéculatif, pourrait bien, à mon sens, avouer le caractère ultime de la question. Lorsqu'on a tout appris, secteur après secteur, du réel par toutes les sciences, tout se passe comme s'il y avait un restant irréductible, éprouvé comme la contingence même – du genre « c'est comme ça parce que c'est comme ça » –, et qu'on s'efforce d'expliquer, selon les convictions de chacun, par le hasard et la nécessité, ou par l'œuvre des dieux – ce qui, bien sûr, fait naître d'autres problèmes.

Pour Parménide d'Élée, au sud de l'Italie (à la charnière des VIe et Ve siècles, pour autant qu'on le sache), cet ordre de questions touchant à la présence d'un ensemble de choses à notre conscience, se posait dans des termes tout à fait intéressants à étudier, car ils marqueront fortement toute la philosophie à venir. Parménide, en effet, parce qu'apparaît l'idée d'Être dans les fragments qui nous sont parvenus de lui, endosse la paternité de toutes les philosophies dites « de l'Être », ou encore « ontologies ».

En fait, Parménide est connu comme auteur d'un poème archaïque sur la Nature destiné, comme ceux du barde Xénophane de Colophon, à être récité. En partie perdu, il nous est parvenu par des voies complexes. Un groupement de trente-deux vers, le prologue, nous vient en grande partie d'un médecin, Sextus Empiricus, qui vivait au IIe-IIIe siècle après J.-C. Une autre suite de soixante et un vers constitue un discours dont l'essentiel procède du commentaire que donna de la pensée d'Aristote un philosophe du Ve-VIe siècle après J.-C., nommé Simplicius. Tout cela implique, évidemment, ces relectures qui sont le casse-tête des spécialistes. À mesure que passent les années, des livres paraissent, qui chacun prétendent, avec d'excellentes raisons, donner enfin *la* signification de ces fragments. On y gagne au moins de découvrir ce que Parménide n'a sûrement pas voulu dire. Bref, l'enseignement de Parménide se dégage peu à peu de la gangue d'interprétations modernisantes dans lequel il fut longtemps pris.

Le prologue se situe dans un contexte mystique qui, au point où nous en sommes rendus, ne nous surprendra pas. Inspirés d'Homère, d'Hésiode et de traditions orphiques et pythagoriciennes, ces vers sont censés raconter par le menu la randonnée céleste d'un initié. Emporté à toute allure sur un char, le héros parcourt un chemin qui le situe hors des sentiers battus. Ce sont en effet les Filles du Soleil qui le prennent en charge dans un vol direct vers des lieux de lumière. Au terminus s'ouvre devant lui la porte qui sépare « la route du Jour et la route de la Nuit », et l'initié débarque, accueilli par une divine hôtesse : il va tout savoir de la Vérité et des croyances des mortels. Tout cela, en clair, paraît figurer la démarche de la connaissance qui, par-delà les normes de l'expérience ordinaire, accède à la vraie réalité, et s'exprime elle-même en même temps que son objet dans un discours qui se tient et qui porte.

Qu'a donc appris ce touriste métaphysique ? – Qu'il y a deux routes – entendons : deux démarches, méthodes ou styles pour dire ce qui vaut d'être dit. La première voie conduit au vrai, l'autre est en impasse. « Il faut – première route – dire et penser que l'être est, car de l'être, oui, il y en a. Du non-être, non, il n'y en a pas » (Traduction de C. Ramnoux). Quant à l'autre itinéraire, à savoir : soutenir que le non-être existe, il ne mène nulle part. Bref, de la contradiction rien ne sort. Là-dessus, Parménide développe, affirmant que *l'Être est* nécessairement et toujours ; qu'il est sans passé ni futur, inengendré, sans fin, identique à soi, d'un seul tenant, immobile… et sphérique. Cette dernière précision peut nous faire tomber de haut, mais comme je l'ai souligné peu avant, dans l'univers mental archaïque, pensée géométrique et pensée physique n'ont pas encore leur autonomie, pas plus d'ailleurs que pensée physique et vision théologique du monde. « La figure glisse au symbole avec une espèce d'innocence » (C. Ramnoux), si bien que cette boule, cette sphère de l'Être pourrait bien être à la fois un objet géométrique, une réalité physique, et aussi une métaphore : la rondeur, si l'on veut, d'une pensée comblée par sa contemplation. Penser est la même chose que « penser-cela-qui-est-l'être ». La pensée serait, en quelque sorte, l'Être lui-même qui se dit, chassant de soi tout ce qui s'en prétendrait distinct. Dans cette perspective d'une identité entre l'objet (l'Être) et le discours sur l'objet, Parménide pourrait bien avoir prémuni les Grecs de son temps contre la tentation d'abuser de la parole. L'incohérence, la contradiction, le double langage, tout cela peut avoir l'air profond, mais ne dit finalement rien qui vaille. On ne peut pas raconter n'importe quoi. On peut, certes, renverser les phrases de toutes les façons qu'on voudra et subvertir comme par jeu le langage ; on ne change pas le réel pour autant. Une leçon de sérieux logique, en somme, et qui procède des cieux, puisque l'initié est censé en revenir : le recours au mythe garantit la vérité du message.

Cela dit, Parménide énonce la suite de la révélation divine, et la seconde partie du texte, arrivée tant bien que mal jusqu'à nous, fait état d'une autre voie, banale : celle de *l'opinion* (en grec : *doxa*). L'opinion – entendez : ce que tout le monde raconte à partir de sa petite expérience –, ne peut énoncer qu'un « discours à l'ordre décevant », puisqu'il porte sur la pluralité confuse des choses en devenir, par opposition à la solidité immuable de l'Être et de la Vérité vraie. En somme, c'est là une connaissance de second ordre, mais qui, à l'occasion, peut tomber juste et donc être bonne à prendre. En effet, selon Parménide, tout discours sur le monde est ambigu, funeste à qui le prend pour argent comptant, mais profitable à qui sait s'appuyer dessus pour le dépasser vers l'absolu de l'Être. Les apparences, dont on ne cesse de discourir, échouent, bien sûr, à nous donner l'absolu de l'Être, mais elles ne sont pas pour autant une espèce de rien, une berlue qu'on pourrait négliger sans dommage. Elles ne sont pas pure évanescence qu'il faudrait nier ; elles manifestent « l'éclair d'or de la présence » (J. Beaufret). Aussi bien toute présence de l'Être est mangée d'absence ; toute certitude est entachée d'erreur, comme toute lumière est nuancée d'ombre. Il ne faut pas pour autant renoncer à l'absolu.

La leçon de Parménide serait donc – et cela déjà annonce Socrate et Platon –, que passer du monde quotidien à la vraie réalité exige une initiation, une purification, bref, un dépassement. Le meilleur de la philosophie à venir est déjà là, dans ce message abrupt, hautain, et pour nous ésotérique, que les faiseurs de synthèses frappantes et rapides se sont complu à opposer à celui d'Héraclite, lui-même réduit à un pur mobilisme. L'Être d'un côté, le mouvement de l'autre, qui s'opposeraient comme deux espèces franches ! Mais de telles simplifications sont étrangères à la mentalité antique, hantée par le problème de l'Un et du Multiple, et soucieuse toujours de tenir ensemble les deux points de vue, en dépit des difficultés rencontrées.

*

Il eût été bien étonnant que les thèses de Parménide en faveur du primat de l'Être aient suscité une adhésion unanime. Elles rencontrèrent des résistances, notamment du côté des pythagoriciens. Un disciple de Parménide, Zénon d'Élée (vers 460) entreprit de défendre les positions de son maître, usant pour cela d'une méthode d'argumentation de son cru, qui lui valut, du moins c'est Aristote qui le dit, de passer pour le père de la dialectique. Le procédé de Zénon consistait à s'emparer d'une des hypothèses-clef de la thèse adverse et de la pousser jusqu'à ses conséquences extrêmes, ce qui lui permettait d'en tirer des conclusions contradictoires. Ce principe, appliqué à ceux qui étaient pour le mobilisme universel contre l'Être parménidien, donna lieu à une série d'*apories* (du grec *aporia*, difficulté de passer, embarras, etc.) restées célèbres jusqu'à nos jours. Donnons-en l'essentiel.

Parménide, dit Zénon, a bien raison d'affirmer que l'Être est immuable, puisque devenir autre qu'Être serait... ne plus être ! En effet, si vous dites que la réalité n'est pas une, mais multiple, vous la posez par le fait même comme indéfiniment divisible. Bien, dit Zénon. Appliquons donc cela au mouvement. Soit un coureur en piste : le malheureux n'arrivera jamais jusqu'au bout, dès lors qu'avant d'y parvenir, il aura dû (sous-entendu : selon vos thèses) franchir la moitié de la distance, et avant cela, la moitié de cette moitié, et avant encore, la moitié de... – et ainsi de suite à l'infini. Achille au pied léger pourra toujours courir pour rattraper la tortue : quand il se décidera enfin à partir du point T, la tortue sera déjà en T', et quand Achille atteindra T', la sale bête sera rendue en T'', et ainsi de suite. Autant dire qu'elle a gagné. Pas davantage la flèche n'atteindra la cible. Tout se fige comme dans un mauvais rêve. Rien de tout cela ne veut évidemment dire que Zénon niait le mouvement, ce qui serait absurde, mais que l'hypothèse de la multiplicité, qu'on oppose à Parménide, engendre des contradictions autrement ruineuses que l'hypothèse dudit Parménide.

Les siècles à venir s'hypnotiseront sur ce qu'ils verront comme une sorte de canular logico-physique. Valéry s'en est enchanté dans *Le Cimetière marin* :

Zénon ! Cruel Zénon ! Zénon d'Élée !
M'as-tu percé de cette flèche ailée
Qui vibre, vole et ne vole pas !

Ces paralogismes ont été notamment réduits par Bergson, hanté comme chacun sait par le problème des relations entre le continu et le discontinu. Mais était-ce bien la question ? En effet, comme l'a utilement souligné Dumont dans son édition des *Présocratiques*, ce qui est au centre de la spéculation de Zénon, c'est le concept d'*illimité*. D'un côté, l'Un est illimité, puisqu'il est divisible à l'infini. Mais d'autre part, si l'Un n'est pas un, puisqu'il est divisible, alors il faut dire que les multiples existent. « Or, si les multiples existent, la division ne se poursuit pas véritablement jusqu'à l'infini et rencontre des entités toutes petites et insécables, les atomes. Par là même, Zénon introduit le concept d'atome et fraie la nouvelle voie de l'éléatisme, suivie par les atomistes Leucippe et Démocrite » (*op. cit.*, p. 1278). La sphère de Parménide vole en éclats imperceptibles, qui sauvegardent en les démultipliant les caractères de l'Un selon le philosophe d'Élée. Les textes anciens recèlent des surprises. À s'obnubiler sur ce qui vous y saute aux yeux, on risque toujours de passer à côté de problèmes autrement importants, que seuls révèlent les perpétuels, les patients rapprochements avec d'autres textes.

Il n'est pas indifférent que Zénon d'Élée ait trouvé, à défendre la liberté, une mort aussi glorieuse qu'effroyable. Ayant en effet entrepris de débarrasser sa patrie du tyran qui l'écrasait, il fut arrêté, soumis à la question, et pour finir, s'étant tranché la langue avec ses dents, il la cracha au visage de son ennemi. La langue du premier dialecticien offerte en sacrifice sanglant à la liberté, il y a de quoi rêver indéfiniment là-dessus.

LES JEUX DE L'AMOUR ET DE LA HAINE

Ce qui se colporte sur Empédocle d'Agrigente, dans la Sicile grecque (vers 490-435), n'est pas beaucoup plus crédible que la biographie héroïque de Pythagore, dont il est d'ailleurs l'un des fils spirituels. On dit qu'Empédocle était d'un haut milieu, très mêlé aux affaires politiques de sa cité. Comme jadis Thalès, il aurait accompli des travaux astucieux et profitables à ses contemporains, par exemple l'assainissement de Sélinonte, polluée par deux rivières putrides dont il aurait dévié le cours. De même aurait-il imaginé un système de coupe-vents en peau d'âne pour protéger les récoltes. Mais lui aussi mena une vie de mage errant, médecin des corps et des âmes, qui lui valut un vif succès, puisque la tradition le crédite de performances rares, entre autres la résurrection d'une brave dame d'Agrigente. Qui dit mieux ? Bref, c'était un demi-dieu, et il n'en faisait pas mystère. Quand il atteignit soixante ans, il mourut aussi saintement qu'il avait vécu : souhaitant rejoindre le feu souterrain pour une ultime purification qui le débarrasserait des réincarnations toujours éprouvantes, il piqua une tête dans le cratère de l'Etna. Le volcan aurait toutefois rejeté les sandales de bronze qu'il portait ordinairement dans ses déplacements. Il faut décidément nous faire aux façons de cette époque, de ces temps qui ont toujours été « éloignés », donc fertiles en merveilleux. Le message sera homogène au *curriculum vitae* : ce sera une révélation divine, comme tout ce qui procède du passé. Ajoutons seulement, pour la petite histoire, que d'autres traditions font mourir Empédocle des suites d'un accident de la circulation – il serait tombé d'un char en marche –, et qu'on l'a dit aussi noyé. Certains soutiennent même qu'il se serait pendu. Toute enquête est superflue.

L'œuvre d'Empédocle ne nous est parvenue, elle aussi, que par morceaux. Il aurait écrit deux poèmes, l'un mystique, l'autre cosmologique, auxquels la postérité imposa comme titres : *Les Purifications* et *De la Nature*. Alors, poète inspiré, hiérophante, ou bien physicien ? Ingénieur ou gourou ? Question toute moderne : les deux à la fois, sans doute, car l'époque n'a pas encore tranché dans la masse confuse du savoir et du faire. En somme, « un Newton doublé d'un Cagliostro », comme disait Renan, que ce mélange des genres mettait visiblement mal à l'aise en un siècle amoureux fou de la raison.

On a tôt reconnu dans les textes d'Empédocle les influences croisées de Pythagore – ne serait-ce que la transmigration des âmes –, de Parménide et d'Héraclite, qui seraient passés du côté de chez lui et qu'il aurait pu écouter. Mais tout cela est assumé par Empédocle dans une vision cosmologique et anthropologique originale. L'unité du multiple tient selon lui à la permanence des quatre éléments de base, qu'à l'instar de la *tétractys* il appelle les quatre racines : eau, air, feu, terre. Leurs combinaisons se diversifient à l'infini pour donner tout ce que nous voyons. Empédocle propose la comparaison du peintre qui, à partir de très peu de couleurs fondamentales, produit toutes les images qu'il veut. Il y a, à la base de toutes choses, une quantité constante de matière, sans augmentation ni déperdition d'aucune sorte. Avant Lavoisier, Empédocle eût pu dire : « Rien ne se perd, rien ne se crée, tout se transforme. » Eau, air, feu, terre se compénètrent et se séparent et se retrouvent sans fin pour engendrer des êtres, et cela au gré de deux grandes forces à jamais antagonistes et complémentaires : l'Amour et la Haine. En clair, l'Un et le Multiple se métamorphosent éternellement l'un en l'autre, dans un brassage dont le détail, tel que le décrit Empédocle, est d'ailleurs fort compliqué et pas toujours cohérent. Les philosophes des générations postérieures, pour admiratifs qu'ils soient, l'ont déploré.

Mais le détail, ici, importe peu, et il nous faut schématiser. Disons que dans ce processus dynamique tel que le voit Empédocle, et qui aboutit à notre monde, il y aurait des moments, selon que prévaudrait l'action de l'Amour ou de la Haine. Il y a ainsi un temps où domine l'harmonie, et alors, les éléments s'agrègent en une première unité confuse. L'Un s'arrondit en une Sphère – encore une ! –, tout heureuse d'être ronde. Or, la Haine y est déjà à pied d'œuvre, et quand vient son heure, l'Unité se disloque, se morcelle en entités provisoires. Mais sous l'empire de l'Amour, quelque chose de plus stable vient au jour. Emporté par son inspiration à la Jérôme Bosch, Empédocle décrit des états intermédiaires, ébauches insolites, membres poussant à même le sol comme des champignons, tout cela cherchant à former, par des combinaisons hasardeuses, des corps viables. On notera au passage des observations précises, attestant son tempérament physicien : la respiration, la circulation du sang autour du cœur, qui sont comme autant d'anticipations curieuses. Ainsi va notre monde, où l'homme, dans son action, doit se placer du côté de l'Amour. Nos vies elles-mêmes se voient entraînées dans la ronde des réincarnations, dont seules les purifications à la pythagoricienne les délivreront.

Empédocle a donc tout assumé de l'héritage philosophique, à sa manière qui était géniale et confuse, inspirée et brouillonne. Tout cela en impressionnera plus d'un parmi les philosophes, comme en témoigne le sort qui lui fut fait. On l'admire et il arrive qu'il agace par les imprécisions, voire les contradictions, inséparables de son propos immensément ambitieux : peindre le tableau entier de la vie avec, en arrière-plan, les forces divines en travail. Devant cette pensée foisonnante, traversée d'éclairs de génie, les modernes sont partagés. Empédocle ne dit rien qui vaille à Hegel, qui lui préfère de beaucoup, on s'en doute, Héraclite. En revanche, il fascina Nietzsche, au point de lui donner envie de commettre une tragédie, restée à l'état d'ébauche. Mais trois quarts de siècle plus tôt, Hölderlin, voyant dans Empédocle le paradigme du penseur politique issu des Lumières, avait consacré à l'Agrigentin un drame romantique : *La Mort d'Empédocle*. « Le rêve hellénique de l'âme allemande », dit Paul Veyne, vision nostalgique d'une Grèce idéale.

LES ATOMES ET LE VIDE

Plus nette est la pensée de ceux qu'on appelle Abdéritains parce qu'issus d'Abdère, en Thrace, sur la côte de la mer Égée. Ce sont Leucippe (vers 490-460), dont on ne sait pas au juste où il naquit, et son disciple Démocrite d'Abdère (vers 460). On est même si peu renseigné sur leurs biographies respectives que Leucippe et Démocrite ont fini par constituer dans les cours de philosophie un couple stable gérant le système en indivis. Comme leurs prédécesseurs et leurs contemporains, c'est toujours le même problème qui les hante : la pluralité des êtres physiques, leur apparition et leur disparition – à l'époque, on dit : génération et corruption –, leurs mouvements, leurs mutations. Tout bouge, tout change, et c'est pourtant toujours de l'être. Il faut à tout cela une explication cohérente, conciliant les deux exigences dont l'évolution de la philosophie a permis de prendre conscience : la mobilité universelle qu'impose l'expérience et sur laquelle Héraclite a mis l'accent ; mais aussi la permanence de l'Être mise en lumière par l'intuition de Parménide. Sous des formes affinées, c'est bien toujours le même problème.

Or, la solution, Leucippe et Démocrite pensent l'avoir enfin trouvée : ils désintègrent, avons-nous dit, la Sphère de Parménide en une infinité de corpuscules qui en sont chacun le modèle réduit : éternels, pleins, parfaits et donc indivisibles, insécables, tels sont les *atomes* (du grec *atomos* : qu'on ne peut couper). Imperceptibles aux sens, ces particules d'Être ne sont accessibles qu'à la seule pensée. Ces atomes tombent éternellement en pluie dans le *vide*, qui se présente comme un espace à occuper, mais aussi comme une incitation à se mouvoir. Dans leur chute indéfinie, les atomes s'accrochent et se séparent, formant par leur rencontre éphémère des corps qui s'agrègent et se désagrègent sous nos yeux à nous, qui sommes l'un d'eux.

Une telle théorie satisfait donc à la double exigence de l'expérience et de la pensée rationnelle : l'être est un, et pourtant il devient. La différence avec le système d'Anaxagore et ses fameuses homéoméries saute aux yeux. Les atomes d'eau, par exemple, ne sont pas de l'eau nébulisée, et pas davantage les atomes de la pourpre ne sont eux-mêmes pourpre ; tous les atomes sont de même substance. Les âmes elles-mêmes et les esprits ne sont pas faits d'autre chose, et la connaissance s'explique par un transfert de corpuscules qui se détachent, gardant la figure de l'émetteur, pour frapper les sens du récepteur et s'y intégrer. Quant aux dieux, Leucippe et Démocrite ne sont pas portés à les voir derrière le tonnerre, les éclairs et autres phénomènes, impressionnants, certes, mais qui s'expliquent d'une façon plus économique : tout cela entre dans le cadre général du système, et les hommes ont tort d'y accrocher des superstitions. Pourtant, on ne peut considérer ces philosophes comme des athées, qui mépriseraient les cultes traditionnels. L'imagerie mythique trouve là aussi son explication par le jeu des « simulacres », des atomes vagabonds partant des dieux et atteignant les humains.

Enfin, ce qu'il est également bon de remarquer, dans le système des Abdéritains, ainsi que l'a justement montré J.-P. Dumont, c'est la correspondance entre ce couple atomes-vide et le couple être-non-être de Parménide et de son école. Nous voilà donc en présence d'une explication *dualiste* du monde : peu à peu nous voyons la pensée philosophique se meubler sous nos yeux. Mais bientôt, une mutation va s'opérer. Avec le siècle de Périclès, toute une époque de la pensée grecque s'achevait, tandis qu'une autre se préparait.

LA CITÉ ET LA PAROLE : LES SOPHISTES

Athènes, qu'une guerre de onze années contre l'Empire perse (490-479) avait laissée victorieuse et libre, mais en ruines, s'est relevée, et elle entend, sous Périclès, réaliser autour d'elle l'unité de la Grèce. L'époque est, il faut le dire, de toute beauté : c'est l'Athènes de Phidias, le maître d'œuvre du Parthénon, l'Athènes de Sophocle, d'Euripide, d'Hérodote, de Thucydide, de Socrate et bientôt de Platon. Il faudra attendre la Rome d'Auguste pour retrouver pareille constellation en un si court laps de temps. Dans cette cité de quelque 200 000 habitants, en plein développement, fière de ses luttes pour l'indépendance, la direction de l'État est en principe l'affaire de tous, et la politique absorbe en grande partie la vie du citoyen. En tout cas, elle hante sa pensée, car c'est là que chacun trouve sa raison d'être. Dans le régime de démocratie directe qui prévaut à Athènes, chacun peut, si cela lui chante, s'avancer *és méson*, « au milieu » – c'est la formule consacrée – et dire ce qu'il pense des affaires, voire à l'occasion proposer quelque loi. Tout cela est évidemment discuté, discutaillé même. Les arguments s'échangent comme des balles, les convictions plus ou moins fondées s'expriment, dans un climat qu'on devine passionnel, chacun cherchant à faire prévaloir son point de vue. Dans ces conditions, on mesure l'importance que prend la parole. Or, parler n'étant pas nécessairement synonyme de convaincre, on en vint à attacher le plus grand prix – dans tous les sens du terme – aux techniques de la persuasion. Et c'est ce qui explique l'engouement vraiment extraordinaire pour ces professionnels du bien-dire qui débarquaient de tous les coins de la Grèce, et qu'on appela les sophistes.

Le mot, aujourd'hui, n'a pas bonne réputation : cela sent la poudre aux yeux, l'intellectuel ergoteur qui veut vous payer de mots. Bref, le discours du sophiste valant au regard de la vérité vraie ce que vaut en banque le chèque « en bois », le sophiste serait, en somme, quelque chose comme un orateur « à l'estomac », un escroc de l'aphorisme. Cette connotation péjorative remonte à loin, et nous allons comprendre pourquoi.

Cette brochette de grands intellectuels avaient eu l'idée de monnayer leur savoir, ce qui était une grande première. Ils arrivaient dans cette ville au faîte de sa puissance pour y enseigner à la jeunesse dorée à parler en public. À s'exprimer sans bafouiller, bien sûr, mais surtout à accrocher un auditoire, à décocher comme une flèche l'argument qui fait mouche s'il est pointé là où il faut et quand il faut. Rien de plus grec, nous le savons : *kairon gnôthi*, repère le moment ! Dans un régime où la persuasion était le principe fondamental du jeu politique, les sophistes faisaient profession de vous enseigner exactement ce qu'il fallait pour réussir et faire carrière : être capable de manier l'antilogie, autrement dit de soutenir avec un égal brio la thèse et son contraire, transformer la faiblesse de sa propre position en base d'attaque, terrasser l'adversaire en retournant contre lui ses points forts. Quelque chose comme un judo de l'esprit. Bref, les sophistes vous apprenaient – cela coûtait bon, mais c'était un placement – à convaincre et à vaincre en usant de toutes les ficelles de la rhétorique et de la dialectique, et pour bien faire, ils vous donnaient des clartés de tout. Ils vendaient clés en mains le succès devant les tribunaux en cas de litige, devant l'Assemblée du peuple, partout où il fallait l'emporter. Leur succès fut immédiat et énorme. « Athènes, dit Jacqueline de Romilly, se jeta sans hésiter dans les bras de ces maîtres, au point que sa littérature en resta, pour toujours, marquée. » (*Les Grands Sophistes dans l'Athènes de Périclès*, p. 23). Cela n'allait pas sans périls, car ils n'avaient pas ce qu'il est convenu d'appeler bon esprit.

Les Protagoras, Gorgias, Hippias, Prodicos, Antiphon, Thrasymaque et autres, étaient de haute culture, et c'est bien ce qui les rendait dangereux. Ils savaient leur Homère et leur Hésiode sur le bout du doigt – les grands théologiens, comme on disait –, et ils avaient eu de grands maîtres dans la génération précédente. Mais voilà qu'au lieu de les reproduire comme si souvent, ils prenaient position sur ce qu'avaient censément révélé les philosophes touchant le « fond des choses » : le mouvement, l'être et les apparences, et bien sûr, le fameux problème de l'Un et du Multiple. Les sophistes avaient leur idée sur tout, et de tout cela ils prenaient le contre-pied. Ce n'était pas simple goût du chambardement, comportement ludique d'intellectuels épris de nouveautés. Simplement, sur ces hautes – trop hautes ? – spéculations, ils avaient décidé de prendre le point de vue de l'homme-qui-parle, et qui parle pour dire des choses utiles. Est vrai le discours qui est compris et qui porte avec lui des résultats palpables.

Il faut dire que les sophistes étaient portés par l'air du temps. On ne les avait pas attendus pour être curieux de tout : d'astronomie, bien sûr, mais aussi de physiologie, d'ethnologie, de législation comparée. Les voyageurs rapportaient des observations ; on s'enchantait des progrès techniques. Et parce qu'on découvrait des explications naturelles à des phénomènes imputés jusqu'alors à l'arbitraire des dieux, parce qu'on s'avisait que ni les lois ni les coutumes ni les traditions ne sont partout les mêmes, on en venait à penser que rien n'était peut-être aussi divin ni aussi nécessaire qu'on se l'était figuré. Du coup, l'apparition fracassante de ces intellectuels, de ces « nouveaux philosophes », comme dit J. de Romilly, joua le rôle de catalyseur. Les sophistes donnèrent à cette critique larvée des valeurs traditionnelles une forme philosophique qui s'exprimait en clair. Plus rien n'était accepté *a priori*. Dès lors qu'il n'y avait, à les entendre, de vérité qu'au niveau des impressions variables de tout un chacun, on ne savait plus au juste s'il y avait ou non des dieux ; la justice, règle d'or de la morale grecque, n'apparaissait plus guère que comme une convention, et entre les plus forts, ce qui n'en rendait pas la pratique avantageuse. Bref, les sophistes faisaient table rase de tout ce qui, jusque-là, faisait office d'absolu : mythes, traditions vénérables, secrets de l'univers censément révélés par les philosophes d'avant. De l'art de mettre le désordre…

Grâce aux travaux de l'érudition moderne, dont le lecteur pourra s'informer dans la bibliographie, on connaît aujourd'hui les sophistes pour ce qu'ils ont dit, et non pour ce qu'on en a dit, qui trop souvent les prend à contresens ou les utilise comme repoussoir. Contentons-nous ici de nous faire une idée des trois plus célèbres d'entre eux, Protagoras, Gorgias et Hippias.

Protagoras d'Abdère (vers 492-422) était du pays de Démocrite. En fut-il l'élève ? On le dit parfois. En tout cas, il était l'ami de Périclès et d'Euripide. Il avait écrit, assure-t-on, sur de nombreux sujets, mais de tout cela, il ne reste pas grand-chose. La plus célèbre de ses thèses, qui aujourd'hui encore hante les salles d'examens et concours, était que « l'homme est la mesure de toutes choses ; pour celles qui sont, de leur existence ; pour celles qui ne sont pas, de leur non-existence ». Formule faussement simple, en vérité, sur laquelle les Anciens ont eux-mêmes hésité, et pas toujours de bonne foi. Mieux vaut ne pas voir là une anticipation de Pirandello, « à chacun sa vérité », ni traduire plus prosaïquement par « chacun voit midi à sa porte ». Et d'abord, le mot grec qu'on traduit par « chose » indique un contexte d'usage : c'est la chose utile ; d'autre part, la « mesure » en question connote à la fois la maîtrise sur cette chose et la prudence qu'il faut mettre à exercer cette maîtrise : gare à la démesure ! Quant à « l'homme », c'est moins M. Tartemol pris isolément – ce qui n'aurait rien de grec – que les hommes pris dans une société, dont M. Tartemol sera bien inspiré de prendre l'avis, à commencer par celui de ses concitoyens. En somme, l'opinion, la fameuse *doxa*, d'un chacun gagne à se vérifier sur place en se confrontant avec celle des autres. Rien n'est donné dans l'absolu ; tout est convention sociale, de soi variable en fonction de ce que sont et seront les sociétés. On aura compris que le relativisme de Protagoras est moins théorique qu'opératoire. Il n'est pas une déclaration de scepticisme universel, mais un appel, une invitation à un accord entre les hommes sur ce qu'il convient de réaliser ensemble pour mieux vivre.

De même Protagoras soutenait qu'à propos de tout, on peut défendre la thèse et son contraire – ce qui est proprement cette *antilogie* que nous avons déjà rencontrée, et qui était le titre d'un de ses ouvrages perdus. Mais ce disant, il ne proférait rien qui dût surprendre un Grec, aux yeux de qui la contradiction était signe du divin. La tragédie le montre bien : sur la terre comme au ciel, ce ne sont qu'affrontements, dieux contre dieux, hommes contre hommes, et conflits entre les hommes et les dieux. Le héros tragique s'épuise dans un destin grandiose et qui le dépasse, pris en tenaille entre des devoirs impossibles à concilier. Plus modestement, dans les réunions politiques, on voit le peuple rouler bord sur bord, écoutant des discours opposés, brûlant aujourd'hui ce qu'hier encore il adorait. Ce que refuse Protagoras, ce n'est pas le souci de la vérité – d'une vérité moins fausse qu'une autre... –, c'est la prétention de l'inclure tout entière dans un discours qui se veut absolu, mais que rien ne garantit. On ne maîtrise pas la Totalité. Soit, par exemple, ce qu'on raconte des dieux : « Des dieux, dit Protagoras, je ne puis savoir ni s'ils existent ni s'ils n'existent pas, ni quels ils sont quant à leur forme. Nombreux en effet sont les obstacles à un tel savoir : le fait que les dieux sont invisibles et le fait que la vie humaine est courte. » L'homme est la mesure de toute chose, mais pas des dieux, pour la simple raison qu'ils ne font pas partie des sociétés humaines. On ne les croise pas sur l'*agora*. Quant à l'homme, s'il faut en croire ce que Protagoras en dit dans le dialogue de Platon qui porte son nom, il n'est à peu près rien dans une nature hostile, moins armé physiquement que les autres animaux. Il survit pourtant, mais c'est en palliant par l'astuce ses carences naturelles. En se dotant des techniques, il fait que le plus faible devient le plus fort ; il renverse à son profit sa misérable condition : tout le propos de la sophistique est là, que l'homme soit dans une forêt, dans un marécage ou devant une assemblée. Vaincre pour mieux durer.

Gorgias de Léontium (vers 485-374), un élève d'Empédocle, avait un succès fou en raison de son style, si personnel qu'on disait « gorgianiser » pour évoquer un discours percutant et subtil, « à la manière de ». De lui aussi ne subsistent que des fragments. Toute la philosophie implicite à sa rhétorique tient dans le sens de l'à-propos, qui exige une attention aiguë à la présence de l'être – mais dans le temps, et non pas dans l'abstrait. Foin des spéculations métaphysiques !

Dans son traité *Du non-être*, il n'y allait pas par quatre chemins : il n'y a rien du tout, disait-il, ni être ni non-être. En effet, si vous dites « l'être est ; le non-être n'est pas », vous voilà obligé d'admettre que « le non-être *est* le non-être », si bien que vous attribuez l'être à tous les deux... Nous avons compris : il s'agit là d'un anti-Parménide ! La suite le montre. Même s'il est, l'être ne peut être dit ni engendré ni non-engendré, ni un ni multiple, et pas davantage immuable. En fait, vous ne pouvez rien en penser du tout. – Mais pourtant, je me le représente ! – Certes, mais pour que vous ayez la certitude de tenir l'être dans votre représentation, vous devez supposer qu'il vous suffit de les penser pour que les choses soient. Or, l'expérience prouve qu'on peut très bien se représenter des choses qui n'existent pas : une course de chars sur la mer, par exemple. Et ce n'est pas tout : à supposer que nous puissions acquérir de l'être une connaissance, elle serait hétérogène au langage. Nous ne pourrions rien en dire à personne. Nous serions donc bien avancés. CQFD.

Tout cela est agaçant, j'en conviens, et laisse au lecteur d'aujourd'hui le sentiment d'un jeu de farces et attrapes pour gens qui n'auraient rien de mieux à faire. Si pourtant nous surmontons cette impression désagréable et consentons à regarder les choses de plus près, nous voyons se développer là une critique de tout discours universel sur l'Être, de toute démarche ontologique à la Parménide. Comme le dit exactement J.-L. Poirier : « Ce raisonnement établit deux conclusions qui se répondent en se fondant mutuellement : la vanité de toute ontologie résulte, finalement, des caractéristiques du langage et, corrélativement, l'autonomie du langage trouve ses raisons dans l'impossibilité d'une ontologie. » (*Les Présocratiques*, « La Pléiade », p. 1537.) Autrement dit, le langage est un mauvais contenant de l'Absolu. Ce n'est pas là son rôle, essentiellement pratique.

Hippias d'Élis (mort vers 343) était connu pour son immense fortune et sa mémoire d'éléphant, les deux acquises à la force du poignet. Il se faisait fort de parler de n'importe quoi, tout de suite s'il le fallait : il avait réponse à tout. Bricoleur de génie, il fabriquait ses chaussures, pondait des poèmes, vous trouvait la solution d'un problème de géométrie, fût-ce par des voies peu orthodoxes – mais qu'importe, dès lors que cela marchait ! Bref, le sophiste de démonstration, le *self made man* selon l'idéal de Protagoras, puisqu'il ne devait strictement rien à la nature et tout à son astuce. Dans les deux dialogues qui portent son nom, Platon l'a méchamment arrangé : il le fait passer pour un médiocre, incapable de s'élever à une idée générale, et avec cela changeant d'avis comme de tunique. Socrate, lui, cherche l'absolu de la vérité ; c'est autre chose ! Oui, mais s'il n'y a *pas* de vérité absolue ? Dans ce cas, c'est Hippias qui a raison : il ajuste son propos, il renouvelle son discours à mesure qu'évoluent les situations, tandis que Socrate est voué à raconter toujours la même chose. Au reste, ce que veut Hippias, ce n'est pas élaborer un savoir absolu du Tout ; c'est, plus modestement, construire un homme accompli, l'un de ceux dont on dit : « Ce type sait tout faire. » Encore une fois, dans la perspective des sophistes, l'important n'est pas de tout savoir, mais de triompher de tout.

Telle était, en somme, la prédication des sophistes : elle aboutissait à un Vendredi saint spéculatif, à la mise en croix de la métaphysique. Mais cette heure des ténèbres n'est que la partie négative d'un propos résolument humaniste, entendons : à hauteur d'homme. Les sophistes savaient trop bien que personne n'a vraiment intérêt à l'immoralisme ni à l'anarchie. Aussi, ce qu'ils avaient si allègrement ruiné, ils s'employaient à le reconstruire, mais sur d'autres bases, sur l'expérience humaine qui est le lot des humains. Ils entendaient, dit Jacqueline de Romilly, « définir une nouvelle morale, centrée sur l'homme seul », montrer que la justice pouvait naître d'un consensus, d'un contrat social dont chacun avait tout intérêt à observer les clauses élaborées en commun. « La loi, qui n'avait plus les dieux pour garants, en trouvait de nouveaux dans l'intérêt bien entendu des hommes. La justice, ainsi, se reconstruisait. » (J. de Romilly, *op. cit.*, p. 226 et 229). Le message des sophistes rendait l'homme à l'humilité tragique de son destin. L'homme n'a rien d'un dieu, et tout philosophe qu'il puisse être, il fera bien de ne pas l'oublier : sujet à toutes les berlues, voué par nature à l'incertitude, à l'à-peu-près, aux hasards dont on ne se tire jamais que de justesse et pour un temps, il n'a de recours, cet oublié de la nature, que dans l'éducation. Et ils se posent en spécialistes de l'éducation – moyennant finances, bien sûr : il faut que tout le monde vive ! « La production de l'homme par l'homme », comme dit à leur propos Jacques Brunschwig, est en quelque sorte la spécialité que revendique le sophiste, ce virtuose de la compétence, dont l'instrument est le savoir tout comme le piano est l'instrument du pianiste. Il sait jouer du verbe.

*

Ces prêches audacieux ne manquèrent pas, on le devine, de diviser les Athéniens un peu plus qu'ils ne l'étaient déjà. Si certains milieux s'en félicitaient, célébrant ce gai savoir comme une libération, comme une levée d'écrou, c'est sans doute parce qu'on voyait là une justification philosophique à ce qu'il faut bien appeler la foire d'empoigne. Soyons forts, et tant pis pour les autres ! – ce qui était subvertir le message de ces subversifs. Mais d'autres, d'esprit traditionaliste, dénonçaient là les raisons de tant d'épreuves qui s'étaient abattues sur Athènes. Il faut avouer que le dernier quart du Ve siècle fut accablant. Tous les ans, c'était la guerre, l'Attique envahie, et bientôt occupée. Puis ce fut la peste, qui sévit férocement, et pour finir, les horreurs de la guerre civile. On ne comptait plus les morts. On voyait des puissants abaissés du jour au lendemain, et des gens de peu s'élever par d'incroyables coups de chance. On apprenait ainsi à douter de la justice des dieux, et à regarder ce qui se passait entre les hommes ; on constatait l'évidente efficacité de la force. Dans un si triste contexte, on peut imaginer le tour que prit la réaction contre ces étrangers venus ruiner l'ordre civique, subvertir la Cité sacrée. Certains les clouent au pilori, comme Aristophane dans *Les Nuées*, une pièce à thèse : il rejetait en bloc les prétentions de toute *intelligentsia*, prônait le retour à la bonne vieille éducation du gymnase, brocardait le teint brouillé des intellectuels. D'autres, comme Platon, Xénophon, Aristote, parleront des sophistes avec autant de sympathie que les Évangiles parlent des scribes et des pharisiens. Ils s'en prendront à ce qui, à leurs yeux, permet de distinguer le sophiste et le véritable philosophe : d'un côté la vérité vraie, absolue, et de l'autre une science sans conscience parce que sans fondement dans le ciel des Valeurs. Ainsi se font les réputations. C'est le sentiment des philosophes qui prévaudra dans la tradition, effaçant peu à peu la mémoire de cet humanisme lucide, et cela jusqu'à nos jours. Et pourtant, quelque chose du message des sophistes s'imposera durablement, dont on trouve l'écho dans le théâtre d'Euripide et chez Thucydide. Et les philosophes eux-mêmes – les dialogues de Platon en témoignent –, durent remanier leur problématique pour prendre en compte leurs objections, et proposer de nouvelles réponses à ces nouvelles questions. « À partir des sophistes, la philosophie ne révèle plus : elle est obligée de raisonner et de prouver » (J. de Romilly, *op. cit.*, p. 319). C'était bel et bien une révolution.

LA PHILOSOPHIE ÉTAIT DÉJÀ LÀ

Telle serait donc, à grands traits, l'histoire de ces deux siècles où l'on se mit, non point à penser – cela faisait beau temps qu'on avait commencé –, mais à penser qu'on pensait, et à s'interroger sur la validité de cette occupation. Le lecteur aura partagé, j'imagine, mes perplexités et ma prudence : de ces âges, si peu nous est parvenu, et dans quel état ! Tant de textes se sont perdus, non seulement parce que leur support matériel était périssable, mais encore parce que la pensée dont il était porteur dérangeait trop de monde, ou n'intéressait plus les gens de l'époque suivante. Mais ce qu'on peut dire, c'est que dans la vision qu'avaient du monde les gens de ce coin de terre, bien des bouleversements étaient advenus. Nous avons vu prendre forme, au travers des systèmes divergents – Milésiens, Éléates, Abdéritains, sophistes –, une même exigence : rendre compte de ce qu'impose l'expérience quotidienne selon des principes qui la rendent pensable, ou utilisable, et qu'on puisse exprimer en termes de raison. Tout cela tire en tout sens, chaque philosophe suivant jusqu'au bout, comme s'il était tout seul, l'intuition dont un jour il s'était vu favorisé. Chacun d'eux avait contemplé un horizon qui prouvait tout. D'où cette impression de bric-à-brac conceptuel, de capharnaüm qui déconcerte et décourage le lecteur d'aujourd'hui : tel met l'eau où l'autre voit le feu ou l'air, et tel autre encore les quatre éléments. Tel est à ce point sensible au mouvement que toute stabilité semble s'y engloutir, et pour tel autre, l'Être en son absoluité paraît rejeter dans l'absurde l'idée même qu'il puisse y avoir changement. Certains s'enchantent des nombres qu'ils lisent dans tout ce qui se tient, et ils se délectent de l'harmonie des sphères, tandis que d'autres contemplent en paix la chute sans commencement ni fin des atomes dans le vide. Il s'en trouve même, nous venons de le voir, pour rappeler, bien avant *La Peste* de Camus, que la vie est une affaire d'hommes qu'il faut régler entre hommes.

Les dieux, pourtant, sont toujours là, et le monde est tout autant divin, même s'il l'est désormais autrement dans l'esprit des humains. Il y a toujours les dieux, mais ils sont maintenant derrière ou au-dessus d'une Nature ou d'un Langage – donc à distance. Le chaos primitif des grands mythes est devenu cosmos ; il obéit à des lois, qui sont l'identité, la non-contradiction, la causalité, les proportions, les nombres. Les dieux comme les hommes sont entraînés dans ce remembrement du cadastre mental. Sur la terre qui était leur lot, les hommes se découvraient agités de passions contradictoires, et surplombés toujours par toute la hauteur du destin. Mais dans leurs cités, ils se mettaient à introduire plus de clarté dans ce qu'il leur fallait bien faire et dire et penser. Ils s'étaient découvert la faculté de délibérer d'eux-mêmes, au moins dans une certaine mesure. Ils n'étaient plus, comme Nietzsche le dit de l'animal, « attachés court au piquet de l'instant ». Attachés toujours, bien sûr, mais la corde s'était allongée. Cette liberté-là, une fois apparue, ne se laisserait plus oublier jamais. Toujours elle subsisterait, fût-ce sous la forme d'une frustration, d'une aspiration déçue. Bref, quand Socrate entra en ce monde tel qu'il allait, dans une Athènes en proie à toutes les divisions, il y avait bel âge que la philosophie s'y trouvait. Qui aurait pu dire au juste depuis combien de temps ? Ce sont des questions qu'on se pose plus tard. Nul ne saurait jamais ni le jour ni l'heure. Comme l'homme, dont Teilhard de Chardin évoquait l'apparition furtive en ce monde, la philosophie était entrée sans bruit.

IV

UNE CONSCIENCE DANS LA CITÉ

SOCRATE ? – QUEL SOCRATE ?

Socrate est bien l'un des rares noms antiques qui surnagent encore chez nos contemporains comme souvenir d'école. On sait au moins que ce Grec était philosophe et qu'il but la ciguë avec une bonne grâce souriante. Au fait, pourquoi ? On reste discret sur les raisons d'une telle fin. Les gens bien informés, si on les interroge sur la nature de son message, glisseront que son savoir était de ne rien savoir, et trouveront là comme une justification. C'est à peu près tout pour le Socrate des clichés.

Dans la longue suite des penseurs d'Occident, Socrate (470-399) apparaît comme beaucoup plus qu'un homme : c'est un symbole, « un totem », dit J. Brunschwig, quelque chose comme le héros éponyme de la philosophie, au point que tous les philosophes qui le précèdent sont globalement dits « présocratiques ». Or, nous en savons assez maintenant pour dire que par le passé, s'il s'agissait de réfléchir, on ne l'avait pas attendu. Mieux vaudrait constater qu'avec Socrate commence une philosophie d'une autre sorte, qui ne se donne pas tout à fait les mêmes objets. Plutôt qu'un commencement, Socrate opère une mutation, que chaque philosophe apprécie à sa façon.

Mais d'abord, quel Socrate ? Car enfin, l'époque nous en présente au moins trois, trois images différentes pour un même homme, proposées par trois contemporains. Il y a d'abord le Socrate d'un ancien élève devenu général, philosophe-historien à ses heures, Xénophon. Il évoque son maître en trois endroits : dans son *Apologie de Socrate* (éd. Garnier-Flammarion, 3, p. 262-267), dans les *Mémorables* (*id.*, 3, p. 285-415), et dans *Le Banquet* (*id.*, 2, p. 259-295). On voudra bien ne pas confondre ce *Banquet* ni cette *Apologie* avec les dialogues de Platon qui portent les mêmes titres. Ce Socrate-là a des prétentions modestes : « Il ne discutait pas, comme la plupart des autres, sur la nature de l'univers, et ne recherchait point comment est né ce que les philosophes appellent le monde, ni par quelles lois nécessaires se produit chacun des phénomènes célestes ; il démontrait même que c'était folie de s'occuper de ces problèmes… » (*Mém.*, I, 1, 11). Si l'on comprend bien Xénophon, Socrate, qu'on donne pourtant pour le point de départ de la philosophie, n'en faisait pour ainsi dire jamais. Une notation suit pourtant, qui ne manque pas d'intérêt : « Il examinait si ces penseurs croyaient avoir assez approfondi les connaissances humaines pour aller se mettre à faire de telles recherches. » Mais Xénophon, lui, n'approfondit pas. Son Socrate est un brave homme sans grande envergure, le nez sur les faits, préoccupé de problèmes moraux, et au demeurant, compagnon charmant.

Il y a aussi, dans un tout autre genre, *Les Nuées* d'Aristophane (Garnier-Flammarion ou Les Belles Lettres), une pièce à thèse d'un humour fielleux, qui met en scène un intellectuel fumeux ou fumiste, un sophiste – nous y voilà ! –, dont l'enseignement est un danger public. On y voit, entre autres choses, un Socrate suspendu au plafond dans une sorte de nacelle qui l'isole du plancher des vaches, pour mieux spéculer sur des sujets passionnants, du genre : combien de fois une puce peut sauter la longueur de ses pattes, etc. Mais le bon sens finit par triompher, puisqu'un parent d'élève met le feu à l'école. Derrière tout cela se devine, bien sûr, l'Athènes de l'époque, ses passions et ses ragots.

Et puis, il y a le Sage selon Platon, l'Inspiré, le Socrate du disciple qui s'en est institué l'héritier et légataire spirituel, et qui s'en veut le porte-parole. Mais ce Socrate tel qu'en lui-même est, en fait, dans la longue suite des *Dialogues*, un Socrate évolutif, sans cesse repensé au cours de l'interminable vie du philosophe-politicien. Avec le Socrate de Platon, le symbole est en place : on est passé, dit J. Brunschwig, « du Socrate de fait au Socrate de droit ». Il est déjà instructif de considérer le portrait que suggère Platon dans *Le Banquet*. Invité à festoyer chez Agathon, Socrate va tranquillement de son pas, et le voilà tout à coup planté là, sans plus avancer, perdu dans ses pensées. Tout le monde est là, mais pas de Socrate : il arrive en retard, comme d'habitude, mais chacun s'y est fait. Son physique n'a rien de séduisant ; il serait plutôt moche, et pourtant il fascine. Et, bien sûr, il a toutes les qualités imaginables : alors qu'on lui fait des avances, il sait résister aux occasions amoureuses ; il est de ceux qui tiennent le coup aussi bien dans les saouleries collectives que dans la disette. Même le mauvais temps ne lui fait ni chaud ni froid. Pour le courage militaire, il ne craint personne. Et *Le Banquet* s'achève sur un Socrate qui, ayant discuté la nuit entière et endormi ses compagnons de table fin saouls, va faire sa toilette et commence une nouvelle journée comme si de rien n'était.

D'autres dialogues affinent le trait. Socrate est modeste, sa parole bouleverse au lieu de simplement charmer, comme c'est le cas pour les sophistes. Sa présence d'esprit n'est jamais en défaut, et pourtant, il ne perd pas une occasion de se dire ignorant. Il étonne son monde, et ne laisse personne indifférent. C'est que cet être sans apparence aux yeux des hommes renferme en son âme, à la façon des boîtes à merveilles, infiniment plus de choses que tout autre. Mais c'est qu'il est investi d'une mission divine : il réalise en quelque sorte l'apparition, dans le monde sans lumière des humains, d'une clarté venant d'un autre Soleil. Le Socrate de Platon est un surhomme ou je ne m'y connais pas, et le disciple entend dévoiler le sens de cette vie et de cette mort exemplaires. Il raconte Socrate comme saint Jean raconte Jésus : au travers de la Bonne Nouvelle.

L'IMAGE DU PÈRE

Alors, le Socrate brave homme selon Xénophon ? Le Socrate intellectuel irresponsable et finalement dangereux, d'Aristophane ? Ou le Socrate de vitrail qui rayonne au travers de l'Évangile platonicien ? Comment savoir ? Qui nous dira ? Mais il n'y a pas, bien sûr, à choisir entre les trois : il faut tout prendre pour tout comprendre, tout et le reste, car par la suite, les philosophes à venir vont s'emparer de Socrate et retoucher, qui d'un trait pêché dans une invérifiable tradition, qui d'une anecdote qui traînait dans les conversations, un impossible portrait. Car il faut bien l'avouer : nul ne saura jamais exactement ni qui fut « le vrai » Socrate, ni ce qu'enseigna au juste celui qu'on donne pour le père fondateur. Et comme il se trouve que Socrate n'a jamais rien écrit, les philosophes – à commencer par Platon – n'en seront que plus à l'aise pour lui faire endosser la paternité de leurs propres constructions. On va se réclamer indéfiniment de lui. Il est l'image du Père.

Que peut-on dire de sa vie ? Athénien, il serait né d'un sculpteur et d'une sage-femme, hérédité doublement favorable puisqu'elle le prédisposait à donner de l'homme une représentation fidèle, et à accoucher les esprits en mal d'idées. Rien n'est jamais sans symbolisme, dans le monde antique ! Sans doute a-t-il tâté d'un peu tout, de la géométrie, de la physique – il a donc fatalement étudié les présocratiques… –, et aussi de la sophistique, avant de s'en déprendre. À l'entendre, les sophistes étaient ou bien décevants, ou bien trop malins pour être honnêtes : on a l'impression, à lire les dialogues de Platon, que le rapport qualité-prix, dans les leçons des sophistes, n'est pas attrayant. Mais c'est Platon qui écrit.

Cependant, les dieux n'avaient point oublié l'Élu. L'oracle de Delphes – là encore, le contexte mystique – l'ayant, dit-on, désigné comme le plus sage et le plus savant, on voit Socrate se répandre dans les rues d'Athènes et y accomplir quelque chose comme une vocation. Rien d'extraordinaire, pourtant, mais il questionne les uns et les autres. À première vue, il paraît soucieux de s'instruire. Aux généraux, il réclame une définition du courage ; auprès d'une sorte d'ecclésiastique, il s'informe de ce qu'est au juste la piété, et à un sophiste il demande si la vertu s'apprend. Nul ne lui échappe, personne ne peut, en fin de compte, se dérober aux questions de ce bonhomme faussement innocent. Et à la faveur de la discussion qui s'ensuit, on s'aperçoit que personne, au fond, ne sait ce qui serait bon à savoir, et moins encore ceux qui devraient savoir puisqu'ils font profession de compétence, hommes politiques compris. Lui, du moins, il sait qu'il ne sait pas. Il va ainsi son chemin, dégonflant les baudruches, pelant les âmes comme des fruits (J. Brunschwig), ce qui ne laisse pas forcément de bons souvenirs. Son personnage, si parfaitement ordinaire, pourtant, attire les jeunes gens et les tourneboule. On dirait qu'en lui, l'être, bizarrement, s'oppose au paraître. Les vraies valeurs, soudain entrevues, font pâlir d'un coup celles qu'on croyait, de plus ou moins bonne foi, s'imposer. Vous rencontrez ce type étrange, et voilà que plus rien n'est tout à fait bon ni beau ni juste ni vrai comme avant. Socrate a tout subverti, tout renversé, tout chahuté dans cette société de faux-semblants où vibrionnent des personnages surfaits. Socrate est la conscience qui se moque de la conscience, de la bonne comme de la mauvaise. Le Bien est toujours au-delà : ne croyez pas trop vite ceux qui vous disent savoir où il se trouve, en quoi il consiste. Aucun ne tiendra devant l'ironie d'un Socrate qui balance tout cul par-dessus tête en s'excusant gentiment s'il dérange un peu.

C'est en procédant ainsi qu'on se met tout le monde à dos. Il n'est pas recommandé de jouer au plus malin avec les sociétés. Or, c'est moins que jamais le moment, car Athènes est en crise. Depuis le VIIe siècle – depuis toujours –, la Grèce est divisée, balkanisée, morcelée en une pléiade de cités-États grandes comme le Val-d'Oise ou le Calvados, et qui se combattent férocement. Glotz a une belle page sur la « civilisation grecque » vécue, non plus dans la lumière de nos rêves, mais au jour le jour : « Jusqu'à la conquête romaine, toute l'histoire grecque est remplie de révolutions et de contre-révolutions, de massacres, de bannissements et de confiscations. La haine de parti ne s'est jamais exprimée avec plus de férocité que dans ces petites cités où les luttes intestines étaient de véritables vendettas. Au milieu des tempêtes où toujours "la vague qui vient s'élève plus haut que celles qui précèdent", on entend des cris de joie ou de fureur sauvage qui donnent le frisson. C'est le poète Alcée de Mytilène qui exulte à la nouvelle que le chef du parti populaire vient d'être assassiné. C'est Théognis de Mégare enragé contre les vilains qui "naguère étrangers à tout droit et à toute loi, usaient sur leurs flancs des peaux de chèvres et pâturaient hors des murs comme des cerfs", déchargeant sa bile sur "les marchands qui commandent", ne songeant qu'à "écraser du talon une populace sans cervelle", enfin éclatant de cette exclamation de cannibale : "Ah ! puissé-je boire leur sang !" Pour savoir à quel paroxysme d'horreur peuvent atteindre les passions humaines, il faut lire le tableau que trace Thucydide des guerres civiles exaspérées par la guerre étrangère » (G. Glotz, *La Cité grecque*, p. 113-114).

Voilà donc pour l'ambiance. Il faut dire qu'Athènes a connu bien des malheurs au cours du dernier quart de siècle : la grande peste de 430, et la guerre du Péloponnèse, qui s'acheva par la chute de la ville (404), tombée sous la coupe de Sparte. À la démocratie succède pour un temps une oligarchie musclée, les Trente Tyrans, puis c'est le retour en force de la démocratie, avec tout ce qu'entraînent les changements successifs de régime. Tout cela, on s'en doute, a rendu les gouvernants chatouilleux, soupçonneux, peu réceptifs, en tout cas, aux jeux des intellectuels donneurs de leçons. C'est le temps des rancœurs. Nous y reviendrons.

Auparavant, il nous faut ouvrir une parenthèse. Nous opposions à l'instant oligarchie – gouvernement par un petit nombre de gens puissants, influents et durs que par réflexe nous classerions à droite –, et démocratie, gouvernement, comme chacun sait, du peuple par le peuple. Sparte fédérait donc les cités à régime oligarchique et Athènes les cités à gouvernement démocratique. Cela dit, quand nous parlons, dans le cas d'Athènes, de démocratie, de gouvernement du peuple par lui-même, il ne faut rien exagérer, et se garder, en tout cas, de projeter sur ces temps nos propres conceptions.

Le peuple ? – *Quel* peuple ? N'avaient d'existence civile qu'un nombre assez restreint de gens. S'il reste difficile de proposer aujourd'hui une estimation sûre de la population dans l'Athènes classique, une chose est certaine : il faut en défalquer les esclaves, les femmes et les étrangers domiciliés (ou *métèques*), qui, politiquement, ne comptent pour rien. Si bien qu'on aboutit à une proportion d'un citoyen en titre pour dix habitants. De plus, la « démocratie athénienne » était réservée à l'usage interne : les cités qu'Athènes fédérait n'avaient aucun droit à disposer d'elles-mêmes, et se voyaient réduites au statut de colonie. Cela dit, comment fonctionnait le système ? C'était une démocratie directe, sans députés. À la tête, un conseil de cinq cents personnes, la *boulè* ; les magistratures sont tirées au sort. La justice est rendue par un tribunal populaire, sans juges professionnels, ce qui laisse la porte ouverte aux procès expéditifs, aux sentences passionnelles. Pratiquement, le régime est fondé sur l'existence d'une forte « classe moyenne », d'une paysannerie aisée – il n'y a pas d'industrie au sens où nous l'entendons –, bref, de gens qui ont su tirer parti du sol, de leurs récoltes de vignes, d'oliviers, de figuiers. Pas plus qu'aujourd'hui, les possédants ne sont des philanthropes ou des distraits : chacun voit avant tout ses propres intérêts, et les défend sans états d'âme.

Le système avait évidemment ses inconvénients, et les séances revêtaient souvent l'aspect des fameuses « Assemblées générales » qu'on retrouve aujourd'hui en milieu étudiant. On y prenait des décisions hâtives, sous la pression des groupes les plus influents, qui savaient « vendre » leurs projets par une technique bien maîtrisée de la parole, ainsi que nous l'avons dit plus haut à propos des sophistes. Il arrivait, bien sûr, qu'on déplorât les mesures prises à la légère, dont les inconvénients apparaissaient quand il était trop tard.

Et nous revenons ainsi, après ce détour, à notre infortuné Socrate, impliqué en 399 dans un procès bâclé, à l'instigation de trois démocrates bon teint, d'intelligence plutôt moyenne. Cela dit, comment Athènes en vint à retenir contre lui la triple accusation d'impiété, d'importation de divinités nouvelles et de corruption d'adolescents ; comment Socrate, « le meilleur et en outre le plus sage et le plus juste » (*Phédon*, 118 a) se trouva condamné et mis à mort dans sa prison, tout cela n'est finalement qu'une suite de péripéties. Ce qui est sûr, c'est que Socrate avait dérangé trop de monde pour demeurer, sinon en vie, du moins à Athènes. À dire vrai, son évasion, sur laquelle on eût fermé les yeux, aurait arrangé tout le monde : il serait allé se faire pendre ailleurs, et plus personne n'aurait reparlé de l'affaire. Seulement, Socrate resta, par une fidélité sublime et – à vues humaines absurde – aux lois de la Cité, de la Cité d'imbéciles qui le condamnait injustement. Ainsi il était dit que le meilleur devait mourir pour attester la suprématie de la loi « en elle-même et par elle-même », fût-elle appliquée en dépit du bon sens par les plus bêtes. « Passant, va dire à Sparte que nous sommes morts pour la défense de ses lois ! » Comme les Lacédémoniens des Thermopyles, quoique d'une autre façon, Socrate mourrait en Athènes pour la défense de ses lois.

Ainsi Platon voit-il les choses, et cela même donne la clef du Socrate-symbole, du Socrate père de la vraie *philosophia* dont la Cité a un besoin urgent. De cette carence, elle vient de faire la preuve en tuant le meilleur de ses citoyens. Il était comme tout le monde, et pourtant, la Cité n'a pas pu supporter ses manières. Cet apparent conformiste voulait tout garder des grands principes sur quoi l'on s'appuie pour conduire une Cité. Simplement, il demandait qu'on vérifie et qu'on applique tout ce dont on parlait d'abondance, qu'on fonde en raison les mots qu'on avait à la bouche à tout instant. Sous son air bonhomme, il demandait qu'on voulût bien tout prendre au sérieux, qu'on ne se payât pas de mots, qu'on ne se contentât pas de faux semblants. Il fallait que la justice fût juste, que la piété fût pieuse, bref, que la vertu fût vertueuse, et qu'on sût pourquoi et comment. De là vient qu'au cours de son procès, il ait donné l'impression de se payer la tête de ses juges. Ce qu'il avait enseigné, disait-il, valait bien qu'on l'entretînt à vie au Prytanée, à la cantine des hauts fonctionnaires ! « Il n'est pas étonnant, dit profondément Goldschmidt, que cette vie se soit terminée si mal, parce qu'aucune société ne peut supporter qu'on l'oblige à vivre selon sa propre idéologie. Elle se serait même terminée bien plus tôt si Socrate avait fait de la politique active… » (*Questions platoniciennes*, p. 57).

Selon Platon, Socrate avait été pour Athènes l'occasion d'une conversion, au sens d'un remaniement des dispositions intérieures. Ce n'était pas les principes qu'il fallait changer, mais la manière de les comprendre, et de les appliquer pour de bon. Toujours le dicton grec : *kairon gnôthi*, saisis le moment, saute sur l'occasion ! Mais Athènes a raté l'occasion. Socrate l'aurait conduite dans la bonne direction. À son contact, la chance vous était donnée de passer des apparences au réel, de l'opinion au vrai, du babillage inconsistant au discours responsable, et alors le désir, soumis à la raison, aurait dépassé la voracité élémentaire pour se faire aspiration. Mais n'était-ce point trop demander ? Il eût fallu renoncer à trop d'intérêts à courte vue, à trop d'égoïsmes faussement justifiés, à trop d'habitudes ancrées, devenues irréformables. Rencontrant Socrate, ces hommes plus ou moins réussis, plus ou moins compétents, plus ou moins généreux, se découvraient des consciences. Ils se seraient bien passés du cadeau : ils se voyaient confrontés à la nécessité, insupportable en vérité, de penser droitement et d'agir en conséquence. Il leur fallait s'interroger à tout bout de champ sur ce qui jusqu'alors allait de soi et qui les arrangeait si bien. C'en était fini de la bonne conscience, du confort intellectuel, et l'on ne pouvait plus admettre que la force primât le droit, dont on parlait pourtant si bien. Chacun avait là-dessus sa petite idée, à quoi il tenait. Il eût fallu se refaire une âme comme on se refait une santé. Où irait-on, grands dieux, s'il fallait ainsi... Et Socrate but la ciguë, après avoir rappelé à ses amis qu'ils devaient un coq à Asklépios. Nul ne sut du reste jamais ce qu'il avait voulu dire par là.

ET UNE AUTRE PHILOSOPHIE COMMENÇA

Car enfin, avec le passage de Socrate par Athènes, et avec sa mort à la nuit tombée, un soir de 399, quelque chose était arrivé dans la pensée philosophique des Grecs. Les anciens physiciens, ceux que bien plus tard on appellera « les Présocratiques », avaient délivré un enseignement précis. Ils avaient dit : l'univers est fait comme ceci ou comme cela ; c'est du feu, de l'eau, de l'air, des atomes, etc. Ils prétendaient vous dire comment tout cela s'était mis en place, et fonctionnait de toute éternité. Là-dessus, Socrate n'avait rien dit, rien apporté. Il ne faisait pas de cours de physique. À ses allusions, on voyait bien qu'aucune de ces constructions savantes ne le satisfaisait vraiment ; il y avait toujours un rien qui clochait, quelque chose comme une carence. On comprenait surtout que pour lui, là n'était pas la question. Le vrai problème était ailleurs.

Et cependant, à considérer l'Histoire, son passage laisse une empreinte autrement profonde que celles de ses devanciers, et de ce point de vue, il paraît sans ancêtres. Au fond, Socrate s'est contenté de questionner et – excusez du peu – de mourir. Au fait, qui donc était mort pour l'eau, pour le feu, pour les atomes et le reste ? Aucun des physiciens n'avait gagé ses leçons sur sa propre vie, et c'eût d'ailleurs été très exagéré. C'est qu'avec Socrate, autre chose était en jeu, qu'on venait de découvrir. On prenait conscience d'une certaine dimension de l'expérience, jusque là vécue sans retour sur soi. On mourait pour la Cité : « Passant, va dire à Sparte... » – parce que la chose en valait la peine. On ne mourait pas pour une physique, ni pour des idées. Socrate mourant – alors qu'il eût pu reporter la chose à plus tard –, manifeste aux Athéniens qu'il y a une certaine réalité qui vaut, à l'occasion, qu'on lui sacrifie de vivre : une certaine conception de l'homme, de son existence en société sous le regard des dieux. Mourir pour cela, c'est déclarer : ce sera ainsi, ou alors rien. Car autrement, ce serait la foire d'empoigne entre les hommes, et *il ne faut pas* que cela soit. De quel nom appeler cette théorie et cette pratique, sinon philosophie ? Seulement, ce n'est plus tout à fait la même qu'avant. Il s'en faut de beaucoup : quelle physique, quel discours sur la Nature, a jamais empêché les humains de s'entre-tuer, de s'entre-piller ? Rien de ce qu'on peut savoir – et qui tient dans des poèmes inspirés ou dans des traités – ne suffit à donner aux hommes l'idée de ce qu'il leur faut être. Aucun savoir ne suffit à tout, car le tout nous échappe. Et c'est là le sens de l'inscription fameuse du temple de Delphes, que Socrate aimait à reprendre : « Connais-toi toi-même ». Cela ne voulait pas dire ce qu'on croit encore aujourd'hui : penche-toi sur ta personne unique ; abandonne-toi aux délices de l'introspection – sens tout à fait étranger aux Grecs de l'époque –, mais bien :

prends ta mesure, prends conscience de tes exactes limites, sache que tu n'es pas un dieu. L'autosuffisance ne sied qu'aux immortels, certainement pas à un citoyen, d'Athènes ou d'ailleurs. Et au-delà des dieux, seul se suffit à lui-même le Bien absolu, en soi et par soi, dont le soleil qui nous éclaire est l'image. Le philosophe ne doit pas seulement, comme autrefois, tout vous dire sur la Nature ; il doit se faire pédagogue, enseigner les bons, mais aussi les méchants, qui font le mal faute de savoir. Ce faisant, il prend un risque ; Socrate l'a su. Il ne fait jamais bon redescendre dans la Caverne.

Il fallait, en somme, le sacrifice du Juste pour qu'un Platon eût l'idée de chercher ailleurs, plus haut – comment dire cela autrement qu'en balbutiant des métaphores ? – le principe d'une vie commune, d'une politique bien faite. Huit siècles plus tard, un empereur de Rome qui se voulait philosophe écrira à l'un de ses maîtres : « Tous ceux que sauve aujourd'hui la philosophie, c'est à Socrate qu'ils sont redevables de leur salut » (Julien, *Lettre à Thémistios*, 10).

*

Socrate avait retenu, on le pense bien, l'attention de nombreux auditeurs, qui ne se ressemblaient pas tous entre eux : juste un air de famille. Tous fondèrent de petites écoles, qui firent dans l'histoire un bout de chemin avant d'être absorbées dans d'autres mouvements. Nous en trouverons deux un peu plus loin : les cyniques et les cyrénaïques. Il en est toutefois une troisième qui resta plus discrète, au point qu'on la passe parfois sous silence aujourd'hui encore, en dépit de son intérêt : l'école de Mégare, ainsi appelée parce que c'est là, à une quarantaine de kilomètres d'Athènes, qu'elle fut fondée, et du vivant même de Socrate, par un certain Euclide (env. 450-380) – qu'on se gardera de confondre avec le géomètre.

Si l'on en croit Platon (*Phédon*, 59 c), cet Euclide faisait partie du petit groupe des fidèles qui assistèrent Socrate dans ses derniers moments. Socrate le trouvait déjà un peu discutailleur, et l'école mégarique en garda quelque chose, puisqu'on qualifia ses sectateurs d'« Éristiques », autrement dit de disputeurs. Plus parménidien peut-être que ne l'était Platon, plus zénonien en tout cas, Euclide insistait fortement sur la rigueur du raisonnement. Il se défiait grandement de ce qu'on pouvait dire de l'Être. Au reste, était-on seulement fondé à en dire autre chose, sinon : « il est » ? Peut-on aller plus loin que l'affirmation de l'identité : A = A ? Toujours la hantise de l'Un et du Multiple ! Un de ses successeurs, Eubulide de Milet, dont les dates exactes sont mal connues, insistera sur le fait que l'expérience ne donne jamais rien de stable : seulement du devenir, du mouvement, de la pluralité. Attribuer un prédicat général à un sujet, c'est faire un saut dans l'inconnu. Le verbe *être* peut être utilisé à bon droit pour *poser* l'être, pas pour le *définir* en établissant une relation que rien, du coup, ne garantit plus. Il illustrait ses thèses par toute une série d'arguments sophistiques restés célèbres. Celui du Menteur, par exemple : Si un menteur avoue qu'il ment, ment-il en le disant ? Certes, il ment, puisqu'il vous affirme une chose qu'il sait parfaitement être fausse. – Mais d'autre part, il ne ment pas, puisqu'il avoue qu'il ment. Il est donc tout à la fois menteur et non-menteur. Ou encore l'argument du Sorite, autrement dit de l'accumulation : deux grains de blé ne font pas un tas, trois non plus, ni quatre. Alors, combien de grains faudra-t-il pour qu'il y ait tas ? Etc. Aristote, dont Eubulide de Milet était le contemporain et l'adversaire, critiquera ces arguments sophistiques, qui joueront un rôle non négligeable dans l'élaboration de ses propres thèses, tant logiques que physiques.

Il y aurait encore beaucoup à dire sur les Mégariques, mais je perdrais le lecteur en l'entraînant dans le dédale de leurs argumentations, qui aujourd'hui nous semblent bien artificielles. L'important serait de l'avoir rendu attentif au problème de l'Un et du Multiple, tel du moins qu'on le ressentait à l'époque : la plénitude et l'unité de l'Être ne se peuvent définir qu'en affirmant qu'« il est ». Quant à la multiplicité, autrement dit tout ce qui bouge, tout ce qui devient, elle n'est pas l'Être. Tout cela constitue autant de non-êtres dont on parle sans savoir, à tort et à travers, car ils sont quand même là. Le monde est une énigme.

Mais le plus grand des disciples de Socrate va dépasser comme d'un coup d'aile ces spéculations démodées, archaïques, qui prolongent les discussions des temps présocratiques. Certes, le problème demeure, et les présocratiques avaient cent fois raison de le poser. Mais avec Platon, avec Aristote, avec aussi les philosophes de la période hellénistique, il va recevoir un éclairage nouveau qui lui donnera sa véritable dimension.

V

LA POLITIQUE SOUS L'ANGLE DE L'ÉTERNEL PLATON

LE MALHEUR DES TEMPS

Ce fut Platon (428-348) qui recueillit donc l'héritage socratique. Le jeune Aristoclès – car c'était son vrai nom – était de haut lignage : par son père, il remontait à Codros, le dernier roi d'Athènes, et par sa mère à Solon le législateur, l'un des Sept Sages. Une famille proche du pouvoir, puisque la mère de Platon était apparentée à deux chefs du parti oligarchique. Devenue veuve, elle s'était remariée avec Pyrilampès, le confident et l'ambassadeur de Périclès. C'est dire que ce jeune homme, qu'on dirait aujourd'hui des beaux quartiers, était doublement destiné à jouer un premier rôle dans les affaires d'Athènes : par son milieu, bien sûr, mais aussi par vocation. Bien plus tard, il écrira : « Jadis, dans ma jeunesse, j'éprouvais ce que ressentent tant de jeunes gens : je caressais le projet, du jour où je disposerais de moi-même, d'aborder sans tarder la politique » (*Lettre* VII, 324 b). C'était dans l'ordre des choses.

Car, il faut le rappeler, le point de référence de tout homme libre, en ces temps, c'est sa Cité, centrée sur son foyer commun et sur son *agora*. C'est là que chacun peut toujours, au moins en droit, dire son mot sur la marche des affaires publiques. C'est donc là que tout homme se réalise, s'accomplit, investissant dans la conduite de la Cité le meilleur – et à l'occasion, le pire – de lui-même. Seulement, nous l'avons vu plus haut, les affaires d'Athènes ne vont pas précisément bien. La rivalité de Sparte et d'Athènes, fédérant l'une les oligarchies, l'autre les démocraties, s'est achevée, après vingt-sept années de guerre, sur la déconfiture d'Athènes en 404. Joli cadeau pour un jeune homme de vingt-quatre ans ! Sa Cité bien-aimée se voit imposer par le vainqueur un gouvernement de style oligarchique, les Trente Tyrans, où le jeune Platon compte d'ailleurs, nous l'avons dit, de proches parents. Traumatisé par la défaite, il en vient à attendre le salut de ce régime pur et dur. Mais ce ne sont en fait qu'exactions, bannissements, terreur. L'année suivante, sous la conduite de Thrasybule, les émigrés et les proscrits reviennent en force et chassent les oligarques. Voilà donc restaurée la démocratie chère aux Athéniens – et Platon de nourrir de nouvelles espérances. Mais voilà bien que le nouveau gouvernement commet la plus belle des sottises : il traduit Socrate, le Maître bien-aimé, devant un tribunal populaire de cinq cents membres sous les chefs d'accusation que nous savons. Il faut reconnaître que le cher homme l'avait un peu cherché, et qu'il n'avait vraiment rien fait, à vues humaines, pour arranger les choses. *Exit* Socrate en 399, dans les conditions que nous avons dites. Platon était alors absent d'Athènes.

Scandale insoutenable pour Platon, et qui le marque au point de changer le cours de sa vie. La Cité – et donc l'instance la plus sacrée, en quoi il a tout investi –, la Cité a tué Socrate, « l'homme le plus sage et le plus juste de son temps » (*Phédon*, 118 a), et aussi le plus apte à changer la vie ! En toute modestie, il l'avait dit lui-même : « Je crois être l'un des rares Athéniens, pour ne pas dire le seul, à pratiquer la science politique » (*Apologie*, 521 d). Sans doute était-il le seul, en effet, et parce qu'il était raisonnable, qui eût été capable d'imposer une règle tant à l'impérialisme des grands qu'aux voracités élémentaires des masses. Pire qu'un crime : une faute. Aux yeux de Platon, Socrate mourant démontre qu'un homme seul ne peut pas sauver sa patrie : ou bien il s'aliène dans un parti, ou bien il succombe. L'oligarchie était odieuse ; la démocratie est bête. Alors ? S'abstenir ? Impensable pour un Grec de ce temps. Platon décide donc de se mettre en quelque sorte en réserve de la République. La nécessité d'étudier lui apparaît. Il faut chercher à asseoir la pratique politique sur du solide, sur des vérités qui offriraient toutes garanties parce qu'elles participeraient de la réalité en soi et par soi, immuable, incontestable. Et c'est cette réalité-là que Platon décide de découvrir. Ce qui fait dire à Goldschmidt, dans la ligne des commentateurs anglais, que la philosophie de Platon est tout entière « le fruit d'une vocation politique manquée ». Elle est tout entière recherche des fondements métaphysiques d'une pratique politique viable. Je ne crois pas qu'on puisse comprendre quoi que ce soit à Platon si l'on méconnaît cela, ou alors on fait de sa pensée une pure affaire de métaphysique, et l'on tronque l'intention de l'œuvre : c'est d'ailleurs ce qui se produira plus tard, comme nous aurons l'occasion de le constater.

Socrate mort, Platon voit les choses avec d'autres yeux. Choqué, douloureux, il part pour Mégare avec quelques fidèles du Maître disparu. On dit qu'il voyagea – mais la chose n'est pas solidement attestée – en Égypte, en Cyrénaïque. Ce qui est certain, c'est qu'autour de 388, il entreprit une tournée en Italie du Sud et en Sicile : sans doute attendait-il beaucoup des cercles pythagoriciens que nous y savons solidement implantés. Il y rencontre Archytas de Tarente, mathématicien et stratège, vrai modèle à ses yeux du philosophe-gouvernant. Il fait également la connaissance de Dion, parent de Denys l'Ancien, qui règne sur Syracuse. Mais il n'a pas l'heur de plaire au vieux potentat sicilien. Expulsé de Syracuse, Platon court des hasards sur la mer et s'en revient à Athènes en 387. Cet engagement dans la politique réelle ne fut rien de plus, en somme, dit Hegel, qu'un faux pas.

Rentrant de son équipée ratée, Platon achète à Athènes un domaine du côté d'Akadémos, lieu assez éloigné du centre-ville et de surcroît peu salubre. Et c'est là qu'il va fonder une institution d'inspiration pythagoricienne, mixte d'École polytechnique, d'ENA. et d'*Opus Dei*, dont il entend faire une pépinière d'hommes d'État selon son cœur et selon sa pensée. Le lieu-dit lui imposera un nom : ce sera l'Académie. Cette école de cadres connaît un beau succès, et de partout affluent les étudiants. De nombreuses cités se doteront par la suite d'une législation émanant de là. Platon est à son affaire : on cherche, on discute, on met en commun trouvailles et hypothèses, en vue d'élaborer cette fameuse théorie de la politique dont la Cité a si grand besoin. Le vrai politique, ce sera l'homme qui connaîtra rationnellement les valeurs conditionnant le bonheur des individus vivant en société. Le politique digne de ce nom aura la connaissance du Bien en soi et par soi : il sera philosophe.

Vingt ans plus tard, en 367, l'occasion s'offre à Platon de procéder à des travaux pratiques : Denys le Jeune a remplacé sur le trône de Syracuse son père décédé, et il appelle Platon auprès de lui. Le philosophe fit là-bas deux séjours, mais les choses tournèrent finalement on ne peut plus mal. Platon faillit bien rester prisonnier des mercenaires de Denys, et il ne dut le retour à la liberté qu'à l'intervention énergique d'Archytas de Tarente. Puis une faction composée d'amis de Platon monta, contre son avis, un coup de main contre Syracuse avec Dion à leur tête. L'épisode se termina dans la confusion, Dion ayant été assassiné par un de ses propres partisans, lui-même élève de Platon. Un gâchis complet, qui pourtant ne découragea pas Platon de concocter des constitutions. Simplement, un pessimisme accru le rejeta avec les années vers les thèses d'une tradition qu'on qualifierait aujourd'hui de réactionnaire. Rentré à Athènes, Platon s'y éteignit en rédigeant, dit-on, les douze livres des *Lois*.

CE QU'A ÉCRIT PLATON – CE QU'IL N'A PAS ÉCRIT

On se doute déjà que l'enseignement de Platon est l'écho lointain de cette aventure politico-philosophique qui commença avec la mort de Socrate en 399, et se poursuivit jusqu'à la sienne, qui l'atteignit à l'âge, assez exceptionnel pour l'époque, de quatre-vingt-un ans. Ses leçons tiennent dans un *corpus*, un ensemble de vingt-sept *Dialogues* sûrs et quelques lettres, auxquels sont venus s'ajouter, au cours des siècles, un certain nombre de faux, dialogues ou lettres « à la manière de… ». Plusieurs furent d'ailleurs tenus dans l'Antiquité pour authentiques. D'autant plus que jouait en ces temps un procédé courant, la *pseudépigraphie* : l'originalité n'étant pas, comme aujourd'hui, une recommandation, lorsqu'un auteur voulait faire accepter ses vues, il avait tout intérêt à les mettre sur le compte de quelque grand Ancien plutôt qu'à les signer de son nom, qui ne disait rien à personne. Nous aurons plus d'une occasion de constater le fait. C'est ainsi, par exemple, que l'*Axiochos*, pseudo-platonicien, fait état d'idées épicuriennes, autrement dit se trouve en avance d'un bon siècle et demi sur Platon. Imaginez un texte de Karl Marx signé de Malebranche… Soit dit en passant, on mesure le danger de se lancer dans tout cela en autodidacte.

L'enseignement de Platon consiste donc dans des dialogues. Mais pourquoi cette forme de communication plutôt que des traités, où il aurait condensé ses cours ? – Cela tient à la conception que Platon se faisait de la pensée et de sa transmission. Et d'abord, il s'est toujours défié de l'écrit, qui fige la pensée et la fait tomber en cet état entre toutes les mains : l'écrit, c'est bien, selon l'expression de Maurice Nédoncelle, « la fuite de l'œuvre devant son créateur », qui ne peut plus rien faire pour la retenir, la reprendre, la nuancer. « C'est pourquoi, écrit Platon, tout homme sérieux se gardera bien de traiter par écrit des questions sérieuses et de livrer ainsi ses pensées à l'envie et à la bêtise de la foule. » Aussi, quand un écrit vous vient entre les mains, c'est signe « que l'auteur n'a pas pris cela très au sérieux s'il est lui-même sérieux, et que sa pensée reste enfermée dans la partie la plus précieuse de l'écrivain » (*Lettre* VII, 344 c-d). L'écrit, précise Socrate dans le *Phèdre*, donne la pensée sans le contexte qui l'a fait naître et qui, exposé par la parole vivante de l'auteur, l'expliquerait en long et en large (voir 275 c-e). Dans le *Politique*, où Platon distingue dans un problème la solution et le cheminement, il est bien précisé que c'est le second qui importe, car il rend l'interlocuteur apte à trouver la première (voir 286 d-e). Cela étant, on comprend que ce soit la forme dialoguée qui convienne le mieux. Qu'est-ce que la pensée ? C'est, dit le *Sophiste*, « le dialogue intérieur et silencieux de l'âme avec elle-même » (263 e). Et dans le *Théétète*, même insistance : « penser, c'est, pour l'âme, dialoguer, s'adresser à elle-même les questions et les réponses, passant de l'affirmation à la négation » (189 b). Dès lors, comment rendre cette opération mieux que par une conversation entre gens qui cherchent ensemble, qui s'efforcent de trier le vrai et le faux, par un dialogue où seuls les meilleurs saisissent finalement de quoi il est question ? Seul le dialogue restitue, dans ses méandres – et il y en a ! – la vivacité, le dynamisme de la pensée en recherche. Ce qui en reste noir sur blanc peut évidemment servir de pense-bête, mais surtout joue le rôle d'indice, de direction dans laquelle il faut aller soi-même au péril de son confort. On ne doit pas penser par procuration. Enfin, les dialogues sont, pour Platon devenu vieux, un mémorial.

Cela dit, le *corpus* platonicien, les *Dialogues* dans leur ensemble, n'ont pas manqué de poser aux érudits des problèmes de toute sorte : d'authenticité d'abord, nous l'avons vu, mais aussi de chronologie : quel dialogue vient avant tel autre ? Si on le savait de façon certaine, on pourrait juger de l'évolution philosophique de Platon tout au long de sa vie (comme les modernes parlent, par exemple du « jeune Marx » hégélien et pas encore… marxiste), et on serait en mesure d'en marquer les étapes. On a dans ce but utilisé bien des méthodes. La comparaison du contenu doctrinal des dialogues n'a eu de résultats que décevants, d'autant plus que Platon semble bien avoir remanié son œuvre tout au long de ses jours. L'analyse statistique du vocabulaire utilisé par Platon – la *stylométrie* – a permis, en revanche, des datations sûres (Campbell, Lutoslawski au XIXe siècle, le bel *Index* de Brandwood au XXe siècle). L'analyse structurale (Schaerer, Koyré, Goldschmidt) n'est pas non plus sans profit, encore que sa portée ne paraisse pas universelle. De même, une thèse solidement appuyée développe les principes d'une lecture neuve : Sylvie Solère-Queval y soutenait que le *corpus* était typologique. Platon ayant en tête la division tripartite de l'âme tel qu'il la voyait, lui aurait conformé son écriture, ce qui donnerait trois types de dialogues, à l'intérieur desquels les textes se répondraient les uns aux autres. Ce sont là des problèmes hautement techniques dans lesquels je m'en voudrais d'impliquer le lecteur. Je lui laisse seulement à imaginer à quelles empoignades entre spécialistes tout cela donne lieu, qui témoignent du reste de la vitalité de nos études antiques.

Pour son confort et sa sécurité, je propose ici au lecteur la liste des dialogues sûrs, et pour ne rien préjuger d'un classement toujours sujet à révision, je la donne selon l'ordre alphabétique : *Apologie de Socrate, Banquet, Charmide, Cratyle, Critias, Criton, Euthydème, Eutyphron, Gorgias, Hippias majeur, Hippias mineur, Ion, Lachès, Lois, Lysis, Ménexène, Ménon, Parménide, Phèdre, Phédon, Philèbe, Politique, Protagoras, République, Sophiste, Théétète, Timée.*

Les grandes éditions, et notamment la commode « Pléiade », établie par Léon Robin avec la collaboration de Joseph Moreau, donnent les dialogues selon l'ordre chronologique estimé chaque fois le plus sûr.

Il nous faut enfin dire un mot d'un possible « Platon non-écrit », d'un Platon ésotérique dont on retrouverait les linéaments à partir d'autres textes, plus ou moins largement postérieurs. C'est encore un passage de la *Lettre* VII qui a lancé la recherche dans cette direction. Platon estime en effet que les hautes questions auxquelles il s'applique ne sont guère justiciables de l'écrit : « Là-dessus, dit-il, il n'y a pas d'écrit qui soit de moi, et il n'y en aura jamais non plus ; effectivement, ce n'est pas un savoir qui pourrait, comme les autres, se mettre en propositions, mais c'est le résultat d'une familiarité répétée avec ce qui constitue la matière même de ce savoir, le résultat d'une existence qu'on partage avec elle ; soudainement, comme s'allume une lumière lorsque jaillit la flamme, ce savoir-là se produit dans l'âme et désormais s'y nourrit tout seul, de lui-même. » Et d'ajouter que si cela avait dû être formulé, il n'aurait pu réaliser œuvre plus belle au cours de sa vie (341 c-d). Alors, que gardait-il par-devers soi de si secret, de si profond, que cela ne dût se transmettre que de bouche à oreille ? Et quel rapport cela pouvait-il avoir avec les dialogues ?

Depuis Léon Robin, au début du siècle dernier, de nombreux savants se sont attachés à retrouver ce Platon-là, et notamment l'école dite « de Tübingen » (Kraemer, Gaiser, Reale, Findlay, etc.). Un ouvrage de M.-D. Richard fait le point sur cette question délicate et, on s'en doute, controversée. En fait, l'écho de cet enseignement oral de Platon se laisserait percevoir dans certains textes d'auteurs postérieurs et parfois très distanciés de Platon dans le temps. Il est donc patent que ces doctrines censément platoniciennes nous arrivent réfractées selon l'angle de compréhension particulier à chacun de ces intermédiaires. Tout cela, qui est d'un grand intérêt – et notamment quand il s'agit d'apprécier la fidélité du platonisme sous ses formes ultérieures : moyen platonisme du IIe siècle après J.-C., néoplatonisme du IIIe –, reste nécessairement conjectural. Sans doute serait-il aventureux de soutenir que les dialogues ne sauraient se comprendre pleinement qu'à la lumière de ces fameuses « doctrines non-écrites », qui leur donneraient leur cohérence. Plus d'un spécialiste contesterait ce point de vue. Au reste, et quoi qu'il en soit du résultat de ces recherches en cours, rien de tout cela ne devrait détourner les chercheurs de l'aspect ésotérique des dialogues eux-mêmes, qui n'étaient évidemment pas de simples « polycopiés » à l'usage des étudiants de l'Académie. Longtemps encore après nous ces problèmes resteront ouverts.

QU'IL FAUT SE GARDER DE SYSTÉMATISER PLATON

« Voyez demener et agiter Platon. Chacun s'honorant de l'appliquer à soi, le couche du costé qu'il le veut… » Ainsi s'exprimait Montaigne (*Essais*, II.12). Et cela même, cette apparente souplesse des *Dialogues* peut laisser perplexe, et donner une furieuse envie d'en tirer un système qui serait « la philosophie de Platon », dont nul ne pourrait contester les propositions et l'enchaînement. Tentation dont Leibniz ne se cachait pas : « Si quelqu'un réduisait Platon en système, il rendrait un grand service au genre humain… » (*Lettre à Rémond*, 11 février 1715). Ce n'est pas si sûr.

Toujours est-il que les amateurs n'ont pas manqué. Il s'est toujours trouvé des auteurs pour procéder à une cueillette, à une vendange des thèses dans les vignes de Platon, dont les éléments récoltés ont fourni, une fois stockés, un produit aussi peu stable qu'engageant. C'est ce que j'appellerais volontiers le platonisme de consommation courante, le platonisme de manuel à l'usage des écoles, fait de simplifications, de clichés, de fausses perspectives : les « deux mondes », l'un idéal, l'autre évanescent, qui serait celui de l'expérience quotidienne ; la communauté des femmes dans la *République*, etc. Le plus pénible est qu'on s'est souvent fondé sur ce Platon de supermarché pour critiquer Platon : Platon « idéaliste », Platon « utopiste » (mais en quel sens ?), Platon rêveur, Platon « totalitaire » (Karl Popper), voire fascisant... Le développement des études platoniciennes fait qu'on est maintenant revenu de ces erreurs de perspective où l'idéologie avait sa part de responsabilité. Ce qu'il ne faut jamais perdre de vue, c'est que vingt-quatre siècles nous séparent de ce temps, et que Platon ne sortira jamais en gloire de son tombeau, vierge à nos yeux de toute interprétation. Deux mille quatre cents ans durant, Platon aura toujours été le Platon *de quelqu'un* : d'Aristote qui fut son élève, de l'Académie qui continua le Maître, de la Nouvelle Académie, plus lointaine et d'un tout autre esprit, du moyen platonisme au IIe siècle romain, du néoplatonisme cent ans plus tard, des Pères de l'Église, qui virent là une anticipation du christianisme, des théologiens du Moyen Âge, des érudits de la Renaissance, des « Cambridge Platonists » du XIIe siècle, de Hegel, des néokantiens, des idéalistes du XIXe siècle, et j'en laisse. Encore y a-t-il des lectures différentes au niveau de chacun des dialogues ! Bref, chaque époque a son Platon, et lui demande quelque chose de bien particulier. Par exemple, dans la Rome des Antonins, on veut du Platon ; on veut des résumés pour savoir en parler dans la conversation. Il y a même des programmes de lecture pour tout un chacun selon ce qu'il en attend. Mais le Platon que proposent les livres de l'époque est totalement dépolitisé, et n'a donc plus grand-chose à voir avec le contexte dans lequel ont été composés les dialogues.

Alors, quel Platon ? – Question dont mon lecteur aura, je pense, appris à se défaire. Il y a, sous les yeux de l'historien, autant de « platonismes », autant de systèmes, que de philosophes originaux qui ont recyclé le matériau platonicien pour s'exprimer eux-mêmes. Au reste, à s'en tenir au texte des dialogues, on s'aperçoit que chacun a son dynamisme propre, et que ce qu'on pourrait prendre pour des thèses est un moment d'une dialectique en cours, une étape de la pensée platonicienne en train de se faire. Chaque dialogue serait, au fond, un moment de ce qu'on pourrait appeler, avec Jean Bernhardt, « le grand dialogue que Platon a entretenu avec lui-même durant un demi-siècle de recherche personnelle ».

Tout ce qu'il est possible – et prudent – de faire, c'est donc d'essayer de ressaisir le processus constituant de la pensée de Platon à travers la lettre où elle se projeta, et ce n'est déjà pas si facile. À vrai dire, comme l'écrivait Jean Trouillard, « c'est une aventure qui doit être sans cesse recommencée. Aucun dialogue ne s'ajoute au précédent, comme s'il s'agissait de construire un système en articulant des pièces. Chaque œuvre est une nouvelle naissance du platonisme ». Nul n'a dit mieux sur ce point. Il a pu arriver, au cours des siècles, qu'on « reprenne » Platon, comme on reprend aujourd'hui une pièce de Sophocle, mais toujours ce fut une autre mise en scène, qui correspondait aux canons intellectuels d'une époque dont les besoins n'étaient plus tout à fait les mêmes qu'aux temps si lointains des jardins d'Akadémos. En voyant se répandre et filtrer dans les consciences ce qu'on appelle le platonisme, le lecteur comprendra mieux que par un discours ce qu'est le devenir, ce qu'est l'aventure de la philosophie. Je ne cherche pas ici, je l'ai dit, d'autre résultat.

UNE DÉMARCHE TRÈS RAISONNABLE

Tous les maux de la Cité viennent, selon Platon, de ce qu'on y fait la politique à la petite semaine, au coup par coup, au gré des passions liées aux intérêts. Et quand il arrive qu'on réfléchisse avant de décider et d'agir, c'est toujours dans un fonds d'opinions qu'on se fournit en bonnes raisons. Non, certes, que les opinions soient nécessairement fausses ; mais rien ne garantit non plus qu'elles soient vraies. Chacun a sur toutes choses – sur le juste et l'injuste, le vrai et le faux, le bien et le mal –, sa *doxa*, disons : sa petite idée, dont il est sûr *a priori* qu'elle coïncide avec ce qui doit être. *Mon* bien à moi, c'est *le* Bien ; *la* Justice, c'est *ma* justice, etc. Fort, donc, de cette conviction viscérale de s'identifier avec la norme, chacun impose ses vues et par tous les moyens. Bref, chacun voyant midi à sa porte, entend bien qu'il soit midi pour tout le monde. La dictature de l'opinion vire ainsi à la dictature tout court, la raison du plus fort étant toujours la meilleure, en politique comme ailleurs.

Le recours à la rhétorique, à l'art de discourir, apporte-t-il contre de tels abus une garantie solide ? – Là-dessus, Platon est formel : sûrement pas. Sur le fond, la rhétorique n'a rien à dire. Elle enseigne au parleur à imposer ses vues, à les faire s'intérioriser chez l'auditeur. C'est ainsi qu'on manipule les foules. Platon n'a pour les sophistes, pour les maîtres stipendiés d'éloquence, aucune sympathie. La lecture du *Gorgias* en dit long, et de même les livres I et II de la *République*. On trouve là une galerie assez inquiétante de caricatures. Polos estime, par exemple, qu'il vaut cent fois mieux commettre l'injustice que la subir – et en un sens, cela se défend : n'est-il pas plus rentable de ne s'attaquer qu'à plus faible que soi ? Calliclès soutient que ce sont les faibles qui sont à l'origine des lois, en vue d'empêcher les forts d'avoir le dessus, comme l'exigerait, en somme, la bonne nature. Thrasymaque a sur la justice des idées simples : la vraie, c'est celle qui profite au plus fort, et la tyrannie est bien agréable à exercer. Supposons qu'un brave homme, à l'instar du berger Gygès, trouve par terre quelque anneau magique qui le rende invisible. Quelle liberté d'action serait la sienne, dès lors qu'il échapperait ainsi à tout châtiment ! Le lecteur contemporain, pour une fois, ne se sent pas dépaysé.

Au travers de ce que soutiennent ces personnages peu avenants, Platon exprime deux présupposés auxquels on le verra toujours attaché. Le premier est que l'opinion est toute puissante *de facto*. C'est ainsi. Mais cela étant, les temps changent. Dans une Cité « à l'ancienne », où les traditions, les tabous sont unanimement reconnus et observés, comme c'était le cas pour les générations précédentes (et *a fortiori* à l'âge du mythe), l'opinion réalise de façon continue l'adaptation spontanée de la conduite individuelle aux requêtes du corps social. La conscience collective étant toute-puissante, tout le monde, en « faisant pour le mieux », fait ce qui est le mieux pour tout le monde. Seulement, quand la Cité est prise dans une évolution qui la dépasse, quand elle se désagrège en individualités antagonistes, les opinions en viennent à se détacher de ce dont elles assuraient la cohérence. « Ce que chacun pense » prend du champ par rapport à « ce qui doit se faire ». Et alors, la vertu se perd, en ce sens que l'opinion droite s'érode au contact de l'air du temps : le vertueux passe pour un naïf, pour une bonne poire qui ne demande qu'à être cueillie. Voilà pour le premier point.

Le second est que, pour Platon, le civique va de pair avec l'individuel, en ce sens que la déchéance morale du citoyen précipite la décadence de la Cité, et la décadence de la Cité gâte l'individu. Un processus funeste de causalité réciproque s'enclenche, dont l'aboutissement est la perte de l'identité civique, avec toutes ses conséquences. Il faut imposer un coup d'arrêt à cette évolution qui tend vers le pire, et pour cela retirer à l'opinion ce qu'il y a de discrétionnaire dans son pouvoir de fait. Seulement, là est toute la question : l'opinion peut-elle s'amender, se réformer sans sortir *ipso facto* du plan sur lequel elle joue ? Ou si l'on préfère, peut-on assainir l'opinion sans s'appuyer sur autre chose – mais sur quoi ? –, qui fonderait en vérité l'opinion ? Socrate avait constaté à ses dépens que l'opinion était tout incapable de se tirer par elle-même de ses contradictions, aux conséquences tragiques, et Platon révolté n'avait pu qu'en prendre acte. C'est par nature que l'opinion est exposée à se fourvoyer. Ce qu'il faut, c'est donc remplacer sa dictature hasardeuse par celle d'un autre foyer de décision qui la transcenderait, et qui ne serait de ce fait contestable par personne. La coupure est radicale : plus question pour Platon de reconduire l'attitude d'un Socrate respectant jusqu'à mourir de son respect les lois néfastes de la Cité. (Voyez *Criton*, 50 a et suiv.). Plus question à présent d'identifier *a priori* les lois et la justice. Platon, dit Jacqueline de Romilly, « ne peut que renier la Cité où meurt Socrate et penser que ni elle ni ses lois ne méritent que l'on veuille y vivre, ni que l'on accepte de mourir pour elles ». Pourtant, une chose est certaine, que Platon vieillissant réaffirmera avec force : il faut des lois, car « sans lois, les hommes se conduiront nécessairement comme les plus dangereux des fauves » (*Lois*, IX, 874 c). Voilà qui est bien vu et qui n'a pas changé depuis ces temps lointains. Mais, comme il a été amplement démontré que la loi ne doit pas se borner à entériner l'opinion, c'est *sur la science* (en grec : *épistémè*) qu'elle doit se fonder. Les lois dignes de ce nom procéderont de la science. On commence à mieux comprendre ce que Platon avait en vue en fondant son école de cadres du côté d'Akadémos, et pourquoi il avait, dit-on, fait inscrire sur la porte : « Que nul n'entre ici s'il n'est géomètre. » Mais quel critère va-t-on choisir ? En quoi consistera la vraie science, mère de toute politique ?

DE L'OPINION À LA SCIENCE

Une chose est certaine : toute une partie du quotidien, et à vrai dire la plus large, repose sur l'opinion, et Platon ne l'ignore pas. On se débrouille à tout instant avec ce qui vient des sens. Le plus gros de nos conduites se fonde sur des connaissances approximatives, conjecturales – ne serait-ce, note le *Philèbe*, que pour rentrer chez soi. C'est d'ailleurs à ce niveau-là que les contradictions nous gênent le moins :

l'à-peu-près est bien assez sûr. À s'en tenir là, on pourrait dire que la science, c'est la sensation, et la sensation, c'est la science (*Théétète*, 151 e). Au reste, force nous est de constater que beaucoup n'ont pas l'idée d'aller plus loin et, ma foi, ne s'en trouvent pas plus mal. Dans la fameuse Caverne du livre VII de la *République*, dont Platon, soit dit en passant, emprunte l'image aux Orphiques, il n'est pas question que personne trouve à redire à sa condition. Tout au contraire : les « étranges prisonniers » sont très bien dans leur caverne : ils y ont leurs habitudes, et leurs yeux sont faits au noir où ils ont toujours vécu. Ne voyant de la réalité que des ombres confuses, ils trouvent le moyen d'en discourir sans fin, et ils se congratulent même les uns les autres pour en avoir bien parlé.

Il arrive pourtant que des contradictions se laissent voir, et qu'elles gênent. Qu'on lise ici *République* VII, 523 a-524 d. Au niveau du quotidien, « les choses sont ce qu'elles sont », comme on se plaît à répéter. Un doigt, par exemple, est un doigt. Les difficultés ne commencent qu'à partir du moment où l'on a besoin d'apprécier les qualités de ce doigt si évident : l'épaisseur et la minceur, la fermeté et la mollesse. Les sens, alors, se mettent à cafouiller. Les choses apparaissent plus molles que les plus dures et plus dures que les plus molles, donc *à la fois* molles *et* dures, épaisses *et* minces. Et le courant d'air de *Théétète* 152 b, qui dira s'il est froid ou s'il ne l'est pas, dès lors qu'il enrhumera certains et d'autres pas ? Alors, qui va en décider ? L'opinion est relative. Et la sensation (*aisthèsis*) en appelle à un *logos*, à une parole certaine, à un savoir d'un ordre plus élevé. Les choses ne font que s'aggraver quand des objets on passe aux hommes, et aux qualités qu'il convient ou non de leur attribuer. Les dira-t-on justes ? pieux ? honnêtes ? Prenez Eutyphron, le devin que Socrate rencontre tandis que ce brave homme court en justice dénoncer son propre père. Pourquoi ? – Mais parce que le vieux papa en question a démasqué un esclave assassin et l'a si solidement attaché, le temps d'aller consulter un juge, qu'à son retour, il trouve l'esclave mort. Du coup, le fils s'en va le dénoncer, et ce faisant, il s'estime pieux, alors que d'autres s'en indignent, voyant là le comble de l'impiété… Alors, pieux ou pas, le fils ?

C'est dans cette perspective qu'il faut lire les dialogues dits socratiques : les deux *Hippias*, le *Lachès*, le *Charmide*, le *Lysis*, l'*Eutyphron*, le *Criton*, l'*Ion* et l'*Apologie de Socrate*. Le schéma est toujours le même : on parle d'abord de *telle* amitié : celle de Lysis et de Ménexène ; on parle de la beauté *de* Charmide, de *sa* sagesse ; on se demande si l'exercice des armes rend courageux les jeunes gens, etc. Chacun disserte à perte de vue, enfermé dans ses estimations ; on entasse exemple sur exemple. Et chaque fois, Socrate insiste : tout cela est, certes, très intéressant, mais cela ne me dit pas ce qu'est *la* beauté, *l'*amitié, *le* courage, *la* sagesse *en soi et par soi*, la sagesse en son essence (en grec : *ousia*), dont j'aurais besoin pour juger de la sagesse, de la beauté, etc. prises en particulier chez Untel et Untel. Quand on s'en avise, le vertige vous prend ; on s'étonne, ce qui est précisément le commencement de la philosophie (*Théétète*, 155 d).

Or, si le besoin se fait sentir d'un critère, c'est parce que sur tous les plans, c'est dans l'instabilité que nous nous mouvons. Étant dans le devenir, nous n'appréhendons jamais qu'une infinité d'apparences, et des apparences on ne peut avoir que des opinions, points de vue qui diffèrent avec chacun. Non que les apparences soient pure inconsistance : elles sont les apparences de quelque chose de bien réel, mais sur ce réel, notre savoir demeure conjectural aussi longtemps que nous n'en avons pas atteint l'essence. Les opinions peuvent être plus ou moins bonnes, plus ou moins fondées ; elles restent des opinions, et rien de plus. Alors, au sein de cette multiplicité qui est notre lot, comment fixer le savoir dont nous avons si grand besoin quant à ce qu'on pourrait appeler, par opposition à l'apparence, la réalité fondamentale ? Nous retrouvons là, mais sous une autre forme, plus évoluée, le problème qu'avaient soulevé les présocratiques. Cette fois, il n'est plus question de poser quelque substance primordiale, eau, air, feu, etc., dès lors que l'eau, l'air, le feu ou ce qu'on voudra ne nous sont jamais perceptibles que selon leurs apparences, ce qui ne fait que reculer le problème. Les antiques solutions, auxquelles Platon fait parfois allusion, quitte à les arranger à sa façon, ne lui semblent pas satisfaisantes. Elles lui paraissent trop courtes : comment construirait-on là-dessus une science, elle-même capable de fonder une politique viable ? Il faut, pour fonder la Cité, l'asseoir sur des bases objectives rationnelles. Si l'on souhaite une Cité juste, il faut s'élever *d'une* justice hasardeuse – celle de l'opinion publique – à *la* Justice objective, à la Justice en soi et par soi. On voit donc à quoi tend Platon : de toutes les valeurs auxquelles doivent se conformer les actes du citoyen, il faut atteindre intellectuellement *l'essence*. C'est elle qui gouverne toutes ses réalisations concrètes, dont nos opinions ne jugent que de façon confuse, arbitraire.

Goldschmidt a trouvé une image qui me paraît judicieuse pour décrire ce cheminement de l'esprit à partir de ce qui est appréhendé dans l'expérience : « On imagine facilement une bonne ménagère vivant dans son univers de plats et de casseroles sans jamais s'être posé la question de savoir ce qu'est le cercle. Toutefois, le maniement journalier d'objets aussi ressemblants l'aura peut-être prédisposée à subir avec quelque succès une interrogation socratique sur l'essence du cercle. Au niveau de l'image, elle exhibera telle tasse ou telle assiette qui lui paraissent particulièrement bien arrondies. Peu à peu, Socrate lui fera comprendre que ces différents ustensiles ont quelque chose de commun dont elle essaiera de rendre compte. Peut-être ne parviendra-t-elle jamais à s'en expliquer avec la précision de l'énoncé euclidien, mais elle aura au moins fait ce progrès : passer de la multiplicité des formes sensibles dans la région où l'on devine l'unité de la forme. » (*Les Dialogues de Platon*, p. 39). Bonne pédagogie, qui montre ce qu'est le platonisme : un effort pour aller plus loin que l'à-peu près, plus loin que le confus, dont il est si facile de se contenter ; un effort pour intégrer tous les points de vue possibles dans un universel qui en rendra compte. Aussi l'homme platonicien, disait Jean Trouillard, est-il « dans un état violent, en perpétuelle génération de soi ». Il va durement du vague au précis, du conjectural au certain, du relatif à l'absolu, du temporel à l'éternel.

Au niveau des dialogues socratiques, on ne fait qu'entrevoir, deviner le plan des Essences – qu'on appelle précisément les *Idées* – et qui ne constituent pas encore un univers organisé. Ce travail de structuration, cette méditation constructive d'une objectivité idéale, sera la tâche des grands dialogues : *Banquet, Phédon, Phèdre, Protagoras*, et aussi de ce bloc métaphysique essentiel que forment *République* VI et le terrible *Parménide*. Nous voilà donc en présence des fameuses Idées de Platon sur lesquelles on a dit tant de sottises. Il va nous falloir approcher ces réalités de plus près. Mais déjà, nous comprenons quelle solution apporte Platon aux problèmes quotidiens de la Cité. Si l'on se contente de l'opinion pour gouverner, on n'aura jamais que des apparences de justice, des apparences d'honnêteté, des apparences de légalité. Or, que valent un semblant de justice, une conduite apparemment honnête, un acte qui a l'air légal ? Le langage lui-même – Platon l'a montré dans le *Cratyle* – est propice aux mauvais coups. Le bon usage de la parole en appelle, lui aussi, à l'existence d'un absolu qui le cautionne et prévienne les emplois frauduleux par les manipulateurs trop habiles. Il faut s'élever jusqu'à l'Idée.

L'UNIVERS DES FORMES

Cela dit, quelle voie nous conduira à l'absolu de la connaissance ? Ce ne sera pas la voie des sens. Non que notre équipement sensoriel soit en lui-même vicié : il est même, nous l'avons dit, largement suffisant sur les plans où l'on peut s'en tenir à l'opinion. Mais rien au-delà : pas de donnée sensible qui n'oscille entre deux opposés. Dans la meilleure des hypothèses, on aura une *opinion droite*. Dans cette perspective, on comprend tout de suite que le corps ne sera une entrave que par rapport à la connaissance intellectuelle. Nous sommes dans la situation du plongeur immergé en profondeur et qui, regardant vers le haut, prendrait la surface de la mer pour le ciel (*Phédon*, 109 c-d). On ne renoncera donc pas à l'opinion – ce serait nous arracher à la vie quotidienne –, mais on la situera à sa juste place, la subordonnant à de plus hautes exigences. Il faut donc passer de la *philodoxie* (amour de la *doxa*, de l'opinion) à l'amour de la *sophia*, de la sagesse, autrement dit à la *philosophie*.

Remarquons au passage que la philosophie revêt chez Platon l'aspect d'un changement de vie : elle est retournement, conversion, au moyen d'une bonne pédagogie, du sensible à l'intelligible, sans jamais que le second supprime le premier, ce qui serait absurde. Simplement, par une conduite appropriée de l'âme, par une *psychagogie* (*Phèdre*, 271 d) qui n'est pas lavage de cerveau mais libération, on soulagera l'âme des semelles de plomb dont elle est lestée du fait d'être dans un corps, et qui la retiennent dans le sensible et donc la limitent dans ses possibilités (*République* VII, 519 a-b). Platon insiste beaucoup sur l'importance de cette éducation, qui dépasse en portée celle des sophistes.

L'objet de la philosophie, c'est donc les Idées, ou encore les Formes essentielles de tout ce qui est. Le mot grec *idea*, en effet, veut dire forme visible : les Grecs étaient des visuels, portés à privilégier parmi les sens celui de la vue. Aussi est-ce lui que Platon choisit ici comme analogie. Et donc, en utilisant ce terme, Platon ne désignait pas une vague évanescence, mais bien ce qu'il y a de plus réel dans le réel, un peu comme lorsque nous disons : « Je l'ai vu, de mes yeux vu. » Parler en termes d'Idées, c'est donc, pour Platon, souligner le caractère réel de ces Formes structurelles dont nous ne percevons que le reflet lointain, dégradé, dans le monde en devenir. Non seulement les Idées sont plus réelles que les apparences qui en émanent, mais encore ce sont elles qui engendrent ce que nous voyons et sentons. Elles sont génératrices de la réalité. La Justice en soi est exigence d'actions justes ; la Beauté en soi est exigence du beau à faire advenir, etc., et donc, s'il advient quelque justice dans la Cité, s'il y resplendit quelque beauté, s'il s'y montre un certain courage, ce sera toujours comme participant du Juste par essence, du Beau par soi, etc. Les Idées sont une transcendance dont procède toute immanence. On voit maintenant qu'il ne faut pas, et certains l'ont fait bien à tort, regarder les Idées platoniciennes comme n'existant que dans l'esprit (voir *Parménide*, 132 b).

On peut se demander quelles raisons ont conduit Platon à poser le problème de cette façon. J'en vois trois. Il y avait bien sûr ce conflit qui le hantait de la justice et du pouvoir politique : aussi longtemps qu'on ne tient pas la justice pour un idéal s'imposant absolument et mathématiquement au citoyen comme à la Cité, le pouvoir ne saurait être juste. Il y avait aussi l'intérêt qui portait Platon, du fait de ses fréquentations pythagoriciennes, aux spéculations sur les objets mathématiques. Les figures et les nombres lui fournissaient le prototype de la vision intellectuelle des Formes, dès lors que leur perfection transcende les déficiences de leurs images concrètes sur le sable ou au tableau : on trace des ronds approximatifs, au-delà desquels règne le Cercle en soi. Et puis, la réflexion mathématique ne nous affranchit-elle pas des erreurs de la perspective ? Elle nous donne à comprendre pourquoi la vérité ne saurait nous tomber sous les yeux. La mathématique agit comme propédeutique (*République* VII, 521 d ; 525 c et suiv. ; 602 c-e). Il y avait enfin le canon de la beauté plastique, qui prime nos goûts, nos estimations, et nous contraint à y renoncer au profit de la science des bonnes proportions. À l'horizon de nos créations artistiques, architecturales, etc., il y a cette présence rayonnante « du

Beau dans l'unicité de sa nature formelle » (*Banquet*, 211 e). À ce propos, notons que l'esprit grec tend à tout voir sur le modèle de l'œuvre d'art, et jusqu'à la fabrication du cosmos. Le *Timée* nous montre de façon mythique l'ouvrier divin, le Démiurge, se rassasiant des Idées, qu'il contemple et imite, pour réaliser le grand œuvre du monde.

Nous voyons donc à présent comment s'organise l'univers intellectuel des grands dialogues. Il y a d'une part le monde en devenir, l'existentiel, dirait-on aujourd'hui, dont Héraclite affirmait le perpétuel flux. De ce devenir, on sait d'autre part que Parménide voulait conjurer l'inconsistance en posant un Être absolu, essentiel. On ne comprend donc l'existentiel que dans la lumière de l'essentiel ; on n'épuise la vérité des apparences que par l'Idée. Et donc, la vraie essence – et la valeur, guide de l'action –, c'est l'Idée, et l'âme humaine peut y accéder, car elle est de même nature. Platon insiste sur cette participation de l'âme aux Idées, sur cette parenté de nature qui permet une connaissance authentique de la Réalité en soi. Et par voie de conséquence, la *philosophia* – et elle seule – permet une pratique politique exacte, rigoureuse, aussi incontestable dans son ordre que les spéculations mathématiques dans le leur : elle sera fondée sur l'absolu. Nous voyons ainsi clairement ce qu'entend Platon par cette formule qu'on a souvent rabâchée sans la comprendre : pour que la Cité soit heureuse, il faut que les philosophes soient rois, ou alors que les rois soient philosophes.

*

Mais c'est du même coup un tableau entier de l'être et du connaître qui s'offre à nous dans cette perspective. On devine que la réalité s'étage en degrés, auxquels correspondent des niveaux de connaissance. Platon a résumé cela lui-même (*République* VI, 509 d et suiv.) dans la fameuse analogie de la ligne, que matérialise le tableau que voici :

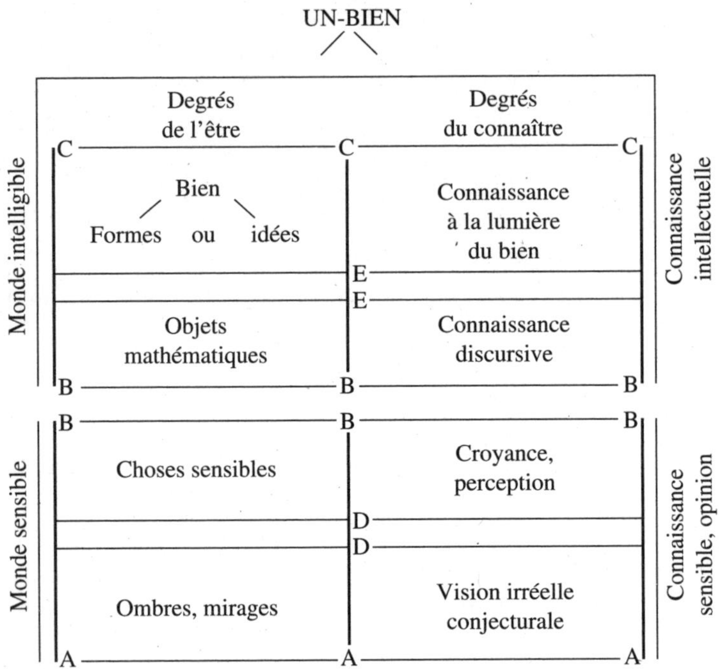

On va donc des ombres et des mirages, objets de simple conjecture, aux choses sensibles elles-mêmes, auxquelles se rapporte la perception. Puis on monte aux objets idéaux des mathématiques, saisis par voie discursive, et enfin, on accède aux Idées, qui sont l'objet ultime de la connaissance. Cela ne s'accomplit en plénitude que dans le rayonnement dispensé par l'Un-Bien. De cette distribution du réel et de la connaissance diversifiée qu'on peut en prendre, l'allégorie fameuse de la Caverne (*République* VII, 514 a et suiv.) est tout juste l'illustration. Et le fait que Platon ait utilisé cette image – qui lui vient des Orphiques et qui évoque aussi le poème d'Empédocle et la grotte d'Ida, en Crète –, nous place dans une perspective initiatique : c'est dans cette caverne que se tenaient, dit-on, les mystères de Zeus, où Pythagore lui-même aurait reçu la grâce de l'initiation.

Toujours est-il que c'est la métaphore de la lumière et des ténèbres que Platon a retenue pour symboliser l'itinéraire du philosophe, qui va de ce que voit tout le monde à ce dont se délectent les seuls initiés, c'est-à-dire la contemplation des Idées, l'intuition des essences. Par contraste, les montreurs d'ombres de la Caverne, dont s'enchantent les reclus, ce sont bien sûr les fameux sophistes, tels du moins qu'il les voit, ces professeurs sans foi dont la parole est vide (Voir *Sophiste*, 235 a-b ; 239 d ; 240 d ; *République* VII, 514 b). Aussi la démarche du philosophe authentique apparaît-elle pénible, douloureuse, risquée. Il grimpe vers la lumière, s'en emplit les yeux, et il revient parmi ses compagnons dire ce qu'il a contemplé, dont il garde la nostalgie. Et bien sûr, il est mal reçu : la mort de Socrate en est la preuve. On pourrait dire que l'allégorie de la Caverne est présente en filigrane dans l'œuvre entière de Platon. Dans chaque dialogue, on retrouve les habitants de cette sombre grotte et ceux qui reviennent d'En-Haut, et notamment l'initié par excellence, Socrate, trop éclairé pour leur goût.

Tout cela nous permet d'entrevoir le programme de l'école de cadres que Platon avait fondée, que nous connaissons sous le nom d'Académie. Par un jeu rigoureux de questions et de réponses, on apprenait à s'élever des faits isolés à une vision des ensembles, et jusqu'au principe qui commande le tout. On s'exerçait ensuite à redescendre du principe à ses applications multiformes, et jusqu'au plus infime détail. Cette démarche ascendante et descendante, qui consiste à cheminer de la multiplicité à l'unité qui la gouverne, puis à rattacher à l'unité les moindres éléments de la multiplicité, s'appelle la *dialectique*. Le mot est chargé, depuis ces temps, d'une lourde hérédité, et l'on fera bien de s'inquiéter, à chaque moment de l'histoire, de son sens précis. S'assurant chaque fois de l'accord avec son interlocuteur, le dialecticien procède de la constatation des évidences à leur critique, bref, de l'opinion à la science, de l'hypothétique à l'anhypothétique, du multiple à l'un (dialectique *ascendante*). Il s'en revient ensuite vers les hypothèses et vers la multiplicité, dans le but d'éclairer, d'assurer, de mettre en ordre (dialectique *descendante*). Dans sa finalité pratique, cette manière de procéder met le philosophe-homme d'État en possession du plus haut degré de discernement, c'est-à-dire du savoir régulateur des autres savoirs. Cela seul lui permettra l'exercice juste – parce que fondé sur l'Absolu – du gouvernement. Et nul n'aura rien à lui objecter, puisque la Cité ne sera plus alors que Justice réalisée.

*

Au point où nous voilà rendus, la question se pose – et Platon se l'est posée – de la nature de ces fameuses Idées, de leur régime d'existence, de leur rapport, entre elles d'abord, mais aussi avec les objets de l'expérience. Le premier mouvement de la pensée serait de concevoir les Idées posées en dehors du sensible, quelque part dans les hauteurs – mais où ? De fait, l'Idée de la Sphère n'est pas immergée dans telle boule de billard ou de pétanque : elle prime toute rondeur. Mais à ce compte, la Chevalité prime n'importe quel cheval concret ! Dira-t-on alors que seule la Chevalité *est*, et que ce sur quoi grimpe le cavalier est plutôt moins concret que l'Idée de cheval ? – C'est cette représentation absurde et vaguement surréaliste que beaucoup ont offerte du platonisme, et qu'ils se donnent les gants de réfuter. Mais Platon lui-même savait à quelles difficultés aboutissait le réalisme des essences, et il s'est fait à lui-même toutes les objections possibles. Si le lecteur ne craint pas sa peine, il les trouvera dans le redoutable *Parménide*, 130 a-135 c. On y voit un Socrate jeune découvrant que, selon l'expression de Michel Alexandre, « la doctrine des Idées n'est pas une solution mais un problème ». Outre que j'aboutirais à des conséquences ridicules – il y a une idée de la crasse ou de pire encore –, si j'avais l'imprudence de poser d'un côté les Idées et de l'autre les choses, il me faudrait poser de nouvelles Idées pour les rapporter aux choses. En voici un exemple : si je sépare des choses grandes le Grand en soi, je le juxtapose à elles. Du coup, il constitue avec elles une nouvelle unité qui en appelle à une plus grande Idée de la Grandeur, et ainsi de suite. Et du reste, définies comme à part, les Idées ne peuvent plus être atteintes : elles deviennent inconnaissables. Platon entend donc bien nous détourner de concevoir l'Idée comme un « quelque-chose-existant-ailleurs ». Dès lors, quelle idée nous faire, si j'ose dire, des Idées ? – On pourrait dire que l'Essence et l'existant n'ont pas le même régime. Ils se distinguent comme la Sphère se distingue des billes, de toutes les billes. L'intelligible s'oppose au sensible comme le parfait à l'imparfait, comme l'immuable au changeant, comme l'objectif au subjectif. Pourtant, on ne peut parler d'Égalité si ce n'est entre deux « quelque chose » ; il n'y a pas de Servitude avec un grand S qui ne soit rapport entre un maître et un esclave, l'un et l'autre étant de chair et d'os. Il faut donc concevoir l'Idée platonicienne comme un lien qui permet d'unir et d'identifier : on pense les situations vertueuses sous l'Idée de vertu, les choses belles sous l'Idée de beauté, etc. Et s'il en va ainsi, c'est, pense Platon, qu'habite en notre âme cette forme de la Vertu, de l'Égalité, de la Similitude, etc. – mais toutes ces Formes, nous ne les possédons que comme autant de dispositions (*Phédon* 75 c). Ce caractère *a priori* de la connaissance, Platon l'exprime par deux mythes. Il y a d'abord le mythe du Monde intelligible qu'aurait hanté l'homme dans une vie « d'avant », dans une existence pré-empirique : c'est l'attelage ailé du *Phèdre*, 246 a-249 e, dont le cocher entrevoit un instant le ciel dans toute sa splendeur. Et puis, il y aussi le mythe de la Réminiscence (*Phèdre*, 249 b-d ; *Ménon*, 82 a-85 ; *Phédon*, 72 e et suiv.). Ce que nous avons contemplé « dans l'autre vie », « avant », nous revient au cours d'un interrogatoire bien mené, et nous nous découvrons capables de retrouver les propositions de la géométrie… Manière d'orienter l'esprit par des comparaisons frappantes, bien sûr.

Il y a aussi, dans la pédagogie de Platon, le recours à l'image des métiers. Comment s'y prennent l'artisan, l'architecte, le médecin, le constructeur de navires, d'outils, etc. ? Ils ne produisent pas au petit bonheur ; leur activité se déploie toujours sous la mouvance de quelque Idée. Prenons comme exemple la fabrication d'un lit. Il y a une infinité de lits concrets, mais il n'y a qu'une Idée du Lit (*République* X, 596 b), et le menuisier est polarisé par cette forme qu'il lui faut faire advenir dans un matériau qui lui résiste. J'ai signalé plus haut que le Démiurge, l'Artisan mythique du Monde, ne s'y était pas pris autrement : il l'a réalisé sur le modèle des Idées.

Tout cela pose donc l'Idée, dans la pensée de Platon, comme la vraie cause, « par la présence et la communication de quoi tout être est ce qu'il est » (J. Trouillard), et peut être connu. Compte tenu de la représentation souvent figurative et poétique qu'en donne Platon, le « monde intelligible » serait plutôt à concevoir comme un faisceau d'exigences et de valeurs qui permet de débrouiller l'expérience et l'action. Les Idées ne sont pas un musée d'objets exemplaires, mais un système de lois objectivantes qui ne sont pas ce qu'elles réalisent. Autrement dit, l'idée de triangle n'est pas triangulaire ; l'idée d'égalité n'est pas égale mais source d'égalité.

MORALE ET POLITIQUE

L'âme, avons-nous dit, est parente des Idées : Platon y insiste, car cette parenté implique, pour l'âme, la chance d'être immortelle : comment pourrait se corrompre ce qui s'apparente ainsi à l'incorruptible ? (Voir *Ménon*, 86 b ; *Phédon*, 106 e.) Ce n'est, à dire vrai, qu'une chance, mais elle est belle. C'est une belle espérance (voir *Phédon*, 63 c, 64 a, 70 a, 114 d). Il convient de s'y disposer de son mieux par la meilleure conduite possible en cette vie. Ce ne sera du reste pas si facile, dès lors que l'âme de l'homme est handicapée, lestée d'une tare, et il n'y a rien de bien étonnant dans le fait que la vie politique soit chose si difficile à mener. Nous savons que pour Platon, le civique et l'individuel ont partie liée, au point que selon lui, observer l'État, c'est observer l'homme individuel très grossi, comme à la loupe. Les mêmes structures se retrouvent dans l'âme et dans la Cité. Le mythe de l'attelage ailé du *Phèdre*, auquel nous faisions allusion plus haut, nous permettra de nous les représenter sur un plan comme sur l'autre. L'attelage se compose d'un cheval noir, d'un cheval blanc et d'un cocher. Mais alors que le cheval blanc est beau, bon, noblement docile, le noir, en revanche, tire brutalement dans le sens de ses appétits – et cela se conçoit très bien : « n'est-ce pas vivre heureux, pour qui a la gale, que de se gratter énergiquement quand ça le démange ? » (*Gorgias*, 494 c et suiv.). Mais dans de telles conditions, le cocher n'a pas la vie facile ! Tout cela pour dire que l'âme humaine est tripartite. D'une part, il y a les pulsions charnelles, la dictature des appétits élémentaires (en grec : *épithumia*) ; d'autre part, il y a les élans généreux du « cœur », si l'on veut, et de l'honneur, ou si l'on préfère, du courage (en grec : *thumos*). Il y a enfin la raison, logique et régulatrice (en grec : *logos*). Le rôle du cocher n'est donc pas d'abattre la bête noire, si brutale, ni d'anesthésier les emportements, parfois trop fougueux, du cheval blanc. À son habileté revient d'assumer son attelage, de dresser l'un et l'autre animal, de se les soumettre. C'est à lui que revient de leur assigner un but et de leur imposer la bonne allure.

Or, en raison des correspondances que nous avons dites entre l'âme et la Cité, cette tripartition se retrouve dans la société, sous la forme des trois classes énumérées en *République* IV, 433 et suiv. Il y a donc les gens occupés aux tâches économiques, ceux qu'on appellerait aujourd'hui les producteurs ; d'autre part, il y a les gens d'armes, chargés de la défense de la Cité. Enfin, au sommet de la pyramide, il y a ceux en qui se réalise en plénitude la raison, ce qui les qualifie comme chefs : on aura reconnu les philosophes-gouvernants. Cette répartition pourrait se figurer par le schéma suivant :

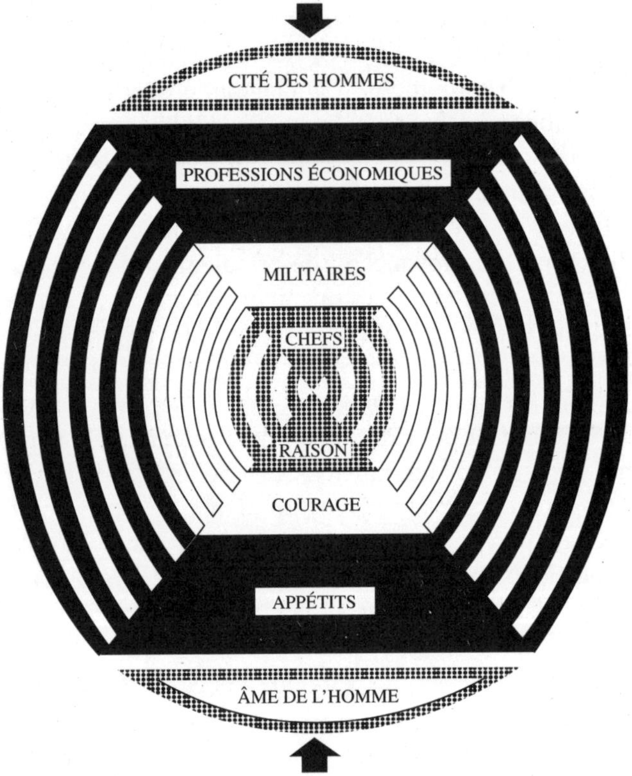

Correspondance entre l'âme et la Cité
selon *République* IV, 433 c et suiv.

On se doute bien qu'à l'époque, un véritable fossé sépare les différentes « classes », et que les producteurs, en raison du mépris de la haute société grecque pour les métiers manuels, ne jouissaient pas, dans l'Athènes du temps, d'un préjugé favorable. Et que dire des esclaves ! La plus grande partie de la population se voit donc reléguée dans la condition peu enviable de travailleurs forcés. Cela étant, le problème se pose du régime politique. Selon Platon, il est clair que l'harmonie de cet ensemble tripartite ne pourra se réaliser que par la gestion éclairée des philosophes-gouvernants. Autrement, les déviations inscrites dans la nature des différents régimes qu'on voit à la tête des cités, entraîneront la société dans les pires hasards. Dans la *timocratie* à la façon spartiate, c'est l'amour des honneurs qui est le mobile principal des dirigeants (du grec : *timè*, honneur) : ils veulent briller, détenir le prestige de gouverner le reste des hommes. Seulement, ce régime vire facilement à l'*oligarchie* ploutocratique, au gouvernement d'une minorité fortunée qui n'en a jamais assez et verse dans la corruption. Ses excès amènent, par réaction, l'avènement brutal de la *démocratie*. Mais les citoyens s'y croyant tout permis, c'est bien vite l'anarchie, qui fatalement appelle une reprise en main dictatoriale, la *tyrannie*, avec son cortège d'exactions et de purges, sans même compter les guerres. Rien de tout cela n'apporte à la Cité une vie enviable, et Platon estime en avoir fait l'expérience. L'influence des pythagoriciens se laisse bien sentir.

Dans cette perspective, il ne saurait y avoir pour Platon de séparation entre morale individuelle et morale collective, civique. C'est bien pourquoi le citoyen, qu'il soit garçon ou fille, devrait être mis dès sa naissance sous la coupe de l'État, du moins dans l'idéal, dès lors que l'État répondrait aux conditions de la Raison. Les humains sont comparables à des marionnettes fabriquées par les dieux : il convient qu'ils se laissent manipuler, non point par les fils de fer des passions, mais par les fils d'or de la Raison, car la Raison est la suprême Loi : Platon joue ici, à la façon pythagoricienne, sur les deux mots, *Nomos* (la loi) et *Noos* (la raison). Des pédagogues officiels veilleraient à l'application rigoureuse d'un programme d'enseignement visant à orienter la masse dans le sens du raisonnable, et à sélectionner une élite intellectuelle et morale susceptible des plus hauts emplois. On aura compris que la morale et la politique platoniciennes ne se laissent jamais séparer de la métaphysique. C'est ce qu'il ne nous faut jamais perdre de vue quand nous considérons les surprenantes constructions de la *République* – dont Platon sait trop bien qu'elle n'existe ni n'existera jamais sous sa forme idéale : c'est une géniale utopie –, mais aussi des *Lois*. La Cité doit être, selon l'exacte expression de Jean-François Revel, « une tête de pont de l'éternel dans le temporel ».

*

Avant de quitter Platon – si tant est qu'on le quitte jamais –, il nous faut revenir un instant sur ce que j'appellerais sa manière, ce style où se mêlent de façon déconcertante, du moins à première vue, la rigueur dialectique et la luxuriance des images. On vient d'en finir avec une démonstration serrée, qui laissait tout juste au partenaire de Socrate ou d'un autre le temps d'un « oui, bien sûr ! », ou d'un « mais comment donc ! », puis tout soudain on est dans une belle histoire qui s'est passée autrefois, dans un temps hors du temps, et c'est au cœur de cet imaginaire que tout se joue. Prométhée et Epiméthée, le jugement des morts, les androgynes, la naissance d'Amour, les cigales, l'attelage ailé, l'âge d'or, ou ce petit tour que fit dans l'au-delà Er le Pamphylien mort au combat : le livre classique de Perceval Frutiger ne relève pas moins de trente-cinq passages (*Les Mythes de Platon*, p. 29-31), d'autant plus déroutants pour le lecteur « vierge » que toutes ces fables sont beaucoup trop différentes les unes des autres pour être réductibles à un seul et même type.

L'aisance souveraine avec laquelle Platon géomètre et dialecticien se joue des abstractions et des enchaînements de concepts l'eût facilement dispensé de recourir à ces arabesques si pleines de charme, qui agaçaient prodigieusement un Brunschvicg. Il s'agit donc d'un propos réfléchi : reconduire les façons d'une époque de peu antérieure, où les Grecs s'exprimaient par images, et choisissaient pour s'exprimer la langue rythmée des poètes. Sans doute était-ce pour Platon le moyen de suggérer qu'il s'agissait là de questions si délicates qu'elles excédaient le parler du philosophe. En traiter dialectiquement eût été si long et difficile, si incertain aussi, qu'il valait sans doute mieux, selon lui, orienter l'âme attentive du disciple dans le sens d'une harmonie plutôt que d'un calcul, d'une espérance plutôt que d'une déduction, bref, d'un donné si riche qu'on ne saurait le retenir captif des concepts sans le dénaturer, sans lui faire perdre quelque chose de sa saveur. En cela, Platon ne s'est pas voulu différent de son temps, et il nous reste, après tant de siècles, à nous laisser emporter par ce jeu prégnant de réalité sous la grâce des apparences. « Que serions-nous donc, disait Valéry, sans le secours de ce qui n'existe pas ? »

Si nous sommes si longtemps restés avec Platon, c'est qu'au cours des siècles, il ne cessera jamais d'être enseigné, et qu'il conditionnera d'une façon ou d'une autre le développement entier de la philosophie d'Occident. Après lui, l'Académie prolongera ses leçons, les transformant dans des sens divers, tel scolarque mettant l'accent sur telle intuition, tel autre en privilégiant une toute différente. Par la suite, on assistera à de surprenantes retrouvailles au gré des relectures. Des siècles durant, Platon va donc être lu, commenté, critiqué, moqué, réfuté, admiré, parfois avec passion. À l'âge chrétien, on le verra anticipant la révélation, à moins qu'on n'estimât qu'il dût tout à Moïse. Les modernes le honniront pour ses théories politiques, où ils croiront flairer un totalitarisme qui se serait fabriqué un alibi métaphysique. Il ne laissera jamais indifférent. Platon, c'est le ciel entrevu, ainsi qu'il arriva, dans le *Phèdre*, à l'aurige menant ses coursiers disparates. Platon, c'est le sentiment toujours neuf d'un insaisissable Bien qui sera beauté en même temps que vérité ; c'est le regret d'une Unité toujours au-delà, d'où procéderait tout avènement d'un mieux dans l'espace et le temps des hommes. En lui rendant Socrate le bien-aimé, mort par la sottise plutôt que par la méchanceté d'Athènes,

Platon dotait la philosophie d'un espace nouveau, jusqu'alors apanage des religions. C'était quelque chose comme un Paradis perdu – mais, disait Jankélévitch, un Paradis peut-il être autre chose que perdu ? La Cité décrite dans la *République*, le Monde idéal contemplé par l'aurige sont une projection dans les cieux de nos vies enfin délivrées. Il n'est pas indifférent, il n'est pas superflu que l'humain ait été réalisé quelque part en rêve : « J'entends, dit-il ; tu parles de l'État dont nous venons de tracer le plan et qui n'existe que dans nos discours ; car je ne crois pas qu'il y en ait un pareil en aucun lieu du monde. – Mais, répondis-je, il y en a peut-être un modèle dans le ciel pour qui veut le contempler et régler sur lui son gouvernement particulier ; au reste, que cet État soit réalisé quelque part ou qu'il soit encore à réaliser, peu importe : c'est de celui-là et de nul autre qu'il suivra les lois... » (*Rép.* IX, 592 a-b). En apportant la vie spirituelle, Platon avait inventé la nostalgie. Et il s'en trouve autant, figurez-vous, pour le lui reprocher que pour l'en louer à jamais.

VI

LA RAISON SUR LA TERRE COMME AU CIEL ARISTOTE

UN MACÉDONIEN SURDOUÉ

Autour de 366, un tout jeune homme s'en vint comme tant d'autres étudier à Athènes. Il débarquait de Stagire, aujourd'hui Staghira, sur la mer Égée, où il était né dix-sept ou dix-huit ans plus tôt. Il se nommait Aristote (vers 385-322), et il arrive aujourd'hui encore qu'on l'appelle le Stagirite. Dans sa famille, qui se rattachait aux Asclépiades, autrement dit à la lignée du demi-dieu guérisseur Esculape, on était médecin de père en fils, ce qui fait qu'on y était spontanément attentif aux choses de la nature. Nicomaque, son père, avait une jolie situation : il soignait personnellement le roi Amyntas II, qui n'était rien de moins que le père de Philippe de Macédoine, et donc le grand-père du futur Alexandre le Grand.

Le jeune homme aurait pu s'inscrire à l'école du rhéteur Isocrate et se faire orateur. C'est pourtant l'Académie qu'il choisit. On ne résiste pas à Platon : le jeune Aristote allait demeurer là dix-huit ans durant, jusqu'à la mort du Maître, comme étudiant d'abord, puis comme le plus original des chargés d'enseignement. On ne croit plus aujourd'hui à la version selon laquelle, en désaccord avec Platon, Aristote aurait claqué la porte de l'institution pour aller fonder une maison concurrente. C'est seulement une fois Platon décédé qu'il décida d'abandonner l'Académie, dont Speusippe, le neveu du philosophe, venait de prendre la tête. Déception d'« universitaire », ulcéré d'avoir été écarté d'un poste qu'il estimait lui revenir ? On l'a dit. Mission confiée du vivant de Platon ? Constatation de divergences désormais insurmontables ? Toujours est-il qu'il s'installa à Assos pendant deux ou trois ans, à la cour d'un sien ami, un certain Hermias, tyran d'Acarnée, qui avait fait son chemin depuis le temps où il étudiait lui-même à l'Académie. Il y poursuivit ses activités d'enseignant-chercheur, comme on dit aujourd'hui, avec quelques à-côtés politiques qui ne tardèrent pas à lui valoir des avanies : Hermias ayant été trucidé par des sbires à la solde d'Artaxerxès III, roi de Perse, Aristote jugea prudent de quitter une région devenue malsaine. Il n'avait pas tout perdu, puisqu'il emmenait avec lui Pythias, la nièce d'Hermias, qui serait sa première femme. Elle devait mourir jeune. Aristote se remaria avec une certaine Herpyllis, dont il eut un fils, qu'il appela Nicomaque, du nom de son grand-père le médecin.

Aristote s'était installé à Mytilène, dans l'île de Lesbos, et c'est là que le toucha, en 343-342, une bien flatteuse invitation. Elle allait tout à fait avec sa qualité d'ancien *fellow* de l'Académie : Philippe de Macédoine avait songé à lui pour assurer la formation d'Alexandre, le prince héritier, qui allait sur ses quatorze ans. Aristote s'en fut donc à la cour prestigieuse de Pella, non loin de l'actuelle Thessalonique. En 335, Philippe mourait, assassiné lui aussi. Aristote s'en revint à Athènes, où cette fois il fonda une institution rivale de l'Académie : le Lycée, aussi appelé *Péripatos*, sorte de péristyle où l'on pouvait déambuler en discutant, d'où ce sobriquet de *Péripatéticiens* qui est resté aux disciples d'Aristote à travers les âges. L'établissement était largement pourvu de livres, mais aussi de collections touchant l'histoire naturelle, dans l'esprit du fondateur. On dirait aujourd'hui que l'Académie était plus « littéraire » et le Lycée plus « scientifique ».

Pendant ce temps, son élève Alexandre était devenu le Grand, et l'on se doute que son fabuleux destin ne lui avait pas fait que des partisans dans les territoires annexés à la hussarde. À sa mort, en 323, la faction anti-macédonienne d'Athènes releva la tête, et Aristote, évidemment suspect de macédonisme, se vit impliqué dans un procès sur une vague accusation d'impiété. Sachant trop bien comment se rendait la justice en Athènes, le philosophe, peu soucieux de jouer inutilement les Socrate, s'empressa de plier bagage. Il trouva refuge dans la ville natale de sa mère, à Chalcis, où il devait mourir l'année suivante.

LA GRANDE ENCYCLOPÉDIE DU IVe SIÈCLE

Aristote laissait derrière lui une œuvre colossale, vraie encyclopédie qui réunissait et ordonnait la somme des connaissances de son temps. Pour la suite des âges, il allait être, après saint Augustin, le Philosophe, indéfiniment lu, commenté et, il faut bien le dire, exploité comme un gisement de matériaux. Il est « le Maître de ceux qui savent », que chante la *Divine Comédie* ; c'est de l'Aristote que cite Virgile aux Enfers, de l'Aristote encore que cite Béatrice au Paradis. Il est bon de préciser que la vision du monde conçue par le Stagirite, que le christianisme médiéval avait d'abord boudée, puis fini par s'approprier, n'avait pour ainsi dire pas bougé d'un pouce entre-temps, et pas davantage ne bougera jusqu'au XVIIe siècle, où le « grand rationalisme », comme dit Merleau-Ponty, la détrônera.

Et pourtant, autant le dire sans ménagements, Aristote est sans charme ni attraits. Platon souvent s'envolait et nous emportait vers les cieux. Aristote reste sur terre, parce que c'est là notre séjour, et que les cieux nous sont inaccessibles. Le *corpus* aristotélicien, tel qu'il se présente épars dans un grand nombre d'éditions savantes, est à peu près impénétrable, sauf à consentir un effort sérieux, parfois décourageant, d'érudition. Cela tient pour une grande part au fait que les œuvres publiées par Aristote s'étant perdues, ce qui nous est parvenu de lui sont des notes de cours, retranscrites et parfois remaniées par ses disciples successifs, et mises au jour pour la première fois trois cents ans après la disparition du Maître. Ce fut l'œuvre d'un certain Andronikos de Rhodes, qui regroupa les multiples traités à son idée, toutes dates confondues, sans se préoccuper de savoir si celui-ci avait été conçu avant celui-là. Il en fit donc de vastes ensembles, sous des rubriques en partie indiquées par le philosophe lui-même : physique, éthique, politique, sciences naturelles… –, mais il introduisit aussi un classement de son cru, rassemblant notamment certaines spéculations en cours, dont Aristote n'eût probablement pas souhaité faire un tout, et qu'il intitula : *Méta ta phusika*, (à lire) *Après la physique* – dont la tradition a fait : *Métaphysique*. Andronikos réunit aussi tout un catalogue de règles pour le raisonnement, qu'il appela *Organon*, l'Outil, connu aujourd'hui sous le nom de *Logique*, terme qui ne se trouve pas dans Aristote.

Grâce aux travaux décisifs de W. Jaeger, d'E. Bignone, de F. Nuyens, dans la première moitié du XXe siècle, on peut se faire aujourd'hui une idée approximative de l'ordre chronologique selon lequel apparurent les traités laissés par Aristote, et tant bien que mal ficelés par Andronikos. Appartiendraient à la période « académicienne » (366-348), les *Dialogues* écrits dans la manière de Platon, le *Protreptique* ou *Exhortation* (à philosopher), les textes logiques qu'Andronikos rangera sous le titre d'*Organon (Catégories, Traité de l'interprétation, Topiques, Analytiques)*, la *Physique* I-II (et peut-être VII), la *Politique* II, le *Traité de l'Âme* III. Au cours du séjour à Assos, Mytilène et Pella (348-335), Aristote aurait écrit une partie des traités classés

« Après la Physique » par Andronikos : I, V, XI (1-8), XIII (9-10) et XIV, ainsi que le traité *De la philosophie*, l'*Éthique à Eudème* (nom d'un de ses élèves), la *Politique* III, VII et VIII, le traité *Du Ciel*, la *Physique* III-VI, et le traité *De la génération et de la corruption*. De la période du Lycée (335-321) dateraient le *Traité de l'Âme* I-II, les traités d'histoire naturelle, quatre traités *Des Animaux*, l'*Histoire des Animaux*, peut-être aussi « *Après la physique* » III, IV, VI et VII, et l'*Éthique à Nicomaque* (le nom de son fils). Enfin, rendu à Chalcis, Aristote aurait eu le temps d'y rédiger le livre XIII du fameux « *Après la Physique* », que nous appellerons désormais *Métaphysique* comme tout le monde. Mais il fallait bien que le lecteur sentît le caractère hasardeux du bricolage bien intentionné d'Andronikos. Au travers de cette énumération fastidieuse et passablement heurtée, on aura deviné la complexité du dossier. Aussi ne s'étonnera-t-on pas que d'autres textes d'Aristote se soient perdus en chemin, connus seulement par allusions et fragments, et dont les érudits s'évertuent à retrouver la trace. Ce *corpus* monumental, sous l'agencement didactique d'Andronikos, diffusera dans les mondes intellectuels si divers qui se sont succédé : le grec, le latin, le byzantin, l'islamique, et finalement dans l'univers chrétien médiéval, qui en fera ses choux gras à ses risques et périls. Tant et si bien que la pensée d'Aristote, de prudente et tâtonnante qu'elle fut, deviendra, par le fait d'avoir été si bien « gardée », le Système par excellence, verrouillant pour les siècles à venir tout l'acquis du savoir. Il n'y avait censément plus rien à trouver au-delà.

UN REGARD NEUF

La pensée de l'étudiant macédonien s'était naturellement inscrite au départ dans la vision du monde de son maître à l'Académie. Il en paraît d'abord coiffé, au point que certains ont pu dire le jeune Aristote « plus platonicien que Platon ». Dans l'*Eudème*, on le voit développer les thèmes de la réminiscence, de l'âme-harmonie ; il déplore le sort contre-nature des âmes liées à leurs corps comme à un cadavre, etc. Mais si l'on prend sa pensée au terme de ces quarante-cinq années d'étude, de réflexion et d'enseignement, on est bien obligé de constater qu'elle a considérablement divergé du platonisme initial, au point de constituer un système tout à fait original et antagoniste. Aristote eût pu rester platonicien ; en fait, et bien plus tôt qu'on ne le dit, « Aristote est devenu Aristote », pour reprendre l'expression de Jean-Paul Dumont, qui a consacré à cette évolution une enquête d'une extrême précision (*Introduction à la méthode d'Aristote*, Vrin, 2e éd., 1992). C'est en effet dès les temps de l'Académie qu'Aristote a jeté les bases de sa propre pensée : dès le moment où il s'avisa d'introduire dans l'examen des grandes questions soulevées par Platon les exigences d'une méthode radicalement autre. Une philosophie, c'est cela : un œil neuf posé sur de vieux problèmes, et découvrant qu'on les prend probablement par le mauvais bout.

Nous savons maintenant, pour l'avoir maintes fois constaté, que la pensée grecque de ce temps était obnubilée par le changement sous toutes ses formes : naissance et mort, passage d'un état à un autre, rapports entre la bigarrure du sensible et la fixité du concept d'Être – bref, par le problème de l'Un et du Multiple. Nous avons vu que Platon, dans la ligne de Socrate, avait résolu la question en posant un univers hiérarchisé d'Idées ou d'Essences prenant leur source dans l'Idée par excellence qu'il appelait l'Un-Bien. Cela étant, ce qui pour Platon tombe sous nos prises, autrement dit le monde sensible, est tout juste une émanation, passablement dégradée, du véritable réel que sont les Idées ou Essences. Platon se défiait du sensible, si conjectural, dont le mieux était encore pour lui de se dégager par degrés, et il n'était guère porté, nous l'avons constaté, à faire confiance aux opinions, pour inévitable qu'il soit d'en former. Mais la science n'était pas, ne pouvait pas être à ce niveau ; elle n'était pas science de la Nature. Il la voyait « idéale », régnant sur les âmes et les Cités.

Déterminé comme il l'était par atavisme familial à se pencher sur la nature, curieux de tout, entassant comme par plaisir les observations, accueillant largement ce qui s'était dit et écrit sur tout ce qui l'intéressait, Aristote ne pouvait que déplorer le peu de cas que Platon faisait de l'expérience sensible et de ce qui s'en disait. Fallait-il nécessairement estimer que, puisque « cela bouge », cela n'est pas pensable, et donc dépourvu de tout intérêt, la seule patrie de nos âmes étant l'idéal ? Cet empiriste-né eut très tôt la conviction qu'à tenir ainsi pour négligeables les apparences et les opinions vérifiées, et à situer, comme l'entendait Platon, l'intelligible dans une pure transcendance, on se privait d'une mine d'observations indispensables, à partir de quoi – si on parvenait à les organiser de façon rationnelle –, on disposerait d'une vraie science du cosmos. On le saisirait enfin comme un tout ordonné et pensable, où la place de l'homme se verrait définie en relation avec lui. Gros mangeur de textes, lisant tout ce qui lui tombait sous la main, Aristote ne négligeait rien non plus de ce qu'avaient imaginé les Présocratiques, même si leurs anticipations lui paraissaient hasardeuses, bafouillantes, comme il le dit lui-même dans la *Métaphysique*. Il avait l'intuition qu'à travers toutes ces démarches, une pensée se cherchait, confuse, certes, mais prometteuse, dont Platon avait, en somme, interrompu le cours en transposant dans son monde des Idées cet ordre, cette unité dont les hommes et les Cités avaient si grand besoin ici-bas et tout de suite. Pierre Aubenque a utilement souligné cette impression que nous laisse Aristote, de vouloir remonter bien avant Platon, de vouloir renouer le fil d'une tradition interrompue, bref, de reprendre du plus loin les problèmes que l'Académie avait occultés ou déplacés plutôt que résolus. Comme tout philosophe, Aristote nourrissait l'espoir d'achever bientôt la philosophie.

En fait, il allait y employer sa vie entière, prenant les problèmes par plusieurs bouts à la fois, gardant par-devers lui des notations témoignant d'investigations parallèles, de lignes de pensée qui s'entrecroisent, dossiers multiples auxquels les bricolages d'Andronikos et des autres ont imposé depuis un tour didactique et systématique qu'ils étaient sans doute assez loin d'avoir. Aristote est moins que tout autre facile à résumer, et son vocabulaire est déconcertant pour un moderne. Il me faut donc, à mon tour, prendre le risque d'une simplification qui ne trahisse rien de la démarche ni de l'esprit. Autant avertir le lecteur qu'il lui faudra des trésors de patience. Mais on ne contourne pas Aristote, sauf à renoncer à comprendre quoi que ce soit à la pensée occidentale telle qu'elle nous arrive avec l'Histoire.

*

Tout, dans le monde de notre expérience, étant conçu par Aristote selon le même modèle, le plus simple exemple est encore le meilleur. Partons donc de celui d'une maison à construire. Sur le chantier, elle est d'abord des pierres en tas, des madriers destinés à la charpente, des conduits pour l'écoulement, etc. Tels sont les matériaux dont elle est faite. Telle est, dit Aristote, sa *matière* (en grec : *Hulè*). Cela dit, on n'habite pas un amoncellement de parpaings, de bastaings et de tuyaux : encore faut-il que ces éléments soient ordonnés par un architecte, mis en place par des équipes d'ouvriers. Tout cela qui, dirions-nous encore aujourd'hui, était « informe » prend alors la *forme* (en grec : *Morphè*) d'une maison. Ce terme, en langage aristotélicien, ne signifie pas seulement, comme de nos jours, son contour ou son style, mais l'ensemble de ce qui la destine à servir d'habitation. Pour Aristote, la matière et la forme sont ainsi les deux principes à partir desquels vient à l'être un certain sujet individuel, ici : cette maison, qu'Aristote appelle une *substance* (en grec : *ousia*). Matière et Forme, *Hulè* et *Morphè* : tels sont les concepts de base du système, d'où ce mot un peu compliqué d'*Hylémorphisme* par lequel les philosophes désignent commodément (du moins pour eux) la philosophie d'Aristote.

Notons bien qu'avec les pierres, le bois, etc., on eût pu construire autre chose : une église, un bureau de poste, etc. – mais cependant pas n'importe quoi. Un bloc de marbre peut bien devenir une statue (de qui vous voudrez), un urinoir de luxe ou encore une série de tablettes de radiateur – mais certes pas un piano ni une voiture. On dira dans le langage d'Aristote que ce bloc de marbre est *en puissance* de devenir statue, lavabo, etc., et quand il aura reçu par l'art du marbrier sa forme, il sera statue, urinoir, etc., *en acte*. On voit aussitôt que la matière est du côté de la puissance, et la forme est du côté de l'acte. Aristote dit donc que la forme est l'acte de la matière ; il dit aussi : l'*entéléchie* de la matière (du grec : *télos*, le but, la fin), en d'autres termes, la forme est ce qui, donnant à la substance d'être ce qu'elle est (et pas autre chose), lui assigne en même temps sa finalité : une maison est *faite pour* être un domicile.

On remarquera que la matière, selon Aristote, ne doit pas être regardée d'abord comme masse, selon nos habitudes mentales, mais comme disponibilité à devenir ceci ou cela, bref, à en prendre la forme pour réaliser à partir des deux une substance qui est sujet. Si l'on prend le problème à son plus haut point de généralité, en deçà des matières différentes dont sont faites les différentes substances, en deçà donc de ces « matières secondes » que sont le marbre, le bois, le métal ou ce que l'on voudra, il faut concevoir une « matière première » ou *matière prime*, la même pour toutes, et qui est le sujet permanent de toutes les apparitions et transformations substantielles observables. N'allez pas la chercher, cette matière prime, dans l'expérience : ne tomberont jamais sous vos sens que des « matières secondes », qui seront déjà pourvues d'une forme : ce sera « une pierre », « un madrier », etc. La matière prime n'est accessible qu'à l'analyse intellectuelle, autrement dit par voie d'abstraction. De même ne rencontrerez-vous jamais une forme pure, une Idée, pour le dire en langage platonicien : vous ne verrez jamais *la forme* ; elle ne vous sera donnée, elle aussi, que par abstraction à partir de la matière qu'elle fait être comme substance. Nous ne rencontrons jamais que des substances, des composés de matière et de forme, eux-mêmes toujours en puissance par rapport à ce qui leur arrivera par la suite. Pour notre confort, cela peut se symboliser ainsi :

$$\frac{\text{Forme}}{\text{Matière}} = \frac{\text{Acte}}{\text{Puissance}}$$

La forme étant donc ce par quoi une substance est ce qu'elle est, nous devinons déjà – et nous y reviendrons plus loin – qu'elle est aussi ce par quoi nous pouvons la connaître, en avoir l'idée.

Mais revenons à notre maison. Une fois achevée, elle va rester susceptible, *passible* (ou en puissance) de modifications ultérieures : à l'occasion, on en refera la peinture, et de blanche qu'elle était, elle deviendra verte ou bleue. En hiver, elle sera couverte de neige, etc. Rien de tout cela n'en changera la substance : la verdeur, ou encore l'enneigement ne changent rien à sa nature de maison. Ces modifications qui peuvent survenir, ou peuvent tout aussi bien ne pas survenir, sont tout accidentelles. On dira donc que la *substance* est en puissance par rapport à ses *accidents*.

Matière et Forme, Acte et Puissance, Substance et Accidents, nous voilà en possession des concepts dont use Aristote tout au long de ses traités, et qui vont lui permettre de rendre compte rationnellement des différents changements intervenant dans les êtres tels qu'ils tombent sous nos sens, et même, nous le verrons, de justifier la présence, l'existence, de ces êtres, chacun à sa place. Le problème de l'Un et du Multiple est donc en voie de recevoir une solution.

Maintenant, nous pouvons considérer cette maison sous l'angle de ce qui l'a fait advenir là où elle est, autrement dit sous l'angle de ses *causes*. De cette causalité, nous voyons aussitôt que la matière et la forme constituent les deux premiers niveaux : Aristote parlera des matériaux de construction comme de la *cause matérielle* de la maison, dont l'opération de l'architecte constitue la *cause formelle*, qui porte avec elle le but visé, la *cause finale* : réaliser un domicile. Quant à l'activité des différents corps de métiers qui s'est dépensée dans l'opération, elle constitue la *cause efficiente*. Nous voilà maintenant munis des quatre causes selon le Stagirite, et nous voyons qu'elles découlent des principes.

*

Mais Aristote ne s'en tient pas là. Soucieux toujours de recueillir sur la substance le plus de données qu'il se peut, et de les ordonner rationnellement, il pousse aussi loin que possible son analyse. Il entreprend un examen de la substance sous les différents angles où, en tant que *sujet*, on la voit recevoir des *prédicats*, autrement dit des attributs. Ces attributions, qui chaque fois impliquent pour le verbe *être* un sens différent, il en dresse le catalogue. Soit un individu, disons : Jean Tartemol. Si je déclare qu'il est homme, je définis son *essence*, ce qui du coup le distingue des chiens, des chats, etc. Précisant qu'il fait 1,80 m et 96 kg, je le mesure selon la *quantité*. C'est un Blanc, et il est agrégé de philosophie : voici Jean Tartemol défini – du moins en partie – selon ce qu'Aristote appelle la *qualité*. Je puis aussi le rapporter à d'autres. Si j'observe qu'il fait deux fois le poids de son collègue d'histoire, je le prends selon la *relation*. Essence, quantité, qualité, relation : telles sont, selon Aristote, les quatre *catégories* fondamentales (du grec : *katégoria*, attribution). S'y ajouteront le *lieu* et le *temps* (j'ai connu Tartemol au Lycée

Landru en 1968), la *position* (juché sur une table), l'*avoir* (il portait son blouson de cuir), l'*action* (il haranguait un groupe d'élèves), et la *passion* (un groupe adverse l'a descendu de son perchoir, et il a subi de ce fait quelques dommages). Nous disposons maintenant de la table des dix catégories, qu'Aristote appelle aussi les *genres suprêmes* de l'être, en ce sens qu'ils constituent les plus généraux, au-delà desquels il n'y aurait plus d'unité que le fait d'exister. Il est bien visible qu'Aristote a procédé, en dressant ce catalogue, d'une façon tout empirique. Certains philosophes des temps modernes récuseront évidemment cette distribution, dès lors qu'ils construiront autrement l'image du monde et de l'homme dans le monde.

Mais revenons avec Aristote sur l'essence, qui a autre chose encore à nous apprendre. L'essence est, en somme, le « ce-que-c'est » d'une substance. On a pu remarquer qu'Aristote en fait une catégorie. C'est parce qu'attribuée à telle substance, elle déclare sa situation dans un certain *genre*, que je ne pourrais pas attribuer à n'importe quel être. Et ce genre lui-même sera spécifié par telle différence, ce qui va nous permettre de classer cette substance dans le buissonnement gigantesque des êtres. Chacun s'y définira ainsi par le *genre prochain* et la *différence spécifique*. Par exemple, l'homme est un animal (un pissenlit n'appartient pas à ce genre), mais je puis aller plus loin : c'est un animal pourvu d'un *logos*, d'une intelligence s'exprimant par la parole ; c'est, dit-on, un animal raisonnable (or un âne, s'il est tout autant un animal, ne dispose pas de cette faculté). Là s'arrête la possibilité de toute science, car à l'intérieur de son espèce, et sans qu'aucune attribution subséquente ne l'en fasse sortir par en haut ou par en bas, cet animal raisonnable sera de plus en plus étroitement déterminé selon les catégories, jusqu'à sa position d'individu singulier, seul à être lui-même.

Si j'ai employé ce terme de buissonnement, c'est en songeant à l'image proposée par un philosophe du IIIe-IVe siècle après J.-C., Porphyre, qui a exposé du haut en bas le classement aristotélicien par l'analogie d'un arbre : « L'essence, écrit-il, est elle-même un genre ; au-dessous d'elle est le corps ; au-dessous du corps est le corps animé ; au-dessous du corps animé est l'animal ; au-dessous de l'animal est l'animal raisonnable ; au-dessous de l'animal raisonnable, il y a l'homme ; au-dessous de l'homme, enfin, il y a Socrate et Platon, et les hommes particuliers » (*Isagogè*, De l'espèce, 4)… entre lesquels notre ami Tartemol, vous, moi. On procède donc du général au spécialissime, les intermédiaires étant dits *termes moyens*, dont le comportement est « à double face », pour reprendre l'expression de J.-P. Dumont, selon qu'ils se tournent vers leur sous-espèce ou regardent vers le genre.

LA RAISON COMME OUTIL

Arrivés à ce point de notre analyse, et pour pesante qu'elle puisse paraître, nous voilà en mesure d'apprécier la portée de l'aventure philosophique d'Aristote. Son projet n'était donc pas chimérique, puisque sa théorie de la matière et de la forme rend possible la connaissance authentiquement rationnelle du seul monde dans lequel il nous soit donné de nous mouvoir, celui que nous disons « matériel », mais que nous savons maintenant résulter de la forme et de la matière. Bref, nous disposons d'une grille.

Si je dis : « Tartemol est blanc », ou « Son collègue Abdou est noir », j'affirme que la substance individuelle (donc matérielle en même temps que formelle) Tartemol ou Abdou, donnée d'emblée par la sensation, est plus réelle, de mon point de vue, que la catégorie abstraite de blancheur ou de noirceur – qui n'a d'existence qu'à travers Tartemol, Abdou ou qui vous voudrez. En langage philosophique, on dira que l'attribut (« blanc », « noir ») est situé dans la *compréhension* du sujet : il fait partie de l'ensemble des caractères que j'y découvre en l'analysant. Ce qui peut se symboliser ainsi :

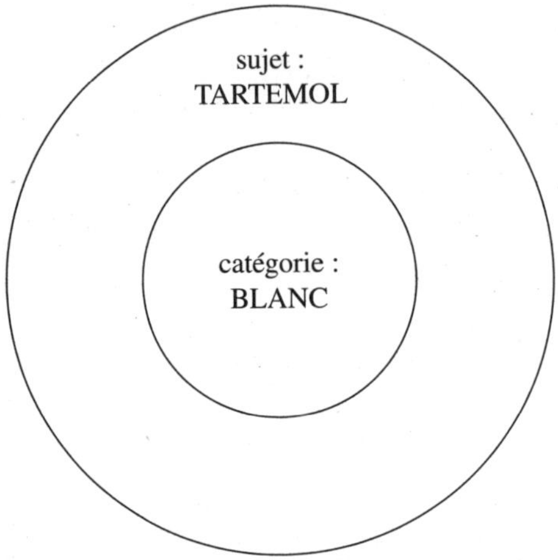

On mesure quelle distance a prise Aristote par rapport à Platon, puisque le sujet, que la matière individualise, apparaît comme le support de la catégorie – qui n'a pas d'existence en dehors de lui. Jamais nous ne rencontrerons la Blancheur ou la Noirceur en dehors d'un sujet concret, et pas plus la Chevalité n'existera séparément des pensionnaires de telle écurie.

Mais quand je m'efforce de considérer Jean Tartemol du point de vue de la pensée en quête de science, ce n'est pas en tant qu'individu matériel que mon intelligence, cette fois, le saisit : elle n'en tirerait rien au-delà. Si je le tiens pour « un homme » (et pas pour « un âne » ou pour autre chose), c'est bien que j'ai l'idée de ce qu'est l'Homme. Comment parviendrait-on à un savoir scientifique sans faire usage de concepts de plus en plus universels ? Bref, il me faut remonter le fameux « arbre de Porphyre », du sujet premier : Tartemol, à la substance seconde : l'espèce Homme, et au-delà encore, au genre qui englobe l'espèce, à savoir : Animal. Le point de vue s'est donc inversé, et l'individu Tartemol n'est plus considéré alors en tant qu'incluant ses attributs (par exemple le fait d'être blanc ou noir) – mais en tant que compris lui-même dans l'*extension* d'un terme universel, à savoir Homme, puis Animal, autrement dit en tant que compris dans des concepts. Ce qui se figure :

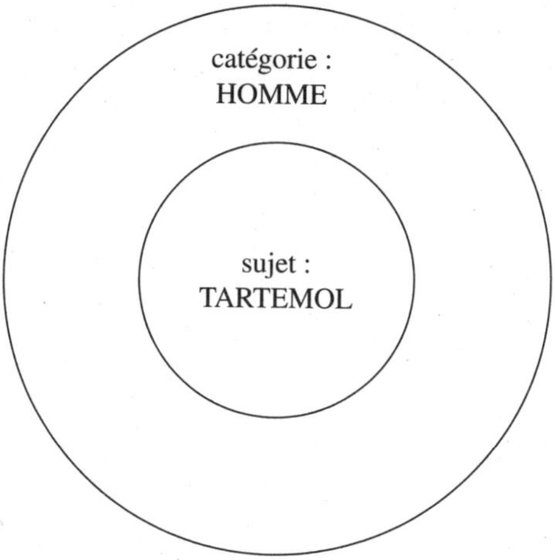

De ce point de vue, qui est, avons-nous dit, celui de la science, ce qu'il y a de plus substantiel dans la substance que je considère, c'est sa forme. Serions-nous alors revenus à Platon ? La science consisterait-elle finalement à s'abîmer dans la contemplation des concepts universels, rendus présents par la supposition de quelque réminiscence, comme on le suggérait à l'Académie ? – L'originalité d'Aristote, c'est précisément d'échapper également au pur *sensualisme*, prôné par Protagoras ou, nous le verrons, par les cyniques, qui en restent à la seule collecte des données fournies aux sens par la perception du sujet particulier. La difficulté est de les unir, de penser le particulier sous l'universel. Or, selon lui, le réel, nous l'avons vu, ce n'est ni la matière ni la forme prise séparément : c'est la substance, qui résulte de la composition *des deux*. Dès lors, l'opération devient possible.

Dans cette perspective, en effet, où la substance peut être vue soit du point de vue de la matière, soit du point de vue de la forme, la science va consister à rattacher rationnellement, par voie de causalité, le sujet individuel (Tartemol) aux concepts universels dans l'extension desquels il se trouve situé. L'agencement hiérarchisé de la nature se transposera, en somme, sur le plan de l'intelligence ; l'organisation du monde tel qu'il *est* se révèlera à l'esprit qui la *pense*. L'opération qui met en lumière cette série d'appartenances universelles, c'est le *syllogisme* (du grec : *sullegein*, rassembler). « Le syllogisme, dit Aristote, c'est un discours dans lequel, certaines choses étant posées, quelque chose d'autre que ces données en résulte nécessairement par le fait de ces données » (*Premiers Analytiques* I, 1, 24 b 18). Ces « choses » ainsi posées sont des *propositions*. Ainsi, en posant :

> « Tous les animaux sont mortels », et
> « Tous les hommes sont des animaux »,

… je vois « résulter nécessairement par le fait de ces données » et de la causalité qu'elles véhiculent, que :

> « Tous les hommes sont mortels ».

La première proposition est dite *Majeure*, la seconde *Mineure* (ce sont les *prémisses*), et la troisième *Conclusion*. Un terme apparaît commun à la majeure et à la mineure : c'est « animaux », qui disparaît de la conclusion. Sa fonction est de rassembler le terme qui a la plus grande extension (appelé *Grand Terme*, ou Majeur), ici « Mortels », et celui qui a l'extension la plus restreinte (appelé *Petit Terme*, ou Mineur), ici « Hommes ». On l'appelle le *Moyen Terme*. L'opération peut se symboliser de la façon suivante, imaginée par un mathématicien du XVIIIe siècle, Euler :

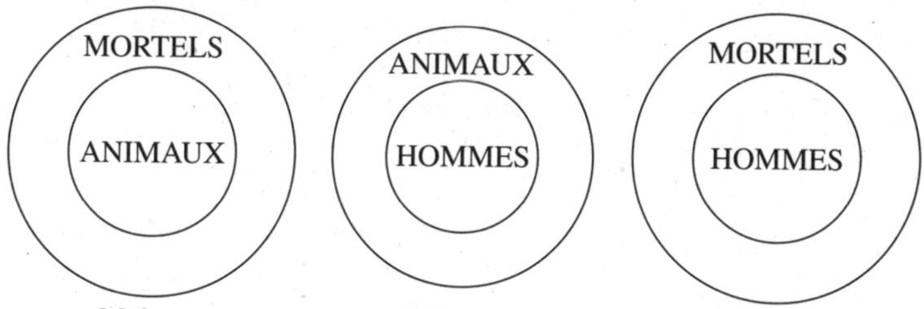

Majeure Mineure Conclusion

Il apparaît clairement ici que le Mineur est dans l'extension du Moyen, qui lui-même est dans l'extension du Majeur. Or, le Moyen, « Animal », constitue de façon précise l'essence de l'homme ; c'est lui qui est la substance seconde et, du point de vue de l'intelligence qui connaît, il est la vérité de la substance première, la vérité de l'individu selon ses causes.

À partir de là, Aristote met au point les diverses figures et les différents modes que peut revêtir le syllogisme, en fonction de l'extension du Moyen Terme. Il en résulte une distribution complexe selon quatorze possibilités, qu'on trouvera décrites par le menu dans les Analytiques, et qu'il serait abominablement fastidieux, et d'ailleurs inutile, d'exposer ici dans le détail. Ce qu'il convient de retenir, c'est qu'avec le syllogisme, Aristote dotait la raison d'une possibilité nouvelle : celle de recourir à la forme et à l'essence, dans l'extension de laquelle sont compris les sujets *individuels* que la science souhaite connaître, et qui se trouvent ainsi appréhendés dans leur réalité pensée comme *universelle*. La jonction est opérée, et la connaissance est certaine.

On a beaucoup médit, dans la suite des temps, de la méthode syllogistique d'Aristote, et surtout, il faut le dire, en raison des abus qu'on a pu en faire : Sextus Empiricus, au IIe-IIIe siècle ap. J.-C., Descartes au XVIIe, John Stuart Mill au XIXe, lui ont reproché de ne rien apprendre, en somme, qu'on ne sût déjà. Si je pose ce syllogisme impeccable :

Tous les hommes sont mortels
Or, Tartemol est homme
Donc Tartemol est mortel

… je m'offre une pétition de principe. En effet, pour avancer que *tous* les hommes sont mortels, il faut que je sache que Tartemol, qui est un homme, est mortel… N'est-ce pas là une objection grave ?

C'est que, et principalement à partir du XVIe siècle, les bouleversements apparus dans l'univers mental ont engendré d'autres exigences, et partant, ont requis d'autres méthodes pour construire la science. Il y aurait donc anachronisme à reprocher au Stagirite de ne les point avoir prises en compte. Au reste, Aristote s'était déjà formulé, d'une certaine manière, l'objection. Le syllogisme n'est pas seulement un passage de l'universel au particulier, mais une médiation entre un sujet (ici Tartemol) et un attribut (mortel) qui n'y est pas analytiquement contenu. En somme, le moyen apparaît ici comme *cause* de l'attribution. Aristote a bien situé le progrès apporté par sa méthode : elle opère une vérification, au sens profond du terme, de données qui autrement seraient restées éparses, et définies de façon hasardeuse et inadéquate. Le progrès sur Platon, en tout cas, apparaît notable. Dans le *Sophiste* et le *Politique*, Platon avait bien tenté de construire, par dichotomies successives, une science procédant des termes les plus généraux jusqu'aux objets sensibles, mais sans toujours sortir à coup sûr de l'imprécision. C'est ainsi qu'ayant défini l'homme : « Un animal à deux pieds, sans plumes », Platon avait eu la désagréable surprise de se voir apporter à l'Académie par Diogène un poulet plumé : « Voilà, avait dit triomphalement le Cynique, l'homme selon Platon… » Il avait ainsi contraint le philosophe à compléter sa définition par : « … qui a les ongles plats et larges » ! Même si elle n'est ici qu'une exposition de la science constituée, la méthode aristotélicienne marque une étape non négligeable dans l'histoire de la pensée. Comme le dit avec sagacité Dumont à propos du syllogisme : « L'élégance de cette solution est à méditer encore aujourd'hui, où le public, guidé par de mauvais savants, confond recherche et découverte scientifique. Enrichir le savoir ne consiste pas à découvrir des faits nouveaux. En un sens, le donné scientifique est toujours autrement connu. En revanche, la véritable recherche scientifique part à la conquête de l'universel en recherchant les causes. Le savant ne se confond pas avec l'inventeur » (*op. cit.*, p. 84).

Au reste, l'édification de la science ne se réduit pas pour Aristote, à un alignement de syllogismes, autrement dit à une simple *déduction*. Il l'a dit lui-même : « Il ne suffit pas de considérer le développement des syllogismes ; encore faut-il être capable d'en former. » (*Premiers Analytiques*, 43 a 20) – et pour cela, il faut aller à la recherche des propositions qui serviront de prémisses au raisonnement syllogistique. C'est, dit Aristote, le rôle de l'*induction*, qui est « le passage de cas particuliers à l'universel ». (*Topiques*, I, 12). Remonter du particulier à l'universel, descendre de l'universel au particulier et chaque fois s'assurer des causes : ainsi se construit la science selon Aristote. Aux yeux d'un moderne, il va de soi que le discours scientifique vaudra en valeur objective exactement ce que valent les inductions qui ont donné un sens aux concepts. Mais nous sommes au IVe siècle avant J.-C., et non point au XXIe après.

LES CIEUX ET LA TERRE

Il est bien difficile, en effet, d'admettre mentalement l'univers qu'habitaient les Anciens, dès lors que le nôtre, après Copernic, Galilée, Kepler, Newton, Jeans et quelques autres, s'impose à nous comme allant de soi. De même pour le monde de notre expérience quotidienne, si bien réglementé par nos physiciens, nos biologistes, nos psychologues : tout cela est répertorié dans les manuels scolaires et finit par faire partie de la conscience de chacun, au point que les anciennes visions du monde nous demeurent quasi inconcevables. Nous pouvons bien, sur le papier, nous en donner une représentation ; il reste que nous n'y « croyons » pas. Il nous manquera toujours quelque chose – à moins que ce quelque chose, nous ne l'ayons en trop – pour savoir ce que c'est que d'habiter au centre du monde, pas très loin du premier ciel, dans un lieu où les choses sont de soi ce qu'elles sont, ont des « vertus » bien définies : il est de l'essence du léger de s'élever, et du lourd de descendre, etc. Il nous faut encore et toujours consentir cet effort de dépaysement si nous voulons comprendre pourquoi Aristote voyait les choses comme il les voyait plutôt que comme nous les voyons.

Pour le Stagirite, disons que le monde se divise en deux régions séparées : la terre et les cieux. Entre les deux zones, c'est l'orbe de la lune qui fait office de frontière, et c'est pourquoi il leur donne respectivement les noms de *sublunaire* – le nôtre – et de *supra-lunaire* : le monde des astres.

La région sublunaire est faite des quatre éléments que nous connaissons déjà : la terre, l'eau, l'air et le feu, qui donnent lieu aux quatre qualités principales du sec, de l'humide, du chaud et du froid, combinables entre elles à divers degrés. Il faut nous y faire : dans un univers sans thermomètres, sans hygromètres ni quoi que ce soit de ce genre, les choses *sont* par nature plus ou moins chaudes, humides, etc., et d'elles-mêmes elles aspirent à rejoindre leur lieu si elles viennent à en être éloignées. Dans ce monde-là, entièrement contingent, règnent toutes les variétés du changement : génération, corruption, mouvements divers, passage d'un état à un autre, puis à un autre encore, toutes modifications qui, à l'époque, font problème.

Quant au monde supra-lunaire, auquel nous n'avons évidemment pas accès, il suffisait à Aristote d'observer le ciel pour se convaincre de l'immuable régularité de ses mouvements. Les cieux et les astres sont imputrescibles, « inoxydables », faits de cette cinquième essence – la Quinte Essence qui hantera les rêves du Moyen Âge – et qu'Aristote appelle l'*éther* : elle ne saurait souffrir la moindre altération. Aristote avait pris connaissance des derniers travaux des astronomes contemporains, Eudoxe de Cnide (vers 406-355) et Callipe (IVe s.), et les avait aménagés sur tel ou tel point. Il voyait donc comme eux les astres enchâssés dans des sphères, dont le mouvement circulaire – le plus parfait qui soit – est régulier, sans à-coups, dès lors que rien n'aurait pu le contrarier. Les sphères porteuses, au nombre d'une bonne cinquantaine, sont elles-mêmes concentriques, notre terre, fixe, constituant le centre du dispositif. Ce géocentrisme va durer indéfiniment, avec quelques aménagements postérieurs, et le christianisme s'en mêlant bien à tort, on aura la plus grande peine à s'en défaire comme l'a montré l'affaire Galilée. Il va de soi qu'en raison du caractère incorruptible des corps célestes, les concepts physiques qui régissent le monde sublunaire ne valent pas pour le monde supra-lunaire, justiciable d'autres normes. Et voilà fixée l'image du monde pour un fameux bout de temps.

Le monde sublunaire est de soi soumis à la contingence et au hasard, les choses s'y modifiant continuellement sous nos yeux. Or, on se rappelle les difficultés sans nombre rencontrées par les prédécesseurs d'Aristote pour peu qu'ils s'avisassent de considérer le mouvement, ou plus largement, le changement. Pour Héraclite, pour Empédocle, tout bouge – mais alors, qu'en est-il de l'Être-un ? Pour Parménide, l'Être est, le non-Être n'est pas, mais alors quel statut assigner à ce qui est *en train de* bouger ? Et l'on se souvient des petits mélanges d'Anaxagore, et des aimables apories de Zénon, avec son coureur, sa tortue et sa flèche ! Faut-il voir dans tout changement une succession discontinue de disparitions et d'apparitions, de morts suivies de renaissances ? Faut-il dire que le bébé meurt par le fait de devenir enfant, puis adolescent, puis adulte ? Bref, enfermés dans l'opposition de l'Un et du Multiple, les philosophes d'autrefois ne pouvaient rendre compte intellectuellement du changement, impensable saut qui ferait d'un être un non-être par rapport à son premier état. Être ou ne pas être ? Telle est la question.

Aristote refuse le dilemme, et du coup, grâce à sa théorie de la matière et de la forme, il lève l'hypothèque du changement. Posant que toute substance est un sujet composé de matière et de forme, qui sont entre elles comme puissance et acte, il rend pensable tout devenir. Retrouvons donc ce Jean Tartemol qui nous sert depuis un moment de pièce anatomique sur laquelle nous faire la main. J'ai dit qu'il était agrégé de l'Université, donc lettré – ce qui l'oppose à illettré. Il n'a pas été tel dès le berceau : illettré au départ, il est maintenant lettré. Est-il pour autant *un autre* être ? Certes pas : Tartemol illettré n'est pas mort. En lui, si je le considère *en tant que substance*, une chose demeure en permanence : la matière. Allons plus loin. Si d'illettré nous le voyons devenir lettré, il ne nous suffit pas de dire que c'est parce qu'il est illettré au départ : cette *privation* – ainsi parle Aristote – est une sorte de vacuité, certes indispensable, mais qui de soi est incapable de provoquer un tel changement : on voit, hélas ! des illettrés le rester indéfiniment. Aristote dira que la substance-sujet, l'individu Jean Tartemol, d'abord illettré en acte, est cependant lettré *en puissance*. Autrement dit, dans son berceau, Tartemol est virtuellement lettré : sa matière, permanente, est susceptible de recevoir cette forme nouvelle, qui fera du composé qu'il est de matière et de forme un lettré *en acte*. Ce n'est pas plus difficile que cela. Deux précisions : devenir lettré n'est évidemment pas une nécessité qui tiendrait à sa nature, et d'autre part, n'importe quelle substance ne peut, bien sûr, accueillir cette détermination accidentelle. Un âne, par exemple, est un animal (tout comme Tartemol), mais son *genre* comme tel n'implique pas la capacité aux études. Tartemol, animal raisonnable (ce qui le *spécifie* comme homme), détient, lui, par nature, la puissance de devenir un lettré. On voit que c'est la nature de la substance, selon le jeu du genre et de l'espèce, et selon l'enchaînement des causes, qui indique les virtualités qui sont les siennes. Elles ne sont d'ailleurs pas déterminantes : Tartemol eût très bien pu, tout animal raisonnable qu'il est, ne jamais accéder à la culture, ni à l'agrégation.

Tel est donc le principe. Aristote tire de là une définition du mouvement qui est restée célèbre : c'est, dit-il, « l'acte de ce qui est en puissance en tant même qu'en puissance » (*Physique*, 201 a 10) – c'est-à-dire qu'il n'est jamais tout à fait en acte ; il est « un acte imparfait » (*Ibid.*, b 32). Cela même oriente la pensée dans la direction d'un renouvellement perpétuel.

Reste à éclaircir la question de la cause. Le mouvement des astres s'explique, soit parce que le fameux éther dont ils sont faits a pour nature de toujours se mouvoir, soit encore parce que les astres sont habités par une âme automotrice (*Traité du Ciel*, 1, 3). Mais dans le monde sublunaire, où le mouvement apparaît discontinu, irrégulier, incluant des alternatives d'agitation et d'atonie, une cause motrice en acte, un « mouvant », autrement dit un *moteur*, est nécessaire à toute mutation. Seulement, tout moteur étant lui-même entraîné par un autre, et ainsi de suite, on pourrait remonter indéfiniment le long de la série. Vient donc un moment, estime Aristote, où « il faut s'arrêter » et poser un *Premier Moteur*, qui meut sans être mû. Son action est d'ailleurs décrite de façon toute mécanique : le Moteur immobile effectue une traction ou une propulsion, qui gagne de proche en proche et agit partout où cela s'impose, ce qui implique un contact. Mais cela même, nous le verrons plus loin, va faire problème pour les commentateurs. Il se trouve en effet qu'Aristote a parlé ailleurs et en d'autres termes de ce mystérieux Premier Moteur. Faut-il, puisqu'il agit ici par contact, loger ce ressort « à la périphérie de l'Univers » (*Physique*, VIII, 10) ? Peut-on l'identifier avec la divinité, que le philosophe pose pourtant comme une pure transcendance extra-mondaine ? Sur ce point, il faut bien constater qu'Aristote suit deux pistes à la fois, dont les trajets respectifs ne se rejoignent pour nous que difficilement.

Telle est donc la solution du Stagirite au problème du mouvement. On pourra, certes, la récuser, mais c'est qu'on aura repris le dossier sur d'autres bases, à partir d'une autre représentation du cosmos, et en usant d'un autre outillage mental – ce qui n'arrivera que des siècles plus tard. À s'en tenir au monde antique, ceux qui se refuseront à cette problématique n'inventeront pas aisément de nouveaux arguments à lui opposer, et risqueront toujours de se retrouver avec les apories des Présocratiques sur les bras. Cela même peut expliquer l'extraordinaire longévité du système : aussi longtemps qu'on gardera la même cosmologie, il sera tout à fait satisfaisant.

*

À partir de ces principes maintenant familiers pour nous : matière et forme, puissance et acte, substance et accidents, catégories, causes, induction et déduction, nous voilà en mesure de comprendre comment Aristote a édifié sa science de la Nature. Cette Nature qui finalement si peu intéressait Socrate et Platon mais si fort Aristote, et cela dès l'enfance – cette Nature est, nous l'avons dit et redit, le siège d'un perpétuel mouvement. Les êtres y apparaissent avec toutes leurs différences ; ils y agissent et y sont mus ; ils y entrent en contact les uns avec les autres, s'y entre-édifient et s'y entre-détruisent, et finalement laissent la place à d'autres, et ainsi de suite sans limite de temps, puisque le monde est éternel. Elle se présente comme une énigme.

Devant ce qui avant lui – et il en a pleine conscience – avait été si longtemps un inextricable fouillis, Aristote disposait désormais d'une méthode de lecture, de conceptualisation de ce que nous appelons « les phénomènes », autrement dit, de ce qui nous apparaît. Il disposait aussi d'un principe de classement par genres et espèces qui, de proche en proche, allait de l'inanimé à l'animé, du minéral au végétal, du végétal à l'animal, et de l'animal « ordinaire » à l'animal raisonnable, à l'homme, lui-même capable – en puissance – de se donner de ce Tout la représentation ordonnée correspondant à ce qui est. Les centres d'intérêt, pour Aristote, se multiplient à l'infini : en aura-t-il accumulé et classé, des fiches sur les végétaux, les animaux et leurs organes ! La Nature qui, dans les temps reculés, fut le champ mystérieux du mythe, le cadre affectif des rapports entre un sacré perçu comme totalement arbitraire et une humanité sans cesse déconcertée par son destin –, la Nature a pris la consistance d'un sujet qui vaut par lui-même et pour lui-même, en devenant l'objet d'une étude valant par elle-même et pour elle-même. « Avec Aristote, écrivait Robert Lenoble, paraît la première perception désintéressée de la Nature. » (*Histoire de l'Idée de Nature*, p. 71.) Oui, décidément, c'était là une grande première !

Dans l'élaboration de sa science de la Nature, Aristote rencontre nécessairement le phénomène complexe de la vie, où la substance-sujet contient elle-même les principes de son propre perfectionnement. Sur ce point, Aristote innove, car il réalise la toute première tentative pour interpréter les manifestations biologiques dans leur spécificité, qu'il pose comme irréductible à une simple combinaison mécanique d'éléments. Anatomie comparée, physiologie, embryologie même, il a voulu tout élucider, tout classer – et il lui arrive de « tomber juste », autrement dit de coïncider avec nos vues…

Nous avons dit que la substance vivante, en plus des modifications dont elle est passible de la part des autres substances – si par exemple, on dépote un géranium, ou si un homme reçoit fortuitement une tuile tombée d'un toit –, a en elle le pouvoir de s'accroître, de se déplacer à son gré, etc. Elle naît, grandit, dépérit et se corrompt définitivement. Mais qu'à cela ne tienne : appliquant là comme ailleurs le principe de la matière et de la forme, Aristote pose que le vivant a pour matière le *corps* et pour forme l'*âme*. C'est le thème du traité *De l'Âme*, où il la définit comme « l'entéléchie première (c'est-à-dire : l'acte premier) d'un corps organisé ayant la vie en puissance ». Bref, l'âme-forme est principe vital, elle « anime », faute de quoi le corps retourne sur l'heure à la matérialité. Un cadavre n'est plus un corps, mais une dépouille ; un œil dans un bocal de formol n'est plus un œil, mais une pièce anatomique. Cette âme, il faut bien, dans l'esprit de l'époque, la loger quelque part, et c'est dans le cœur qu'il la centre. Et pour rendre compte des différences de niveau qui sautent aux yeux dans l'échelle du vivant, il est conduit à poser trois degrés d'âme : purement *végétative* dans le règne végétal ; végétative et *sensitive* dans le monde animal ; végétative, sensitive et *intellective* au niveau supérieur de l'animal raisonnable, les trois n'en faisant qu'une, car chaque degré suppose le précédent et le dépasse.

Avec cette conception organiciste disparaissent du coup les embarras relatifs aux fameux rapports de l'âme et du corps, que les prédécesseurs d'Aristote, tentés de voir là deux réalités séparées, avaient bien du mal à se représenter. Comment caser une âme *dans* un corps, et avec quel statut ? Comme un pilote dans son navire ? Certains marquaient même une répugnance très vive à l'endroit de cette cohabitation, qui leur paraissait limiter le champ de l'âme et brider sévèrement son action. D'où cette image funéraire du corps-tombeau, reprise des Orphiques par Platon, ou encore ce thème, platonicien toujours, de l'âme incarcérée de force, du corps-prison dans lequel le jeune Aristote avait lui-même donné. Nous verrons ces métaphores resurgir à l'occasion de telle ou telle reviviscence du platonisme. Toujours est-il qu'avec Aristote, l'unité de l'âme et du corps ne posait plus de problèmes, puisqu'entre matière et forme il n'y a – et pour cause – pas de conflit. À eux deux, le corps et l'âme ne faisaient plus qu'une seule substance. Un saint Thomas, bien plus tard, s'en souviendra.

De même est-ce naturellement l'âme intellectuelle qu'Aristote pose chez l'homme au principe de la connaissance : la fonction vitale culmine dans l'action de penser. En effet, l'âme est en puissance par rapport aux formes des différents objets qu'elle rencontre. Elles les « deviendra » d'une certaine façon : ainsi l'avons-nous vu pour notre Jean Tartemol passant de l'état d'illettré à celui de lettré. Il n'y a plus, comme le postulait Platon en désespoir de cause, à se ressouvenir, à faire appel à quelque mythique réminiscence. Pour Aristote, toute connaissance commence avec la sensation, transmetteuse de formes – d'où, par parenthèse, le terme qui prévaut encore aujourd'hui d'« information ». La connaissance n'est donc pas hasardeuse, puisque c'est la forme même de l'objet à connaître – autrement dit, cela même qui le fait tel qu'il est – qui se trouve au principe de la connaissance que l'âme prend de lui. L'universel, objet de la science, est en puissance dans le particulier, objet de la sensation. La *phantasia*, l'imagination, joue un rôle de médiateur, et la mémoire, stockant les cas particuliers, permet de les rassembler. Au terme du processus, la forme de l'objet, dans l'âme, en devient l'*idée*, selon son genre et son espèce. Pour demeurer fidèle à son système, Aristote devra poser que l'intellect humain se comporte comme matière, puisqu'il est en puissance d'accueillir les formes des objets ; il l'appelle l'intellect *patient*. Mais comme d'autre part, aucune puissance ne peut de soi passer à l'acte, le Stagirite recourt à un intellect *actif*, toujours en acte, impassible et séparé, survenant du dehors, « par la porte » précise-t-il, pour assurer ce passage à l'acte. Nouvelle difficulté pour les commentateurs : qu'en est-il de cet Intellect actif (qu'on dira aussi *agent*) ? Est-ce l'intellect individuel en ce qu'il a de transcendant ? Ou ne serait-ce pas l'Intellect divin, présent aux hommes dans leur ensemble ? Aristote paraît bien n'avoir point tranché, laissant ainsi le champ libre à de vastes spéculations, et au Moyen Âge à de superbes empoignades : un seul Intellect agent pour tout le monde ? Un pour chaque âme, comme préfèreront les chrétiens, soucieux de préserver l'unicité de chaque homme et de sa destinée ? Un tel problème échappait évidemment au Stagirite. En philosophie comme ailleurs, chaque chose en son temps.

*

On serait bien évidemment malvenu de s'étonner ou de se scandaliser des bizarreries qu'on relève au passage dans les textes d'Aristote touchant la zoologie, la biologie et le reste : la femme aurait, paraît-il, moins de dents que l'homme, le crocodile serait dépourvu de langue, etc. De quel acquis aurait pu disposer Aristote ? Toute l'Antiquité est ainsi : après tout, la Bible signale le lièvre comme ruminant ! On ne peut parler d'erreurs que de notre point de vue. Au reste, ce qui, dans la constatation de ces étrangetés, est intéressant, c'est sans doute le fait qu'elles ne vont pas au hasard. Lenoble n'avait sans doute pas tort d'y voir « les symptômes très réguliers des obstacles magiques qui, à l'intérieur de la conscience, s'opposent à la perception correcte… Mieux vaut étudier directement ces lois du psychisme inconscient que de lever les bras au ciel en répétant que les Anciens n'observaient pas la Nature, ce qui est faux » (*op. cit.*, p. 76). Simplement, ils y voyaient ce qu'ils s'attendaient à y voir, sur la foi d'esprits sérieux dont ils n'avaient pas de raisons de suspecter les opinions, tout au contraire. L'argument dit « d'autorité » tient dans l'Antiquité et au Moyen Âge une place dont aujourd'hui nous n'avons plus guère idée – si ce n'est dans certains milieux, politiques notamment, « informés », au sens aristotélicien du terme, par quelque idéologie. Et Aristote tel qu'il sera lu et commenté, va devenir lui-même « une autorité », de toutes la plus influente, et ses « erreurs » se transmettront comme autant de « vérités ».

L'ÊTRE ET LES ÊTRES

Parallèlement à ses recherches obstinées de naturaliste, Aristote en poursuivait d'autres, et depuis le temps de sa jeunesse. Espérait-il produire un jour – car n'est-ce pas la tentation de tout philosophe ? – la formule englobant systématiquement tous les objets de l'expérience et de la réflexion ? Imaginait-il résoudre la question du fondement ultime du Tout et de son ordre ? Sensible comme il l'était au fait qu'il y a de l'être, entrevoyait-il, comme plus tard un Descartes lors d'un songe, les principes « d'une science admirable », d'une *mathesis universalis* qui fournirait de cette présence multiforme l'explication ultime ? Toujours est-il que les quatorze essais qu'il a consacrés à cet ordre de recherches ne se laissent pas facilement ramener à l'unité d'une doctrine. Or, ce sont précisément ces traités-là qu'Andronikos de Rhodes, trois siècles plus tard, devait rassembler sous le titre, en soi peu compromettant, de *Méta ta phusika*, « Après la Physique ». Peut-être Andronikos pensait-il, en les plaçant là, qu'il valait mieux, pédagogiquement, s'être fait une idée de ce qu'était le monde, décrit et expliqué par la *Physique*, avant de se lancer dans une méditation sur son fondement. Toujours est-il que ce titre évasif, la tradition allait le prendre au mot, assignant à ces spéculations pleines de difficultés internes, une unité et un sens qui les posent, soit comme la poursuite d'objectifs surpassant la Physique par leur degré d'abstraction, soit comme l'étude de réalités trans-physiques. Retenons, en toute hypothèse, qu'« Aristote n'est pas responsable du terme grotesque de métaphysique » (Lenoble, p. 80). Cette « philosophie première », comme il arrive à Aristote de l'appeler, s'est construite non point à la suite de la Physique, mais en même temps qu'elle. S'il la dit « première », c'est parce qu'elle est la plus profonde, la vraie question étant de rendre compte, dans la mesure où la réflexion le peut, de la présence de l'Être sous une telle variété de formes. On ne s'étonnera pas qu'elle ait demandé à Aristote, et de son propre aveu, « de longues et pénibles recherches », ni qu'elle ait réservé aux historiens de la pensée bien des perplexités. Essayons à tout le moins d'en donner ici une petite idée – et que d'avance m'absolve le lecteur !

Tous les hommes, observe Aristote, ont plaisir à savoir, et cela pour bien des raisons. Mais en quoi consiste la sagesse, ce point culminant de tous les savoirs, qu'on appelle aussi la philosophie ? Elle commence, dit-il en reprenant Platon, avec l'étonnement, car on s'étonne, dit-il, que les choses soient ce qu'elles sont (*Méta.* I, 2, 983 a). On voudrait savoir, en dernier ressort, ce qu'elles font là et pourquoi. Pour parvenir à la réponse, ne faut-il pas se hisser jusqu'à l'universel, à partir de quoi on sera en mesure d'embrasser tous les cas particuliers ? Plus rien, en somme, ne prendrait le sage au dépourvu, puisqu'il aurait réponse à tout. Mais peut-être vaut-il mieux se porter d'emblée à la connaissance des plus hauts objets qui sont aussi les plus difficiles, à savoir les principes et les causes les plus fondamentaux. La philosophie sera-t-elle la science du tout, de l'universel, ou la science du meilleur, autrement dit de ce qui est premier ? Ce devait être un débat d'époque, dans lequel Aristote ne prend pas ouvertement parti. Toujours est-il que dans les traités baptisés *Métaphysique* par la tradition, Aristote indique, pour cette science la plus élevée, deux directions. Tentons de les reconnaître le plus simplement qu'il se pourra.

D'une part, il y aurait l'étude de ce qu'il appelle l'Être – mais prenons-y bien garde : non plus en tant que ceci ou cela : une ligne, un nombre, le feu..., mais « en tant que tel », en tant qu'Être, pris, autrement dit, à son point le plus haut d'universalité. (*Méta.*, IV, 2, 1004 b). Cette science de l'Être a reçu dans la tradition le nom d'*ontologie* (du grec : *ôn*, participe présent du verbe être), qu'elle porte encore aujourd'hui.

Mais d'autre part, en *Méta.*, VI, 1, 1026 a, Aristote considère l'Être d'une manière bien différente. Après avoir distingué soigneusement la Physique, science des êtres en mouvement, et la Mathématique, science des êtres immobiles et séparés (par l'abstraction), il en vient à parler d'une philosophie vraiment première, en ce sens qu'elle contemple l'Être en tant qu'être à son point ultime de transcendance, autrement dit l'Être divin. Cette science-là, il lui donne le nom de *théologie* (du grec : *theos*, dieu).

On découvre là l'imprudence qu'il y aurait à mêler et confondre les deux ordres qu'Aristote avait visiblement distingués, et qui dans son esprit relevaient de deux démarches différemment orientées et conduites. Et de fait, la tradition a étudié ensemble l'être « quelconque » et l'Être *éminemment* être, autrement dit l'Être divin, les deux sciences n'en faisant plus qu'une. Dans ses remarquables travaux, Pierre Aubenque a rétabli cette différence des points de vue, et montré qu'Aristote exposait un problème plutôt qu'une théorie. Il renouvelait ainsi la lecture des traités dits « métaphysiques » d'Aristote. (Voir bibliographie du chapitre.) En raison de leur importance pour la suite de cette longue histoire, il est bon que nous nous informions de ces deux démarches. Cela dit, la complexité même du dossier est instructive : elle nous fait toucher du doigt le progrès qu'accomplit la pensée avec Aristote, dans le sens de la précision et de la rigueur des analyses.

La première voie vers une science de l'Être peut partir de l'observation du langage. Un exemple va nous faire découvrir ce qui est en jeu. Le terme « médical » se dit aussi bien, encore que différemment dans chaque cas, du cabinet, de la visite, du thermomètre, de l'acte classé C 50 par la Sécurité sociale, des études cliniques, etc. L'unité de toutes ces attributions tient à leur rapport analogique à la médecine. Appliquons cela à la question de l'Être. Si je dis : Tartemol *est* homme ; Tartemol *est* charmant ; Tartemol *est* en pyjama ; Tartemol *est* à Limoges, etc. – ce qui est exactement dévider la table entière des *catégories* exposée plus haut –, j'utilise là aussi un même terme : *être*, mais c'est en des sens chaque fois différents. Et donc, Aristote peut poser : « L'Être se prend en des acceptions multiples, mais c'est toujours relativement à un terme unique » (*Méta.*, IV, 2, 1003 a). Il ne faudrait toutefois pas comprendre par là que l'Être serait un genre plus universel que les catégories, une sorte de super-catégorie, en somme, car on ne lui verrait plus alors de contenu définissable. Ces significations multiples de l'être, pour irréductibles qu'elles soient les unes aux autres, tiennent leur unité du fait qu'elles se disent par rapport à un unique principe, à savoir la substance. Et Aristote de préciser : « Certaines choses sont dites *être* parce qu'elles sont des substances *(par exemple Tartemol)*, telles autres parce qu'elles sont des déterminations de la substance *(entendez : le chaud, le froid, le sec, etc.)*, telles autres parce qu'elles sont un acheminement vers la substance *(entendez : la génération)*, ou au contraire des corruptions de la substance *(par exemple : Tartemol est mort)*, ou parce qu'elles sont des privations *(pensez à la cécité, à la surdité)*, ou des qualités de la substance, ou bien parce qu'elles sont des causes efficientes ou génératrices soit d'une substance, soit de ce qui en est dit, ou enfin parce que ce sont des négations de la substance même, et c'est ainsi que nous disions que le Non-Être *est* le Non-Être… C'est donc de substances que le philosophe devra appréhender les principes et les causes. » (*Méta.*, IV, 2, 1003 b). Et ainsi, l'Être, au sens fondamental, étant la substance, « l'objet éternel de toutes les recherches présentes et passées, le problème toujours en suspens : Qu'est-ce que l'Être ?, revient à se demander : Qu'est-ce que la Substance ? » (*Méta.*, VII, 1, 1028 b.)

Un point, c'est tout. Aristote n'ira pas plus avant dans cette voie. On pourrait, bien sûr, imaginer qu'il va poursuivre l'enquête, qu'il va élucider les rapports qu'entretiennent entre eux tous ces sens de l'être, entreprendre une déduction des catégories à partir de la substance, tenter une explication du monde à partir d'un principe unique. Comme il connaît d'autre part et utilise, par exemple en éthique, à propos du Bien, cette autre forme d'analogie qu'est la proportion :

$$\frac{A}{B} = \frac{C}{D}$$

… on pourrait penser qu'il mettrait au jour un vaste système selon lequel, sans rien perdre de son unité, l'Être se distribuerait dans la diversité hiérarchisée des êtres, chacun participant de lui selon son degré de perfection. Mais à aucun moment Aristote n'a complété l'analogie d'attribution par une analogie de proportionnalité : cette « analogie de l'Être » créée de toutes pièces par la tradition, nous la retrouverons au Moyen Âge chez saint Thomas. Mais Aristote s'en tient à décrire « le statut plural de l'être », selon l'expression d'Aubenque. Au fait, pourquoi de la qualité, de la quantité, de la relation, etc. – et pas seulement des substances ? Pourquoi parler des catégories en termes d'être, puisqu'elles n'ont pas la dignité ontologique des substances ? Ces questions demeurent sans réponse. Bref, pour Aristote, « la pluralité des sens de l'être apparaît comme une scission inexplicable dans l'être, et non comme la manifestation de sa fécondité » (P. Aubenque, « Aristote », *Hist. de la philos.*, Encycl. de la Pléiade, p. 653).

Nous en arrivons maintenant à la seconde voie vers l'Être en tant que tel, où le terme, cette fois, est employé de façon univoque, autrement dit en un seul sens : il s'applique en effet à la région du divin. Aristote ne doute pas un instant de l'existence du monde supra-lunaire, et il n'a pas à concocter des preuves de son existence, puisqu'il s'offre en partie à la contemplation directe. Les astres, dit-il, leur mouvement éternel et parfait, sont « ce qu'il y a de visible parmi les choses divines ». (*Méta.* VI, 1, 1026 a). Quant à la divinité elle-même, acte pur, elle n'est que Substance, et donc, elle exclut du soi toute catégorie, et toute communauté de principe avec les autres espèces de substances. On hésite même à parler de Dieu, si ce n'est pour dire qu'Il *est* Substance. En effet, tous les attributs qu'on serait tenté de lui appliquer exigent des corrections qui en annihilent la signification courante. Si vous avez envie de le dire vivant, il vous faudra préciser que c'est d'une vie sans commencement ni fin, sans fatigue ni décrépitude, ce qui excuse cette Vie-là de toute loi biologique. Si vous le posez comme la Pensée, encore devrez-vous ajouter qu'étant Acte pur, il est rigoureusement impassible et ne saurait donc « penser à autre chose » qu'à Lui-même. Certainement pas au monde, objet tout indigne de sa Pensée, ce qui évacue l'idée même d'une Providence. Il reste donc que Dieu se pense lui-même ; il est, dit Aristote, « la Pensée-qui-se-pense » (*Méta.*, XII, 7). On est donc bien loin de ce qu'on entend habituellement par le Bon Dieu, et on sera bien inspiré de s'en souvenir.

Le caractère absolument transcendant, extra-mondain, du dieu aristotélicien tel que le posent ces textes engendre toutefois une difficulté. On se souvient peut-être qu'à la fin de la *Physique*, Aristote expliquait le mouvement des êtres sublunaires par un Premier Moteur immobile agissant, en somme, par impulsion mécanique. Mais alors, comment concilier l'action de ce ressort du monde avec la pure transcendance de la divine Substance, si bien séparée du monde ? – Tout ce qu'on peut répondre, c'est qu'au livre XII de la *Métaphysique*, dans ce contexte de transcendance, Aristote s'élève au-dessus des prémisses physiques de son raisonnement : le Premier Moteur meut comme nous dirions aujourd'hui que « motive » un amour, à cela près qu'il ne fait rien pour – ou encore comme une œuvre d'art « transporte » ses admirateurs. Il meut par l'attrait qu'il suscite, agissant à titre de cause finale, cela même devant être entendu d'une façon toute métaphorique. Aimanté par le Premier Désiré, suspendu pour l'éternité à cette Pensée qui se pense, le monde dans son ensemble, cieux, terre, hommes, tout enfin s'accomplit en agissant éternellement sous son charme. Car dans cet univers aristotélicien qui ne connaît ni commencement ni fin ni création, bien sûr, ni parousie ni Jugement dernier, tout est toujours imitation de l'Inimitable. Cette imitation-là, écrit Aubenque, « n'est pas une relation descendante de modèle à copie, comme l'était l'imitation platonicienne, mais une relation ascendante par laquelle l'être inférieur s'efforce de réaliser, avec les moyens dont il dispose, un peu de la perfection qu'il aperçoit dans le terme supérieur et que celui-ci n'a pu faire descendre jusqu'à lui » (*Le Problème de l'Être chez Aristote*, p. 498).

Telles sont donc les deux sciences de l'Être qu'Aristote ébaucha, et on ne voit pas qu'elles se rejoignent, si ce n'est, pourrait-on dire, en espérance. Le Stagirite a quitté ce monde avant d'en avoir fini avec le système qu'au départ, il avait rêvé d'en donner. Mais peut-être que cet inachèvement même constituait le dernier enseignement d'Aristote ? La fameuse question : Qu'est-ce que l'Être ? doit-elle avoir un autre aboutissement que sa propre position ? « Résoudre l'aporie au sens de "lui donner une solution", c'est la détruire ; mais résoudre l'aporie au sens de "travailler à sa solution", c'est l'accomplir… Les apories d'Aristote n'*avaient* pas de solution, en ce sens qu'elles n'étaient pas résolues quelque part dans un univers des essences ; mais c'est parce qu'elles n'ont pas de solution qu'il faut toujours chercher à les résoudre et que cette recherche de la solution est finalement la solution elle-même. Chercher l'unité, c'est l'avoir déjà trouvée… C'est parce qu'il ne trouve pas ce qu'il cherche que le philosophe trouve, dans cette recherche même, ce qu'il ne cherchait pas » (P. Aubenque, *op. cit.*, p. 508). Ce n'est pas peu de chose que de savoir cela.

*

J'ai dit plus haut qu'Aristote allait être pour des siècles et des siècles le Philosophe par excellence, et que les chrétiens, après s'en être défiés – ce qui se concevait parfaitement –

finiraient par inscrire leurs dogmes dans sa philosophie, ce qui pour ma part m'a toujours surpris. On pressent ici les difficultés qu'ils rencontreront dans cette entreprise, et les aménagements qu'ils devront faire subir à la « métaphysique » du Stagirite, entre-temps convertie en système clos, vitrifiée par les commentateurs de tout poil. Faut-il y insister ? Ce dieu-là exclut l'idée d'une création *ex nihilo*, spécifiquement biblique, et le monde qu'il polarise du haut de son indifférence est lui-même éternel. Quant à cet Intellect agent dont on a besoin pour expliquer la connaissance, il n'est en rien partie intégrante de l'âme individuelle. Et que dire d'un Verbe de Dieu engendré, d'un dieu d'amour venant, comme le dit en propres termes le prologue de saint Jean, « planter sa tente parmi nous »... Tout cela donnera lieu à des spéculations nécessairement bâtardes, à s'en tenir au seul plan de la pensée philosophique, dès lors que sous les mêmes mots, impeccablement enchaînés en syllogismes, se développeront des intuitions radicalement hétérogènes. Mais cela aussi fait partie des aventures de la pensée : après tout, pourquoi les leçons elles-mêmes d'Aristote auraient-elles échappé à la logique du monde sublunaire ? Comme tout le reste, elles étaient « en puissance » par rapport à un imprévisible devenir

LE BONHEUR DE L'HOMME ET DU CITOYEN

Cela étant, que va-t-on faire de sa vie ? Répondre à cette question impliquerait évidemment que nous connaissions le but ultime de la vie humaine, autrement dit la fin dernière de l'homme. On va nous dire : c'est le bonheur, toujours désiré, jamais tout à fait réalisé. Mais bien sûr ! tout le monde en est d'accord. Seulement, voilà : ce qu'on met sous le mot varie d'un homme à l'autre. Jean Tartemol le verra dans la multiplicité de ses maîtresses et de ses bons déjeuners ; son collègue Topaze le situera dans son élection tant attendue à l'Institut, le comble étant de laisser son nom à une rue qui autant que possible ne soit pas en impasse, et de figurer sur un timbre-poste ; quant à l'intendant Clérambard, il ne serait vraiment saturé que par un gain décisif au loto. Plaisirs, honneurs, richesse : le premier est, aux dires d'Aristote, régression au stade animal (non raisonnable), et choisir les deux autres, c'est prendre le moyen pour la fin. Il faut pousser plus loin la recherche. Le bien souverain se laisse pressentir au-delà des biens particuliers. Au-delà des biens, qu'est-ce que le Bien ? Va-t-on revenir à Platon et poser un Bien en soi, séparé d'eux tous ? C'est cette séparation, précisément, qu'Aristote ne peut admettre. Platon, estime-t-il, a méconnu le fait que le Bien ne se réalise jamais que dans des situations particulières, où il est visé de façon chaque fois différente. Le Bien n'est pas une substance – et cependant, à la différence de ce qui a été dit de l'Être en tant qu'être, on discerne une unité *analogique* entre ses différentes acceptions : ce que la santé est à la médecine, la maison l'est à l'art de bâtir, et la victoire à la science militaire. Il coïncide, donc, avec la fin de chacune de ces actions, comme d'ailleurs l'atteste le langage : on dit qu'elles ont été « menées à bien ». Mais quelles seront les caractéristiques du souverain Bien pour l'homme ? Celui qui l'atteindrait dans sa forme parfaite n'aurait, à l'instar des dieux, plus besoin de rien ni de personne, et sa félicité ne lui laisserait plus rien à désirer au-delà. Mais la plénitude de cette autarcie glorieuse suppose réalisées, en fait, un certain nombre de conditions militantes. Il y faut, dit Aristote, une vie suffisamment longue, car – l'expression est de lui – « une hirondelle ne fait pas le printemps, ni non plus un seul jour, et pas davantage félicité et bonheur ne s'atteignent en une seule journée ni en un bref laps de temps » (*Éthique à Nicomaque*, I, 6, 1098 a). Il faut ce qu'il faut de temps pour réussir sa vie. Il y faut aussi quelques adjuvants : une bonne santé, un physique acceptable, une large indépendance financière, une bonne réputation, un certain pouvoir. Rien de tout cela ne « fait », à proprement parler, le bonheur, mais y contribue : un bossu émanant des bas-fonds, isolé et sans enfants ne saurait être tout à fait heureux (voir *Éth. Nicom.*, I, 9, 1099 b). Les stoïciens, nous le verrons bientôt, seront moins gourmands – ou plus théoriques. Réaliste là comme ailleurs, Aristote tient compte du sentiment général, qui fait dépendre, du moins pour une part, le bonheur d'un concours avantageux de circonstances. Il ne convient toutefois pas de compter passivement sur elles ; il faut, quelles qu'elles soient, en tirer le meilleur parti, « y agir toujours avec le plus de noblesse possible ». Comme un bon savetier qui, précise Aristote, avec le cuir qu'on lui a confié sait fabriquer les meilleurs souliers possibles (*Éth. Nicom.*, I, 11, 1101 a). Sagesse apparemment terre à terre, mais plus efficace que les trop pures aspirations : Aristote est un Grec de son temps ; il hait et craint la démesure. Ce sera la tradition du Lycée : dans un précédent ouvrage, j'ai fait observer que les lointains disciples du Stagirite, au temps de l'Empire romain, passaient pour attentifs toujours au versement de leurs honoraires quand ils donnaient des leçons de *philosophia*…

Enfin, le bonheur, dit Aristote, réside dans le meilleur exercice de l'activité proprement humaine. On sait que par définition, l'homme est animal raisonnable, autrement dit, doué d'une âme intellective. « Le Bien, pour l'homme, consiste donc dans une activité de l'âme en accord avec la *vertu* » (*Éth. Nicom.*, I, 6, 1098 a), ou autrement traduit, selon l'excellence. En quoi consiste donc la vertu ? – Disons que c'est une habitude, mais une bonne, à la fois solide et sensée. C'est en effet une disposition de la volonté, et non pas une science, car il ne suffit pas de savoir ce qui serait le mieux pour le faire : bien des ivrognes vous le diront. Encore faut-il vouloir… et vouloir vouloir. Rien de tout cela n'est aisé. D'autre part, la vertu est rationnelle en son principe. Elle doit donc se référer, dit Aristote, « à la droite règle », dont le critère serait fourni par « l'homme prudent ». Quel portrait pourrait-on faire de ce Monsieur ? – C'est celui qui, appuyé sur son expérience, voit loin, en tout cas plus loin que le bout de son nez. Tout cela est bien pour dire de ne pas attendre d'Aristote une détermination conceptuelle, une définition qui serait assez générale pour accueillir toutes les situations particulières possibles. Aucun système n'y suffirait. En somme, pour juger du comportement vertueux propre à chaque situation, il faut un certain flair, du discernement, la sagesse de s'entourer de conseils. Aristote estime également que la vertu est toujours un juste milieu entre deux extrêmes, autrement dit entre deux vices : le courage tient le milieu entre la lâcheté et la bravade, et l'homme généreux est à égale distance du gâcheur et du parfait radin. N'allons pas en conclure que l'idéal du vertueux est de stagner dans la médiocrité : c'est toujours le meilleur équilibre qui, dans chaque cas, doit être obtenu : « Ce qui est milieu du point de vue de l'essence est un sommet du point de vue de l'excellence » (*Éth. Nicom.*, II, 6, 1007 a).

Dans les livres III et IV de l'*Éthique*, Aristote décrit en long et en large les vertus et les vices en situation, et non point *a priori*, comme Platon l'avait tenté dans la *République* en partant des parties de l'âme. Il aboutit ainsi à une sorte de phénoménologie des caractères, dont s'inspirera plus tard son disciple Théophraste (vers 372-285), ancêtre de La Bruyère.

Tout le livre V de l'*Éthique* est consacré à la justice, dont Aristote distingue plusieurs aspects. La justice *distributive* règle les partages selon le mérite de chacun : répartition, par exemple, des emplois publics, ou encore d'un dividende social, lors de la fondation d'une colonie. La justice *réparative* veille à lever les préjudices subis du fait, par exemple, d'une transaction. Cela doit se faire hors de toute considération de mérite, l'excellence du délinquant ne constituant en rien une excuse au tort qu'il a pu causer à un triste sire. Il y a enfin la justice *d'échange*, qui préside aux relations commerciales. Soucieux de n'enfermer jamais la complexité des cas particuliers dans l'indifférente rigueur de la loi, le Stagirite pose comme point d'excellence de la justice ce qu'il appelle *l'équité* : sa souplesse apporte à la raideur légale le correctif, le supplément d'humanité qui parfois s'impose.

Nous ne saurions feuilleter ici le catalogue entier des vertus selon Aristote. Finissons sur le livre X[e] et dernier de l'*Éthique à Nicomaque*. Aristote quitte le point de vue qui fut le sien tout au long d'une « anthropologie de la finitude », pour le dire comme Aubenque, et s'élève jusqu'à celui du divin en l'homme, à savoir l'intellect. Le bonheur de l'homme culmine, finalement, dans l'activité contemplative, qui se suffit à elle-même. Tout le reste, si utile dans l'action quotidienne, ne serait, en somme, que préparation – imparfaite toujours et toujours à reprendre – à cet exercice de réalisation de soi par le dépassement de soi. Aristote retrouve ici, mais seulement à titre d'idéal et de principe régulateur, l'élan sublime de Platon. Nous ne coïnciderons jamais avec le divin, mais sans pour autant outrepasser nos limites, nous pouvons réaliser le meilleur homme possible – et ainsi, nous serons heureux. Cela même nous permet d'interpréter correctement une formule souvent citée du Stagirite : « Il ne faut pas, dit-il, écouter ceux qui conseillent à l'homme, parce qu'il est homme, de borner sa pensée aux choses humaines, et parce qu'il est mortel aux choses mortelles – mais il doit, dans la mesure où il le peut, s'immortaliser » (*Éth. Nicom.*, X. 7). Beau programme assurément, appel héroïque, sur lequel on sera toutefois bien inspiré de ne point projeter, avec effet rétroactif, les conceptions qui nous viennent du judéo-christianisme – que nous les fassions nôtres ou non restant notre affaire. Ne sortons pas du contexte grec. Le texte sous-entend déjà que l'homme n'est pas immortel par nature, tant s'en faut. La vie individuelle n'avait pas, en ces temps, une valeur si haute qu'on la pût supposer immortelle, comme celle des hôtes lointains du monde supra-lunaire. L'immortalité qu'Aristote fait miroiter ici à l'usage des seuls intellectuels – car c'est bien d'eux qu'il est question –, est sans doute une reprise de ce qu'enseignait le maître de l'Académie : on participe de l'immortalité, disait Platon, par l'exercice des facultés supérieures (voir *Timée*, 90 b-c), et c'est ainsi qu'on « s'assimile au dieu dans la mesure du possible » (voir *Théétète*, 176 b). La sagesse d'Aristote réside sans doute dans la conscience exacte du possible.

*

Dans la Grèce du IVe siècle, on ne philosophe pas en chambre, mais dans une Cité. Ne vivent seuls, dit Aristote, que les monstres et les dieux (*Polit.* I, 2, 1254 a). C'est en ce sens qu'il faut entendre la définition archi-répétée, et pas toujours à bon escient : « L'homme est un animal politique », autrement dit essentiellement communautaire. Capable, par la pensée exprimée, la parole, d'entretenir avec ses semblables des rapports spécifiques, il doit les rendre utiles, justes et autant que possible harmonieux.

Mais là encore nous retrouvons le tempérament d'Aristote et sa manière. Il s'attache moins à théoriser, à célébrer dans la Cité, dans l'État, la réalité substantielle de l'Idée morale, qu'à analyser la structure sociologique des États tombant sous l'expérience. Et de distinguer entre « la meilleure *politeia*, la meilleure constitution prise absolument » – à quoi il aura sans doute rêvé dans ses jeunes années, et « la meilleure constitution possible compte tenu des circonstances » géographiques et historiques. Voilà qui est bien de lui ! Il avait tout lu, tout dévoré des constitutions existantes. Appuyé sur une documentation insoulevable, il n'aspira bientôt plus qu'à définir les conditions d'un ordre durable. On peut penser qu'il gardait à l'esprit les déboires de Platon en Sicile, et il ne se voyait pas redescendre dans la Caverne pour imposer aux prisonniers, qui s'arrangent si bien du noir, la lumière aveuglante du Bien en soi. La divine perfection n'est pas de ce monde sublunaire. Plus modestement, donc, il s'attache avec son habituelle minutie à ce qu'Aubenque appelle une microsociologie de l'autorité : du maître sur l'esclave, de l'homme sur la femme, du père sur la famille. S'étonnera-t-on qu'Aristote soit de son temps ? Pour lui, l'esclavage, sur lequel il s'étend à loisir, est on ne peut plus naturel, et le travail manuel est une tâche assez dégradante, qui ôte toute disponibilité d'esprit à qui s'y absorbe : ce n'est vraiment pas une occupation pour un homme libre.

Quant au pouvoir politique, Aristote prend bien soin de le distinguer de la domination du maître sur sa domesticité : c'est en effet sur des citoyens libres qu'il s'exerce. Le meilleur des gouvernements serait encore une sorte de paternalisme éclairé, exercé par un homme ayant acquis la vertu de prudence. Seulement, le régime monarchique est de soi exposé à choir dans l'arbitraire pour peu que le roi vienne à céder à ses passions. Il transpose alors dans ses rapports avec ses sujets ceux du maître avec ses esclaves, et le meilleur des gouvernements vire alors au pire de tous : la tyrannie. *Corruptio optimi pessima.* Le plus curieux est bien, comme l'a fait observer Jean-Pierre Cotten, qu'Aristote « s'intéresse aux moyens qu'un tyran doit mettre en œuvre pour garder le pouvoir : Machiavel se souviendra de *Pol.* V, 11 ».

À l'autre extrême, il y a la démocratie. Elle a des avantages, qu'Aristote ne se prive pas de souligner. Pris isolément, l'homme du peuple est loin de valoir l'homme censément compétent qui exerce la monarchie, mais pris en corps, le peuple totalise en revanche un capital de compétence qui dépasse celui d'un seul, si capable soit-il. D'autre part, c'est le peuple qui est l'usager et, si l'on peut dire, le premier consommateur de l'État, et de ce fait, il est mieux à même de juger de ce qui lui convient. Enfin, un peuple entier est moins vulnérable aux pots-de-vin, à la corruption, qu'un individu. Voilà qui fait décidément bien des avantages, et pourtant, ce n'est pas à cette forme de gouvernement qu'Aristote accorde sa préférence. Il y faudrait au peuple un si haut degré d'éducation qu'il apparaît comme le résultat de cet excellent régime plutôt que comme sa condition.

Il y aurait aussi, bien sûr, l'aristocratie, le gouvernement des meilleurs, des plus éminents, des plus braves, etc. – du moins étymologiquement. L'ennuyeux est que ce sont toujours les membres de ce comité qui décident des critères de cette excellence, qui se confond ordinairement avec le tonnage économique déplacé. L'aristocratie vire facilement au club des mieux rentés, à l'oligarchie autocooptée des grandes familles, soucieuses avant tout de leurs intérêts.

Que choisir entre tout cela ? Chacun de ces modes de gouvernement peut avoir ses avantages ; il a aussi ses inconvénients, si bien qu'il serait vain d'en décider dans l'absolu. D'autant que diverses considérations relatives au climat, à la dimension du territoire, au passé aussi du peuple, tout cela peut rendre à un moment donné telle forme de gouvernement préférable à telle autre. Le bon gouvernement, c'est celui qui se pourvoit d'une constitution attentive à l'intérêt, non d'une caste, mais de tous les citoyens. C'est celui qui sait donner à chacun, dans la mesure de ses forces, l'opportunité de se réaliser comme homme en concourant au bonheur de sa Cité, lieu de vie commune, espace où l'on est soi avec ces « mêmes » qu'on appelle « les autres ».

En cela aussi Aristote est de son temps : il ne conçoit la vie que dans le cadre de la Cité. Il la voudrait à l'échelle humaine : qu'on puisse, précise-t-il, « l'embrasser du regard ». Elle serait assez distante des côtes pour n'être pas exposée aux séductions mercantiles. On y vivrait en autarcie sur un terroir fertile ; la propriété y serait suffisamment morcelée pour multiplier les exploitants indépendants. Une forte classe moyenne – toujours le juste milieu – garantirait la stabilité. Et sur ce lieu de rêve régnerait une oligarchie de citoyens ni excessivement riches ni trop démunis, assez prudents pour être ouverts à un contrôle. Bref, dans la cité aristotélicienne, le bonheur du citoyen se confondrait avec le bonheur personnel du sage, et la Cité exercerait naturellement sa fonction de guide en matière de vertu.

Ce tableau – si loin de la république platonicienne – a quelque chose d'infiniment mélancolique si l'on songe que la civilisation des Cités, qu'Aristote tient pour un modèle insurpassable, est déjà virtuellement dépassée. Les conquêtes d'Alexandre, son élève, ont remanié la carte politique, et par conséquent l'univers mental du monde grec. Encore un peu de temps et d'autres problèmes vont surgir de cette prise de conscience traumatisante, et cela même donnera naissance à d'autres types de pensée. Aristote légiférait pour un monde déjà enseveli.

*

Il resterait beaucoup à dire sur l'œuvre du Stagirite. Pour être complet, il faudrait encore parler de la *Rhétorique*, où se poursuit le débat entamé par les sophistes sur les rapports de la parole et de la vérité, et il s'efforce d'en tirer la leçon théorique. Il faudrait aussi évoquer la *Poétique*, où Aristote traitait de la tragédie et de l'épopée, et des purifications – il faudrait dire des purgations – que les représentations théâtrales opèrent dans nos âmes. Il parlait aussi de la comédie dans ce livre II perdu de la *Poétique* que *Le Nom de la rose*, le roman génial d'Umberto Eco, feint d'avoir retrouvé avant de le reperdre, et cette fois pour toujours. On n'en a jamais fini avec Aristote, et je dois ici m'en tenir à l'essentiel.

Sans doute aura-t-on mesuré le chemin parcouru par le petit Macédonien venu à dix-sept ou dix-huit ans s'inscrire à l'Académie. On aura pu apprécier aussi, je pense, la formidable mise en forme des tentatives scientifiques et philosophiques qui l'avaient précédé. Sans doute rêvait-il au départ d'un rationalisme universel, et il a dû en rabattre, s'en tenir finalement à une perpétuelle recherche, qui est le statut de toute philosophie. Bien sûr, il peut donner l'impression d'avoir rogné les ailes de Platon, voire par moments de voler bas. Il est vrai qu'il ne s'est point gêné pour critiquer la théorie des Idées, qui prenait après lui, dans l'Académie, avec Speusippe et Xénocrate, le tour d'un mathématisme qu'il jugeait outré. Les Idées platoniciennes, les avait-il fait descendre du ciel sur la terre, comme le veut un cliché répandu, illustré par cette *École d'Athènes* peinte par Raphaël, et qu'on voit au Vatican dans la chambre dite de la Signature ? Ce Platon désignant du doigt les hauteurs, et cet Aristote abaissant la main vers le sol... Nous vivons d'images fortes. La réalité est plus complexe. On peut dire qu'Aristote est resté dans la tradition de Parménide et de Platon, pour qui une infranchissable ligne de démarcation sépare un domaine d'entités immuables qui, par nature, peuvent s'objectiver dans le mot juste et dans la science – et une zone mouvante, contingente, hasardeuse, sur laquelle on ne pourrait qu'opiner. Certes, une frontière subsiste chez Aristote, mais elle ne passe pas au même endroit. Elle ne sépare plus, comme le croyait Platon, l'univers des essences et le monde confus des expériences sensorielles. Elle divise en deux le monde en son ensemble, le monde tout court : là-haut, l'univers immuable des astres et du Premier Désiré ; ici-bas le nôtre où tout devient, sous la motion du Moteur immobile ; et les deux contrées n'obéissent pas aux mêmes lois. Du coup, l'intelligible n'est plus tout à fait étranger aux choses de chez nous. Il est présent à ce monde-ci, dont les formes sont avec la matière l'un des éléments constituants. Une science sûre a des chances de se faire à partir de ce qui s'offre d'intelligible en toute chose ; elle ne peut même se former que là. En métaphysique comme en morale ou en politique, Aristote n'a pas renoncé à la perfection ; il l'a posée comme le pôle aimantant éternellement nos possibles exactement définis. Bref, il ne s'agit plus, comme le disait le *Théétète*, de « fuir d'ici-bas vers là-haut et au plus vite », mais d'accomplir le vœu de la troisième *Pythique* de Pindare : « Ne va pas, ô mon âme, désirer une vie sans fin, mais épuise le champ du possible. »

VII

PROPHÈTES ET CHANTRES DE LA NATURE CYNIQUES ET CYRÉNAÏQUES

UNE VIE DE CHIEN

En marge des divins Socrate et Platon, et en relation quelque peu conflictuelle avec eux, se développait une tout autre école. Si toutefois le mot convient. Des originaux plutôt rudes et mal embouchés se réunissaient, en effet, au lieu-dit le Cynosarges, à Athènes – autrement dit « Au Chien agile », ce qui fait penser au Lapin de Montmartre. Et comme leur comportement ordinaire évoquait les façons de gros chiens peu commodes, on s'enchanta pour les siècles du jeu de mots : pour tout le monde, ce furent les Cyniques, littéralement : ceux qui sont du genre chien.

Encore un mot qui n'a rien aujourd'hui de sympathique. Il désigne l'attitude du Monsieur qui étale plus qu'il n'affirme ce qu'il fait et ce qu'il pense, au mépris de la bienséance et, plus généralement, du système de valeurs auquel tout le monde, sauf lui, est censé se référer. On remarquera en effet que le terme se prend toujours en mauvaise part. On ne dira jamais : il a avoué cyniquement qu'il consacrait un quart de ses modestes revenus à la recherche médicale ou à l'entretien des enfants handicapés – mais toujours : il a avoué cyniquement qu'il trompait sa femme depuis le premier jour, ou encore qu'il dissimulait la moitié au moins de ses bénéfices. Comme les infortunés sophistes, les cyniques ont une hérédité sémantique chargée.

Plutôt que d'une philosophie proprement dite, qui toujours connote un minimum de systématisation, mieux vaudrait peut-être parler d'une prédication, donnée par un ordre de frères mendiants. La confrérie est elle-même faite de toutes les individualités disparates éparpillées sur plusieurs siècles, dont les adeptes se manifestent par une même manière globale de prendre la vie. Il est du reste significatif que la tradition ait prêté indifféremment à l'un ou à l'autre le même bon mot, la même incongruité : ce que l'un a dit ou fait, un autre du même acabit l'eût tout aussi bien fait ou dit. C'est une disposition d'esprit qu'on désigne.

Le premier qui entreprit cette sorte de révolution culturelle – car ce serait encore l'expression qui conviendrait le mieux – fut Antisthène (445-360). D'abord élève de Gorgias le sophiste, il s'attacha ensuite à Socrate. Il fit même en cela preuve d'une certaine constance, puisqu'habitant fort loin, il abattait chaque jour ses huit kilomètres à pied pour venir l'écouter. Platon, qui ne l'aimait guère, n'a toutefois pas voulu taire qu'Antisthène était au chevet de Socrate lors du triste soir où il dut boire la ciguë. La tradition lui attribue une dizaine de livres, dont il ne reste, malheureusement, que quelques fragments et le catalogue.

C'est au contact de Socrate qu'Antisthène trouva sa vocation : franciscain avant la lettre, il vendit ou donna tout ce qu'il possédait, ne gardant pour lui qu'un vieux manteau, un bâton et une musette – accoutrement qui devait être pour les siècles l'uniforme des cyniques –, et il s'installa délibérément dans la plus modeste des conditions. Bref, un ascète, sinon un clochard.

Pour autant qu'on puisse s'en faire l'idée à partir d'une poussière de dires et d'anecdotes parfois drôles, l'enseignement d'Antisthène était centré sur l'éducation. Ce n'était en aucune façon, à ses yeux, une question de rhétorique, de dialectique ou de science. De ce point de vue, il ne reconnaissait d'existence qu'à l'être concret, tel qu'il tombe sous nos prises. C'est ainsi qu'il avait objecté à Platon : « Je vois bien le cheval ; je ne vois pas la chevalité... » – à quoi l'autre avait rétorqué : « C'est que tu ne disposes pas encore de la faculté qu'il faut ! » Transposez cela dans l'éducation morale : elle ne réussira que si l'élève a le bonheur de rencontrer dans son maître la vertu en quelque sorte incarnée. Le maître prêche d'exemple plutôt que de mots, car les mots sont tout juste des signes.

Le propos d'Antisthène est donc surtout moral. La vertu est le souverain Bien, et donc être heureux, c'est être vertueux. Or, la vertu s'apprend, au contact d'un maître qui la rayonne, et qu'il suffit d'imiter. La richesse, les honneurs, les plaisirs vous apparaîtront alors comme de faux biens, les sciences et les superstitions comme des alibis. Il faut rompre – et aider les autres à rompre – avec le fatras culturel que les coutumes ont interposé entre la vie naturelle et nous. Tout cela est superflu, parfaitement hypocrite, et de plus, illusoire.

Antisthène eut un disciple autrement connu que lui en la personne de Diogène de Sinope (413-327), le plus célèbre de tous les Diogène de l'Antiquité : on en compte au moins six, qu'il faut éviter de confondre, et c'est pourquoi la tradition fait toujours suivre leur nom de la mention du lieu de naissance. Diogène était, paraît-il, né d'un banquier véreux, ce qui l'avait conduit à accompagner son père en exil. De mauvaises langues prétendent même qu'il était impliqué dans l'affaire, mais nous avons appris à nous méfier des racontars intéressés. Toujours est-il qu'arrivé à Athènes, le jeune homme s'attacha aux pas d'Antisthène. Il y eut quelque mérite, car l'autre, peu soucieux d'être escorté d'une cour de disciples, l'en avait à plusieurs reprises dissuadé à coups de bâton, jusqu'au jour où Diogène lui dit : « Tape toujours ; tu ne trouveras pas de gourdin assez dur aussi longtemps que je t'entendrai dire des choses sensées ! ». Là-dessus, il fut reçu comme disciple, et aussitôt il adopta une vie d'ascète. Sur ce point, la tradition est intarissable : Diogène et son tonneau… En fait, il avait élu domicile, non point, comme on l'imagine, dans une barrique, récipient qui n'était pas en usage à l'époque, mais dans un *pithos*, dans une grosse amphore désaffectée, dans laquelle on avait dû stocker du vin, de l'huile, des grains ou autre chose. Il ne disposait donc d'aucune maison, d'aucun mobilier, d'aucun esclave, et donc de rien de ce qui, en ces temps, faisait la commodité de la vie. Un clochard. Comment s'y prenait-il pour écrire les ouvrages de philosophie et les pièces de théâtre que la légende lui prête ? Si tant est qu'il ait laissé une œuvre écrite, rien ne nous en est parvenu, et nous ne pouvons nous faire une idée de son enseignement qu'à partir de toute une geste, sur laquelle il est possible qu'on en ait remis.

Ce qu'il faut entendre derrière tout cela, c'est la leçon qu'il voulait donner à ses contemporains. Vivant à contre-courant de la cité grecque, il se disait lui-même « citoyen du monde » : sa patrie était partout à la fois, et il le démontrait en se transportant au gré des saisons, tantôt à Athènes, tantôt à Corinthe. Il brisait ainsi le cercle que la Cité antique traçait, au physique et au moral, autour d'elle, et du coup se trouvait en accord avec la « mondialisation » issue des conquêtes d'Alexandre le Grand. Il professait un total irrespect des hiérarchies. Chacun connaît l'épisode : comme Alexandre le pressait de lui dire ce qu'il pouvait souhaiter, qui lui serait aussitôt accordé, Diogène avait répondu : « Que tu t'ôtes de mon soleil ! » – et Alexandre avait déclaré que s'il n'était Alexandre, c'est Diogène qu'il eût voulu être. On peut affirmer qu'il fit école sur ce point, les cyniques ayant toujours su garder, notamment à Rome sous les Césars, leurs distances et leur liberté de parole. Il se plaisait aussi à des gamineries qui déroutaient les gens, comme d'entrer au théâtre par la sortie. Sa franchise brutale était proverbiale, et il affectait pour ses contemporains le plus parfait mépris. Plus gênant, il ne s'embrassait jamais des convenances, n'hésitant pas à se livrer en public à des activités qu'on réserve à l'alcôve, quand ce n'était pas pire. Il ripostait coup pour coup : des imprudents lui ayant jeté des restes comme à un chien, il s'était comporté comme tel en les compissant. Quel sens donner à cet incompréhensible sans-gêne ? Il voulait choquer, bien sûr, et ainsi déterminer une prise de conscience. D'où ce goût de la mise en scène qui n'est pas sans rappeler les actions symboliques des prophètes bibliques. Ainsi, il mettait à nu le caractère purement conventionnel des critères selon lesquels on porte des jugements de valeur : ce qu'on prend pour des absolus n'est, en fait, qu'opinions, préjugés, conformismes plus ou moins intéressés. Derrière les bonnes manières, on trouve les vices, les convoitises, les arrière-pensées. Derrière l'ordre apparent se cache le pire des désordres : la subversion de la nature par le factice et le pervers. Il y a de l'écologiste chez Diogène : il faut faire retour à la bonne nature – « Je lui sacrifie, disait-il, les lois. » Pour lui, la vraie *politeia*, la vraie constitution, c'était celle qui régit l'univers. Ce subversif entendait rétablir l'ordre vrai.

Au travers de tout cela, Diogène s'affirme donc comme un contestataire, et sur deux plans. Pourquoi se refuse-t-il à faire comme tout le monde, à entrer par l'entrée et non par la sortie, etc. ? Pourquoi se conduit-il en objecteur des lois ? – Parce que tout cela n'est que conventions, sous lesquels d'autres mobiles, peu reluisants, se cachent. Rien n'est naturel dans le comportement social, et c'est infiniment dommage. Tout est là : pour Diogène, il y a la nature, un point, c'est tout. Le reste, les usages, la législation, la localisation de sa personne ici plutôt qu'ailleurs, le confort matériel, oui, tout cela, vraiment, est superflu. Les biens au soleil, comme on dit, n'ajoutent rien au soleil ; ils l'occultent, ils le cachent. Ôtez tout cela et vous en profiterez.

Mais d'un autre point de vue, Diogène est aussi un contestataire du savoir, et pour les mêmes raisons. Cette *phusis*, cette nature que les philosophes s'évertuent à expliquer, Diogène se borne à en constater la présence, et à lui obéir. Elle se donne immédiatement à nos sens, sans au-delà, sans arrière-plan qui la transcenderait. Superflu, cela aussi. N'allez pas lui parler de Platon, de ses Idées, de son cheval-en-soi et de sa définition de l'Homme : rappelez-vous l'épisode du poulet plumé ! À ce propos, nous devrions peut-être tordre le cou à une interprétation fausse. Chacun connaît l'histoire de Diogène parcourant Athènes avec à la main une lanterne allumée en plein midi. On lui fait dire : « Je cherche un homme ! » – ce qui laisserait à entendre que dans toute la ville, on aurait peine à en trouver un qui soit digne de ce nom. Cela irait assez avec le mépris de Diogène pour ses contemporains. Seulement, le texte grec n'emploie pas le mot *anèr* ; il ne dit pas : je cherche un humain empirique, un bonhomme concret. Le texte utilise *anthrôpos*, ce qui donne : je cherche le concept, l'Idée d'homme – celle dont si savamment parle Platon, et même en m'aidant d'une lanterne, je ne rencontrerai pas cela dans la rue, où précisément ne circulent que des individus concrets. Diogène, c'est l'anti-Platon, et ce texte pourrait bien le rappeler. Ainsi ce hippie sublime avait bien une philosophie : il n'y a pour nous que l'expérience, à partir de quoi nous pouvons former, certes, des concepts, mais seulement opératoires. Les beaux développements qui prétendent aller au-delà ne sont que luxe inutile, comme le sont les richesses et les commodités. La nature est là : à nous de nous y insérer. Alors, nous vivrons libres : à chacun son tonneau.

Au fond, c'était une leçon de bonheur – encore une ! – que délivrait Diogène, et le bonheur était simple : avoir un esprit sain, une raison droite, et plutôt que de se laisser aller aux mômeries des religions, plutôt que d'être confit en dévotion, mieux vaut assurément imiter les dieux, qui n'ont besoin de rien. Le sage est *autarkès*, il vit en autarcie. Et cette auto-suffisance si simple à réaliser le met à l'abri aussi longtemps que durent ses jours. Elle l'assure à vie contre le manque, la dépendance, l'aliénation. Que peut-on contre le sage, dès lors que nul ne lui ôtera ce qu'il n'a pas ? La leçon de ces franciscains de la philosophie se perpétuera dans la longue tradition cynique. Des siècles durant, elle se répétera, identique dans le fond et dans la forme. C'est ainsi que dans Stobée, huit cents ans plus tard, on trouve cette anecdote, dont ni l'esprit ni la lettre ne surprendront : « Étant tombé sur un trésor, un Béotien âgé de soixante-dix ans leva la jambe, lâcha un pet et passa outre, comme si la chose n'avait pour lui aucun intérêt » (*Florilège*, M. 115, 22-24). Voilà qui dit tout. Les cyniques seront toujours des prophètes de la liberté.

Ce propos de nudité originelle au sein de la condition sociale attirera à Diogène bien des disciples : Cratès, Hipparchia – pourquoi les femmes n'accéderaient-elles pas à la sagesse ? –, Métroklès, Ménippe, Télès… Plus tard, nous rencontrerons Démétrios dans la Rome de Néron et de Vespasien. Ce propos de démystification intégrale, de déstabilisation des valeurs communément admises, attirera à Diogène et à ses émules une réputation douteuse, qui aujourd'hui encore se fait sentir. Le poids des mots, le choc des gestes… Mais pouvaient-ils s'attendre à être bien vus ? S'afficher comme citoyens du monde dans une civilisation jusqu'alors centrée sur la Cité et sur le foyer commun, préférer aux lois des royaumes, des républiques ou des empires l'unique loi fondamentale de la Nature, rien de tout cela n'était rassurant. L'indifférence affichée pour l'argent, les situations, les plaisirs qui régalent les autres, était perçue comme un reproche ou une offense. On feignit donc de se scandaliser, de ne rien voir du message de moralité intransigeante et quasi-féroce de Diogène, et ce fut l'apparent immoralisme des cyniques qui passa à la postérité. Nous retrouvons le même schéma social qui valut aux sophistes la réputation qu'on sait. Il arriva pourtant que le mépris qu'on nourrissait à l'égard des cyniques se nuançât d'indulgence amusée, de vague complicité avec ces gens incorrigibles qu'on avait envie, parfois, d'imiter. Mais quand il se trouva qu'on le fit, ce ne fut pas par leurs plus beaux côtés.

LE PLAISIR AU RAS DU MOMENT

Dans la lointaine Libye, un jeune homme de bonne famille avait tout pour être heureux, tout, sauf peut-être de savoir pourquoi il l'était, d'où l'envie qui le prit de philosopher. Il se nommait Aristippe (vers 435-350). Sans doute parlait-on là-bas des sophistes, de Protagoras notamment, et aussi de Socrate. Le mieux était d'aller voir sur place. Il s'embarqua donc comme les autres pour Athènes, y rencontra le maître, se mêla au petit monde des disciples. Le moins qu'on puisse dire est qu'on ne le regarda pas d'un bon œil. Xénophon ne l'aimait pas, et côté cyniques, Antisthène non plus. Se sentant de trop, il résolut, une fois Socrate aux cieux, de s'en retourner chez lui pour y fonder sa propre école.

Il est d'autant moins facile de reconstituer ce qu'il y enseignait que tout, absolument, s'est perdu de ses œuvres qui, dit-on, étaient considérables. Encore un de ces malchanceux de la tradition, qu'on n'aurait pas connus sans les critiques et les sarcasmes de leurs adversaires. Il semble toutefois qu'Aristippe avait retenu de Socrate le précepte fameux, don de l'oracle de Delphes : « Connais-toi toi-même », sous-entendu : sache que tu n'es pas un dieu. Seulement – et ceci explique peut-être la mauvaise humeur qu'il souleva dans le milieu socratique –, Aristippe donnait à ce conseil fondamental un sens assez particulier, qu'il tenait vraisemblablement de Protagoras. Cela devenait chez lui une invitation très terre à terre à s'organiser un petit bonheur à soi. N'allez pas le chercher dans une impossible sagesse. De ce que sont véritablement les choses de la nature, nos sens ne nous disent rien d'absolu, rien en tout cas que nous puissions autrement vérifier. Quant aux spéculations des mathématiciens, elles sont assurément fort belles, mais elles laissent de côté tout ce qui vraiment nous importe : les biens et les maux. *Ergo* : il faut nous en tenir en toute modestie à ce que nous donnent nos sens : des indications, agréables ou pas, à partir desquelles nous pouvons nous organiser, au fil des heures, des jours et des années, une petite vie aussi plaisante que tranquille. Si l'adjectif « peinard » avait droit de cité dans la langue philosophique, c'est celui qui conviendrait le mieux pour définir la *philosophia* d'Aristippe et de son école.

Épicure, nous le verrons, en retiendra quelque chose, mais il restreindra la portée du message. Car pour Aristippe, le plaisir ne consiste pas seulement à n'avoir mal nulle part : c'est une expérience positive. Dans une sensation, il se passe quelque chose : c'est un mouvement de tout l'être qui vient à la conscience. Si le mouvement est violent, nous en éprouvons un ébranlement déplaisant. S'il est trop faible, nous ne ressentons rien de notable. Entre les deux, si le mouvement est tempéré, c'est alors un plaisir qui nous envahit. Voilà exactement ce qu'il nous faut viser comme fin : en vérité, c'est là le souverain Bien. N'allons donc pas chercher midi à quatorze heures ; goûtons plutôt dans l'instant ce « mouvement doux escorté de sensation » : telle est la définition qu'Aristippe donne du plaisir. Cette enfilade de petites joies qu'on dirait aujourd'hui « au ras des pâquerettes » est évidemment moins flatteuse pour l'esprit que les nobles constructions des « grands » ; il reste que cet hédonisme paisible a quelque chose d'attachant. Une certaine gêne nous vient pourtant à entendre Aristippe soutenir que même retiré d'actions honteuses, le plaisir est toujours bon à prendre, et comme tel récupérable dans la vertu. La mauvaise conscience se dissout dans le total des bonheurs, dans la « mosaïque des voluptés », comme dit si bien Jean Brun.

Tranquillité garantie pour l'utilisateur ; fâcheuse réputation pour le cher Aristippe, dont on fit un noceur sans scrupules. Ce qui est très exagéré : n'aimait-il pas à répéter qu'il voudrait mourir comme était mort Socrate, dont il se proclamait toujours l'élève ? À tout le moins, il en avait gardé le sens de la mesure, la maîtrise de soi. De sa maîtresse Laïs, une courtisane notoire, il disait : « Je la possède ; elle ne me possède pas. » Entrant au bordel en compagnie d'un ami, il s'amusa de le voir rougir. « La honte, lui dit-il, n'est pas d'y entrer ; elle serait plutôt de n'en pouvoir sortir ! » Par ses reparties, par son égalité d'humeur, par ce détachement qui excluait chez lui toute âpreté, Aristippe était un compagnon charmant. Il n'était pas si loin des cyniques, qui pourtant ne l'aimaient guère : ils lui reprochaient d'être trop conciliant avec les grands de ce monde. Pourtant, Aristippe estimait avoir ainsi fait le bon choix : il tirait des puissants ce qu'il pouvait en recevoir, et il ne s'y inféodait pas pour autant, gardant toujours sa liberté, intérieure et extérieure. On ne le vit jamais exercer de charges publiques, de magistratures, pas plus qu'on ne le vit courir après les richesses. Alors, à quoi bon les gesticulations prophétiques à la Diogène, toutes ses conduites à rebours, trop appliquées pour être confortables à vivre ? Aristippe n'est pas un redresseur de torts : autant faire comme tout le monde si l'on peut en tirer son bien à moindres frais. Sagesse courte, mais sagesse quand même.

Quand fut venu le temps de se retirer, Aristippe laissa l'école aux mains de sa fille Arétè, qui éleva dans ces principes son fils Aristippe le Jeune, surnommé de ce fait le Métrodidacte, autrement dit : celui qui a été éduqué par sa mère. Parmi les épigones, on cite Théodoros l'Athée, dit aussi « le Divin », probablement par ironie, car estimant qu'il n'y avait rien qui ne fût mortel, il disait tout le mal possible des croyances religieuses. Il poussait jusqu'à leurs dernières conséquences les leçons d'Aristippe : si seules comptent mes impressions, il ne saurait plus rien y avoir de honteux. Seul le plaisir qu'on peut en escompter nous dira s'il vaut la peine ou non de faire ceci plutôt que cela. Il déniait toute valeur au patriotisme, dès lors que le sage n'est pas plus d'ici que d'ailleurs. Toutefois, ce n'était plus dans le simple plaisir des sens que Théodoros plaçait le Bien, car c'était trop le faire dépendre des circonstances extérieures : c'était dans la disposition joyeuse de l'âme qu'il le situait, et c'était un fruit de l'intelligence. On cite aussi comme lointain disciple d'Aristippe et de Théodoros cet Hégésias, surnommé le Pisisthanate, celui qui conseille la mort. En effet, dans l'incapacité où nous sommes de parvenir au bonheur parfait et stable, il estimait que la mort valait la vie, si bien que pour le sage, le plus sûr était encore de se laisser mourir de faim. On dit que si convaincante était sa prédication qu'elle déchaîna une épidémie de suicides. Trop, c'est trop : alarmé, Ptolémée Ier fit interdire ses œuvres.

L'histoire de la philosophie ne sera pas généreuse avec les textes des Cyrénaïques. Beaucoup disparurent dans l'enfer promis depuis toujours aux non-conformistes par les trop bien-pensants. Comme l'a précisé André Laks, « aucun écrit cyrénaïque n'ayant survécu », on est tributaire des doxographies. Dans son *Invention du plaisir*, Michel Onfray a réuni ce qui en reste de fragments épars, ressuscitant ainsi quelque chose d'un monde perdu.

VIII

PHILOSOPHIES POUR UN MONDE NOUVEAU ÉPICURIENS, STOÏCIENS ET SCEPTIQUES

CITÉ PERDUE, CITADELLE INTÉRIEURE

Jusqu'au milieu du IVe siècle, le philosophe décrivait le monde à partir de quelque ville autonome, petite république à l'échelle humaine qui à elle seule était un microcosme. Comme ses concitoyens, si l'on excepte cyniques et cyrénaïques, il trouvait là sa référence première et sa première idée de l'homme. La vie de tous les jours, pour tous et pour chacun, s'organisait au rythme des fêtes autour de l'*Agora* et du foyer commun, sous le patronage des divinités protectrices. La Cité est champ social en même temps qu'espace individuel, et il n'y a pas d'autre temps que son temps. Être homme n'a rien d'abstrait : c'est « être d'ici », prendre part aux réunions où, en décidant des affaires, on décide aussi de soi. À dire vrai, on pense « cité » avant de penser « moi », car chacun sait trop bien que si la cité venait à disparaître, le regard qu'on porterait sur soi ne serait plus le même. On ne serait plus homme exactement de la même façon ; ni le bien ni le mal n'auraient tout à fait le même sens. Et tout naturellement, la pensée d'un Socrate, d'un Platon, d'un Aristote s'inscrivait dans ce cadre, qui était pour eux un modèle indépassable, et comme le premier niveau de présence du *cosmos* dans son ensemble.

Or, sur ce monde-là, où chacun pouvait faire valoir son point de vue pourvu qu'il fût citoyen, où chacun voyait le résultat heureux ou malheureux des décisions prises – sur ce monde-là, déjà les ombres s'allongent. Dès 361, Philippe II de Macédoine domine le monde grec. À sa mort, les cités qui avaient cru recouvrer leur autonomie se voyaient aussitôt réduites. Car un jeune prince qui n'avait pas vingt ans allait en treize petites années s'offrir un empire. Le pouvoir d'Alexandre s'étendrait de la côte orientale de la Grèce jusqu'à Odessa, englobant la Turquie d'aujourd'hui, toute la côte syro-palestinienne, un bon morceau de l'Égypte et de l'Iran, les émirats arabes, et toucherait aux Indes. On aimerait savoir ce que le prince avait retenu des leçons d'Aristote lors de cette chevauchée fantastique, d'un Aristote qui souhaitait que les terres de la Cité pussent tenir sous le regard ! Ce qui est certain, c'est que la civilisation poliade, la civilisation des cités, est morte. Un autre genre de vie commence. L'homme grec ne sera plus jamais le maître de ce qui fut sa cité, prise maintenant dans un ensemble immense, centralisé, puis dans un autre, plus puissant encore, quand deux cents ans plus tard viendra l'heure de Rome. Voici venu le temps des Empires.

Mutation qui ne retiendra jamais assez notre attention. Car maintenant, dans ce monde sous tutelle, les grandes décisions se prennent ailleurs, loin. Sur place, on ne gère plus que le quotidien, comme aujourd'hui n'importe quel conseil municipal. Mais qui se réaliserait en tant qu'homme dans des histoires de voirie, d'adduction d'eau, d'entretien des jardins publics ? Qui trouverait son accomplissement intime d'*homo politicus*, au sens où l'entendait Aristote, dans l'implantation d'une pissotière ou d'un établissement de bains ? Les amateurs d'honneurs dérisoires pouvaient s'en satisfaire, mais dans l'âme des meilleurs, un vide s'était creusé. Ce qu'on avait mis depuis toujours dans la vie politique – et c'était tout l'humain –, on va l'investir ailleurs, là où de nouvelles angoisses ont surgi. Peu à peu se fait jour le désir de conjurer l'isolement, de faire de cet homme en quelque sorte éclaté, une individualité capable de s'assumer comme telle. Il va falloir inventer le moyen d'être heureux autrement, chacun pour son compte, dans un monde politique redessiné, où les grandes options touchent maintenant la société humaine tout entière. Par-delà les cités mortes, c'est une vaste société des hommes qui s'est faite, dont chaque unité, chaque âme, se découvre citoyenne. Diogène le cynique, le prophète au tonneau, était en avance sur son temps, quand il se disait citoyen du monde ! Car maintenant, dans l'âme de l'Athénien, du Corinthien, du Spartiate ou de qui vous voudrez, une enclave intime s'est formée, principauté intérieure sur laquelle l'envie lui vient de régner en maître, comme autrefois ses pères sur la Cité perdue, comme aujourd'hui Alexandre ou les Césars sur le monde. Chacun, pour peu qu'il soit capable de penser, va se tailler avec le temps un empire intérieur sur lequel le soleil de la pensée ne se couchera jamais. Citoyen de son âme en même temps que du monde, opposant sa petite patrie à la grande qui est l'univers, le sage des temps hellénistiques va noyer son désarroi dans la philosophie. Mais dans une nouvelle philosophie : car si la politique lui est ôtée, qu'aurait-elle pour objet sinon l'individu isolé, minuscule et éphémère dans un trop vaste monde ?

Car c'est maintenant l'heure de la *philosophia* maîtresse de la vie intime. En ces temps de moindre engagement civique, les philosophies d'autrefois : pythagorisme, platonisme, aristotélisme, vont, certes, garder leurs principes fondamentaux et leurs orientations, mais elles s'infléchiront peu à peu dans le sens d'une quête individuelle de la sagesse.

Elles deviendront *psychagogie*, autrement dit conduite de l'âme. Mais de plus, deux écoles d'un style nouveau apparaissent : l'épicurisme et le stoïcisme. Chacune des deux répond à sa manière aux besoins d'une civilisation trop neuve. La philosophie devenant une affaire d'âme plus que de cité, le philosophe perd sa mission de faiseur de constitutions pour devenir directeur des âmes et parfois conseiller des rois. À partir de ce qu'il sait de cosmologie, il enseigne à s'insérer au mieux dans le *cosmos* ; il apprend à être maître de soi en vue du bonheur. Un bonheur dont le plus clair pourrait bien être de souffrir le moins possible. La vie est obscure et tout la menace : la maladie, la guerre, la précarité des biens qu'on a si péniblement acquis, les crève-cœur en tout genre, et au bout du compte, la mort. Sait-on même ce qui nous attend après ? Dans ces conditions, peut-on encore parler utilement de bonheur, et si oui, comment l'assurer ? Là-dessus, nous allons voir que les avis sont partagés.

CEUX DU JARDIN

Le premier qui proposa une réponse au désarroi ambiant fut Épicure de Samos (341-270), dont le nom évoque toujours des félicités variées. Dès sa jeunesse estudiantine, il était apparu comme un de ces élèves qui par leurs questions au cours se révèlent inclassables. Écolier, il s'irritait déjà qu'on ne sût point lui offrir une explication raisonnable d'Hésiode et de ses légendes. Sans doute est-ce ainsi qu'il devint philosophe. À Athènes, on l'aperçut, dit-on, à l'Académie et au Lycée. Pourtant, ni le platonisme ni l'aristotélisme ne mordirent sur cet esprit décidément indépendant. Il eut plus de chance avec Nausiphanès, un disciple de Démocrite, le temps, du moins, de s'initier à l'atomisme, car peu après, il s'en fut avec pertes et fracas. Le moment venu pour lui d'enseigner, il établit d'abord son école dans l'île de Lesbos, à Mytilène, mais ses thèses ayant créé des remous, il dut quitter précipitamment les lieux. Il s'en fallut d'un rien que nous ne connussions jamais l'épicurisme, car dans sa fuite vers Lampsaque, en Asie Mineure, le philosophe échappa de peu à la noyade en mer. En revanche, Épicure connut à Lampsaque le succès, et lorsqu'il résolut de quitter l'endroit vers 306 pour s'installer définitivement à Athènes, un groupe de disciples lui emboîta le pas. La petite communauté, qui s'accrut avec les années, avait son siège dans une propriété pourvue d'un parc qui devait donner son nom à l'école : on dira désormais « le Jardin » pour désigner les sectateurs d'Épicure. C'était une sorte d'abbaye, à cela près qu'elle accueillait les familles des disciples, et à la façon de nos grands ordres, la maison-mère aura ses filiales un peu partout.

Épicure devait régner là paisiblement pendant trente-cinq ans, indifférent aux sièges, aux changements de maîtres et autres épreuves que traversa Athènes durant ce temps. Comme l'avaient prôné les cyniques, mais toutefois plus confortablement, les sociétaires vivaient en autarcie et s'en félicitaient. Au reste, ces cénobites savaient se contenter de peu, attentifs seulement à fuir toute occasion d'être dérangés dans leurs méditations. Quelques esclaves servaient de frères convers, mais toutefois prenaient part aux exercices – on hésite à dire « spirituels » pour parler de matérialistes – de la communauté. Entouré d'un véritable culte, qui longtemps donnera lieu à des fêtes commémoratives, Épicure vécut là des jours pleins de douceur. Affligé, sur la fin, d'une cruelle maladie, sur laquelle il est bien imprudent aujourd'hui de porter un diagnostic, il en supporta les incommodités et les souffrances avec une sérénité remarquable. Ainsi semble le vouloir la tradition lorsqu'elle évoque la mort des sages : par une ironie navrante, on voit le philosophe du plaisir – et même, avait-il précisé, du « plaisir du ventre » – quitter ce monde dans d'horribles douleurs d'entrailles. Ces fins toutes symboliques nous sont maintenant familières.

Une telle vie avait laissé à Épicure tout le loisir d'écrire. Les doxographes lui prêtent une œuvre énorme, des centaines de volumes sur tous les sujets, qu'il renouvelait à sa manière : physique, psychologie, théologie, morale. De tout cela ne sont restés que trois résumés doctrinaux sous forme de lettres à des disciples : *À Hérodote* sur la physique, *À Phytoklès* sur la météorologie, *À Ménécée* sur la morale. À ces textes s'ajoutent les quarante *Maximes maîtresses*, sur la morale encore et sur la politique. Un autre recueil fut découvert à la fin du siècle dernier, connu sous le nom de *Sentences Vaticanes*, car c'est au Vatican qu'on le trouva. Des vestiges du traité *Sur la Nature* ont été exhumés au XVIIIe siècle lors des fouilles entreprises dans une villa d'Herculanum engloutie lors de l'éruption de 79 ap. J.-C. : il y avait là une bibliothèque épicurienne qui n'a pas encore fini de nous livrer ses secrets. Enfin, sur le site d'Œnoanda, en Lycie, le mur d'une villa en ruines, jadis propriété d'un certain Diogène – encore un ! –, porte encore des sentences gravées du philosophe : ce bourgeois du IIe siècle ap. J.-C. avait converti ce mur en *dazibao* avant la lettre, permettant ainsi aux habitants du lieu de satisfaire en passant leur besoin de culture. Imaginez de nos jours un pavillon de banlieue offrant côté rue de longs extraits de Descartes, de Kant et de Lacan... Cela atteste au moins que le message d'Épicure diffusa dans tout le bassin méditerranéen et y connut un succès durable en dépit des résistances, souvent hargneuses, qu'il rencontra. Une édition française, due à A. Étienne et D. O'Meara, a mis depuis peu ces fragments à la disposition du grand public.

AU BONHEUR DES SAGES

Depuis sa jeunesse, Épicure était hanté par le caractère aussi pénible que vain des terreurs superstitieuses. On craint les dieux, on redoute la mort, et de ces phobies Épicure s'était juré de débarrasser, s'il le pouvait, les esprits. Sans doute est-ce la raison pour laquelle, après ses stages infructueux auprès des platoniciens et des aristotéliciens, le matérialisme démocritéen de Nausiphanès l'avait séduit. Comme antidote contre les histoires à faire dresser les cheveux sur la tête que racontaient les poètes, les « théologiens », c'était encore ce qu'il avait trouvé de mieux. Pourquoi étudierait-on, si ce n'est pour se pénétrer des raisons qu'on a d'être en paix ? « Si nous n'étions tourmentés par la terreur que nous inspirent les phénomènes célestes ou par la crainte que la mort ne soit quelque chose pour nous, et par l'ignorance où nous sommes des limites tracées à nos souffrances comme à nos désirs, nous n'aurions pas besoin d'étudier la nature » (*Maximes maîtresses*, XI). Or, justement, Démocrite lui apportait juste ce qu'il fallait de cosmologie pour surmonter ces angoisses. Il adopta donc ce système, avec quelques différences, que Karl Marx, meilleur helléniste que beaucoup de ses disciples, s'attacha à relever dans sa thèse de doctorat de 1841. « Rendons à César… » Pour Épicure et ses sectateurs, le monde est fait d'atomes, particules d'être insécables qui chutent dans le vide, et s'agrègent au petit bonheur en combinaisons éphémères. Non seulement les corps, mais les âmes elles-mêmes, la lumière, les odeurs et les sons, tout cela est de même nature. Simplement, les atomes sont plus ou moins subtils, plus ou moins ronds. Là est toute la différence. Même les dieux ne sont pas faits autrement, sauf la qualité supérieure de leurs atomes.

On voit que cette configuration des choses nous ôte déjà le plus gros de nos terreurs. Il n'y a pas plus à craindre des Enfers qu'il n'y a à espérer du ciel. Les dieux, certes, existent : Épicure, en dépit des apparences, n'est pas un athée. Mais dans les intervalles entre les mondes, où il les loge, les dieux filent le parfait bonheur. Leur félicité est à ce point parfaite qu'elle les occupe entièrement, leur ôtant toute envie de nous regarder faire depuis là-haut : c'est, dit Jacques Brunschwig, « l'Olympe sans balcon ». De Providence, point non plus. Nous restons entre nous. Selon ce schéma, ni la mythologie ni la tragédie antiques ne sont crédibles.

Hommes et dieux ont mieux à faire qu'à s'affronter dans des combats épuisants dont on ne voit pas la finalité. Ils ont assez à s'occuper de leurs bonheurs respectifs, et quant aux hommes, la vraie piété est d'imiter les dieux de ce point de vue.

Mais il y a plus. Le bonheur des humains ne devrait en rien être troublé par la hantise de mourir un jour. L'âme ne survit pas à la désagrégation de son corps ; matérielle, elle s'évapore avec le reste en une fumée d'atomes. Non seulement il n'y a plus d'Enfers à redouter, mais le passage même, tant appréhendé, n'a pas de consistance : « La mort n'est rien pour nous : aussi longtemps que je suis là, elle n'y est pas ; et quand elle est là, je n'y suis plus. » *(À Ménécée)*. Soyez rassurés : on n'entre pas dans la mort les yeux ouverts.

Enfin, la quête obstinée de la vérité, la recherche scientifique, toute cette fièvre qui brûle les philosophes, rien de tout cela ne doit plus nous causer la moindre anxiété, dès lors que les mobiles en ont disparu. Nous savons maintenant de quoi il retourne, et nous pouvons être bien tranquilles. Bref, pour Épicure, la physique est entièrement subordonnée aux besoins de l'éthique, et toutes nos angoisses sont solubles dans la philosophie.

Les règles qui régissent la connaissance sont exposées par Épicure dans la *canonique*, réduite à sa plus simple expression : tout part des *sensations*, causées en nous par la présence immédiate des choses. Les éléments nous en sont fournis par les objets que nous rencontrons : chacun d'eux diffuse autour de lui des particules à son image et à sa ressemblance, des *eidôla* – appelons cela des simulacres –, incessamment captés par nos sens. Les sensations sont, de soi, toutes vraies et vraies absolument. Et s'il nous arrive de nous tromper, c'est uniquement parce qu'entre l'objet et nous, nous interposons des opinions fallacieuses. Quelque chose de cela est resté chez Bergson : « Nous ne voyons pas les choses mêmes ; nous nous bornons le plus souvent à lire les étiquettes collées sur elles » (*Le Rire*, p. 117), qui déterminent subrepticement nos jugements : « Ainsi, dit encore

Bergson, quand je mange d'un mets réputé exquis, le nom qu'il porte, gros de l'approbation qu'on lui donne, s'interpose entre ma sensation et ma conscience ; je pourrai croire que la saveur me plaît, alors qu'un léger effort d'attention me prouverait le contraire… » (*Essai sur les données immédiates*, p. 98). Les données sensorielles s'organisent en nous, poursuit Épicure, grâce à ce qu'il appelle les *prolepses* – entendons : les archives venant des perceptions antérieures et stockées par la mémoire. Enfin, les *affections*, sentiments de plaisir ou de douleur, nous font immédiatement savoir ce qui est à prendre et à laisser, selon l'équilibre éprouvé de l'intérieur par le vivant que nous sommes : soit actuellement réalisé, soit à rétablir. On voit donc qu'Épicure ne va pas chercher midi à quatorze heures : les mathématiques des pythagoriciens, les spéculations de Platon, etc. – tout cela dépasse les strictes limites de notre expérience. Là où passe Épicure, la métaphysique ne repousse plus. Ce n'est pas pour autant, notons-le, qu'il adopte une attitude sceptique. Le scepticisme, en doutant de la possibilité d'une vérité, laisse la porte ouverte à la possibilité de son contraire. Si je dis : « Il n'y a peut-être pas d'Enfers », cela revient à dire : « Peut-être bien qu'il y a des Enfers » – et rien que cette éventualité suffirait à empoisonner l'existence. Ce qu'Épicure se propose, c'est d'enseigner aux hommes, comme le formule exactement Jean Brun, « à garder un contact permanent avec le réel », et à s'y tenir.

Dans cette perspective, on comprend que pour Épicure, le bien suprême, que les autres philosophes vont parfois chercher si loin, ne puisse être que le plaisir. Le plaisir souverain Bien ! Voilà une thèse prometteuse ; elle vous donne envie d'aller vous inscrire toutes affaires cessantes chez les disciples du Jardin. Aujourd'hui encore, on prend un air entendu : « c'est un épicurien ! » – entendez : un noceur, mais délicat ; libidineux, mais raffiné. Tout cela implique évidemment des réserves bancaires et une constitution physique à toute épreuve. Se dit rarement d'un malade chronique, et jamais d'un manœuvre. Les Anciens déjà voyaient ainsi les disciples d'Épicure, ou du moins feignaient de les voir. Avec Horace, oubliant qu'il plaisantait, on sous-entendait que c'étaient « de petits cochons ». C'est-à-dire exactement le contraire de ce que prêchait Épicure. Mais la mémoire sociologique est tenace : après les sophistes et les cyniques, c'est au tour des épicuriens d'endosser la réputation que les plus mal disposés de leurs adversaires leur ont faite.

Or, qu'en est-il au juste, selon Épicure, de ce fameux plaisir ? À s'en tenir au texte même, il faut bien convenir que la thèse ne vole pas haut : « Le principe et la racine de tout bien, c'est le plaisir du ventre. C'est à lui que se ramènent et les biens spirituels et les valeurs supérieures » – du moins est-ce un compilateur qui le lui fait dire. Il est vrai qu'il introduit une nuance : « Ce n'est pas le ventre qui est insatiable ; c'est la fausse opinion qu'on a de sa capacité indéfinie » (*Maximes maîtresses*, LIX). En fait, pour Épicure, le plaisir, c'est fondamentalement l'absence de douleur ou de mésaise. Voilà qui est tout différent de la perspective dynamique d'un Aristippe, pour qui le plaisir était mouvement. Le plaisir selon Épicure répondrait assez bien à notre expression moderne : « être bien dans sa peau ». Et qu'y faut-il ? N'avoir peur de rien – on sait que l'atomisme y pourvoit – ; n'avoir autant que possible mal nulle part, ce qui implique qu'on aille pas ajouter soi-même à ses misères ; ne rien désirer trop fort, car les plaisirs trop ardemment recherchés et consommés sans modération ont vite fait de virer à l'état de manque ou à la gueule de bois. Pour guider nos choix, Épicure propose un tableau bien précis. Il y a d'abord les plaisirs *naturels et nécessaires* : manger quand on a faim, boire quand on a soif, dormir quand le besoin s'en fait sentir, bref, tout ce qui aurait tôt fait de transformer la vie en supplice si l'on s'y refusait. Mais il est d'autres plaisirs *naturels* qui pour autant ne sont *pas nécessaires* : la nature ne nous oblige aucunement, si nous avons soif, à boire du bordeaux, surtout en trop grande quantité ; l'eau réussit plutôt mieux. Pas plus qu'il n'est requis de se faire servir une cuisine compliquée, ni de se coucher dans des draps brodés à la main. Pas davantage il n'est indispensable de faire l'amour – « plaisirs, dit Épicure, qui ne nous ont jamais servi : il faut s'estimer heureux s'ils ne nous nuisent pas ! » (*Ibid.*, LI). Tout cela risque en effet de nous jeter dans une recherche qui pourrait bien tourner à l'obsession, et c'en serait fini de notre paix intérieure. Et donc, c'est à éviter. Il y a enfin les plaisirs qui ne sont *ni naturels ni nécessaires* : besoins artificiels qu'on se crée et qui nous tiennent, au détriment de notre santé, de notre sérénité. Épicure ignorait l'usage du tabac, mais il savait à quel point les hommes sont friands de distinctions, d'influence, de richesses, toutes choses entraînant un véritable esclavage. On s'épuise pour son standing, pour ses titres honorifiques ; on veut être député, ministre, etc. À proscrire absolument. Les plaisirs qui à coup sûr apporteront le bonheur, ce sont les joies statiques, hors de toute agitation, au ras des besoins élémentaires en ce qui concerne le corps. Pour l'âme, ce sera la délectation dans le souvenir des meilleurs moments, dans l'amitié partagée. Tout cela exige une ascèse, une critique des désirs à mesure qu'ils se présentent et, avant Jeremy Bentham, une arithmétique des plaisirs et des peines : « À propos de chaque désir, il faut se poser cette question : quel avantage résultera-t-il pour moi si je le satisfais – et qu'arrivera-t-il si je ne le satisfais pas ? » (*Ibid.*, LXXI). Le maximum du plaisir se ramène donc, finalement, à peu de chose : « Le pain d'orge et l'eau nous causent un plaisir extrême si le besoin de les prendre se fait vivement sentir » *(À Ménécée)*. Épicure conseillait de fuir « les beuveries, les orgies, la jouissance des jeunes garçons et des femmes » *(Ibid.)*. Pour faire bombance, il lui suffisait d'un rien de fromage de Cythnos et d'un quart de vin. Quant à la politique, l'homme avisé ne s'en approchera point, à moins que ne l'y contraigne une raison particulière, ne serait-ce que l'incapacité de s'en passer : à quoi bon se rendre malheureux si la chose tient tant à cœur ! Mais le mieux est de vivre à distance de l'*agora* et de ses agitations : les hommes ne sont pas si sociables qu'on l'entend dire, ni leur commerce si plaisant. « Cache ta vie » disait Épicure, autrement dit : pour vivre heureux, vivons cachés. La solitude peuplée de quelques bons amis est de beaucoup préférable à la dispersion parmi les hommes en proie à toutes les passions. On remarquera que pour Épicure, l'amitié compte parmi les plus grands plaisirs de la vie. Les communautés épicuriennes se montreront dans l'avenir fidèles sur ce point comme sur les autres à la douce mémoire du Maître : ce seront des communautés d'amis.

Voilà donc dans sa rigueur cette pensée du plaisir, qu'on a si souvent dite dépravée. Tâtez de ce régime, et vous ne craindrez ni le fameux *stress* qui vous oblige à gober des pilules, ni l'excès de cholestérol. Vous accéderez à cette absence de trouble – la divine *ataraxia* – en quoi consiste le bonheur. Conscients de n'être jamais qu'une éphémère combinaison d'atomes, les épicuriens investissaient dans la vie juste ce qu'il fallait, tiraient de ce peu une joie sans arrière-pensées, et ne faisaient de la mort aucun drame. Voici ce que dictait Épicure à son heure dernière : « En célébrant le jour bienheureux de ma vie qui est en même temps le dernier, je t'écris ceci. Mes douleurs d'entrailles sont si intenses que rien ne saurait les accroître. Mais elles sont compensées par l'exultation que j'éprouve dans mon âme en me rappelant nos discussions. Et toi, te montrant à la hauteur des bonnes dispositions que, encore adolescent, tu avais pour moi et pour la philosophie, prends soin des enfants de Métrodore » *(À Idoménée).* Sur d'innombrables tombes, on retrouva l'inscription, en grec ou en latin, que connaissent bien les archéologues :

Je n'étais pas – J'ai été
Je ne suis plus – Ça m'est égal.

Si répandue était même la formule que le marbrier se contentait souvent de graver les initiales. Nous voilà bien loin des petits cochons chers à Horace.

CEUX DU PORTIQUE

À peu près dans le même temps, vers 311, un jeune négociant phénicien, rescapé d'un naufrage – lui aussi ! –, et ruiné autant qu'on peut l'être, échoua à Athènes sans moyens d'existence. Il s'appelait Zénon de Cittium (336-264), né sur l'île de Chypre. On voudra bien ne le point confondre avec son homonyme d'Élée, dont il a été question plus haut. Passant un jour devant la boutique d'un libraire, il se plongea dans le livre II des *Mémorables* de Xénophon, où il est longuement question de Socrate. Subjugué, il s'enquit auprès du bouquiniste : où pouvait-on rencontrer des gens de cette trempe ? Or, justement, passait à ce moment-là Cratès le cynique. « Suis donc celui-là ! », lui conseilla le libraire. Ce que Zénon fit aussitôt, et il ne s'en repentit pas. Les débuts furent toutefois difficiles, car Cratès, à la mode des cyniques, lui infligea un vrai bizutage. C'est ainsi qu'il contraignit le pauvre Zénon à traverser tout le quartier du Céramique avec dans ses bras, un grand pot de purée de lentilles. Voyant le jeune homme horriblement gêné, Cratès cassa le pot d'un coup de son bâton, aspergeant Zénon de purée. On savait s'amuser, à Athènes ! Toujours est-il que Zénon apprit de Cratès à vivre selon la nature. Par la suite, il approfondit ses connaissances auprès d'autres maîtres, et passa par l'Académie. Ayant atteint l'âge de quarante-deux ans, Zénon décida de fonder sa propre école, qu'il établit au lieu-dit le « Portique des peintures », en grec : *Stoa poïkilè*. D'où le surnom qu'on donna aux disciples de Zénon : les « stoïciens », et aussi l'habitude qu'on garda d'appeler son système « le Portique ». L'école ne manquait pas de prestige : le roi de Macédoine, Antigone Gonatas, y fréquentait parfois, car ce monarque tenait Zénon en haute estime. Des ouvrages du philosophe, il ne reste que des fragments, et peu étendus. Zénon quitta ce monde à l'âge de soixante-douze ans, comblé par les Athéniens d'honneurs et d'attentions gentilles. Et sans doute parce qu'il faisait au *pneuma*, au souffle vital, une place primordiale dans son enseignement, la tradition le fait mourir en s'étranglant tandis qu'il annonçait son trépas pour tout de suite. Le philosophe du souffle avait donc fini par manquer d'air.

Il pouvait du reste aller en paix, car il avait depuis longtemps un digne successeur en la personne de Cléanthe d'Assos (vers 331-232). Il avait débarqué à Athènes une petite vingtaine d'années plus tôt, avec en tout et pour tout quatre drachmes en poche, et aussitôt s'était mis à l'école de Zénon. Taillé en lutteur – il l'avait d'ailleurs été –, il s'employait à tirer de l'eau toute la nuit pour le compte d'un maraîcher, gagnant ainsi de quoi s'adonner de jour à l'étude. À défaut de tablettes de cire, trop onéreuses pour ses moyens, il notait ses idées sur des os de bœuf bien grattés. Ses signes extérieurs de santé lui avaient d'ailleurs valu un contrôle de police, les gens de l'Aréopage s'étonnant de cette forme exceptionnelle chez un garçon qu'on ne voyait jamais travailler. Du coup, on lui avait proposé une subvention, mais Zénon lui interdit de la toucher. À en croire la tradition, Cléanthe avait le génie plutôt laborieux, certains même en faisant un âne. « Mais le seul, avait-il riposté, qui soit capable de porter le bât de Zénon. » Il laissa, dit Diogène Laërce, « des livres tout à fait beaux », dont il donne la liste. Tout s'en est perdu, sauf quelques morceaux, dont cet *Hymne à Zeus* que citait encore saint Paul deux siècles et demi plus tard dans son discours à l'Aréopage (Actes des apôtres, XVII.28). Affligé sur sa fin d'une tumeur à une gencive, il dut, sur le conseil d'un médecin, observer deux jours de diète. Il s'en trouva si bien qu'il décida de la poursuivre indéfiniment : il estimait avoir, à quatre-vingt-dix ans, largement assez vécu.

C'est à son disciple Chrysippe de Soloi (vers 280-200) qu'échut la direction de l'école. Arrivé à Athènes à l'âge de quatorze ans, il avait été champion des courses de chars. Il avait fréquenté à l'Académie, dont les thèses anti-stoïciennes lui plurent un moment. Puis tout soudain, il se sépara du milieu académicien sur le problème de la connaissance, et passa à l'ennemi. Pour les stoïciens, c'était une recrue de choix, car Chrysippe était d'une intelligence tout à fait remarquable. En bon converti, il devint le plus ardent propagandiste du Portique, encore qu'il bafouillât. Il publia de nombreux ouvrages – parmi lesquels, à ce qu'on disait, figuraient des histoires salées sur les dieux. Là-dedans, énormément de logique et de morale. Malheureusement, il n'en reste plus grand-chose. Il mourut vieux, à soixante-treize ans, dans des circonstances qui laissent perplexe. En effet, voyant un âne manger des figues, il conseilla à la bonne vieille qui conduisait la bête de lui servir un petit coup de vin. Là-dessus, il mourut de rire. J'avoue n'avoir jamais bien compris pourquoi, mais je signale que c'est, à ma connaissance, le seul philosophe à qui la chose arriva.

Tels sont les trois pères fondateurs du Portique, dont chacun approfondit à sa façon les grandes thèses. La philosophie fut vraiment leur trésor : ils l'avaient pratiquée leur vie durant dans la pauvreté la plus authentique, la discrétion, l'éloignement de toute complaisance à l'égard des puissants du jour, et pour cela même on les respectait. Comme le dit Dumont, « la fortune les avait grandis sans les élever », et plus d'un se prendra à rêver d'une telle destinée.

LE MEILLEUR DES MONDES

Bien différent de l'épicurisme était l'esprit du Portique, même si l'on cherchait la même chose : le bonheur sur terre quels que fussent les coups du sort. Pour y parvenir, il faut toujours s'appuyer sur une physique, et sur une physique matérialiste – mais ce n'est plus celle de Démocrite. Pour les stoïciens, le monde se présente comme un Tout un et plein, sans place pour la moindre indétermination. Une place pour chaque chose et chaque chose à sa place. Son unité englobe comme autant de parties tout ce qui existe, du minéral jusqu'aux dieux, et chaque élément est lié à tous les autres par une sympathie universelle qui fait de l'ensemble un vaste organisme. Voilà donc qui résout le problème philosophique de l'Être et des êtres, de l'Un et du Multiple.

Ce corps immense a une âme, et elle est divine. Le monde, en effet, est animé d'un souffle igné, d'une âme de feu, le *pneuma*, qui le gouverne rationnellement de l'intérieur. C'était là le sens de l'*Hymne à Zeus* de Cléanthe, qui attribue au Soleil ce rôle d'intelligence rectrice du *cosmos*. Les astres du ciel sont faits de ce même feu. Cela montre assez les ascendances phéniciennes, et par-delà, chaldéennes, du système stoïcien, ainsi que l'a exposé J. Bidez dans une étude célèbre (voir bibliographie). On fait donc retour, ici, à un hylozoïsme mystique – le monde matériel est intégralement vie divine –, et d'une certaine manière à la théorie platonicienne de l'Âme du monde. Cela même conduit à nuancer le « matérialisme » de la physique stoïcienne. Mieux vaudrait dire avec Éric Weil qu'il s'agit d'un « corporalisme », dans la mesure où tout, pour les stoïciens, est corps, à l'exception toutefois du vide, du temps, du lieu et du discours, qui sont qualifiés d'« incorporels ».

Parce que vivant, le monde n'est jamais en repos : une perpétuelle transformation le travaille. Il est, certes, périssable en soi, mais une restauration périodique le remet en état selon des cycles qui reviennent toujours semblables par-delà chaque fois un embrasement universel : l'*ekpyrose* (du grec : *pur*, le feu). On voit là le schéma chaldéen de l'éternel retour, qui d'état du monde en état du monde, ramène toujours les mêmes personnes et les mêmes événements. Un jour viendra, disait Chrysippe, où se retrouveront le même Socrate, le même Platon, et ainsi de suite. Il faut donc se garder de voir dans ces incendies à répétition une série de sinistres anéantissant chaque fois un monde qui n'aurait pas de chance, mais bien une série de générations rythmées qui donnent au monde, en dépit de sa corruptibilité foncière, une manière d'éternité. À l'instar du phénix, le monde renaît chaque fois des cendres de ce bûcher cosmique.

Cette façon de voir les choses porte en elle-même trois conséquences. Premièrement, le monde et la divinité sont exactement coextensifs : le monde est divin jusqu'au bout des ongles. Ensuite, tout ce qui s'y produit est de ce fait providentiellement réglé, et donc arrive toujours à point, jamais au hasard. L'étude, enfin, apparaît essentielle : en découvrant les lois de la nature, le sage coïncide intérieurement avec le plan divin, et le pieux désir lui vient de s'intégrer volontairement au système. La science acquiert une dimension éthique et religieuse. Le sage exulte de vivre dans le meilleur des mondes possibles ; il s'enchante d'être citoyen de la Cité des cités. Toute révolte contre l'ordre divin des choses serait aberration d'un esprit borné. « Cité de prière et de méditation silencieuse, la Cosmopolis stoïcienne prend aux yeux de ses fidèles l'aspect d'un temple plein d'apparitions et de voix, d'alternances d'ombres et de clartés, d'appels et de signes destinés à nous initier... » (J. Bidez, *La Cité du monde et la Cité du Soleil chez les stoïciens*, p. 15). C'est là et là seulement qu'est la vertu, et la vertu, c'est le bonheur.

Cela étant, comment les stoïciens voient-ils justement la connaissance ? On se doute bien que l'âme des hommes est, comme le reste, de nature corporelle. C'est une partie – mais corruptible – de la grande Âme du monde. Elle inclut une sorte de quant-à-soi, l'*hégémonikon*, qui lui permet de donner son assentiment à ce qui lui parvient du dehors. Cela posé, la connaissance se déroule selon quatre étapes. Les objets fournissent des impressions qui modifient l'âme. À elle de juger si la *représentation* procède bien d'une chose réellement existante : c'est *l'assentiment*. À son plus haut degré de fermeté, il donne la *compréhension*. Enfin, à partir de là, le sage peut s'élever jusqu'aux relations entre les diverses parties du monde, et en découvrir les lois : c'est *la science*, qui dépasse évidemment la simple opinion. Zénon illustrait le processus par une mimique appropriée. Il faisait d'abord voir sa main, doigts étendus : « Ceci est la représentation ». Repliant ses doigts : « Cela, c'est l'assentiment. » Brandissant son poing fermé : « Et cela, c'est la compréhension. » Enfin, étreignant de l'autre main son poing fermé, il déclarait : « Et voilà la science du sage. » La pensée parvenue à ce stade coïncide alors pleinement avec la raison universelle, avec le divin *logos* répandu dans toutes les parties du monde. À partir de là, le sage peut agir à coup sûr, sur lui d'abord, et sur autrui, qu'il faut convaincre. Les stoïciens sont des contemplatifs ; ce ne sont pas pour autant des quiétistes.

De cette théorie découle toute une logique, qui comprend la rhétorique et la dialectique, et qui sert de propédeutique à la philosophie. Cette logique a été longtemps délaissée, et c'est à la faveur des travaux des logiciens contemporains que son caractère original a été remis en lumière. L'extrême technicité du propos nous entraînerait dans des développements trop longs et difficiles. Disons seulement que la logique des stoïciens diffère de celle d'Aristote tant par ses intentions que par ses structures. Le général, pour les stoïciens, n'est rien ; le concept n'est qu'un mot vide. Leur empirisme de fond entend bien ne jamais tenir pour existant que l'individu, aucun n'étant identique à un autre. Là où Aristote attribuait des prédicats à un sujet, par exemple : *Le chien est un mammifère*, les stoïciens énoncent des événements : *Cette chienne a mis bas*. Si bien que là où Aristote procédait par emboîtements de concepts, du type : *Tous les hommes sont mortels – Or Tartemol est homme – Donc Tartemol est mortel*, ils dégagent les implications de relations temporelles, les rapports de nécessité entre un antécédent et un conséquent : *Si cette chienne a du lait, c'est qu'elle a mis bas.* « À une logique de l'inhérence, dit Jean Brun, les stoïciens ont substitué une logique de la conséquence » (*Les Stoïciens*, p. 36). Selon la formule de V. Brochard, pour les stoïciens, « l'idée de loi remplace l'idée d'essence » (*Études de philos. ancienne…*, p. 226). Les diverses propositions dont se compose le discours se présentent selon divers modes : conditionnelles *(s'il fait jour, il fait clair)* ; consécutives *(puisqu'il fait jour, il fait clair)* ; coordonnées *(il fait jour et il fait clair)* ; disjonctives *(ou il fait jour, ou il fait nuit)* ; causales *(parce qu'il fait jour, il fait clair)* ; comparatives *(il fait plus nuit que jour)*. Dans ces conditions, le syllogisme – terme dont se servent volontiers les stoïciens – ne consistera pas en une relation démontrée entre des concepts, mais en une implication manifestée d'événements : *s'il fait jour, il fait clair – or il fait jour – donc il fait clair*. Les stoïciens se servent donc du syllogisme pour relier, non des propositions formelles, mais des jugements de fait. On voit ainsi que leur logique n'est pas un *organon*, mais une préface à la réflexion philosophique, dont elle fait intégralement partie ; elle expose les règles de la présence de l'âme individuelle à l'ordre de la nature. Ainsi, la connaissance est une opération immanente au cosmos, corporelle comme l'est son objet. C'est, en somme, le cosmos qui devient conscient de soi au niveau d'une partie de soi. Le sage stoïcien est le dépositaire de l'ordre du monde ; il sait comment tout « marche », en tous les domaines, et cela fait de lui le conseiller tout désigné – et à l'occasion l'éminence grise – des gouvernants. Nous le verrons à propos du monde romain.

L'éthique stoïcienne découle nécessairement de cet optimisme fondamental. Ayant découvert que tout doit toujours s'arranger pour le mieux de l'ensemble, dont il est lui-même un élément dynamique, le sage – il y faudrait mettre une majuscule ! – s'incline devant les dispositions de la divine *pronoïa*, de la divine Providence. Même là où le commun des mortels, ne voyant pas plus loin que le bout de son nez, voit un mal : la souffrance, la perte d'êtres chers, la mort, lui s'incline, et il ne faudrait pas le pousser beaucoup pour qu'il s'en réjouisse. *Naturam sequi*, suivre la Nature : tel est le premier et le grand commandement. Mais attention : sans traîner les pieds ! Car la gloire du sage est d'y mettre du sien : non content de se plier à l'ordre excellent de la Nature – c'est ainsi et pas autrement… –, il met son honneur à en devancer les injonctions. *Motu proprio* il s'y conforme, et c'est là qu'il trouve sa paradoxale liberté.

Cette expression – suivre la Nature – est à bien comprendre. Ce n'est en aucun cas me laisser emporter sans réfléchir par tous les mouvements qui me travaillent, quitte à poser des actes que je me croirais en droit d'imputer à ladite nature. Jamais un bon stoïcien, s'il vient à se laisser aller, ne se réfugiera dans cette excuse qu'« après tout, il n'est pas de bois ! ». Ce spontanéisme irresponsable est aussi étranger au stoïcisme que l'étaient à l'épicurisme l'œil allumé et la débauche sans frein. Encore une fois, suivre la Nature, c'est acquiescer de son plein gré, et par préférence, à ma nature en tant qu'elle exprime la Nature universelle. Or, la nature humaine est raison ; il revient donc à chacun de contrôler, d'inhiber si besoin est, les mouvements passionnels. Car – et c'est un paradoxe que les stoïciens se bornent à constater –, la *passion* existe, inversion scandaleuse de la tendance rationnelle. Comme telle, elle est étrangère à la volonté divine. Tout se tenant, la passion est à la fois erreur de l'esprit, maladie de l'âme, affection du corps. Comment, dans ces conditions, rompre ces enchaînements pervers, prévenir ces entraînements fallacieux qui naissent de quelque vice d'appréciation, de quelque erreur d'assentiment ? – Par la pratique de la *vertu*, dont la forme fondamentale est la *phronésis*, entendez : la prudence éclairée. Y parvenir exige la mobilisation continuelle d'une énergie peu commune, qu'un Cléanthe se plaisait à vanter. Il y faut du savoir et de la volonté ; en somme, de la physique et du courage. Mais rien ne prend jamais le sage de court : coïncidant avec la Providence, il ne se propose jamais de changer le cours des choses, mais bien plutôt l'opinion qu'on s'en fait d'ordinaire. Santé, maladie ? Prospérité, adversité ? Tout cela fait partie des *adiaphora*, des choses indifférentes, en ce sens que les hommes peuvent s'en servir en bien ou en mal, alors que de la vertu on ne peut user qu'en bien. Elle seule conduit à la divine *apatheia* que Zénon déjà assignait au sage comme but. Gardons-nous bien de traduire cela par « apathie », qui évoque aujourd'hui un état caractériel plutôt que l'énergie dépensée à bon escient. L'*apatheia* n'est en rien l'attitude apathique du schizothyme, ni non plus le je-m'en-foutisme guilleret du bon vivant, et pas davantage l'insensibilité de la glace – car il y a en nous de bons entraînements qu'il ne faut absolument pas inhiber. L'*apatheia*, c'est exactement la sérénité intellectuelle, la maîtrise de soi, qui porteront des fruits de paix et de bonheur quoi qu'il puisse arriver d'agréable ou de déplaisant.

Gardons-nous d'un autre contresens sur l'attitude du stoïcien. Il n'a rien d'un pénitent qui s'infligerait des macérations, des mortifications « à la chrétienne », pour exercer son âme. Il sait profiter des choses agréables à l'occasion, mais il ne les recherche pas. Il sait supporter sans se plaindre les désagréments, mais pas davantage il ne les recherche. Il ne supprimera pas le chauffage de sa résidence, s'exposant à s'enrhumer bien inutilement, car il arrive que le mieux soit l'ennemi du bien. S'il dispose du chauffage, c'est en toute liberté d'esprit qu'il en usera et, si le chauffage vient à s'éteindre, il n'en fera pas une histoire. Pour avoir compris de travers cette leçon, l'Empereur Julien, bien plus tard, manquera de peu s'asphyxier à Lutèce…

*

Nous ne quitterons pour ainsi dire plus le stoïcisme, qui subira au cours des âges de notables transformations, alors que l'épicurisme demeurera semblable à lui-même. L'un comme l'autre donneront lieu à des contrefaçons. Mais autant celui-ci a souffert dans sa réputation, autant celui-là a brillé dans la mémoire collective, au point qu'aujourd'hui encore il arrive qu'on évoque cette sagesse grandiose à propos de tout et de rien : « Il est resté stoïque sous la pluie », et autres choses du même tonneau. C'est que le plaisir a toujours le goût de la facilité, alors que la vertu en impose à ceux mêmes qui ne la connaissent que par ouï-dire, et n'auraient jamais l'idée de la pratiquer pour leur compte. Pourtant, stoïcisme et épicurisme visaient le même but, exigeaient la même ascèse. *Apatheia, ataraxia* : deux façons d'évoquer la même façon de vivre au jour le jour sans trop craindre ce qu'on serait bien en peine d'éviter. Et jusqu'à la pratique la plus terre à terre qui se ressemblait chez les uns et chez les autres. L'épicurien boirait bien une bouteille de vin, mais anticipant sur les dégâts, il s'en tient sagement à un verre – tout comme son collègue stoïcien, à qui le souci de la vertu interdit, même en pensée, l'envie de dépasser la dose... Mais les uns se retirent d'un monde où il y a décidément trop de coups à recevoir, et leur discrétion même, leur abstentionnisme politique notamment, effacera leurs traces de l'histoire – et les autres s'engagent, comme tous ceux qui sont sûrs de savoir, maîtres d'eux et parfois, nous le verrons, de l'univers. Et de là vient que l'histoire en a fait des figures de légende.

CES PHILOSOPHES QUI N'AFFIRMAIENT RIEN

C'est une preuve de vitalité pour la philosophie que d'en venir, sinon à se contester elle-même, du moins à prendre, à l'égard de tout ce qui se produit en son nom, une attitude critique. La crainte des berlues est, à dire vrai, contemporaine du premier instant de la réflexion. Nous avons pu observer, dès les temps présocratiques, que plus d'un penseur fut traversé d'un doute en considérant ce qui lui venait des opinions en vigueur dans son milieu, voire de ses propres sens. Parménide n'affirmait-il pas que dans ce qu'ont sous les yeux les mortels, « on ne peut se fier à rien de vrai » ? Les sophistes professaient le caractère essentiellement relatif de toute vérité. Platon lui-même, qu'on donne si couramment pour dogmatique, est-il bien exempt de scepticisme, lui qui dans le *Théétète* regarde avec tant de défiance les données des sens, et qui dans le *Parménide* et le *Philèbe* exerce la plus radicale autocritique à l'égard de la théorie des Idées ? Quant aux cyniques, nous savons qu'ils étaient peu disposés, c'est le moins qu'on puisse dire, à accueillir les spéculations de l'intellect.

Mais aux temps hellénistiques, il advint tout naturellement que l'attitude prit un tour systématique, au point qu'elle s'incarna dans une école de penseurs. C'est Pyrrhon d'Élis (vers 365-275) qui en est regardé comme le fondateur, d'où le nom de Pyrrhoniens donné à ses disciples à travers les âges. Comme l'épicurisme et le stoïcisme, le pyrrhonisme est bien, selon l'expression de Marcel Conche, une « philosophie de la coupure », marquant la transition d'un monde à un autre : la vérité d'hier n'est plus évidente, et celle de demain est encore à venir, car décidément, les choses changent.

Pyrrhon, s'il avait vu Alexandre de près, puisqu'il l'accompagna dans l'expédition d'Asie, n'était pas sorti pour autant de sa condition, tout à fait modeste. Il vivait en compagnie de sa sœur, qui était sage-femme, des produits de sa petite ferme, et les vendait sur les marchés. Du moins avait-il dans ses voyages fait provision de souvenirs : il avait approché les gymnosophistes et les mages indiens, et il avait couru des hasards. Au cours d'une traversée, périlleuse comme elles l'étaient toutes à l'époque, les passagers étaient décomposés, et lui, il regardait un petit cochon manger comme si de rien n'était : « Voilà, disait-il, la tranquillité qu'il fallait acquérir ! » Il promenait partout une belle indifférence, qu'il poussait assez loin. Anaxarque, un sien ami, ayant glissé dans une mare tandis qu'ils conversaient, Pyrrhon ne fit rien pour l'en sortir – ce qu'Anaxarque, féru lui-même de sagesse, avait trouvé tout naturel. Il ne se gardait de rien, ni des trous dans lesquels il lui arrivait de choir, ni des véhicules, ni des chiens qui le mordaient à l'occasion. On s'étonna pourtant de le voir un jour grimper à un arbre pour en éviter un, qui devait être particulièrement hargneux. Il s'en était excusé, arguant qu'il n'était pas facile de dépouiller entièrement l'homme, et qu'il fallait bien se défendre des choses par des actes, sinon par la raison. Sa réputation de sagesse lui valait la considération d'Épicure, et lui attira de nombreux disciples, parmi lesquels ce Timon de Phlionte (vers 325-235), à qui nous devons ce qu'on sait de lui. Il ne laissa en effet, aucun ouvrage, ce qui était dans la ligne de ses convictions : seule l'ataraxie et l'aphasie pouvaient, selon lui, conduire à cette impassibilité qu'il avait recherchée toute sa vie. Le mieux était, disait-il, de suivre la coutume, autrement dit de faire comme tout le monde. Il mourut exceptionnellement âgé, à quatre-vingt-dix ans, sans qu'on sache au juste dans quelles circonstances, ce qui est rare. Sa ville natale éleva une statue au philosophe « qui n'affirmait jamais rien ».

D'après Timon, il avait paru primordial à Pyrrhon de s'interroger sur notre pouvoir de connaître. En effet, s'il s'avérait que la nature ne nous en eût point pourvus, ce n'était plus la peine, en quelque sorte, de se mettre à étudier quoi que ce fût. Si bien que pour être heureux, il convenait de considérer trois points. Et d'abord, quelle est la nature des choses ? – Elles sont indifférentes, impossibles à mesurer, et n'offrent aucune prise à la décision. Dans ces conditions, ni nos sensations ni nos jugements ne sont en mesure de dire le vrai, ni d'ailleurs le faux. Quand je mange du miel, je puis bien dire qu'il *m'apparaît* doux, mais rien ne m'autorise à poser qu'il l'*est* : par ma sensation, je n'accède jamais à l'*être vrai* d'un miel qui serait derrière les apparences. Second point : cela étant admis, le mieux est de s'abstenir de porter un jugement d'être ou de non-être, ainsi que le font bien imprudemment des gens comme Platon ou Aristote. Troisième point : tenons-nous tranquilles et n'en disons rien du tout, du moins de ce point de vue métaphysique.

Contentons-nous, dans l'ignorance du bien, – de faire pour le mieux dans une vie qui se présente, sans plus, comme un fait à assumer au jour le jour. On « sait » assez que le feu brûle, que la glace « vous fait froid », etc., et tout cela devrait suffire largement. Pyrrhon n'a rien d'un nihiliste ; il ne se condamne pas à l'inaction du schizophrène ; simplement, il se refuse à faire usage d'un soi-disant entendement dont la validité ne lui paraît pas prouvée, et dont les produits ne sont pas garantis. Se satisfaisant de l'immédiat, il se garde d'aller au-delà, où il n'y a rien à voir, et il s'en trouve bien. Comme l'épicurisme et le stoïcisme, mais autrement, le pyrrhonisme est une psychagogie, une conduite de l'âme en vue de la paix intérieure.

Timon de Phlionte se comporta en fidèle disciple de Pyrrhon, à cela près qu'il buvait sec et donnait libre cours, dans sa vie comme dans ses nombreux ouvrages, à une verve endiablée contre ceux qu'il trouvait trop dogmatiques à son gré. Il convient toutefois de dire qu'il ne se souciait guère de ses manuscrits, dont les rats tiraient volontiers profit. Il faut croire que le pyrrhonisme conserve ou que la tradition radote, car elle le fait mourir, comme son maître, à quatre-vingt-dix ans.

L'Académie, dans le même temps, s'était mise à évoluer dans une direction analogue : c'était dans l'air. Cela se fit principalement sous l'influence d'Arcésilas de Pitane (315-240). Il était venu d'Asie Mineure s'installer à Athènes, et s'était informé de tout ce qui s'y pensait : au Lycée, auprès des stoïciens et des pyrrhoniens, sinon peut-être de Pyrrhon lui-même. Finalement, une longue liaison avec le platonicien Crantor l'avait décidé à lire Platon, et il avait persévéré tant et si bien qu'il finit directeur de l'école. Homme de haute culture, qui lisait Homère tous les soirs avant de – à moins que ce ne fût pour – s'endormir, il était rompu à la dialectique et se montrait disputeur redoutable. Croisant toutes les philosophies et s'y mouvant à l'aise, il encourut auprès des mauvaises langues le reproche de ne se situer nulle part : « C'est Platon par-devant, Pyrrhon par-derrière, et Diodore (le dialecticien) au milieu », prétendait le stoïcien Ariston de Chio. Bref, on ne savait pas au juste ce qu'il pensait.

Il attaquait la logique des stoïciens en se portant sur leur propre terrain. Zénon conseillait, en effet, de suspendre le jugement toutes les fois que la représentation n'était pas, comme il disait, « compréhensive ». Arcésilas leur demandait d'où ils tiraient qu'une représentation l'est, étant donné qu'elle est aussi forte quand je rêve, la nuit, ou si je suis fou, ou tout simplement saoul. Dans ces conditions, autant suspendre son jugement en permanence, pratiquer l'*époché* perpétuelle – ce qui laissa aux tenants de cette position le surnom d'*éphectiques* : les *épéchistes* dont parle longuement Montaigne (*Essais*, II, 12). Ni les sens ni la raison n'ont de quoi nous donner la vérité en partant des apparences. Bref, il revenait à Socrate, sachant au moins une chose, c'est qu'il ne savait rien. C'était aussi bien une pierre dans le Jardin : contre les épicuriens, Arcésilas affirmait en effet que le sensible ne valait rien comme point de départ pour leur physique. Comme l'a souligné Conche à plusieurs reprises, l'*abstention* de tout jugement que prônait Pyrrhon se transforme ici, au niveau des controverses avec les stoïciens, en *suspension* du jugement, dût-elle être généralisée. Elle n'est du reste pas incompatible avec l'action, dès lors qu'y suffit, dans l'examen de chaque cas particulier, du simple « raisonnable ». Au fond, Arcésilas ne savait rien, pas même, disait-il, qu'il ne savait rien. La tradition le fait quitter ce monde à soixante-quinze ans, après s'être saoulé à mort. Ce pouvait être un moyen comme un autre d'invalider son message, dans la mesure où il dérangeait.

Arcésilas eut pour successeur le célèbre Carnéade (215-129), un Cyrénéen venu lui aussi à Athènes, qui semblait ne vivre que pour l'étude, ce qui lui valut, outre sa renommée de disputeur invincible, une jolie réputation de distrait. Il avait étudié la dialectique auprès du stoïcien Diogène de

Babylone, et il avait approfondi ses connaissances dans Chrysippe. Peut-être est-ce son habileté qui l'avait fait choisir, avec Diogène de Babylone et le péripatéticien Critolaos, pour une ambassade extraordinaire à Rome en 155. Il s'agissait de faire sauter, dirait-on aujourd'hui, une amende infligée à Athènes pour avoir pillé la cité d'Oropos. Les trois professeurs-diplomates avaient profité de leur séjour pour donner quelques conférences fort appréciées d'un public friand d'idées. Carnéade s'était distingué en soutenant avec la même force de conviction, d'un jour sur l'autre, tantôt le pour, tantôt le contre à propos de la justice. Il en ressortait que derrière le mot, chacun avançait ses propres pions, à commencer par ses hôtes. Mais les Romains n'avaient pas tous le goût de l'antilogie. Caton le Censeur, dont l'influence était grande en ces temps-là, n'avait pas tardé à réagir devant ce qu'il jugeait comme un vrai désastre. Un sénatus-consulte, voté sur sa proposition, avait accordé aux plénipotentiaires ce qu'ils souhaitaient, afin qu'ils s'en retournassent au plus vite dans leurs écoles. Six bons siècles plus tard, dans les *Saturnales* de Macrobe, on évoquait encore le souvenir de ces causeries passionnantes.

C'est avec Carnéade que la tradition fait commencer la Nouvelle Académie, signalant ainsi le style sceptique qui la distingue, à partir de lui, du platonisme de plus ou moins stricte observance. L'enseignement de Carnéade reconduit le doute universel préconisé par Arcésilas. Comme lui, il déniait aux stoïciens la possibilité de distinguer une représentation compréhensive, réelle si l'on veut, d'une simple berlue ou d'un rêve. Tout au plus, estimait-il, se meut-on dans le vraisemblable, dans le *probable*, car on peut très bien tomber juste sans le savoir. Cela même doit nous permettre d'agir dans cette incertitude fondamentale qui est notre lot : il y a des degrés dans le vraisemblable, qu'il faut apprécier du mieux qu'on peut. Quand au droit, Carnéade retrouve la position des sophistes : les lois procèdent d'une convention entre les hommes, d'une sorte de contrat social, et c'est en vain qu'on leur chercherait un fondement dans la nature. Carnéade quitta ce monde incertain à l'âge de quatre-vingt-cinq ans, d'ailleurs sans empressement, si l'on en croit les textes. Entre-temps, il était devenu aveugle, ce qui avait encore réduit le champ de sa connaissance. Décidément, tout cela fait beaucoup de coïncidences, et il semble que la mort des philosophes fournisse à la tradition l'occasion de règlements de comptes posthumes, ainsi que je crois l'avoir démontré ailleurs.

Sensiblement plus tard – mais nul n'a jamais pu dire de façon certaine s'il avait vécu au Ier siècle avant ou après Jésus-Christ, ni où –, vint le Crétois Aenésidème. Il reprit et classa les grands thèmes de l'école sceptique, qu'il dressa comme une machine de guerre contre les stoïciens. On sait qu'il écrivit un traité *Contre la science* et un autre *Sur le doute et la recherche*, mais sa principale contribution à l'école sceptique consiste dans les *Discours pyrrhoniens* où il s'attaque à la fameuse « représentation compréhensive » des stoïciens, autrement dit, à la possibilité qu'aurait l'âme, selon eux, de découvrir la cause de la sensation qui l'affecte. Selon Aenésidème, la nature des choses nous reste et toujours nous restera cachée, le seul critère dont nous disposons étant le phénomène. Encore est-il relatif à la manière, essentiellement variable, dont nous croyons sentir la chose, et dont à partir de là nous l'imaginons. Pour le démontrer, il s'appuie sur huit *tropes* – entendons : huit arguments (dix selon certains) que je me contente de résumer ici : 1. – la diversité des animaux et de leurs organes des sens, d'où suit la relativité de toute sensation par rapport à l'individu qui l'éprouve ; 2. – la diversité entre les hommes, le même sujet pouvant d'ailleurs être diversement affecté par le même objet ; 3. – les circonstances, qui influent sur la perception : santé et maladie, veille et sommeil, âge, etc. ; 4. – les positions, distances et lieux, qui modifient les conditions de la conscience ; 5. – la quantité et la composition des substances, qui sont facteurs de variation de leurs propriétés ; 6. – la relation, qui apparaît comme un point essentiel en lequel se résument tous les autres ; 7. – le fait que se mélangent les effluves propagés de l'extérieur par les objets, rendant délicate leur détection exacte ; 8. – l'infinie diversité des coutumes, lois, opinions, etc. au sujet des choses. Tout cela pour dire, finalement, que s'il faut ainsi remettre en cause le critère de la perception sensible, la thèse stoïcienne de la représentation compréhensive tombe d'elle-même puisqu'elle s'appuie sur sa validité. Tout, donc, doit être tenu pour relatif, et la connaissance sensible, pas plus que la connaissance intellective selon Platon ou Aristote, ne saurait prétendre à l'absolu dans l'ordre de la vérité.

*

Tels furent donc ces penseurs qui mirent tant d'astuce et de force à démontrer – non point, comme on le dit sommairement, qu'on ne peut pas penser, mais bien plutôt qu'on ne pense pas au-dessus de l'humaine condition. En cela ils étaient bien grecs, ennemis toujours de la démesure. Leurs analyses critiques avaient sinon introduit, du moins installé dans la philosophie le soupçon. Ils avaient délogé de leurs positions – du moins le prétendaient-ils – ceux qui, d'une manière ou d'une autre, s'étaient lovés dans la paisible possession du vrai. Et s'il n'y avait pas de vrai, mais seulement du vraisemblable ? En cela, ces philosophes avaient paradoxalement rendu service à la philosophie, un service qui ne se laisserait plus jamais oublier. Il y aurait toujours quelque part un sceptique pour contester la validité des trop belles constructions, et les bâtisseurs de systèmes, dans un coin de leur pensée, fourbiraient d'avance une réponse à leurs possibles objections. La pensée des uns et des autres n'en deviendrait que plus ferme – et partant, plus fermée, par un retour ironique dont les sceptiques, à leur corps défendant, seraient responsables. Aucune pensée n'est jamais isolée.

Une fois passé le temps des fondateurs, on retrouvera leurs émules au cours des âges, sous les différents noms dont on les affubla. On les appela *pyrrhoniens*, bien sûr, mais aussi *éphectiques* – ceux qui suspendent leur jugement, à temps ou de façon permanente –, ou encore *zététiques* (du grec : *zétein* : chercher) – ceux qui cherchent la vérité sans pour autant la trouver –, ou *aporétiques* – ceux qui vous coincent dans une impasse intellectuelle –, ou le plus souvent *sceptiques* (du grec : *skeptesthai*, examiner de près). Le sceptique est avant tout celui qui, devant une proposition, la regarde à deux fois pour en être sûr. C'est dire qu'au fond, toute pensée philosophique digne de ce nom doit, à un moment ou à un autre, faire la part du doute.

IX

LE TEMPS DES HÉRITIERS
LA PHILOSOPHIE
SOUS LA RÉPUBLIQUE ROMAINE

L'HEURE DES EXÉGÈTES

Avec les grands systèmes – pythagorisme, platonisme, aristotélisme, épicurisme et stoïcisme – et pour les contester chacun à sa façon, le cynisme et le scepticisme, la philosophie s'était constitué un capital de doctrine pour des siècles. Le temps des bâtisseurs de temples intellectuels était passé, et les penseurs à venir ne feront que s'installer à demeure dans ces constructions grandioses dont ils ne finiront jamais d'inventorier, émerveillés, les salles, les sous-sols et les recoins. Ils aménageront parfois l'édifice ; ils le restaureront ou croiront le restaurer, mais toujours, avec une foi d'archéologues. Ils en respecteront le gros-œuvre.

Le temps est donc venu des héritiers, et les modernes d'autrefois sont devenus « les Anciens », à qui l'on doit tout. L'étude indéfiniment reprise et commentée de leurs textes se substitue désormais, et pour longtemps, à la méditation, à la reprise sur de nouveaux frais des problèmes qui les avaient suscités. S'il y a encore, s'il y aura toujours, quelque chose à dire, ce ne sera jamais qu'à l'intérieur de ce qui a été dit, à quoi chacun reconnaît maintenant le statut d'une révélation. On assistera, certes, à des évolutions à l'intérieur de chaque système, et parfois considérables. Des commentateurs de haute valeur éclaireront ce qui déjà apparaissait dans les vieux textes comme des obscurités. Ils proposeront des « lectures », des « reprises », au sens où on l'entend aujourd'hui d'une pièce de théâtre. Et la mentalité antique étant, il faut bien le dire, moins crispée infiniment et moins sectaire que la nôtre – ou si l'on préfère, plus poreuse –, on observera parfois d'un système à l'autre quelque chose comme des transferts d'intuitions. Des syncrétismes prendront corps, témoignant de la vitalité d'esprit d'une époque. Mieux : il arrivera que le cadre de ces grandes pensées, révolues mais toujours influentes, fournisse à tel penseur de première grandeur le principe organisateur de son propre génie, et une antique pensée y retrouvera un éclat nouveau. Cela dit, un fait est certain : il ne viendra à l'idée de personne de penser en dehors de ce qui a été défini par les Anciens. Bien plus tard, dans la Rome de Gallien et de Claude le Gothique, au IIIe siècle de notre ère, Plotin résumera cela dans une formule célèbre : « Nos théories n'ont donc rien de neuf ; elles ont été énoncées il y a longtemps, mais sans être développées, et nous ne sommes aujourd'hui que les exégètes de ces vieilles doctrines dont l'antiquité nous est témoignée par les écrits de Platon… » (*Ennéades*, V, 1, 8).

Surprenante confirmation, en vérité : là même où avec le christianisme surgira la plus inopinée et la plus radicale des nouveautés, la pièce se jouera dans les mêmes décors. « Il a apporté toute nouveauté en s'amenant lui-même », dit de Jésus-Christ l'évêque saint Irénée : *omnem novitatem attulit seipsum afferens*. Il n'en est pas moins vrai que pour se faire reconnaître de l'*intelligentsia*, les chrétiens devront assimiler la langue des vieilles philosophies. Se faisant tout à tous, comme le voulait l'apôtre Paul, les Pères de l'Église platoniseront de bon cœur, quitte à voir là une vérité biblique retenue en otage par les païens ; ils endosseront avec conviction les vertus stoïciennes. Un jour viendra où les saints Docteurs aristotéliseront à tour de bras, au risque d'annoncer les divins mystères en langue de bois. Seuls l'épicurisme et le scepticisme détermineront chez eux, comme d'ailleurs chez d'autres, une réaction d'allergie.

Il nous reste maintenant à suivre l'histoire de ces grandes familles dans les conditions nouvellement créées par l'expansion romaine. Du second siècle avant Jésus-Christ jusqu'au cinquième après, c'est-à-dire jusqu'aux grandes invasions, la philosophie va disposer d'un champ d'action qui ne se retrouvera plus de longtemps.

L'ESPACE ROMAIN

En s'emparant de la Grèce et de ses anciennes dépendances, de la Macédoine et du royaume de Pergame, c'est-à-dire du berceau de la pensée d'Occident, puis de l'Égypte et de l'Orient, et finalement du bassin méditerranéen tout entier, Rome offrait à la *philosophia* un champ d'exercice tout à fait exceptionnel. Ce serait le cas de dire, en pastichant Péguy, que « les pas des légions avaient marché pour elle », même si c'était sans l'avoir fait exprès. J'ai raconté tout au long de mon *Histoire de la Rome antique* l'aventure de cette bourgade du Latium peuplée de culs-terreux héroïques, intellectuellement nulle au départ, mais douée d'une vitalité, d'une ténacité, d'une capacité d'assimilation qui la dotèrent du plus grand empire qui fût, et d'une des plus durables civilisations. Les Romains régnèrent, certes, par les armes, mais aussi par les mots et les choses. Les nouveaux maîtres apportaient au monde hellénistique – et, certes, sans y perdre ! – des biens dont des Grecs comme Épictète, Plutarque ou Aelius Aristide sauront en leur temps reconnaître le prix : une paix durable là où faisaient rage chaque année des luttes à mort, un réseau quasi parfait de communications par voie de terre, des centres de culture aussi, et un jour des chaires subventionnées où les maîtres des grands systèmes enseigneront à Rome ou dans les capitales provinciales les pensées d'hier et de toujours.

L'aventure de nos trois philosophes, qui vinrent en mission diplomatique à Rome en 155 av. J.-C., et y furent la coqueluche de la bonne société, est significative d'un esprit. Le succès de leurs conférences – même si elles n'avaient guère plu à Caton – avait laissé un souvenir si précis qu'Aulu-Gelle, au second siècle après J.-C., Lactance au quatrième et Macrobe au cinquième, ont jugé intéressant de le léguer à la mémoire de leurs enfants. Il y avait incontestablement, dans les hauts milieux romains du second siècle avant notre ère, une demande culturelle, et la philosophie, spécialité grecque au même titre que l'architecture et la décoration, répondait à une curiosité qu'on ne soulignera jamais assez pour les choses de l'esprit. Un Romain n'est pas seulement, comme on le croit trop souvent, un soudard botté et casqué passant le plus clair de son temps sur les champs de bataille, et qui se fait vomir, couronné de roses, à ses moments perdus, au cours d'orgies mémorables. Fadaises que tout cela, clichés indéfiniment reconduits par le roman « historique » et le cinéma ! En fait, le Romain est un guerrier heureux. C'est, si l'on y tient, un nouveau riche, un parvenu – mais intelligent, et qui n'aura de cesse qu'il ne se soit pourvu d'une tradition. D'une tradition qui le fasse éternel comme les civilisations qu'il absorbe et assimile avec une facilité déconcertante. De tant de conquêtes, de tant de voyages de par le monde hellénistique, le Romain rapportait, en effet, des souvenirs : des statues, des bibelots, des esclaves parfois fort savants. Il rapportait aussi des idées, des inquiétudes et des envies de bonheur et de sagesse. Que de fois les grands auteurs déplorent l'indigence de la langue latine, rustique, élémentaire, moins bien adaptée que le grec aux spéculations ! On met de la coquetterie à l'apprendre, à le manier comme une seconde langue maternelle, du moins dans les meilleurs milieux. Comme l'a montré Bruno Rochette, il y aura même des manuels de conversation avec la prononciation figurée ! Certes, on affecte de mépriser les Grecs, mais c'est qu'on les jalouse, parce qu'on les sait plus finauds, et en avance de plusieurs siècles dans le domaine de la pensée. Il faut rattraper tout ce temps, importer la culture qui manque. Mais on en trouve déjà à volonté dans les territoires annexés. Les pythagoriciens ont depuis bel âge établi leurs conventicules dans le sud de l'Italie, et leurs révélations sur l'âme, la survie, etc., ont de quoi séduire, d'autant plus qu'elles paraissent garanties par une science mathématique génératrice de progrès tangibles. Les épicuriens, nous le savons, avaient eux aussi implanté leurs petites sociétés d'amis en des coins où il faisait bon vivre. Ils étaient montés jusqu'à Rome et y avaient fait des adeptes dans tous les milieux. Les succès des uns et des autres durent être assez notables, puisqu'ils finirent par alarmer les cercles conservateurs, hostiles à cet engouement pour les idées étrangères. En 186, le Sénat avait fait détruire les livres des pythagoriciens ; en 173, puis en 161, ç'avait été le tour des épicuriens, dont l'hédonisme, mais surtout l'abstentionnisme politique ne pouvaient être que mal vus. Mais on ne s'oppose pas par décret à la marche des idées. Dès 160, on voit un petit cercle cultivé se former autour de Scipion Émilien. Il faut dire qu'il avait eu de quoi lire dès ses jeunes années, puisque Paul Émile son père, le vainqueur de Pydna, avait eu le bon goût de ramener la bibliothèque entière du roi Persée ! Toujours est-il que cet aristocrate lettré entretenait les meilleures relations, nous allons le voir, avec l'une des grandes étoiles du stoïcisme. Et ce n'est pas tout : les grandes familles prendront volontiers à demeure un philosophe, souvent un Grec ou un ressortissant d'Asie Mineure, pour former leurs fils. Si bien qu'on vit un peu partout, et jusque dans les antichambres du pouvoir, ces hommes un peu à part, ces éminences grises dont on critiquait volontiers l'excessif ascendant. Et il arriva que des Romains de bonne souche prirent goût à la chose : ils produiront des œuvres philosophiques utiles à plus d'un point de vue, ne serait-ce que par les citations ou les allusions qu'elles intègrent, toutes choses qui autrement nous seraient aujourd'hui inconnues. Désormais, la *philosophia* passe par Rome.

LES DEVOIRS ET LES LOISIRS

Panaitios – ou, en latin, Panétius – de Rhodes (185-112) avait reçu de Diogène de Babylone une forte empreinte stoïcienne, mais il ne s'en était pas moins ouvert aux influences de la Nouvelle Académie, d'esprit sceptique, et la tournure éclectique qu'il y avait prise lui faisait trouver son bien dans Platon ou dans Aristote. C'est ainsi qu'au dogme stoïcien des embrasements périodiques et des perpétuels retours, il préférait la vision moins agitée d'un monde éternel selon le Stagirite. Panétius partagea sa vie entre Athènes et Rome, où il arriva autour de 145. Il y fut accueilli à bras ouverts par le cercle élégant et influent des Scipions. Sa souplesse intellectuelle, sa largeur de vues, lui avaient permis de comprendre la haute société romaine de l'intérieur, et d'en jauger les besoins intellectuels. Il y prêcha donc un stoïcisme de fond, débarrassé de ce que la physique et la dialectique avaient de trop abscons, centré en revanche sur la théologie et la morale. C'était exactement ce qu'il fallait aux sphères dirigeantes à la recherche d'un supplément d'âme. Ce système exposant l'ordre excellent du monde, qui avait ses prolongements concrets jusque dans le détail de la hiérarchie sociale, ainsi garantie par la divinité – puisque nature et divin ne font qu'un –, cette haute idée de l'intelligence humaine, capable de se diviniser, ce drapé aussi de la vertu et la bonne conscience qu'on en retirait de surcroît, tout cela avait de quoi séduire le Romain de bon lignage. Homme d'ordre, de ténacité, d'énergie, il voyait dans la prédication distinguée d'un Panétius un « plus » philosophique qui le classait. Le stoïcisme allait être pour Rome la philosophie par excellence. Les milieux dirigeants avaient aussitôt compris le parti qu'ils pouvaient tirer du système. Cette universalité de l'esprit humain allait comme un gant à des gens que le sort des armes avait censément revêtus d'une mission civilisatrice auprès de tous les peuples appelés à devenir citoyens du monde, à défaut de l'être, pour l'instant, de Rome même… Il semble bien que Panétius concrétisa la chose en s'engageant aux côtés du parti conservateur, peu enclin aux réformes que souhaitaient les couches plébéiennes, et qui allaient trouver dans les Gracques des promoteurs entreprenants. Il tombait à pic : quand un ordre est perçu comme divin, il faut se garder de le laisser remettre en question… Ce n'est pas sans raison qu'on a reproché à Panétius d'avoir réduit l'homme universel à l'homme aristocratique. Puis Panétius s'en revint enseigner à Athènes, où il finit ses jours. De ses œuvres de philosophie et de morale, rien n'est parvenu jusqu'à nous, si ce n'est ce qui en a filtré dans le *De officiis* (Traité des Devoirs) de Cicéron. C'est avec lui que la tradition fait commencer le moyen stoïcisme, que l'envie me prend d'appeler le stoïcisme mondain.

En effet, le disciple de Panétius à Athènes, le Syrien Poséidonios – ou Posidonius – d'Apamée (135-51) connut lui aussi la faveur des hautes sphères. Il avait fondé dans l'île de Rhodes sa propre école, où le grand Pompée l'honora de deux visites, et où Cicéron fréquenta une année entière, en 78-77. En dépit des risques et de l'inconfort des déplacements, Posidonius se rendait souvent à Rome, où sa préférence marquée pour le clan aristocratique lui valait un agréable accueil et un grand prestige. Il y avait même été chargé de mission diplomatique en 86. Esprit encyclopédique, il écrivit sur l'astronomie – nous n'en savons que ce que Cicéron en dit au second livre du *De natura deorum* (Traité de la nature des dieux) –, sur la géographie, l'ethnographie, l'histoire naturelle et l'histoire tout court. Comme de tout cela rien ne subsiste que des bribes, il est tout juste loisible d'avancer, dans l'état actuel de nos connaissances, que Posidonius s'était permis de moindres libertés, avec le dogme stoïcien, revenant notamment aux fameux embrasements et retours éternels, et restaurant la croyance aux présages que Panétius avait passablement mise à mal.

Cicéron (106-43) fut donc, avons-nous dit, l'élève de Posidonius. Avec lui, nous ne quittons pas le beau monde, puisqu'il eut dans la vieille République, virtuellement défunte, les plus hautes responsabilités. Elles lui valurent quelques joies naïves, bon nombre d'avanies, et une mort violente. On s'est parfois demandé s'il convenait de le dire philosophe. Mais n'a-t-on pas les mêmes faux scrupules à propos d'un Pascal ou, plus près de nous, d'un Camus ? Si les gens de philosophie font si facilement la fine bouche, cela tient sans doute à ce qu'ils sont enclins à considérer le terme comme un titre nobiliaire, qu'il faudrait réserver en premier aux seuls et rares auteurs d'un vrai système, et en second aux techniciens de la pensée, autrement dit aux professeurs. En fait, un rien de largeur d'esprit ferait plus justement distinguer entre le substantif et l'adjectif. De même qu'on peut bien être dit artiste sans pour autant figurer sur les cimaises du Louvre ou sur les pupitres de l'Opéra, j'imagine qu'on peut être philosophe sans être *un* philosophe au sens étroit du terme. C'est bien le cas de Cicéron, homme politique sans doute un peu surfait de réputation, merveilleux styliste qui porta le latin à son plus haut degré d'élégance rhétorique, et amateur passionné d'idées. Il lisait, il comprenait ce qu'il lisait, ses lectures lui servaient à quelque chose et – louons-en les dieux ! –, il a rendu à la postérité le service inestimable de refléter ce qui se pensait à son époque et d'utiliser des textes aujourd'hui disparus. Cela même vaut qu'on ne lésine pas, et qu'on le cite ici entre les philosophes. Ma foi, je crois bien qu'il en eût été ravi.

Dans la cordiale biographie qu'il lui a consacrée, Pierre Grimal montre bien ce que fut la formation de Cicéron de ce point de vue, et à travers lui, nous voyons exactement ce que pouvait représenter la philosophie pour un jeune homme d'avenir. Par l'intermédiaire d'un vieil ami de son père nommé Staséas, Cicéron avait commencé par prendre une teinture d'aristotélisme. Puis l'épicurien Phèdre l'avait séduit par ses qualités humaines, et voilà Cicéron épicurien pour un moment. Passa ensuite par Rome un Académicien du nom de Philon de Larissa, et Cicéron, une fois de plus ébloui, passa d'Épicure à Carnéade. Et vint l'heure du stoïcisme, avec Posidonius, bien sûr, mais aussi avec un nommé Diodore, qui fut de ses intimes des années durant. Et n'allons pas oublier Antiochos d'Ascalon, dont Cicéron écouta les leçons. Ce platonicien de la grande tradition se refusait à voir en Platon un sceptique, comme le soutenait carrément Philon de Larissa : c'était là, estimait-il, une déviation. Il enseignait que du platonisme étaient nées deux doctrines qui l'une et l'autre admettaient la possibilité de la connaissance spéculative, à savoir le Lycée et le Portique, et sa propre synthèse intégrait des éléments des deux sur fond de platonisme orthodoxe. Antiochos passionna Cicéron, notamment comme historien des idées qui montrait la génération des systèmes, mais ne le détacha pas pour autant de l'académisme de Philon. En tout cas, comme le dit Grimal, au contact de tant de maîtres, « Cicéron acquérait une formation philosophique qui couvrait l'ensemble des écoles » (*Cicéron*, p. 44). Et ce qui ne gâtait rien, son bilinguisme lui permettait de se plonger directement dans les textes – et sans doute dans certains que nous n'avons plus. Il s'offrit même le bonheur de traduire le *Gorgias* et le *Timée* de Platon, entre autres ouvrages grecs. Une belle tête.

Toute cette philosophie accumulée, digérée, méditée, Cicéron l'appliqua sa vie durant aux problèmes que lui posait, et tout à fait concrètement, la vie politique en un âge assez sinistre. On observe que sa production philosophique commence vraiment à partir de 55-54 – Cicéron a alors atteint la cinquantaine, qui à l'époque est déjà la vieillesse –, et qu'elle passe par un maximum deux ans juste avant sa mort : c'est le temps des chagrins et des dernières convulsions de la République. À côté des grands discours et plaidoyers, moins connue peut-être, s'offre à nous une œuvre philosophique attachante, marquée par les urgences et les désenchantements, mais toujours sagace et admirablement écrite. Je ne puis présenter ici que l'essentiel, qu'on lira – du moins ce qui en est resté – avec profit et sans ennui. On en vécut jusqu'à largement après la Renaissance. Je ne puis mentionner ici que les principaux livres, et dire d'un mot leur esprit. Il y a ces traités de philosophie politique où se reflètent les préoccupations de Cicéron touchant le sens de ses engagements : *L'Orateur* (55), *La République* (54) et *Les Lois* (52). À quoi servirait donc la sagesse des Anciens, sinon de guide pour aujourd'hui ? Il y a bel âge qu'on tient pour assuré tout ce qu'on sait sur les phénomènes célestes. Les vraies urgences se passent sur terre, où il faut faire vivre ensemble des gens dont les intérêts divergent et les voracités s'affrontent. Les épicuriens ne sont vraiment pas gênés de se dispenser comme ils le font de la vie publique ! Cicéron, dans la *République*, dans la correspondance aussi des années 55-50, s'interroge sur la constitution politique idéale. Elle devrait, pour bien faire, combiner la monarchie, l'oligarchie et la démocratie. Bref, à la base, le peuple représenté par ses tribuns ; au-dessus et l'encadrant, le Sénat ; enfin, au sommet, un *princeps*, un chef. Le rêve, en somme, de Platon, mais réalisé selon Aristote et les stoïciens. Il est particulièrement intéressant d'observer ce que Cicéron dit du *princeps* selon son cœur. De même, en effet – et l'idée est stoïcienne en même temps que platonicienne –, que les parties de l'âme doivent être soumises à la meilleure d'entre elles qui est la raison, de même faudrait-il que dans la République un chef compétent, irréprochable en tout, prît entre ses mains le pouvoir, que ses concitoyens seraient trop contents de lui laisser, comme on dit, « parce que c'est lui ». Cet homme-là, affirme Cicéron, serait une vraie chance pour un État. Mais alors, quel homme faudrait-il pour exercer cette monarchie constitutionnelle ! Quel homme idéal serait digne de prendre place dans ce fauteuil ? – Le meilleur, tout simplement, *optimus vir*, et comme tel reconnu et plébiscité par le consensus général. On ne pourrait moins faire, puisque dans le détail il aurait toutes les vertus – je cite : il serait « bon, sage, capable de veiller sur l'État ; car c'est ainsi qu'il convient d'appeler quiconque dirige et gouverne la Cité. Cet homme-là, tâchez de le reconnaître, car c'est lui qui peut maintenir l'État, par sa réflexion et son travail ». Et plus loin : « Je ne lui demande qu'une chose : qu'il ne cesse jamais de s'observer, de vouloir se connaître ; qu'il soit pour les autres un vivant modèle ; que par la limpidité de son âme et de sa vie il puisse servir de miroir à ses concitoyens. » (*Rép.*, II, 29 et 42). Qui résisterait à un tel homme ? Le seul qui soit capable de faire le bonheur de l'humanité civilisée ? Personne ! Au contraire, ce seraient de libres volontés qu'il aurait à régir, et dont l'obéissance spontanée améliorerait encore la vie – et peut-être le niveau de vie ! Au reste, n'est-ce pas ce que disait le platonicien Xénocrate – et Cicéron connaît ! – à qui l'on demandait ce qu'il enseignait à ses élèves : « à faire d'eux-mêmes ce à quoi la loi les oblige ! » Le vrai chef engendre chez ses administrés le bonheur de lui obéir, car ils voient de toute évidence qu'ils ne pourraient mieux faire. Heureux État !

Ce programme idyllique, conçu en plein milieu de la crise républicaine, procède en droite ligne de la grande tradition grecque. Comme l'a bien mis en lumière Alain Michel, il y a derrière tout cela la *Cyropédie* de Xénophon – très lue à l'époque –, la figure de Périclès chez Thucydide, et, bien sûr, Platon et Aristote. Les idées sont presque en place pour accueillir l'homme providentiel que Rome ne tardera pas à reconnaître en la personne d'Octave – mais cela, Cicéron ne le saura pas.

Quant au fondement des lois positives, examiné dans le *De legibus*, il faut tenir qu'il réside dans un droit naturel. Et que Carnéade veuille bien se taire là-dessus, car s'il avait raison, et qu'il n'y eût que des conventions, essentiellement révisables, ce serait là une vérité à bien cacher : on irait droit à la catastrophe ! Ce traité des *Lois* a encore de quoi passionner aujourd'hui les philosophes du droit. En 46, Cicéron écrit les *Paradoxes des stoïciens*, où il vulgarise les thèses du Portique en leur appliquant la rhétorique du Lycée. Il rédige aussi les *Académiques*, où il présente les conflits qui divisent les diverses traditions issues de Platon. Il y tient les deux bouts de la chaîne : il croit en la possibilité d'une vérité tout en récusant le dogmatisme qui n'en donne que des expressions figées. Le *Traité des fins* suit deux mois plus tard : c'est un traité des valeurs. Entre-temps, il a composé l'*Hortensius* – ne le cherchez pas : il est perdu –, qui constitue une exhortation à la philosophie. Le genre connaîtra le succès : pour le Romain, entrer en philosophie constitue une démarche intérieure, qui implique un changement de vie. Bien plus tard, c'est en lisant l'*Hortensius* qu'un jeune étudiant insouciant va reprendre sa vie sur d'autres bases et commencer un long chemin : il s'appelait Augustin, et il racontera la chose dans ses *Confessions* (III, 4).

La même année 45, Cicéron a perdu sa fille Tullia, qu'il adorait, et sa peine lui arrache une *Consolation* qui en inspirera beaucoup d'autres. Contre les épicuriens, il compose un traité *De la nature des dieux* : si les mythes ne sont pour lui que des mythes, précisément, il se veut pourtant fidèle à la pratique de la religion civique, qui nous vient de si loin. L'année suivante, c'est le traité *De la divination*, où son esprit sceptique démolit sans scrupules, dans la ligne de Panétius, la croyance des stoïciens dans la mantique. Les oracles sont d'aimables histoires de grand-mères, qu'il faut garder uniquement par égard pour les convictions populaires. En somme, il ne faut pas désespérer le Transtévère… Un traité

Du destin suit de près. Enfin, en pleine bagarre avec Marc Antoine, alors qu'il a déjà commencé les terribles *Philippiques* qui lui vaudront l'inimitié féroce du maître – provisoire – de l'Orient, il rédige le traité *Des devoirs*, tout inspiré de Panétius, mais où la foi du Romain dans la grandeur de l'État s'exprime sans détours. Peu après, proscrit, réfugié dans sa propriété de Gaète, Cicéron y est rejoint par les hommes de main d'Antoine et égorgé. Les exécuteurs s'en furent avec sa tête, qu'ils exposèrent à toutes fins utiles sur la tribune des Rostres. Tous les Romains n'étaient pas imprégnés au même degré de la divine *philosophia*.

*

Sensiblement dans les mêmes temps, une présence épicurienne s'affirmait dans le monde romain, et il est bien intéressant d'observer qu'à la différence du stoïcisme, elle était socialement diverse. Quatre siècles plus tard, le chrétien Lactance rappellera pour l'en féliciter qu'Épicure avait convié tous les hommes à la *philosophia*, fussent-ils artisans ou paysans, et pas seulement les gens des beaux quartiers. Ce prosélytisme ouvert remontait aux origines du mouvement. Depuis l'apparition de la secte, des fondations s'étaient implantées largement dans le sud de l'Italie. À Rome même, deux Grecs obscurs, Alkios et Philiskos avaient même tenté, et ce dès la deuxième moitié du second siècle, d'établir à Rome une filiale, mais ils y avaient rencontré l'opposition des milieux conservateurs, et le vieux Caton s'était vite arrangé avec le Sénat pour que ces gens s'en allassent exercer autre part leur apostolat déstabilisateur. Un peu plus tard, on trouve pourtant le nom d'un certain Amafinius, le premier écrivain romain, aux dires de Cicéron, à avoir écrit un traité de philosophie, et c'était un épicurien, qui cherchait à répondre à une demande populaire. Si bien que, comme l'a fait observer Grimal, l'épicurisme ne doit pas être regardé comme monolithique : en essaimant en milieu romain, il a su être attentif aux événements contemporains et s'adapter aux mentalités. L'apolitisme du père fondateur lui eût sans aucun doute fermé l'esprit des Romains, pour qui le civisme, la participation aux affaires publiques, constituaient des valeurs à ne jamais négliger. Mais il y avait aussi en Campanie un courant plus orthodoxe, où des gens cultivés affinaient leur travail de recherche. J'ai signalé cette villa dite « des papyrus », à Herculanum, dont aujourd'hui encore on inventorie les reliques. Mille sept cents rouleaux : toute une bibliothèque dont le maître d'œuvre était le Syrien Philodème de Gadara (vers 110-40), venu à Rome où il avait bénéficié de la protection de L. Calpurnius Pison, le beau-père de César, à qui appartenait la fameuse villa. Dans ce centre culturel, que nous connaissons mieux aujourd'hui grâce à Marcello Gigante, il semble qu'on s'intéressait aux questions de logique et de rhétorique plus qu'à la physique.

Mais le grand nom de l'épicurisme romain – même si son orthodoxie continue de faire problème –, c'est bien sûr Lucrèce (entre 98/94 et 55). Il est bien dommage qu'on ne sache à peu près rien de sa vie. Était-il d'extraction modeste ou de haut lignage ? Connut-il l'épicurisme par quelque scolarque ou le prit-il dans ses lectures ? On n'en sait d'ailleurs pas davantage sur sa mort, en dépit d'une histoire à dormir debout rapportée par saint Jérôme, qui en fait un détraqué, suite à l'absorption d'un philtre amoureux, et qui le voit se suicider. Il est à peu de chose près le contemporain de Cicéron, qui l'évoque sans chaleur excessive. Il a donc été présent à la longue suite de troubles qui ont marqué les derniers temps de la République. Ces luttes à mort entre ambitieux n'étaient pas un spectacle réjouissant, et se réfugier dans une philosophie du loisir studieux et de la paix intérieure pouvait apparaître comme un parti raisonnable. Pourtant, c'est à un politicien de l'espèce la plus courante, un nommé Memmius, qu'il a dédié son poème *De la nature (De rerum natura)* : ce personnage était « une espèce de Morny romain », selon l'exquise expression de Boyancé (*Lucrèce et l'épicurisme*, p. 29). On pourrait moderniser…

Au fait, pourquoi cette idée d'aller mettre en vers l'œuvre d'un philosophe, et qui de surcroît n'aimait pas la poésie ? Lucrèce se créait des complications dont on aurait une idée en mettant en alexandrins la *Phénoménologie* de Hegel, qu'il n'est déjà pas si facile de traduire en prose. Les deux difficultés s'additionnent au détriment du texte. Mais c'est que Lucrèce avait en tête une intention bien précise, et qui avait pris corps dans l'ambiance culturelle de son milieu. Il avait été ébloui par Épicure, qu'il tenait pour un dieu sauveur. Tout était dans la physique, libératrice de nos terreurs à l'égard des dieux, de la mort, des phénomènes inexpliqués. Seulement, la physique n'est ni facile ni attrayante. Il y avait bien les écrits latins des Amafinius et autres, mais leur qualité très ordinaire éloignaient du message ceux qui en auraient eu le plus grand besoin, ou s'ils y recouraient, cet épicurisme à gros grains ne pouvait que les exposer au contresens. « Comme notre doctrine, écrit-il, ne semble pas très drôle à ceux qui ne l'ont pas mise en pratique, et comme la masse recule devant elle avec le frisson, pour toi j'ai voulu l'exposer dans la langue suave des Muses… » (I, 943-946). Bref, il imite les médecins qui édulcorent de miel la décoction d'absinthe qu'ils veulent administrer aux enfants. « Créer, dit Grimal, une poésie de vérité et de lumière », dont Memmius et consorts ont bien besoin, engagés qu'ils sont dans les tracas du siècle, où il y a de mauvais coups à recevoir et des sottises à éviter.

On peut s'étonner qu'en des temps quelque peu sceptiques touchant les mythes – Cicéron en est un bon témoin –, un jeune Romain ait entrepris de prêcher cette croisade libératrice. Pourtant, c'est fort justement que Heinrich Dörrie a mis en relief le caractère pessimiste de la cosmologie de l'époque, qui, chez des gens peu accessibles aux thèses des philosophes, pouvait faire quelques dégâts. Il se colportait sur le cosmos bien des histoires inquiétantes ; on subodorait, dans cet air que nous respirons, des influences néfastes, censément exercées par des puissances mal identifiées. D'où, par parenthèse, en ces temps-là, un regain d'intérêt pour les élucubrations touchant la genèse de l'univers, pour les exégèses littérales du *Timée* de Platon, tout imprégnées de religiosité, ou encore pour le poème d'Empédocle – Lucrèce le cite en I, 716 et suiv. –, traduit en latin par un certain Sallustius, et alors de mode à Rome. Clémence Ramnoux se demande même si Lucrèce n'avait pas en tête d'être le nouvel Empédocle.

Et c'est ainsi qu'en des vers admirables, parfois animés d'un souffle tragique bien étranger au Jardin, Lucrèce expose la physique d'un Grec merveilleux qui a désarmé les vieilles légendes. Toute la doctrine y passe, et il y ajoute parfois telle ou telle précision. Ainsi en va-t-il du *clinamen* ou « déviation » qui gauchit la trajectoire des atomes et leur permet ainsi d'échapper à un parallélisme des trajectoires où rien ne prendrait corps. C'est dans ce champ d'arbitraire que peut se déployer la liberté humaine : « cette liberté minimale de l'atome, dit finement Jacques Brunschwig, est comme un atome de liberté » qui gage celle de nos âmes. Il y a aussi la distinction fameuse – et peu aisée à exprimer – entre *anima*, l'âme partout répandue dans le corps, et *animus*, le pouvoir de décision réfléchie, localisé au centre, c'est-à-dire dans la poitrine. Lucrèce ne s'est pas contenté de traduire et de versifier : il réfléchit, aménage, perfectionne. Visiblement, il exulte à exposer tout ce de quoi Épicure nous affranchit en fait de craintes et de passions inutiles. Et à lire à la file les quelque vingt-neuf preuves – pas moins ! – de la non-immortalité de l'âme, on se dit que Memmius pouvait dormir sur ses deux oreilles. Tout se passe comme si Lucrèce, emporté par sa hantise, avait été chercher partout, même chez le stoïcien Panétius, les matériaux dont il avait besoin : ce qui importe, dans son esprit, c'est moins la pureté de l'argumentation, faite de pièces et de morceaux, que le résultat. En cela il était exactement fidèle au maître du

Jardin : si nous n'avions pas eu si peur, nous n'aurions jamais eu besoin d'étudier la physique... Toujours est-il que, comme l'a bien vu Jean-Marie André, « Lucrèce est, dans l'histoire de l'épicurisme romain, le seul penseur qui apporte un système complet, peut-être par touches successives, pour faire pièce à la doctrine du Portique » (*La Philosophie à Rome*, p. 131).

Qui entre une fois dans Lucrèce va jusqu'au bout de sa lecture, dût-il surmonter un certain agacement qui naît du foisonnement des précisions techniques. Des vers sonores, dira un jour Marc Aurèle. Et de fait, l'impression vous gagne d'écouter une symphonie à la Widor, avec ses mouvements et ses variations. Aux grands accords triomphaux du premier livre succède la mélodie apaisée du *Suave mari magno*, puis reprend le fracas des phénomènes cosmiques, et tout s'achève – du moins pour nous – sur la peste d'Athènes, final aux clameurs funèbres. Les échos s'en prolongeront longtemps sous les arcades de la Rome à venir, même quand on n'y nommera plus guère le poète. On l'admire, pourtant ; on l'imite en évitant visiblement de le citer. Les épicuriens sont déjà, ils ont toujours été, à Rome, les enfants perdus de la philosophie. Ils sont présents, certes, un peu partout, mais comme le seront les libertins au temps de Pascal. Et dans l'âme de plus d'un, il y aura souvent un coin de Jardin – mais cultivé en secret. Le stoïcisme fait plus Romain ; les plis, en quelque sorte, tombent mieux.

X

LE TEMPS DES HÉRITIERS PHILOSOPHIE ET PHILOSOPHES SOUS LES CÉSARS

L'IDÉOLOGIE IMPÉRIALE

Après cent ans de guerres civiles, dans le tourbillon desquelles nous avons vu disparaître l'infortuné Cicéron, la République romaine avait fini, au lendemain de la bataille d'Actium de 31, par se donner à un seul homme. Sans pour autant changer de nom, par tous les dieux ! Octave, l'heureux élu, petit-neveu et fils adoptif de Jules César, connaissait trop bien l'allergie de ses compatriotes à tout ce qui de près ou de loin évoquait la royauté. Il ne tenait pas du tout à renouveler l'expérience de l'Oncle, assassiné treize ans plus tôt, aux ides de mars de 44. Ayant donc rétabli l'ordre, et préférant de beaucoup la réalité du pouvoir à ses apparences, Octave eut ce trait de génie de remettre entre les mains du Sénat et du peuple romain l'autorité qu'il avait patiemment et définitivement acquise. Non seulement il désarmait ainsi d'éventuels complots, mais encore il gagnait dans l'opération un brevet d'orthodoxie démocratique qui allait lui être tout à fait précieux – ainsi qu'à ses successeurs pendant cinq siècles – pour gouverner tout seul. Car le Sénat, soulagé et ravi par tant de loyalisme et d'élégance, se fit un devoir et un plaisir de restituer à Octave, devenu Auguste, les magistratures de la *res publica* restaurée. Le tour était joué. Celui que dans notre langage nous appelons l'Empereur, mais qui en droit n'est jamais que le *princeps*, le président, le premier des Romains, détiendra désormais entre ses seules mains tous les titres de la République nouvelle manière : il sera consul perpétuellement renouvelé – mais toujours avec un autre, qui ne fera pas forcément le poids –, proconsul, tribun du peuple, chef des armées, censeur, grand pontife, etc. – toutes charges qui naguère n'avaient jamais été conférées qu'à titre provisoire. Mais rien ne s'opposant désormais à ce qu'on reconduisît indéfiniment les mandats arrivés à expiration, ce provisoire-là était de ceux qui durent. À cela près, rien ne bouge. Les élections subsistent, dont on a seulement écarté les risques inutiles – nous connaissons cela aujourd'hui encore –, et quand elles tomberont en désuétude, ce sera parce que plus grand monde ne s'y intéressera. Les apparences étaient sauves, les structures mentales aussi, et deux cents ans plus tard, Dion Cassius pourra écrire : « Auguste gouverna dans les formes de la République, les discordes en moins… » (LXI, 44). Et chacun trouvant finalement à la chose plus d'avantages que d'inconvénients, on s'installa définitivement dans le nouveau régime. La révolution romaine, comme dit Sir Ronald Syme, avait réussi.

Ce que nous savons de la vitalité intellectuelle de la haute société romaine nous permet de mesurer l'influence de la philosophie sur cette mutation politique et sur ce qui s'ensuivit. Ayant observé dans *Les Divins Césars* les rapports au quotidien entre la philosophie et le pouvoir tout au long de l'Empire, d'Auguste à Justinien, je ne m'attarderai point ici aux détails. Mais ce que je voudrais signaler d'emblée, c'est que durant cette longue suite de siècles, la *philosophia* est présente. Beaucoup plus présente à Rome, au palais, au Sénat, dans les rues même, qu'elle ne l'est aujourd'hui dans ces milieux qu'on dit proches du pouvoir, ou même dans les nôtres, qui ne sont proches de rien. On ne la voit guère aujourd'hui que dans les salles de classe ; à l'époque, on la trouvait partout. Cette omniprésence assez surprenante à nos yeux, et que je veux souligner, n'est pas une simple impression : elle ressort de l'examen approfondi d'une bonne trentaine d'auteurs du temps, et cela même nous invite à nous intéresser tant au contenu de la pensée ambiante qu'au personnel qui la diffuse.

Au fait, qu'attendait-on de la philosophie en ces temps où se constituait un empire qui, de 31 av. J.-C. à la fin du second siècle de notre ère, aura doublé, atteignant les 3 300 000 km^2 ? Soixante-dix millions d'êtres humains, toutes ethnies confondues, gouvernés par un seul ! Cela dépendait essentiellement de la position qu'on occupait dans cet ensemble. À la base, on n'en attendait rien du tout, les conditions de vie de l'artisan, du petit exploitant, pour ne même pas parler de l'ouvrier agricole, ne dégageant aucune possibilité de loisir culturel. Mais à mesure qu'on s'élevait sur les flancs d'une pyramide sociale que les travaux de Ramsay MacMullen ont fait apparaître incroyablement escarpée, on en espérait davantage. Les responsabilités politiques, les aléas auxquels on se trouvait exposé, le sentiment aussi de participer à la gestion du seul monde qu'on jugeait civilisé, tout cela portait à la réflexion. On la voit se déployer, pourrait-on dire, sur deux niveaux. Il y a d'abord, dans la ligne de la sensibilité hellénistique, le souci de son âme à bien conduire au travers des difficultés de la vie – ce qui fera du philosophe quelque chose comme un aumônier, un directeur spirituel, que s'offrent volontiers les grandes familles. Cette tradition de la *psychagogie*, de la conduite de l'âme, a été bien mise en lumière par les travaux de Pierre et Ilsetraut Hadot. Il y a ensuite, d'un tout autre point de vue, le souci de récupérer chez les auteurs du passé, autrement dit essentiellement chez les Grecs, ce qui s'y trouve de sagesse politique, qu'on adaptera aux nécessités du temps présent. Le philosophe sera alors, pour tel personnage de première importance ou pour l'empereur lui-même, un conseiller, voire un Père Joseph. Les deux fonctions peuvent d'ailleurs coïncider chez le même homme, s'il a l'heur de plaire à qui l'embauche. Suétone résume cela d'un mot à propos d'Octave Auguste : « Ce qu'il cherchait, c'étaient des préceptes et des exemples utiles pour la politique ou la conduite privée » (*Le Divin Auguste*, 89). Tout est là.

Et de fait, dès la mise en place par Octave Auguste de ce gouvernement mondial et jusqu'aux grandes invasions, si l'on excepte quelques Césars réfractaires ou franchement hostiles, il y aura toujours des philosophes dans l'entourage immédiat du prince. Auguste taquinait lui-même la philosophie, puisqu'il avait trouvé le temps de pondre une *Exhortatio*, probablement dans la manière de Cicéron qu'il avait bien connu. Auprès de lui, il avait gardé ses deux maîtres en philosophie, Athénodore de Tarse, un stoïcien élève de Posidonius, et un certain Aréios – ou Arius – Didyme, un érudit qui connaissait sur le bout du doigt son histoire de la philosophie pour l'avoir mise en traité. Arius lui-même professait un aimable éclectisme inspiré d'Aristote et des stoïciens. Quant à Octavc, plus quc lcttré, il croisait les cultures, mêlant ce qu'il recevait de ses maîtres aux autres influences émanant de son *brain-trust* personnel : l'épicurisme de Mécène, le pythagorisme de Virgile – et nous verrons plus loin que cet antique mouvement mathématico-politique marqua d'une forte empreinte l'idéologie impériale. Son successeur Tibère admit dans son intimité de Capri ce Thrasyllos, astrologue et philosophe, dont H. Dörrie a souligné l'importance dans l'histoire du platonisme. Il avait groupé en tétralogies les dialogues de Platon : son autorité était encore reconnue de Porphyre trois cents ans plus tard. Tibère savait choisir ses familiers !

Néron reçut l'enseignement de Chaerémon, un scribe sacré qui avait dirigé le Muséum d'Alexandrie et s'était fait stoïcien, mais surtout de Sénèque, grande figure du stoïcisme dit « impérial », que nous rencontrerons bientôt. Auprès de Vespasien, qui voyait d'un mauvais œil les stoïciens et les cyniques, on voit pourtant un digne représentant du Portique en la personne – assez falote à vrai dire – d'Euphratès de Tyr, mais c'est surtout, semble-t-il, le pythagoricien Apollonios de Tyane qui eut l'oreille de l'empereur. Même son fils, l'inquiétant Domitien, avait son penseur : un certain Flavius Archippus plus tard impliqué dans une affaire de faux, condamné aux mines et amnistié sous Trajan. Sous ce dernier, c'est Dion de Pruse, dit Chrysostome (qu'on voudra bien ne pas confondre avec le saint du même surnom), un platonico-stoïcien qui prêchait ces théories pythagoriciennes sur la royauté idéale que nous allons bientôt exposer. Dans l'entourage d'Hadrien, il y a le brave Favorinus d'Arles, élève de Dion, qu'on voit discuter avec l'empereur en évitant soigneusement de le contredire. On ne trouve pas moins de dix philosophes – j'ai vérifié – autour de Marc Aurèle, du moins au temps de sa jeunesse, et lui-même compte parmi les figures exemplaires du stoïcisme. Sous les Sévères, la cour, passablement orientalisée, en attire quelques-uns. Auprès de Gallien et Salonine, alors que la grande crise du IIIe siècle a déjà commencé, le platonicien Plotin jouit d'une faveur enviable. Sous Aurélien, Porphyre en fréquentait plus d'un et leur dédiait ses écrits. À la cour hiératique de Dioclétien, en pleine reprise en main d'un Empire qui en avait alors bien besoin, on voit des philosophes – assez sinistres, s'il faut en croire le chrétien Lactance – hanter le palais de Nicomédie, dont un certain Sossianus Hiéroklès et un anonyme donné pour particulièrement redoutable en raison de son influence. Plus tard, sous l'Empire chrétien, Constance II s'attacha l'excellent aristotélicien Thémistios, qui devait poursuivre sa tâche de conseiller sous quatre autres princes, encore qu'il fût resté de l'ancienne religion. Paradoxalement, le seul à s'être privé de ses services fut Julien, dit l'Apostat. Il faut dire qu'il était sous la coupe de Maximos d'Éphèse et consorts, disciples de Jamblique et de son platonisme flamboyant. Cette liste, répartie sur des siècles, montre assez qu'à Rome, la philosophie était censée servir à quelque chose, du moins en haut lieu.

C'est, bien sûr, le stoïcisme qui se taille la part du lion dans la répartition de l'influence, du moins au début de l'Empire. Mais à mesure qu'on avancera dans le second et surtout le IIIe siècle, on le verra céder du terrain à ce platonisme de coloration mystique que traditionnellement on appelle néoplatonisme. Le stoïcisme, nous l'avons dit, avait tout pour plaire à un Romain destiné à de hautes fonctions, voire à la première de toutes. Soit, en effet, que de telles responsabilités lui permettent de donner sa mesure au service de la grande Cité du monde, auquel cas il a conscience de contribuer avec bonheur à l'ordre providentiel, qu'il a donc tout intérêt à mieux connaître. Soit au contraire que les choses tournent mal, et en ce cas, il n'aura pas trop de toute son adhésion à la fatalité cosmique pour supporter sans se plaindre les revers de fortune, la disgrâce, voire l'exécution capitale. C'est ainsi qu'on voit dans Sénèque un haut personnage condamné par Caligula marcher dignement au supplice : « Son philosophe, est-il précisé, l'accompagnait. » Et les *Annales* de Tacite s'achèvent pour nous sur la vision sublime de Thraséas, le stoïcien protestataire condamné par Néron, entrant dans la mort en conversant avec Démétrios le Cynique. Belle image d'Épinal, comme dit Pierre Grimal, qui ne reflète qu'une crise momentanée, car depuis ses origines – on se souvient de l'amitié entre Zénon et Antigone Gonatas –, le stoïcisme a vocation monarchique. Il est un système de gouvernement, une doctrine du *Führertum*, selon l'expression de Pohlenz, et nous le verrons bien dans les carnets de Marc Aurèle, stoïcien authentique et monarque du monde.

Ainsi, le stoïcisme favorisait la formation d'une cité universelle gouvernée par un seul, dont il gouvernait l'âme.

Si l'influence idéologique des stoïciens demeure prépondérante à Rome depuis le temps du cercle des Scipions, gardons-nous pourtant d'imaginer un monolithisme philosophique tel qu'il peut se rencontrer dans les dictatures modernes. Ce sectarisme n'était pas dans la manière du temps, ni d'un Empire aussi divers. Les Romains savaient s'ouvrir à d'autres apports, venant de systèmes très différents quant à l'esprit. Il n'est pas jusqu'aux épicuriens – acclimatés, il est vrai, au milieu romain –, qui n'aient apporté une contribution originale à la construction idéologique que nous voyons se former en faveur d'un Empire universel, régi par un homme d'exception à qui l'on s'en remet parce qu'il est le meilleur. On se rappelle que Cicéron voyait déjà, dans la *République*, ce *princeps* idéal à qui l'on obéirait pour le plaisir. Or, dans les mêmes temps, dans sa belle villa d'Herculanum, l'épicurien Philodème de Gadara avait lui aussi réfléchi aux problèmes politiques et concocté, peu avant la disparition de César, un traité *Du bon roi selon Homère*, dont l'esprit rejoignait les idées défendues aussi bien par Cicéron que par les stoïciens de stricte observance.

De plus, et sensiblement dans les mêmes temps, se répandaient trois traités *De la royauté (Péri basiléias)*, attribués à Ecphante, Diotogène et Sthénidas, et issus de ces conventicules pythagoriciens dont nous avons dit plus haut la passion pour les questions de politique. Depuis les origines, les pythagoriciens étaient des faiseurs de constitutions, et Platon s'en était largement inspiré. On connaît mieux ces traités depuis la précieuse édition qu'en a donnée Louis Delatte. Leur influence a été reconnue par Jean Daniélou et par Alain Michel, et je me suis personnellement attaché, dans *Les Divins Césars*, à déceler leur présence depuis le début jusqu'à la fin de l'Empire, dans la plupart des textes politiques. Que disaient donc ces traités pour avoir bénéficié d'un tel et aussi durable succès idéologique ? – Que la royauté est de droit divin. Le roi est d'une essence supérieure à celle du commun des mortels, puisqu'il est l'envoyé de la divinité sur la terre, chargé de régir les humains. Il est la vivante *analogia* de la divinité, ce qui donne :

$$\frac{\text{divinité}}{\text{univers}} = \frac{\text{roi}}{\text{cité}}$$

Si le monarque légitime apparaît comme l'illuminé, désigné par l'Olympe, on devine que de sublimes exigences lui sont imposées par l'envoyeur : il ne sera digne de sa tâche que dans la mesure où il contemplera la divinité et s'en fera l'imitateur en tout. Ecphante attribue même au bon roi les qualités que les philosophes attribuent à l'Esprit universel, au *Noûs* qui, depuis Platon, est tenu pour le roi de l'âme ! Et par le fait, il est le législateur parfait, dès lors que sa royale raison coïncide avec le *Logos* éternel. De même rayonne-t-il la bonté ; il est – étymologiquement – l'évergète par excellence, autrement dit celui qui fait le bien. La leçon est claire : le pouvoir étant une somme d'obligations, non seulement techniques, mais morales, ce seront ses qualités supposées qui le désigneront pour exercer de si hautes charges. Dans cette perspective, la légitimité du chef suprême reposera finalement, non pas sur des institutions, sur une constitution, mais sur la constatation qu'on voudra bien faire – fût-ce après coup – de sa vertu, et partant, de son indéniable vocation à exercer le pouvoir. Les empereurs successifs se garderont d'oublier la leçon, et les empereurs chrétiens eux-mêmes, quand les cieux auront changé de propriétaire, ne feront que l'adapter aux exigences particulières du nouveau. À peu de chose près, ce seront les mêmes, Dieu étant stoïco-platonicien…

On devine que cette opposition philosophiquement dégagée entre le vrai *basileus*, le vrai monarque, et le vulgaire tyran arrivait à point nommé à la fin des guerres civiles. Tout un courant d'idées, venant d'horizons philosophiques divers, allait permettre de déclarer la monarchie (de fait) au service de la République (de droit). On le voit bien pour Octave Auguste, dont la dimension surnaturelle, divine, est chantée par les poètes. Son ascendance julienne le faisait censément remonter à Enée, fils de Vénus et d'Anchise. Il arrivait porté sur les ailes de la plus haute tradition, et il inaugurait un siècle nouveau, un âge d'or. Il faut lire l'*Enéide* du pythagoricien Virgile dans cet esprit. Je précise aussitôt qu'Octave était trop intelligent pour se laisser étourdir par cet encens – mais il laissait dire, ajoutant à sa transcendante image le charme d'une grande simplicité de vie. L'homme idéal, on vous dit ! D'autres parmi ses successeurs prendront les choses au pied de la lettre – et ce sera leur perte. Mais la plupart des Césars entreront dans le jeu avec bonheur et prudence, et finalement, tout le monde sera content. On devine quel merveilleux instrument constitue cette idéologie pour réaliser l'intériorisation des contraintes. L'obéissance à des pouvoirs rationnellement perçus comme faisant partie de l'ordre des choses, acquiert une dimension philosophique jusque dans l'âme de celui qui obéit. En déférant aux ukases des autorités, on est censé s'améliorer soi-même. La politique la plus terre à terre trouve, grâce à la *philosophia*, un supplément d'âme qui n'est pas à négliger, puisqu'ainsi s'instaure la communion sans confusion de celui qui commande et de celui qui obtempère. Obéir sans hésitation ni murmure à celui qui tient le manche, c'est s'intégrer soi-même à l'ordre divin des choses, et donc acquérir en son âme et conscience quelque chose comme une plus-value. On fait, en quelque sorte, le bon choix. L'obéissance aux autorités mises en place par les Cieux vous promeut – et le plus remarquable en tout cela, c'est encore que les autorités ne sont pas les seules à le prétendre. Peut-on parler de viol des consciences, dès lors qu'elles sont consentantes ? Qu'elles y prennent même du plaisir ? Dans cette affaire, il faut bien dire que tout le monde y a mis du sien.

Dernière observation : cette machinerie idéologique n'est pourtant pas une machination – ou alors très peu. En fait, elle fonctionne – presque – toute seule. Nous autres modernes sommes très suspicieux, et voyons partout des manigances. Mais la réalité est sans doute plus simple. On aurait tort d'imputer aux Césars plus de calculs, plus de « machiavélisme » avant la lettre, qu'ils n'en ont déployé en fait. Avaient-ils seulement besoin de mettre en œuvre tant d'habileté ? Ce qui est sûr, c'est qu'au cours des siècles dont nous allons inventorier le contenu, il y aura toujours des philosophes là où il faudra, et qui enseigneront ce qu'il faudra comme il le faudra : il arrive parfois que la meilleure propagande sorte des cœurs purs, ou presque purs. Un texte du XVIIIe siècle dit cela à la perfection. « Un despote imbécile peut contraindre des esclaves avec des chaînes de fer ; mais un vrai politique les lie plus fortement par la chaîne de leurs propres idées ; c'est au plan fixe de la raison qu'il en attache le premier bout, lien d'autant plus fort que nous en ignorons la texture et que nous la croyons notre ouvrage ; le désespoir et le temps rongent les liens de fer et d'acier, mais ils ne peuvent rien contre l'union habituelle des idées, ils ne font que les resserrer davantage, et sur les molles fibres du cerveau est fondée la base inébranlable des plus fermes empires. » (J. Servan de Gerbey, *Discours sur l'administration de la justice criminelle*, 1767.) Quelque chose me dit qu'il y a toujours à réfléchir là-dessus.

LE PORTIQUE ENTRE LE POUVOIR ET LA FRONDE

Le temps qui s'écoule entre Néron et Marc Aurèle, c'est-à-dire entre 54 et 180 de notre ère, est vraiment le siècle d'or du stoïcisme, même si la dimension physique et épistémologique du système a presque tout perdu de son importance au profit de la seule gestion de la vie intérieure. Les étoiles de première grandeur sont encore célèbres : Sénèque,

Épictète, Marc Aurèle, mais d'autres figures moins connues ont pourtant marqué des générations entières, et n'ont pas peu contribué à la pérennisation du stoïcisme par les Pères de l'Église.

Sénèque (vers 2 av. J.-C.-65 ap. J.-C.), est exactement, si j'ose dire, le « conscrit » de Jésus. Il naquit à Cordoue, dans la province de Bétique, aujourd'hui l'Andalousie, mais d'une famille romaine de bon rang implantée là depuis quelques générations, ce qui décourage toute tentative d'expliquer Sénèque par le « tempérament espagnol », comme s'y est essayé Ortega y Gasset. S'il fallait absolument trouver à ce Romain de souche une patrie spirituelle, ce serait plutôt l'Égypte, ainsi que nous allons le voir plus loin. Sénèque le Père pouvait être satisfait de ses fils. Outre le nôtre, philosophe-ministre de Néron, l'histoire a retenu ce Novatus Gallio, proconsul d'Achaïe, devant qui fut traduit l'apôtre Paul (Actes des apôtres, XVIII, 12-17), et un troisième frère qui fut procurateur équestre et père du poète Lucain. Belle famille, et approchant de près les plus hauts milieux.

Monté très jeune à Rome, Sénèque y fit les études de tous les adolescents des beaux quartiers, et encore que son père détestât tout ce qui de près ou de loin ressemblait à de la philosophie, il se toqua littéralement d'un pythagoricien du nom de Sotion et fit une saison dans la secte, avant de rencontrer le stoïcien Attale de Pergame et quelques autres de ces « maîtres de vie » dont la prédication attirait la jeunesse. Envoyé se refaire une santé en Égypte auprès d'un oncle qui s'y trouvait en poste comme préfet, Sénèque resta là cinq ans, se passionnant pour les antiques traditions philosophico-religieuses dont les Romains étaient envoûtés depuis le temps de la conquête. Merveilleuse province, où comme successeur des pharaons, l'empereur romain était dieu – et où aucun sénateur n'avait le droit de s'aventurer sans l'autorisation expresse du César. On n'est jamais trop prudent... Cette longue familiarité avec cette civilisation millénaire a marqué Sénèque, donnant à son stoïcisme de base une coloration quelque peu mystique qui ne devait pas grand-chose au Portique, mais beaucoup, en revanche, à l'Orient. « Le monothéisme quelque peu théorique du Portique se fera chez lui plus émouvant et plus charnel ; la théologie stoïcienne, de science, devient presque religion » (P. Grimal, *Sénèque ou la Conscience de l'Empire*, p. 78.) Avec lui, l'Âme du monde se fait présence intime.

Jouissant de solides appuis, Sénèque était parti pour une carrière fulgurante lorsqu'un incident de parcours le stoppa net : une sombre histoire d'adultère avec une des sœurs de Caligula – montée de toutes pièces par Messaline –, lui valut d'être expédié en Corse par Claude. Un exil de huit années, dont Sénèque essaya en vain de se tirer en flagornant Polybe, le tout-puissant affranchi de l'empereur. La *Consolation à Polybe* est d'un pénible… Il dut attendre qu'Agrippine le rappelât en 49, moins, évidemment, pour ses beaux yeux qu'en raison des services qu'elle en attendait pour son fils, le futur Néron, dont elle voulait absolument faire un Auguste. Le destin de Sénèque était scellé. Du jour au lendemain, l'exilé devenait le précepteur du bientôt prince, avant de se faire son propagandiste et de devenir son ministre. Autant le dire : Néron n'était pas le monstre qui traîne dans l'imaginaire hollywoodien, mais un garçon grassouillet, plein de bonne volonté, pas très équilibré, qui sans les manigances criminelles de sa mère n'eût jamais dû revêtir la pourpre. Authentiquement artiste, il avait même du goût pour la philosophie, et c'était encore Agrippine qui l'en avait détourné, estimant qu'il avait mieux à faire. Toujours est-il que le gamin adopté dans les règles par Claude, et Claude dépêché dans l'au-delà, Néron fut acclamé sans difficulté par les prétoriens chauffés à blanc. Restait à le faire agréer d'un Sénat qui, lui, s'en serait bien passé. Et là, Sénèque fit merveille. Combinant avec un art consommé le mythe, vivace à Rome, de l'Apollon solaire et les grandes thèses cosmologiques du Portique, mais aussi ces thèmes du Bon Roi que nous venons de voir développés dans les textes pythagoriciens, le philosophe posa carrément Néron comme ce monarque désigné par la divine Providence, qui allait enfin gouverner selon la raison… et, à la différence de son prédécesseur, en parfait accord avec la Haute Assemblée. Tout marcha à souhait. Il faut dire que Sénèque n'avait pas lésiné. Dans la fameuse *Apocoloquintose du divin Claude*, où il règle ses comptes avec le défunt prince, qu'il compare à un potiron monté aux cieux, on voit un jeune soleil se lever sur un nouvel âge d'or. C'est Apollon lui-même qui est censé le dire : « Tel, sitôt que la rubescente aurore, dissipant les ténèbres, a ramené le jour, le soleil radieux contemple l'univers, tel apparaît César ; tel Rome va contempler Néron… » (*Apocol.* IV. 1). Et allez donc ! Peu après la disparition, dans des conditions mal éclaircies, du pauvre Britannicus, Sénèque n'hésite pas, dans le *De clementia*, à repasser le plat. Dans ce traité chantant la clémence supposée de Néron, on reconnaît en filigrane les six thèmes des discours *De la royauté* que nous analysions plus haut : le prince est semblable aux dieux, choisi par eux ; il est au peuple ce que sont les dieux par rapport à lui ; il est le père de ses sujets ; il est d'une autre essence que les humains ordinaires ; il est la lumière ; il est bon ; il est sage ; il est maître de soi. Bref, tout y est, et l'on voit ici la divine *philosophia* descendre au niveau des travaux pratiques.

À partir de là, c'est l'irrésistible ascension de Sénèque. Riche à millions, influent, il participe à tout ce qui se décide d'important – et il trempe, il faut bien le dire, dans les affaires les plus dramatiques du règne, notamment l'élimination d'Agrippine. Il fait vraiment partie, comme dit Grimal, « du personnel de la grande histoire » (*Sénèque ou la Conscience de l'Empire*, p. 43) – et en un sens, c'est tant mieux, car il est indéniable que son influence sur l'empereur fut, comme on dit aujourd'hui, globalement positive, aussi longtemps du moins que Néron voulut bien s'y soumettre. Car vint un moment où les choses se gâtèrent. L'empereur était, certes, généreux, chaleureux au possible, animé du désir un peu fou de « changer la vie », et par là même adoré du petit peuple. Mais il portait la lourde hérédité des julio-claudiens, et c'est sans beaucoup résister qu'il céda aux manigances d'une coterie bassement absolutiste qui connaissait ses points faibles et entendait bien en profiter. Tous ces mirages apolliniens dont on avait ébloui sa jeunesse, ces phantasmes égyptiens qui le hantaient depuis l'enfance, tout cela l'inclinait à prendre au pied de la lettre ces assimilations olympiennes dont ses prédécesseurs, Caligula mis à part, avaient su tirer parti sans jamais glisser dans la démesure. Néron y tomba en chute libre, s'aliénant la caste sénatoriale. La crainte des conspirations, les répressions firent le reste, et Néron devint pour la haute société romaine – qui du coup reprenait goût à la République –, le type même du tyran à bannir. D'autres stoïciens, nostalgiques de l'ancien régime, ne furent pas les derniers, nous allons le voir, à « résister » de façon plus ou moins ouverte. Le beau rêve du prince solaire s'achevait en cauchemar.

Sénèque était consterné. Il avait parfaitement compris que sa faveur déclinait. Son implication dans l'éviction d'Agrippine, compliquée par une énorme bavure dans l'exécution, lui avait causé de pénibles états d'âme, mais n'était-ce pas cela ou la guerre civile, qui est bien le pire de tout ? De ces troubles de conscience, on perçoit l'écho dans le traité *Des bienfaits* : « Si le salut de ma patrie m'envoie là où je n'aurais pas souhaité aller, je devrai marcher sur mes scrupules… » (V, 20). Et puis, « Quoi ? N'y a-t-il pas des parents si durs et si criminels qu'il ne soit licite de s'opposer à eux ? » (VI, 4). Dès lors, en stoïcien fidèle aux grands principes, il prend de la distance, demande un congé. Déjà, dans le traité *De la vie heureuse*, il se repliait sur la liberté intérieure du sage : « Nous sommes astreints par notre engagement à supporter les inconvénients de notre vie mortelle et à ne nous troubler point de ce qu'il n'est pas en notre pouvoir d'éviter. » (XV, 7). Rendu au loisir par la disgrâce de l'empereur, qui maintenant se prend pour Apollon Citharède, se produit sur scène, conduit des attelages en public, et qui s'est mis à décimer par frousse la haute société, Sénèque reste chez lui, fréquente d'autres philosophes, lit énormément et compose des traités. Il « fait du stoïcisme ». Ses *Questions naturelles* sont une sorte de *De rerum natura* selon le Portique. Il écrit un traité *De la brièveté de la vie*, un autre sur *La Providence*, puis sur *Le Loisir*. Beaux textes, qu'Aulu-Gelle trouvera, ma foi, quelque peu barbants... Parallèlement, il entretient avec son ami Lucilius, procurateur impérial en Sicile, une interminable correspondance, où les hautes considérations morales s'entrecroisent avec les traits les plus drôles sur la vie quotidienne du temps. Il faut lire les *Lettres*, instructives à tout point de vue. À mesure que se dégrade le prince et que tombent autour de lui de vieux amis, Sénèque voit approcher sa propre fin, et c'est alors comme si tout ce qui avait enchanté sa jeunesse lui revenait au cœur pour l'aider à mourir. Dans la *Lettre* LXXIX, il écrit : « L'homme pour qui le soleil luit à travers la brume, s'il se contente pour le moment d'avoir échappé à l'obscurité, ne jouit pas pour autant du bienfait de la lumière. Nous aurons le droit de nous féliciter lorsque notre âme, échappée de ces ténèbres dans lesquelles elle roule au lieu d'entrevoir la clarté, sera tout entière inondée de jour en rentrant dans le ciel sa patrie... » Le soleil, encore et toujours – mais cette fois, il ne s'agit plus d'une métaphore de propagande. Le stoïcien de cour est redevenu un pur. Le Moyen Âge en fera une manière de saint païen, mais ce sera sur la foi d'une correspondance fabriquée de toutes pièces entre saint Paul et lui, dont saint Jérôme déjà, au IVe-Ve siècle, faisait grand cas.

Peu après, impliqué – à tort ou à raison, nul ne saurait le dire – dans la conjuration de Pison, Sénèque reçut de son ancien élève l'ordre de s'ouvrir les veines. Il ne partirait pas seul : Lucain son neveu, et par la suite quelques autres stoïciens de Rome disparaîtront, faisant figure d'opposants dangereux pour les uns, de martyrs pour les autres. Car, dans la frange la plus conservatrice du Sénat, un mouvement d'opposition à Néron s'était formé, d'ailleurs assez hétéroclite, et qui nous intéresse dans la seule mesure où quelques stoïciens en étaient l'âme. N'allons surtout pas voir là des démocrates blessés dans leurs convictions : pour ce genre de gouvernement, ces hauts personnages n'avaient que mépris. En fait, ce que ces nostalgiques de la vieille République sénatoriale regrettaient, c'étaient surtout les privilèges qu'elle accordait aux grandes familles – et notamment celui de disposer des provinces et de leurs revenus colossaux sans en référer à personne. Spoliés dans ce qu'ils appelaient « leurs libertés », choqués aussi – et cela pouvait se comprendre – par les façons loufoques et dangereuses du César joueur de lyre et conducteur de chars, ces gens avaient trouvé dans leurs convictions stoïciennes une noble justification. Que la République était belle sous l'Empire ! C'était le temps où les Paetus Thraséas, les Helvidius Priscus et quelques autres fêtaient, « couronnés de fleurs, chantera Juvénal, l'anniversaire de Brutus et de Cassius » – autrement dit des assassins de César. On vénérait leurs images ; on diffusait des pamphlets. Quand ces gens devinrent vraiment gênants, Néron, que les complots en chaîne avaient rendu nerveux, prit des sanctions individuelles. Le stoïcien Musonius – dont on peut lire les *Entretiens* –, fut assigné à résidence sur une île ; Helvidius, Cornutus, Démétrios le Cynique furent bannis. Et c'est ainsi qu'en même temps que Sénèque, Barea Soranus et Paetus Thraséas furent invités à vouloir bien rejoindre l'au-delà. C'est ce qu'ils firent avec, il faut le dire, infiniment de dignité. Sénèque et Thraséas offrirent même l'un et l'autre le premier sang de leurs veines ouvertes en libation à Zeus Eleuthère – autrement dit à Jupiter Libérateur, la divinité de raison et de justice qu'avaient chantée il y avait bien longtemps l'*Hymne* du vieux Cléanthe. Peu après, Néron, banni de Rome, achevait sa course étrange dans une villa de banlieue envahie par les ronces – mais, raconte Suétone, « longtemps après sa mort, il ne manqua pas de gens pour orner sa tombe des fleurs du printemps et de l'été » (*Néron*, 57). L'histoire est souvent moins simple qu'on ne le croit, et surtout moins simpliste.

Tandis que se déroulaient ces événements, dans la maison d'Épaphrodite, affranchi de Néron – et le dernier à l'avoir vu vivant –, grandissait un petit esclave phrygien de quinze ans. On l'appelait Épictète (vers 50-125). Ses conditions de vie, si tant est que la tradition ait dit vrai, étaient déconcertantes. D'une part, en effet, il aurait été victime de mauvais procédés. Un jour que son maître furieux s'acharnait sur sa jambe, le garçon lui dit : « Si tu continues, tu vas me la casser ! ». Là-dessus, la jambe casse. « Tu vois, triomphe Épictète, je te l'avais bien dit ! ». C'était là fakirisme plus que stoïcisme. Mais à côté de cela, et en dépit de ces façons déplorables, Épaphrodite autorisait son esclave à suivre les cours de ce Musonius, stoïcien pur et dur dont il vient d'être question plus haut, que Néron avait relégué sur l'île de Gyaros. Une fois affranchi par Épaphrodite, Épictète s'installa à Rome comme professeur de stoïcisme. Il y fallait un certain courage, car si les philosophes exilés étaient revenus sous Galba, la fronde n'avait pas tardé à reprendre sous les Flaviens. Brave homme de sens rassis, Vespasien n'aimait pas beaucoup les philosophes dès lors qu'ils sortaient de leur rôle. Se tenant parfaitement en dehors de toute politique, les épicuriens, florissants à l'époque, ne furent pas inquiétés. Stoïciens et cyniques, en revanche, attirant un peu trop l'attention par leur activisme sinon républicain, du moins opposé au pouvoir jugé « tyrannique » du prince – toujours les fameuses « libertés » –, furent frappés de bannissement en 71-72. La cause eut même deux martyrs, dont Helvidius Priscus, le gendre du glorieux Thraséas éliminé sous Néron. Musonius échappa pour cette fois à la rafle, peut-être en raison de la protection de Titus, le fils de Vespasien, qui l'avait admis dans son intimité comme conseiller. Ce qui nous est resté de ce philosophe s'inscrivait d'ailleurs parfaitement dans le cadre idéologique que nous connaissons. Le prince, écrit-il, doit être bienfaisant, tempérant, irréprochable, ennemi du luxe, au-dessus du plaisir. Il doit être « la loi douée d'âme » (*Prédications*, 8). Vingt ans plus tard, sous le peu commode Domitien, frère de Titus, l'agitation reprit. Il est vrai que ce prince avait de beaucoup aggravé l'absolutisme du régime, au point que Juvénal l'appelle aimablement « le Néron chauve ». À trop insister sur son caractère censément divin, à se laisser identifier avec Jupiter Tonnant, maître du monde, il heurtait de front les convictions profondes des stoïciens, trop contents de fédérer les oppositions. À la petite guerre des libelles, aux piqûres d'une campagne d'opinion plus ou moins larvée, Domitien répondit par une terreur goguenarde. On brûla des livres en place publique, ce qui était reconnaître l'importance des intellectuels. Des sénateurs stoïcisants furent frappés pour avoir écrit des biographies compromettantes. Trois furent mis à mort, d'autres furent bannis. En 93 enfin, un sénatus-consulte resté célèbre expulsa les philosophes de Rome et d'Italie. Pline le Jeune évoque avec le frisson cette période noire, où il prenait des risques pour secourir Artémidore, le gendre de Musonius. Quittèrent Rome à ce moment Dion de Pruse, dit Chrysostome – mais il reviendra sous Nerva et Trajan –, et Épictète, qui s'en fut à Nicopolis où il refit sa vie. En dépit des insistances d'Hadrien, il ne voulut jamais remettre les pieds à Rome. Il avait fondé là-bas son école, et plus d'un voyageur faisait le détour pour aller l'écouter ou lui demander conseil.

Épictète n'a rien laissé de sa main, mais son enseignement oral nous est connu par les notes de son élève Arrien de Nicomédie, qui constituent les *Entretiens*, résumés dans le *Manuel*. On sait ainsi comment il procédait. La séance s'ouvrait sur un exposé, d'un élève, parfois du maître. Puis sur une remarque, une objection, Épictète engageait une *diatribe*, c'est-à-dire un débat. Il improvisait, tour à tour profond et sarcastique, bousculant les idées reçues avec une verve mordante, parfois traversée de traits d'une ironie amère. L'humilité de ses origines jointe à l'étendue de son savoir lui donnait en effet une liberté sans pareille à l'égard d'un milieu qu'il connaissait pour ce qu'il était, et dont il n'attendait rien : à la différence de Sénèque l'aristocrate, Épictète n'avait personne à ménager. Sa familiarité avec les autres systèmes de pensée lui permettait de trouver les arguments les plus percutants parce que les plus simples. Il fallait l'entendre sur les sceptiques : « Tu te réfutes toi-même tous les jours ; ne vas-tu pas laisser tomber ces froides argumentations ? Quand tu manges, où portes-tu ta main, à la bouche ou à l'œil ? Quand tu te baignes, où entres-tu ? Quand appelles-tu la marmite un plat ou la cuillère une broche ? Si j'étais l'esclave d'un de ces gens, quand bien même je devrais être fouetté tous les jours au sang, je n'arrêterais pas de le tracasser : « Garçon, un peu d'huile dans le bain ! – Je prendrais de la saumure et j'irais la lui verser sur la tête. – Qu'est-ce là ? – J'ai eu une représentation indiscernable de celle de l'huile ; elle était toute semblable, je le jure par ton Génie ! – Apporte-moi de la tisane. – Je lui apporterais une pleine tasse de vinaigre. – Ne t'ai-je pas demandé de la tisane ? – Oui, maître, c'est bien de la tisane. – Mais n'est-ce pas du vinaigre ? – Qu'est-ce d'autre que de la tisane ? – Prends et sens ; prends et goûte ! – Qu'en puis-je savoir, puisque nos sens nous trompent ? – Que j'aie seulement trois ou quatre camarades d'accord avec moi et je le forcerais à se pendre ou à changer d'avis... » (*Entretiens*, II.20). Et de même avec les épicuriens : « Pourquoi te tourmenter de nous, veiller, allumer ta lampe, te lever si tôt ? Pourquoi écrire de si gros livres ? Est-ce de crainte que l'un de nous se laisse tromper, qu'il n'aille placer l'essence du bien ailleurs que dans le plaisir ? Car s'il en est comme tu dis, va te coucher, dors et mène la vie d'un ver, celle dont tu t'es jugé digne toi-même : mange, bois, fornique, va aux toilettes, ronfle. Est-ce que cela te regarde, ce que peuvent penser les autres sur tout cela, et si leurs idées sont saines ou pas ? » (*ibid.*). Aux gens que fascinent les grandeurs, il fait toucher du doigt leur vanité : « Quand j'entendrai quelqu'un se féliciter d'être estimé par César, je dirai : Que lui est-il échu ? Un poste de préfet ? De procurateur ? Mais lui est-il tombé en même temps le jugement que doit avoir un préfet ? Ou la manière dont doit se comporter un procurateur ? On lance des figues et des noix ; les gamins se les disputent et se chamaillent entre eux ; les adultes non ; ils tiennent le geste pour enfantin. Si l'on jetait des coquilles, les enfants eux-mêmes ne les ramasseraient pas. On distribue des préfectures : aux enfants de voir. On distribue de l'argent : encore pour les enfants ; des commandements militaires, des consulats : que les enfants se les arrachent, qu'ils se voient fermer les portes au nez, qu'ils endurent les coups, qu'ils baisent les mains du donateur et de ses esclaves. Pour moi, ce sont des figues et des noix. – Quoi ! si une figue tombe par hasard dans mon giron ? – Je la prends et je la mange, mais je ne me baisse pas pour la ramasser… » (*Entretiens*, IV, 7).

Les gens sortaient de là démontés, l'âme moulue. Leur belle assurance, leur confort intellectuel, leur érudition même, tout cela s'en était allé d'un coup, les laissant seuls devant leurs responsabilités. Car avec Épictète, il ne suffisait pas d'aligner des syllogismes, de se complaire à citer les auteurs, de jouer au philosophe. Vaine est la science qui ne se tourne pas à agir, à conquérir durement, contre toute sollicitation mondaine, la liberté intérieure. Mais celle là, qui pourra nous la ravir ? Sur cette enclave intime, le tyran n'a pas juridiction. Le tout est de marquer son territoire : « Il y a, disait Épictète, les choses qui dépendent de nous et celles qui n'en dépendent pas. Dépendent de nous l'opinion, la tendance, le désir, l'aversion, bref, toutes nos œuvres propres. N'en dépendent pas : le corps, la richesse, les témoignages de considération, les hautes charges, somme toute ce qui ne fait pas partie de nos œuvres propres » (*Manuel*, 1). Les premières sont libres ; les secondes sont à prendre comme elles viennent, et non point à vouloir conformes à nos vœux. C'est notre appréciation qu'il faut transformer, pas le reste. Tout est là : c'est à cela que doit servir la philosophie, pas à en mettre plein la vue à ses compagnons de table dans les dîners, comme ce sera le cas chez Athénée, Plutarque, Aulu-Gelle et Macrobe.

À peu près contemporain d'Épictète, un certain Dion de Pruse (vers 40-117) prêchait à la cour de Trajan, sinon la meilleure doctrine, du moins la plus agréable au pouvoir. C'était un ancien rhéteur passé à la philosophie, à qui son éloquence avait valu le surnom de Bouche d'or, Chrysostome. On hésite à le situer dans une espèce franche : était-il cynique comme le voit Conche, en raison de son intérêt pour les rapports de Diogène avec Alexandre, ou stoïcisant comme je le verrais plutôt ? Dans ses quatre traités *De la royauté*, il exposait que Zeus est le modèle des rois, et – quelle chance ! – Trajan le meilleur des princes. À la Cosmopolis dont Zeus est le maître, ce qui est du Cléanthe, correspond donc la cité romaine actuellement régie par Trajan. Au fait, pourquoi Zeus est-il le meilleur des souverains ? Parce que c'est lui ? – Non, mais parce qu'il est à la fois le meilleur des sages et le meilleur des pères. Car, finalement, le vrai Roi avec un grand R, c'est le vrai Sage avec un grand S. Et de décliner toutes les vertus du roi selon la nature et selon la raison : pieux, ami des dieux, convaincu de devoir aux hommes tous ses soins comme il l'est des bontés des dieux à son égard. Aimant la peine, l'effort, le devoir, il exerce la royauté, dirait-on, comme un sacerdoce. Il est le Bon Pasteur. L'image n'était pas très neuve : elle avait servi à Socrate, à Platon, aux stoïciens, mais elle ne se démoderait pas de longtemps. Et dans cette optique du berger, les armées du prince sont ses chiens, qu'il lui faut garder au pied pour qu'ils n'aillent pas s'approprier le troupeau. Ce qui veut dire en clair que l'armée n'est pas un jouet, mais un instrument souple au service d'une puissance toute dévouée au bien commun. Bref, l'empereur (idéal : par exemple Trajan) n'a rien d'un tyran, qui gouverne hors la loi ; c'est un pasteur gouverné par la loi, qui est « la reine des rois ». Nous commençons à bien connaître cette phraséologie. Mais il est intéressant d'observer que cette philosophie – ou théologie – du pouvoir, qui s'exprime ainsi en un flot d'images littéraires, se traduit également en images tout court dans les reliefs de l'arc de Bénévent. On y voit Trajan recevant de la Triade capitoline, Jupiter, Junon et Minerve, le foudre, insigne du pouvoir. C'est donc bien d'une délégation qu'il s'agit, et l'arc constitue, bien avant le temps des cathédrales, une histoire sainte en images. Chacun, qu'il sût lire ou non, pouvait ainsi se pénétrer de cette certitude : le divin Trajan était cautionné par le Maître des dieux. Allez donc lui désobéir !

Une vingtaine d'années plus tard, un stoïcien du nom de Rusticus jugea intéressant de prêter à un garçon de haute famille les notes prises aux cours d'Épictète. Le jeune homme s'était découvert une vocation de philosophe. Il s'appelait Marcus Annius Vérus. Un jour, le monde le connaîtrait sous le nom de Marc Aurèle. Dans son journal spirituel, bien des années après, il rendrait grâces aux dieux d'avoir connu cette chance. Ainsi, c'est dans les enseignements de l'esclave à la jambe cassée que le maître du monde puiserait le courage d'accomplir au jour le jour la mission que la Providence lui avait confiée. On n'en finirait pas de méditer là-dessus.

Lorsque Marc Aurèle (121-180) prit en charge l'Empire en 161, il avait bien besoin des encouragements du stoïcisme. Le monde romain jusqu'alors florissant, en dépit de quelques crises, amorçait tout juste – mais qui le savait ? –, une descente qui allait durer trois siècles. La *pax romana* que chantaient encore Épictète, Plutarque, Aelius Aristide, et même Irénée de Lyon, évêque et martyr, va brusquement se fissurer. Ces lentes coulées de populations qu'un jour on appellerait les grandes invasions venaient de commencer. Ce qui jusqu'alors n'était qu'incidents de frontière tournait par endroits à la guerre ouverte, notamment dans les provinces danubiennes. Si bien que sur dix-neuf années de règne, Marc Aurèle connut dix-sept ans de campagnes. Ce stoïcien dut vivre le plus clair de son temps sur un cheval avant de s'en aller mourir de la peste quelque part du côté de Vienne. Une belle figure de philosophe couronné : Platon l'eût aimé – mais l'empereur est peut-être un peu surfait, en dépit de son énergie consciencieuse. Un petit siècle plus tard, les empereurs illyriens, plutôt rustiques, réussiront mieux là où il fallait des brutes héroïques plutôt que des hommes de bibliothèque.

De Marc Aurèle, il nous reste une *Correspondance* avec un de ses nombreux maîtres, le rhéteur Cornélius Fronto, découverte au siècle dernier et qu'il faudrait bien rééditer en français, et surtout ces cahiers « qui le concernent » (en grec : *ta eis eauton*), auxquels la tradition a imposé, en français, le vague titre de *Pensées*. Il ne s'agit en rien – et Pierre Hadot l'a définitivement montré – d'un journal intime à la façon d'Amiel, ni de confessions à la Rousseau, ni même à la saint Augustin. Ce sont des exercices spirituels : examens de conscience, préparation aux difficultés du jour qui vient, afin de n'être jamais pris au dépourvu, et rumination des grands principes. Tout cela applique à la lettre ce qu'avait stipulé Épictète en trois points : se réjouir de ce qui survient dans l'instant ; se conduire avec justice à l'égard des autres hommes ; exercer sur toute représentation la vigilance critique qui en assure l'objectivité. « Voilà, disait Épictète, les pensées que doivent méditer les philosophes ; voilà ce qu'ils doivent écrire tous les jours, ce qui doit être leur matière d'exercice… Garde ces pensées de nuit et de jour à ta disposition. Mets-les par écrit. » (*Entretiens*, I, 1, 25 et III, 24, 103). C'est très précisément ce que fit l'empereur, et le résultat ne donne pas, c'est le moins qu'on puisse dire, une impression de gaieté : si le vieux Chrysippe, tout stoïcien qu'il fût, était mort de rire, ce ne fut pas le cas de Marc Aurèle. Pourtant, c'est bien en vain qu'on a disserté à perte de vue sur le pessimisme de l'empereur, sur son angoisse existentielle, et qu'on lui a trouvé toutes les maladies – ou pire, qu'on l'a imaginé drogué par les médications opiacées qu'il prenait à l'occasion. Il était même tentant de voir là cette « misère de l'homme sans Dieu » dont parlait Pascal, alors que si quelqu'un vivait en présence de Dieu, c'était bien Marc Aurèle. Le parfum de tristesse qui se dégage de ce petit livre vient en fait des techniques qu'utilise l'empereur pour purifier son jugement, à propos des objets ou des événements, de cette gangue d'interprétations conventionnelles dont on les recouvre à longueur de journée. C'est ainsi, par exemple, que devant un plat réputé, un cru renommé, il ramène les choses à leur réalité prosaïque : « Ce n'est que du cadavre de poisson ou d'oiseau ou de porc, ce Falerne n'est que le jus d'une petite grappe, et la pourpre, du poil de mouton mouillé du sang d'un coquillage… » (*Pensées*, IV, 13). De même pour l'amour physique, qu'il décrit de telle manière qu'on a peine à retenir un haut-le-cœur, et tout à l'avenant. Mais après tout, il en va de même pour un air mélodieux : il se décompose en une série de notes qui, prises isolément, n'ont rien de remarquable, ou de la danse si l'on en décompose le mouvement. Et il ajoute : « Transpose aussi cette méthode à l'ensemble de ta vie » (*ibid.*, XI, 2). Tout ce qu'on plaque sur les choses nous empêche de les apprécier selon leur situation véritable, autrement dit comme partie d'un ensemble régi par la divine Providence. La finalité de ces exercices est donc toute philosophique : éliminer l'anthropomorphisme, replacer le système purement humain de valeurs en un système naturel, et donc divin : « Tout ce qui arrive est aussi habituel et familier que la rose au printemps et le fruit en été » (*ibid.*, IV, 44). Si l'on y parvient – et il faut précisément s'y exercer sans relâche –, le regard de l'âme vient coïncider avec le regard divin de la Nature. Arrivé à ce dernier état, le stoïcisme nous fait irrésistiblement penser à la vision chrétienne de la Providence. Mais c'est tout simplement que les Pères de l'Église ont trouvé là une formulation adéquate aux exigences de leur pensée, au point de voir dans les textes des stoïciens l'expression d'une *anima naturaliter christiana*, pour le dire comme Tertullien, plus jeune que l'empereur de quelque vingt-cinq ans.

En lisant les *Pensées,* on remarquera que Marc Aurèle intégra dans sa vision philosophico-politique ce qu'il avait appris de la Rome républicaine, déjà si loin dans le passé. Parmi les influences si précieuses qu'il dit avoir reçues comme une grâce des dieux, il y a le souvenir « de Thraséas, Helvidius, Caton, Dion, Brutus », toutes gens qui avaient en commun d'avoir souffert la tyrannie et lutté contre elle, parfois jusqu'à la mort. Et à la suite de ces noms vénérés, le monarque ajoute : « Avoir conçu l'idée d'un État démocratique gouverné selon le principe de l'égalité, et de l'égale liberté de parole, d'une royauté mettant au-dessus de tout la liberté des sujets... » (*ibid.,* I, 14). Nous retrouvons donc une fois de plus les caractéristiques de la juste *basiléia*, de la royauté conçue selon le modèle hellénistique, sublime, abstraite, contemplée comme un archétype rayonnant à jamais. De fait, Marc Aurèle voit la réalité de l'Empire au travers de formes *a priori.* Il transpose sur le registre de la plus pure moralité ces réalités qui, pour nous, sont maintenant perçues comme un ensemble de forces conflictuelles : économiques (dont il n'a probablement aucune idée), sociales, militaires, administratives. Il arrange tout avec de la vertu. Et c'est, n'en doutons pas, avec la plus grande sincérité qu'Athénagoras, adressant vers 177 à Marc Aurèle et à Commode son fils, sa *Supplique au sujet des chrétiens*, la fait précéder d'une dédicace homogène à la pensée politique du temps : « À vous père et fils, tout a été soumis d'En-Haut lorsque vous avez reçu l'Empire : l'âme du roi, en effet, est dans la main de Dieu, dit l'Esprit prophétique... » Et de fait, si l'Empire fut parfois entre des mains plus expertes, à tout point de vue, jamais il ne fut entre des mains plus pures.

L'EMBARRAS DU CHOIX

Si Rome est devenue avec le temps quelque chose comme la Fille aînée du Portique, les autres écoles de pensée n'en sont pas moins représentées dans l'Empire, ainsi que l'attestent de nombreux textes. Chacun, dès lors qu'il résidait dans un grand centre, pouvait donc s'initier à la philosophie de son choix. C'est ainsi, par exemple, que Galien, la plus grande figure médicale du temps, avait pu suivre à Pergame les cours d'un platonicien, d'un aristotélicien, d'un épicurien et d'un stoïcien. C'était son père qui l'y avait incité, craignant peut-être qu'il ne s'inféodât trop tôt aux dogmes d'une seule de ces sectes. L'apologiste Justin fit la même expérience, moins l'épicurien, avant de passer, faute de trouver chaussure à son pied, à ce qui était à l'époque la secte des chrétiens.

Cela dit, il peut être intéressant d'entrer dans le détail, et de regarder ce qui se passait au niveau de chacune des écoles de pensée. Commençons par les épicuriens – je parle des vrais, et non de ces aimables noceurs qu'on voudrait malignement faire passer pour tels, à seule fin de déconsidérer la secte. C'était de bonne guerre ! Ils ont si bien retenu la leçon du Maître : « Cache ta vie », qu'on ne les aperçoit pour ainsi dire qu'à contre-jour. Si nous prenons par exemple les *Lettres à Lucilius*, nous découvrons que les dix-sept premières sont truffées de références à Épicure, et Sénèque s'en excuse en disant que cette bonne sagesse appartient à tout le monde. De même, mais cette fois sans sympathie, chez Épictète, ou encore chez Plutarque, qui ferraille contre eux dans le *Contre Colotès* – mais Colotès est mort depuis trois cents ans ! –, et s'offre la satisfaction de retourner contre lui le titre d'un de ses livres : *Qu'il n'y a même pas de plaisir à vivre selon Épicure*... Appliqué comme toujours, Marc Aurèle tient compte des hypothèses du Jardin dans ses saints exercices. Bref, les épicuriens sont bien là, même si on ne les voit guère. On a toutefois la preuve qu'il y avait à Athènes une chaire officielle d'épicurisme. En effet, il se trouve que Plotina, la veuve de Trajan, était intervenue auprès d'Hadrien – il ne pouvait rien lui refuser – pour qu'il y nommât un certain Popilius Théotimus qu'on ne connaît pas autrement. Enfin, nous avons déjà évoqué ce mur parlant, à Œnoanda, qui portait, gravées à l'initiative du nommé Diogène son propriétaire, des sentences du Jardin, mais aussi, et c'est plus drôle, des gracieusetés à l'adresse de l'école concurrente, du genre : « Les stoïciens, désireux ici aussi, de dire quelque chose de plus bizarre que les autres... », ou encore : « Remarquez comme leur doctrine est peu convaincante... » Et tout cela pour l'édification des passants dans ce trou perdu de Lycie !

Côté platonisme, il se passait aussi des choses notables, et sur plusieurs niveaux. Un pythagoricien du nom de Modératus de Gadès (1re moitié du Ier s. ap. J.-C.), proposait du *Parménide* une lecture fort intéressante. Il y voyait un Premier Un, au-delà de l'Être, un Second Un qui, lui, était à la fois l'Être et l'Intelligible, et un troisième Un, à savoir l'Âme du monde. Autrement dit, le *Parménide*, loin d'être un simple exercice dialectique, décrivait la procession du monde, spirituel et matériel, à partir de l'Un parménidien. Nous retrouverons plus loin cette intuition essentielle.

Dans un tout autre registre travaillait Plutarque de Chéronée (vers 46-125). Il avait suivi à Athènes les cours du platonicien Ammonios. Chargé de diverses missions à Rome, il y avait donné des conférences au temps de Domitien, mais il avait eu la bonne inspiration de s'en retourner chez lui avant que les affaires ne se gâtent entre le Néron chauve et les philosophes. Là-bas, il cumulait sa charge de magistrat avec une sorte de prélature du temple d'Apollon Pythien à Delphes, ce qui faisait de lui le Père supérieur de la fameuse Pythie. Les dédicaces de ses livres, tous adressés à des personnages en vue dans l'entourage impérial, montrent assez qu'il entendait bien exercer une influence idéologique dépassant le cadre de sa petite patrie. Un traité *Du pouvoir d'un seul dans l'État* vante la monarchie selon les idées de Platon, et un autre, d'inspiration pythagoricienne, soutient la théorie du Bon Roi selon les traités *De la royauté* d'Ecphante, Diotogène et Sthénidas. Rien de plus divin dans la Nature qu'une royauté imitant le gouvernement de Dieu. Un autre livre évoque les bienfaits qui ruisselleraient sur les populations si seulement les grands de ce monde voulaient entretenir avec les philosophes un commerce assidu. Mais il y a surtout ces *Préceptes pour le gouvernement de l'État*, recueil de conseils politiques dont les célèbres *Vies parallèles* seront, en somme, l'illustration. Au passage, Plutarque délivre son message aux cités grecques : il leur faut viser le maximum d'autonomie compatible avec un protectorat romain qui, tout bien pesé, est globalement positif. Cela même le fera traiter de « sale petit collabo de Grec » par Françoise Xénakis. Il faut bien rire un peu. Reste que Plutarque était mieux placé qu'elle pour apprécier un fait : depuis l'installation des Romains, on ne s'étripait plus entre cités libres, et c'était toujours bon à prendre.

L'Africain Apulée de Madaure (125-180) se dit lui aussi platonicien, ce que confirme le socle d'une statue gentiment offerte par ses concitoyens. De fait, on lui doit un petit ouvrage, *Sur le dieu de Socrate* et un autre sur *Platon et sa doctrine*, propos plus mondains que philosophiques, mais qui permettent de se faire une idée de ce qu'étaient devenus les thèmes platoniciens dans la société du temps. Car c'est au moment où le stoïcisme est le plus parfaitement intégré à l'idéologie impériale que le platonisme va connaître un vrai regain. On vcut du Platon ; on cn lit, ct donc on sc jcttc sur les introductions, les résumés, les conseils : lisez d'abord ceci, puis cela… D'où ce manuel sec et archi-sec d'Apulée, autrement intéressant quand il peint à fresque les *Métamorphoses* ! Ce roman est vraiment l'ancêtre de la littérature picaresque. Sous couvert de rapporter les tribulations d'un certain Lucius, changé en âne par sa maîtresse à la suite d'un malencontreux bricolage magique, Apulée expose allégoriquement les infortunes de l'âme embourbée dans le corps. Réminiscence du *Phédon* : c'est sur une initiation aux mystères d'Isis et Osiris que s'achève le livre. En dévorant la couronne de roses de l'officiant, Lucius va retrouver sa forme première. Entendez : c'est par l'initiation que l'âme sera rendue à sa vraie nature, qui est divine. Ce siècle a besoin d'un peu de surnaturel.

Toujours au même moment, un certain Albinos de Smyrne, dont on ne sait à peu près rien, rédige lui aussi un abrégé, l'*Epitomè*, où les Idées de Platon sont vues comme les pensées de Dieu, suprême intelligence. Le *Prologue* qu'il écrivit d'autre part est plein d'intérêt dans la mesure où il nous renseigne sur ce que réclame l'époque. On y trouve en effet tout un programme raisonné de lectures platoniciennes appropriées aux besoins et aux goûts des étudiants : selon l'âge, les capacités, le temps dont ils disposent, leur désir d'approfondir, etc. C'est dans la même perspective que s'inscrivent d'autres ouvrages d'inspiration platonicienne, qui ne nous sont parvenus que par fragments. Signalons le Syrien Nouménios d'Apamée, pythagoricien selon les uns, platonicien selon les autres, et qui, après son traité *Du Bien*, a réfléchi *Sur l'infidélité de l'Académie à Platon*. Sans doute la voit-il coupable d'avoir versé dans le scepticisme, alors qu'il propose des textes de Platon une lecture « enthousiaste » au sens étymologique, autrement dit mystique. Se fondant sur la *Lettre* II de Platon – en fait, un faux splendide, mais qu'il croit authentique – et sur le *Parménide*, Nouménios discerne dans Platon, comme avant lui Modératus de Gadès, une hiérarchie divine : le Premier dieu, le Second dieu qui est le Démiurge du Timée, et le Troisième dieu, qui est le cosmos animé. Ces trois hypostases sont liées entre elles par des fonctions déterminées. Détail qui ne manque pas de saveur : Nouménios oppose au déviationnisme de l'Académie la fidélité dont les épicuriens ont toujours fait preuve à l'égard de leur maître ! Il se peut aussi que Nouménios ait influencé un autre platonicien du nom d'Atticos, à qui l'on attribue un manifeste, *Contre ceux qui se flattent d'interpréter Platon par Aristote*, et quelques autres opuscules aujourd'hui perdus. Dans les fragments qui nous restent de lui, on voit Atticos jouer les intégristes et s'accrocher, contre le Lycée, à la lettre de Platon. Lui-même n'est peut-être pas aussi orthodoxe qu'il le prétend, lorsqu'il voit le monde et l'âme créés dans le temps, et qu'il prête à la matière une âme mauvaise... Citons enfin les mystérieux *Oracles chaldaïques*, attribués à un Julien le Théurge dont on ne sait strictement rien. Les fragments qui nous en restent livrent de hautes spéculations sur un dieu un et trine – ce qui ne manque pas d'intérêt –, sur les démons, l'âme, le salut, etc. L'âme s'y voit conviée à « quitter le troupeau », à se dépouiller en vue d'atteindre à la très pure vie d'En-haut, intacte des « putréfactions et écoulements » de la vie matérielle.

Tout cela, qui constitue ce qu'on appelle en histoire de la philosophie « le Moyen Platonisme », est aujourd'hui mieux connu, et notamment grâce aux recherches des philosophes italiens (voir bibliographie). On voit se dessiner une évolution pleine d'intérêt : la société impériale, modelée jusqu'alors par le stoïcisme, s'ouvre vers une transcendance, qu'elle pressent dans les textes de Platon autrement expliqués et comme décryptés par des inspirés orientaux, capables d'en délivrer le sens mystique. Ce platonisme-là, qui prépare le néoplatonisme du IIIe siècle, marquera de façon notable la pensée chrétienne qui, nous le verrons bientôt, en est encore à se chercher une forme philosophique.

Du côté de chez Aristote aussi les choses bougeaient. Nous avons évoqué plus haut, en traitant du Stagirite, le reclassement des textes par Andronikos de Rhodes (Ier s. av. J.-C.), qui légua à la postérité, pour le meilleur et pour le pire, l'Aristote systématique sur quoi devait travailler indéfiniment la tradition. C'est donc de ce *corpus* qu'hérita le grand Alexandre d'Aphrodisias (fin IIe-début IIIe s.), en Asie Mineure. Promu par Septime Sévère titulaire de la chaire de péripatétisme d'Athènes, il honora le poste par des travaux d'exceptionnelle valeur, qui lui méritèrent d'être surnommé « l'Exégète », mieux encore : « le deuxième Aristote ». Et quand on sait qu'Aristote est « le Philosophe » tout court... Alexandre entreprit un travail considérable dans deux directions. L'établissement du texte d'abord, à partir des versions plus ou moins sûres dont il disposait. Anticipant sur le travail de nos modernes éditeurs de textes anciens, il signale les variantes, justifie telle conjecture, rejette telle interprétation. Une grande première ! De plus, il se jeta dans un énorme commentaire, précis, fouillé, afin de rendre claire la pensée du Stagirite. Il avait sur nous l'avantage de disposer, en plus du *corpus* venu jusqu'à nous, des *Dialogues* malheureusement perdus. Hélas ! se perdit aussi une bonne partie de ses propres travaux, dont on ne peut se faire une idée aujourd'hui que par les citations d'auteurs postérieurs. Nous sont parvenus les commentaires sur les *Premiers analytiques, I*, les *Topiques*, les *Météorologiques, La Sensation*, et la fameuse *Métaphysique I-V*, dont nous avons dit plus haut le caractère complexe.

Alexandre d'Aphrodisias est un aristotélicien de stricte observance, conscient de son opposition à Platon. Seul existe l'individuel ; l'âme est la forme du corps, et il ne lui voit pas de survie séparée. Chemin faisant, il est conduit à répondre pour Aristote à des questions que le Maître ne s'était pas posées, mais qui figuraient au menu des discussions philosophiques de son temps, avec les tenants des autres écoles. C'est ainsi qu'il lui arrive de contester avec vigueur les stoïciens, notamment sur la logique – il oppose les deux systèmes en montrant la supériorité d'Aristote –, et sur le problème du destin et de la Providence. La façon dont les stoïciens voient le destin ne lui paraît pas compatible avec la liberté humaine. L'usage qu'il fait sans se gêner de la terminologie du Portique montre qu'il sait de quoi il parle, et qu'il a dominé les deux problématiques. Mais c'est sans doute sur la théorie de la connaissance intellectuelle, restée embryonnaire chez Aristote, qu'Alexandre a le plus apporté. Par nature, l'âme humaine, forme du corps, n'exerce d'activité de pensée que potentielle. L'enfant ne possède d'intellect qu'en puissance, et il ne s'affirmera qu'avec l'expérience, l'exercice, d'où l'importance de l'éducation. L'activité intellectuelle de l'âme résulte de l'intervention, extérieure, transcendante, de cet Intellect actif dont avait parlé Aristote, et qu'Alexandre voit comme l'Intellect divin. C'est lui qui, venant du dehors, fait passer à l'acte ce qui, dans l'intellect passif, n'était qu'en puissance : les intelligibles immanents au sensible, les formes pures, les vérités éternelles. Traduit par les philosophes arabes des IXe et Xe siècles, puis par le dominicain flamand Guillaume de Moerbecka (1215-1286), Alexandre d'Aphrodisias sera diversement apprécié par la pensée médiévale, mais il y tiendra une place essentielle.

Cette visite guidée des écoles de pensée au temps des Césars serait incomplète si nous ne faisions un détour par les sceptiques, dont le représentant le plus important est ce médecin grec connu sous le nom de Sextus Empiricus (IIe-IIIe s.). On ne sait malheureusement rien de lui, sinon qu'il a laissé les *Hypotyposes pyrrhoniennes*, autrement dit la mise en évidence de ce qu'avait dit Pyrrhon, un traité, *Contre les dogmatiques*, et cet *Adversus Mathematicos* qu'il faut traduire par : « Contre les Professeurs de sciences », récemment réédité en français. Là-dedans, tout le monde en prend pour son grade : logiciens, physiciens, moralistes, mais aussi grammairiens, rhéteurs, astronomes, musiciens, etc. En fait, cette machine de guerre est particulièrement dressée contre les stoïciens. Il y a tout de même, à côté de ce jeu de massacre, une partie positive, un exposé de l'anti-système des sceptiques, et de sa fécondité pratique. Qu'il y ait des choses, nul n'en doute – mais nous pouvons tout juste dire comment elles nous affectent, et en aucun cas ce qu'elles *sont* en elles-mêmes. Pour une bonne raison : c'est que l'effet produit est différent de la cause. Les données sensibles ne sont que des affections du sujet percevant. On fera donc bien de suspendre son jugement (en grec : *épochè*) sur cette fameuse essence ou nature de l'objet extérieur, et de se contenter d'exploiter au mieux ce qui nous est ainsi donné dans l'expérience. On atteindra alors à une parfaite quiétude de l'âme, autrement dit à l'*ataraxie*, et on se rendra utile. Transposant la méthode en médecine, qui est son métier, Sextus estime qu'il convient de s'en tenir à la seule observation des phénomènes pathologiques, sans déborder inutilement sur la recherche de leurs causes : elles n'entrent pas en ligne de compte dans l'établissement d'une ordonnance. Ce faisant, Sextus substituait « à une science fondée sur l'essence un art fondé à la fois sur l'observation, sur l'intuition plus ou moins confuse qui donne naissance au diagnostic et au pronostic. » (J.-P. Dumont, *La Philosophie antique*, p. 121). Ainsi, le scepticisme débouchait sur une philosophie de l'expérience. Ce n'était pas une mince découverte.

LE PHILOSOPHE ET SON IMAGE

Cette tournée des écoles nous a permis de constater la vitalité de la pensée philosophique à l'apogée de l'Empire de Rome. Les thèses des différents systèmes : stoïcisme, bien sûr, mais aussi platonisme, aristotélisme, épicurisme, cynisme, sont toujours défendues avec plus ou moins de bonheur, mais dans quelles conditions et dans quelle ambiance ? Il y a d'abord une nuée de scolarques libres, rétribués par leurs élèves. Plus ou moins bien : beaucoup, il faut le dire, végètent et battent le pavé du matin au soir en quête de clients. Mais il y a aussi, depuis les Antonins, du moins pour les quatre grands systèmes, les titulaires appointés des grandes chaires officielles. Leurs émoluments s'élèvent fort haut dans la hiérarchie administrative, et ces bienheureux intellectuels bénéficient avec cela d'une totale exemption d'impôts. Envions nos chers collègues de ces temps bénis ! Ces avantages leur valaient d'ailleurs souvent les sarcasmes des jaloux, écartés de ces largesses.

Qu'ils tiennent le haut du pavé ou qu'ils hantent les bas-fonds, les philosophes sont en effet le point de mire de la société romaine, où qu'on aille dans l'Empire. À quoi tient cette notoriété insolite ? Il y a d'abord la nature du message qu'ils sont censés délivrer, son prestige, son parfum de mystère. Le philosophe fascine par le savoir qu'on lui suppose, par la puissance qui ne peut manquer d'en découler. On ne prête qu'aux riches ! On attend donc – ou on redoute – quelque chose de la *philosophia*, même si le détail des systèmes, l'enchaînement des thèses, échappe à l'homme de la rue. Au reste, la plupart du temps, on s'en tient aux clichés : les stoïciens sont trop durs, les épicuriens trop mous, les cyniques débraillés, les pythagoriciens farfelus. Une chose est sûre : ces gens passent pour détenteurs d'une puissance occulte. Et d'ailleurs, la déception qui parfois se fait jour est à la mesure de ce qu'on en espérait. Les textes font souvent état d'un désenchantement plus ou moins ironique. Si vous allez consulter un philosophe, vous devez d'abord le payer, mais il n'est pas garanti que vous en sortirez plus avancé : le rapport qualité-prix n'est pas toujours satisfaisant. Beaucoup de faiseurs, de charlatans qui n'ont jamais étudié sérieusement, si même ils ont ouvert les volumes dont leurs étagères sont pleines ! Plus profondément, surmonter les divergences des doctrines n'était pas plus qu'aujourd'hui du goût de tout le monde. On eût aimé savoir à quoi s'en tenir, avoir des certitudes. Or Sénèque lui-même ne voyait guère que les horloges pour être aussi malcommodes à mettre d'accord. Pourtant, les penseurs de ce temps étaient plutôt moins sectaires que ceux d'aujourd'hui ; chaque dogmatisme était limité par celui du voisin, et il y avait toujours quelque sceptique pour renvoyer les uns et les autres dos à dos. Et puis, il y avait le comportement quotidien de ces gens, qui ne correspondait pas forcément aux dehors qu'ils affichaient. Le reproche est constant : les philosophes profitent largement d'une vie dont ils prêchent qu'il faut se détacher. Ils mangent comme quatre et boivent sec, courent les bordels, se font de l'argent, etc. Les philosophes eux-mêmes ne se gênent pas pour s'entre-accuser de ternir l'image de la profession. Mais il y a plus, et nous avons pu le voir plus haut : les philosophes passent, dans l'Empire, pour dangereux. Politiquement, on les donne pour opportunistes ou subversifs, donc de toute façon peu sûrs. On les tient à l'œil. Plus subtilement, c'est la discipline elle-même qui inquiète. Elle passe pour détourner des tâches sérieuses : une belle carrière, une position dans le monde. Les « parents d'élèves » se défiaient de ce genre de vocation. On était sensible aux attraits de la pensée, au supplément d'âme que procurait la philosophie, mais on aimait autant que tout cela tentât les enfants des autres. Bien plus rentable était la formation rhétorique, qui ouvrait aux rejetons des bonnes familles des carrières en or. Quant au petit peuple, c'est par la moquerie, pas toujours raffinée, qu'il exorcisait l'envoûtement agaçant de la philosophie. On devinait qu'il y avait là « quelque chose », qui dépassait l'entendement du commun des mortels, et on s'en défendait en se payant la tête de ces sages barbus aux propos trop sententieux, aux airs d'avoir deux airs. Un excellent exemple de toutes ces critiques est fourni par le *Banquet des philosophes* de Lucien de Samosate (125-192). C'est un écrit d'humeur. Platoniciens, aristotéliciens, stoïciens et épicuriens se retrouvent à un repas de mariage où les a conviés un jeune étudiant en philosophie. Mais tandis que les gens de la noce se tiennent convenablement, les philosophes ont tôt fait de se déchaîner les uns contre les autres, et le dîner dégénère. Ils se lancent des accusations infâmes, s'envoient des coupes de vin à la figure, et finissent par se colleter. Le moins antipathique serait encore Alkidamas, le cynique, brave homme qui pisse par terre dans la salle sans égard pour les dames, et provoque une panne d'éclairage pour tenter de violer une joueuse de flûte qu'il lorgnait depuis un moment. On est évidemment assez loin du *Banquet* de Platon. Au reste, l'œuvre de Lucien de Samosate est tout entière, ou presque, une charge contre les philosophes, qu'il méprise par respect pour la vraie philosophie, et qu'il enrage de rencontrer partout. Caricatures, certes, que tout cela, mais assez ressemblantes : on reconnaît les thèses derrière les comportements grossièrement exagérés. Nous parvient ainsi quelque chose des empoignades de ce temps : une présence atmosphérique de la *philosophia* sous ses différentes « marques », tout ce qu'on respirait alors avec l'air du temps. Une pochade comme ce *Banquet* opposant aujourd'hui des phénoménologues, des tenants du positivisme logique, deux ou trois marxistes et un structuraliste pourrait être drôle, du moins je le pense, mais passerait-elle le cercle de l'École normale supérieure ? Il faut rapprocher cela du *dazibao* d'Œnoanda, prenant à témoin le premier passant venu, ou encore de la taverne dite « des Sept Sages » où les marins d'Ostie rigolaient de voir trôner où vous savez les têtes pensantes de la Grèce. Est-ce transposable dans le Vierzon ou le Toulon contemporains ? Où donc la philosophie était-elle présente avec le plus de naturel ? Dans la société romaine de ces temps lointains, ou dans nos cénacles ? Cessons une bonne fois de nous voir en toutes choses hissés à un plan supérieur.

LES ARCHIVISTES

Il est un autre aspect de la *philosophia* qu'il ne faudrait à aucun prix négliger et moins encore mépriser, car il se trouve que beaucoup de ce que nous savons aujourd'hui y est encore impliqué : le travail des doxographes, des compilateurs, bref, des récupérateurs soucieux de conserver pour la postérité ce qui leur semblait précieux. Conscients de tout ce que les philosophes avaient apporté en tant de siècles et de façons si différentes, certains – qui n'étaient pas tous philosophes – entreprirent de consigner par écrit, pour leurs amis, pour leurs enfants, ce qui se racontait dans les conversations, souvent au cours de dîners entre gens de bonne culture. Chez certains, comme Valère Maxime, haut magistrat sous Tibère (14-37), les dits des philosophes apparaissent comme des à-côtés à ne pas laisser perdre. Dans ses *Faits et paroles mémorables*, il se fait l'écho d'anecdotes édifiantes sur vingt-deux philosophes, depuis les Sept sages jusqu'aux pères fondateurs du stoïcisme. Sous Hadrien (117-138), le rhéteur Aulu-Gelle se délecte visiblement à compiler ses *Nuits attiques*, et il s'y montre averti de philosophie : il sait, par exemple, distinguer académiciens et pyrrhoniens, ce qui n'est pas évident pour un profane. On trouve parfois des précisions techniques qui ne manquent pas de saveur, comme cette critique d'un médecin sur la façon dont Platon concevait les rapports de la respiration et de la déglutition : si l'on suivait le maître de l'Académie, on avalerait de travers à tous les coups... Grâce à Aulu-Gelle, nous disposons de renseignements précieux sur les philosophes de son époque. Dans ses *Propos de table*, Plutarque abonde en détails utiles ou drôles, comme la fameuse question de la poule et de l'œuf – lequel des deux faut-il voir à l'origine ? –, qui se retrouvera discutée chez Censorinus et chez Macrobe... En tout cas, sa culture philosophique est de qualité. Même ambiance dans les *Déipnosophistes* (le Dîner des sophistes) d'Athénée de Naucratis – s'il s'agit bien de lui –, qui dut être écrit sous Commode (180-192), ou peu après. Il raconte à un ami tout ce qui est censé s'être dit à la table d'un bourgeois cossu qui accueillait le haut du panier en matière d'intellectualité : médecins, rhéteurs, philosophes, artistes... Philostrate, dit l'Athénien (vers 170-245), rédigea une *Vie des sophistes* – en fait, des philosophes –, et surtout, sur la demande de l'impératrice Julia Domna, femme de Septime Sévère, la célèbre *Vie d'Apollonios de Tyane*, où il idéalise un gourou pythagoricien qui parcourut les Indes au temps des Flaviens. Il n'est d'ailleurs pas impossible qu'en montant en épingle cette figure miraculeuse, Philostrate ait voulu faire pièce aux prodiges qu'on prêtait aux chrétiens. C'est bien ainsi que l'évêque Eusèbe de Césarée, au IVe siècle, le verra. Toujours est-il qu'Apollonios bénéficie, chez Philostrate, de toutes les ficelles du genre littéraire : naissance hors du commun, songes, prémonitions, visions et miracles. Cité devant le tribunal de Domitien, le philosophe se dissipe dans l'air ambiant, etc. Et finalement, nul ne sait s'il est vraiment mort, son tombeau demeurant introuvable. Il pourrait bien, lui aussi, être monté aux cieux. Dans le même temps, les chrétiens concocteront des évangiles apocryphes, où Jésus sera le héros d'aventures rocambolesques.

Il faut s'arrêter également sur Diogène de Laërte (ou Laërce), qui publia les *Vies, doctrines et sentences des philosophes illustres*, dédiées à une dame qui vivait sous Sévère Alexandre (222-235). Ce recueil, qui part des Sept Sages de la Grèce et couvre toute la philosophie jusqu'au IIIe siècle, néoplatonisme non compris, fourmille de renseignements compilés, de petits poèmes de son cru ou d'autres personnages, d'astuces plus ou moins drôles qui ont l'air de l'amuser beaucoup, mais aussi de fragments qui sans lui ne nous seraient jamais parvenus. N'attendons pas de lui un travail de critique : ce n'est pas Alexandre d'Aphrodisias ! On ne le sent du reste pas très philosophe : il n'est pas toujours à l'aise dans les doctrines qu'il expose sans les pénétrer bien à fond. Ce qu'il dit de Platon, par exemple, qui pourtant est redevenu de mode, ne dépasse pas le travail de fiches. Mais il a consenti un effort considérable d'information : un érudit moderne, R. Hope, a compté 1 186 références explicites à quelque 250 auteurs ! C'est grâce à Diogène Laërce que nous disposons du testament d'Épicure et de ses trois *Lettres*. Énorme travail qui fait de ce chercheur l'un des premiers historiens de la philosophie, et l'une de nos sources les plus précieuses.

Plus tard, à la fin de l'Empire, Macrobe poursuivra la tradition dans ses *Saturnales*, composées avec amour pour son fils. Là encore, on trouve une énorme collection de références touchant la philosophie, « discipline des disciplines », et l'on s'aperçoit que les *Nuits attiques* d'Aulu-Gelle lui ont été d'un grand profit. Je ne saurais trop recommander la lecture intégrale de ces compilateurs, gens modestes et irremplaçables par qui transite notre si fier savoir. N'en doutez pas : ils auraient été heureux d'apprendre que des siècles après eux, on se délecterait encore – car on ne s'y ennuie jamais –, de ce qu'ils avaient consigné avec tant de soin et parfois d'humour. Les morts dont nous parlent ces morts reprennent vie dans nos vies, et les passions intellectuelles d'une époque sans eux oubliée à jamais nous redeviennent présentes.

XI

DES DIEUX ET DES MOTS

ATHÈNES ET JÉRUSALEM

Depuis son apparition aux temps présocratiques, la raison grecque s'était-elle beaucoup impliquée dans la nature des dieux ? En disait-elle si long ? La question vaut, me semble-t-il, d'être posée. Les récits mythiques continuaient à circuler et les cérémonies à dérouler leurs fastes parallèlement à la mise en place des grandes physiques, qui pourtant avaient retiré aux dieux, par esprit d'économie, certaines actions cosmiques explicables désormais plus simplement. On regardait maintenant les mythes d'un autre œil. Ceux qui entendaient conserver le message d'Homère ou d'Hésiode s'étaient vus contraints de lui donner une interprétation allégorique. De ceux-là, Théagène de Rhégium (VIe-Ve s.), nous le savons, avait été le premier, sauvant ainsi des récits que la raison ne pouvait déjà plus prendre au pied de la lettre. Ce qui était dit des dieux dans les vieilles traditions devait s'entendre des éléments cosmiques, des dispositions de l'âme, etc. D'autres recouraient aux mythes toutes les fois qu'ils voulaient faire pressentir ce qu'il y avait d'inexprimable autrement dans l'histoire des hommes : les origines, l'amour, la mort et ses éventuels lendemains – et de là vient sans doute que Platon garde pour nous encore un charme qu'Aristote n'aura jamais. D'autres, comme Xénophane, mettaient le doigt sans ménagements sur ce que véhiculaient d'humain trop humain les pauvretés qu'on alignait de confiance sur des dieux que nul n'avait jamais rencontrés. Ou alors, on parlait des dieux sans en dire grand-chose, sinon qu'ils existaient, mais que tout se passait à peu près comme s'ils n'existaient pas. Ainsi les sophistes, qui ne donnaient pas cher des divines calembredaines de la mythologie, d'ailleurs battues en brèche par toute une époque. Et si Épicure maintient l'existence des dieux, il prend bien soin de les couper des hommes par un infranchissable fossé de plaisir. Il arrivait aussi que l'individualité légendaire des dieux se fondît dans une sorte de présence cosmique passible de toutes les personnalisations, comme c'est le cas chez les stoïciens : là où Dieu est tout, tout est Dieu, et pourquoi pas les dieux ? Sénèque n'éprouve pas le besoin d'en dire plus, et Cicéron avait visiblement la tête ailleurs. Bref, à mesure que l'on considère la pensée grecque et ce qu'elle a engendré chez ceux qui l'ont adoptée dans le monde romain, on a l'impression que les dieux – ou la divinité –, c'est ce qui reste quand on a tout expliqué, mais ce reste n'en est pas moins précieux. De peur de se risquer à en dire des riens, peut-être estime-t-on plus sage, confusément, de n'en rien dire. J'y vois cette crainte de l'*hubris*, de la démesure, qui hante la conscience du monde antique, et qui toujours maintient la pensée dans ses limites.

Mais il arrive que les civilisations les plus étrangères se rencontrent à la faveur des voyages et des conquêtes. Des centres cosmopolites se forment alors, où cohabitent des mondes qu'un abîme continue de séparer, des individualités inconfusibles et cependant poreuses. Il advint donc que le peuple de la Bible se trouva pris dans la noosphère hellénistique et romaine, puis se détacha de lui le rameau chrétien – et c'est ainsi que la pensée grecque, arrachée à la prudence séculaire de la raison, se vit entraînée à parler d'un dieu qui n'était pas le sien.

Ce n'était pas une mince affaire, car enfin, le peuple juif avait son dieu sans visage – que nul ne pouvait voir sans mourir –, et les mots pour le dire, ou plutôt pour le suggérer avec un infini respect pour sa transcendance. Une tradition immémoriale s'imposait d'emblée, qu'on apprenait de bouche à oreille, selon cet ingénieux système hébraïque du parallélisme verbal, qui rythmait prières et leçons comme des comptines, et tout cela se gravait dans la mémoire des fils tel que cela s'était mis dans la mémoire des pères, et ainsi de suite jusqu'à la fin glorieuse des temps, où Dieu régnerait sur les Nations. Et dans cette révélation en forme d'histoire sainte depuis Adam jusqu'aux ultimes prophètes, les mêmes épisodes cent fois repris se correspondaient, s'entre-éclairant les uns les autres. Pour l'initié, c'était un tout parfaitement cohérent où il puisait les raisons d'une confiance inébranlable, et pour le non-juif un impénétrable maquis de textes, où l'on devinait – si même on les devinait – des sous-entendus obscurs. Il faut s'être donné la peine – et surtout si, comme c'est mon cas, on fait partie des *Goïm*, des Nations, de ceux qu'on appelait les *Gentils* (du latin : *gentes*) –, il faut, dis-je, s'être efforcé d'entrer dans ce système linguistique pour en découvrir l'originalité, et du même coup mesurer la difficulté, sinon l'impossibilité d'une transposition à peu près correcte dans les catégories mentales de l'Antiquité classique. Jugez-en plutôt. Côté Grecs, un monde éternel, où le temps est image mobile de l'éternité ; côté Juifs, un monde daté, qui a débuté et se poursuivra comme une histoire, de la préface à l'épilogue. Pour les uns, un devenir qui implique perte d'unité, exténuation, dégradation, mouvement qui déplace les lignes et ne les arrange pas, – et pour les autres, une sacrée longue marche sous l'œil de Dieu, et qui aboutira en dépit des épreuves, car elles seront surmontées. L'homme hébreu a une vocation ; il est « appelé par son nom » qui contient son essence, relative au plan divin. L'homme grec ou romain subit un destin, le mieux étant qu'il épuise sa liberté à s'y soumettre de bon gré plutôt que de force, car le résultat sera le même, et d'aucuns voient dans la spéculation intellectuelle une solution élégante pour s'en échapper par le haut. Avec cela, les concepts ne se recouvrent pas. D'un côté et de l'autre de cette frontière des esprits, on ne parle pas de « matière », de « chair », d'« âme » et d'« esprit » dans le même sens. Au reste, comme l'a utilement exposé Claude Tresmontant, la métaphysique des Hébreux ignore la dichotomie âme-corps. L'âme, c'est l'homme ; il *est* son âme plutôt qu'il ne l'*a*, et la chair, c'est aussi l'homme, mais affecté de ce coefficient de fragilité soulignant qu'il n'est pas Dieu. Et du coup, si l'on s'avise – et il le fallut bien ! – de traduire l'hébreu *nefesh* (le souffle de vie) par *psuchè* (l'âme), on l'engage dans un dualisme qui vient des orphiques, et on fait se lever une cohorte de problèmes d'autant plus redoutables qu'ils ne se posent pas, de l'un et l'autre côté, dans les mêmes termes. Oui, ce serait le cas de dire, comme plus tard Tertullien : « Quoi de commun entre Athènes et Jérusalem ? » (*De la prescription*, VII, 9, 11).

On eût pu imaginer que les deux systèmes de pensées poursuivissent leur carrière en circuit fermé, ce qui fut le cas pour une partie du monde juif, mais pour une partie seulement. Car l'histoire en décida autrement. Au IIIe s. avant notre ère, au temps d'Antiochos IV Épiphane, le monde juif fut pris dans le grand brassage hellénistique, et plus d'un subit la fascination du modèle grec. La révolte des Macchabées, en 168 av. J.-C., donna un coup d'arrêt à une évolution où le peuple juif risquait son identité religieuse et culturelle. Mais d'autre part, il y avait bel âge que des communautés juives, fidèles d'ailleurs à leurs traditions, avaient essaimé un peu partout dans le bassin méditerranéen gréco-romain : en Égypte, en Grèce, en Italie. Ce sont ces gens de la *Diaspora* – littéralement : de la dissémination –, qui nouèrent des contacts approximatifs entre les deux univers de pensée.

Alexandrie, métropole culturelle de première importance, comptait une forte communauté juive, et les relations au niveau le plus élevé donnèrent naissance à une haute culture judéo-grecque. On traduisit, vers le IIe siècle av. J.-C. les livres de la Loi à l'usage des fidèles qui avaient perdu l'usage de l'hébreu, devenu langue morte. C'est la traduction dite des *Septante*, en raison de la pseudo *Lettre d'Aristéas* : soixante-douze spécialistes juifs en seraient venus à bout en un temps record. Cette version eut un rôle déterminant dans le processus d'hellénisation de la théologie, et plus largement, de la culture juive, et d'autre part, c'est à travers elle que transitera, par le jeu des traductions de la traduction, la connaissance de la Bible en milieu judéo-chrétien. Il faudra attendre la version latine de saint Jérôme, au IVe-Ve siècle, qui travaillera sur l'hébreu, pour retrouver un tour sémitique gommé par le grec et ses catégories. Mais le latin de Jérôme se ressent, hélas ! des habitudes linguistiques de son siècle. Signalons aux esprits curieux – et ne plaignant pas leur peine – un champ d'études tout à fait passionnant. Ils y seront aidés par les travaux des grands exégètes de l'École française de Jérusalem, par ceux de Henri Tardif de Lagneau, qui synthétise l'exégèse et la patristique, par ceux aussi de Jean Daniélou, bon connaisseur du judéo-christianisme. Occasion idéale, à mon sens, de se pénétrer du caractère essentiellement relatif de toute pensée.

MOÏSE PHILOSOPHE

Comment rester authentiquement Juif tout en se voulant partie prenante dans la culture des citoyens de l'Empire, ou si l'on préfère, comment mener la vie d'un Juif fidèle à la tradition en milieu cosmopolite, où l'on parle et pense en grec ? Telle est la question que se posa Philon d'Alexandrie (env. 20 av. J.-C.-50 ap. J.-C.), le fils d'une riche famille de négociants dont plusieurs membres exerçaient des responsabilités dans l'administration civile de l'Égypte romaine. Homme d'action, il n'entendait pas que sa piété, pour fervente qu'elle fût, le coupât du reste du monde, le retranchât dans une sorte de ghetto intellectuel en même temps que sociologique. C'est donc sa foi qui le rendit inventif d'une adaptation tout à fait audacieuse de la Bible. Loin, en effet, de plier le judaïsme à la pensée grecque, ce qui avait été la tentation au temps des Séleucides, Philon entend montrer que c'est bel et bien de Moïse et des prophètes de la Bible que procède toute vraie *philosophia*.

À ce propos original il y avait toutefois un préalable. Philon se rendait parfaitement compte de tout ce que les textes sacrés, tant en eux-mêmes que dans les conduites qu'ils prescrivaient aux fidèles – circoncision, régime alimentaire, etc. –, pouvaient avoir d'insolite aux yeux des Grecs, voire d'incongru. Aussi entreprit-il, à la manière de Théagène et autres Grecs pour les légendes mythologiques d'Homère et d'Hésiode, d'en produire une interprétation allégorique. C'était évidemment risqué, mais les croyances des Juifs y prenaient en milieu grec un tour intellectuellement admissible pour les Gentils, qui pouvaient ainsi en bénéficier, sinon s'y rallier. Il disposait pour cela de la version grecque des *Septante* et des *Livres de la Sagesse* rédigés en grec, et il avait acquis d'autre part une solide culture philosophique. Restait à partir de là à construire une synthèse philosophique dans l'esprit d'une époque marquée par Platon, Aristote et les stoïciens. L'œuvre, énorme, est accessible aujourd'hui en bilingue aux Éditions du Cerf, grâce au travail d'Arnaldez, Pouilloux et Mondésert. Elle consiste principalement dans *la Vie de Moïse*, l'*Exposition de la Loi*, l'*Allégorie de la Loi* – se subdivisant chaque fois en traités –, et dans les *Questions et réponses sur la Genèse et l'Exode* (en traduction arménienne). S'y ajoutent quelques opuscules philosophiques, historiques ou apologétiques, parmi lesquels je citerai l'*Ambassade auprès de Gaius*, autrement dit de Caligula : Philon, envoyé en mission auprès de l'inquiétant César, le dissuada d'introniser sa statue dans le temple de Jérusalem. Cela montre bien de quelles responsabilités Philon fut investi par ses compatriotes, et atteste la confiance dont ils l'honoraient.

Je puis tout juste donner ici une idée de sa pensée, à partir de quelques exemples. Et tout d'abord, contre les objections des Grecs, dont il se fait l'écho, Philon tient à marquer nettement la différence : Moïse n'est pas un Homère juif, qui aurait élucubré des mythes. Moïse a, certes, reçu l'enseignement des Égyptiens et des Grecs, mais pour le transcender grâce à la lumière qu'il recevait d'En-Haut. Plus profondément, dans son historicité même, Moïse est la figure et la manifestation de la Parole, du *Logos*. Cela ressort de l'épisode raconté en Exode II, 16 et suiv. Il y est dit que le prêtre de Madian avait sept filles. Elles vinrent puiser de l'eau pour abreuver les troupeaux de leur père, mais furent chassées par les bergers. C'est alors qu'elles tombèrent sur Moïse, qui prit leur défense et fit boire le bétail. Enchanté, le vieux prêtre ne put moins faire que lui donner sa fille Séphora en mariage. Bien. Mais, dit Philon, « L'interprétation des Écritures sacrées s'opère à travers les significations cachées, dans les allégories » (*De la vie contemplative*, 78). Que faut-il donc comprendre dans cette histoire des filles du prêtre de Madian ? Ceci : le prêtre représente le *Noûs*, autrement dit l'Intelligence, et ses sept filles ne sont autres que les sept facultés sensibles : les cinq sens, la faculté génératrice et la parole. En allant puiser de l'eau, elles se tournent vers le sensible, mais elles rencontrent Moïse qui figure le *Logos*. Quant à Séphora, le radical de son nom signifiant en hébreu : « s'envoler », elle désigne la nature ailée de la parole prophétique qui sortira de cette union. En somme, ces filles ont rencontré dans la personne concrète de Moïse tout à la fois le sensible et ce qui dépasse le sensible en engendrant la Prophétie. Ce texte du *Commentaire* peut aujourd'hui paraître tiré par les cheveux, mais le procédé s'insérait dans une tradition déjà longue, et se poursuivrait bien après Philon, notamment chez les Pères de l'Église chrétienne.

Dans cette perspective, tous les personnages de la Bible et tous les épisodes reçoivent un éclairage philosophique. Le péché d'Adam (l'homme), à l'instigation d'Ève (la sensation) fascinée par le serpent (le plaisir), c'est la manifestation d'un fait regrettable : la partie sensible de l'homme peut à tout moment le détourner de sa vocation, etc., etc. On pourrait multiplier indéfiniment les exemples.

Dans cet étrange travail – et combien attachant ! – d'élucidation, Philon ne se gêne pas pour utiliser ce qui, dans la philosophie, lui paraît accordé à ses intuitions. Sans jamais perdre de vue son propos ni céder à la confusion, il prend son bien où il le trouve : chez les platoniciens, où il puise le vocabulaire de la contemplation ; chez Aristote, qui lui fournit au passage une définition du temps ; chez les stoïciens s'il s'agit de vertus morales. Mais comme l'a souligné Arnaldez, il ne s'inféode pas pour autant aux conceptions des auteurs auxquels il emprunte. Son propos reste imperturbablement biblique. Sa représentation de Dieu est absolument transcendante, dans le plus pur esprit de l'Écriture, ce qui le confrontera à la question des rapports de la divinité et du monde, et donc à l'incontournable problème de l'Un et du Multiple. C'est par le *Logos* qu'il le résout, de façon d'ailleurs fort complexe. Le *Logos*, c'est, bien sûr, la Parole divine *(en hébreu dabar)*, dont les hébraïsants savent qu'elle est action efficace en même temps que sagesse régulatrice et loi. C'est aussi le Premier-Né, éternellement engendré, lieu des archétypes platoniciens, et c'est à sa sublime image que tout a été créé. Et à ce titre, c'est enfin l'intermédiaire entre Dieu et les hommes, l'Ange intercesseur et dispensateur des grâces qui procèdent d'En-Haut. Plus tard, les judéo-chrétiens trouveront là leur théologie du Verbe, à cela près qu'ils verront le *Logos* comme « consubstantiel » à Dieu, alors que Philon le conçoit évidemment comme subordonné à Dieu. Quant au verset sur lequel s'ouvre la Genèse : « Au commencement... », Philon n'y voit aucune connotation de date : ce qui a été créé par Dieu « ce jour-là-qui-est-un » – et non pas « le premier jour sur le calendrier » –, ce sont les essences incorporelles du ciel, de la terre, de l'eau, du souffle vital, du soleil, etc., bref, ce qui a été créé d'abord, c'est le monde intelligible. Le Dieu d'Israël a créé, en somme, un monde platonicien.

Extraordinaire synthèse, en vérité, biblique de bout en bout, et puissamment philosophique. Cela dit, il est probable que les auteurs des livres saints auraient eu un choc s'ils avaient pu lire ce que Philon leur ferait raconter bien des siècles plus tard. Le décalage explique peut-être que Philon ait moins marqué la pensée juive orthodoxe que celle des chrétiens. Les Pères grecs de l'Église et les théologiens trouveront là un gisement inépuisable de matériaux pour leurs spéculations. J'ajouterai, d'un tout autre point de vue, que les textes de Philon relatifs à la fonction royale sont tout imprégnés de l'idéologie hellénistique contenue dans ces traités *De la royauté* dont nous avons pu apprécier l'influence.

« ET LE *LOGOS* S'EST FAIT CHAIR... »

Et tandis que Philon parachevait son époustouflante synthèse, un groupuscule de Juifs venant de Jérusalem se répandait un peu partout dans le monde romain pour y prêcher une doctrine dont l'un d'eux – et non le moindre –, reconnaissait qu'elle était « scandale pour les Juifs et folie pour les païens » (1re Épître aux Corinthiens I, 23). Paul de Tarse en était bien conscient. Scandale, en effet, pour ses coreligionnaires, puisque ces Juifs annonçaient la venue en ce monde, en la personne de Jésus dit « le Christ », du Fils de Dieu en personne, du *Logos* venu sauver les hommes par son sacrifice sanglant sur la croix. Le Messie tant espéré était donc venu, mais dans des conditions déconcertantes aux yeux de beaucoup, qui imaginaient cet avènement sous des couleurs plus éclatantes. Folie pour les non-Juifs, pour les Nations, que rien, philosophiquement, ne préparait à cette idée d'un dieu, juif de surcroît, s'engageant dans le devenir, mourant pour ressusciter d'entre les morts afin de sauver les hommes d'on ne savait trop quelle transgression. L'accueil qu'on réserva, sur l'Aréopage d'Athènes, à ce message insolite et plutôt délirant à vues humaines, montre bien le décalage des sensibilités : « On t'entendra là-dessus une autre fois ! » (Actes des apôtres XVII, 32). De fait, comment imaginer que la divinité s'engage dans le devenir, que l'Un se perde au contact du Multiple, et concevoir qu'un homme qui s'était promené dans les rues de Jérusalem ait incarné la divinité selon Platon, Aristote ou Cléanthe, pour ne pas même parler d'Épicure ? Comment admettre que la divinité coïncidât précisément avec le dieu ethnique des Juifs ? Et comment penser l'idée même d'une résurrection d'entre les morts promise à tous les humains ? À voir cette poignée d'hommes et de femmes entreprendre cette étrange aventure, prêchant un dieu souffrant dont le royaume n'était pas de ce monde, qui eût pu prévoir que trois siècles et demi plus tard, cette religion inassimilable à une pensée logique s'imposerait comme la religion officielle de l'Empire finissant ?

Parfait connaisseur des deux mentalités, la juive et la grecque, Jean Daniélou a montré, étape par étape, comment les premières communautés de fidèles, enracinées dans un milieu juif très vivant, sont venues au contact du monde grec ambiant, lui-même traversé de courants religieux et, nous le savons, philosophiques, très divers. Étonnante vitalité spirituelle du monde romain au temps des Césars ! Les religions de salut, dites « à mystères », si bien étudiées par Robert Turcan, y abondaient, venues de l'Orient, au point qu'elles agaçaient Sénèque au Ier siècle et incommodaient Juvénal au second : l'Oronte s'était déversé dans le Tibre romain ! Déméter et Koré, Isis et Osiris, Dionysos, Zagreus,

Sabazios et autres, avaient leurs adeptes. Ces cultes, au prix de l'initiation, garantissaient la protection personnelle de la divinité, ici-bas et peut-être dans l'au-delà, sur l'existence duquel ne régnait d'ailleurs pas l'unanimité. À tout le moins, ces religions offraient « une belle espérance ». Le culte du dieu Christus se fût sans doute installé sans encombre dans le monde romain s'il ne s'était – et par la force des choses – mis en contravention avec les usages religieux et civils de Rome. Héritant des Juifs la conception d'un dieu unique qui était celui d'Israël – mais s'étant eux-mêmes exclus d'un judaïsme toléré comme religion ethnique –, les premiers chrétiens se trouvèrent en porte-à-faux, et subirent de ce fait, on le sait, de pénibles persécutions. Intellectuellement, ce fut longtemps le mépris qui prévalut, tant en raison du recrutement des fidèles dans les couches les plus modestes de la société, et donc les moins cultivées, que du fait d'un message sur Dieu, sur l'homme, sur le monde, prenant à revers les habitudes de pensée.

Et pourtant, contre toute attente, le christianisme triompha de toutes ces oppositions. Et il arriva que se développant principalement dans la partie orientale de l'Empire, et donc s'inscrivant dans un univers mental grec, le christianisme s'hellénisa. L'annonce faite aux Nations – en grec – de la Bonne Nouvelle, l'explication de son contenu, et aussi sa justification en termes de *philosophia*, empruntèrent nécessairement à la culture contemporaine. Philon avait bien acculturé la Bible au milieu grec ! Les chrétiens garderont beaucoup de ce judaïsme hellénisant, où Jésus, héraut de la loi nouvelle parce que Fils de Dieu, surclassait maintenant Moïse. Pour Philon, Moïse était figure et manifestation du *Logos* ; pour les chrétiens, Jésus était le *Logos*, « et le *Logos* était Dieu » (Jean I, 1). Aucune pensée n'avait aussi profondément engagé la divinité dans la vie des hommes, souffrance et mort comprises.

Ces contaminations du message chrétien avec la pensée ambiante se produisirent très tôt et à plusieurs niveaux.

C'est ainsi, par exemple, que saint Paul, écrivant aux fidèles d'Éphèse, en Asie Mineure, fait état de puissances maléfiques qui gouvernent le monde, liées qu'elles sont aux ténèbres du siècle, « *archas, exousias, kosmokratoras* », qu'on traduit comme on peut par « principautés, dominations, souverains du cosmos », et aussi d'« esprits du mal disséminés dans les airs » (Éphésiens VI, 12). L'Apôtre ne semble pas douter de la réalité de ces objets métaphysiques non identifiés, et saint Augustin, plus tard, n'en doutera pas davantage –, mais sa foi le rassure, dès lors que Christ a pourvu ses fidèles des armes qu'il faut pour en venir à bout. Dörrie entendait là, et, je pense, avec raison, les échos d'une « cosmologie des faubourgs » qui s'était constituée en milieu populaire en marge des grands systèmes philosophiques, et qui alimentera, nous le verrons, les spéculations échevelées des gnostiques. Paul prémunissait ainsi les fidèles contre des peurs qu'on respirait avec l'air du temps.

Mais c'est à la charnière du IIe et du IIIe siècle que parut la première grande synthèse du christianisme et de la philosophie. On la doit à Clément d'Alexandrie (env. 140-220). Ce programme de haute formation chrétienne, en plusieurs volumes, était calqué sur celui qui était en usage pour l'enseignement de la philosophie. Clément y engagea toutes les ressources de sa culture, tant biblique que profane, et c'est ainsi que se trouvèrent entraînées dans ce projet les grandes traditions littéraires, philosophiques et religieuses de tous les temps. L'œuvre se compose de quatre titres principaux. Le *Protreptique* (en grec : le Convertisseur) se situe dans la ligne tout à fait classique des exhortations à la philosophie, à cela près que pour Clément, la vraie philosophie, c'est le christianisme : ici débute une formule qui fera carrière dans la suite des temps. Est donc récupérable des philosophies païennes ce qui cadre avec la révélation, et cela seulement. On ne sera pas surpris de voir le Christ assimilé au *Logos*, présent au cosmos et à l'esprit des hommes. Le *Pédagogue*, destiné aux convertis, leur dicte par le menu et sur tous les plans ce qu'ils doivent à présent faire et ne pas faire – et tout cela doit beaucoup à Platon et au Portique, du moins en ce que Clément leur trouve de bon et qui, de ce fait, procède à travers eux du *Logos*. Mais cette morale, qui ne craint pas de descendre dans le détail, est replacée dans la plus vaste perspective du plan divin sur la création. Ces bonnes dispositions étant acquises, Clément peut alors en venir à la formation proprement philosophique, au sens où il l'entend, du disciple. Ce sont les *Stromates* (littéralement : les Tapisseries) qui vont parfaire cette initiation. Le myste chrétien entre dans la connaissance du *Logos* tel qu'il se révèle aux hommes dans la Bible et dans le Christ. C'est donc d'une *gnôsis*, d'une gnose qu'il s'agit, qui met le chrétien en possession de l'interprétation spirituelle des Écritures. Elle se construit dans l'esprit de Philon, auquel Clément se réfère explicitement, mais ses allégories sont évidemment reprises en référence au Christ. Il n'hésite pas « à utiliser les plus beaux éléments de la philosophie et de la culture » (*Strom.*, I, 1, 15), précisant toutefois que « la philosophie, ce n'est pas celle des stoïciens, ou de Platon, ou d'Épicure (il ne l'aime point) ou d'Aristote, mais tout ce qui a été dit de bon dans chacune de ces écoles... » (*Strom.*, I, 7, 37), et qu'il faut récupérer là où il se trouve. Quant aux *Hypotyposes* (les Esquisses), qui ne nous sont parvenues que résumées par Photius, un érudit du IXe siècle, elles proposaient des exégèses de l'Écriture et des épîtres de saint Paul. Ce Philon chrétien, pourrait-on dire, est animé d'un souffle puissant et plein de charme, mais la hauteur même de son inspiration, son aspect ésotérique aussi, réduisirent son audience. Le progrès des études exégétiques et patristiques permet aujourd'hui de mieux apprécier l'exceptionnelle importance de Clément, tant pour la connaissance du christianisme alexandrin que pour la compréhension du climat philosophique de l'époque.

Un peu plus tard, sous les Sévères, Origène (env. 185-254), lui aussi alexandrin, reprit la manière de Clément. Il avait suivi l'enseignement du mystérieux Ammonios, dit Sakkas (le

Portefaix), un platonicien qui eut Plotin pour disciple. Mais ce qu'Origène sait de philosophie est surtout instrumental, entièrement au service de ses spéculations personnelles – jugées peu orthodoxes – sur le dogme chrétien. Comme tel, il intéresse davantage les spécialistes de l'histoire des dogmes et de l'exégèse. Toutefois, Origène entreprit de réfuter – soixante-dix ans après sa parution – le *Discours vrai* d'un philosophe, probablement platonisant, du nom de Celse. Sans le *Contra Celsum* d'Origène, sans doute n'aurait-on rien su de cet opposant farouche au christianisme en même temps qu'au judaïsme. Pour Celse, l'idée même d'un dieu qui s'incarne – alors que tout l'effort des humains vise à s'affranchir du corps – est une absurdité. Quittant ainsi sa place pour en occuper une autre, sans commune mesure, ce dieu-là introduirait une modification tout à fait déplorable dans l'ordre des choses, et qui risquerait d'entraîner des réactions en chaîne. Se référant à Platon, dont il cite largement les dialogues, Celse apparaît bien de son siècle, et ce qu'on entrevoit de sa pensée au travers de la réfutation d'Origène témoigne d'une présence vivante et même vigilante de la philosophie, soucieuse d'une primauté de la raison critique.

Tous ces travaux pour ou contre montrent en tout cas que le christianisme avait intellectuellement pignon sur rue, et qu'il suscitait – comme *philosophia*, comme sagesse et école de vie – un intérêt certain et des controverses dures, dont les échos peuvent aujourd'hui surprendre un monde devenu largement indifférent aux spéculations philosophiques et religieuses. Tout un pan du passé humain s'est ainsi écroulé, mais le lecteur qui m'a suivi jusque-là atteste qu'on peut encore trouver du bonheur à en inventorier les ruines.

DANS LES SECRETS DIVINS

Un tableau de la pensée philosophico-religieuse au temps des Césars serait incomplet s'il ne réservait une place à un mouvement – mais j'hésite à dire : de pensée et l'on va voir pourquoi –, qui passa par son maximum aux IIe et IIIe siècles, mêlant les aspirations affectives les plus folles et les appétits intellectuels les plus vifs. Le gnosticisme a soulevé l'enthousiasme des uns et la réprobation horrifiée des autres, et parfois même suscité l'hilarité des savants. Tel qu'il est, il représente un état de la pensée qu'on ne saurait passer sous silence.

Nous connaissons déjà le mot : *gnôsis*, la gnose, c'est tout simplement la connaissance, et nous venons de voir qu'un Clément, un Origène, entendaient bien la révéler par leurs exégèses. Ici, le terme prend une coloration différente, car les participants de ce mouvement, répartis dans une multitude de sectes, ne sont plus à l'intérieur d'une révélation spécifique – la juive ou la chrétienne –, mais puisent leurs certitudes à toutes les sources, dont ils mêlent les apports, parfois sur fond de philosophie, en des synthèses tout à fait surprenantes. Pour différents qu'ils soient d'une chapelle à l'autre, les gnostiques ont en commun la recherche des secrets divins. On veut savoir ce que Dieu a prévu, et on ne doute pas qu'on puisse le savoir, car Il a, paraît-il, confié le fond de sa pensée à certains élus, à toutes fins utiles. Encore faut-il frapper à la bonne porte, car plus d'un se prévaut de détenir le fin du fin, le dernier mot de la divine gnose, et donc la seule clef du salut éternel. Si nous parvenions à saisir ce sur quoi ces gens fondaient de pareilles certitudes, nous aurions fait un grand pas dans la connaissance, non seulement de l'esprit de ces deux siècles, mais aussi, peut-être, d'une certaine dimension, irrationnelle sous un aspect rationnel, de la pensée humaine.

Nous savons maintenant que les premières générations chrétiennes vivaient et pensaient dans la mouvance du judaïsme, palestinien certes, mais aussi hellénisé, dont Philon d'Alexandrie représente un fleuron. Sous l'influence de saint Paul, soucieux d'étendre aux non-Juifs le bénéfice de l'Évangile, l'Église naissante avait tôt rompu avec la Synagogue en tant qu'institution. Toutefois, ceux que les gens d'Antioche avaient pour la première fois surnommés « les chrétiens » (Actes XI, 26), n'en restaient pas moins dépendants d'une spiritualité juive, pas toujours orthodoxe, fortement mâtinée d'hellénisme. Ils étaient donc friands des révélations que Dieu consentirait censément de ses secrets intimes, consignés dans les *apocalypses* (en grec : l'action de dévoiler). Or, du fait du cosmopolitisme de l'Empire, véritable mosaïque d'ethnies différentes par la culture, les mœurs, la sensibilité religieuse, le christianisme encore fragile des origines se trouva immergé au sein d'une infinité de courants d'idées, de visions du monde et de traditions religieuses venant d'un peu partout, mais toujours de l'Orient : de l'Égypte, creuset religieux par excellence, de la Phrygie, de la Babylonie, et peut-être de l'Inde. Qu'on se souvienne d'Apollonios de Tyane et de ses mirobolantes aventures ! On découvrait donc, à la faveur de ce brassage, que d'autres voyaient les choses autrement que la Bible et les Évangiles, et proposaient d'autres réponses aux sempiternelles questions qu'on se posait sur Dieu, la destinée, la vie, la mort. Comment ne se serait-on pas passionné pour ces nouveautés, bonnes peut-être à essayer ? La tentation était d'autant plus forte que l'ésotérisme de ces cultes, leur aspect envoûtant, les spéculations apparemment philosophiques qui les accompagnaient, s'adressaient, en fait, à la sensibilité, voire aux sens, plus qu'à la raison, et ratissaient plus large que les homélies des pasteurs et les diatribes des philosophes. Du coup, les plus sensibles à ce genre de curiosités en vinrent à se demander si les Écritures avaient bien tout dit, et si, sans pour autant être fausses, elles n'étaient pas tout simplement incomplètes ou tronquées. Ces révélations mirobolantes venues d'ailleurs étaient une occasion inespérée de remplir les blancs, et de situer dans un plus large contexte ce qu'on savait d'autre part par l'enseignement de l'Église. Et c'est à la recherche de ce « plus » que s'activèrent de petits groupes d'initiés, passablement illuminés, qui fatalement introduisirent dans l'Église une sorte de révolution culturelle aux conséquences incalculables.

Parallèlement, on voit surgir toute une floraison d'écrits ésotériques, commentés par des personnalités à l'ascendant considérable, même s'il n'était pas toujours du meilleur aloi. Ces textes étaient censés compléter la révélation à partir de documents jusque-là tenus en réserve – d'où le nom d'*apocryphes* que leur a donné la tradition (du grec : *apokruptô*, je mets en lieu sûr). Adoptant le procédé, familier dans l'Antiquité, de la *pseudépigraphie*, leurs auteurs n'hésitaient pas à faire endosser leurs élucubrations à des personnages-clés : Ève, la sainte Vierge, tel ou tel apôtre. Ainsi Seth, troisième fils d'Adam, qui, prévoyant le Déluge, aurait gravé les divines révélations sur des stèles que retrouva bien après un certain Dosithée, et que nous restituent aujourd'hui les papyrus de Nag-Hammadi. La lecture de ces grimoires a quelque chose de surréaliste, voire de loufoque. Leur variété, leur complexité, découragent les spécialistes eux-mêmes. Je ne citerai, bien sûr, que quelques grands noms : Basilide (Alexandrie, vers 125), Valentin (d'Alexandrie à Rome vers 140), Marcion (Asie Mineure, 85-160), Marcos (milieu du IIe s.). Combinant selon une logique pathétique les données des nombreuses cosmogonies légendaires et les exégèses les plus controuvées des Écritures juives et chrétiennes, les gnostiques construisent toute une géométrie dans l'espace : cercles concentriques par douzaines, sphères célestes gigognes, chacune sévèrement gardée par des Archontes, vigiles angéliques tout droit issus du judaïsme hellénisé, entités métaphysiques personnifiées qui s'empilent selon des hiérarchies subtiles. Et à tous les niveaux, il se passe quelque chose : accouplements, éjaculations cosmiques, enfantements à l'échelle des astres. Dieux-pères, déesses-mères, esprits mâles et femelles rivalisent d'astuce pour s'assurer, quand surviendra la lutte finale, l'hégémonie sur les cieux et sur la terre. Il arrive que dans cet imbroglio cosmique, Jésus intervienne au terme d'un long périple, pour sauver ce qui peut l'être, mais c'est d'une façon toujours étrange, et en tout cas sans aucun rapport avec l'économie des Évangiles. Bref, on est bien loin, dans ce brouhaha métaphysique, des cieux d'Aristote, paisible quartier résidentiel situé dans les régions supra-lunaires.

S'il y a tant d'agitation dans le cosmos et au-delà, c'est que pour les gnostiques, le monde est raté. Tout bloque, tout râcle, tout freine nos élans vers la joie : le cauchemar d'un sadique, vraiment. Il est donc impossible de faire endosser à un dieu bon la responsabilité d'un pareil fiasco. On sait que Juifs et chrétiens expliquaient la présence du mal par le péché d'Adam. Pour les gnostiques, pas du tout : l'homme n'est qu'une victime innocente. Selon eux, en effet, le monde avait bien été programmé par un dieu bon pour être à son image. Hélas ! ce beau projet de paradis à plein temps a été détourné par des puissances métaphysiques concurrentes, soucieuses de s'y réserver l'hégémonie. Voulant court-circuiter la divinité, elles s'emparèrent de ses plans et procédèrent elles-mêmes à la création – qu'elles ratèrent, évidemment. Et ce fut la chute libre du spirituel dans la matière, où il est encore embourbé à l'heure qu'il est, avec toutes les conséquences qu'on peut constater. L'homme, si parfait en projet, n'est plus qu'une misérable fausse-couche, un avorton voué à toutes les déchéances. D'après les textes gnostiques, le dieu de l'Ancien Testament est toujours assimilé à l'un de ces apprentis-sorciers responsables de ce gâchis général.

Dans ces conditions, que faire ? – Encore faudrait-il, disent les gnostiques, qu'on prît conscience de la situation. Or, la plupart s'y résignent, encouragés par les philosophies et les religions. Ils ne savent pas que Dieu – le bon – a mis dans le cœur de chacun le germe de sa vie éternelle, qui ne demande qu'à s'épanouir. Cela même exige avant tout un changement radical de vie. Il faut s'affirmer étranger en ce monde où l'homme vit en exil, se démarquer du troupeau, éviter autant que faire se peut de se reproduire, pour ne pas étendre le gâchis. Le gnostique est un insoumis, un objecteur de conscience métaphysique et moral. Quelle règle accepterait-il, dès lors qu'il n'a aucune liberté ? Le mal nous cerne ? – Qu'à cela ne tienne : commettons-le, et ainsi nous l'épuiserons. Les pires égarements seront les bienvenus, puisque ce sera autant de pris sur les puissances des ténèbres. Le salut passe ensuite par des pratiques liturgiques variées, dont j'ai donné ailleurs quelques aperçus. Ces offices engagent par toute une symbolique les différents niveaux d'existence et d'activité que le mal primordial a censément estropiés. Les célébrations sacramentelles font mémoire, avec un scrupule qui ne redoute pas le qu'en dira-t-on, des abominations où la création a sombré, afin d'en annihiler les effets. Et comme le mystère du monde s'inscrit, selon les gnostiques, dans un processus cosmique de génération et d'enfantement, il arrive que ces rites évoquent la *sex-shop* plus que la cathédrale. Les Pères de la grande Église n'ont pas de mots assez durs pour flétrir ces célébrations, qui ne rappelaient que de très loin la sainte eucharistie.

Il était dans l'ordre que l'Église se mobilisât contre ces déviations, qui faisaient courir à la foi un péril mortel, et qui de plus menaçaient de compromettre le christianisme tout entier aux yeux des païens déjà mal disposés à son égard. Comment espérer qu'ils fussent sensibles à la différence, alors que tant de mauvais bruits couraient sur les sectateurs du dieu Christus ? L'évêque Irénée de Lyon écrivit en 180 une réfutation d'ensemble qui nous est parvenue sous le titre abrégé d'*Adversus haereses*. Ce travail d'une grande ampleur fait d'Irénée le premier des théologiens chrétiens. Du côté des païens, le philosophe Plotin, que nous allons rencontrer sous peu, réfuta rationnellement, dans un traité de 265-266, les thèses gnostiques (voir *Ennéades*, II, 9). Il expliquait à ceux de ses disciples que tentait le gnosticisme que le monde sensible ne doit rien à quelque mauvais démiurge, mais qu'il est l'émanation d'un monde intelligible bon, qui a en lui-même sa raison. S'il n'est – hélas ! – pas douteux que le mal soit partout, il n'a pourtant aucune positivité en soi ; il n'est que la privation d'un bien. À chacun donc de s'en délivrer par l'ascèse et la contemplation rationnelle, dans l'esprit de Platon et d'Aristote, et non point en cédant à des mirages inconsistants qu'aucune raison ne saurait garantir.

Déconcertante littérature gnostique ! À côté de tirades abracadabrantes ou graveleuses, on y trouve des morceaux d'une incontestable élévation, et qui traduisent une volonté poignante d'aller plus loin que ce qu'on sait ou croit savoir par les philosophies et les religions. Nulle part ailleurs la conscience du tragique de la condition humaine ne se montre plus aiguë ; aucune philosophie n'aura été plus sensible au désordre, à la peine des hommes, au scandale de la mort, que réduisent et futilisent, pour le dire comme Jankélévitch, tous les systèmes. Dans la littérature gnostique éclatent le désespoir des hommes de n'être pas des dieux, et leur certitude de parvenir un jour à quelque impensable délivrance. On peut bien rire de leurs trouvailles ; on ne doit jamais oublier que les gnostiques ont pleuré nos misères et passionnément ont voulu leur trouver une issue. Cette quête de l'absolu survivra sous des formes diverses à travers les âges, et il n'est même pas exclu qu'elle se poursuive aujourd'hui encore sous des déguisements variés et parfois dérisoires : théosophies, occultismes de toute nature, invocations aux puissances des ténèbres – tout cela exprimant ce qui reste au cœur des hommes quand les philosophies ont tout expliqué et les sciences et techniques tout transformé. « Faites mourir la mort », disait Valentin le Gnostique. La philosophie ne peut jamais qu'apprendre à la tolérer, et de là viennent peut-être le sentiment qu'elle est toujours trop courte, et l'illusion qu'il existe ailleurs, au-delà, quelque chose de plus à découvrir, qui nous sauverait de nous-mêmes.

*

Cette incursion, indispensable à mon sens, dans le secteur des choses divines, telles du moins qu'on les pensait dans les trois premiers siècles de notre ère, nous aura instruits, quoi qu'on en pense, sur la philosophie envisagée selon son devenir. Nous venons de la voir entraînée à rationaliser, tout au moins au niveau de leur expression, des intuitions qui par définition échappent au rationnel dès lors qu'elles se présentent comme des révélations. Intéressante évolution, en vérité, ou plutôt involution : c'est comme si, sortie des mythes aux temps présocratiques, la *philosophia* s'incurvait, du moins chez certains, vers son origine, y faisant retour après un long chemin. Comme si, paradoxalement, elle trouvait son accomplissement dans l'élucidation et la formulation conceptuelle de cela même dont elle s'était dégagée, affranchie même, sept siècles plus tôt. Il arrive donc que le rationnel trouve, pour d'aucuns, son apogée dans l'exposition de l'irrationnel. Rien n'est jamais linéaire dans ce domaine, comme si l'humanité, animée dans son esprit d'un mouvement ascensionnel immuable, s'élevait étape par étape vers l'absolu rationnel enfin vainqueur des mythes. Or, ce rationalisme optimiste est lui-même un mythe. Aux temps déjà lointains des sophistes d'Athènes, on doutait des dieux et de leur capacité à fonder les lois des cités et la conduite des hommes. Deux cents ans après, un Cicéron ne voyait toujours que les grands-mères pour ajouter foi aux vieilles légendes, et un Juvénal, qui précède de peu le printemps gnostique, estimait que pour croire à toutes ces choses, il n'y avait plus que les enfants point encore en âge de payer leur entrée aux bains publics. Puis, tout soudain, le temps devint pieux et même dévot. Les païens eux-mêmes se mirent à proposer de leurs mystères une justification en forme de philosophie. Et bientôt, la raison, fonctionnant désormais pour des siècles à l'intérieur de la révélation judéo-chrétienne, s'épuisera à fournir un langage philosophique aux dogmes de la Trinité et de la Rédemption, en attendant qu'un nouveau retour en force de la raison n'infirme avec la même conviction ces édifices bâtis pour défier le temps. Et ainsi de suite.

XII

L'ABSOLU ENTREVU
LES NÉOPLATONICIENS

Et pendant ce temps, imperturbables, les concessionnaires des différentes firmes de pensée écoulaient leur stock de convictions, élaborées des siècles plus tôt et remaniées au cours des âges. Dans une lettre écrite autour de 268 et recueillie par Porphyre dans sa biographie de Plotin, le platonicien Longin (vers 213-273) évoque avec une pointe de mélancolie le temps de sa jeunesse estudiantine : « Il y a eu de notre temps, Marcellus, un grand nombre de philosophes, surtout aux premières années de mon âge... Quand j'étais adolescent, il y avait beaucoup de philosophes chefs d'école. J'ai pu les voir tous, grâce aux nombreux voyages que je fis avec mes parents dès l'enfance. J'ai été en relation avec ceux qui vivaient encore, dans les nombreux pays et les nombreuses villes que je fréquentai... » (Porphyre, *Vie de Plotin*, 20). Et de citer des platoniciens, des aristotéliciens, des stoïciens (aucun épicurien...), les uns auteurs de travaux originaux, les autres s'en tenant à reproduire mot pour mot ce qui venait des anciens âges. Le temps des héritiers s'étirait dans un Empire déjà menacé du dehors et du dedans.

Pourtant, ce serait le cas de parler, à propos des philosophies, de cette fuite de l'œuvre devant son créateur qu'avait analysée Maurice Nédoncelle : les philosophies ont un destin. Elles suivent leur cours chez les disciples, avec toutefois des sorts assez différents. Elles y donnent naissance à des écoles dont la fidélité est variable – un peu, beaucoup, passionnément, pas du tout. Cela, nous le savons maintenant. Et puis, parallèlement à ce destin particulier à chacune, les philosophies en ont un autre, qui est de se combiner entre elles pour donner des synthèses plus ou moins stables, où chacune sert en quelque sorte à développer les virtualités des autres. Ainsi Platon a-t-il été indéfiniment lu et relu, et il a donné lieu à des interprétations différentes et même divergentes qui toutes se réclament pourtant du maître d'Akadémos. Aristote aussi a été lu et commenté, et tel élément de son système est venu modifier une thèse ou l'autre chez certains platoniciens, et il n'est pas certain que les deux maîtres se fussent réjouis du résultat. Lus et relus également les stoïciens, et ce qu'ils disaient du monde et de l'âme est parfois venu étayer ce que platoniciens et aristotéliciens défendaient. Chaque philosophie venant en ce monde est vouée à ces relectures, et les intuitions uniques dont elles étaient porteuses se croisent avec d'autres intuitions dans de nouvelles couches chronologiques où les réalités ne sont plus les mêmes, où d'autres problèmes ont surgi, auxquels nul n'avait jusqu'alors songé. Et je ne parle évidemment pas des bricoleurs de seconde zone – mais il arrive que les Anciens en parlent… –, qui concoctent à partir de ces richesses des concordismes bâtards. Tel était donc le climat philosophique tandis que dans la très cosmopolite Alexandrie, un homme d'une trentaine d'années cherchait sa voie. Il s'appelait Plotin (205-270).

AU-DELÀ DE L'ÊTRE

Si on ne sait pas grand-chose de la jeunesse de Plotin, c'est que lui-même en avait disposé ainsi. Pas davantage il ne souhaitait qu'on perpétuât par des portraits une vie terrestre qu'il savait imparfaite par essence : il semblait qu'il eût honte d'être dans un corps. Aussi la *Vie* qu'écrivit plus tard son disciple Porphyre apparaît-elle dans sa sobriété hiératique comme un écrit quasi évangélique, voire comme un pastiche des évangiles, comme je l'ai montré naguère, annonçant le passage en ce monde d'un sage venu y manifester l'Esprit. Pour Porphyre, Plotin est, j'ai insisté là-dessus à maintes reprises, l'épiphanie du *Noûs* divin. Né à Lycopolis, en Égypte, il avait attendu ses vingt-huit ans pour s'adonner à la philosophie, mais de tout ce qui s'enseignait dans l'Alexandrie du temps, il n'avait finalement retiré que découragement et chagrin. Jusqu'au jour où il entra chez cet Ammonios Sakkas, maître de vie spirituelle qui fut, je l'ai dit plus haut, l'initiateur d'Origène et de quelques autres : « Voilà, dit-il en sortant, celui que je cherchais ! » Dans un Empire qui s'ouvrait de plus en plus largement, depuis les Sévères, aux influences de l'Orient, la mode était aux révélations en provenance de là-bas. Apollonios de Tyane, dont Philostrate avait depuis peu écrit la vie, ne s'était-il pas rendu dans les Indes, parce que, disait-il, ces gens passaient pour avoir une intelligence plus subtile, puisqu'ils vivaient dans une lumière plus pure ? (Philostrate, *Apollonios*, VI, 11). On aura remarqué au passage le rapprochement entre le soleil et l'esprit, entre la lumière physique et ce qu'elle symbolise dans un univers où, à la différence d'aujourd'hui, tout se tenait. Intrigué comme tout le monde, par les traditions philosophiques et religieuses de l'Orient, Plotin, au printemps de 242, fit jouer ses relations, et obtint de suivre l'armée de Gordien III qui justement partait pour une expédition contre les Perses. Mais l'opération tourna carrément à la déconfiture, et Plotin en fut quitte pour la plus belle peur de sa vie. En 244, il s'enfuit précipitamment vers Antioche, puis de là gagna Rome, où il se fixa. Choyé par la haute société, mais vivant toujours en ascète, il y enseigna jusque peu avant sa mort. Ses cours attiraient la meilleure clientèle. Le César Gallien et Salonine, sa femme, l'admiraient beaucoup. C'était, il est vrai, le dernier couple philhellène avant une longue série d'empereurs illyriens peu motivés par la culture, et trop occupés d'autre part : l'Empire, sous leurs règnes, irait se dégradant d'année en année. Je me suis naguère intéressé à l'étrange projet qui germa dans la tête du platonicien fervent qu'était Plotin : relever de ses ruines une ville de Campanie et y établir une cité des philosophes qui vivrait selon les lois de Platon et s'appellerait, comme de juste, Platonopolis. Une vitrine, en somme, du platonisme, cité idéale en des temps troublés. Mais Gallien, peu soucieux de voir se former un État dans l'État en ces temps propices aux usurpations, refusa le permis de construire, et je pense qu'il fit bien. Platon savait déjà que sa République idéale était un mythe, tout juste propre à susciter nos ferveurs pour le Bien et la Justice, qui ne vont jamais bien loin dans la pratique.

Cette fidélité par-delà les siècles à la mémoire de Platon était un fait d'époque. Tout comme les épicuriens, attachés à célébrer la fête d'Épicure, les platoniciens fervents observaient chaque année le Jour de Platon, qui comportait bien sûr un banquet, au cours duquel les affidés rivalisaient en joutes oratoires. Touchante époque : imaginez donc une saint Kant aujourd'hui ! Toujours est-il que Plotin est un inconditionnel de Platon. Il l'explique à ses élèves, mais en intégrant à son exégèse non seulement les apports de toute une tradition platonicienne qui s'était poursuivie en marge de l'Académie et de son scepticisme, mais aussi les apports intéressants des autres systèmes philosophiques. C'est en ce sens que Joseph Moreau voit dans Plotin « la gloire de la philosophie antique » : il en assume et il en transfigure les principales intuitions.

Nous comprendrons mieux la démarche de Plotin si nous gardons présents à l'esprit les différents éléments de ce fonds philosophique où il puise, et que nous avons pu voir se former dans les chapitres précédents. On se souvient peut-être que les stoïciens insistaient sur l'unité du monde : un grand Tout organisé jusque dans ses détails par une Âme qui en fait un vivant. Cette Âme du monde vient lointainement du *Timée* de Platon, où les stoïciens l'ont trouvée. Seulement, pour le Portique, cette Âme universelle est purement immanente ; elle se suffit à elle-même et ne renvoie à aucun au-delà transcendant. Or, si Plotin fait sienne la représentation d'un cosmos un, il estime que la vie qui le rend tel tire son origine de plus haut qu'elle : elle émane d'une transcendance. Mais comment la concevoir ? – Il faut ici préciser que Plotin connaît aussi la métaphysique d'Aristote. Il a en tête la puissante intuition de cette Pensée de la pensée, de ce dieu par qui sont comme aimantés tous les existants, de cet Acte pur de qui dépend le régime universel des êtres. Pour Plotin, c'est précisément de cet Intellect absolu, de ce *Noûs*, que procède l'Âme du monde. Il est le suprême niveau de l'Être et de la pensée qui pense l'Être, l'absolu Sujet qui se donne lui-même comme objet, et en lui l'ensemble des Idées platoniciennes, ou si l'on préfère, des Archétypes. Nous avons ici ce que les philosophes appelleront plus tard « l'Être suprême ». – Mais, estime Plotin, cette plus haute Unité est pourtant une dualité, puisque se pensant elle-même, elle se scinde en sujet et objet, et ainsi déchoit de l'absolu de l'Unité. Son existence même, le fait qu'elle soit, renvoie donc à un Un absolutissime, échappant à tout régime concevable d'existence.

Or, comme platonicien, Plotin a lu au livre VIe de la *République* que la source du monde des Idées, c'est l'Un-Bien, dont il est dit en propres termes qu'il est « au-delà de l'essence » (509 b). La source de l'Être, fût-ce de l'Être suprême, ne peut être qu'au-delà. Plotin a également en tête le jeu des neuf hypothèses du *Parménide*, qui déroulent toutes les combinaisons possibles de l'Un et de l'Être. Or, on se rappelle que plus haut, il a été dit que des platoniciens pythagorisants, Modératus de Gadès, Nouménios, voyaient dans le *Parménide* le foyer de la révélation platonicienne.

S'appuyant sur la *Lettre* II de Platon à Denys, un faux magnifique que la tradition tenait pour authentique, ils posaient trois niveaux de « royauté », c'est-à-dire d'unité, et finalement de divinité. Il y avait donc le Premier Un (l'instance suprême, au-delà de l'Être), le Second Un (qui est la première et la plus haute forme de l'Être), et le Troisième Un (l'Âme du monde), au-dessous de quoi il n'y a que multiplicité de plus en plus dégradée, de moins en moins « une », jusqu'à cette pure multiplicité, comme telle irrécupérable, qu'est la matière. Sans un minimum de forme, elle n'existe pas. De la matière pure, on peut dire qu'elle est en deçà de l'être.

On voit donc se dessiner, à partir de ces textes, la hiérarchie entière du monde, le régime entier de l'Être, du pur en deçà jusqu'à l'absolu au-delà. Le système de Plotin pose donc trois niveaux d'unité, qu'on appelle les trois *hypostases*. Au sommet, l'*Un*, pure transcendance que n'atteignent ni la pensée ni le langage. Éternellement il diffuse l'unité sous la forme de l'être qu'il n'a pas lui-même : le faire-être n'*est* pas ; l'Un donne ce qu'il ne possède pas. – La première et la plus haute émanation de l'Un, c'est le *Noûs*, l'Intellect-Être, le Sujet-Objet. C'est là qu'il faut situer ce qu'on appelle ordinairement le divin, les dieux. – La troisième émanation, c'est l'Âme du monde, la *Psuchè*, qui procède du *Noûs* et qui distribue l'unité dont elle est porteuse, et jusqu'au plus ténu des vivants, et même jusqu'au plus infime élément matériel, dès lors qu'il est suffisamment un pour qu'on puisse en parler comme de quelque chose.

On voit donc que le système de Plotin est un dynamisme incessant, éternel : l'Un engendre l'Intellect, qui engendre l'Âme, qui engendre le cosmos. Plus exactement, et pour être tout à fait fidèle à l'esprit de cette admirable vision – toute rationnelle et qui ne doit rien à aucune religion –, il faudrait dire que la générosité absolue de l'Un donne à l'Intellect de quoi se poser lui-même ; la générosité surabondante de l'Intellect donne à l'Âme du monde de quoi devenir Âme, et cette Âme elle-même diffuse sa propre générosité dans tout ce qu'elle anime. En vérité, chaque existant procède ainsi de soi-même en même temps que de son principe. Plotin voit sortir de l'Un un monde d'auto-créateurs. Nul n'aura rêvé d'un dieu moins aliénant.

Mais à cette éternelle *procession* – c'est le terme qu'emploient les philosophes –, correspond inversement un universel *retour*. Le cosmos entier est travaillé de l'intérieur par un irrépressible désir d'unité, par un besoin incoercible de coïncider avec sa source, et de proche en proche, avec l'Un au-delà de tout. Les êtres matériels aspirent à coïncider avec l'Âme du monde pour s'unifier davantage ; l'Âme du monde désire ne plus faire qu'un avec l'Intellect dont elle se voit procéder, et l'Intellect lui-même n'est qu'amour de l'Un absolu qui le pose et à partir duquel il se pose. Tels sont donc les deux mouvements dont palpite le monde : *proodos-épistrophè*, émanation et conversion, éternel aller-et-retour.

Dans cette perspective, on devine quel itinéraire propose à l'homme la *philosophia* telle que l'entend Plotin – et l'on comprend qu'il ait littéralement fasciné ceux qui l'entendaient balbutier (car il parlait mal, avec des fautes, et de cela il ne se souciait point). L'homme est âme, certes, mais il n'est pas qu'âme, ou plutôt, son âme anime un corps matériel, une chair sensible dans laquelle elle se disperse. Assaillie par l'infinité des sollicitations sensibles, l'âme humaine court le risque d'oublier ce qu'elle est. Il lui faut donc se recueillir – et donc, en un premier temps, consentir à une purification, à une *ascèse* qui la délivrera des lourdeurs de la chair. Elle rejoindra alors cette Âme du monde de laquelle elle participe ; elle s'unira à elle jusque dans l'élan qui porte l'Âme du monde vers l'Intellect. Et cela même va déterminer le second temps de son voyage : ce sera l'effort d'*abstraction*. Alors, elle aura accès à la pure connaissance, à celle que promettait Platon dans le *Banquet*, dans le *Phédon*, dans le *Phèdre* : elle contemplera les

Idées, les Archétypes du monde – et ainsi, elle en saura plus infiniment sur le monde qu'elle n'en aurait appris en stagnant au niveau du sensible. Atteignant le niveau de l'Intellect, elle deviendra divine. – Mais une autre étape lui reste encore à franchir, qui est sans commune mesure. Unie (si elle y parvient) à l'Intellect, elle partage avec Lui l'élan qui Le porte à rejoindre cet au-delà de tout dont Il se voit avec tant de joie émaner. Si elle y atteint, l'âme humaine est alors elle-même au-delà : au-delà de la subjectivité dont la conscience soudain s'abolit dans l'unité pure ; au-delà du temps et de l'espace ; au-delà des dieux tels qu'elle s'en donne l'image ; au-delà même de l'Être – bref, au-delà sur toute la ligne. Cette absolue simplification *(haplôsis)* dont parle Plotin n'est pas un état, une demeure permanente ici-bas où l'âme ravie s'installerait. Pour elle, ce n'est, en fait, si elle peut s'élever jusque-là, qu'un instant d'*extase*, un fragment infinitésimal de temps hors du temps, mais dont la fugacité à elle seule vaut toute une vie, puisque l'âme en se perdant coïncide avec la source des sources, avec l'Un sans pensée ni figure. Rares éclairs de grâce dans une vie de purifications féroces et de méditations sans vacances. Porphyre confie qu'au cours des cinq années où il demeura auprès de lui, Plotin en fut favorisé quatre fois. Lui-même dut attendre cette chance jusqu'à soixante-sept ans.

Suivez bien la trajectoire de Plotin ; fixez-la dans votre esprit : vous la verrez souvent imitée, rarement égalée, jamais dépassée. Elle influencera, en tout cas, les théologies : chrétiens et musulmans s'en inspireront, intégrant à leurs irrationnels cette rationalité pure. Rares pourtant seront ceux qui conspireront avec l'intuition de Plotin : la plupart, en s'élevant au niveau de la seconde hypostase, croiront avoir fait tout le chemin. Nous aurons bientôt l'occasion d'y revenir.

Ce qu'enseignait Plotin est contenu dans les cinquante-quatre traités qu'il écrivit entre 253-254 et 268-269, et que

Porphyre édita plus tard en les regroupant, pour la satisfaction de son esprit, en six *Ennéades*, autrement dit en six groupes de neuf, hors chronologie. Il est évidemment préférable de lire ces traités selon leur ordre de composition, ce qui se peut aujourd'hui commodément grâce aux travaux du P. J. Igal sur la chronologie de Plotin, et aux éditions récentes de Henry et Schwyzer (en grec), et de P. Hadot. Ce savant a entrepris la traduction française intégrale des traités dont l'ordre imposé par Porphyre modifiait parfois le sens.

SOPHIA ET RELIGIO

Porphyre (vers 234-310) venait du Moyen-Orient : il était né en Phénicie, autrement dit dans la région libano-palestinienne. Il passa ses premières années à Tyr avant de partir pour Athènes, où Longin lui enseigna un platonisme de sa façon. Puis il s'en fut à Rome et s'inscrivit parmi les auditeurs de Plotin, auprès de qui il resta cinq ans, de 263 à 268. C'est à lui que le maître confia la mise au point de ses œuvres. Son équilibre n'y résista pas : hanté de pulsions suicidaires, il dut, sur le conseil de Plotin lui-même, voyager pour se changer les idées, ce qui le conduisit en Sicile. Entre-temps, Plotin était mort. Porphyre s'en revint à Rome et prit en main les destinées de l'école jusqu'à son dernier jour.

Porphyre fut quelque chose comme l'Aristote de son temps. Son esprit encyclopédique toucha à tout : grammaire, rhétorique, logique, mathématiques, astronomie, mythologies et religions, histoire de la philosophie, éthique... Tout cela a pratiquement disparu : en effet, le philosophe fut victime du changement idéologique qui, au tout début du IVe siècle, fit passer l'Empire sous la mouvance des chrétiens – qu'il détestait sans s'en cacher. Lors de son voyage en Sicile, il avait écrit un *Contre les chrétiens* si astucieux que le livre fut proscrit par les empereurs, et le reste suivit. Ne sont venus jusqu'à nous que l'édition des *Ennéades* – encore une chance ! – précédée d'une *Vie* de Plotin ; une *Vie de Pythagore* ; les traités *Qu'il faut s'abstenir de la chair des animaux*, et *Sur les images*. Il y a enfin cette introduction *(Isagogè)* qu'il donna aux *Catégories* d'Aristote, et qui fut un best-seller jusqu'au XVIIe siècle. Traitant des genres et des espèces, il s'y demande s'il s'agit là de réalités subsistantes en elles-mêmes, ou de simples conceptions de l'esprit : c'est le fameux problème « des universaux » qui hantera tout le Moyen Âge. Le reste, et notamment le traité *Contre les chrétiens*, ne nous est parvenu que par fragments, souvent extraits de réfutations.

Friand dans sa jeunesse de spéculations religieuses et de pratiques de salut, ce qui était tout à fait de son siècle, le Tyrien dut sans doute à l'austérité intellectuelle de Plotin un tour d'esprit plus rationnel. Si l'on peut dire que Porphyre professa sa vie durant la philosophie de Plotin, il faut pourtant reconnaître, avec Pierre Hadot, qu'il en modifia et dénatura passablement l'intuition première. Soucieux, en effet, de lever certaines difficultés relatives à l'interprétation des textes platoniciens, Porphyre en vint à identifier l'Un – que Plotin situait, on s'en souvient, au-delà de l'Être – avec une pure activité d'être, avec quelque chose comme l'Idée de l'« étant ». C'était évidemment déchoir de l'extraordinaire hauteur métaphysique du plotinisme, où le Principe donne précisément ce qu'il n'a pas, où le Faire-être ne saurait être lui-même dit Être. De l'*hénologie* (ou philosophie de l'Un), on revenait à l'*ontologie* (ou philosophie de l'être). La première hypostase rejoignait en quelque sorte la seconde. Et cette adultération de l'intuition plotinienne aura de lourdes conséquences, puisque c'est ce néoplatonisme-là – et pas celui de Plotin – que rencontrerait un jour, nous allons le voir bientôt, le jeune Augustin en pleine crise spirituelle. Ce sont principalement les textes porphyriens qui acheminèrent Augustin, lassé du manichéisme, revenu de toutes les philosophies, vers cet ontologisme spiritualiste qu'il transmettra par la suite et pour des siècles à la théologie chrétienne d'Occident. Et cela même a conforté de façon décisive la propension latine à se donner un dieu-Être suprême – le Bon Dieu classique, si j'ose dire –, plutôt qu'une déité au-delà de l'Être. La responsabilité des philosophes est plus grande, décidément, qu'on ne se le figure.

Porphyre avait gardé du temps de sa jeunesse une passion pour tout ce qui était religieux. Avant de passer sous l'influence d'un Plotin peu enclin aux mythes et moins encore empressé aux célébrations, Porphyre avait écrit une *Philosophie tirée des oracles*, où il s'intéressait vivement aux recettes de salut. Dans son traité *Qu'il faut s'abstenir...*, où il prône le végétarisme pour des raisons philosophiques, il démontre avec une ferveur qui nous touche encore que les animaux, eux aussi, ont part au *Logos*, et donc à la justice. Ils parlent, ils pensent, et donc ils font partie de la communauté des vivants. Si bien qu'en encourageant la pratique des sacrifices et de la consommation des viandes immolées, les rites officiels font le jeu des mauvais « démons », des dieux de très bas rang, et l'homme y fourvoie son âme. Mieux vaut prendre la mesure de sa propre chute et amorcer le retour vers l'origine. La vraie philosophie rend caduques toutes ces pratiques, tout juste bonnes pour les masses. Seule elle délivre l'âme de ses pénibles pérégrinations et lui assure le salut. De cette religion-là, le philosophe est le prêtre, qui a commerce seul à seul avec la divinité dans le sanctuaire de son âme.

Même climat de spiritualité dans la *Lettre à Marcella*, sa femme. Certains passages pourraient être transcrits tels quels dans un livre chrétien de méditations : « Qu'à toute action, toute œuvre, toute parole Dieu assiste en observateur et veilleur. Tout ce que nous faisons de bien, tenons-en Dieu pour auteur ; du mal, c'est nous qui sommes les auteurs pour l'avoir choisi... » (*À Marcella*, 12). Le sage doit préparer dans son esprit un sanctuaire pour Dieu, l'ornant d'une statue vivante : son intellect, où Dieu a imprimé son image. « Dieu n'a besoin de rien ; le sage n'a besoin que de Dieu » (*ibid.*, 11). Le vocabulaire est prêt à l'emploi pour les âmes pieuses.

Avec son dogme de l'incarnation du *Logos*, avec l'eucharistie, etc., le christianisme devait fatalement prendre Porphyre à revers, et l'agacer prodigieusement. Surtout sous les formes abâtardies du gnosticisme, car il arrive à Porphyre de mettre tout le monde dans le même panier. Dans la *Vie de Plotin*, par exemple, il signale « qu'en ces temps-là il y avait beaucoup de chrétiens », et l'allusion qu'il y fait, les précisions qu'il donne au passage, évoquent à l'évidence les spéculations gnostiques dont nous parlions plus haut, que Plotin s'employa, avons-nous dit, à réfuter. De ce qui ressort des fragments du traité *Contre les chrétiens* tels que les a rassemblés Harnack au début de ce siècle, et que P. de Labriolle a commentés, il apparaît pourtant que Porphyre avait consenti un effort remarquable d'information sur les textes chrétiens. « Les évangélistes, écrit-il, sont les inventeurs, non les historiens des choses qu'ils racontent de Jésus » (Harnack, *fragm.* 15) – et de relever, comme feront les exégètes libéraux des XIXe et XXe siècles, les discordances, les contradictions, les différences dans l'usage des citations bibliques. Du travail d'orfèvre ! Bref, les chrétiens ne s'entendent même pas entre eux sur le récit de la crucifixion ! « Si ces gens-là n'étaient pas capables de dire véridiquement de quelle façon Jésus était mort, et n'ont fait que de la littérature, c'est que tout le reste ne mérite pas davantage confiance » (*ibid.*). Au reste, qu'attendre de pauvres types incultes, qui ont suivi Jésus comme ils auraient emboîté le pas au premier venu assez malin pour exploiter leur déraison ? Jésus ? Ses miracles ? Au mieux, un Apollonios de Tyane sans la philosophie, donc un sous-Apollonios, car c'est elle qui fait toute la différence. Quant à la vision du monde, il la juge délirante. L'incarnation est carrément impensable, l'eucharistie est un acte de cannibalisme qui fait penser au festin de Thyeste, et quant à la résurrection, c'est le comble : comment imaginer que des morts s'envolent vers les nuées, subvertissant l'ordre immuable de la nature tel que l'a disposée le *Logos* ? Et que les chrétiens n'espèrent pas s'en tirer par des exégèses allégoriques : Porphyre a connu Origène ; il sait tout de sa formation, de ses lectures, et il fut consterné de le voir ainsi « échouer dans cette entreprise barbare (...), transportant l'art des Grecs aux fables étrangères... » Bref, rien de tout cela ne tient debout : la foi des chrétiens est donc, en rigueur de termes, une « foi illogique » une croyance hors-saison, inassimilable à la divine *philosophia* qui est la vraie religion. Nous voyons ici s'opposer de la façon la plus abrupte les deux visions du monde qui bientôt s'opposeront en un combat sans merci. Pour Porphyre, la vraie religion, c'est la philosophie ; pour les chrétiens – et ils le disent –, la vraie philosophie, c'est la religion. Il n'y a pas à sortir de là.

C'est un air assez différent qu'on respire chez Jamblique de Chalcis (vers 250-330), le plus connu des disciples de Porphyre à Rome. La Ville éternelle n'étant plus alors ce qu'elle était, le philosophe se replia sur sa Syrie natale, où il fit de son mieux pour perpétuer l'École. C'était un homme charmant, disert, convive apprécié, et qui faisait courir les foules. C'est qu'il avait le secret de choisir arguments et citations en fonction de ses auditoires, et il semble bien qu'il n'ait jamais négligé les milieux d'affaires. Ce mélange de rayonnement philosophique et d'entregent lui valait une énorme correspondance, véritables lettres de direction spirituelle dont Stobée, un compilateur du ve siècle, a par chance conservé de larges extraits. Jamblique savait sur le bout du doigt son histoire de la philosophie, ce qui lui permettait de citer aussi bien les présocratiques, les pythagoriciens, les platoniciens, ceux du Lycée ou du Portique. Une bonne part de l'œuvre s'est perdue. Seuls nous restent les fragments d'un traité *De l'âme*, un *Protreptique* – qui doit beaucoup à Aristote –, une *Vie de Pythagore*, qu'il vénérait, quelques écrits mathématiques, où l'âme apparaît contenant en soi la plénitude de cet ordre de réalité –, et son grand ouvrage théologique, le traité *Des mystères d'Égypte*.

Ce dernier travail traduit chez Jamblique une préoccupation qu'on eût vainement cherchée dans les textes d'un Plotin quatre-vingts ans plus tôt, mais qui déjà se faisait jour dans ceux de Porphyre : la question religieuse. En effet, le christianisme progressait de façon alarmante, et déjà s'évertuait à conceptualiser ses mystères. Dès lors, comment un hellénisant convaincu, fidèle aux pratiques du culte, se fût-il croisé les bras, laissant sans réagir péricliter les vénérables traditions des Anciens ? Il lui fallait sans plus tarder approfondir ces révélations sacrées en remontant jusqu'aux sources égyptiennes qu'on leur assignait traditionnellement, puis en dévoiler le sens philosophique à l'aide d'une symbolique appropriée. Sa démarche rejoignait en quelque sorte celle de Philon jadis, quand il révélait aux Grecs les Écritures hébraïques. Parallèlement, pour répondre au goût des prodiges et des miracles, il convenait de donner à ce trésor de sagesse un pouvoir opératoire, « théurgique », – mot à mot : capable de faire advenir le divin « à la main », par des techniques efficaces. Le sensible serait ainsi entraîné à manifester les dieux pour le plus grand bien des hommes. C'est pourquoi ce traité fait état de spéculations anciennes, comme la fameuse Révélation d'Hermès Trismégiste, ou ces *Oracles chaldaïques* dont il a été fait mention plus haut. Le but que s'assigne Jamblique, et là-dessus, il rejoint le propos affiché des chrétiens de son temps, c'est la divinisation de l'âme, son union avec la déité ineffable. Afin que nul ne soit exclu de ce bénéfice, il procède par degrés – mais ce faisant, il courait le risque de voir les fidèles s'en tenir au plus bas, et s'enliser dans un sensible dont Plotin et Porphyre disaient qu'il fallait se dégager. Le livre ne manque pas de beaux passages, d'une ferveur qui n'a rien à envier à la plus fine spiritualité chrétienne de même époque. Il s'étend longuement sur les effets de la prière, qui aboutit au repos de l'âme en Dieu, et l'on croirait déjà lire du saint Augustin. Tout cela fourmille, bien sûr, d'anges et d'archanges, et aussi de démons. Mais surtout, Jamblique se complaît dans le gros surnaturel. On disait même qu'il faisait des miracles, mais à son époque, il n'était pas le seul. Il célébrait des liturgies, faisait apparaître des génies sur les eaux des fontaines, pratiquait la lévitation, et, soudain transfiguré, apparaissait rutilant. Ajoutez les parfums célestes, les statues s'illuminant, les portes s'ouvrant toutes seules, et vous aurez l'ambiance. Plotin eût médiocrement apprécié ces farces et attrapes de sacristie qui, en revanche, feront les délices de l'Empereur Julien.

Le mélange nous déconcerte, bien sûr, et entache les plus beaux discours d'une impression gênante de gaminerie, voire de fumisterie. Mais c'est que notre époque a séparé depuis beau temps ce qui est du physicien, du philosophe, du prêtre et du gourou. Nous avons divisé en secteurs de responsabilité, en départements soigneusement gardés, ce que les gens de ce temps-là, pourtant habiles aux distinctions, englobaient d'un même regard, tout à la fois plus familier et plus flou : le cosmos, la vie, les désirs et les passions des hommes, les dieux eux-mêmes. Pour eux, encore une fois, tout se tenait, et si dans l'ordre de l'univers, quelque prodige émerveillait ce regard-là, l'intelligence ne s'en étonnait qu'à demi, puisque le divin était sous-jacent à la nature entière – et cela, la plus pure raison l'admettait, et la philosophie l'enseignait d'une manière ou d'une autre. Chaque âge a ses raisons ; chaque âge a ses visions.

*

Tel est donc ce mouvement philosophique qu'on appelle – trop sommairement – néoplatonisme. « Le néoplatonisme apparaît, écrivait Jean Trouillard, le jour où Plotin organise sa vision du monde autour de l'exégèse du *Parménide*, c'est-à-dire à partir du moment où il regarde tout être et tout non-être comme des modes de l'Un. » Difficile est cette pensée, qui pourtant rayonna comme aucune autre sur toute philosophie à venir. Parce qu'il est de soi, mais dans la mouvance de la raison, une philosophie religieuse, le néoplatonisme exercera sur les Pères de l'Église un attrait indéniable. On lui empruntera des formules, parce qu'on croira parler des mêmes choses, et on héritera de problèmes auxquels nul, d'un côté comme de l'autre, n'avait songé. Du créationnisme biblique à l'émanatisme éternel selon Plotin, la distance était grande. Le sage et le saint ne parlent pas du même monde, ou plutôt, pour le dire à la façon de Chateaubriand, chacun des deux regarde ce que regarde l'autre, mais aucun des deux ne voit ce que l'autre voit.

XIII

LE CRÉPUSCULE DES DIEUX

Bien avant Paul Valéry, Rutilius Namatianus l'avait dit : les villes peuvent mourir, et ce que les civilisations ont en elles de trésors s'en va aux quatre coins du monde enrichir les vainqueurs. De guerres étrangères en guerres civiles, de partages en ruptures, d'infiltration en invasions, la romanité, tandis qu'on avançait vers le ve siècle, se défaisait, et avec elle tout un monde de pensée. L'Empire était mort et on ne le savait pas. Cette marche funèbre, que j'ai suivie ailleurs étape par étape, devait durer deux siècles. D'autres âges se préparaient, et la *philosophia* des temps anciens, venue d'Ionie, des îles, d'Athènes, d'Alexandrie, connaîtrait bientôt un sort inattendu. L'univers des dieux et des déesses avec lequel depuis toujours elle vivait en symbiose, soit qu'elle s'efforçât de s'en dégager, soit qu'elle aspirât à s'y replonger comme en sa source – cet univers-là s'enfonçait dans la nuit des légendes. Un autre dieu était né dans la lointaine Galilée, issu du dieu unique des Juifs, et ses adeptes avaient jour après jour conquis, et de haute lutte, avec leur place au soleil, l'espace entier de la pensée. Encore un peu de temps et la *philosophia*, de maîtresse qu'elle était, serait devenue servante d'une théologie étrangère. Dans leur linceul de pourpre, bientôt s'endormiraient les dieux, mais avant de s'enfoncer pour des siècles dans son état ancillaire, la divine *philosophia* se souviendrait une dernière fois de sa gloire et connaîtrait le plus beau des crépuscules.

UNE AVENTURE PHILOSOPHIQUE

Les chrétiens s'étaient installés au pouvoir depuis déjà cinquante ans lorsqu'un jeune prince, petit-neveu de Constantin, offrit aux dieux de la Grèce leur dernière chance : il s'appelait Julien, injustement connu sous le surnom d'Apostat (331-363). Tragique destinée, que j'ai naguère racontée. Il était né chrétien, mais un vieux précepteur l'avait élevé dans l'amour de l'hellénisme, dont il se fit un monde intérieur consolant. Rien ne sut le retenir dans la religion du Christ telle que la pratiquait son entourage. Sa famille avait été anéantie par Constance II lors d'un des plus beaux carnages dynastiques dont l'histoire est pourtant prodigue. Quant aux prélats auxquels on avait confié sa jeunesse, il serait difficile de soutenir qu'ils réalisaient les Béatitudes. Tant et si bien qu'il se détacha en secret du christianisme et s'en revint dès l'adolescence aux dieux proscrits. Rien ne le destinait à revêtir la pourpre des empereurs, et d'ailleurs, sa nature méditative et quelque peu exaltée lui faisait trouver dans l'étude des philosophes le plus clair de son bonheur. S'il avait pu savoir !

Au cours de ses voyages, Julien avait rencontré à Nicomédie le grand Libanios, le meilleur rhéteur de son temps, dont on peut aujourd'hui encore lire les écrits. Il réunissait autour de lui, dans le plus grand secret, tout un groupe de disciples fidèles à la vieille religion. Quand on l'eut éprouvé comme sûr, on ouvrit au prince quelques portes, on lui glissa des adresses. Beaucoup de ces jeunes gens nourrissaient une passion pour la philosophie. On lisait du Platon, du Plotin, du Porphyre. On scrutait les *Oracles chaldaïques*, et bien sûr, en raison de sa haute spiritualité et de son tour mystagogique, on dévorait Jamblique. Quelle consolation pour ces âmes ferventes, qui se voyaient spoliées par les chrétiens du droit de pratiquer leurs cultes ! Bref, cette sorte de paroisse universitaire prit Julien en charge, et il se fit un peu partout, à Pergame, à Éphèse, des amis. Il eut même le bonheur d'entrevoir à Pergame le vieil Édésios, qui avait connu Jamblique. « Si tu es assez heureux, lui avait dit le vieux professeur, pour être initié à nos mystères, alors tu rougiras d'être né homme et d'en avoir porté le nom… » Finalement, de maître en maître – car il y avait toujours des philosophes –, Julien échoua un beau jour entre les mains du plus inquiétant d'entre eux, un certain Maximos d'Éphèse. Ce n'est pas qu'il manquât de doctrine : il avait écrit un savant commentaire des *Catégories* d'Aristote, et sa connaissance tant des *Oracles* que de Jamblique était de première main. Il manquait seulement d'équilibre, et jouait au gourou. Ses liturgies secrètes, les prodiges qu'il réalisait censément, ses airs mystérieux transportèrent Julien, qui jusqu'à la fin de sa courte vie demeura sous l'influence de ce singulier bonhomme. Les circonstances le conduisirent pour quelques mois à Athènes, où il se trouva condisciple de deux futurs saints du calendrier, Basile de Césarée et Grégoire de Nazianze, mais le courant ne passa pas. Grégoire écrirait un jour sur Julien un pamphlet assez horrible, et qui n'honore pas son auteur. Ces jeunes gens qui avaient dans la tête les mêmes concepts, les mêmes mots, la même ferveur – mais changés de signe –, étaient à la fois trop éloignés et trop proches pour sympathiser. Deux mondes se défiaient.

C'est alors que tout soudain, Julien fut rappelé d'Athènes par Constance II qui, n'ayant personne sous la main pour aller faire le César dans une Gaule dévastée par les invasions, avait décidé de l'expédier là-bas faire de la figuration. Le plus drôle est que Julien y fit merveille les quelques années qu'il y passa : contre toute attente, ce rat de bibliothèque se révéla un bon, un très bon chef de guerre. Tant et si bien que ses troupes l'acclamèrent empereur contre Constance II lors d'une nuit mémorable à Lutèce. Et c'eût été la guerre si Constance, qui déjà marchait contre l'armée de Julien, n'était mort entre-temps. Julien était bel et bien devenu le maître du monde. Ainsi, les dieux avaient élu un amateur de philosophie pour restaurer leur règne.

Et bien sûr, c'est ce qu'il s'empressa de faire, rétablissant les païens dans leurs droits, sans pour autant persécuter les chrétiens, sauf à répondre aux provocations. La noire légende du Julien faiseur de martyrs est née de la malveillance : il était trop philosophe, trop généreux aussi de tempérament, pour jouer les Caligula ou les Domitien. Il commit toutefois la sottise de chasser de l'enseignement les professeurs chrétiens, sous le prétexte qu'on ne pouvait expliquer correctement des mythes auxquels on ne croyait pas. Si sa législation fut d'autre part excellente, et sur certains points reconnue comme telle par les chrétiens eux-mêmes, il faut malheureusement reconnaître qu'il prit au mot Platon : il faut, disait le maître de l'Académie, que les philosophes soient rois, ou alors que les rois soient philosophes. On se souvient que Plotin, cent ans plus tôt, avait rêvé de fonder une cité de philosophes, et que la sagesse de Gallien avait fort heureusement ruiné ce projet peu rassurant. Julien, lui, voyait cette Platonopolis à l'échelle de l'Empire. Pénétré de son platonisme flamboyant, conseillé par des philosophes psychiquement instables comme l'inquiétant Maximos d'Éphèse, et avec cela toujours entre deux sacrifices dans les temples déserts, l'empereur avait conçu le grandissime projet d'une Église païenne, d'un clergé des dieux à l'image des prêtres et des évêques du christianisme. Prêtres et prêtresses devraient puiser la sainteté de vie qui convenait à leur état sacerdotal dans des lectures philosophiques quotidiennes, dont lui-même, en pontife infaillible, entendait fixer le programme : pas de Pyrrhon, pas d'Épicure surtout ! Du Pythagore, du Platon, de l'Aristote, des stoïciens à discrétion. Voilà ce qu'on devrait prêcher aux fidèles – du reste clairsemés, ce qui navrait l'empereur. Le plus clair de leur temps serait consacré à la prière aux dieux, au culte et aux bonnes œuvres commandées par la *philanthropia*. Bref, il anticipait à la fois sur le pire Auguste Comte rêvant de prêcher le positivisme à Notre-Dame, et sur le Mgr Myriel des *Misérables* ! En tout cas, c'était une grande première, nul n'ayant jamais songé à imposer aux desservants des temples pareil cahier des charges. Au reste, il y avait gros à parier que ces braves gens n'auraient pas su aligner deux phrases correctes de philosophie. Et puis, ce fanatisme cagot, si étranger à la tradition ! On se doute bien que ce projet, qui stupéfiait les païens eux-mêmes, ne survécut pas à l'intellectuel qui l'avait conçu. Au reste, enfermé dans son rêve passéiste, l'empereur, mal conseillé, crut le moment venu de lancer une expédition contre les Perses : il se voyait déjà le nouvel Alexandre le Grand. Ce fut la dernière aventure, calamiteuse, de l'impérialisme romain. Fidèle jusqu'au bout à son personnage, Julien mourut en héros dans un combat d'arrière-garde. Pour les païens, ce règne de deux ans aurait été une courte période de joie, un été de la Saint-Martin avant un éternel hiver.

Ceux qui auront la curiosité de lire les œuvres de l'empereur – et elles ne manquent pas d'intérêt – y découvriront la ferveur du dévot, l'éternelle jeunesse d'esprit de l'intellectuel-type, l'illuminisme aussi du platonisant à la manière de son époque. Dans le traité *Sur le Soleil-roi* notamment, on lit des méditations d'une haute spiritualité, mais philosophiquement, tout cela sent un peu son amateur. On y distingue quelque chose de la division tripartite des néoplatoniciens : le Premier principe, suprême déité, foyer rayonnant de qui tout procède, à commencer par le Second dieu, Hélios, le Soleil intelligible. Vient au troisième rang le disque solaire que perçoivent nos sens et qui anime le monde matériel dans sa totalité et selon la hiérarchie de ses éléments. De cet ensemble, l'âme de chacun est vue comme partie prenante, engagée dans une vie charnelle éphémère, mais promise à l'éternité selon ses forces et ses mérites ici-bas. « En philosophie, écrit l'empereur, il n'y a qu'une fin et qu'un principe : se connaître soi-même et se rendre semblable aux dieux. » Toutefois, rien là-dedans qui rappelle le coup d'aile de Plotin cent ans plus tôt, ni n'annonce celui de Proclos cent ans plus tard. À aucun moment de son itinéraire philosophique, Julien n'a été touché par la grâce de cet « au-delà de tout », de cet « au-delà de l'Être » qui fut l'intuition originale du platonisme. La déité selon Julien ne dépasse pas le niveau d'un « Être suprême », autrement dit d'un honnête Bon Dieu de modèle courant, dont les dieux subalternes sont en quelque sorte les saints, chacun rayonnant selon son essence particulière tel ou tel aspect du premier principe. À l'égard des mythes, remarquons pourtant que Julien ne se départit jamais d'une attitude critique ; il sait parfaitement que « la superstition des dévots diminue la foi envers les dieux. » Dans le langage des mythes, il discerne très bien ce qu'il y a d'anthropomorphismes, et il sait de quel indice de transcendance tout cela doit être affecté. Car sous ce voile, il faut découvrir le divin, bref, aller du visible à l'invisible. Ainsi, la lumière du soleil empirique évoque la lumière idéale, car autrement, nous ne verrions rien de plus dans le ciel que ce qu'y voient les bœufs, les chevaux, les chats, les chiens. Et voilà pourquoi les prêtres païens devaient être si attentifs à la méditation quotidienne… On ne s'étonnera pas non plus que Julien ait honni les cyniques, âmes épaisses, incapables de s'élever à la pure lumière. Avec ce nouvel Alexandre, un Diogène eût connu des ennuis.

Il n'était pas inutile pour nous de faire ce détour, car il nous aura permis de voir de nos yeux, dans l'histoire, ce que devient une conviction philosophique lorsqu'elle se fait instrument de gouvernement. Comme toute idéologie dès lors qu'elle vient à disposer du pouvoir absolu, le totalitarisme spéculatif de Julien devait aller jusqu'au bout de lui-même et devenir dictature. Et cela vaut pour toute philosophie : à partir du moment où vous estimez détenir le dernier mot sur le monde, vous vous voyez mandaté pour veiller à la bonne marche des choses. Cette vision dont vous avez été favorisé, il vous faut l'imposer *Urbi et orbi*, puisque c'est la vérité. Et vous avez en prime la bonne conscience qui vous vient du devoir accompli envers l'humanité dont vous voulez le bonheur. Dans la perspective qui était celle de Julien philosophe-empereur, chacun de ses actes, chacune de ses décisions, avaient une justification philosophique, et tout s'enchaînait comme s'enchaînent les événements du monde. Rien ne saurait arrêter l'homme de conviction, dès lors que sa vision se revêt d'universalité et de nécessité, pour le dire avec les mots de Kant, par le ministère de la philosophie. Et c'est bien là ce qui le rend inquiétant et, s'il manque avec cela d'un peu d'humour, tout à fait dangereux. Comme on comprend la haine que ces gens vouaient à Pyrrhon, symbole à leurs yeux de toutes les hésitations !

UN ARISTOTÉLICIEN AUX AFFAIRES

Autrement ferme était, dans les mêmes temps, la personnalité philosophique de Thémistios (vers 317-388), qui avait été l'un des maîtres de Julien. Si Constance II n'avait pas, par le plus grand des hasards, écouté cet aristotélicien lors d'un passage par Ancyre en 350, sans doute Thémistios aurait-il végété toute sa vie dans un vague professorat. Dans sa famille, on était philosophe de père en fils, et il avait poursuivi les travaux paternels avec des *Paraphrases d'Aristote* qui sont aujourd'hui encore une source pour les spécialistes. Toujours est-il que cette rencontre fut la chance de sa vie. Constance, bien que chrétien, n'hésita pas à nommer cet adorateur des dieux à la chaire de philosophie de Constantinople, et ce fut la gloire : sénateur, proconsul, il se verrait promu par la suite préfet de la ville sous Théodose, et précepteur du futur Arcadios. Conseiller efficace, il survécut à cinq changements de règne, estimé autant des chrétiens que des païens pour sa largeur d'esprit. Il s'éteignit couvert d'honneurs – c'était son péché mignon – à l'extrême fin du IVe siècle.

Son expérience politique s'appuyait sur une doctrine solide, où l'influence du Stagirite tient une grande place, mais où l'on perçoit également l'écho de ces traités *De la royauté* maintenant mieux connus de nous. Ils auront décidément fait de l'usage, inspirant tout au long l'idéologie impériale depuis les temps lointains d'Octave Auguste. Par chance, nous possédons encore les *Discours* prononcés par Thémistios lors de cérémonies officielles. On en compte trente-quatre, dont il faut toutefois défalquer le douzième, aujourd'hui reconnu comme apocryphe : on ne prête qu'aux riches, et le nom du philosophe était sans doute assez prestigieux pour servir de garant à quelque anonyme soucieux de faire passer ses propres idées. Ces textes, mieux compris depuis les travaux de Schneider et de Dagron, méritent eux aussi un détour, et nous allons voir pourquoi.

Et tout d'abord, si nous lisons ces harangues, toutes destinées à honorer des empereurs chrétiens – car le seul Julien, paradoxalement, s'est privé de ses services –, nous ne sommes aucunement dépaysés par rapport au *De clementia* de Sénèque sous Néron, ou aux *Discours* de Dion de Pruse sous Trajan, illustrés, on s'en souvient peut-être, par les reliefs parlants de l'arc de Bénévent. Jugez-en : pour Thémistios, l'Empire d'ici-bas est conçu comme la projection de l'Empire d'En-haut, et l'empereur comme le représentant sur la terre de l'unique divinité, du dieu roi du ciel et père des hommes. Et même s'il est élu par les stratèges, c'est quand même le ciel qui l'a désigné, et lui a conféré légitimité et science politique. Toujours il surmonte les passions humaines, alors que le tyran y cède. Il rayonne le divin amour sur tous les hommes dont il a la charge, et qu'il rend heureux. Il est le Bon Pasteur – expression qui ne doit rien ici à l'Évangile, même si les deux traditions se rencontrent, et il puise dans la contemplation et dans l'imitation de Dieu l'amour de son troupeau. Voilà des thèmes qui nous sont familiers.

Nous constatons donc que si le ciel a changé de propriétaire – ce dont Thémistios, resté païen, n'a cure –, les termes dont use le philosophe sont tout à fait acceptables par le nouveau. Ce sont exactement les mêmes schémas qui servent, qu'il s'agisse de Zeus ou de Jésus Fils de Dieu le Père, pour sacraliser le gouvernement et rendre désirables ses décrets. Ce ne sont pas les chrétiens qui ont inventé la chose, et on ne voit pas pourquoi ils n'auraient pas profité d'une idéologie politique mise au point largement avant le temps de leur hégémonie. L'arc de Bénévent montrait la Triade Capitoline tendant à Trajan le foudre, insigne de la puissance jupitérienne ; une monnaie de Constantin montre une main sortant des nuages porteuse d'un diadème visiblement destiné au souverain. Les dieux passent ; la politique reste, et ses symboles.

Autre détail bien instructif, il ressort du *Discours* II, prononcé en 355 devant Constance II, que le philosophe par excellence, c'est l'empereur. Ce n'était pas une nouveauté, puisque l'évêque Eusèbe de Césarée en avait dit autant de Constantin à l'occasion de ses *Tricennalia*. Mais à présent, la chose va de soi et fait figure de lieu commun, puisqu'en 373, Thémistios qualifiera de même l'empereur Valens, individu sectaire et donc très moyennement intelligent. Ainsi, en ce IVe siècle de notre ère, il était devenu classique d'avancer cette proposition peu rassurante, à savoir que par la grâce de Dieu, la *philosophia* faisait partie des charismes de l'empereur ès qualités. Je sais bien que Thémistios, mêlé à la politique d'une période infiniment pénible, dut avaler bon nombre de couleuvres : c'était le prix à payer pour défendre une action efficace. Pourtant, une telle affirmation dépasse le simple langage de cour, et témoigne d'une évolution idéologique préoccupante. L'entité impériale était censée régner, maintenant, sur les intelligences comme sur les armées.

Il faut pourtant reconnaître à Thémistios une véritable vaillance philosophique en matière de religion – sujet combien sensible en ces temps-là ! Témoin navré des persécutions menées par les chrétiens contre les hauts fonctionnaires et les philosophes païens qui avaient suivi Julien avec trop d'empressement dans sa restauration éphémère des anciens cultes, il fit de son mieux. Ces cruautés ont inspiré l'une des plus belles pages du *Discours* V. Le péripatéticien y proclame qu'il n'y a finalement qu'une divinité et une seule, commune à tous les hommes, inaccessible à toute connaissance exhaustive. Chaque être humain la reconnaît à sa façon, selon sa race, son langage, ses mœurs, et cela est à respecter : « en introduisant la contrainte, on abolit la liberté que la divinité a octroyée », car « elle a concédé à chacun le privilège de choisir sa voie vers la piété. Tous les coureurs, dans le stade, s'élancent vers le même arbitre, mais tous ne font pas la même course : le point de départ est différent pour les uns et pour les autres, et le vaincu n'est pas entièrement privé d'honneur… La voie qui mène à Dieu n'est pas unique, mais tous ces itinéraires convergent pourtant vers cet unique terme. » (*Disc.* V, 67 B et suiv.). Aristote eût été satisfait de son lointain disciple. De même lorsque Thémistios assista consterné aux persécutions que déchaîna le regrettable Valens, chrétien lui-même, contre d'autres chrétiens jugés coupables d'avoir une idée différente des rapports du Père et du Fils dans la Trinité. Il avait fait entasser sur une péniche une centaine de ces opposants à son credo personnel, et ordonné qu'une fois au large, on mît le feu au rafiot. Protestant contre ces horreurs fratricides, Thémistios fit valoir qu'après tout, le christianisme pouvait bien inclure des divergences, l'hellénisme en ayant connu bien d'autres.

C'est l'honneur de cet aristotélicien convaincu, resté de surcroît fidèle aux dieux de la Grèce, que d'avoir pris de gros risques pour tenter de promouvoir, en un âge aussi borné que cruel, l'idée de la tolérance. Cela aussi est une étape de la pensée, et je m'en serais voulu de ne la point signaler.

NOVISSIMA VERBA

L'heure allait bientôt sonner du dernier message, des ultimes paroles de la *philosophia* des Grecs telle qu'on l'enseignait encore, et pour bien peu de temps, à Athènes et Alexandrie. Dans un monde conquis au christianisme, et pour qui désormais la vraie philosophie était la vraie religion, la pensée devait s'inscrire dans les limites exactes d'une révélation qui était censée avoir tout dit de ce qu'il fallait savoir. La foi contenait la pensée, et la pensée, sauf à errer, devait dire la foi. Et la politique impériale, ayant fait main basse sur un royaume qui, au départ, n'était pas de ce monde, il devenait hasardeux de professer une philosophie indépendante. Certains, pourtant, s'y risquaient encore.

En dépit des décrets de Théodose, prohibant les cultes païens, sous peine de mort, une petite école de philosophie subsistait, tenue par des adorateurs des anciens dieux. Hypatia (vers 375-415), la fille du mathématicien Théon, et comme son père géomètre et astronome, y enseignait la pensée d'autrefois, expliquant Platon, Aristote et les stoïciens. Lors d'une émeute, l'infortunée jeune fille fut dépecée, et ses restes brûlés, par un commando de moines sous la conduite d'un lecteur de l'Église d'Alexandrie, avec sinon la bénédiction, du moins le consentement tacite du patriarche Cyrille. Il n'en figure pas moins au calendrier des saints. Cette fille savante, connue comme de vertu farouche, avait été nettement moins bien traitée par les chrétiens que la femme adultère par le Christ des Évangiles. Curieusement, il se trouve qu'Hypatia comptait parmi ses disciples Synésios de Cyrène, futur évêque de Ptolémaïs, qui lui garda, par-delà sa conversion au christianisme, une émouvante fidélité. Lui-même se disait disciple de Platon et d'Aristote. Il a laissé un *Discours sur la royauté*, prononcé en 399 devant Arcadios, qui doit tout au lointain enseignement de Dion de Pruse à la cour de Trajan : ainsi, les antiques traités d'Ecphante, Diotogène et Sthénidas auraient traversé inchangés la longue suite des siècles, fournissant à tous les potentats ce qu'il fallait de philosophie pour justifier leur majesté. Acclamé évêque par les gens de Ptolémaïs alors qu'il n'y tenait pas précisément, Synésios voulut mettre les choses au point dans une lettre ouverte : « Il y a plus d'une question, note-t-il, où la philosophie s'oppose aux idées communément reçues » – et d'énumérer les convictions rationnelles auxquelles il n'était pas disposé à renoncer. « Si ces vérités me sont concédées, écrit-il, je pourrai à la rigueur être prêtre. En privé, je serai philosophe *(philosophos)* ; en public, je serai dévoué aux mythes *(philomuthos)*. » Ce jeu de mots a un goût de liberté qui ne se retrouvera pas de sitôt. Cela dit, Synésios, une fois sacré, fut un évêque exemplaire, qui laissa des *Hymnes* à la saveur discrètement platonicienne. On ne se refait pas.

Athènes aussi avait gardé son école platonicienne. Un certain Plutarque († vers 432) – qu'on dit « d'Athènes » pour le distinguer de son lointain homonyme de Chéronée –, exposait du Platon dans une petite maison accrochée au flanc sud-est de l'Acropole. On lui connaît deux disciples éminents, Hiéroclès et Proclos. Hiéroclès (né vers 390 ?) venait de Cilicie. On le connaît enfin mieux aujourd'hui depuis la thèse monumentale de Noël Aujoulat et les travaux de Mme I. Hadot. Une fois initié à la philosophie par Plutarque d'Athènes, il s'était rendu à Byzance où, comme adorateur des dieux, il avait encouru la défaveur des chrétiens et aussi de graves dommages corporels, qu'il subit avec la dignité d'un martyr. Là-dessus, il s'en fut enseigner à Alexandrie, ce qui supposait, nous avons pu nous en rendre compte, un fameux courage. On lui attribue un *Commentaire des vers d'or des pythagoriciens*, que nous possédons encore, et un traité *De la Providence* parvenu jusqu'à nous sous une forme résumée par Photius. Hiéroclès avait tout lu : Platon, Aristote, Plotin, Porphyre, Jamblique et leurs commentateurs. Il n'est toutefois pas facile de le situer dans un courant précis. Aujoulat le donne pour un néoplatonicien particulièrement intéressé par le pythagorisme. Toutefois, l'Un plotinien est absent de son œuvre, et son dieu est une sorte de démiurge platonicien : crée-t-il le monde à partir de rien, comme le veulent les chrétiens ? Plus vraisemblablement, l'engendre-t-il involontairement à partir de sa propre substance ? On voit ici surgir de nouveaux problèmes. L'audience de Hiéroclès fut assez discrète par la suite chez les philosophes. « Paradoxalement, remarque Aujoulat, ce sont les chrétiens, séduits par la hauteur de sa morale, qui ont assuré sa survie » (*Hiéroclès*, p. 3), et c'est en fait sur le christianisme byzantin, et plus largement, médiéval, qu'il exerça le plus clair de son influence. Il est de ceux qui contribuèrent à maintenir quelque chose de l'hellénisme dans les temps nouveaux, et ce n'est pas là un mince titre de gloire.

Mais c'est Proclos – ou Proclus – (412-485) qui domine le siècle. Il était Lycien d'origine, et il avait fait ses classes en mathématiques et en philosophie dans une Alexandrie qui retentissait des grandes controverses théologiques entre chrétiens. Il s'en vint à Athènes, autour de 430, étudier chez Plutarque au moment où ce dernier achevait sa carrière. Marinos, son biographe, raconte que le voyant arriver à la porte, le concierge s'écria : « Si tu n'étais pas venu, j'allais fermer ! » J'imagine que le brave homme se disposait comme chaque soir à rentrer chez lui, mais Marinos vit là un présage. Et de fait, lorsque Proclos se fut instruit auprès de Plutarque et de son successeur Syrianos, c'est à lui que revint la responsabilité de l'École. Dans des conditions qui n'étaient pas enviables : les chrétiens regardaient évidemment de travers ces païens attardés. La vie de Proclos, rythmée d'exercices pieux et de prières aux dieux, eût rendu jaloux un moine. On prétend même qu'il guérit miraculeusement, par l'intercession d'Asklépios, la petite-fille de Plutarque, et qu'il fut lui-même favorisé d'une grâce de ce genre. Des deux côtés, il faut bien dire que les grâces pleuvaient.

L'œuvre de Proclos, dont on a par chance conservé une bonne part, est d'une exceptionnelle valeur. On y trouve des commentaires de Platon – et notamment du *Parménide*, livre sacré de l'École –, du *Timée*, de l'*Alcibiade* (dont l'authenticité platonicienne est aujourd'hui contestée), et de la *République*, ainsi que les *Éléments de théologie*, d'une extrême densité. Négligée un temps en dépit de son importance, l'œuvre de Proclos est aujourd'hui mieux connue grâce aux travaux de Jean Trouillard, de H.-D. Saffrey, de L.G. Westerink, de Moutsopoulos et de Mme Charles-Saget. Cette pléiade d'études montre assez la fécondité de l'œuvre.

On ne résume pas Proclos, dont la pensée répercute un bon millénaire de tradition philosophique : sa complexité exigerait des développements hors de proportion avec la présente approche. Il faut dire qu'en ces temps, les philosophies n'étaient pas comme aujourd'hui des denrées périssables, à consommer dans la décennie. La tradition dominait de sa majesté chaque couche chronologique nouvelle, invitant à repenser ce qui avait été dit, à l'harmoniser avec d'autres points de vue, créateurs d'autres exégèses. De plus, dans la ligne de ce platonisme religieux, où la *philosophia* était censée révéler la genèse des esprits et du monde, Proclos s'abandonne souvent à des développements mystiques, à des élans de ferveur qui aujourd'hui surprendraient dans des livres de philosophie. Je dois donc m'en tenir ici à quelques indications – dont le lecteur non spécialisé voudra bien me pardonner la technicité –, dans le seul but d'évoquer l'esprit et la géniale ampleur de l'œuvre.

Selon Proclos, c'est de l'âme qu'il faut partir, et il ne se propose pas d'autre but, dans son enseignement, que de l'éveiller et d'en exposer le dynamisme implicite. En effet, selon lui, l'âme est à la fois un point d'aboutissement et un point de départ ; elle se pose elle-même à partir des principes qui lui sont supérieurs, et à son tour elle est le principe de tous les dérivés qui lui sont inférieurs. Elle contient dans son unité la totalité des ordres et de leurs éléments. Elle est « une plénitude de raisons *(logôn)* », « milieu et centre de tous les êtres » (*Comm. Alcib.*, 320, 19-20), dont elle constitue le lien actif. La hiérarchie entière du monde est là, en nous, depuis l'Un au-delà de l'Être jusqu'à cette pure multiplicité, cet en-deçà de l'Être qu'est la matière. La philosophie – qui est activité suprême – nous rend présents à cette éternelle présence, et participants de sa fécondité.

Cette âme-centre comporte plusieurs niveaux, et d'abord, avons-nous dit, cet Un qui est au-delà de l'Être dont parlait Plotin. De cet Un ineffable, l'âme est « la trace cachée », si bien que la source de tout, sublime présence-absence, rayonne au centre de nous-mêmes son infinie surabondance. – Deuxième niveau de l'âme : la *noèsis*, l'intuition intelligible, qui est nôtre par le fait que nous sommes sociétaires du monde intelligible, de l'univers platonicien des Idées. Son dynamisme éclate en radiations multiples : pensée, être, vie…, et englobe ainsi la complexité totale de ce qui est, et jusqu'à la plus infime individualité. L'Univers étant tout entier présent dans chacune de ses parties, l'âme ne fait pas, comme le voudra Leibniz, que le refléter ; elle développe dans son champ noétique ce que son Principe concentre éternellement dans l'unité. L'univers entier nous est connu, car nous participons incessamment à sa production. – Troisième niveau de l'âme : la raison discursive, celle de la dialectique, qui déroule dans le temps du discours ce que concentre dans l'éternel l'intelligible pur. Car l'âme est, nous l'avons dit, le lien de tous les ordres, des corps comme des intelligibles, et cela même la contraint de manifester son éternité dans le devenir, dans la succession, bref, dans le temps. Une seule vie ne saurait y suffire, et c'est ainsi que Proclos justifie les réincarnations successives. – Quatrième niveau : l'imagination, génératrice de la vie sensible dans son ensemble. Contre Aristote et les stoïciens, Proclos ne voit pas dans le sensible l'origine de nos idées. C'est l'âme elle-même qui est créatrice de l'imagination ; elle se la donne comme une sorte d'enveloppe, et par là s'engage au contact des choses matérielles. C'est également l'imagination qui donne à l'âme un accès au mythe, rayonnement sensible de l'union mystique avec l'ineffable déité dont Proclos se voulait le hiérophante universel.

Prodigieux système, en vérité, où chaque âme, parce qu'elle émane de l'Un, suprême déité, le manifeste en s'engendrant elle-même et en engendrant le monde ! Nous retrouvons ici, mais amplifiée, l'intuition de Plotin, la vocation de toute âme – je ne dirai pas à se diviniser, car divine, elle l'est de soi –, mais à se savoir telle et à en tirer les conséquences. Ne mettons là-dedans aucune complaisance narcissique : participant de l'Un, l'âme pas plus que lui ne saurait se contempler. Elle ne se connaît que par ses manifestations, par ses traces. Toute la philosophie du dieu intérieur est là, qui séduira quelques penseurs, mais bien peu s'élèveront jusqu'à cette conception d'une déité au-delà des dieux ordinaires. « Difficile néoplatonisme », écrivait un jour le P. Stanislas Breton : la plupart des théologiens chrétiens seront pris de vertige au bord de cet abîme du dieu non-être par supériorité, si même ils l'ont jamais approché. Ils s'en tiendront au niveau de l'Être suprême, ne gardant de cette métaphysique apophatique, muette, que des mots, des mots, des mots…

Une si haute pensée aurait-elle seulement une postérité ? Païenne, oui, et donc peu nombreuse ; chrétienne en quelques auteurs seulement, dont l'un sous un faux nom. Nous les retrouverons plus loin. Ammonios (fin v^e^-début vi^e^ s.), suivit l'enseignement de Proclos avant de partir pour Alexandrie, et lui-même sera le maître de Simplicius (vi^e^ s.) et de Damascios (vi^e^ s.). Le premier rédigea un commentaire de la *Métaphysique* d'Aristote – il est, hélas ! perdu –, des *Catégories* et de la *Physique*, ainsi que du *Manuel* d'Épictète. Ses interprétations d'Aristote, dont il entendait restituer le sens par-delà les adultérations des épigones, nourriront le Moyen Âge.

Quant à Damascios, il assuma la direction de l'École d'Athènes au pire moment : Justinien venait d'accéder à la pourpre, et le potentat chrétien ne tarderait pas à en décréter la fermeture (529). Ne nous restent de Damascios qu'un commentaire du *Philèbe*, et les *Apories* ou *Questions et solutions sur les premiers principes*, qui sont en fait un commentaire du *Parménide*. L'intuition plotinienne et proclusienne de l'Un subsiste intacte, et la conscience même de sa hauteur conduira Damascios à surenchérir sur son caractère inexprimable. Il est vrai que la formation rhétorique qu'il avait subie l'avait rendu méfiant quant à la capacité du langage à évoquer l'absolu. Aussi dénonce-t-il toute évidence de parole comme masquant toujours sous une fausse clarté une vérité toujours obscure. L'Un lui-même devrait être dépassé vers un Ineffable délié de tout rapport avec ce qu'il nous est permis de connaître. Damascios a éprouvé ce vertige jusqu'à la limite du dicible : « Or, si en disant de lui qu'il est ineffable, qu'il est le sanctuaire inaccessible de tout, qu'il est incompréhensible, nous sentons chavirer notre discours, il faut savoir que ces mots et ces concepts appartiennent aux gestations de notre pensée, lesquelles, aussi nombreuses soient-elles à avoir l'audace de le rechercher indiscrètement, se trouvent arrêtées sur le seuil du sanctuaire, sans rien annoncer de ce qui lui est propre. Mais ces gestations révèlent, avec leurs impasses et leurs insuccès, nos propres états envers lui, non pas même de façon manifeste, mais par des allusions, et cela à l'adresse de ceux qui sont capables de saisir ces dernières… » (*Apories*, IV). C'est à bon droit que le P. Combès, qui a médité ces textes, parle de « tourment mystique sous le discours déchiré ». Bref, l'Absolu ne peut être – si tant est que cela même vaille d'être dit –, qu'un abîme de silence et de nuit, parce qu'il est un absolu d'indépendance. Peu de philosophes auront été aussi loin dans la critique du langage.

Peu après, Justinien interdisait « qu'aucun enseignement soit professé par ceux qui sont malades de la folie sacrilège des Hellènes ». Ainsi, les dernières paroles du dernier successeur de Platon auraient été une invitation au silence en des temps où, pour de tout autres raisons, on l'invitait à se taire.

*

Et donc la sagesse grecque qui si longtemps avait aidé au bonheur des hommes et à leur paix, était maintenant assimilée à une maladie. C'en était bien fini de la divine *philosophia*. Une aventure de mille ans venait de s'achever par un décret administratif.

XIV

LES CIEUX NOUVEAUX ET LA NOUVELLE TERRE SAINT AUGUSTIN

Il nous faut maintenant abandonner le monde grec à son avenir byzantin, qui relève d'autres compétences, et réintégrer l'Occident devenu chrétien, du moins officiellement, depuis Constantin et ses successeurs. Une seule figure le domine, et à dire vrai, pour des siècles, avec ses grandeurs et ses limites : Aurélius Augustinus, né à Thagaste, en Afrique du Nord, et plus connu sous le nom de saint Augustin (354-430).

En ce milieu du IVe siècle, on abordait vraiment d'autres temps. Car maintenant que le christianisme, contre toute vraisemblance, était devenu religion d'État, la pensée s'inscrivait de soi dans la mythologie hébraïque de la création et de la faute, mais rédimée selon les chrétiens par la mort et la résurrection du Christ. Tout avait donc commencé au premier jour, quand Dieu eut décidé de créer le ciel, la terre et le reste, dont l'homme, malheureusement, n'avait pas su profiter, puisqu'il se trouvait actuellement déchu du Paradis. Si bien qu'un seul événement vraiment notable avait eu lieu depuis ces temps hors du temps : la venue ici-bas du Sauveur promis, Jésus, Fils de Dieu, premier-né d'une création rachetée. « Voici que je fais toutes choses nouvelles » (Apoc. XXI, 16), les cieux comme la terre (*ibid.*, XXI, 1). Tout ce qui avait précédé n'était donc, aux yeux des chrétiens, qu'une préparation plus ou moins lointaine, et ce qui avait été dit de bon par les philosophes était, pour les Pères de l'Église, quelque chose comme un éclat dérobé de la Révélation désormais accomplie. Ces quelques pièces éparses du trésor, tombées entre les mains impies des païens, voilà donc ce qu'il fallait désormais récupérer, arracher à leurs injustes détenteurs, et faire servir au culte de Dieu. L'image biblique des vases d'or des Égyptiens, que les Hébreux se devaient d'emporter en quittant le pays de la servitude (Exode XI, 2 ; XII, 35, 36), avait déjà servi à Clément d'Alexandrie, et servirait encore pour exprimer ce travail de récupération et de recyclage de la *philosophia* des Gentils. Il y faudrait des siècles, et celui qui allait en être le principal artisan ne savait encore rien de son destin. Il en était à inventorier les quelques joyaux de ce legs des temps anciens que lui transmettaient ses maîtres, des grammairiens et des rhéteurs d'Afrique romaine. À cette époque, il n'était chrétien que de nom, et on l'eût sans doute mis mal à l'aise si on lui avait dit qu'il deviendrait un saint, et qu'il mettrait au point la philosophie, au sens large, des temps nouveaux.

LA LONGUE JEUNESSE DU BOURSIER AFRICAIN

L'itinéraire philosophique d'Augustin allait être un long chemin dont les étapes, aujourd'hui encore, sont pour nous d'un immense intérêt. Il nous est conté par Augustin lui-même dans un livre aussi célèbre que mal compris. Les *Confessions*, en effet, n'ont pas grand-chose à voir avec celles de Rousseau ou autres, car le mot est à entendre ici dans son sens étymologique : confesser la foi comme autrefois les martyrs ; se porter témoin des grâces reçues de Dieu tout au long de cette apparente errance loin de lui. Gardons-nous également d'en exagérer les noirceurs, dont l'évêque, relisant sa vie, se charge pour mieux exalter la miséricorde divine. Il s'agit en fait d'une longue réflexion sur le sujet de prédilection d'Augustin : les rapports de la nature blessée et de la grâce rédemptrice, dont sa biographie n'est qu'un exemple parmi d'autres.

Il était né à Thagaste d'une dame chrétienne fort dévote, voire bigote, et d'un père resté malgré tout païen – et certes pas musulman, comme l'écrivit un jour, dans un dictionnaire dont il est charitable de taire le nom, un cher collègue qui avait décroché de deux cent soixante-huit ans par rapport à l'Hégire. On n'est jamais trop prudent dans le choix de ses lectures. Cela dit, le jeune homme était le rejeton-type de la caste moyenne, sans fortune comme sans gros problèmes matériels, à qui les études donnaient une possibilité de se promouvoir en un temps où peu de gens pouvaient en offrir à leurs fils. Augustin est le modèle du boursier à qui l'on a donné sa chance : un ami de la famille avait largement pourvu à son entretien, et c'est sans encombre qu'il avait franchi les étapes classiques du *cursus*. Études fondamentales sur place d'abord, puis à Madaure, la patrie d'Apulée ; enfin, études supérieures – et à l'en croire, un rien de noce… – à Carthage. De tout cela, Augustin avait recueilli l'actif et le passif, la forme d'esprit et les tics. Or, à dix-neuf ans, lui tombe entre les mains l'*Hortensius* de Cicéron, aujourd'hui perdu, et voilà sa vie changée ; il fait sa classique *conversio ad philosophiam*, qui ne lui ôte pas pour autant le goût de la réussite. Va-t-il se tourner vers le christianisme pour emplir cet espace nouveau engendré par Cicéron ? La chose lui eût été possible, car il était vaguement inscrit comme catéchumène. Pourtant, la Bible lui tombe des mains, et c'est dans une tout autre direction qu'il se dirige, parce qu'il s'y voit plus autonome.

Tourmenté comme il le sera toute sa vie par le problème du mal, c'est en effet vers la secte des manichéens qu'il se tourne. Nous avons pu apprécier plus haut l'attrait que pouvaient exercer les spéculations gnostiques sur des âmes en quête d'une réponse à l'universelle souffrance. La secte, fondée par le Perse Mani – ou Manès – (216-277), brassait comme toutes les autres les influences de la Bible, des Évangiles et des spéculations de l'Orient. Apparemment, elle s'entourait de toutes les garanties d'un sérieux d'époque. D'autre part, elle s'était organisée en Église, avec sa hiérarchie de fidèles de plus en plus « parfaits », et son clergé. Le problème du mal s'y trouvait réglé d'une façon élémentaire : par un dualisme fondamental. Deux Royaumes, celui de la Lumière et celui des Ténèbres, s'affrontent dans une lutte de tous les instants. La matière est évidemment du mauvais côté, et il convient de s'en libérer par toute une ascèse. Mais la victoire finale est promise à Jésus-Lumière, auprès de qui siégera, le moment venu, Mani le Prophète divin, assumant le rôle habituellement dévolu au Saint-Esprit. Nous connaissons ce schéma.

Augustin resterait neuf ans dans la secte, dont les membres s'estimaient flattés par une telle recrue. Ils n'hésiteront d'ailleurs pas à lui faire la courte échelle dans l'administration. Pendant ce temps, l'étudiant se formait. Il lisait les *Catégories* d'Aristote, propédeutique obligée pour quiconque voulait aborder la philosophie. Il lisait du Platon : le *Timée* en traduction latine, grâce à Cicéron et Chalcidius, et peut-être tel ou tel morceau de la *République*. Il étudie aussi Marcus Varron, et profite ainsi de la documentation entassée par cet érudit contemporain de Cicéron, à qui rien n'avait échappé de ce qui pouvait s'apprendre. Mais surtout, Augustin avalait du Cicéron, car c'était là qu'un rhéteur, un avocat, un magistrat faisait ses classes. Depuis quatre siècles, le modèle était inusable, alors qu'on voit mal, aujourd'hui, ce que pourraient donner d'utile la plaidoirie d'un avocat ou le rapport d'un directeur d'administration centrale rédigés dans la langue de Montaigne… Mais il y a plus préoccupant : Augustin, de son propre aveu, n'a jamais bien su le grec, dont l'étude lui a même laissé des souvenirs pénibles. Ainsi, c'est dans la zone occidentale de l'Empire, et donc dans un univers de pensée presque exclusivement latin, que s'est faite sa formation intellectuelle. Jamais il n'ira, comme ç'avait été longtemps l'usage, compléter sa culture philosophique à Athènes ou Alexandrie. Tout ce qu'Augustin saura de pensée grecque aura transité par le latin, dont les vieux Romains des temps républicains déploraient déjà le caractère étriqué. Cela même le condamnait à une besogne d'autodidacte, qui doit tout réinventer et dont il s'est remarquablement acquitté, comme je l'ai montré dans *Augustin et la sagesse* : trente-cinq philosophes grecs cités, et de façon exacte. Cependant, des intuitions, déjà délicates à saisir pour une tête grecque, lui échapperont à jamais, fatalement réduites. Des concepts subtils perdront au passage leurs nuances, et Augustin ne pourra même pas s'en aviser. La difficulté linguistique vaut analogiquement pour la Bible. Faute de savoir l'hébreu – comme son frère en Christ et néanmoins adversaire saint Jérôme –, c'est au travers du latin qu'Augustin accèdera à la métaphysique sous-jacente aux textes bibliques. Le poète Ennius (239-169) était trilingue et disait posséder ainsi « trois cœurs ». Augustin n'en eut jamais qu'un, et cette carence, qui est d'époque, ne sera pas sans conséquences pour la pensée chrétienne d'Occident, car il va la marquer définitivement.

Devant le petit boursier africain, ambitieux en diable, une belle carrière s'ouvrait. Après des débuts assez besogneux à Thagaste, mais bientôt à Carthage, le voilà qui montait à Rome, puis à Milan, désormais ville impériale. En effet, la Ville éternelle n'était plus, depuis trois quarts de siècle, qu'une capitale honoraire. Si bien que promu, grâce au piston manichéen, titulaire de la chaire officielle de rhétorique, Augustin se voyait maintenant le premier professeur de l'Empire. Et dans son esprit, ce n'était qu'un début : il s'imaginait déjà préfet et gouverneur de province.

Mais, écrira-t-il plus tard, c'était ne point compter avec le travail de la grâce divine. Déjà, en son for intime, tout n'allait pas pour le mieux. Des doutes lui venaient. Aux interrogations philosophiques qui allaient se précisant dans son esprit, les pontifes manichéens ne proposaient de réponses qu'évanescentes ou dilatoires. Tant et si bien que déçu, il prit congé de la secte et, comme la nature a horreur du vide, il se lança dans les thèses de la Nouvelle Académie. Sans doute escomptait-il y trouver des arguments contre le matérialisme des stoïciens, détail qui le chagrinait dans le système. Il se peut même que selon la manie du temps, il ait espéré découvrir, en approfondissant Arcésilas et Carnéade, la clef d'une lecture ésotérique. Il ne risquait évidemment pas de trouver quoi que ce soit de ce genre. Aussi est-ce un homme totalement désemparé qui rencontra, dans la ville, un de ces petits cercles d'intellectuels fervents dont nous avons déjà signalé l'existence à propos de Julien. Mais cette fois, il s'agissait d'une sorte de club universitaire réunissant des gens passionnés de platonisme. Certains même voyaient là une propédeutique à la spiritualité chrétienne, voire un langage particulièrement propre à l'exprimer. Ambroise, l'archevêque, en était bien persuadé. Ce préfet de région, bombardé archevêque du jour au lendemain alors qu'il en était encore à attendre la grâce du baptême, avait dû se soumettre à un recyclage intensif, et c'est Simplicianus, un prêtre milanais, qui s'en chargea. Cet ecclésiastique était intime avec le rhéteur néoplatonisant – et entre-temps devenu chrétien – Marius Victorinus, traducteur, entre autres, de Porphyre et peut-être de Plotin. Ce qui explique que dans ses sermons à la cathédrale, Ambroise dévidait sans se gêner des passages entiers des *Ennéades*, évidemment sortis de leur contexte. Au reste, il croyait dur comme fer que Socrate avait lu Moïse et que Platon pratiquait le prophète Isaïe. Toujours la fameuse thèse de l'emprunt : il fallait reprendre à leurs injustes possesseurs les vérités, bibliques par essence, contenues dans la *philosophia* des païens. Goulven Madec a mis en lumière l'extraordinaire aptitude de l'évêque à vider les formules de leur substance pour se les approprier au gré de l'inspiration.

Dans le petit cercle milanais, où fréquentait maintenant Augustin, on méditait les prêches de l'évêque, on discutait ferme, on se passait des livres. Et c'est ainsi que tombèrent entre les mains du jeune universitaire, au début de l'été 386, « certains livres des platoniciens ». Lesquels au juste ? On en discutera longtemps. Toujours est-il que ce fut, écrit Augustin, « l'embrasement ». Étrange pouvoir de la *philosophia !* « C'est à n'y pas croire quand j'y songe. Les honneurs, l'humaine gloire, le désir de la vaine renommée, les tendres attaches, enfin toute cette vie mortelle, de tout cela, qu'est-ce qui pouvait à présent me toucher ? Du coup, je rentrais en moi tout entier… » (*Contre les Académiciens*, II, 2, 5). En lisant ces textes, Augustin venait d'entrevoir une vie nouvelle, qui prenait son envol vers Dieu à partir de sa propre âme enfin découverte : « *Noverim me ; noverim Te…* Que je me connaisse et que je Te connaisse… » (*Soliloques*, II, 1). Le décapage opéré par la lecture des sceptiques, et maintenant cette découverte de la vie intérieure, tout cela avait eu raison de ses passions comme de ses incertitudes. Il s'engagea de plus en plus dans la vie de l'Église, se jeta dans l'Écriture et, au terme d'une longue crise, dans un jardin milanais, il se découvrit disciple du Christ. Peu après, « pour raisons de santé », il va résigner ses fonctions officielles, qu'il ne reprendra plus.

Baptisé en 387 par Ambroise, il regagna peu après et pour toujours son Afrique natale où l'attendait un nouveau destin : prêtre d'abord, puis évêque d'Hippone, il se consacrerait à son ministère jusqu'à la fin de sa vie. C'est en 430 qu'il devait quitter ce monde, dans sa cité assiégée par les Vandales. Il laissait derrière lui une œuvre colossale dont la seule énumération prendrait des pages (voir la bibliographie). Nous l'étudierons ici sous le seul angle de la philosophie, ce qui nous permettra d'inventorier les grands thèmes augustiniens dont l'Occident vivra jusqu'au XVIIIe siècle, et la pensée chrétienne jusqu'à nos jours, sinon jusqu'à la fin des temps.

PLATONISME ET CHRISTIANISME

On voit bien ce qui dans le platonisme, tel du moins qu'il lui arrivait par la tradition latine, avait pu séduire Augustin. Il y avait d'abord la question du mal, à laquelle les manichéens répondaient de façon trop sommaire, et quant au diable, sur le dos de qui la tradition judéo-chrétienne mettait la responsabilité de nos misères, il lui causait quelque embarras : « Si c'est le diable l'auteur, d'où sort-il lui-même ? » (*Conf.*, VII, 3). Or, en affirmant que le mal n'a de soi aucune existence, et n'est qu'une déficience du bien, les platoniciens développaient une logique de l'optimisme déjà plus rassurante. Il y avait aussi la nature de Dieu, dont il échouait à se donner une représentation convenable. Il faut dire qu'en ces temps, la distinction était moins tranchée qu'elle ne le serait un jour entre « matière » et « esprit ». On sait le matérialisme des stoïciens, pour qui l'âme est « corps », et à la fin du IIe siècle, un chrétien comme Tertullien voyait encore l'âme faite d'une substance brillante et moelleuse… Augustin avait donc bien du mal à se dégager d'un Dieu conçu comme un vaste corps, répandu à l'infini dans le monde en sa totalité. Même sous une forme tronquée, les intuitions du néoplatonisme l'entraînaient dans une direction autrement satisfaisante pour l'esprit, puisque selon Platon et Aristote, la divinité exclut toute potentialité, donc toute matière. Et ce n'est pas tout. Coïncidant avec son âme spirituelle en empruntant, du moins en partie, l'itinéraire des platoniciens, Augustin avait découvert que Dieu l'y attendait à demeure. Pascal, plus tard, s'en souviendra : « Tu ne me chercherais pas si tu ne m'avais déjà trouvé… » Plus précisément, la présence de Dieu à l'âme crée la présence de soi à soi-même, car l'âme est le produit, en quelque sorte, d'une pensée divine. Enfin, et ce n'était pas le moins beau cadeau du néoplatonisme, la pensée de Dieu contenant en elle le monde entier des archétypes, cette divine présence dans l'âme conférait à l'âme la plus parfaite connaissance de tout ce qui est. La question de la vérité était du même coup virtuellement résolue. On comprend qu'Augustin ait été sous le charme. À mesure qu'il avancera dans la méditation du christianisme, il lui semblera de plus en plus évident que Dieu, pour le ramener à lui, s'est servi des *libri platonicorum*, et nous verrons comment.

Cette révélation n'était pourtant qu'embryonnaire. Le platonisme l'avait dépris du plus gros de ses erreurs passées, mais ne lui avait pas pour autant accordé la vérité dans sa plénitude. Car, pour séduit qu'il ait été par l'ambiance spiritualiste du platonisme – du moins, du platonisme milanais –, Augustin avait eu dès le temps de sa conversion la perception exacte des convergences et des divergences entre platonisme et christianisme. Revenant quinze ans plus tard sur cette illumination – lorsque Dieu, si j'ose dire, lui prêta les livres des platoniciens –, il en dressera contradictoirement l'inventaire, comparant les thèses platoniciennes et les Écritures. Elles coïncidaient par endroits ; elles ne se recouvraient pas. Le passage est justement célèbre : « Et là (dans les livres des platoniciens), j'ai lu, non pas sans doute en ces termes, mais c'était la même chose appuyée sur bien des arguments, que *Au commencement était le Verbe, et le Verbe était en Dieu, et le Verbe était Dieu ; il était au commencement en Dieu ; tout par lui a été fait, et sans lui rien n'a été fait ; ce qui a été fait est vie en lui, et la vie était la lumière des hommes ; et la lumière luit dans les ténèbres, et les ténèbres ne l'ont pas saisie…* » (*Conf.*, VII, 9). On aura reconnu, bien sûr, le prologue de l'Évangile selon saint Jean, dont la teneur en platonisme, soit dit en passant, est élevée. Cela dit, Augustin objecte un peu plus loin : « Quant à ceci : *Il est venu dans son propre domaine, et les siens ne l'ont pas reçu, mais à tous ceux qui l'ont reçu, il a donné le pouvoir de devenir fils de Dieu, en croyant en son nom*, dans ces livres je ne l'ai pas lu. » Et de fait, l'incarnation du *Logos* divin est tout à fait choquante pour un platonicien qui, tout au contraire, s'efforce de se désembourber de la chair pour rejoindre le divin. Plus scandaleuse encore s'il se peut, aux yeux des platoniciens, l'idée d'un Verbe divin souffrant et mourant, telle que l'exprime saint Paul aux Philippiens : « Mais, *qu'il s'est anéanti lui-même en assumant la condition d'un esclave, fait à la ressemblance des hommes, et reconnu à sa manière d'être comme étant un homme ; qu'il s'est humilié, devenu obéissant jusqu'à la mort sur la croix*... (Philip. II, 6-8), cela, non, ces livres ne le contiennent pas... » (*Conf.*, VII, 9). Etc.

Ce très beau texte – et combien instructif ! – appelle quelques remarques. Et d'abord nous saute aux yeux l'identification que nous connaissons déjà entre Jésus-Christ, *Logos* de Dieu, incarné, mort et ressuscité et donc retourné auprès du Père, et le *Noûs* platonicien, autrement dit la seconde hypostase dans le schéma de Plotin et de Porphyre. Sagesse éternelle de Dieu (et l'on reconnaît la Bible, Philon, Clément...), Jésus contient en lui l'infinité des Formes platoniciennes, des Archétypes dont participe le monde créé. Jésus de Nazareth est devenu, dans la pensée des chrétiens, une hypostase, une entité philosophique. Mais cette hypostase est aussi, du fait de son incarnation, de sa mort et de sa résurrection, une présence disponible, secourable, miséricordieuse, bref, « un absolu de dialogue », selon la géniale formulation d'Henry Duméry – et cela, le Jésus des Évangiles l'eût été de toute façon et hors de toute philosophie, alors qu'on ne dialogue pas avec le dieu d'Aristote ou l'Un de Plotin, qui n'ont strictement rien à vous dire, et vous pas davantage. Et c'est bien là qu'apparaît le mélange des genres : d'une part, une foi religieuse en des mystères qui se donnent eux-mêmes comme excédant, comme surpassant toute raison (et qui, de ce fait, exigent la soumission de la raison) – et d'autre part, des catégories philosophiques, donc rationnelles, et comme telles inadéquates à cette foi, mais dont la foi pourtant se sert pour s'exprimer. C'est le mot : on voit bien à quoi *sert* la philosophie – mais on voit en même temps qu'il n'y a pas à chercher plus loin la cause des innombrables controverses théologiques à venir. Le processus a déjà commencé en Orient, avec les querelles touchant la Trinité, la christologie et toute cette sorte de choses. Les catégories de nature *(phusis)*, de personne *(prosopôn)*, de substance *(ousia)*, d'hypostase, etc., pourront apparaître commodes sur le papier pour définir une dogmatique, mais étant sujettes à diverses interprétations – et surtout en passant d'Orient en Occident –, elles se révéleront dangereuses à manier et capables d'engendrer les pires ennuis.

Second thème de réflexion : la distorsion des perspectives d'un système à l'autre. L'une, celle des platoniciens, se situe dans l'éternel et n'en sort pas : la déité est là, de façon absolument intemporelle, et peu lui chaut de l'histoire humaine. Le salut consiste, pour les âmes qui le veulent, à se dégager des prestiges du devenir, et à se faire être en retournant de leur propre initiative vers le Principe dont elles procèdent. L'autre, celle des chrétiens, voit le salut par la foi en une initiative divine qui, par l'incarnation, s'inscrit dans le temps. Dieu a tenu à s'engager dans l'Histoire par la venue de son Verbe sous Auguste et Tibère, donnant ainsi un sens à la succession des générations humaines depuis le premier homme jusqu'au dernier. Nous retrouverons cette idée augustinienne exposée dans la *Cité de Dieu*.

Enfin, troisième thème de réflexion suggérée par ce texte capital : on voudra bien remarquer que si Augustin oppose terme à terme le Verbe incarné selon Jean et le *Logos* selon les philosophes, en un balancement rhétorique qui a grande allure, pas un instant il n'évoque l'opposition, pourtant fondamentale, entre le Dieu créateur selon les chrétiens, et la déité émanatrice selon les néoplatoniciens. Augustin se place évidemment dans la perspective biblique d'un dieu qui crée toutes choses à partir de rien ; pour les platoniciens, la procession à partir de l'Un est sans commencement ni fin, et chaque hypostase procède de soi en même temps que de son Principe. De même ne voit-on à aucun moment apparaître la différence entre la déité, cet Un au-delà de l'Être tel que nous l'avons entrevu chez Plotin et ses successeurs – et le dieu Être suprême, qui chez Plotin n'est que la seconde hypostase. Mais c'est que de ces oppositions, Augustin n'a pas la moindre idée, comme cela se confirme du reste si l'on prend la peine de relire le beau texte de *Confessions*, IX, 10, connu sous le nom d'« extase d'Ostie ». Augustin et sa mère, dans l'attente du bateau qui les conduira en Afrique, entrent en méditation et s'élèvent de degré en degré, des corps vers les cieux, atteignant, dit-il, leurs âmes elles-mêmes et de là, en un instant, se voyant ravis « en l'Être de la Sagesse éternelle ». *En* l'Être – et non, comme Plotin le voulait, aspirés *vers* l'au-delà de l'Être. Nuance : Augustin se sert du langage des néoplatoniciens ; il n'est pas néoplatonicien. À aucun moment il n'a conspiré avec l'intuition fondamentale du système, qui veut que le Principe d'où tout procède soit lui-même un non-être par supériorité. Or, c'est cette image du dieu Être suprême qui par lui et par bien d'autres docteurs viendra jusqu'à nous – et non celle qu'avaient certains Pères grecs, par exemple Grégoire de Nazianze qui, dans son *Hymne à Dieu*, s'écrie : « Ô Toi l'au-delà de tout, n'est-ce pas là tout ce qu'on peut dire de Toi ? ». Qui ferait à ce Dieu-là le reproche d'être une puissance « aliénante », pour parler le beau langage ? On se prend à rêver d'un Augustin sachant le grec et complétant ses études par un stage dans l'Empire d'Orient. À quoi tiennent les images qu'on se fait des dieux !

UNE PHILOSOPHIE DE LA PRÉSENCE

À partir de ces quelques données, on pressent déjà autour de quels thèmes, empruntés au platonisme et au Portique, va s'organiser la pensée philosophique de saint Augustin. Elle a conservé la ferveur et la fraîcheur d'une illumination qui a changé sa vie, mais l'ancien rhéteur a gardé son tour de main et en a fait une œuvre d'art. Les fils du platonisme milanais, de l'éthique stoïcienne et de la révélation judéo-chrétienne s'entrelacent en une tapisserie dont l'ampleur étonne. En ce qui touche à la cosmologie, Augustin a tout gardé de la conception antique du monde – sans doute, remarque pertinemment Peter Brown, parce qu'il ne s'y intéressait guère –, quitte à la bricoler un peu, si besoin est, pour la rendre compatible avec la Genèse. Cela se remarque notamment quand il est question de la création, le Dieu biblique tenant beaucoup à ce qu'il y ait un commencement à tout. Augustin n'a pas vraiment repensé la physique, et c'est pourquoi nous retrouvons chez lui, par exemple, comme en d'autres temps chez Paul, ces fameux démons qui voltigent dans les couches humides de l'atmosphère, là où, précise-t-il, l'air est plus volatil. Il y a d'autant plus intérêt à s'en méfier qu'on ne les distingue pas, mais qu'importe, puisque Christ nous a pourvus de la panoplie indispensable ? De même Augustin reconduit-il sans l'avoir vérifié – et pourquoi l'eût-il fait ? – l'invraisemblable bestiaire qui traîne partout, et la collection entière des « faits » indiscutables puisqu'attestés par les *auctoritates* : le diamant qui ne saurait être vaincu que par le sang du bouc, la chair du paon qui ne se gâte jamais, fût-elle abandonnée à la température ambiante d'un garde-manger africain, etc. C'est la nature, n'est-ce pas ? Les cieux et la terre ont une figure décrite une fois pour toutes, et qui sommes-nous pour y changer un iota ? Telle était en ces temps la « physique », et saint Augustin n'échappe pas aux certitudes de son époque, qu'il transmettra revigorées par sa propre *auctoritas*.

Infiniment plus originale est la philosophie sous-jacente à son œuvre. On pourrait la définir comme une philosophie de la présence. Tout part de la présence de Dieu dans l'âme – du chrétien, il convient de le préciser – qui a reçu cette grâce. Si le premier effet en est, bien sûr, le salut éternel, le second est la connaissance. Considérons d'abord cette présence de soi à soi qui n'a besoin, dit Augustin, d'aucun intermédiaire sensoriel : « Je suis très certain, sans phantasme et sans illusion de l'imagination, que j'existe moi-même, que je connais et que j'aime mon être. Et je ne crains pas ici les arguments des Académiciens : "Mais si vous vous trompiez ?" – Si je me trompe, je suis ; car celui qui n'est pas ne peut pas être trompé, et de cela même que je suis trompé, il résulte que je suis. Ainsi, puisque je suis toujours, moi qui me serais trompé, quand il serait vrai que je me tromperais, il est indubitable que je ne puis me tromper lorsque je crois que je suis... » (*Cité de Dieu*, XI, 26). Ainsi, c'est au cœur même du doute que s'impose une vérité inaccessible au doute : tel est le premier état de ce qui un jour sera le *cogito* cartésien. Mais découvrir en soi-même l'intelligence – qui est la meilleure partie de soi –, conduit à poser l'existence de celui qui a consenti ce don de l'intelligence. C'est ce qui ressort d'un dialogue sur le libre arbitre : « Si nous pouvions trouver un être dont tu connusses sans aucun doute, non seulement l'existence, mais aussi la prééminence sur notre raison, hésiterais-tu à l'appeler Dieu ? – Non, si je pouvais trouver quelque chose de meilleur que la partie la plus excellente de ma nature, je ne l'appellerais pas aussitôt Dieu. Car il me semble convenable d'appeler Dieu, non pas celui auquel ma raison est inférieure, mais celui auquel personne n'est supérieur. – En effet, et c'est lui-même qui a donné à ta raison un sentiment si pieux et si vrai de ce qu'il est... Si donc, sans le secours d'aucun organe corporel (...), mais par elle-même, la raison perçoit quelque chose d'éternel et d'immuable, il faut qu'elle avoue tout ensemble et qu'elle est inférieure à cet Être, et que cet Être est son Dieu. Pour moi, je reconnaîtrai certainement comme Dieu celui dont on aura prouvé qu'il n'a pas de supérieur... » (*Du libre arbitre*, II, 6). Lecteur d'Augustin, saint Anselme reprendra l'argument, et Descartes à sa suite, chacun selon son propos. La connaissance que nous pouvons acquérir de Dieu reste évidemment imparfaite ici-bas, comme l'avait dit saint Paul aux Corinthiens :

« Aujourd'hui, nous voyons dans un miroir, d'une manière confuse... » (I Cor. XIII, 12) – car les glaces de l'Antiquité n'étaient pas fameuses... –, et la vision de Dieu est réservée à la vie éternelle. Pour le moment, l'important est de s'entourer des précautions qu'il faut, dit Augustin, « pour ne rien concevoir de Dieu qu'il ne serait pas » (*De la Trinité*, V, 1).

Et ce n'est pas tout : agissant comme un « maître intérieur » – c'est l'expression même d'Augustin –, Dieu découvre à l'âme bien disposée les idées qui, dans sa pensée éternelle, ont présidé à la création des êtres. Si bien que, « pour toutes choses que nous comprenons, ce n'est pas une parole résonnant au-dehors que nous consultons à leur sujet, mais c'est la vérité qui gouverne l'esprit lui-même audedans, les mots peut-être nous avertissant de le faire. Or, celui que nous consultons ainsi, voilà le Maître, celui dont il est dit qu'il habite dans l'homme intérieur, Christ, force immuable de Dieu et sagesse éternelle (*Le Maître*, XI, 38). Cela va loin. Soit un professeur enseignant la vérité. Ce ne sont pas ses paroles qui instruisent le disciple ; il l'est « par les choses mêmes qu'il voit, Dieu les lui dévoilant intérieurement » (*ibid.*, XII, 40). Fervent lecteur de saint Augustin et cartésien passionné, Malebranche trouvera là le principe de sa « vision en Dieu ». Nous comprenons maintenant pourquoi Augustin a tiré si grand profit des livres des platoniciens : s'il y a lu, comme il le dira après coup, le prologue de saint Jean, c'est que Dieu le lui a fait voir. Sans le Maître intérieur, il passait à côté, n'y voyant rien de plus que les païens...

Ainsi disposée par la présence en elle de l'éternelle Sagesse, l'âme découvre que la création entière exprime son créateur. « Ces êtres, ô Seigneur, c'est toi qui les a faits, toi qui es beau – car ils sont beaux ; toi qui es bon – car ils sont bons ; toi qui es – car ils sont » (*Conf.*, XI, 4). Il n'est pas jusqu'au dogme de la Trinité, du dieu un en trois personnes, dont Augustin ne discerne les traces dans les divisions ternaires au sein de l'âme humaine : esprit, connaissance, amour ; mémoire, intelligence, volonté, etc. Parce qu'elle a été faite à l'image de Dieu et à sa ressemblance, l'âme peut s'élever, ou plus exactement, peut se trouver élevée par grâce, au pressentiment du plus incompréhensible mystère. Par sa présence, Dieu rend l'âme participante, et dès ici-bas, de ses secrets comme elle l'est de son être. Dans l'optique augustinienne, on comprend ce qu'a de déterminant la foi et ce qu'elle est censée infuser dans l'intelligence. Il reviendra souvent sur cette idée, que « la compréhension est la récompense de la foi : il ne faut donc pas, précise-t-il, comprendre afin de croire ; il faut croire afin de comprendre. *Crede ut intelligas*... » (*De l'utilité de croire*, XVI). Six siècles plus tard, c'est toujours dans cette perspective que se situera saint Anselme, intitulant sa méditation philosophique *Fides quaerens intellectum*, la foi cherchant l'intelligence.

De cette présence de Dieu à l'âme découle évidemment toute une morale, qui rejoint pratiquement celle des stoïciens. À cela près que se soumettre à l'ordre du monde n'est plus résignation fataliste, hautaine indifférence, mais empressement joyeux, dès lors que Dieu fait apparaître cet ordre-là comme sa préférence – et d'autre part que de cet acquiescement au bien, l'homme est tout incapable par ses propres forces. Car depuis le péché d'Adam, la vertu ne va pas de soi. Voyant le bien, l'âme lui préfère le mal. Augustin reprend à son compte, mais dans une perspective bien à lui, un thème que la tradition répète avec une obstination chagrine : « Ayant jugé, dit Platon, qu'une chose est belle et bonne, néanmoins on ne l'aime pas ; au contraire, on la hait ; inversement, on aime et on recherche ce qu'on tient pour pervers et injuste. » (*Lois*, III, 689 a). Ovide le dira en des vers célèbres : *« Video meliora proboque, deteriora sequor »* (*Métam.*, VII, 20), et l'apôtre Paul gémissait de se voir ainsi tenté : « Je ne fais pas le bien que je veux, et le mal que je ne veux pas, je le fais... Misérable que je suis ! »

(Rom. VII, 19 ; 24-25.) « D'où me vient donc, s'interroge Augustin, de vouloir le mal et de ne pas vouloir le bien ? » (*Conf.*, VII, 3.) Pour lui, la réponse se trouve évidemment dans la faute originelle, dont les philosophes, et pour cause, n'avaient pas la notion. La nature de l'homme en est à jamais viciée, et cela au point qu'Augustin exclut – à regret – du paradis les païens vertueux et les nouveau-nés morts sans le baptême. Depuis lors, la volonté « n'a besoin pour le mal que de son libre arbitre et ne saurait faire le bien sans le secours de la grâce » (*De la rémission des péchés*, II, 5). Pas plus, en somme, que sans la grâce, l'intelligence ne saurait atteindre le vrai. Tout se tient. Gardant toujours, avec son libre arbitre, la possibilité de choisir de travers, l'âme sauvée ne déploie sa capacité du bien qu'en s'en remettant à la grâce de Dieu : « Ô Seigneur, s'écrie Augustin, donne ce que tu ordonnes, et alors, ordonne ce que tu veux… » (*Conf.*, X, 29). Et c'est une conception nouvelle de la liberté qui ainsi se fait jour : « Là où est l'Esprit (saint), le plaisir n'est pas à pécher, et c'est la liberté ; là où l'Esprit n'est pas, le plaisir est à pécher, et c'est l'esclavage » (*De l'esprit et de la lettre*, XVI, 28). Aucune loi – et pas même les dix commandements – n'y suffit ; seule la grâce rend suave ce qui ne l'était pas, car elle infuse l'amour. Et l'âme parvenue à la perfection pourrait faire ce qui lui passe par la tête : « *Ama et quod vis fac*, aime et fais ce que tu veux. » Tout cela est sublime et terrible, et l'on comprend que les textes d'Augustin aient inspiré ce que j'appellerais les extrémismes de la foi : les théories sinistres de l'arbitraire divin, de la prédestination, selon Godescalc, Jansénius et autres. Si Augustin avait récusé comme insuffisants les grands idéaux de l'ancienne *philosophia*, il en avait pourtant gardé partiellement l'esprit. Et cela même, joint à l'amour pastoral dont il débordait, l'avait retenu sur la pente du fanatisme auquel aboutissent certaines de ses thèses. Ce ne sera pas forcément le cas de ses disciples au cours des âges.

UNE THÉOLOGIE DE L'HISTOIRE

La façon dont Augustin envisageait les rapports de l'âme et de Dieu l'avait incité depuis longtemps déjà, autour de 388-391, à élargir le propos aux dimensions du collège entier des âmes, autrement dit de l'humanité dans son ensemble et depuis les origines. Il composait alors un traité *De la vraie religion*, et il voyait se former l'idée d'une opposition entre le *pius populus*, consacré au Dieu unique, et la masse des impies, *impius populus*, portant l'effigie de l'homme charnel. Le thème revient en 400 dans sa *Catéchèse des débutants*, où apparaissent deux cités, l'une des mécréants, l'autre des saints, qui « poursuivent leur histoire depuis le commencement jusqu'à la fin du monde. Maintenant mêlées par les corps, elles sont séparées par les volontés. Mais au jour du Jugement, c'est par les corps qu'elles seront séparées » (*Catéch.*, 19-22). Ces deux cités se symbolisent par l'opposition biblique entre Jérusalem, la cité sainte, et Babylone, la ville pécheresse. Cela se retrouvera encore entre 401 et 414 dans son commentaire *De la Genèse* : « De ces deux cités, écrit-il, nous parlerons peut-être ailleurs et plus longuement, si le Seigneur le veut » (*De la Gen.*, XI, 15-20). Tout cela montre bien qu'Augustin avait en tête un plus vaste projet.

Or, de regrettables événements allaient lui fournir l'occasion de le mettre à exécution. Une nouvelle venait de tomber, que les Africains avaient peine à croire, mais hélas ! les réfugiés qui débarquaient là leur confirmaient : le 24 août 410, Rome était tombée. Alaric y était entré à la tête de ses Goths – qui servaient de supplétifs aux armées romaines débordées, et qui de surcroît étaient chrétiens. Le sac de la Ville éternelle avait duré trois jours. Alaric avait fait preuve d'une relative modération, mais la blessure était profonde. C'était un symbole qu'Alaric avait profané. Il faut entendre les longs cris de douleur d'un saint Jérôme : « Horreur ! L'univers s'écroule… » (*Lettre* 128). À côté de l'affliction sincère de l'Illyrien, la réaction d'Augustin l'Africain est très mesurée. Le sermon *Sur la chute de la Ville* est un tissu de considérations générales. Bien sûr, tout cela est bien triste, mais, s'écrie-t-il, « vous vous étonnez que le monde périsse ; comme si vous vous scandalisiez que le monde vieillisse ! Le monde est comme l'homme ; il naît, il grandit, il meurt... » Augustin en vient même à prêter sa voix à ceux qui sont restés dans ce désastre – et que disent-ils ? – Merci : « Ô Seigneur, nous te rendons grâces, car tu nous as arrachés aux importunités et aux tourments de la chair ; nous te rendons grâces, car désormais nous ne redouterons plus le Diable ni les Barbares... » De fait, on ne meurt qu'une fois. Et puis, « ne soyons pas troublés en voyant les justes souffrir ! Leur souffrance est une épreuve ; ce n'est pas la damnation », seul mal qu'un chrétien ait à redouter. Que de belles phrases sur un désastre ! J'ai peine à découvrir l'« attachement pathétique à la romanité » que Claude Lepelley sent vibrer chez Augustin, et je pense avec François Paschoud que « Rome a toujours laissé Augustin parfaitement froid ».

Au reste, ce qui intéresse l'évêque dans cette affaire, c'est moins la chute de Rome, dont il n'a finalement que faire. Ce qu'il veut, c'est fourbir des arguments contre les païens, qui prétendent faire endosser aux chrétiens la responsabilité de la catastrophe. Il faut reconnaître qu'ils ne s'en gênaient pas. Voilà, disaient-ils, ce qui arrive quand on délaisse le culte des dieux tutélaires. Avant votre Christus, nous étions les maîtres de l'univers ; maintenant, voyez le résultat ! Là-dessus, les chrétiens ripostaient : mais pas du tout ! À preuve : Énée avait dû sauver ses dieux de l'incendie lors de la guerre de Troie. Et puis, Rome avait été prise autrefois par les Gaulois, et sous Néron, n'avait-elle pas brûlé ? Etc. On s'envoyait à la tête des arguments *ad hominem* ; on se rejetait les responsabilités, comme au Café du Commerce au lendemain de juin 1940. Rien de tout cela n'allait au fond.

Dans l'esprit d'Augustin, le projet prenait consistance. Ce serait la *Cité de Dieu*.

À mesure qu'il y réfléchissait, le thème des deux cités lui apparaissait lié à tout un passé, celui du peuple d'Israël dans la Bible, dont le cœur est Jérusalem. Un autre thème s'y articulait, venu du Nouveau Testament : l'opposition des ténèbres et de la lumière chez saint Jean, l'antithèse paulinienne de l'ancien et du nouvel Adam (dont a si exactement parlé Henri Tardif), et cet antagonisme entre le monde et le Royaume du Christ qui n'est pas de ce monde. Tout cela faisait « deux cités, autrement dit deux sociétés d'hommes dont l'une est prédestinée à régner éternellement avec Dieu, l'autre à subir un éternel supplice avec le démon » (*Cité de Dieu*, XV, 1). De cet antagonisme, le converti qu'il serait toujours voyait clairement le principe : c'était l'amour, et sa formation rhétorique lui inspirait la plus élégante des formules, à jamais inoubliable : « Deux amours ont fait deux cités : l'amour de soi jusqu'au mépris de Dieu a fait la cité terrestre ; l'amour de Dieu jusqu'au mépris de soi a fait la cité céleste » (XIV, 18). Ce que nous disions plus haut de cet accueil – ou de ce refus – de la grâce de Dieu dans l'âme, et qui lui donne – ou qui lui ôte – toute intelligence comme toute liberté, trouve ici son illustration à l'échelle de l'histoire. On mesure à quel point on aurait tort d'identifier la cité terrestre avec l'Empire romain déclinant – et Augustin ne saura jamais à quel degré ! – et la cité terrestre avec l'Église dans sa période montante. Superbe contresens, car Augustin ne se retient pas de louer ce que l'Empire a de bon, et comme tel d'assumable. De même ne se gêne-t-il pas pour souligner que l'Église n'a pas encore évacué de son sein ses pécheurs et ses péchés. La vie éternelle n'est pas encore réalisée. Pour Augustin, dont la pensée, nous l'avons vu, est centrée sur Dieu en l'âme, c'est jusque dans la conscience de chaque homme, païen ou chrétien, Juif, Grec ou Romain, que luttent les forces antagonistes symbolisées par les deux cités. Marrou voyait là quelque chose comme deux formes platoniciennes, deux notions d'ordre idéal qu'on ne saurait identifier sans plus avec tel ou tel moment de la réalité empirique. Personnellement, j'y verrais plutôt deux catégories *a priori* sous lesquelles Augustin expérimente l'histoire entière du monde, depuis le jardin d'Eden jusqu'au Jugement dernier.

L'originalité philosophique de la *Cité de Dieu* est là tout entière, dans cette opposition agonistique de deux mondes, dont l'un est prédestiné à la gloire, quand surviendra la fin des temps, récapitulant dans un présent éternel ce que la durée contenait d'éternité diffuse – et l'autre est promis à la perdition dans les ténèbres sans fin. Conséquence pratique immédiate : c'en est fini du mythe de la *Roma aeterna* dont on s'était si longtemps bercé. Nous n'avons pas ici-bas, disait l'Apôtre, de cité permanente. Nos imaginations terrestres sont définitivement débusquées des refuges qu'elles se donnaient, fussent-ils à la dimension d'un Empire. Tout ce qui finit est court ; l'éternité est à chercher dans une autre direction, sur un autre plan.

Pour le reste, en tout ce qui ressortit à la philosophie, Augustin ne renouvelle rien ; il s'en tient aux éléments qu'il pêche dans les manuels d'époque. Il incorpore à sa fresque la longue suite des philosophies et des philosophes, mais c'est uniquement pour les besoins de sa cause. Il s'applique à faire ressortir en chacun ce qui était déjà chrétien sans le savoir et ce qui ne l'est point – et qui de ce fait est irrécupérable. Dieu, cela va de soi, est derrière : derrière Pythagore, Anaxagore de Clazomènes, etc. – et bien sûr, derrière ses chers platoniciens. Bref, Augustin entreprend une sorte de paléontologie du spiritualisme ; il inventorie les vestiges d'un spiritualisme fossile qui serait parvenu avec le Christ à sa forme définitive. Dieu a façonné les esprits comme il a modelé la matière. Et maintenant que Christ est venu, tout est accompli, et quiconque errera le fera exprès. La *philosophia* des Anciens a fait son temps ; par elle Dieu a donné aux hommes du passé ce qu'il a voulu de lumière. Maintenant que la lumière est venue en ce monde, la vraie philosophie, et il le dit en propres termes, c'est la vraie religion.

Ainsi s'achève dans une théologie de l'histoire cette philosophie de la présence dont nous parlions plus haut. Présent à l'âme fidèle, Dieu l'est aussi à l'histoire tout entière des hommes, à laquelle son vouloir donne un sens. L'incroyance et l'enfer ne seraient, finalement, que l'absence de l'absolu et l'absolu de l'absence, et pour le dire, Augustin retrouve les vieilles images orphiques, pythagoriciennes et platoniciennes du bourbier, des ténèbres et de l'exil.

*

Comment serait-on complet sur saint Augustin ? Mon propos, strictement philosophique, du moins au sens où nous l'entendons aujourd'hui, m'oblige à laisser à d'autres, historiens de l'Église ou théologiens, l'Augustin des dogmes et des controverses avec les donatistes, les pélagiens, etc. Ce qu'il y a de philosophie en suspension dans cette œuvre énorme, attachante et agaçante au possible – à cause du mélange de genres aujourd'hui distincts –, va peupler pour des siècles la mémoire de l'Occident. Augustin va remembrer le cadastre philosophique des temps à venir, et tout compte fait, c'est une chance, si l'on songe au vide spéculatif de ces contrées de l'Empire, et aux menaces qui pèsent sur l'avenir immédiat. Ainsi, Augustin imposera le spiritualisme des platoniciens, le créationnisme de la Bible, et ce mystère d'un salut constituant le cœur de l'histoire, celle de la pensée aussi bien que celle des événements. L'homme, avec lui, devient central, et centrale la terre où Dieu a choisi de planter la croix de son Fils. Au travers de tout cela, où mystère et raison s'entremêlent, vont s'imposer comme autant d'évidences toute une série de rapports : intérieur-extérieur, immanence-transcendance, corps-âme, élus-réprouvés, etc., qui conditionneront les pensées à venir. De même s'installe avec lui une certaine représentation de la connaissance comme opération divine immanente, qu'on retrouvera chez Boèce, chez saint Anselme, chez Descartes, chez Malebranche, et qui ne se modifiera vraiment qu'avec Spinoza, puis d'une autre façon avec les empiristes et Kant. À ses descendants, Augustin léguait aussi, comme l'a bien vu Brown, cet esprit de dépendance, raison comprise, d'absolue soumission où plus rien n'appartient en propre à l'homme sinon le triste pouvoir de se fourvoyer et de se perdre. Et puis, il y avait aussi ce don inappréciable d'un cœur qui jadis avait pleuré sur les amours de Didon et d'Énée, et s'était laissé charmer par la beauté des créatures avant d'y renoncer à jamais. Enfin, il y avait ce style, ce balancement renouvelé de Cicéron, cette grandiose musique qui retentirait comme une nostalgie – ou comme un reproche – longtemps après qu'on se fût mis au sabir. Oui, Augustin fut vraiment une chance pour cet Occident qui déjà s'abîmait dans les flots des invasions barbares.

XV

LA FIN DE TOUT
LES GRANDES INVASIONS

Et ce fut – et bien avant la date fatidique de 476 – la fin de l'Empire romain d'Occident, submergé par les vagues successives de peuplades qui venaient du froid, l'une poussant l'autre en un déferlement continu. De ce déluge-là, les eaux ne se retireraient jamais.

On dit parfois qu'il ne faut pas longtemps pour faire un mort. Cela vaut pour les civilisations, que d'autres recouvrent le temps d'une ou deux générations. On désapprend très vite à penser, ou du moins se met-on très vite à penser autrement, puisque « le monde » – ce fameux monde qu'on se donne toujours pour permanent en son fond –, n'est plus ce qu'il était. Au reste, le sait-on seulement, dès lors qu'il est chaque fois le produit d'un autre regard ? Les hommes et les femmes du siècle suivant n'ont jamais connu que le nouvel ordre des choses. Seule l'histoire restituerait quelque chose de l'ancien. Mais en des temps où le livre est un objet rare et la lecture un privilège, périssable est la mémoire : après les grandes invasions, plus aucun repère ou presque ne viendrait rappeler en Occident le cadastre culturel que les anciens philosophes avaient relevé. Tout devint vieillerie plutôt que vestige, les pierres des temples comme les pensées des sages, simples matériaux de récupération pour construire autre chose autrement. Les langues nouvelles avaient depuis bel âge décroché d'avec ce qui, dans l'ancien temps, était « la réalité », et qui maintenant n'était plus que poussière. Sur l'extrême fin de la romanité, Sidoine Apollinaire se réjouissait d'avoir reçu d'un Barbare une lettre écrite en bon latin : c'était devenu l'exception dans la Gaule où il finissait ses jours en fignolant des poèmes complètement dépassés. Qu'eût-il dit cent ans plus tard ! Les Barbares avaient, certes, enseigné bien des choses au ci-devant monde romain, notamment une meilleure métallurgie, mais certainement pas les beaux-arts, ni les lettres, ni la philosophie. Or donc, on désapprit à peu près tout. Il faudrait à l'Occident six siècles pour se refaire une beauté, ou du moins un visage convenable.

L'ÉTENDUE DES DÉGÂTS

Pour évoquer ce drame qui aujourd'hui encore m'obsède, une analogie me vient, image sans grandeur ni noblesse, mais par là même disant mieux l'absolu de l'absurde aux dimensions d'un monde. Imaginez donc un déménagement, le vôtre, coïncidant par malchance avec la débâcle de juin 1940. Et voilà le camion brinquebalé d'un côté et de l'autre de la ligne de démarcation, puis englué dans les mouvements de l'armée d'occupation, passant et repassant les frontières sous les bombardements. La guerre finie, votre mobilier se trouve éparpillé en différents garde-meubles, et vous finissez par récupérer ici le plus gros de votre piano, là une chaise sans dossier et un dossier sans chaise, ailleurs encore le fauteuil Louis XV de votre grand-mère, mais un bricoleur a remplacé un pied cassé par un autre, procédant d'un guéridon 1925. Une vitrine de salon, longtemps garde-manger pour quelque réfugié, vous rappelle par son vide les bibelots de votre enfance. C'est tout. Et c'est à partir de ces *membra disjecta* que rentrant vous-même de guerre, vous devrez vous refaire un foyer, complétant à mesure les manques avec des meubles de sapin tout droit sortis d'une fabrique réouverte. Vous vous bercerez de souvenirs, mais pour vos enfants, nés après la tourmente, tout cela sera le cadre familier de leur jeunesse. Cauchemar d'un surréaliste saoul ? Que non ! Imaginez la chose à l'échelle de sept siècles, et vous approcherez l'idée de ce qu'il advint de la culture gréco-latine d'Occident entre 430 et – mettons : l'an 1100.

À cet univers sinistré, le seul christianisme, assurant peu à peu son hégémonie, imposait des structures mentales stables. Et donc la Bible, les Évangiles et les Pères de l'Église d'Occident suffisaient aux seules exigences de l'esprit qui alors comptaient : le salut, la vie éternelle. Pour le reste, ce qui de la philosophie des Grecs et des Romains avait été embarqué dans l'arche patristique – Ambroise et surtout Augustin –, avait survécu au déluge, fût-ce en changeant de sens. Les clercs le transmettraient à leur façon, et ce serait toujours mieux que rien. Beaucoup de Cicéron avait été sauvé, en tant que modèle perpétuel de rhétorique, mais c'étaient plutôt les rhéteurs qui faisaient défaut en ces temps vraiment peu favorables aux grands débats d'idées. Quelques poètes latins, un morceau du *Timée* de Platon dans la traduction de Chalcidius (17 a-53 c exactement), le commentaire de Macrobe sur le *Songe de Scipion*, quelques textes logiques d'Aristote, l'*Isagogè* de Porphyre, et des recueils, surtout, de morceaux choisis : c'était modeste. Sous les empereurs ostrogoths, sous les rois wisigoths, sous les Mérovingiens, des communautés monastiques, en Italie, en Espagne, en Gaule, ou encore dans les îles lointaines de Bretagne et d'Hibernie, préservèrent quelques trésors, recopiant les textes avec amour – et non sans fautes. C'était une manière de gagner le ciel. Bénies soient les mémoires de Cassiodore (vers 485-580), d'Isidore de Séville (vers 560-636), de Bède le Vénérable (vers 672-735), de tant de compilateurs aussi, qui n'ont pas laissé de nom ! Aux temps carolingiens, on fit de ces reliques de vrais bijoux. On serrait dans des armoires ces livres trop précieux pour servir, semblables aux vaisselles de famille qu'on n'ose pas sortir. Car le raffinement même de ces exemplaires enluminés montre assez qu'il ne s'agissait point d'objets usuels. De hâtives copies cursives eussent attesté par leur négligé même une vaste demande, comme ce sera le cas au XIIe siècle. Ce soin pointilleux de la calligraphie témoignait en fait d'un propos d'épargne, voire de thésaurisation économique – car il arrivait qu'on vendît les manuscrits –, plus que d'un esprit de culture. Mais ce fut la chance des siècles suivants. Car longue fut la crise, du moins à nos yeux, car nul, alors, ne soupçonnait qu'il y en eût une.

Il nous faut bien convenir que les dommages étaient irréparables, et invraisemblable la confusion. Dès avant les invasions, le plus gros de Porphyre avait disparu, détruit par le pouvoir chrétien que ses thèses révulsaient. Chassés par l'édit stupide de Justinien de 529, les philosophes païens de Grèce, d'Asie Mineure, d'Égypte, étaient passés chez les Perses, où ils avaient été, ma foi, bien accueillis, déménageant avec eux les textes de Platon, d'Aristote, des néoplatoniciens, et ceux aussi d'Euclide, de Ptolémée, d'Hippocrate et de Galien. Par la suite, tout cela irait enrichir les bibliothèques et les écoles musulmanes de Bagdad ou du califat de Cordoue, ou encore la pensée juive, bref, ceux qu'on appelait désormais « les Infidèles », qui en tireraient le meilleur profit. Une exception toutefois : le calife Omar, qui fit brûler en 640 la bibliothèque pharaonique, soigneusement préservée depuis les temps lointains de Ptolémée Sôter. Ce saint homme s'appuyait sur un raisonnement sans faille. De deux choses l'une : ou bien tous ces livres étaient en accord avec celui d'Allah – le Coran –, et donc on n'en avait que faire ; ou bien ils lui étaient contraires, auquel cas ils étaient nuisibles. *Ergo*... La bêtise transcende les frontières idéologiques. Omar vaut Justinien.

Beaucoup de ces joyaux de l'esprit ne repasseront les frontières de l'Occident chrétien que bien plus tard, aux XIIe-XIIIe siècles, traduits de l'arabe ou du grec, et dédouanés par les théologiens chrétiens, avec les aléas qu'on peut imaginer. Car enfin, du XIe au XIIe siècle, sauf peut-être en Italie, très peu de gens sont capables de lire le grec : *graecum est, non legitur !* C'est le latin, la langue des clercs – quand ils le savent –, qui se trouve promu langue « savante », et savante seulement, car chacun parle, bien sûr, le « vulgaire » de sa contrée, salmigondis d'idiomes déformés et brassés. Cette confusion générale donne parfois le jour à des monuments baroques. Ainsi ce *Livre des causes*, censément d'Aristote, et qui regroupait en fait du Proclos et des morceaux des révélations d'Hermès Trismégiste – ce qui n'aurait pas plu au Stagirite –, ou encore cette *Théologie d'Aristote* reproduisant en extraits sept traités des trois dernières *Ennéades* de Plotin… Imaginez une *Philosophie de Descartes* qui rassemblerait les *Prolégomènes* de Kant et une bonne tranche des *Carnets de la drôle de guerre* de Sartre… Il va de soi que dans cette débâcle, bien des textes se perdirent. Certains s'égarèrent pour quelques siècles : tel moine en manque de parchemin grattait avec soin un volume ou un codex, substituant au texte primitif qui ne lui disait rien une vague prière de son cru. D'autres disparurent à jamais, et ce pouvait être par le feu, mais aussi bien du fait de l'indifférence : tel livre jugé sans intérêt était abandonné dans un grenier à la moisissure ou à l'appétit des souris. Cette longue suite de hasards courus par les textes devrait nous faire chérir ce qui de l'héritage antique est quand même arrivé jusqu'à nous dans nos belles éditions critiques, trop souvent marquées pourtant de la croix sinistre signalant un accident : *locus desperatus…*

Il nous reste à suivre des yeux le devenir philosophique de ces siècles – à l'intérieur du christianisme, bien sûr, puisque nul, à l'exception des Infidèles, ne concevait l'idée de penser en dehors. Les philosophes sont d'ailleurs exclusivement des ecclésiastiques. Et quant aux dits infidèles, c'est encore dans la mouvance de leurs cultes respectifs qu'ils philosophaient. J'entends le souligner : ces gens-là n'étaient, de soi, pas plus sots que leurs ancêtres ni que leurs descendants, ni d'ailleurs plus intelligents. Simplement, ceux d'Occident avaient presque tout perdu du passé d'Athènes et de Rome. Si j'évite de parler de « Moyen Âge », terme inventé par les humanistes italiens dans la seconde moitié du XIVe siècle – sauf à l'occasion et pour faire comme tout le monde, comme on dit que le soleil se couche ou que le fond de l'air est frais –, c'est parce que tout âge est moyen par la force des choses, et qu'aucun, par conséquent, n'est plus « moyen » qu'un autre. Il y a « des âges », simplement, et à l'intérieur de ces strates, il y a des gens qui pensent comme ils le peuvent à partir de ce dont leur mémoire dispose, et selon leurs structures mentales. Les uns ont, selon l'expression bien connue, « du génie, du talent, ou même de la facilité », et alors il arrive qu'on assiste à l'apparition de synthèses inattendues. Les autres, le tout-venant – et c'est fatalement la grande majorité – répètent ou rabâchent sans plus avancer, énonçant ce qu'ils ont compris tel qu'ils l'ont compris, furieux parfois d'être dérangés dans la possession tranquille d'un bien revendiqué comme leur, d'une vérité qu'ils voient absolue parce qu'ils n'en imaginent pas d'autre. Du coup, ils s'en arrogent le monopole au nom d'une orthodoxie qui le plus souvent n'est, comme le dit férocement H. Tardif, qu'une orthologie : « Ça cause, ça cause… » Mais cela est de tous les âges, et qu'on dise « moyen » celui-là ne fait rien à l'affaire. Et puis, si le Moyen Âge avait été plus long qu'on ne le dit, comme le suggère Jacques Le Goff ? J'en dirais autant du terme « renaissance », dont on fait souvent usage pour baliser les évolutions culturelles de ces temps défavorisés. Ce n'est pas que le mot soit faux : bien sûr qu'on peut s'en servir pour marquer des étapes ! Mais encore faut-il affiner le concept dans chaque cas. Qu'est-ce donc qui « renaît » à l'époque carolingienne, ou encore au XIIe siècle, et plus tard aux XVe et XVIe ? Est-ce une certaine alacrité intellectuelle un moment amortie par l'épaisseur et l'opacité du contexte ? Ou sont-ce des formes abolies d'architecture, de style et de pensée revenant pour un temps sur le devant de la scène, mais à jamais décalées, somptueusement anachroniques, belles pour les seuls nostalgiques ? J'hésite, j'ai toujours hésité à pratiquer des pliures, des découpes, dans une tapisserie culturelle complexe, dont je vois bien les trous, mais dont je ne distingue pas toujours la trame. Essayons seulement d'y reconnaître quelques figures significatives, même si elles sont loin de se valoir entre elles. L'important est de comprendre comment on comprend.

LES LENDEMAINS DU DÉLUGE

Tragique fut le destin de Boèce (470-524). Ce penseur n'était pas un ecclésiastique, mais un très haut fonctionnaire, et qui eut des responsabilités à la cour de l'Ostrogoth Théodoric le Grand. Ses accointances avec le pape Jean, alors que Théodoric était arien, le rendirent suspect. Il finit étranglé dans un cul-de-basse-fosse, sous la double inculpation de conspiration et de magie.

L'œuvre de Boèce reflète assez bien la conception qu'on se faisait désormais de la *philosophia*, puisque s'y mêlent des écrits touchant les sept « arts libéraux » : grammaire, rhétorique, dialectique, arithmétique, géométrie, astronomie, musique –, des opuscules théologiques sur la Trinité et sur les deux natures, divine et humaine, du Christ, etc. – et enfin un curieux et fort bel assemblage de vers et de prose, la *Consolation de la Philosophie*. Les ouvrages du premier groupe comprennent des traductions et des commentaires de l'Aristote logicien – le seul que connaîtra l'Occident jusqu'au XIIe siècle, et encore, réduit aux *Catégories*, au traité *De l'interprétation*, aux *Analytiques* et aux *Arguments sophistiques*. Il faut remarquer aussi un commentaire fort astucieux de l'inusable *Isagogè* de Porphyre, qui était, nous le savons, une introduction aux *Catégories* d'Aristote – bref, des éclaircissements sur des éclaircissements –, mais d'une grande portée. Boèce reprend en effet la question posée, on s'en souvient, par Porphyre : genres et espèces sont-ils des réalités subsistantes en elles-mêmes, indépendamment des individus concrets qu'on range sous eux, ou sont-ce de simples notions intellectuelles ? Boèce relance donc la fameuse question dite « des Universaux » qui va passionner les siècles à venir. Toute cette logique rassemblée par ses soins, à quoi il faut ajouter une explication des *Topiques* de Cicéron, fera les choux gras des professeurs pendant presque un millénaire. Ils l'imposeront comme propédeutique à toute incursion dans la science des sciences, à savoir, la théologie. Entre-temps s'y seront ajoutés d'autres traités d'Aristote logicien.

Dans les opuscules théologiques de Boèce, dont le détail ne nous importe pas ici, on trouve fatalement de la philosophie en suspension, puisqu'il lui fallait bien expliquer dans un langage intelligible comment il se faisait, par exemple, que l'unique nature divine fût partagée en trois personnes égales entre elles, le Père, le Fils et le Saint-Esprit. Ou encore que l'unique personne du Christ assumât la double nature, humaine et divine. C'est ainsi, par exemple, qu'au terme de maints tâtonnements, Boèce mettra au point une définition de la personne qui était une nouveauté, et qui ferait fureur : *rationalis naturae individua substantia*, une substance individuelle de nature rationnelle. Ainsi, le terme *persona* (traduisant le grec *prosôpon*), qui ne désignait jusque-là que le visage, ou le masque porte-voix plus ou moins stylisé des acteurs au théâtre, se trouva élevé au rang d'entité philosophique nouvelle, tenant la place du terme d'*hypostase* utilisé par les conciles. On surprend ici la théologie jouant dans la philosophie de l'époque un rôle heuristique – et corrélativement, on voit la philosophie enserrant petit à petit les mystères chrétiens dans un réseau de relations conceptuelles. Seules y échapperont la foi des simples – que bizarrement nous appelons « la foi du charbonnier » –, et celle des grands mystiques, dépassant toute formulation vers le silence. Les Pères grecs, nous le savons, s'y étaient essayés depuis le second siècle, et les retombées des conciles de Nicée ou de Chalcédoine montrent assez que l'exercice n'allait pas sans risques. Encore disposait-on, avec le grec, d'un arsenal conceptuel autrement précis et nuancé que le latin. C'était maintenant à l'Occident de s'y employer en vase clos et avec les moyens du bord – et ils étaient bien maigres.

La *Consolation de la Philosophie* mérite une place à part. Étrange est ce texte que Boèce accablé, se préparant à l'exécution, composa dans son cachot. La *Consolation* charrie dans son texte des fragments précieux des antiques pensées, certitudes dont les hommes des temps révolus avaient vécu, et qui revenaient à la mémoire et au cœur de Boèce pour l'aider à mourir. Il la voit arriver jusqu'à lui vêtue de haillons, car toutes les sectes qui s'étaient disputé l'héritage de Socrate avaient déchiré chacune un lambeau de son manteau, croyant ainsi la posséder tout entière. C'est évidemment la question du mal qu'il lui pose : « S'il y a un Dieu, d'où vient ce mal ? » – et la Philosophie de lui répondre : « Et d'où vient le bien, si Dieu n'existe pas ? » Tout cela le conduit à des thèmes augustiniens : quel rapport entre la Providence et le destin, entre la liberté des hommes et la prescience de Dieu ? Un peu de l'éternel platonisme – fût-ce parfois sous le label d'Aristote – passera par Boèce dans la vie des générations à venir, car le petit livre douloureux et pourtant confiant sera l'un des plus lus, l'un des plus commentés, comme l'a montré Pierre Courcelle, du IXe au XVe siècle.

Vint, après un vide de deux siècles, le temps de Charlemagne. L'empereur était soucieux d'améliorer l'administration de sa monarchie germanique, qu'il concevait sur le modèle centralisé du ci-devant Empire romain, et cela même l'avait amené à réfléchir sur un minimum d'organisation des études. Certains ont dit fort instruit l'empereur à la barbe fleurie, voire féru de recherches grammaticales. Les maîtres à penser de la IIIe République en ont remis, faisant de l'empereur une sorte de Jules Ferry fondant l'instruction publique. D'autres le disent carrément illettré. Quoi qu'il en soit, il faut évidemment se défaire du poncif d'un Charlemagne grand maître de l'Université, ne serait-ce que pour une simple raison : il n'y avait pas d'Université. Il suffirait déjà largement à son prestige posthume d'avoir, dans un but essentiellement pratique, offert à une petite élite d'ecclésiastiques et de nobles la possibilité d'acquérir un bagage intellectuel décent. Surtout, il eut l'intelligence de s'entourer de collaborateurs de valeur, comme Alcuin (env. 730-795), élève à York de Bède le Vénérable, et qui joua le rôle d'un ministre de la culture. Officiellement, il était recteur de l'école du Palais. Lui-même n'avait rien de particulièrement original, se contentant d'aligner des sentences patristiques et de composer des traités de grammaire, de dialectique et de théologie. Mais sa grande idée fut la collecte et l'édition des textes, qu'il fit venir pour une large part d'Angleterre, où les bibliothèques étaient mieux fournies. Bref, un philosophe très quelconque – Gilson ne se gêne pas pour le montrer –, mais un serviteur hors de pair de la culture en ces siècles désertiques.

UNE PENSÉE D'ÉPOQUE

Alcuin eut pour disciple à York un certain Frédégise, né en Angleterre, et promu lui aussi maître à l'école palatine avant de finir ses jours en 834 comme abbé de Saint-Martin de Tours. On laisserait volontiers de côté cet intellectuel à gros grains si sa *Lettre sur le néant et les ténèbres* ne fournissait un bon exemple de la spéculation philosophique du temps. En effet, plus que les résultats auxquels il aboutit, c'est la façon dont procède ce penseur rustique qui attire l'attention. Contrairement au traité *Du non-être* de Gorgias, dont il n'avait jamais entendu parler, Frédégise s'était mis en tête que le néant existait pour de bon, ainsi du reste que les ténèbres, qui en émanaient. Mais suivons sa démonstration à même le texte : « Le rien est-il quelque chose ou pas ? Si quelqu'un vient me dire : il me semble que le rien n'est rien, la négation même dont il use le contraint d'avouer que le rien est quelque chose, dès lors qu'il emploie le verbe être pour dire qu'il n'est rien. Donc, le rien existe comme substance. » En somme, dit Frédégise, le rien, *c'est* le rien, ou alors les mots n'ont pas de sens – ce qu'un Barbare, attaché à la lettre des contrats ou de la liturgie, ne saurait supporter. Pour lui, tout nom déterminé correspond à quelque chose, néant compris.

Mais « la pensée ingénue et agreste » de Frédégise, pour le dire comme Cappelletti (*Cuatro filósofos de la Edad Media*, p. 29) ne s'en tient pas là : non content de soutenir que le néant est quelque chose, il en arrive à préciser que c'est même *magnum aliquid*, un gros quelque chose. Pourquoi ? – Mais parce que c'est du néant *(ex nihilo)* que Dieu a créé le monde ! Et bien sûr, Frédégise l'entend comme s'il se fût agi, pour Dieu, de se servir de bois, d'aluminium ou de plastique. Et ce n'est pas tout : de ce rien-là sont issues les ténèbres, et là, Frédégise oppose à toute objection éventuelle une autorité irréfutable : la sainte Écriture. Et de citer Genèse I, le Psaume CXXXVIII, Matthieu VI, Luc XI, etc. – d'où il ressort, du moins selon lui, que les ténèbres ont toutes les propriétés des corps : elles occupent un espace déterminé, elles sont palpables, et d'ailleurs, les Égyptiens l'ont constaté à leurs dépens, puisqu'en poursuivant les Hébreux, ils y perdirent l'orientation… Pas de doute : Gorgias en serait mort de rire bien avant Chrysippe.

Si je me suis attardé sur cet exemple de détresse spéculative, ce n'est point complaisance malsaine de ma part ;

c'est parce que les élucubrations d'un Frédégise font voir exactement où l'on en était rendu. Ces concepts taillés dans la matière comme dans du bois, cet absolu de l'univocité, cette épaisseur maxima du réalisme – mais aussi cette exégèse biblique au ras de la lettre, tout cela permet d'évaluer l'abîme qui sépare un Frédégise d'un Clément d'Alexandrie, chrétien comme lui – si j'ose dire ! – ou d'un Philon, pour ne pas même parler d'un Alexandre d'Aphrodisias. Il y avait bel âge que l'Antiquité avait posé que *de nihilo nihil fit*, que de rien, rien ne sort – et on savait dire pourquoi. C'était en d'autres temps.

Toutefois, étudions le processus, et ce qui le sous-tend. Pour Frédégise, un concept est lesté d'un contenu existentiel, qu'il lâche en quelque sorte dans la pensée de l'interlocuteur, où il produit des effets. Nous retrouverons quelque chose de cela dans le fameux argument de saint Anselme deux siècles plus tard, quand l'abbé du Bec entreprendra de démontrer contre un quelconque idiot, « l'insensé », que le Dieu auquel il prétend ne pas croire existe pourtant dans la pensée de ce malheureux. Nous verrons comment un peu plus loin. Mais il y a plus. Observons bien comment opère Frédégise. Il a en tête une « vérité ». Pour la faire partager, il commence par prêter à l'interlocuteur une objection qui révoque cette proposition en doute. Puis vient un argument de raison ou d'autorité en faveur de ladite thèse, en suite de quoi elle se trouve démontrée de façon irréfutable, et les objections de départ sont levées du même coup. À quelques détails près, les scolastiques à venir ne s'y prendront pas autrement, comme nous le découvrirons plus loin en examinant la structure des articles dans la *Somme théologique* de saint Thomas d'Aquin. Évidemment, les prémisses du raisonnement seront de meilleur aloi, fondées sur une métaphysique nettement plus cohérente que celle de Frédégise, et disposée selon une logique beaucoup mieux dominée. Ainsi aboutira-t-on à des propositions philosophiquement admissibles et non plus ineptes comme celles de Frédégise. Mais c'est qu'entre-temps, l'Occident aura retrouvé un peu plus de néoplatonisme et beaucoup plus d'Aristote. C'est le cas de dire avec les théologiens les plus classiques que la grâce ne supplée pas la nature.

Or, à peu près dans les temps où le bon Frédégise s'aventurait à spéculer sur le néant, le moine Hilduin (vers 770-840), abbé de Saint-Denis sous le règne de Louis le Pieux, apportait à cette reconstruction une contribution autrement utile en faisant traduire du grec en latin un ensemble de traités qui lui venaient tout droit de Byzance, et qui allaient avoir un grand retentissement, car ils passaient pour apostoliques. Ils arrivaient, en effet, sous le nom vénérable de Denys, cet Athénien converti par le discours de saint Paul à l'Aréopage, et que pour cette raison les Actes des apôtres, au chapitre XVII, appelaient l'Aréopagite. Premier évêque de Lutèce, ce saint aurait fini martyr à Saint-Denis sous l'empereur Hadrien – ce qui lui faisait cent dix ans –, et il aurait, dit-on, transporté sa tête fraîchement coupée sur une distance appréciable. C'est dire la vénération dont ces écrits furent aussitôt entourés. L'excellent Hilduin n'y avait évidemment vu que du feu, mais c'était déjà trop beau qu'il ait eu l'idée de faire traduire les textes – pas très bien d'ailleurs –, par une commission de savants. Car ce sera, nous allons le voir, une chance pour la pensée d'Occident.

XVI

RÉSURGENCES NÉOPLATONICIENNES
LE PSEUDO-DENYS
JEAN SCOT ÉRIGÈNE

UN VRAI-FAUX DE GÉNIE

On crut dur comme fer, et pendant des siècles, au caractère apostolique du prétendu Aréopagite, dont la vie supposée concentrait en fait plusieurs légendes nées autour du IXe siècle. Nul, aujourd'hui, ne se risquerait à raconter la vie du vrai Denys des *Actes*. On sait seulement que l'auteur du Ve siècle ne fut jamais évêque de Lutèce, et qu'il n'a pas plus écrit ce qui si longtemps circula sous son nom qu'il n'a ramassé sa tête sous l'empereur Hadrien. Cette trop belle histoire ne commença à être vraiment mise en doute, chez les latins du moins, qu'au XVIe siècle. Mais dans les milieux catholiques, on ne l'abandonna guère qu'au XXe. L'infortuné Mgr Darboy, cet archevêque de Paris assassiné en 1871, pendant la Commune, la défendait encore dans l'introduction à une bonne traduction qu'il en donna, et j'ai rencontré dans les années cinquante un ecclésiastique de même rang qui en eût mis, si j'ose dire, sa tête à couper.

En fait, comme l'ont établi notamment R. Roques et le P. Saffrey, cet ensemble était l'œuvre d'un disciple anonyme de Proclos. Chrétien, il avait entrepris, dans l'esprit des Pères grecs, d'exprimer la révélation selon les concepts du néoplatonisme, et il avait usé comme beaucoup d'autres à l'époque de l'astuce pseudépigraphique : passeraient ainsi sous le nom de l'Athénien converti des *Actes* des vues qui sous le sien n'auraient suscité que méfiance et controverses. À croire vraiment que le Saint-Esprit s'en mêlait, car c'est ainsi que sous le label apostolique, certaines intuitions du néoplatonisme s'en vinrent alimenter la théologie chrétienne d'Orient, puis d'Occident en traduction latine, complétant ce que d'autre part saint Augustin véhiculait de Porphyre et de Plotin. On s'en servirait le moment venu pour amender dans un sens compatible avec le dogme chrétien les thèses redécouvertes d'Aristote. Sur le moment, le *corpus* dyonisien allait élargir le champ intellectuel de la théologie d'Occident – ce qui, nous venons de le constater, n'était pas un luxe. Cet auteur non identifié, qu'on désigne aujourd'hui sous le nom de Pseudo-Denys (Vᵉ-VIᵉ s.) est un penseur génial, qui n'a jamais cessé jusqu'à nos jours d'intéresser, voire d'inspirer, théologiens et philosophes.

Le *corpus* ainsi redécouvert comportait dix lettres et quatre traités : *Les Noms divins, La Théologie mystique, La Hiérarchie céleste*, et *La Hiérarchie ecclésiastique*. Qui se donne la peine de les lire – et l'élégante traduction de Maurice de Gandillac en permet aisément l'accès –, s'aperçoit vite qu'il ne s'agit pas d'une simple reprise des thèses néoplatoniciennes exposées plus haut, mais d'une tentative puissante en vue de concilier ces thèses avec les données de la révélation. Car c'est bien de l'Écriture que le Pseudo-Denys prétend tirer son enseignement.

Et d'abord, peut-on parler de Dieu, et quels noms lui conviendront, dès lors que c'est du fond de notre finitude que nous nous efforçons de dire l'Infini ? – Il y a, bien sûr, ceux qu'on lui trouve appliqués dans l'Écriture : il est un et trine, tout-puissant, juste, rédempteur, saint des saints, seigneur des seigneurs, etc. Il est également tentant de lui appliquer les notions qui ont suscité par le passé la méditation des philosophes : Dieu est le Bien, le Beau, l'Amour, l'Être, la Vérité, etc. À tout cela, le Pseudo-Denys ajoute des termes que la tradition philosophique a traités par couples : égal-inégal, même-autre, grand-petit, semblable-dissemblable, en repos-en mouvement. Enfin, au dernier chapitre des *Noms divins*, il pose Dieu comme l'Un, selon la grande tradition platonicienne. Ce Dieu, créateur selon la Bible, et qui se révèle par sa création, la transcende absolument. Nul n'a jamais vu sa face, ni ne la verra jamais ici-bas. Aussi, pour ne se point égarer dans l'anthropomorphisme, il convient d'appliquer à la méditation sur la divinité la double dialectique des néoplatoniciens. Si l'on s'applique à considérer la *procession* à partir de Dieu de toutes les choses, dont la multiplicité indéfinie manifeste à sa façon l'absolue unité du Principe, on peut tout en dire, lui appliquer une infinité de noms. Et donc, il est bon, il est beau, etc. Mais il ne faudra jamais perdre de vue qu'en fait de bonté, de beauté, etc., nous n'avons d'expérience que limitée, finie, donc inadéquate. Et si l'on inverse la perspective dans le sens du *retour* vers Dieu, dont le désir travaille toute la création, on s'apercevra qu'il faut tout nier de lui, faute de quoi on l'enfermerait dans des déterminations qui en réduiraient l'infinie transcendance : si Dieu est bon, ce ne saurait être d'aucune des manières trop courtes que notre esprit fini imagine. Il est en rigueur de termes l'Anonyme, car « Dieu lui-même (étant) sans essence, bien qu'il existe de façon suressentielle » (*Noms*, 720 B), il est « au-delà de tout nom », fût-ce celui de divinité. Théologie affirmative, théologie négative, tels sont donc les deux moments que notre finitude, et partant, notre insertion dans le temps, nous contraint d'opposer. Ainsi, « la manière de connaître Dieu qui est la plus digne de lui, c'est de le connaître par mode d'inconnaissance, dans une union qui dépasse toute intelligence ». (872 A) Je me plais à souligner au passage le retour, dans la théologie chrétienne, de cette intuition néoplatonicienne, méconnue par saint Augustin, à savoir que la divinité est au-delà sur toute la ligne : au-delà de l'être, au-delà de tout, au-delà de la divinité elle-même (816 C). Pensée combien déconcertante pour des esprits latins ! Si elle ne s'était présentée gagée par son apostolicité supposée, il y a gros à parier qu'elle aurait disparu, noyée dans l'incompréhension. Bien des auteurs médiévaux broncheront là-dessus, tentant désespérément d'échapper au vertige, mais la parole du soi-disant converti de l'Aréopage restera comme telle incontournable. Il leur faudra bien s'en arranger.

Comment se présente le monde aux yeux d'un homme qui pose au principe de sa théologie ces drastiques exigences, ou pour le dire comme P. Cochois, qui la fait précéder d'un tel « discours de la méthode » ? On en saura tout juste ce qui importait pour l'auteur, et ce n'était pas l'élucidation des causes, et moins encore l'édification d'une physique : seulement l'économie divine du salut, autrement dit l'assimilation des esprits, purs ou engagés dans la matière, au divin qui les pose et les aimante. Le Pseudo-Denys ne marque, du moins dans ses textes, aucun souci des anges « déchus », ni des humains qui se posent comme extérieurs au christianisme et à ses exigences doctrinales, voire sacramentelles. Pas davantage il ne s'occupe des créatures opaques par déficience à ce plan de divinisation. Ce qui l'intéresse, ce sont les intelligences « récupérables », et selon leurs hiérarchies, celle des anges et celle du peuple des baptisés. Et là, en néoplatonicien, il emprunte la vision du cosmos hellénique, où les intelligences dans leur totalité s'échelonnent en degrés par rapport au divin Principe dont elles émanent et vers quoi elles tendent. On retrouve, hellénisée, la division biblique du monde angélique en trois fois trois ordres. Quant aux intelligences incarnées, Dieu condescend à s'en laisser pressentir par le jeu « anagogique » des symboles de l'Écriture. Encore faut-il, à la manière de Philon et des Pères grecs, les interpréter spirituellement. Là, les meilleurs symboles seront les plus dissemblables : leur lourdeur même incite l'intelligence à ne pas s'y tenir. Comprendre, par exemple, que « Dieu est mon rocher », comme dit le Psaume, est à tout prendre moins dangereux que d'affirmer que « Dieu est lumière », ce qui pourrait inciter l'intelligence à glisser là-dessous une physique subreptice dont elle se contenterait. Bien conduite, l'intelligence culmine dans l'adoration mystique de l'Ineffable, autrement dit dans l'extase – et il n'y a pas de mots pour la dire, comme l'enseignait Damascios. Devant une si haute pensée, on ne peut manquer d'être perplexe en songeant qu'elle échut entre les mains du brave Hilduin, et de ces clercs à la pensée rustique dont nous avons pu voir un exemple dans les élucubrations de Frédégise de Tours.

UNE SENTINELLE PERDUE DU PLATONISME

Sous le règne de Charles le Chauve s'en vint étudier puis enseigner en France à l'école palatine, un Irlandais génial qui s'appelait Jean. En raison de son lieu d'origine (Scotia, Eriu), on lui donna le surnom redondant qui devait lui rester jusqu'à nos jours : Jean Scot Érigène ou Eriugène (IXe s.). Sa jeunesse comme sa fin nous restent mal connues, et imprécises sont ses dates. Qualité rarissime en son temps, Scot Érigène avait accès au grec, et il était à même de constater, comme il le dit lui-même, que les Grecs voyaient les choses avec plus de pénétration et les formulaient avec plus de précision. Il connaissait bien les Pères latins, notamment Ambroise et Augustin, le plus drôle étant d'ailleurs que citant Ambroise, c'était souvent pour en extraire ce que l'évêque de Milan avait emprunté à Origène ou à Philon... Il éprouva pour le Pseudo-Denys – qui pour lui était naturellement le disciple de saint Paul à l'Aréopage – un vif attrait, et il en donna une traduction nouvelle. Il en ajouta d'autres de deux Pères grecs imprégnés eux aussi de platonisme : Maxime le Confesseur et Grégoire de Nysse. Si l'on sait qu'il était d'autre part tout rendu aux vues de saint Augustin, on constatera que sa formation incluait une forte imprégnation néoplatonicienne. On pourrait reprendre l'image plaisante et très juste de Gilson : c'est en distillant les Pères grecs que l'Érigène retrouva, un peu comme un élixir, les intuitions philosophiques des grands néoplatoniciens, Plotin, Proclos et Damascios.

Laissons de côté le traité de théologie qu'il écrivit *Sur la prédestination*, contre Godescalc, un augustinien extrémiste partisan d'une doctrine peu encourageante, à savoir que les méchants sont programmés pour la perdition tout comme les bons le sont pour le salut. Nous nous attacherons à ses seuls traités de portée philosophique : les commentaires de saint Jean et de la *Hiérarchie céleste* du Pseudo-Denys, et l'extraordinaire *Périphyseôn* (La Division de la nature), qui constitue, selon un autre mot de Gilson, « une immense épopée métaphysique » (*La Philosophie au Moyen Âge*, p. 222). Atypique en son temps, Scot Érigène stupéfie toujours le nôtre, à en juger par l'abondance des travaux qu'il y suscite encore. Essayons – et ce n'est pas facile – d'en exposer les intuitions maîtresses.

Plus large sur ce point que le Pseudo-Denys, qui s'attachait au seul thème de la divinisation des intelligences, c'est de l'univers entier selon son infinie multiplicité que l'Érigène entend expliquer la présence. Spontanément, il le désigne par le terme traditionnel des Grecs : *phusis*, la Nature, et c'est, bien sûr, le schéma néoplatonicien qu'il emprunte : ce mouvement simultané de la procession à partir de Dieu et du retour, de la conversion, qui nous est maintenant plus familier. Ainsi, la dialectique dont il se sert pour son exposition ne fait que suivre, dans son esprit, celle qui est à l'œuvre incessamment dans la création tout entière. Elle est inscrite par le Créateur au cœur même des choses, et tout l'art du philosophe consiste à l'y retrouver, à en épouser le double mouvement et à la transposer en propositions.

Dès le départ, Scot Érigène pose une division de la Nature selon quatre termes : 1 – la Nature qui crée et n'est pas créée (c'est la divinité en tant que suprême cause du tout) ; 2 – la Nature qui est créée et qui crée (ce sont les Idées divines contenues dans le Verbe de Dieu, les archétypes, en somme, à partir de quoi toutes choses viennent à l'existence) ; 3 – la Nature qui est créée et qui ne crée pas (entendons : les êtres soumis à l'apparition dans le temps et le lieu) ; 4 – la Nature qui ne crée pas et n'est pas créée (et c'est Dieu encore, mais vu cette fois comme fin dernière attirant toute chose créée). Cette division est à saisir comme intégrée à la dualité procession-retour : on voit en effet que 1 et 4 désignent Dieu selon qu'on le considère comme principe (1) ou comme fin (4), ce qu'il est simultanément, alors que 2 et 3 sont les deux états de la créature, soit en tant que modèle idéal (2) soit en tant que réalisation concrète (3), et toujours, comme chez le Pseudo-Denys, selon une complexe hiérarchie. Mais cette dualité elle-même, que notre condition temporelle nous contraint d'exposer selon la succession, cette grande vérité dynamique dont l'exposé demande du temps, se ramène du point de vue de Dieu à l'unité. Il faut aller jusqu'à dire que le Créateur et la création ne sont qu'un, puisque tout part de l'Un et y reconduit. La création, c'est Dieu qui se déploie et se révèle ; chaque être de la création est, dit l'Érigène, une « théophanie », autrement dit une manifestation divine. Ses formules vont loin : Dieu se crée lui-même en créant les êtres ; en devenant quelque chose d'autre que soi, Dieu se connaît lui-même. Selon les modalités familières aux logiciens – mais qui ne sont, je l'ai dit, que le reflet dans l'intelligence de celles qui structurent la Nature –, cette explicitation par Dieu de ses propres Idées va de l'universel au particulier ; elle suit les genres, les espèces, et aboutit aux individus. L'image de la lumière fournit à l'Érigène une émouvante analogie. Tous les êtres créés sont autant de lumières partielles, et chaque chose, pour humble qu'elle soit, est quelque chose comme une petite flamme, une veilleuse où brille un peu de la divine lumière. Faite de cette infinité de lumignons que sont les choses, la création dans son ensemble n'est finalement, qu'une illumination destinée à rendre manifeste la présence agissante de Dieu. En lisant l'Érigène, et pour différents que soient les contextes, plus d'un philosophe pense à Hegel.

La révélation chrétienne oblige évidemment Scot Érigène à enrichir le schéma néoplatonicien de développements originaux. Ainsi, le fait que le Verbe, le *Logos* divin se soit incarné en un homme confère à la nature humaine une dimension centrale. Transposant ce que disait Proclos de l'âme, l'Érigène voit l'homme comme un microcosme concentrant tout ce que déploie le macrocosme. Dans le Verbe éternel de Dieu, siège des archétypes, l'homme a été pensé selon son état *optimum*, dans sa dimension idéale – ce qui, par parenthèse, montre assez que pour l'Irlandais, le Paradis terrestre n'est pas ce square où sont censés jouer Adam et Ève ; le Paradis, c'est la nature humaine telle que Dieu la pense, toute remplie de l'univers qu'elle résume. En se séparant de Dieu par la faute originelle, Adam a entraîné dans sa chute le monde entier des corps, mais dans son infinie miséricorde, Dieu a déployé autour de nous le chatoiement infini du monde matériel pour que nous trouvions dans le sensible de quoi revenir à lui. Le péché d'Adam n'a pas réussi à effacer tout à fait la ressemblance de l'âme humaine avec la Trinité. Car, idée augustinienne, elle aussi est trine : au sommet est l'intellect, le *noûs*, appelé à l'extase finale en Dieu ; vient ensuite le *logos*, la raison, capable d'atteindre les causes primordiales ; au troisième rang enfin, un certain « sens intérieur » connaît les effets de ces causes primordiales.

Dans ce système – qui, en plus sobre, n'est pas sans rappeler les constructions des gnostiques –, on pressent que le salut s'opère par la connaissance, qui s'achève dans la contemplation ineffable. Dans une perspective tout augustinienne, c'est la foi qui en est le principe. Au premier chapitre du *De praedestinatione*, il est dit que « la vraie philosophie, c'est la vraie religion – encore du saint Augustin –, et réciproquement, la vraie religion, c'est la vraie philosophie ». Ainsi se trouve dépassé le conflit éventuel entre l'autonomie de la raison et l'autorité des Écritures, dès lors que c'est la même lumière qui luit en l'une et en l'autre : Dieu parle aux hommes par les choses visibles, puisqu'elles sont « théophanies », manifestations de sa divinité, et par les Écritures qui sont son Verbe, sa parole, dont il faut s'attacher à déchiffrer le message symbolique au-delà de la lettre. Ne séparons pas ce que Dieu a uni ! Avant la révélation, les hommes allaient comme à tâtons et proposaient des visions partielles, incomplètes, de la Nature. Après la venue du Christ, ils avancent dans la lumière, qui ne demande qu'à les inonder jusqu'à la bienheureuse vision dans la vie éternelle. En somme, pour l'Érigène, de même que le Christ a accompli par sa venue les promesses des prophètes bibliques, de même a-t-il tenu les promesses des philosophes touchant les secrets de la Nature. Ce fruit de l'arbre édénique de la connaissance, qu'Adam et Ève avaient voulu consommer frauduleusement au Jardin, c'est licitement que les fidèles du Christ s'en régalent en un banquet qui n'a pas de fin.

Dans cette étonnante synthèse, on retrouve les échos du plus haut enseignement néoplatonicien, à côté duquel saint Augustin était passé, et avec lui les Pères d'Occident. On y voit désigné en creux par la théologie négative le dieu au-delà de l'être, la déité sans essence d'où procède toute essence, et qui donne à ses « théophanies » ce qu'elle-même n'a pas. On découvre, dans l'esprit de Damascios, que de Dieu on ne saurait rien dire, sinon de façon impropre et par métaphore. Pour se revêtir des attributs qu'on lui prête, la déité, écrivait Jean Trouillard, « prend l'initiative de sortir de son ineffabilité, et d'ouvrir un univers d'intelligibilité dans lequel elle se donne un sens ». Voilà qui dépasse de façon aérienne les pesantes ontothéologies dans lesquelles l'Occident chrétien s'est toujours complu – et qui nous change de « ce plat Bon Dieu qui est le nôtre », Être suprême et instance juridique dont le Royaume tend à ressembler à nos bureaucraties terrestres. Faut-il s'étonner que Jean Scot Érigène soit resté sans postérité digne de lui ? Trop escarpé, trop difficile à suivre, trop plein de formules inquiétantes pour les esprits courts. Réflexe d'Église, on le condamna donc – le *De praedestinatione* de son vivant, le reste au concile de Paris de 1210 : on y avait mis le temps – ; en 1225, il fut même interdit de lecture et, s'il vous plaît, sous peine d'excommunication. Quoi de surprenant, encore une fois ? Ce qui laisse pantois, en revanche, c'est de considérer que Scot Érigène est pratiquement contemporain de Frédégise de Tours, et qu'il précède d'un demi-siècle un Pierre Damien dont nous apprécierons bientôt les prouesses intellectuelles. C'est bien pour dire que l'esprit souffle où il veut.

*

À l'Ouest, rien de nouveau, pourrait-on dire, dans le siècle qui suivit l'Érigène. Si Heiric d'Auxerre (841-876) commente l'*Isagogè* de Porphyre et le traité *De l'interprétation* d'Aristote, c'est sans génie. Il s'intéresse toutefois à la nature des genres et des espèces – les universaux –, qu'il se refuse à voir substantiels : seuls le sont les individus. S'il utilise un peu l'Érigène, il faut avouer qu'il ne lui vient évidemment pas à la cheville. Son disciple Rémi d'Auxerre (841-908), « un vieux savant pas très intelligent », dit Pierre Courcelle, commente vaguement la *Consolation* de Boèce. Rien de remarquable en tout cela. Et puis, c'est l'époque des redoutables invasions normandes, des famines répétées, des épidémies qui sévissent implacables en ces temps sans hygiène ni médecine convenables. Et voilà bien que ce qu'on avait reconstitué en fait de culture, au prix de tant de peines, était menacé de disparaître à nouveau. Les documents d'époque sont rarissimes, et s'il y eut quelques étoiles, leur lumière n'est point parvenue jusqu'à nous. Un peu de vie philosophique ne se manifestera que passé le millénaire.

XVII

LES PENSEURS DE L'AN MILLE

En dépit de la dureté des temps et de la rareté des livres, se remarquent autour du millénaire quelques figures studieuses, comme cet Abbon de Fleury († 1004) à qui l'on attribue un traité sur *Les Syllogismes catégoriques*. La logique, toujours la logique. Il est d'ailleurs à remarquer qu'au vénérable stock de logique aristotélicienne qui seul était en usage à l'époque, à savoir les *Catégories* (avec l'introduction de Porphyre) et le *Traité de l'interprétation*, viennent s'ajouter, dans la seconde moitié du Xe siècle, les commentaires de Boèce sur les *Premiers* et *Seconds Analytiques*, que les textes d'Aristote lui-même ne viendront relever qu'au XIIe. Saluons aussi l'attachante personnalité de Gerbert d'Aurillac († 1003), abbé de Bobbio, puis archevêque de Reims et de Ravenne avant que d'être hissé sur le siège pontifical sous le nom de Sylvestre II. Passionné de logique, de mathématiques et, ce qui ne gâte rien, de beau latin, ce pape-là avait accumulé tout au long de sa vie, et intelligemment, tout ce qu'on pouvait apprendre en son temps. Pressentant ce qu'on pouvait retirer de science au contact des Infidèles, il s'était même donné le plaisir d'un stage en Catalogne, à Santa Maria de Ripoll. Toute sa vie il traqua le manuscrit, devançant largement les pontifes érudits de la Renaissance.

Il y avait donc autour du fameux an mille un goût incontestable des « arts libéraux », pour éprouvante que fût la chasse aux textes. Les laïcs commençaient même à s'y intéresser, ne fût-ce qu'en vue de quelque poste à influence, accessible aux seuls lettrés, et dans l'Église, il se trouvait des clercs passionnés par la sophistique au point de négliger quelque peu les sciences sacrées. On ne peut s'empêcher de songer avec tendresse à ces moines dévorant le manuscrit nouveau arrivé Dieu sait comme entre leurs mains, accédant enfin à tel texte dont jusqu'alors ils connaissaient tout juste le nom pour l'avoir entendu vanter, et partant à son propos dans des gloses et des discussions sans fin. Ces trop rares festins de l'esprit les changeaient un peu – était-ce si grave ? – de la sainte Bible indéfiniment commentée, et du menu quotidien, où revenaient avec une régularité désespérante l'*Isagogé* ou les *Catégories*.

LA FOI CONTRE LA DIALECTIQUE...

Il faut croire qu'aux yeux de certains, ces écarts de régime étaient déjà trop : ils constituaient une délectation coupable, ou pire encore en ces temps où toute pensée devait s'inscrire dans le cadre de la révélation, un péril pour la foi. Celle, bien sûr, de l'intéressé, mais aussi, pour peu qu'il ait de l'influence, celle de l'Église tout entière. Convenons que le danger n'était pas toujours chimérique. Dans les mêmes temps, Bérenger de Tours († 1088) soutenait comme Scot Érigène, mais avec le génie en moins, que la dialectique était le meilleur moyen de parvenir à la vérité. Il avait donc appliqué à l'eucharistie des raisonnements de son cru, ce qui l'avait conduit à bousculer sérieusement le dogme de la présence réelle. Dans le contexte de l'époque, où déjà l'on mettait en fait que la vie conventuelle la plus austère était la forme normale de la vie humaine, on imagine la réaction. Des gens comme Othloh de Saint-Emmeran (1010-1070) en donnent la mesure. Il revenait de loin, puisque dans sa jeunesse, il avait été assailli de doutes sur la vérité des Écritures, et même sur l'existence de Dieu. Raffermi dans la foi, il en remettait, assurant que ni Platon, ni Aristote, ni Cicéron ne pouvaient lui être, en tant que moine, de la moindre utilité. Même Boèce ne lui paraissait pas très sûr. Il y en eut bien d'autres pour mettre en garde les clercs contre toute forme de philosophie. Mais c'est à saint Pierre Damien (1007-1072) que revient la palme. On se dispenserait volontiers de s'y plonger si ses textes n'étaient la parfaite illustration de la réaction anti-dialecticienne et, plus largement, anti-culturelle, qu'on observe à l'époque dans certains milieux monastiques, en pleine rénovation des ordres religieux.

Ce personnage, après de bonnes études, avait quitté le siècle pour le cloître. La sainteté de ses mœurs, son flair en matière de diplomatie, ses bonnes relations aussi, tant avec les papes qu'avec la cour du Saint Empire, l'en tirèrent pour une carrière foudroyante : il fut promu évêque d'Ostie et cardinal, et chargé de diverses missions. Mais ce lettré, qui écrivait en bon latin et argumentait avec un art consommé de la sophistique, se défiait des études profanes. De toutes. Dans son traité *Sur la sainte simplicité qu'il convient de préférer à la science qui enfle* – tout un programme ! –, il use de la rhétorique contre la rhétorique, voire contre l'innocente grammaire : « Tu veux apprendre la grammaire ? écrit-il à son disciple. Alors, apprends à décliner *Dieu* au pluriel. Le docteur retors (*entendez* : le démon), tandis qu'il enseignait l'art inédit de la désobéissance, introduisit en ce monde, pour nous faire adorer plusieurs dieux, la règle de la déclinaison. » Comment est-ce possible ? – (Réponse :) Le diable a dit : « Vous serez comme *des dieux* » (Genèse, III.5). Ainsi, assure Pierre Damien, ce sont les démons qui « ont infusé en nous le désir de savoir, et le propos de se lancer dans les arts libéraux et les études de philosophie. » Au reste, si Dieu avait jugé la philosophie nécessaire à notre salut, c'est des philosophes qu'il nous eût envoyés, et non, comme il l'a fait, des pêcheurs et des gens simples. CQFD.

Pour sa part, Pierre Damien s'était rangé de telles tentations. Dans son traité *Que le Seigneur soit avec vous*, il déclare : « Platon ? Je le recrache (*respuo*) ; Pythagore ? Je n'en fais pas cas. Euclide ? Je le congédie de même. » Ainsi que tous les rhéteurs avec leurs syllogismes. Une bonne bibliothèque doit contenir la Bible, le Nouveau Testament, les Pères et quelques pieux auteurs. Un point, c'est tout.

Le traité de Pierre Damien *Sur la toute-puissance de Dieu* nous renseigne bien sur le climat de sa foi personnelle, qu'il érige sans le dire en norme universelle. Au principe, on y trouve cette affirmation que, si l'on admet malgré tout l'usage de la science humaine pour expliquer la parole divine, elle n'a pas pour autant à s'arroger le rang magistral, mais elle doit au contraire servir avec l'humilité d'une domestique. Filant hardiment la métaphore, le cardinal précise que le chrétien, s'il tient absolument à épouser cette vulgaire servante, doit la traiter comme le prescrit la Bible à propos des captives : qu'au préalable il lui rase les cheveux et lui rogne les ongles (Deutéronome XXI, 10-13). De là est issu le slogan bien connu : *philosophia ancilla theologiae*, la philosophie est la servante de la théologie. Cela peut se justifier dans le contexte d'études ecclésiastiques ; pris absolument, c'est une absurdité. Les grands scolastiques verront les choses plus intelligemment.

Fort de ses convictions, Pierre Damien poursuit en démontrant à sa façon que la toute-puissance de Dieu ne connaît par définition aucune limite. Cela vient à propos d'une objection préalable – procédé classique – tirée de saint Jérôme : Dieu ne pourrait rendre à une fille la virginité qu'elle a perdue. Mais si, il le peut ! rétorque Pierre Damien, car son omnipotence s'étend jusqu'aux événements accomplis dans le passé. On a beau justifier cette assertion du cardinal en recourant à la conception augustinienne d'un Dieu embrassant du haut de son éternel présent le cours temporel de l'histoire humaine, ces choses-là sont rudes. De même quand il est précisé que le mal eût été le bien si Dieu en avait ainsi décidé. Bien mieux : s'il est vrai aujourd'hui que 2 + 2 = 4, il n'est pas moins vrai que demain, 2 + 2 feront 5 pour peu que cela lui chante. À ce point, comme l'écrivait Mgr Nédoncelle, « la conception que Pierre Damien se fait de la religion équivaut à une idée fixe » (*Existe-t-il une philosophie chrétienne ?*, p. 34).

Jean Scot Érigène, ai-je dit, fut condamné par différents conciles, et à lire ses textes on encourait l'excommunication. Rien de semblable ne menaçait Pierre Damien, qui poursuivit sa carrière par-delà son trépas, puisqu'il fut canonisé. Saint Pierre Damien, priez pour les autres ! Mieux : on en fit très solennellement un Docteur de l'Église universelle, allez savoir pourquoi. Il est vrai que cette ultime promotion date de 1828. Kant était mort depuis vingt-cinq ans, et le gentil Karl Marx avait dix ans tout juste.

... OU LA DIALECTIQUE AU SERVICE DE LA FOI ?

Il faut croire que beaucoup de moines, à l'époque, et qui n'avaient pas forcément mauvais esprit, en avaient un peu assez de tourner en rond dans les perpétuels commentaires de la Bible, trop souvent dépourvus de toute valeur spirituelle, et en tout cas intellectuelle. C'est ainsi que des frères de l'abbaye du Bec-Hellouin, en Normandie, supplièrent leur révérendissime abbé de leur mettre par écrit tout ce dont il les avait entretenus à propos de Dieu. Jusque-là, rien que de naturel. Mais il y avait autre chose. Les bons religieux souhaitaient que ces réflexions ne tirassent pas leur force de la sainte Écriture, mais bien de l'enchaînement nécessaire des arguments rationnels ! L'abbé s'appelait Anselme

(1033-1109), qu'on dira par la suite « de Cantorbéry », car il en mourut évêque. Ainsi commença une aventure philosophique qui, nous allons le voir, dure toujours. On n'a jamais cessé de parler de saint Anselme.

On se doute bien que si Anselme finit par céder à l'insistance de ses moines, c'est qu'à l'inverse de son éminentissime collègue Pierre Damien, il ne voyait là rien de blâmable. Tout au contraire, puisque dans un livre de théologie intitulé *Pourquoi un dieu fait homme* ?, il déclare que la foi a beau être à la base de tout, c'est faire preuve de négligence que de ne point chercher à comprendre ce qu'on croit (I, 1). Anselme adopte donc le point de vue d'Augustin, pour qui la vraie philosophie, c'est la vraie religion. D'autre part, ce qu'attendaient de leur abbé les bons pères, ce n'était évidemment pas des raisons qui les inciteraient à croire en Dieu, mais une occasion d'échapper à la routine, d'enrichir leur foi de tout ce que pouvait lui apporter la raison. Le sacré ne se rabâche pas ; il s'approfondit, et la fameuse dialectique, dont ils n'avaient pas pu ne pas entendre parler en ces temps de renouveau, devait leur en fournir les moyens. J'y insiste en raison du contresens qu'on a parfois fait sur le propos de saint Anselme : nous y reviendrons plus loin.

Anselme exposa donc ses vues dans deux petits livres qui s'ajoutent à d'autres de théologie : le *Monologion*, puis le *Proslogion*, qui a pour premier titre *La Foi en quête de l'intelligence* (de son objet). Nous voilà déjà loin du fidéisme borné de saint Pierre Damien – et pourtant, l'un et l'autre sont au calendrier. Ce fait nous incite, je pense, à y regarder à deux fois quand on nous dépeint « la pensée du Moyen Âge » comme un bloc massif.

Le *Monologion*, comme son nom l'indique, se présente sous la forme d'une discussion du lecteur avec sa propre intelligence, à la faveur de quoi s'imposent à lui des choses qu'il n'avait jusqu'alors pas remarquées. Imaginons quelqu'un qui ignore tout de Dieu, n'en a jamais entendu parler, ou qui, en étant informé, répugne pourtant à y croire. Cet homme-là, estime Anselme, peut très bien, tout seul – et fût-il d'une intelligence ordinaire –, découvrir en grande partie les divines vérités en se servant de sa raison. Propos audacieux en un temps où hors de toute physique, de toute anthropologie, de toute métaphysique élaborée, et même de toute morale rationnelle, la philosophie se réduisait aux quelques matériaux que nous savons. La démonstration d'Anselme suppose admis deux principes, à savoir que les choses de l'expérience sont inégales en perfection, et que tout ce qui possède tant soit peu de perfection la tient d'une perfection absolue. Cela dit, Anselme s'engage dans sa dialectique en partant du désir. Que désirons-nous, tous autant que nous sommes ? De bonnes choses – ce qui est du Platon (*Banquet*, 206 a). Mais qu'est-ce donc qui rend bons les biens auxquels nous aspirons, sinon un Bien qui est tel par lui-même ? Nous retrouvons ici la double théorie platonicienne de la participation et de la hiérarchie telle qu'on la trouve dans saint Augustin reprise de Porphyre et de Plotin : la philosophie est vraiment une relecture, et parfois une relecture de relecture de... Là-dessus, Anselme poursuit son idée en appliquant à la Grandeur ce qu'il a dit du Bien, puis à l'Être. Tout ce qui est, ou bien n'est par rien – ce qui ne se peut –, ou bien est par quelque principe. Ce principe est lui-même soit multiple soit un, mais dans l'hypothèse d'une pluralité, on est de toute façon ramené à postuler un Principe unique – et « c'est pourquoi, dit-il, il y a quelque chose qu'on appelle essence ou substance ou nature, qui est le meilleur, le plus grand, le sommet de l'existant. » (*Monol.*, III). Anselme établit donc qu'il existe une souveraine Nature, existant par soi, et par qui sont toutes choses. Ce qu'elle crée, elle le crée *ex nihilo*, de rien – mais Anselme n'en est heureusement plus à l'abominable « rien-quelque chose » de Frédégise ! Il sait bien, lui, que le rien n'est rien et que rien n'en sort, et il le dit. Parler de création *ex nihilo*, c'est dire de façon négative que la création ne sort pas de quelque substrat préexistant. C'est uniquement pour affirmer la toute-puissance du Principe qu'on nie toute forme de préexistence en ses dérivés. Anselme retrouve donc, mais très exténué, ce que le platonisme inspirait à Scot Érigène, à savoir qu'« avant la création de l'Univers, celui-ci existait dans l'intelligence de la Nature souveraine » – autrement dit dans le Verbe de Dieu, ainsi que l'enseigne saint Augustin, et avant lui le prologue de saint Jean.

Tout cela, précise longuement Anselme, surplombe de beaucoup les capacités de l'intelligence humaine. Et c'est la raison pour laquelle « il ne faut pas s'évertuer à expliquer pourquoi il en est ainsi » (LXIV) : il doit suffire au chercheur d'être certain que cela est, et que cela est au-dessus de tout. Anselme, soulignons-le, dit *au-dessus* ; il ne dit pas *au-delà*, et cela même montre que nous avons décroché d'avec les fulgurantes intuitions qu'un Scot Érigène tenait du néoplatonisme grec, pour retomber au niveau du néoplatonisme « ontologique », latin, de saint Augustin. On sent quand même chez Anselme la présence confuse d'un Dieu au-dessus de toute expression, différent de tout ce qu'on dit de lui. Dieu est vraiment un cas à part dans l'ordre du connaître parce qu'il l'est dans l'ordre de l'être. Et c'est pourquoi vous aurez beau vous échiner à dire quelque chose *de* Dieu – vous y arriverez dans une certaine mesure –, jamais vous ne pourrez dire Dieu « tel qu'en Lui-même enfin… » Chercher l'intelligence de la foi, c'est prendre son parti d'un voyage interminable, parce que l'objet de la foi est inépuisable. Toujours vous serez à la recherche de preuves plus probantes, de voies plus comblantes pour l'esprit – et nous verrons plus loin qu'Anselme estimera en avoir trouvé une plus élégante que toutes les autres parce que plus simple.

En attendant, Anselme poursuit son monologue en reprenant à son compte la théorie augustinienne de l'âme-miroir, reflétant l'image de la Nature souveraine. En contemplant sa propre âme, l'homme – et c'est là sa grandeur –, y retrouve quelque chose de la structure, si j'ose dire, du Dieu ineffable. Anselme renouait ainsi avec une longue tradition biblique et patristique, augustinienne notamment. À chaque homme d'exprimer la divine image imprimée en lui.

Telle est donc la démarche, d'esprit platonicien, du *Monologion* : Anselme entend redécouvrir, par la méthode dialectique, et ainsi transposées dans le registre de la raison, les vérités enseignées par la foi. Or, dans ce lot de choses à la fois révélées par la foi et comprises – dans une certaine mesure – par la raison, il y a fondamentalement *l'existence* de Dieu et ses attributs : la Bonté, la Grandeur, l'Être. Or précisément, cherchant à rassembler dans une formule brève, efficace, percutante parce qu'auto-suffisante, tout l'acquis du *Monologion*, Anselme va s'apercevoir que la Grandeur de Dieu constitue le nœud de son argumentation. Et ce sera le thème du second petit livre, le *Proslogion*, qui lui a valu, il faut le dire, son inoxydable célébrité. Pas d'année où ne sortent des articles, des communications de congrès, des livres sur le très fameux « argument de saint Anselme » et sur sa postérité. Cela vaut d'être regardé de près.

Lisant et relisant son *Monologion*, Anselme restait préoccupé. Il en venait à se demander s'il ne pouvait pas faire mieux, et « si peut-être il n'y avait point un argument unique, qui n'aurait besoin que de lui-même pour se vérifier, à l'exclusion de tout autre et qui, tout seul, suffirait à prouver que vraiment Dieu est » (*Prosl.*, Préf. trad. L.J.). La chose n'allait pas de soi. Après bien des échecs, et sur le point d'y renoncer, voilà bien qu'une évidence s'imposait à lui – « Bon Dieu ! – si j'ose dire... –, mais c'est bien sûr... » : Anselme avait trouvé. Le *Monologion* allait concentrer toute sa force dans le *Proslogion*, qui veut dire *Exposé*.

Le livre s'ouvre sur une effusion qui est, en plus verbeux, un pastiche de saint Augustin. Anselme y médite sur la triste condition de son âme, en laquelle il lui faut pourtant rentrer. Mais pour cela, il lui faut d'abord regagner sa cellule. Ce thème augustinien de la claustration fera école :

un jour lointain, nous verrons Descartes s'enfermer dans son poêle et dans son âme, Malebranche se claquemurer dans sa chambre, et cela même montre bien que pour eux tous, la philosophie sera une question d'intériorité avant que de redevenir, pour d'autres et bien plus tard, une affaire d'expérience des choses. Pour Anselme, si l'on veut trouver Dieu, il faut suivre l'itinéraire d'Augustin et se trouver d'abord soi-même, puisque nous sommes à son image. Là-dessus, après une petite prière pour demander à Dieu la grâce de bien se prouver son existence, Anselme entre dans le vif du sujet, qui tient tout entier dans le chapitre II. Qu'est-ce que Dieu, au point où nous a laissé le *Monologion* ? C'est « une réalité telle que rien ne puisse être conçu de plus grand. » Objection : « L'insensé a dit dans son cœur : il n'y a pas de Dieu. » (Psaume XII, 1). – Qu'à cela ne tienne, répond Anselme : car, précisément, « lorsqu'il entend cela même que je dis : une chose telle que rien de plus grand ne peut être conçu, l'insensé comprend ce qu'il entend, et ce qu'il comprend est dans son intelligence, même s'il ne saisit pas que cela existe. En effet, c'est une chose d'avoir présente à l'esprit une réalité, et c'en est une autre de comprendre qu'elle existe… L'insensé doit en convenir : il a bel et bien dans l'intelligence une chose telle qu'il n'en peut être conçue de plus grande, car lorsqu'il entend cela, il le comprend, et tout ce qui est compris est dans l'intelligence. Et de façon certaine, ce dont on ne peut rien penser de plus grand ne peut exister dans la seule intelligence. En effet, si cela se faisait, on pourrait concevoir cette chose comme existant aussi dans la réalité, ce qui serait plus. Si donc ce dont on ne peut rien penser de plus grand existe seulement dans l'intelligence, de cette même chose dont on ne peut rien penser de plus grand, on peut penser quelque chose de plus grand, mais c'est tout à fait impossible. Donc, il est hors de doute que ce dont on ne peut rien penser de plus grand existe et dans la pensée, et dans la réalité. » (Prosl. II, trad. L. J.). Ce quelque chose-là, c'est Dieu – et le voilà donc démontré, dès lors qu'il n'y a pas moyen de le penser sans le penser comme existant. Cela vaut bien le remerciement qu'Anselme lui adresse à la fin du chapitre IV : « Merci à toi, ô bon Seigneur, merci ! Car ce que grâce à toi j'ai d'abord cru, à présent c'est par ta lumière que je le comprends, au point que si je me refusais à croire que tu existes, je ne pourrais pas ne pas le comprendre. »

Ainsi s'achève ce voyage à l'intérieur de la foi dans le véhicule de la raison. Anselme n'est pas plus convaincu qu'il ne l'était de l'existence de Dieu ; il l'est autrement, raison comprise. Il aurait toujours cru, même s'il n'avait rien trouvé du tout ; maintenant il croit mieux. Nous sommes loin de l'Anselme romantique qu'on a parfois imaginé, retrouvant par la raison une foi qu'il aurait perdue. On connaît le quatrain de Sully Prudhomme :

> Anselme, ta foi tremble et ta raison l'assiste.
> Toute perfection en ton Dieu se conçoit,
> L'existence en est une, il faut donc qu'il existe,
> Le concevoir parfait, c'est exiger qu'il soit.
>
> (*Le Bonheur*, chant VI)

Jamais contresens n'aura été aussi somptueusement vêtu, sans compter que l'argument, sous sa forme du « parfait », vient de Descartes, et non de saint Anselme... Mais que ne pardonnerait-on aux poètes !

Du vivant même d'Anselme s'instaura un inachevable débat. Un nommé Gaunilon, moine de Marmoutiers, pondit un libelle *En faveur de l'insensé* : Frère Anselme n'avait rien prouvé du tout. Et d'abord, est-on sûr que l'insensé en question a une idée correcte de Dieu ? Et quand bien même, qu'est-ce qui permet à l'Abbé de passer ainsi d'une idée à l'existence réelle de ce qu'elle désigne ? À ce compte, on pourrait tout aussi bien, rien qu'en y pensant, faire surgir de la mer une Île Fortunée... Un bon siècle plus tard, saint

Thomas d'Aquin ne se montrera pas davantage convaincu. Bien sûr, *si* l'on part du principe qu'*il y a* un être tel qu'on ne peut rien concevoir de plus grand, cet être existe de toute évidence, mais son existence n'est évidente qu'en vertu de cette supposition ! Certes, on ne peut pas comprendre que Dieu existe et concevoir en même temps qu'il n'existe pas. En revanche, rien n'empêche de penser qu'il n'existe pas d'être tel qu'on n'en puisse concevoir de plus grand. Bref, l'idée d'une existence n'est en aucun cas l'équivalent d'une existence. « Une existence, disait Gilson, se constate ou se démontre ; elle ne se déduit pas » (*Le Thomisme*, 5e éd., p. 82). Saint Bonaventure, lui, trouvera l'argument convaincant. Descartes aussi, sans qu'on sache d'ailleurs très bien par quelle voie il y a eu accès. On constate qu'il le reprend dans le *Discours de la méthode* (IV), en transposant d'ailleurs l'idée de grandeur, chère à Anselme, sur l'idée de parfait. On le retrouve dans la Ve *Méditation*, les *Principes* (XIV), etc. De même Leibniz s'en servira dans les *Nouveaux essais*, dans la *Monadologie*, et il y reviendra dans une lettre de 1701. Mais Kant, qui a lu Hume, ne l'entend pas de cette oreille. Il réprouve chez Descartes l'emploi de ce qu'il appelle, dans la *Critique de la raison pure*, « cette malheureuse preuve ontologique ». Notre équipement cognitif – les formes *a priori* de la sensibilité et les catégories *a priori* de l'entendement – perd toute validité si l'on s'avise d'en faire un usage transcendantal. L'existence n'est pas un prédicat attribuable par cette voie aux idées de la raison. Hegel, en revanche, reviendra à l'argument. Etc.

Cela prouve, cela ne prouve pas… Quand on considère le sort de l'argument anselmien dans l'histoire de la pensée, on ne peut se défendre d'une impression de malaise, comme si on le voyait dériver loin de son auteur, comme un bateau sur des mers pour lesquelles il n'avait pas été construit. Mis au point par l'abbé d'un monastère pour ses frères, aliment de leur ferveur d'alors, en ces temps où l'esprit était si démuni, il avait à leurs yeux, n'en doutons pas, l'immense valeur d'une expérience spirituelle autant et plus que philosophique. Il perd fatalement de sa validité aux yeux de ceux qui n'en lisent que les mots ou n'entendent se mouvoir qu'au plan de l'abstraction conceptuelle. En fait, plutôt que de le contresigner ou de le récuser, mieux vaudrait peut-être le tenir pour ce qu'il était : un lointain écho, avons-nous dit, du traité de saint Augustin *Sur le libre arbitre*. Il faut se faire une âme augustinienne pour entrer dans de telles raisons. À défaut, il reste au moins une chose à reconnaître, et dans le contexte de l'époque, elle n'est pas d'un mince mérite : Anselme avait démontré qu'on pouvait user de dialectique sans pour autant mettre la foi en péril. Saint Pierre Damien, saint Anselme : c'est le cas de dire qu'il y a plusieurs demeures dans la Maison du Père.

*

Saint Anselme eut pour disciple cet Honorius Augustodunensis (vers 1088-1150) qu'on dit bien à tort « d'Autun », car il n'y mit jamais les pieds : cet Augustodunum-là était situé quelque part du côté de Ratisbonne. Dans son traité *De imagine mundi*, Honorius décrivait le monde comme un îlot d'être isolé dans le néant par la toute-puissance de Dieu. Il le voyait en forme d'œuf : la Terre et son atmosphère constituaient le jaune, l'éther était le blanc, et le ciel la coquille. Développant une géographie, une zoologie, une botanique d'autant plus fouillées dans les détails qu'elles sont entièrement de son cru, Honorius fournit même les mesures de la Terre, du moins à son idée. Entre le monde et l'homme, le rapport est de macrocosme à microcosme, ce qui donne lieu à des développements tout à fait suggestifs. Mais ce que fit Honorius de plus utile fut certainement d'avoir vulgarisé à l'usage des bons curés des paroisses locales les doctrines des bien-aimés Augustin et Anselme, et de l'avoir fait dans un bon latin.

XVIII

LA JOIE DE PENSER ET DE DIRE

LE GOÛT DE RAISONNER

Il ne fait pas de doute qu'à la charnière des XIe et XIIe siècles, un renouveau de la spéculation philosophique se fait jour, et il va s'épanouir avec le temps. Comme si après un si long hiver, on retrouvait un bonheur à penser et à dire, dont on voyait l'exemple entraînant chez les auteurs des âges révolus à mesure qu'on les redécouvrait. Ce *revival* ne faisait du reste que suivre d'autres bouleversements dans les structures, considérées jusqu'alors comme immuables, de la société. Mise en minorité de la grande féodalité par les jeunes royautés à mesure qu'elles s'affirment, essor des communes, émancipation relative des plus basses couches rurales de la population, croisades aussi, entraînant une mobilité des esprits comme des troupes : le monde bouge. On y invente de nouvelles manières de vivre, autant que possible plus heureux, les yeux plus ouverts. On reprend goût à la langue latine par-delà le sabir, on retrouve une certaine familiarité avec le droit romain, on étoffe le peu de science médicale dont on disposait. En face des vieilles écoles monastiques, les écoles urbaines imposent leur dynamisme tout neuf. Comme Le Goff, on peut dire qu'avec le développement des villes, une nouvelle sorte d'homme apparaît, que nous appellerions aujourd'hui l'intellectuel. Son esprit entreprenant, parfois frondeur, n'est pas sans rappeler, par son souci de rationalité, par son goût de renouveler les problématiques, celui des sophistes aux temps lointains de Socrate et de Platon. Avec toutefois de moindres conséquences idéologiques.

Car en dépit de certaines analyses modernes, rien de tout cela n'excède le cadre, perçu comme une limite naturelle, du dogme chrétien. C'est toujours à l'intérieur de ce qui a été révélé par l'Écriture et les Pères que se déploie la pensée. Simplement, on s'avise que la raison a plus de pouvoirs qu'on ne lui en connaissait jusqu'à présent. Sans s'exiler hors des frontières mentales et affectives du christianisme – ce qui n'est pas désirable ni même concevable, car on deviendrait un réprouvé –, on se réjouit de découvrir qu'à l'intérieur du permis, il y a place pour une redistribution des questions et des réponses. Si les vérités de la foi sont unanimement reconnues comme immuables, on ne les en « comprend » que mieux, et de plus, elles laissent, si j'ose dire, pas mal de place à côté : quelques zones franches où la raison a licence d'instrumenter. Au moins jusqu'à ce qu'une autorité soupçonneuse, évêque ou concile, croie discerner dans une formulation philosophique nouvelle des implications inadmissibles. Nous reviendrons là-dessus. Ce renouvellement des perspectives s'opère d'autant plus naturellement, dans les milieux intellectuels, qu'on s'y avise, à mesure que reviennent sur scène les ouvrages oubliés, des trésors insoupçonnés de l'Antiquité. Jusqu'à présent, on en savait toujours assez pour faire son salut. Maintenant, on en vient à considérer qu'on n'en sait jamais trop, et qu'à tant faire que de sauver l'homme, autant qu'il soit sauvé entier.

Dès le temps de saint Anselme, son contemporain Roscelin de Compiègne (vers 1050-1120) avait repris le dossier ouvert par Porphyre, rouvert depuis par Boèce et Heiric d'Auxerre, des *universaux*. De quel coefficient ontologique faut-il affecter les genres et les espèces ? Existent-ils comme des essences à part des individus qui s'y trouvent compris ? Sont-ce de simples mots ? On n'avait pas fini de discuter de ce problème aujourd'hui relégué au musée des théories. À l'époque, on commençait seulement à distinguer deux opinions. Il y avait les *réalistes*, qui posaient que l'humanité, par exemple, constitue une réalité, indépendamment des individus concrets qu'on range sous elle. À l'opposé, les *nominalistes* estimaient que cette idée générale se confond avec le mot par lequel on la désigne. Pour Roscelin, qui tient pour la seconde opinion, l'idée d'homme, par exemple, a tout juste la réalité physique du mot pris comme émission vocale, *flatus vocis* : c'est un bruit articulé qui désigne des réalités bien concrètes, elles, à savoir les individus humains. Les ennuis commencèrent pour Roscelin lorsqu'il s'avisa de tirer de là des applications théologiques. Il n'admettait pas que l'humanité fût autre chose que le mot désignant la somme des individus humains, et c'était son droit. Mais les idées générales n'ayant ainsi, comme dit gentiment Hubert Monteilhet, guère plus de consistance qu'un pet de lapin, Roscelin n'admettait pas que parlant de la Sainte Trinité, on prétendît signifier par les noms du Père, du Fils et du Saint-Esprit une réalité unique et singulière. Il se plaisait à insister sur le fait qu'en Dieu comme ailleurs, seuls sont réels les individus. En somme il voyait la Trinité composée de trois substances distinctes, mais qui n'auraient à elles toutes qu'une seule puissance et une seule volonté. Du coup, on lui fit un procès d'intention : n'enseignait-il pas qu'il y avait trois dieux ? Le bon Anselme n'était pas le dernier à l'en soupçonner… Le concile de Soissons eut tôt fait d'y mettre bon ordre, et le pauvre Roscelin, qui avait été bien imprudent, dut abjurer son erreur – en suite de quoi il put s'en retourner enseigner à Tours, à Loches où il eut pour disciple Abélard, et pour finir, à Besançon. L'Église de l'époque avait l'esprit relativement large : on imagine mal aujourd'hui un professeur aux Facultés catholiques soupçonné de trithéisme et, s'en étant expliqué au Vatican, reprenant ses cours comme si de rien n'était. Cela ne tarderait pas à changer. Voyons dans l'affaire Roscelin un témoignage de plus de la vitalité intellectuelle de l'époque, de l'intérêt que suscitaient les problèmes théologiques – et de la vigilance finalement compréhensible des autorités ecclésiastiques devant les risques de bavures, aussi longtemps du moins qu'on restait entre gens raisonnables.

SUR LES ÉPAULES DES GÉANTS

Des preuves de ce bouillonnement, parfois un peu anarchique, des esprits, nous en voyons dans l'école cathédrale dite de Chartres, illustrée au siècle précédent par Fulbert (vers 960-1028), un élève de Gerbert d'Aurillac. À sa tête, on verra se succéder des personnalités attachantes. Bernard de Chartres (vers 1124-1130) – qu'il faut se garder de confondre avec saint Bernard de Clairvaux ! – résume bien le sentiment de l'époque : « Nous sommes, disait-il, comme des nains portés sur les épaules de géants. Nous voyons donc plus de choses que les anciens et de plus éloignées, non par la pénétration de notre propre vue ou par l'élévation de notre taille, mais parce qu'ils nous soulèvent et nous haussent de toute leur hauteur gigantesque. » Cette image, cent fois reprise par la suite, notamment par Pascal, se voit encore sur le beau vitrail sud de la cathédrale de Chartres, confectionné une centaine d'années plus tard. Il faut se donner la peine et la joie de tout recueillir de l'héritage antique, grâce auquel nous entrons mieux dans l'économie du salut. Il ne s'agit donc pas de rejeter dans l'insignifiance les leçons des penseurs païens pour la seule raison qu'ils n'ont pas connu le Christ, mais bien plutôt de s'aider de leur science pour mieux entendre le message sauveur. Ce programme enthousiaste, Bernard de Chartres le réalisa de son mieux. Il apprenait tout, enseignait tout. Lui-même se voulait « platonicien », du moins au travers de ce qu'il avait retenu de saint Augustin, de Denys, et un peu de Scot Érigène. Sur les universaux, c'est la position réaliste qu'il adoptait : trop évanescente lui semblait la réalité des individus pour qu'on pût leur reconnaître la même densité ontologique qu'aux Idées. Son disciple et successeur, Gilbert de la Porrée (1076-1154), tout comme lui « platonicien » et réaliste, était un métaphysicien de race. Il s'attacha aux *Catégories* d'Aristote, étudiant notamment le rapport de la substance et de la relation. Un nouveau problème apparaissait : la relation est-elle une réalité, ou n'est-elle qu'un être de raison ? La question se posait, en effet, pour Gilbert, qui commentait le traité de Boèce *Sur la Trinité*. Cela même lui valut, en plus de quelques déboires, une controverse vinaigrée avec saint Bernard : en désespoir de cause, il conseilla à l'abbé de Clairvaux de s'en retourner à l'école… Il faut dire que ce Bernard-là n'était pas loin d'adopter sur les études les positions de saint Pierre Damien : « Que m'importe la philosophie ? J'ai pour maîtres les apôtres, et ils ne m'ont pas appris à lire Platon et à démêler les subtilités d'Aristote… Ils m'ont appris à vivre, et ce n'est pas là, croyez-moi, petite science ! » Un dialogue de sourds, évidemment, mais pour nous combien instructif ! Pris à l'intérieur d'un même système, et qui les définissait tout entiers, l'un voyait la perfection dans un absolu de fidéisme, l'autre dans une élucidation de plus en plus élaborée du même credo. Deux fidélités ; deux univers ; deux demeures dans la maison du Père.

Thierry de Chartres – dont on connaît mal les dates – succéda à Gilbert de la Porrée. C'est aux problèmes de cosmogonie qu'il s'intéressait, s'évertuant dans ses ouvrages sur la création à concilier les premiers chapitres de la Genèse et ce qu'il savait de physique et de philosophie. Il spéculait ainsi sur les occupations de Dieu durant les six jours de la création : la confection de la matière le premier jour, les quatre éléments – terre, eau, air, feu – s'y organisant en globes concentriques. En suite de quoi tout se met en place selon un processus que Thierry prétend restituer aussi exactement que s'il y avait assisté, jusqu'à la création de l'homme le sixième jour. Ainsi apparaît un embryon de mécanisme, d'explication cinétique de l'univers biblique, et cela même n'est pas étranger au pythagorisme que Thierry avait flairé, non sans génie, dans le peu qu'il connaissait de Platon. Selon lui, ce n'était pas trop du secours des arts libéraux, et notamment de l'arithmétique, de la musique, de la géométrie et de l'astronomie (de Ptolémée) pour entendre convenablement la Genèse. Le pythagorisme chrétien de Thierry de Chartres allait plus loin. Ce que l'arithmétique donnait à comprendre de l'unité numérique permettait, selon lui, d'avancer dans ce que la foi enseignait de l'Unité et de la Trinité. Pythagore posait que les nombres naissent de la multiplication, qui est de deux types : celle du même par le même (2×2, 3×3…) – et celle du même par l'autre (2×3, 3×4…). Selon ce dernier mode, l'unité engendre à l'infini la série des nombres entiers, traduisant ainsi en langage mathématique l'infinie puissance du Créateur, puisque « créer les nombres, c'est créer les choses ». Mais la multiplication du premier type nous permet, si nous l'appliquons à l'Unité divine, de mieux entendre la Trinité : $1 \times 1 \times 1$ n'engendre jamais que l'unité, qui est toujours égale à elle-même. Thierry entendait montrer par là que les choses créées ne sont pas l'être de Dieu, puisque Dieu étant l'Un, il est au-dessus de l'être – mais tous les êtres, qui ne sont pas l'Un, ne sont des êtres que par lui, qui n'est aucun d'eux. Saluons ici l'une des rares lueurs du néoplatonisme authentique dans la pensée d'Occident. On percevra un reflet de ces spéculations chez Clarembaud d'Arras († vers 1170), chez Alain de Lille (vers 1128-1203) et au XVe siècle chez Nicolas de Cuse.

Illustrant encore ce mouvement sympathique, il faut citer Guillaume de Conches (1080-1145), né en Normandie, mais qui exerça à Chartres. Platonisant lui aussi, c'était un passionné d'anatomie, de physiologie et, plus largement, des sciences de la nature. Que n'est-il né un siècle plus tard, lorsque reparut Aristote ! Quant à Jean de Salisbury (vers 1115-1180), qui mourut évêque de Chartres, il se voulait proche de ce que nous appelons la Nouvelle Académie. Non qu'il fût sceptique au sens reçu du terme, mais il mettait à la base de la sagesse le discernement de nos limites. Il y a, en quelque sorte, des choses indubitables – qui nous viennent selon trois canaux d'information : les sens, la raison et la foi –, et d'autres qu'on perdrait son temps à vouloir à tout prix résoudre. Il en dresse le bordereau, où figurent entre autres la substance, l'origine de l'âme, le hasard et le destin, le libre arbitre, la matière, le mouvement, le temps et l'espace, le problème des universaux, les divergences entre Aristote et Platon, tels du moins, qu'il les connaissait, etc. Jean de Salisbury ne manquait pas de flair, tout cela devant soulever par la suite des discussions sans fin, et jusqu'à nos jours. Il estimait, non sans raison, que sur toutes ces questions, on ne saurait parvenir qu'à des probabilités. Il y ajoutait les problèmes touchant la nature des anges et de Dieu lui-même, qui excèdent évidemment nos possibilités. Sur tout cela, il est bon, dit-il, de suspendre son jugement, à la façon de ses chers Académiciens. Une telle attitude ne dispense pas, tout au contraire, d'étudier, car c'est de l'ignorance que naît le dogmatisme : en philosophie comme ailleurs, qui n'entend qu'une cloche n'entend qu'un son. Voilà qui, du moins, nous renseigne sur l'ambiance des cercles intellectuels du temps. Il était bon qu'en ce siècle de redécouverte un peu brouillonne, une telle sagesse – et qui s'achève explicitement dans la contemplation du Dieu-amour – se fût manifestée.

Sympathiques Chartrains ! Ils étaient tous animés – et ils y avaient du mérite – du goût de l'étude en ce qu'il a de plus riche, de plus utile : le désir de beaucoup savoir en vue du plaisir d'un peu mieux comprendre. Ils avaient en commun le rêve d'une théologie qui irait s'élargissant aux dimensions de la création, et qui « suivrait le produit », comme on dit aujourd'hui, depuis le moment où il sortit des mains divines. En cela ils attestent le besoin d'une cosmologie, d'une physique, d'une anthropologie nouvelles. Ce qu'ils ont réalisé en ces domaines, ils l'ont tiré de l'Écriture et des Pères, bien sûr, mais aussi de Ptolémée, du *Timée* de Platon, et de ce qu'ils savaient des stoïciens à travers un peu de Cicéron ou de Sénèque. Ils ont vraiment donné à leurs contemporains une image du monde, faite de raisons sur fond de mythes. Bref, les Chartrains auraient été les nouveaux Présocratiques si seulement nous pouvions dire qu'un nouveau Socrate allait venir. Ce qui, me semble-t-il, ne fut pas le cas.

UN CHEVALIER SANS PEUR MAIS NON SANS REPROCHE

Pierre Abélard (1079-1142) serait sans doute moins connu du grand public, n'était la suite d'aventures qu'il a narrées dans son *Histoire de mes calamités*. On n'en a, hélas ! retenu qu'une banale histoire de coucherie entre un chanoine et une fille de bonne famille, suivie d'un règlement de comptes barbare. Mais comme Gilson l'avait jadis montré, il s'agit de bien autre chose, et à feuilleter le dossier, on progresse grandement dans la connaissance de l'esprit du temps. Tout destinait au métier des armes ce fils d'un nobliau nantais. Or, c'est dans les tournois de dialectique qu'il choisit très tôt de dépenser sa fougue. Il entra donc dans la cléricature, et devint vite maître des écoles de Paris et chanoine. Tordons le cou à quelques poncifs en signalant qu'Abélard n'était pas prêtre pour autant, et que la construction de Notre-Dame de Paris ne commencerait que cinquante ans plus tard. Jolie carrière : élève du « réaliste » Guillaume de Champeaux († 1121) et de Roscelin de Compiègne, dont nous avons dit qu'il professait le « nominalisme », Abélard ne s'était pas gêné, s'appuyant sur les idées du second, de pourfendre celles du premier. De guerre lasse, le pauvre Guillaume dut abandonner ses positions dans le problème des universaux, ce qui du coup le déconsidéra en tant que professeur, et vida son école au profit de celle qu'Abélard avait fondée entre-temps pour son compte. Le jeune maître était aux anges : il faisait courir le Tout-Paris escholier, et il s'enhardissait à enseigner la théologie avec le même succès. Il raconte ingénument qu'à cette saison de sa vie, il se voyait comme « le seul philosophe au monde, et avec cela invincible ». Las ! Il fit un faux pas. Un collègue, le chanoine Fulbert, crut bien faire en confiant au professeur le plus coté qui soit l'instruction de sa nièce Héloïse, beaucoup plus savante déjà que ses dix-sept ans ne le laissaient attendre. Fulbert venait d'enfermer le loup dans la bergerie. Car Héloïse ne manquait pas de charme, et il ne fallut pas longtemps à Abélard pour étendre à d'autres sujets le programme de ses leçons. Il trouvait du reste chez la jeune fille une grande réceptivité en tous les domaines. Tant et si bien qu'il lui fit un enfant, qu'on affubla du nom d'Astrolabe. Cela ne s'invente pas. Il avait fallu éviter le scandale : l'enfant était né en Bretagne, chez une sœur d'Abélard. L'oncle Fulbert, qui n'ignorait rien du désastre où sombrait son honorabilité, en étouffait de fureur rentrée. Abélard, qui tenait à s'assurer à jamais l'exclusivité d'Héloïse, proposa de l'épouser, mais en secret. Pourquoi ? Parce que, dans la mentalité de l'époque, un maître en philosophie et en théologie marié se fût déclassé – et Héloïse le savait si bien que dans son dévouement absolu à son amant, elle fit tout pour repousser cette solution. Elle arguait pour cela d'un lieu commun tiré de saint Jérôme, qui lui-même se fondait sur ce pseudo-échange de lettres chaleureuses entre saint Paul et Sénèque auquel nous avons déjà fait allusion. Il en ressortait qu'un philosophe ne pouvait servir deux maîtres : sa femme et sa bibliothèque. Une si haute mission le vouait donc à une continence qu'on prêtait, sur la foi de cette vraie-fausse correspondance, à un Sénèque parangon de toutes les vertus. À quoi tiennent les choses ! En dépit des réserves généreuses d'Héloïse, le mariage eut lieu à la sauvette en quelque chapelle – mais oncle Fulbert n'eut de cesse qu'il eût ébruité la chose, comptant tirer de là la réparation morale qu'il jugeait convenable. On jasa. Estimant préjudiciable à sa belle carrière le scandale qui tout doucement prenait des proportions, Abélard crut bon d'expédier sa maîtresse à l'abbaye d'Argenteuil sous un déguisement de moniale. Mal lui en prit. Se croyant joué, le chanoine Fulbert dépêcha de nuit à l'hôtel où logeait Abélard une petite troupe de sous-traitants, qui punirent l'infortuné philosophe par où il avait péché. Je précise que par la suite, le tribunal ecclésiastique infligea aux exécuteurs la même mutilation avec, en prime, les yeux crevés. La position de Fulbert lui valut d'être mieux traité : on confisqua ses biens. Rien de tout cela n'est très joli.

Commença alors pour Abélard une pénible errance. Cachant sa honte à l'abbaye de Saint-Denis, il trouva la force d'y composer un traité *Sur l'Unité et la Trinité*, qui sera condamné et brûlé au concile de Soissons. S'étant rendu odieux aux moines, il trouva refuge non loin de Troyes, dans une solitude que ne tardèrent pas à peupler ses disciples revenus en foule, et que la communauté appela le Paraclet. Entre-temps, il avait reçu la prêtrise, et s'était vu élu abbé de Saint-Gildas-de-Rhuys. Curieux endroit, peuplé d'une fine équipe de moines paillards, pillards et assassins. Hanté par un désir de vertu que son état physique mettait désormais à sa portée, Abélard entreprit de réformer ce mauvais lieu, et les moines, par esprit de représailles, empoisonnèrent son calice. C'est miracle s'il en réchappa. Là-dessus, il contraignit la pauvre Héloïse à entrer elle-même en religion. Un confesseur eût cherché en vain dans son âme le moindre germe de vocation – mais ainsi, Abélard la soustrayait à jamais aux tentations du siècle. Élue abbesse du Paraclet, devenu communauté de moniales, elle devait mourir vingt ans après Abélard, religieuse irréprochable d'un bout à l'autre de ses jours, à cela près que de son propre aveu, le don de sa vie ne s'adressa jamais à Dieu, mais à la mémoire de son impossible amour. La correspondance des deux anciens amants est l'une des plus émouvantes et instructives qui soient. Étrange, vraiment : le philosophe voué à la continence sur la foi d'une image édifiante de Sénèque – qui eût été le premier surpris –, née d'une correspondance apocryphe ! Voilà qui du moins nous permet de mesurer ce que ces siècles investissaient dans la *philosophia*. Le découvrir valait sans doute ce long détour par les aventures, rendues à leur contexte, d'Héloïse et d'Abélard.

Si pour Héloïse, la passion tourna au martyre, Abélard trouva force consolations dans la gloire du professeur, de l'homme intellectuellement influent, dont certaines natures raffolent. Il écrivit beaucoup : des *Gloses* sur Porphyre et Aristote, une *Dialectique*, des ouvrages de théologie, et cet étonnant *Dialogue entre un philosophe, un juif et un chrétien*. Et puis, il faisait se lever des disciples par légions, dont sortiraient cinquante évêques et archevêques, dix-neuf cardinaux et même un pape. Qui dit mieux ? Ce n'était pourtant pas faute d'avoir inquiété la hiérarchie ecclésiastique : condamné, je l'ai dit, à Soissons, il le fut encore à Sens. Ses adversaires : saint Bernard, naturellement, mais aussi Roscelin de Compiègne, furent parfaitement odieux. Sans aventurer le lecteur dans l'œuvre d'Abélard théologien, deux choses me paraissent à signaler sur le plan philosophique.

Il y a d'abord la position d'Abélard dans la sempiternelle querelle des universaux. Rappelons une dernière fois les données du problème, qui remontait à Porphyre : les idées générales – homme, cheval, etc. –, ont-elles une réalité à part des individus concrets qu'on range sous elles ? Oui, soutiennent les réalistes : non, rétorquent les nominalistes. Or, il se trouve, et Jean Jolivet le dit fort justement, que comme logicien, Abélard est sans égal en son temps. Démontant l'un après l'autre les arguments que faisaient valoir les réalistes de toutes les écoles, il en fait ressortir sans pitié les conséquences insoutenables parce qu'absurdes. Reste donc, selon Abélard, que les universaux sont tout juste des mots. C'était, je l'ai dit, la thèse de Roscelin de Compiègne. Seulement, en vrai philosophe, Abélard ne s'en tient pas à cette simple affirmation. Fort subtilement, il distingue l'émission de voix *(vox)*, qui est bien une chose, et le mot *(sermo)*, le « dire » qui est un signe. Le seul objet qui ait à occuper le logicien, c'est précisément ce signe. Cela dit, si « l'homme », en tant qu'espèce, n'est en rien une réalité, sur quoi se fonder pour affirmer que Socrate et Platon sont l'un comme l'autre « des hommes » ? La position d'Abélard marque un progrès décisif sur Roscelin : ce qui autorise, dit-il, à imposer à tous les deux le même prédicat, c'est qu'il désigne un certain état du réel, « l'être-homme ». Ce n'est pas une chose ; cela définit une nature. Prononcer le mot « homme » à propos de tel ou tel individu concret, c'est engendrer dans l'esprit de l'auditeur une « intellection » qui l'instruit sur les choses et sur leur manière d'être. On imagine tout le parti qu'Abélard eût tiré des textes d'Aristote sur l'abstraction, qui ne reviendront sur le marché philosophique que plus tard. « C'est l'honneur de tels esprits, dit Gilson, de renouveler tout ce qu'ils touchent » (*La Philosophie au Moyen Âge*, p. 289).

Autre point d'un vif intérêt : le recueil qu'Abélard avait établi de citations extraites des Pères de l'Église, et de telle façon qu'à propos de cent cinquante-huit questions, elles avaient l'air de se contredire. D'où le titre : *Sic et non*, qu'on pourrait traduire familièrement par : « C'est comme ça et ce n'est pas comme ça. » Était-ce là mauvais esprit, volonté maligne de mettre les saints docteurs en contradiction les uns avec les autres ? On l'a dit, et c'est un contresens. Soucieux toujours d'une parfaite cohérence logique, Abélard entendait, au contraire, sauver les textes, les garantir des interprétations hâtives de la part des débutants ou des objectants de plus ou moins bonne foi. Les mêmes termes, d'un auteur à l'autre, signifient parfois des choses différentes, et si même il y avait contradiction, il faudrait avoir en tête une échelle hiérarchique des autorités, découvrir dans chaque cas les intentions sous-jacentes. Sans compter les erreurs des traducteurs, les bourdes des copistes, etc. Bref, le *Sic et non* devait inciter les théologiens à un perpétuel exercice, philologique et philosophique, de critique et d'interprétation des textes. Étonnante modernité d'Abélard ! Son tempérament de logicien trouvait là un champ d'action encore mal exploré en son temps. Chez cet homme de foi, et qui s'affirmait tel – refusant « d'être Aristote si ce devait être pour se séparer du Christ » –, on constate une fois de plus le propos augustinien, anselmien aussi, de toujours mieux entendre ce qu'on croit : *fides quaerens intellectum*. Dans l'*Histoire de mes calamités*, il écrit : « On ne peut croire que ce qu'on a compris, et il est ridicule de prêcher aux autres ce qu'on ne comprend pas soi-même mieux que ceux à qui l'on s'adresse. Le Seigneur lui-même condamne les aveugles qui conduisent des aveugles. » Cela même l'exposait à des périls qu'un saint Bernard ne risquait pas de courir, mais la sincérité du propos ne souffre pas, à mon sens, d'être mise en doute. Abélard est peut-être imprudent ; il n'est pas mal-pensant.

Tel est l'homme dont on a parfois voulu faire un prédécesseur de Rousseau, de Lessing, de Kant – peut-être parce qu'en morale, Abélard soulignait le primat de l'intention ? –, un libre-penseur défendant contre saint Bernard les thèses d'un rationalisme qui n'existait pas encore. Dans l'immédiat après-guerre, un écrivain, par ailleurs fort brillant, a même campé un couple Héloïse-Abélard progressiste, sinon léniniste, travaillant à l'émancipation des communes. Héloïse y apparaît, sinon comme une « vierge rouge » – le mot ne conviendrait pas –, du moins comme une spécialiste de l'*agit-prop* avant la lettre. Dans un article décisif, Maurice de Gandillac avait fait justice de ces aimables foutaises. Laissons à Héloïse le seul drame de conscience qu'elle eût jamais : avoir fait le malheur de son trop illustre amant. Quant à Abélard, il suffit à sa gloire d'avoir donné à son siècle « la première œuvre de langue latine où des idées neuves aient été proposées » (E. Gilson, *La Philosophie au Moyen Âge*, p. 288).

UNE MYSTIQUE PLATONISANTE

Dans un esprit assez différent, on voit se répandre, au XIIe siècle en son milieu, le goût d'une spéculation métaphysique qui déboucherait sur la contemplation de Dieu. Lointaine résurgence, en somme, de la mystique rationnelle des néoplatoniciens, mais christianisée par saint Augustin, le Pseudo-Denys, Boèce, Gilbert de la Porrée et Anselme de Cantorbéry. Ce courant traverse deux familles religieuses éprises du même souci d'une présence de Dieu à l'intelligence. Si je laisse saint Bernard de Clairvaux de côté, c'est délibérément, bien qu'il fût un mystique de première grandeur : j'ai dit, en effet, son aversion pour la philosophie, où d'ailleurs il était nul. En revanche, un autre moine de Cîteaux, l'Anglais Isaac, abbé de l'Étoile entre 1147 et 1169, et connu de ce fait sous le nom d'Isaac de Stella, n'hésitait pas à nourrir sa contemplation de tout ce qu'il savait de métaphysique. Dans ses sermons, il élevait la pensée de ses auditeurs vers Dieu en procédant à l'analyse dialectique de la notion de substance, ce qui était les honorer d'un joli niveau de culture. Rien de commun, en tout cas, avec l'auditoire de l'infortuné Abélard à Saint-Gildas-de-Rhuys ! Ces théories relevées avaient conduit cet Isaac à s'intéresser à la structure supposée de l'âme humaine, intermédiaire de fait, et par la volonté divine, entre le corps et Dieu lui-même. Il expose ses vues dans un traité *De l'âme* qui rendit de grands services, car on y trouvait justement ce qu'on souhaitait pour y voir plus clair : une classification minutieuse des facultés de l'âme. À la base, à la charnière, en quelque sorte, du corps, Isaac posait le sens corporel.

Juste au-dessus, pour en traiter les données, il voyait l'imagination. Un degré de plus et c'était la raison et son pouvoir dialectique. Plus haut encore, l'intellect, faculté permettant la saisie des incorporels. Enfin, tout au sommet, l'intelligence, apte à connaître quelque chose de Dieu, incorporel absolu, du fait de sa parenté avec lui. On se plaît à retrouver ici la *syngénéia* platonicienne, la parenté que Platon décelait entre l'âme et les Idées. Il s'agissait donc d'un essai très élaboré de psychologie, avec les arrière-plans théologiques qu'on voit toujours aux constructions philosophiques de l'âge chrétien. Et les hommes de prière pouvaient ainsi se faire une idée plus précise du trajet que leur âme était appelée à accomplir pour atteindre à la contemplation : ce n'était pas rien d'en détailler les étapes.

Il est également plein d'intérêt de suivre les travaux de ces religieux qu'on connaît sous le nom de « Victorins » : chanoines réguliers augustins, ils avaient leur maison-mère à l'abbaye parisienne de Saint-Victor, fondée par ce Guillaume de Champeaux que nous avons vu Abélard mettre à mal à propos du problème des universaux. Encore qu'il ne fût pas tendre pour ceux qui entreprenaient des études profanes par simple curiosité mondaine, le Saxon (ou Lorrain ?) Hugues de Saint-Victor († 1141) n'hésitait pas à faire fond sur l'ensemble des sciences pour étoffer la vie spirituelle du moine. À l'instar des Chartrains, Hugues considérait sagement qu'on n'en sait jamais trop. Raison et mystique, loin de s'opposer, s'entre-accomplissent. Une culture tronquée ne saurait conduire à la sagesse, dès lors que toutes les disciplines sont solidaires. C'était sa grande idée, qu'il expose dans l'extraordinaire *Didascalicon* (De l'Enseignement). Il y systématise les différentes branches du savoir selon quatre grands types, eux-mêmes subdivisés. Il y a d'abord la science *théorique*, celle qui cherche la vérité : elle comprend la théologie, la mathématique (arithmétique, musique, géométrie, astronomie), et la physique. Vient ensuite la science *pratique* : c'est la morale, privée, domestique et politique. Puis c'est la science *mécanique*, qui régit l'action en tous les domaines : tissage, armurerie, navigation, agriculture, chasse, médecine, théâtre. Enfin, la science *logique*, qui se divise en grammaire, rhétorique et dialectique. Il est remarquable de voir Hugues, ce moine contemplatif, embrasser ainsi d'un seul tenant l'ensemble du savoir et du faire. Devenu « philosophe », et le moins qu'on puisse dire, c'est qu'Hugues l'entend au sens large, l'homme de Dieu sera mieux armé pour lire les saintes Écritures selon leur triple sens : littéral, allégorique et moral. Saluons ce besoin d'une *mathesis universalis*, qui se manifeste bien avant le temps que nous assignons traditionnellement à son apparition.

Disciple et successeur de Hugues, l'Écossais Richard de Saint-Victor († 1173) est avant tout, lui aussi, un théologien mystique. Pour lui, l'amour créateur est en quelque sorte le foyer de la Trinité, à laquelle il a consacré un traité. Mais, y précise-t-il, on n'accèderait pas aux délices de la contemplation si l'on se refusait à l'effort de comprendre ce qu'il faut croire, et qui autrement apparaîtrait « contre la raison ». Parvenu au plus haut degré de l'union à Dieu, dit-il dans *Les quatre degrés de la violente charité*, « l'homme, conduit hors de soi, contemple la lumière de la suprême Sagesse, sans voiles, hors de l'ombre des figures, non plus enfin dans un miroir et par énigmes *(c'est du saint Paul aux Corinthiens)*, mais pour ainsi dire dans la vérité simple. » Qui ne reconnaîtra ici, à travers l'augustinisme, un éclat fugitif du platonisme de toujours ?

Dans une autre direction, mais significative d'une même ouverture d'esprit, André de Saint-Victor († 1175) n'hésite pas, en vue d'accéder à une meilleure intelligence de l'Écriture, à se mettre à l'école des rabbins ! Voilà qui lui vaudra dans son temps la suspicion qu'on imagine, mais c'est à ce prix qu'il fut, comme le dit Jean Châtillon, le plus grand représentant au XIIe siècle de l'exégèse scientifique.

Digne continuateur de Hugues, Godefroi de Saint-Victor († 1194) a exalté dans son *Microcosme* la dignité de la nature humaine, et bien rendu cette harmonie qui accorde l'homme et l'univers. Il reprenait ainsi le thème de l'homme microcosme, cosmos en réduction. Devançant les positions du siècle suivant, Godefroi avait su voir qu'entre théologie et philosophie, la différence était seulement de point de vue. Voilà qui était bien dans l'esprit de cette école si attachante, où la piété n'étouffait rien, tout au contraire. Pourquoi faut-il que vienne en gâter la réputation ce Gauthier de Saint-Victor († après 1180), avec son pamphlet réactionnaire, *Contre les quatre labyrinthes de France* ? Il y pourfend les « nouveaux théologiens » – dont Abélard et Gilbert de la Porrée, et même ce Pierre le Lombard que nous rencontrerons souvent plus loin. Ces « minotaures » – l'expression est de lui – sont « gonflés du même vent aristotélique ». C'est trop légèrement à son gré qu'ils se sont aventurés dans les mystères intouchables de la foi. On jurerait du saint Pierre Damien : les philosophes se servent d'instruments faux, et nulle discipline ne mérite grâce : « Que ta grammaire tourne à ta perdition ! ». Pauvre grammaire, que Pierre Damien voyait déjà mise au point par Satan ! Gauthier n'a d'intérêt que comme repoussoir, témoin particulièrement teigneux de cette fermeture d'esprit qu'un sermon de Newman appellera *bigotry*. Ce fidéisme sauvage est de tous les temps et de toutes les religions.

LES ARTISANS DU SAVOIR

C'est avec plaisir qu'on voit les auteurs du XIIe siècle s'avancer sur le chemin d'une vie intellectuelle, sinon retrouvée, du moins plus largement partagée. On sent qu'ils ont trouvé là du bonheur, les uns en systématisant, mais d'autres aussi en cherchant à étendre le champ des connaissances, et d'autres enfin en compilant utilement ce qu'il fallait enseigner aux générations à venir.

C'est ainsi qu'au stock de logique sur lequel on vivait jusqu'alors, et qui comprenait l'*Isagogè* de Porphyre, les *Catégories* d'Aristote, son traité *De l'interprétation*, et les commentaires de Boèce, d'intéressantes nouveautés vinrent s'ajouter dès le second tiers du XIIe siècle. Ce second lot de traités aristotéliciens comprenait les *Premiers* et les *Seconds Analytiques*, les *Topiques* et les *Réfutations sophistiques*. De la logique toujours. Si bien qu'on désigna l'ancien fonds sous le nom de « vieille logique » *(logica vetus)*, et le nouveau fut dit « logique nouvelle » *(logica nova)*. On ne savait encore rien de la philosophie naturelle du Stagirite, ni de sa « métaphysique ». Or, précisément, selon le mot d'Édouard Jeauneau, « la grande crue aristotélicienne » n'allait pas tarder à se déclencher. Elle s'étendrait de la seconde moitié du XIIe siècle jusqu'au premier quart du XIIIe.

Sa source principale était en terre hispanique. Dès l'an 1000, l'école de Santa-Maria de Ripoll, en Catalogne, gardait avec soin quelques trésors de la pensée d'Orient, auxquels Gerbert d'Aurillac, je l'ai dit plus haut, avait puisé. L'admirable école de Tolède venait de prendre la relève. Inaugurée au début du XIIe siècle par le cistercien français Raymond de Sauvetat, elle avait maintenant à sa tête un chercheur de première valeur en la personne de ce Domingo Gonzalez qu'on connaît le plus souvent sous le nom latin plus ou moins écorché de Gondisalvus ou Gondisalinus († vers 1181). Alain Guy a bien rappelé comment fonctionnait cette officine de traduction. Gonzalez travaillait avec un Juif converti, Juan Hispano (Ibn David), qui traduisait mot à mot en espagnol les textes arabes, et Gonzalez traduisait à son tour en latin la version espagnole… Autour d'eux, une pléiade d'érudits : l'Italien Gérard de Crémone († 1187), l'Anglais Michel Scot (attention aux confusions !), traducteur d'Averroès et d'Aristote, Alexandre de Neckham, et bien d'autres.

Et c'est ainsi que le cadastre mental de l'Occident va se trouver entièrement remembré du fait de la réapparition de textes dont on n'avait pas idée, si même on en connaissait les titres. Ces traités d'Aristote, nimbés dès leur arrivée du prestige séculaire de sa logique, ces livres des néoplatoniciens – fussent-ils connus, d'ailleurs sous une fausse étiquette : le *Livre des causes*, par exemple, fait d'extraits de Proclos circulant sous le nom d'Aristote ! –, ces commentaires, surtout, des intellectuels arabes, tout cela tombant dans un monde avide, on l'a vu, d'un plus vaste savoir, allait lui imprimer de fameuses secousses. Car enfin, c'est une foule qui va prendre pied dans le vieil Occident conditionné par Augustin et Boèce : un Aristote jusqu'alors connu sous un autre angle, et puis Galien, Ptolémée, Alexandre d'Aphrodisias, Thémistios, et Ibn Gabirol, Avicenne, Averroès – et tous procèdent d'un monde « non-sauvé », d'un univers qui n'a pas connu le Christ ou qui le rejette comme dieu. Or, tous ces gens proposaient des réponses inédites à des questions qu'on commençait à se poser : nous avons constaté l'envie d'une physique, d'une psychologie, d'une métaphysique chez les Victorins, par exemple – et surtout posaient les questions autrement que les Pères de l'Église. Ils démontraient ainsi qu'on pouvait échapper aux limites tracées par le dogme chrétien, et pourtant penser de façon attrayante. Du coup, l'idée commençait à prendre corps d'une *philosophia* déployant librement ses arguments, sans se préoccuper des requêtes de la théologie chrétienne. À la tentation, sinon d'une libre pensée – à peu près impensable –, du moins d'une pensée plus libre, répondrait le réflexe hiérarchique habituel de l'occultation ou de l'interdiction pure et simple. Cela, nous le verrons au chapitre suivant.

Mais à côté de ces novations, il faut mentionner l'existence d'un tout autre travail, moins gratifiant sans doute, plus modeste, mais cependant utile : celui des compilateurs, des « faiseurs de manuels ». D'une génération à l'autre, on sentait évidemment le besoin de ne pas repartir de zéro, de disposer de recueils commodes, à la façon des antiques doxographies. Il y fallait combiner la passion du rat de bibliothèque – espèce à protéger... – et le sens pédagogique du bon professeur, qui connaît l'essentiel de ce qu'il faut transmettre. Ainsi s'imposèrent comme genre littéraire les *Sentences*. Le besoin s'était tôt fait sentir de ces compilations : depuis l'âge carolingien, on construisait de ces recueils assortis de gloses destinées à en éclairer les passages obscurs. On les disposait soit selon l'ordre des livres bibliques, soit systématiquement, en fonction des questions que posait la théologie. On se souvient que le *Sic et non* d'Abélard se donnait pour fin d'en résoudre les apparentes contradictions. Mais de tous les livres de *Sentences*, le plus connu est sans doute celui de Pierre le Lombard († 1160) qui servira indéfiniment de base aux cours des professeurs, du XIIIe au XVIIe siècle. Beaucoup en proposeront un commentaire de leur cru, et tous les candidats aux grades en théologie devront obligatoirement se livrer au même genre d'exercice. Ce Pierre n'avait rien d'un esprit original, ce qui n'avait pas retenu Gauthier de Saint-Victor de le trouver dangereux. Plus avisés, en tout cas moins obtus, les Pères du IVe concile du Latran n'avaient pas craint, en 1215, d'y faire référence. La tradition lui conférera le surnom glorieux de « Maître des Sentences ». À toutes fins utiles, je signale que les *Sentences* font maintenant l'objet d'un traitement informatique.

*

Accumulation, sous une forme accessible, des textes anciens disant la foi, apparition de textes nouveaux en traduction latine, développement extrême de la logique et de la dialectique, goût du progrès dans l'intelligence du donné révélé, appétit de systématisation – mais encore constitution des universités, où les ordres mendiants, récemment créés, franciscains et dominicains, rivaliseront d'influence avec les séculiers : tandis que s'ouvre le XIIIe siècle, les ingrédients se trouvent réunis d'un puissant, d'un irrépressible renouveau de la spéculation philosophique. Elle ne s'affranchira évidemment pas du cahier des charges imposé par le christianisme, mais elle se verra reconnaître un territoire précis, où la raison exercera ses pouvoirs en toute autonomie à la condition expresse de ne jamais outrepasser ses frontières. Ce n'était pas peu de chose : demandez donc à saint Pierre Damien, à saint Bernard, à Gauthier de Saint-Victor ! Et du point de vue de la foi, en somme, c'était sagesse. Cette reconnaissance d'une patrie pour la philosophie sera en grande partie l'œuvre de saint Albert le Grand et de saint Thomas, et l'un de leurs titres à l'estime des historiens de la pensée.

Signalons enfin *Le livre des XXIV philosophes*, apparu de façon anonyme à la charnière des XIIe-XIIIe siècles, censé rendre compte des résultats d'une réunion de penseurs proposant… vingt-quatre définitions de Dieu. On y trouve des traces de Philon d'Alexandrie, de Nouménios, des *Oracles chaldaïques* et de Porphyre, disciple de Plotin. Cela même a incité Françoise Hudry, qui l'a édité, à attribuer ce compendium à Marius Victorinus, traducteur de livres des platoniciens au temps de saint Augustin. (Vrin, 2009).

XIX

ARISTOTE EST DE RETOUR

LE GRAND CHOC

Depuis les temps déjà lointains de saint Augustin, l'Occident s'était trouvé bien de la vision du monde que l'évêque d'Hippone développait dans son œuvre, multiforme et avec cela tellement attachante. Tout y était, en somme, de ce qu'il importait au chrétien le plus cultivé de savoir, éventuellement d'enseigner, en vue du salut éternel. Tout, vraiment : Dieu, sa vie, son œuvre, et l'âme humaine à son image, et l'histoire des hommes et des peuples depuis la chute jusqu'à la Jérusalem céleste. Le saint docteur ne parlait guère, il est vrai, de physique, preuve que le sujet ne le tracassait pas, la Bible ayant dit l'essentiel en des formules définitives, porteuses de sens à mieux décrypter chaque jour. Avec ce qu'on savait d'autre part de logique, de dialectique et d'éthique puisées dans une tradition vénérable, la synthèse doctrinale augustinienne constituait une unité close, un monde de convictions animées d'espérance. On la transmettait aux suivants, on en défendait au besoin la lettre et l'esprit contre les Infidèles, avec le sentiment tranquille de coïncider avec le maximum de ce qui, en ce monde, pouvait se dire de vrai. Et puis, saint Augustin, avec sa manière bien à lui de dire, savait accompagner les âmes le long du voyage, leur faire toucher du doigt leur misère, les illuminer par instants des joies d'un Paradis perdu et retrouvé en espérance par la grâce. Et ainsi en alla-t-il pendant sept cents ans.

Puis se firent jour, au XIIe siècle, les curiosités que j'ai dites, qui annonçaient des intérêts nouveaux. Dans l'esprit même d'Augustin, on entendait en savoir un peu plus long pour mieux croire. Puis, tout soudain, les textes récemment traduits se mirent à affluer – et là, ce fut le choc : curiosité, émerveillement, et bientôt quelques tempêtes sous les crânes de tant de clercs fort studieux, trop même aux dires de certains qui estimaient qu'on en savait toujours assez. Aristote était de retour. On avait bien retrouvé un peu du vrai Platon, avec le *Phédon* et le *Ménon* traduits vers le milieu du XIIe siècle par Henri Aristippe, mais nul n'y attacha vraiment d'importance : ce n'est qu'au XVe siècle que les traductions de Marsile Ficin rendront Platon à l'Occident chrétien.

Gérard de Crémone avait donc traduit d'Aristote la *Physique*, les traités *Du ciel* et *De la génération et de la corruption*, ainsi que les *Météores*, I à III. Il avait aussi donné une version du grand aristotélisant qu'avait été, au IIe-IIIe siècle, Alexandre d'Aphrodisias : *Du temps, Du sens, De l'intellect*. On va voir toute l'importance de ce dernier traité. On disposait aussi du traité *De l'âme* et du début de la *Métaphysique*. Il faut également mentionner ce *Livre des causes*, censément d'Aristote – on ne prête qu'aux riches –, qui aurait été compilé, selon Albert le Grand, par un Juif du nom de David. Avec un flair peu commun, Thomas d'Aquin y saura identifier Proclos. Il y avait aussi cette *Théologie d'Aristote*, confectionnée à partir d'extraits de sept traités des trois dernières *Ennéades* de Plotin. Anachronismes bien intéressants.

Car Aristote n'arrivait pas seul. Il débarquait en Occident solidement encadré de commentateurs arabes, qui n'étaient pas restés inactifs durant tant de siècles. Plus dégagés alors que les chrétiens des préoccupations théologiques, ils avaient pris la suite de la spéculation grecque, et combinant résolument aristotélisme et néoplatonisme, leurs textes proposaient à l'Occident des systématisations d'autant plus tentantes qu'on leur trouvait un air de famille avec ce qu'enseignaient le Pseudo-Denys – et pour cause ! –, et même saint Augustin. On allait donc pouvoir mettre Aristote à contribution dans le travail qu'on avait entrepris d'élargissement et d'approfondissement de la théologie chrétienne. Mais chemin faisant, on constatait sur plus d'un point de fameuses divergences avec la façon dont on voyait jusqu'alors la création du monde, la nature de l'intelligence humaine, ou encore le critère de la vérité. Nous rencontrerons plus d'une fois ces problèmes. Donnons-en quelques aperçus à partir de ce qu'enseignaient ces penseurs arabes. Des philosophes comme Al-Kindi († 873) et Alfarabi († 950), puis un peu plus tard Avicenne (979-1037) et Averroès (1126-1198) s'étaient intéressés au problème de la connaissance. Ils avaient repris à leur compte la très subtile distinction qu'avait établie Aristote à propos de l'abstraction, entre nos intellects humains *en puissance* (de recevoir les formes des objets) et l'Intellect, toujours *en acte*, qui effectue en nous le passage de la puissance à l'acte sans lequel il n'y aurait pas de connaissance abstraite du tout. Alexandre d'Aphrodisias, que reprennent ces penseurs, posait cet Intellect-là comme unique. Mais alors, s'il n'y a qu'un Intellect agent pour tout le monde, que devient dans tout cela la destinée particulière de chaque âme humaine, créée par Dieu et par lui rachetée, promise à partager la céleste béatitude ? Il y avait là un point de friction avec le dogme, qui allait soulever des discussions passionnées. Autre difficulté : la création du monde. Selon la perspective islamique des lecteurs arabes d'Aristote, la présence de toutes choses résultait bien d'une création, puisqu'ils devaient, tout comme leurs confrères judéo-chrétiens, tenir compte de la foi en un dieu tout-puissant, cause première du monde. Certains même, comme Al-Ach'ari († 936) insistaient sur l'omnipotence « actuelle » de Dieu au point qu'ils en exténuaient toute autre forme de cause dans la nature : bref, ils accordaient tout à Dieu, et à peu près rien à un monde inerte. D'autres penseurs, comme Avicenne et Averroès, gardant la perspective néoplatonicienne, voyaient le monde comme une émanation descendant éternellement de Dieu : il n'avait donc pas débuté dans le temps. Ce qui déconcertait les théologiens chrétiens : n'allait-on pas contre les enseignements de la Bible qui, dès la première ligne, assure qu'il y a eu un commencement à tout ? Voilà qui allait alimenter également de fameux palabres. Enfin, au fondement même de toute pensée, on rencontrait la question de la vérité, peut-être même *des* vérités : il arrivait en effet que sur tel point précis, la philosophie enseignât une chose et la foi une autre. Des propositions contradictoires pouvaient-elles être simultanément vraies ? Grave embarras ! Averroès avait soulevé le problème à propos du Coran, qu'il voyait sans plaisir discutaillé par de braves gens dépourvus souvent de l'intelligence requise. À propos, par exemple, de l'épineuse question de l'intellect agent, que nous venons d'évoquer, il a ce mot : « Selon la raison, je suis bien obligé de conclure qu'il n'y en a qu'un *(qui sert à tous)* ; selon la foi, c'est le contraire que je soutiens fermement… » En fait, on n'a jamais su au juste le fond de sa pensée sur ce point, mais en se fondant sur ce passage, on fera endosser à Averroès la paternité d'une théorie dite « de la double vérité », religieuse et philosophique, qui pouvait suggérer à d'aucuns l'envie de renvoyer dos à dos philosophie et vérité révélée. Ce fut peut-être le cas de Siger de Brabant et de ceux que la tradition a appelés « averroïstes latins ». Après tout, saint Synésios de Cyrène, ce philosophe néoplatonisant du Ve siècle, élève d'Hypatia, n'avait-il pas dit, sur le point d'être sacré évêque, qu'à la cathédrale, il se comporterait en *philomuthos* – amateur de mythes –, et qu'en son particulier, il resterait *philosophos* ? Position que certains ne manquaient pas de trouver désinvolte et vaguement hypocrite : pouvait-on en conscience soutenir une telle thèse ? Pourtant, si, comme le disait Averroès, la vérité est une ? Voilà qui donnait à penser.

Décidément, que de questions pour un siècle, surgies à l'occasion de quelques grimoires retrouvés ! Et cela même nous conduit à regarder de plus près les réactions de la hiérarchie ecclésiastique devant cet afflux de nouveautés. On se scandalise parfois qu'elles aient été globalement négatives. J'observe toutefois que le monde musulman avait aussi ses saint Bernard ou ses Godefroi de Saint-Victor. Al-Gazali († vers 1111) s'était alarmé des périls que faisait courir à la foi coranique la prolifération sans frein de la spéculation philosophique. Les titres de ses livres : *La Restauration des connaissances religieuses*, ou *La Destruction des philosophes* sont déjà tout un programme ! Le plus drôle, pour la petite histoire, est que ce musulman « réactionnaire » avait entrepris d'exposer, dans *Les Intentions des philosophes*, les doctrines d'Alfarabi et d'Avicenne, pour les mieux réfuter dans un tome second. Las ! C'est le premier qui fut traduit en latin, et comme on ignorait tout du second, le pauvre Al-Gazali passa, à son corps défendant, pour le défenseur des thèses qu'il avait voulu ruiner… La transmission de la pensée est décidément une aventure bien singulière. Mais revenons à la hiérarchie catholique et à son rejet viscéral de ces nouveautés. Dès l'an 1210, un concile provincial réuni à Paris sous la présidence de l'archevêque de Sens, interdit – sous peine d'excommunication – qu'on enseigne, en public ou même en privé, les textes d'Aristote sur la philosophie naturelle, ainsi que leurs commentaires. Les statuts de l'Université de Paris reprendront cette prohibition, *Métaphysique* comprise, englobant dans le lot quelques glossateurs chrétiens jugés hérétiques. En revanche, Toulouse avait gardé toute liberté, et l'on ne s'y faisait pas faute d'en user. En 1231, Grégoire IX renouvelait l'interdiction, assortissant la chose d'un commentaire qui en dit long : on pourrait enseigner la

Physique d'Aristote lorsqu'elle aurait été soumise à la censure, et expurgée de ses erreurs ! Ce qui, d'ailleurs, fut entrepris par les soins d'une commission pontificale *ah hoc*, sans aboutir à grand-chose de positif. Innocent IV, en 1245, puis Urbain IV, en 1263, étendront à Toulouse la même interdiction. Etc. Au reste, c'est dans le milieu intellectuel lui-même, et non dans les bureaux, que se faisait le vrai travail d'adaptation, ainsi que nous le verrons.

Quoi qu'il en soit de l'aspect un peu désordonné de ces réactions officielles – et là, les difficultés de communication de l'époque y sont pour quelque chose –, il faut bien comprendre ce qui, aux yeux du magistère ecclésiastique, était en jeu. Quand l'Église hiérarchique condamne Scot Érigène, Bérenger de Tours, Roscelin de Compiègne, Abélard, les aristotélisants, les averroïstes – et plus tard saint Thomas d'Aquin, Guillaume d'Ockham, Maître Eckhart et qui l'on voudra, elle prend dans chaque cas une mesure conservatoire. S'estimant dépositaire de la révélation divine, close à la mort du dernier apôtre, elle entend veiller à l'intégrité d'un donné qu'on peut, certes, indéfiniment commenter, mais auquel nul ne doit ni ne peut ajouter quoi que ce soit. L'enseignement chrétien ne peut que répéter indéfiniment la même chose, qui est contenue dans les symboles de la foi, dont le plus connu est le *Credo*. Ces mêmes choses, on peut, certes, les dire *autrement*, les développer de l'implicite à l'explicite ; on ne peut jamais dire *autre chose*. Tel le sens du célèbre *Commonitorium* de saint Vincent de Lérins († vers 450) : « *dum dicas nove, non dicas nova*, de telle manière que quand tu parles de façon neuve, tu ne dises pas pour autant des choses nouvelles ». Tel est donc le propos de la hiérarchie : éclairer le dogme par la dialectique philosophique, c'est répondre au vœu de saint Augustin ou de saint Anselme, qui visaient une plus profonde intelligence du donné – mais à la condition expresse de ne point le dénaturer. À voir le tour que prenaient parfois les spéculations théologiques, les responsables ecclésiastiques étaient fondés à redouter que la foi ne vînt à succomber à une overdose de philosophie.

Cela dit, il est trop évident que ces condamnations se ressentent parfois de la hâte, et aussi, hélas ! de l'indigence d'esprit des censeurs. Ils condamnent ce qu'ils ont cru comprendre d'un texte ou d'un discours, parfois à partir de quelques on-dit, de quelques rapports plus ou moins fidèles et bien intentionnés. On extrait alors de l'œuvre un certain nombre de *propositions* qui sont censées s'y trouver. Mais ce faisant, les censeurs arrachent à son contexte ce qui a été dit ou écrit, et donc au mouvement dialectique qui lui donnait son sens, et la proposition ainsi disséquée devient, de fait, inadmissible. « On ne doit pas dire ceci ou cela. » Bien. Mais l'auteur l'a-t-il vraiment dit ? Une œuvre intellectuelle est un organisme. Un organe extrait d'un organisme cesse d'être un organe : un œil dans un bocal n'est plus un œil, mais une pièce anatomique. Aristote l'avait dit, et saint Thomas, après lui, le redira. Au reste, un saint Thomas, condamné, nous le verrons, en 1277 par Étienne Tempier, évêque de Paris, sur la foi de ce qu'il se figurait en avoir compris – c'est-à-dire pas grand-chose –, sera réhabilité par la suite, et devenu docteur de l'Église universelle, sera imposé comme modèle de toutes les études théologiques par Léon XIII… en 1879. Sauf à prendre en compte des questions d'opportunité, force est bien de constater que l'évêque Tempier avait fait, c'est le cas de le dire, un pas de clerc. Voilà qui permet de considérer d'un œil plus objectif – et parfois plus indulgent – les innombrables interventions, pas toujours bien inspirées, du magistère ecclésiastique, qui ont atteint par la bande les philosophies et les philosophes. L'Église a qualité pour défendre ses dogmes ; cela n'implique pas qu'elle ait compétence pour juger philosophiquement des philosophies – et encore moins qu'elle ait licence de laisser ses procédures dégénérer en sévices et en exécutions, comme il arriva, nous le verrons, aux temps de l'Inquisition.

Avant de clore ce bref aperçu des problèmes suscités par la redécouverte, au XIIIe siècle, de la pensée aristotélicienne à travers les commentateurs arabes et juifs, je dois en signaler un autre effet pervers : le passage au second plan des activités littéraires. Tout se passe comme si l'intérêt exclusif qu'on portait maintenant aux idées reléguait le soin qu'on apportait jusqu'alors à la forme. Les belles-lettres n'occuperont plus que quelques rarissimes amateurs. En effet, la grammaire, de plus en plus largement envahie par la logique, ne sert plus que d'outil pour l'élucidation des textes philosophiques. On estime avoir mieux à faire qu'à se délecter de beau style, de périodes au balancement cicéronien, de vers latins ciselés dans la manière d'Horace ou d'Ovide. La langue stéréotypée dont usent les scolastiques pour communiquer entre eux n'a plus grand-chose à voir avec la latinité d'or, ni même d'argent. Cela donne des choses comme « *Hoc autem habet quaestionem* », ou « *Videtur quod non* », et autres du même tonneau. Molière n'aura pas à se mettre en frais d'imagination, quatre siècles plus tard, pour en réussir un pastiche. Pratique comme l'est de nos jours l'anglais des tours de contrôle et des aéroports, ce jargon est avant tout fonctionnel. Tout le monde s'y étant fait, il s'imposera aux théologiens et aux philosophes, dont il sera la langue de bois. Des travaux récents, s'aidant de l'informatique, permettent aux érudits de s'y retrouver.

UNE ALCHIMIE CONCEPTUELLE

À considérer les œuvres de ce temps, on constate que le goût des synthèses philosophico-théologiques est universel. Si les philosophes arabes s'y étaient adonnés pour leur compte, influant par la suite sur l'Occident chrétien à mesure qu'on les découvrait, les penseurs juifs en terre d'Espagne n'avaient pas été en reste. Entre les chrétiens et ces rabbins fervents, la distance était moindre, puisqu'ils s'appliquaient tout comme eux à concilier les mêmes Livres saints et les thèses de la pensée grecque. En dépit de la méfiance ancestrale envers les Juifs, on les sentait plus proches que les gens du Prophète. S'il est impossible, ici, de faire à tous un sort, il convient de faire place aux deux plus grands. Salomon Ibn Gabirol (vers 1020-1058), parfois appelé Avicebron, avait écrit une *Source de vie* exprimant dans un esprit plotinien – et donc imbibé de Platon et d'Aristote – sa foi dans le Dieu d'Israël. Tout, dans la création, est fait de matière et de forme, et hiérarchisé selon ce qu'en disait Plotin. Mais ce monde très « philosophique » n'en est pas moins suspendu à la décision du dieu biblique. Une telle façon de voir avait tout pour séduire les intellectuels chrétiens, qui retrouvaient là comme un air de saint Augustin. Le plus curieux est qu'Ibn-Gabirol, pris tantôt pour un musulman, tantôt pour un chrétien, ne fut reconnu comme juif qu'au XIXe siècle… Plus imposant est ce Moïse Maïmon que la tradition connaît sous le nom de Maïmonide (1135-1204). Médecin, philosophe et rabbin, il se voulait aristotélicien et croyant. Il voit la philosophie comme la seule route qui soit ouverte à l'intelligence, mais c'est à la lumière de la Bible qu'elle doit y cheminer. Bible et philosophie ne s'opposent donc pas ; elles doivent même nécessairement se rejoindre, en ce sens que la philosophie est la confirmation rationnelle de la Loi et des Prophètes. Certains intellectuels juifs pouvaient cependant se trouver déconcertés, hésiter devant les contradictions apparentes entre les thèses de l'hellénisme et les affirmations de l'Écriture, surtout quand on la prenait au pied de la lettre. On reconnaît là les difficultés qu'un Philon, en d'autres temps, avait voulu lever. C'est dans cet esprit que Maïmonide écrivit, entre autres choses, son *Guide des indécis* – plutôt que « des égarés », comme on a parfois traduit, car il était destiné, en fait, à tous ceux qui ne savaient trop sur quel pied danser. Ce vademecum est une somme de scolastique juive, où les vérités révélées sont transportées au niveau de la réflexion et de la discussion philosophiques, selon un propos, non point de critique, mais de pédagogie et d'approfondissement. Et là, Maïmonide ne se retient pas d'adopter les vues des néoplatonisants, comme Ibn Gabirol, mais surtout celles d'Aristote. Pourquoi se gênerait-il, dès lors que la vérité est une, et que Moïse est censé avoir inspiré Socrate et Platon, qu'Aristote a prolongés ? On retrouve donc chez Maïmonide les mondes supralunaire et sublunaire d'Aristote. Il y a dix Intelligences, dont neuf président, selon la hiérarchie, aux neuf sphères du monde, la dixième étant le fameux Intellect agent qui exerce directement son action sur chaque intelligence humaine. Au-dessous, au niveau sublunaire, jouent les quatre éléments, soumis à l'action des hautes sphères. Même schéma anthropologique : l'homme est un composé matériel dont l'âme est la forme. Il dispose de cinq facultés : végétative, sensitive, imaginative, appétitive et intellective. L'intellect humain n'est que patient, passif ; l'intellect agent universel lui permet de se constituer, par voie d'abstraction, un capital intelligible dont l'importance est en fonction des capacités de chacun. L'homme a cependant le plus grand intérêt à arrondir cet avoir en pratiquant la philosophie tout au long de sa vie. Une fois trépassé, en effet, il ira s'unir pour l'éternité à l'Intellect agent. L'immortalité, sur laquelle les Grecs restaient vagues, est ainsi préservée. Spinoza s'en souviendra plus tard, au Ve livre de l'*Éthique*. Mais les chrétiens resteront réticents sur ce point.

Dans son inventaire des questions sujettes à perplexités, il était fatal que Maïmonide rencontrât l'embarrassant problème de la création : le monde était-il éternel, comme le soutiennent les philosophes, ou avait-il commencé à un moment donné, comme l'enseigne la Genèse ? Maïmonide sait très bien, et il le dit, que poser le problème en ces termes n'aboutit jamais qu'à reconnaître l'équivalence des deux thèses. Aucune preuve rationnelle ne viendra emporter l'adhésion : les Grecs échoueront toujours à en produire une en faveur de l'éternité du monde, et de la lettre de l'Écriture ne ressort aucun argument décisif non plus. Reste donc pour Maïmonide à démontrer que la question de savoir si le monde est éternel ou pas n'a aucune importance. Ce qu'il faut, c'est d'admettre la nécessité d'un Premier moteur pour rendre compte du mouvement ; l'existence d'un Être nécessaire pour justifier la présence des êtres contingents ; l'action d'une Cause première pour expliquer l'ensemble du causé. Bref, que le monde ait été créé à un moment donné du temps, ou qu'il ait existé de toute éternité, ne change rien au fond : en toute hypothèse, il a été créé par Dieu, et c'est là l'essentiel. Sur ce point du moins, saint Thomas, un peu plus tard, ne dira pas autre chose. Au reste, selon Maïmonide, quand la Bible affirme la création *ex nihilo*, elle ne fait que suggérer ainsi la transcendance de Dieu. Le dynamisme divin est d'un autre ordre, « transnaturel », pour le dire comme André Néher. Cette position est d'ailleurs d'un grand intérêt. Pour Maïmonide, en effet, ce n'est ni la lettre ni l'esprit – élucidé par l'interprétation allégorique – de la Bible qui fondent l'autorité du Livre saint ; c'est Dieu seul, qui en inspire et la lettre et l'esprit. Or, Dieu – et Maïmonide y insiste –, Dieu ne se définit pas, et pas davantage il ne se comprend. Il s'adore avec amour et en silence. Rien à en dire, rien à lui attribuer sinon par mode de négation. On retrouve ici, sur le plan des concepts, le commandement de la Loi : « Tu ne te feras pas d'images ». On conçoit que « rabbi Moïse » ait inspiré plus que du respect aux penseurs chrétiens – saint Thomas, Duns Scot et autres –, et que sa synthèse ait exercé sur eux un certain ascendant, sur quelques points du moins. Dieu était à l'abri des indiscrétions.

On voit maintenant sur quel plan et dans quel esprit s'élaborent les synthèses doctrinales du XIIIe siècle. On ne se satisfait plus de répéter indéfiniment que Dieu a créé le monde ; on veut encore savoir de quoi ce monde est fait dans ses ultimes détails, et comment il se rattache à lui. Tout doit, en principe, tenir à la fois : une physique et une métaphysique élaborées en milieu « infidèle », et une révélation étroitement contenue dans les dogmes tels que les a définis l'Église, dont elle garde sévèrement le dépôt. Cet effort d'assimilation et de conciliation fut vraiment le grand œuvre du siècle. Le travail de ces ateliers que sont maintenant les deux plus grandes Universités – Oxford et Paris –, s'accomplit dans des directions quelque peu différentes. La première est plus attentive aux sciences de la nature, et entend bien faire profiter la physique du savoir importé de chez les Infidèles. Paris, en revanche, dans la foulée d'Abélard, s'abandonne à son génie – et à ses démons – : les études de logique, propédeutique obligée aux spéculations philosophiques et théologiques où l'Université entend exceller, voire faire autorité dans la chrétienté entière.

Oxford pouvait à bon droit s'enorgueillir de son chancelier, un franciscain omniscient au nom prédestiné, Robert Grossetête (vers 1175-1253). Un érudit de classe, en vérité, qui en plus du latin, savait assez de grec pour traduire l'*Éthique à Nicomaque* d'Aristote et le Pseudo-Denys, et qui accédait également à l'hébreu. Homme du siècle passé, il n'avait reculé devant aucun sujet : arithmétique et géométrie, astronomie, sciences naturelles, médecine, politique et, bien sûr, théologie. On l'appela finalement à occuper les fonctions d'évêque de Lincoln : celui-là du moins aurait su de quoi il retournait s'il lui avait fallu juger des travaux de ses collègues, mais je ne sache pas qu'on ait jamais eu sur ce point recours à ses lumières. Platonicien d'esprit, c'était sans plaisir qu'il avait vu monter la marée aristotélisante. Il était sans illusions : ces intellectuels mal armés pour comprendre le Stagirite, et qui plus est, au travers de traductions hasardeuses, perdaient leur temps et risquaient leur foi à vouloir absolument baptiser un Aristote qui s'y serait sans doute refusé… Voilà qui n'était pas mal vu, mais qui n'allait guère, comme on dit, dans le sens de l'histoire.

Pour Grossetête, les Idées archétypes du monde sont en Dieu, et le Verbe éternel, qui agit comme intellect agent, est la norme de vérité nécessaire à toute connaissance. Mais la chute originelle ayant cabossé les intelligences humaines, il leur faut en passer par les confuses données des sens. Sur ce point, il garde quelque chose de l'empirisme péripatéticien. L'homme peut, s'il veut bien s'en donner la peine, s'élever de la confusion du sensible jusqu'à la clarté de l'intelligible. Ce cheminement difficile doit être réglé par une méthode, et Grossetête l'a mise au point. Il faut procéder par « résolution », c'est-à-dire par classement des éléments de tout phénomène selon la ressemblance et la différence, puis par « composition », en allant du général au particulier. Lorsque plusieurs hypothèses paraissent également probables, il convient de se livrer à des expériences, qui finiront par vérifier la bonne. On se fondera sur le fait que, dit-il, « les choses de même nature produisent les mêmes opérations selon leur nature », et que « la nature agit selon le plus court chemin possible ». C'est la science mathématique qui devra guider le savant dans la recherche des raisons, par le fait de son universalité supérieure : ainsi, « toutes les causes des effets naturels doivent être exprimés au moyen de lignes, d'angles et de figures ». Cette modernité, qui de loin annonce Galilée, Grossetête la doit à sa réflexion sur l'optique : réflexion, réfraction, etc., que les Arabes avaient déjà mathématisée. Si prometteurs lui paraissent les résultats de cette science que Grossetête y voit la clef de la physique tout entière, car la lumière lui semble dépasser le simple sensible et constituer la première des formes corporelles. À partir de là pourrait s'expliquer selon lui la constitution du monde dans son ensemble. Les données de la Bible – « Que la lumière soit ! », dit Dieu – rejoignent dans son intuition géniale ce qu'il sait d'optique : gagnant de proche en proche et entraînant avec elle la matière, la lumière née de Dieu forme « une masse égale à la machine du monde ». Cette synthèse originale montre assez le niveau, surprenant, des études scientifiques à l'Université d'Oxford : on pouvait, dès le XIIIe siècle, élaborer une physique anticipant nos normes actuelles, et l'on concevait déjà l'idée de cette « mathématique universelle » dont rêverait Descartes quatre cents ans plus tard.

Grossetête pouvait partir en paix : il avait un disciple en la personne de son frère en saint François, Roger Bacon (vers 1210-1292). On sera bien avisé de ne pas le confondre avec son homonyme Francis, qui ne verra le jour que trois siècles plus tard. Cet Anglais n'avait pas été enchanté de son stage auprès des universitaires parisiens. Il les trouvait ignares dans les sciences, à l'exception du seul Pierre de Maricourt, comme lui mathématicien et physicien, qui s'était appliqué aux propriétés de l'aimant. Ce n'est pas que l'aristotélisme des Parisiens lui parût sans intérêt, tout au contraire. Mais devaient-ils pour autant s'y claquemurer, au mépris des sciences, des arts mécaniques, et même des belles-lettres ? Car enfin, disait-il, même s'ils n'ont pas bénéficié de la révélation du Christ, les auteurs païens ont quand même profité de la révélation universelle du Verbe : c'est Dieu qui les a éclairés, et donc il faut les lire tous et, Bacon y insiste, dans leur langue. Lui-même leur consacrait beaucoup de son temps, n'hésitant pas, à l'occasion, à en glisser de larges passages dans ses propres livres, notamment en morale. Roger Bacon a laissé une œuvre multiforme : des commentaires d'Aristote, les éléments d'une encyclopédie, des ouvrages aussi de théologie – ne perdons pas de vue que tout se tient –, dont l'*Opus majus* écrit pour le pape Clément IV, qui le comptait parmi ses amis. Pour Bacon, le monde est composé de matière – diversifiée selon le niveau des êtres : purs esprits, corps célestes, corps sublunaires –, et de forme. Ce monde est travaillé par une aspiration à la perfection, comparable au « programme » qui appelle une semence à devenir un arbre : c'est la théorie dite « des raisons séminales ». Quant au problème de la connaissance, il combine de façon astucieuse l'empirisme aristotélicien et l'illumination augustinienne : les choses sensibles sont connues par l'expérience externe, et les réalités spirituelles par l'expérience interne. Ce serait, selon lui, l'intellect agent

– toujours ce legs aristotélicien ! – qui tiendrait le rôle qu'Augustin assignait au Maître intérieur. Dans cette perspective, la philosophie est révélation ; c'est l'annonce faite aux humains, et Bacon retrouve pour la prêcher des accents prophétiques qui ne lui firent pas que des amis parmi ses collègues et ses supérieurs hiérarchiques. La protection du Saint-Père ne fut pas inutile pour le garer des retombées sociologiques de ce prophétisme pour le moins agressif.

Dans la ligne de son vénéré maître Grossetête, selon lui seul détenteur de la vraie science en son temps, Bacon estimait que nul ne saurait entrer en philosophie s'il n'est géomètre. Les mathématiques ouvrent l'accès à la *scientia experimentalis* – saluons la toute première apparition d'une expression promise à un grand avenir ! Il avait hérité de Grossetête cette physique de la lumière se prolongeant par toute une métaphysique. Bacon y multipliait lui-même les expériences avec, en plus de sa réelle compétence en optique, un sens tout à fait avisé du bricolage. C'est ainsi qu'il avait reproduit en chambre les conditions de l'arc-en-ciel : tourné vers le soleil, son chapeau enfoncé jusqu'aux yeux, il observait les gouttelettes d'eau qu'il projetait lui-même en crachant en l'air. Ce genre d'occupation aurait certainement surpris, voire consterné, ses collègues de l'Université de Paris. Ce faisant, il était sûrement plus près du véritable Aristote que ces savants docteurs qui, la *Physique* ou le traité *Du ciel* entre les mains, n'auraient jamais bougé de leur chaise, sauf pour se hisser en chaire. De plus, Bacon voyait aux sciences de la nature des applications pratiques appelées à transformer la vie quotidienne du genre humain. Sur sa lancée, il imaginait quantité d'inventions. C'étaient ses « merveilleuses machines » : voitures qui se déplacent toutes seules, navires sans rameurs ni voiles, aéronefs, etc. Il n'y manquait pas même les explosifs ! Et d'abord, toutes ces réalisations auraient un utile pouvoir apologétique : les Infidèles ne manqueraient pas d'être frappés de stupeur devant cet étalage de prodiges, fruits de la science chrétienne. Et frappés aussi, mais cette fois au sens premier, par les machines de guerre sophistiquées qu'on pourrait dresser efficacement contre leurs menées belliqueuses. Bacon pensait à tout. Selon lui, la chrétienté ferait bien de se pourvoir plus largement des sciences expérimentales, si elle entendait faire obstacle aux malheurs qui autrement l'accableraient lors de la venue inévitable de l'Antéchrist. Tel était le sens de son adresse au pape, responsable du peuple de Dieu : il faut que la cité terrestre soit tout entière absorbée par la sainte Église, élevée par elle à la dignité de république chrétienne universelle, pour le temps et pour l'éternité. Cet homme de science, étonnamment moderne par de certains côtés, théoricien, praticien et visionnaire, avait exactement les idées de son temps. Sur la Cité de Dieu jadis évoquée par saint Augustin, Bacon tenait même un discours musclé : qui tient le savoir tient le pouvoir. Il en fit rêver plus d'un.

De l'autre côté de la Manche, on portait sur le monde un regard nettement plus contemplatif. Alain de Lille (1128-1203), recteur de l'Université de Paris, s'inquiétait de la vraie foi, qu'il fallait préserver des hérésies. Alain s'inspire des thèmes néoplatoniciens qu'il trouve dans Boèce, dans le Pseudo-Denys, dans le *Livre des XXIV philosophes*, mais il garde beaucoup de l'intérêt que les Chartrains portaient à la nature. Sa passion pour la logique, la fascination qu'exerçait sur lui le modèle mathématique, lui avaient inspiré, entre autres choses, les *Règles pour la sacrée théologie*. Il y développait l'idée d'une mise en forme géométrique des thèses dogmatiques. Si la théologie se présentait, pensait-il, avec la rigueur des axiomes, on dirait sans doute moins de sottises sur Dieu – en soi inconnaissable –, sur les anges, les hommes, le monde, etc. Alain n'entend évidemment pas produire une élucidation des divins mystères, mais seulement ce qu'il appelle « des raisons probables », capables d'entraîner par leur enchaînement systématique l'adhésion des hérétiques eux-mêmes, rétifs à l'autorité des saintes Écritures. Résistant à la foi, ils céderont à la force de la raison. Pour Alain, Dieu est Un. Cet Un-là n'*a* pas l'être, puisqu'il l'*est* sans participer d'aucune des manières dont existent les choses. « Forme sans forme » en même temps que « forme des formes », Dieu est, comme le dit le *Livre des XXIV*, « une sphère intelligible dont le centre est partout et la circonférence nulle part » : la formule séduira Pascal (Brunschvicg, fragment 72) après qu'elle aura fait le bonheur de Ramus, Charron, Giordano Bruno, Rabelais, et bien d'autres par la suite. Quant à la Nature, issue de Dieu, exprimant la puissance divine dans la matière et dans le temps, elle est inépuisable fécondité, foisonnement allant à l'infini. Ayant touché à tout dans tous les domaines, Alain récolta, à titre posthume, le titre alors portable de Docteur universel. L'appellation était, certes, un peu surfaite, car Alain, homme du siècle écoulé, n'avait pu vraiment unifier la somme des tentatives où s'était épuisé son courage. Elle récompensait pourtant un effort estimable, et surtout, elle exprimait l'espérance du siècle nouveau : aboutir à l'unité de tous les savoirs culminant dans la théologie.

À Paris, en tout cas, les recherches allaient bon train, et les chercheurs n'hésitaient pas à prendre des risques. Outrances verbales ? Goût du paradoxe pour le paradoxe ? Le regretté Scot Érigène, mal lu après quatre siècles, incitait des gens comme Amaury de Bène († vers 1207) à des formulations contestables et rapidement condamnées. Il en était venu, disait-on, à enseigner que Dieu était toutes choses – ce qui risquait de suggérer l'idée peu orthodoxe que toute chose était Dieu. Imaginez les conséquences : si je sais que je suis en quelque sorte le Bon Dieu, je puis bien faire n'importe quoi, assuré que je suis de ne pas pécher ! Amaury avait-il envisagé de telles répercussions ? Avait-il même soutenu ce panthéisme en propres termes ? Lui avait-on fait un procès d'intention sur une lecture superficielle ? Toujours est-il que le tribunal ecclésiastique estima ne pouvoir moins faire, en 1210, que d'expédier, *via* le bras séculier, ses sectateurs sur le bûcher. Amaury lui-même étant décédé entre-temps, on le déterra afin de disperser ses restes. Tant qu'on y était, on en profita pour condamner également le défunt Jean Scot Érigène : en de semblables affaires, il apparaît qu'il n'est jamais trop tard.

David de Dinant, dont on connaît mal les dates, dut peut-être à ses solides relations avec le pape Innocent III d'échapper aux purges ecclésiastiques. C'était un bon helléniste, qui avait même fait le voyage de Grèce. Il avait eu accès aux textes d'Aristote, qu'il interprétait selon Alexandre d'Aphrodisias. Son œuvre a pratiquement disparu – brûlée, peut-être, à défaut de l'auteur –, et n'en subsistent que des fragments surnageant dans les textes de gens qui entendaient le réfuter : Albert le Grand, Thomas d'Aquin. Ce qu'on sait aujourd'hui, grâce au P. Théry, de sa pensée semble indiquer que David posait trois principes indivisibles : la matière dont sont faits les corps, la pensée, étoffe des âmes, et Dieu. Or, ces trois indivisibles seraient finalement, selon lui, une seule et même réalité : l'Être. Ce monisme, mal entendu, pouvait évoquer un panthéisme pur et simple. Et comme on retrouvait dans les textes de David de Dinant l'influence d'Aristote, la méfiance des autorités à l'endroit du Stagirite s'en accrut d'autant. Albert le Grand s'emploiera à laver Aristote de ce soupçon. Sur le moment, Grégoire IX prescrivit, en 1228, d'expurger l'enseignement théologique de toute référence « à la science mondaine », faisant défense d'y mêler « les fictions des philosophes ». Sans grand succès, il faut bien le reconnaître. Au niveau des Universités, le travail d'assimilation était déjà largement engagé.

Il était loin d'aller de soi, et l'œuvre d'un Guillaume d'Auvergne (1180-1249), professeur à Paris avant d'en devenir l'évêque, trahit l'embarras du moment. Fin, plutôt drôle, amateur de grands crus, ce prélat avait d'autant moins de peine à déférer au décret pontifical qu'il se méfiait de la philosophie, toujours prête à revendiquer une primauté injustifiable en théologie. Guillaume connaît cependant Aristote – au reste, qui pouvait maintenant l'ignorer ? –, mais il déplore l'engouement de ses collègues pour un philosophe qu'ils interprètent de façon fantaisiste, et dont ils tirent des conclusions inadmissibles. Quant à lui, c'est toujours le réflexe augustinien qui prévaut quand il expose la doctrine sacrée. Cela même explique son goût plus prononcé pour Ibn Gabirol, en raison de l'accent mis sur l'absolue volonté divine. Avicenne l'intéresse aussi, car il y a vu un point de métaphysique allant tout à fait dans son sens, auquel il va donner un grand retentissement. Essayons d'être clair. En réfléchissant sur l'être, Avicenne avait montré que cette notion n'est pas aussi simple qu'il y paraît à première vue. En effet, elle se dédouble en être *nécessaire* et en être *possible*. Un possible n'existera jamais que dans l'imagination si une cause, possible elle aussi, ne vient poser son existence de fait, alors que l'être nécessaire, lui, existe par soi, en vertu de sa propre essence. Ainsi, suspendus à des causes seulement possibles, les possibles devenus réels ne seraient jamais venus à l'existence si une cause absolument nécessaire ne les y avait posés avec leurs causes contingentes : il s'agit évidemment de Dieu. On conçoit donc que du point de vue de l'être, Dieu représente un cas unique. Car si tout ce qui est pur possible a bien une *essence* – il est pensé comme « ceci » et pas comme « cela » –, cette essence n'inclut pas nécessairement le principe de son *existence* réelle. En tout être, il convient donc de distinguer son essence et son existence – sauf en Dieu, dont l'essence est précisément d'exister. On sent bien que s'opère chez Avicenne la rencontre de la pensée grecque et de la foi en un dieu révélé, qui est celui du Coran. En effet, cette division de l'être en nécessaire et possible sauvegarde la transcendance de Dieu en même temps que la vision aristotélicienne et néoplatonicienne d'un univers sortant éternellement de lui. Elle joue le même rôle de césure ontologique entre Dieu et les choses que l'antique division entre l'Un et le Multiple. Pour Avicenne, la production du monde par Dieu est à concevoir comme l'actualisation successive de toute une série de possibles, qui deviennent nécessaires chacun en vertu de sa cause, qui elle-même le devient en vertu de la causalité divine. Avec lui, on reste dans la perspective grecque d'une émanation nécessaire des êtres à partir du Premier nécessaire divin. C'est cette vision que Guillaume d'Auvergne le premier, et d'autres par la suite, vont tenter de récupérer en l'adaptant à la perspective judéo-chrétienne d'une création, c'est-à-dire de la position du monde par un acte souverainement libre de la volonté divine : « *Au commencement*, Dieu créa le ciel, la terre, etc. » Il ne suffit plus d'affirmer que de la Nécessité divine sort éternellement un monde qui hors de lui ne serait pas ; encore faut-il affirmer que ce monde-là, Dieu l'a fait tout exprès, et parce qu'il en a librement décidé ainsi. On surprend ici sur le vif l'influence déterminante d'un mythe – disons, pour ne chagriner personne par un mot souvent pris en mauvais part : l'influence d'une foi – sur une philosophie, qui se veut construction rationnelle.

Comment procède Guillaume ? Il prend l'être selon deux sens. Il y a d'abord *ce* qu'est un être, son *essence* telle que sa définition l'expose (un âne, un dictionnaire, ce que vous voudrez) – et il y a d'autre part, ce dynamisme que désigne le verbe « être » quand on l'applique à n'importe quelle essence dès lors qu'elle *est* : c'est l'*existence*. Le rapport de l'essence et de l'existence va différer du tout au tout selon qu'on considèrera Dieu ou la créature. En Dieu, essence et existence ne font qu'un, puisque l'essence de Dieu est d'exister. Mais c'est là le seul cas. En tout être créé, au contraire, une distinction réelle s'impose entre son essence et son existence, laquelle lui vient directement de Dieu. En effet, on peut toujours concevoir une créature comme n'existant pas ; son existence s'ajoute, en quelque sorte, à son essence, à la façon d'un accident à une substance. Dieu, en revanche, ne saurait se penser que comme existant. Au reste, il l'a précisé lui-même au livre de l'*Exode* : « Je suis celui qui suis. »

Voilà posés une distinction qui connaîtra une extraordinaire fortune en histoire de la philosophie, et un problème qui rebondira d'âge en âge jusqu'à Sartre. Cela valait la peine d'impatienter un moment le lecteur.

Toujours dans la perspective augustinienne qui lui est chère, Guillaume évacue, dans l'opération de la connaissance, toute forme d'intermédiaire entre la créature et Dieu. C'est par l'illumination divine que l'âme humaine, absolument simple, connaît, et très exactement dans la mesure où Dieu le veut bien. Guillaume estime réaliser ainsi l'économie de l'intellect agent, où il voit une pure fiction, et dont il transfère pourtant les fonctions en Dieu lui-même éclairant l'âme humaine selon son bon plaisir. Ainsi disparaissait le problème irritant de savoir si l'intellect agent était unique, ou s'il convenait d'en imaginer un par personne.

Curieux système, en vérité, qu'on a quelque réticence à décorer du nom de synthèse. Guillaume d'Auvergne colonise froidement, pourrait-on dire, un certain nombre de concepts aristotéliciens. Il les arrache à leur problématique-mère et les met au service d'une doctrine parfaitement hétérogène à l'intuition qui les avait enfantés, et d'ailleurs à la sienne propre. Il mêle gaillardement les problématiques, l'augustinienne et l'aristotélicienne, ce qui donne à son système un aspect hybride, bricolé, d'où l'impression de malaise qui nous gagne. On se doutait bien, à considérer le développement de la philosophie en milieu chrétien depuis saint Augustin, que tout, pour Guillaume d'Auvergne, était à la discrétion du Verbe divin. Mais ce qui, exposé par saint Augustin avec la spontanéité chaleureuse d'une méditation, était admissible et pouvait emporter l'adhésion, devient chez Guillaume contraignant et redoutable. On jurerait du saint Pierre Damien : c'est ainsi parce que Dieu en a ainsi disposé, un point, c'est tout, et que la raison y trouve ou n'y trouve pas son compte, c'est, si j'ose dire, exactement le même prix : *philosophia ancilla theologiae*. Ce qui, chez saint Augustin, apparaissait comme un fruit de la foi, devient chez Guillaume d'Auvergne, une fois étayé par cet appareil philosophique faussement précis, pur et dur fidéisme. Fallait-il, pour en arriver là, dépenser tous ces trésors de philosophie ? Guillaume est un saint Pierre Damien qui aurait poursuivi ses études. D'autres, heureusement, allaient faire mieux.

LE GRAND JEU UNIVERSITAIRE

Je suis toujours intrigué quand je vois certains auteurs spéculer avec beaucoup d'assurance sur l'influence idéologique qu'auraient exercée les grands doctrinaires médiévaux, dans le sens ou d'un progrès – Abélard, par exemple –, ou d'un maintien sournois dans les ténèbres. Il y aurait, à entrer dans ce manichéisme, un rapport plus ou moins évident entre ces exercices d'école et les évolutions sociopolitiques du temps : exténuation du pouvoir féodal, émancipation de la bourgeoisie, luttes pour les franchises communales, etc. Tout cela doit être fort excitant, en effet, quand on a en tête la longue marche des peuples opprimés vers leur libération ultime, et qu'on en découvre, avec effet rétroactif, les grandes étapes dans le cours de l'histoire. Seulement, le degré de complication, voire d'obscurité, des élucubrations philosophico-théologiques que j'ai tout juste fait entrevoir, devrait rendre pour le moins sceptique quant à leur rayonnement supposé dans les masses. Rien de ce que nous venons de voir touchant les universaux, l'intellect agent, l'éternité du monde ou son commencement dans le temps, etc., n'était accessible, de près ou de loin, aux boutiquiers ou aux artisans des villes, ou aux paysans des campagnes – ni même, il faut bien le dire, aux bons curés, formés à l'aveuglette, prêchant comme ils pouvaient les vérités contenues dans le *Credo* qu'on chantait le dimanche à la messe, dans un latin dont ils n'avaient pas toujours la maîtrise. Décidément, je vois mal en quoi une rigoureuse technique logique et grammaticale inspirée d'Aristote, appliquée aux données d'une sainte Écriture dont on connaissait tout juste les anecdotes édifiantes, pouvait influer sur le développement ou la régression d'une « conscience de classe ». Plus simplement, je pense que les gens n'y comprenaient rien du tout. Dans un monde sans médias, nul n'était averti de tout cela, en dehors – je ne dirai même pas des clercs, mais des hommes d'étude. Ce que nous avons vu s'élaborer, se discuter, se fixer sur parchemin, se diffuser (ou s'égarer quelque part), n'intéressait qu'une minorité d'escholiers venus s'instruire dans ce qu'on appelait maintenant l'*Universitas*, la communauté, à Oxford, à Paris ou ailleurs, des étudiants et des maîtres. On pouvait bien discutailler des universaux dans les tavernes ; la servante, le patron ou Messire Jehan Tartemol venu là boire un verre, pouvaient bien tendre l'oreille par curiosité : ce qui se disait là ne craignait pas beaucoup les indiscrétions. Le bon peuple se fichait bien d'Averroès ou d'Ibn Gabirol ! En mettant les choses au mieux, on pourrait tout au plus imaginer – et encore ! – quelque chose comme le retentissement de l'existentialisme dans les caves de Saint-Germain-des-Prés au lendemain de la guerre. Qui avait jamais lu *L'Être et le néant*, pourtant étalé en vitrine dans les librairies du Quartier latin ? Ce qui n'était pas le cas, au XIIIe siècle, pour les livres que je viens de citer. Au reste, qui savait lire ?

Tout se passe donc en circuit fermé, dans un petit monde de clercs instruits, qui s'est organisé, comme l'a utilement exposé Le Goff, sur le modèle des corporations. Il y a là les quatre Facultés : Arts, Droit, Médecine, Théologie, où maîtres et étudiants se sont un temps répartis selon leur lieu d'origine, en *nations*, comme c'est encore le cas à Rome pour les séminaires nationaux. L'Université est une corporation cléricale – même si tous ses membres n'ont pas reçu le sacerdoce –, et comme telle, relève de la compétence juridique de l'Église. En fait, l'Université cherche plus ou moins sourdement son autonomie, que ce soit contre les pouvoirs civils ou contre les autorités ecclésiastiques. Elle se ménage parfois l'appui de la papauté contre l'évêque du lieu, ce qui ne va pas sans l'exposer à la mainmise du Saint Siège, toujours empressé à étendre sa juridiction directe. Les maîtres viennent d'un peu partout, et appartiennent soit au clergé séculier, soit aux nouveaux ordres religieux. À Paris, Alexandre de Hales était un franciscain anglais ; Albert le Grand était un dominicain allemand ; Bonaventure un franciscain toscan, et Thomas d'Aquin un dominicain napolitain. Cette Europe-là ne connaît pas encore de vraies coupures frontalières, au moins jusqu'à la fin du XIIIe siècle, où se consommera la scission avec l'Orient.

C'est à l'Université qu'on acquiert les grades, fort recherchés : bachelier, licencié – c'est-à-dire : pourvu de la *licentia ubique docendi*, la permission d'enseigner partout –, docteur. La collation s'en effectue par voie d'examens, selon des procédures ritualisées, rehaussées de cérémonies spectaculaires, de distribution d'insignes plus ou moins voyants. Les livres se répandent, moins luxueux, de format plus maniable… et de prix plus abordable : ce ne sont plus des bibelots, mais des instruments qui passent de main en main. Quant à l'enseignement, il se répartit entre le cours magistral et les exercices oraux. Le cours est une *lectio*, une lecture commentée d'un texte biblique, d'un passage d'Aristote, d'un paragraphe des incontournables *Sentences* de Pierre le Lombard. Les exercices oraux consistent en une discussion, une *disputatio* à laquelle prennent part le maître qui la dirige, le bachelier désigné comme répondant, et les étudiants. Ces tournois redoutables, où les participants rivalisaient de subtilité – souvent à vide, il faut bien le dire –, étaient eux-mêmes de deux sortes. Il y avait les *Questions disputées*, dûment annoncées, dont le sujet était arrêté par le maître. Les objections venaient à mesure, et trouvaient leur solution magistrale au cours d'une assemblée ultérieure. Mais il y avait aussi ces fameuses séances informelles, pourrait-on dire, où deux fois l'an, les maîtres s'offraient à traiter n'importe quel problème posé par qui le souhaitait : *de quolibet ad voluntatem cujuslibet.* On les appela donc *Quodlibétales*, et ces séances avaient de quoi mettre les nerfs du docteur à rude épreuve : chacun avait toute liberté de l'embarrasser, de le mettre en contradiction avec lui-même, et les « chers collègues » ne s'en privaient pas. C'est précisément ce climat d'« assemblée générale », avec ses kyrielles d'objections plus ou moins constructives et ses éventuelles « mises en boîte », qui a transmis à la postérité, avec le sens qu'on sait, le mot de « quolibet ».

Ce style si particulier d'enseignement, où s'entrecroisaient arguments d'autorité tombant du haut de la chaire, et discussions emberlificotées, souvent pour le plaisir de la virtuosité, a fatalement engendré un type d'intellectuel qu'après Bergson j'appellerais volontiers l'*Homo loquax*, le phraseur, « dont la pensée, quand il pense, n'est qu'une réflexion sur sa parole ». (*La Pensée et le mouvant*, p. 92). Une dizaine d'années de ce régime marquaient à jamais l'étudiant qui, son diplôme en poche, s'empressait de perpétuer le système. De là vient que dans les textes de l'époque, le pire entraîne parfois la dépréciation du meilleur – et je ne parle pas du jargon. Le lecteur moderne, formé à de tout autres méthodes, doit souvent, s'il est consciencieux, dépenser des trésors de patience pour surmonter l'agacement, voire la fureur, qui le gagnent à mesure qu'il s'enfonce dans ce maquis de fragments anciens, plus ou moins bien compris ou même traduits, de distinctions sibyllines et d'empoignades dont il pénètre mal les sous-entendus. Tout cela laisse l'impression d'un jeu gratuit à la limite de l'absurde. « Douze ans d'instruction médiévale, écrit Aldous Huxley, c'est-à-dire douze années passées à se mettre en mémoire les paroles des morts et à jouer avec elles à des jeux de logicien… » (*Adonis et l'alphabet*, p. 175). Et cela même n'a pas peu contribué au discrédit dont souffre, parfois à tort, la scolastique dans la pensée moderne et contemporaine. La philosophie, en tout cas, en restera longtemps marquée.

XX

L'ÂGE D'OR DE LA SCOLASTIQUE

PLATON ET ARISTOTE CHEZ LE *POVERELLO*

Crées dans la première moitié du XIIIe siècle, les ordres dits « mendiants », franciscains et dominicains, s'étaient tôt imposés, encore que non sans mal, dans les Universités naissantes. Ils n'allaient pas tarder à en constituer les cadres, chaque ordre gardant son style. Et c'est ainsi qu'à l'Université de Paris, les frères de saint François, dits « frères mineurs », avaient conquis une chaire de théologie, illustrée par ses deux premiers titulaires. L'Anglais Alexandre de Hales (vers 1180-1245) a laissé l'inévitable *Commentaire des Sentences* qu'on va trouver désormais dans les œuvres de tout maître en théologie. Ce clergyman y utilisait à peu près tout Aristote, et tout autant les « platoniciens » : saint Augustin, Boèce et le Pseudo-Denys. Le schéma en était celui dont tout le monde userait désormais : objections à la thèse qu'on se propose de défendre, argument d'autorité, réponse magistrale, réfutation finale des objections. On lui prêta longtemps une *Somme*, plus pesante, aux dires de Roger Bacon, que le cheval qui l'eût portée, mais elle n'est qu'en partie de lui. Son élève et successeur, Jean de La

Rochelle († 1245) défendait sur la culture un point de vue qui eût sans doute mené saint Pierre Damien au bord de l'infarctus. Tous ceux, dit-il, qui prétendent étouffer la philosophie sont visiblement sous l'influence de Satan, qui a tout intérêt à ce que les chrétiens restent incultes : c'était tout juste le contraire de ce qu'enseignait, on s'en souvient, le saint docteur, qui imputait au susnommé Satan l'invention de la grammaire. Décidément, les temps avaient changé. Jean de La Rochelle avait composé, entre autres choses, une *Somme de l'âme*, où il s'évertuait à faire tenir ensemble saint Augustin et l'Aristote arabe et juif. On voit bien qu'il peine à éclairer le processus de la connaissance, qui intrigue tout le monde à l'époque. Comment expliquer qu'une âme spirituelle, mais prise dans un corps, accède aux natures universelles qu'elle ne rencontre qu'au singulier dans l'expérience sensible ? Ainsi se posait le problème. Saint Augustin l'avait résolu par sa théorie du Maître intérieur, mais depuis qu'on avait redécouvert Aristote, elle se révélait un peu floue, et on ne voyait plus très bien ce que venaient faire les données sensibles si c'était le Verbe éternel qui nous éclairait du dedans. Aristote le résolvait par la théorie de l'abstraction, qui rendait compte de façon plus précise des rapports de l'intelligible et du sensible, mais on butait sur la délicate question de l'intellect agent qu'Aristote tenait pour unique ! On comprend que les gens de ce siècle aient été embarrassés : l'évolution des idées ne permettait plus qu'on s'en tienne au « tout Augustin » – mais d'autre part, équiper la philosophie en « tout Aristote » exposait à n'être plus très orthodoxe. Nous l'avons déjà pressenti à propos de Guillaume d'Auvergne : les intellectuels de l'époque seront fatalement tentés de mettre l'une et l'autre théorie à contribution, de combiner la bonne vieille illumination et l'abstraction, satisfaisante pour la raison, mais dangereuse pour la foi. Jean de La Rochelle garde l'illumination par le Verbe de Dieu, mais il souligne que l'homme n'a pas la chance d'être éclairé par essence, comme le sont les anges. L'âme humaine est biface, en quelque sorte : tournée vers les êtres spirituels, mais aussi vers les sensibles corporels, et c'est progressivement qu'il lui faut acquérir l'intelligence. Soit un objet de l'expérience. Les sens en perçoivent les formes dans la matière, l'imagination les sépare, la raison en abstrait l'essence, les différences, les accidents. L'universel est en quelque sorte contenu dans le singulier – et pour opérer le tri entre sensible et intelligible, Jean s'inspire d'Aristote et d'Avicenne, ce qui le conduit à poser une série complexe de distinctions et d'étapes dans la connaissance que je veux épargner au lecteur. Retenons seulement que pour Jean de la Rochelle, l'intellect agent est, non plus unique et séparé de toutes les intelligences incarnées, mais individualisé. C'est tout simplement la force illuminante du Verbe divin présent en chacune de nos âmes, dont il constitue la plus haute faculté. Ainsi tout tenait à peu près : augustinisme et aristotélisme – mais tout tenait, et de façon moins artificielle que chez Guillaume d'Auvergne. Influence, à n'en pas douter, de la spiritualité franciscaine, profondément contemplative, extatique même, et cependant toujours disposée à s'enchanter du spectacle de « notre sœur la nature » célébrant Dieu notre Père commun.

Mais le premier grand maître franciscain fut ce Jean Fidanza, un Toscan de Bagnorea, qui fut disciple d'Alexandre de Hales, puis docteur à Paris, et finit ses jours cardinal-évêque d'Albano. On le connaît surtout sous le surnom de saint Bonaventure (1221-1274), dit aussi « le Docteur séraphique ». Homme d'Église avant tout, religieux dévoué à son ordre, Bonaventure apparaît, par rapport aux idées de son temps, comme franchement réactionnaire. Insensible aux sirènes de l'aristotélisme, qu'il a pourtant exploité à fond, il se défiait grandement de la philosophie pour la philosophie : on ne peut, selon lui, s'en remettre à la seule raison pour penser, car la vérité nous vient de la seule révélation. La philosophie doit tout juste servir à sa place, pour mettre en forme les vérités de la foi. C'est cette disposition d'esprit qui le rendit si critique – et si dangereux – pour Roger Bacon qui, il est vrai, lui retournait la même antipathie.

Le propos de Bonaventure est bien simple dans l'intention : il entend faire la théorie de ce qu'il vit jour après jour, depuis son entrée dans les ordres : l'union à Dieu dans la contemplation. Tout cela doit apparaître cohérent, convaincant. Telle est la finalité d'œuvres comme, entre autres, le fatal *Commentaire des Sentences* et l'*Itinéraire de l'âme vers Dieu*, composé à l'endroit même où le fondateur de l'ordre passait pour avoir vu Jésus crucifié : cela même définit la place qu'y tiendra la philosophie. Bonaventure prend soin d'établir, au départ, une hiérarchie entre les différents savoirs, qui permettra d'apprécier exactement l'apport positif et les carences des philosophes païens. Bonaventure distribue ainsi des *satisfecit* et des blâmes. Le cher Platon était sur la bonne voie, puisqu'il gardait l'œil fixé sur l'au-delà du sensible – mais comment y aurait-il progressé, dès lors qu'il n'était pas, et pour cause, éclairé par la foi chrétienne ? Aristote, en revanche, ne s'est soucié que des choses naturelles, ce qui l'a détourné de vérités essentielles comme l'existence des Archétypes, de la divine Providence, etc., et a fourvoyé ses disciples dans les erreurs qu'on leur voit soutenir : l'éternité du monde, l'unicité de l'intellect agent, l'absence de sanctions *post mortem*. Allez donc, après cela, faire confiance à ces gens, limités ou égarés ! Il n'est qu'une voie et une seule pour accéder à la plénitude du vrai : le Verbe incarné. Il est la racine de l'intelligence de toutes choses, l'exemplaire de tout ce qui est, le lieu où se concentrent les Idées divines qu'entrevoyait Platon. Il faut aussi savoir que la nature tout entière exprime le Verbe par voie de ressemblance. C'est même là sa seule finalité : chanter la gloire de son Créateur, puisque c'est dans le Verbe qu'elle a été créée. Là encore, estime Bonaventure, les philosophes se sont trompés : Platon en posant à l'origine trois principes coéternels : la divinité, les idées et la matière, et Aristote en allant imaginer un monde éternel. Le monde a été créé par Dieu *ex nihilo* – mais Bonaventure a considérablement progressé par rapport à la métaphysique sauvage d'un Frédégise de Tours. « À partir de rien » ne doit pas s'entendre d'une matière primordiale qui serait le « rien », mais dans un sens uniquement temporel : à un moment donné, là où rien n'était, il se mit à y avoir quelque chose, dont la présence est, selon les degrés, ombre, vestige ou image de Dieu. Dans cette perspective, l'âme humaine a la dignité d'image : elle doit donc se connaître et se vouloir comme telle, et de là, apprendre à déchiffrer l'ensemble.

Tout cela est bien clair : c'est à la vision augustinienne du monde que Bonaventure accorde sa préférence, mais il en complète l'exposé en utilisant à son gré ce qu'il estime récupérable chez Aristote et ses commentateurs. En fait, le seul vocabulaire, qu'il plie à ses vues. Ainsi l'âme humaine, qui chez Aristote est forme du corps, est, chez Bonaventure, composée elle-même de matière et de forme, tout comme les autres créatures, anges compris. Cette idée d'une matière chez les anges et dans l'âme a de quoi nous faire sursauter, mais, selon le Docteur séraphique, la matière n'est pas de soi corporelle ou spirituelle ; c'est la forme qui lui confère l'une ou l'autre façon d'être. À partir de là, Bonaventure échafaude tout un système qui permet de concevoir la survivance de l'âme après la décomposition du corps, lui-même décrit comme un étagement de proportions et d'équilibres supposant toute une pluralité de formes. Quant à la connaissance intellectuelle, c'est par l'illumination divine qu'elle s'opère, l'intellect humain étant à la fois patient et agent. Toute connaissance devant se tourner à aimer, on ne s'étonnera pas de voir, dans l'*Itinéraire*, l'ultime degré dépasser l'Être vers le Bien. Bonaventure retrouvait peut-être ainsi, encore que de façon confuse, quelque chose de l'intuition platonicienne, qui situait le Bien au-delà de l'Être. On voit que ce système, d'autre part si compliqué, était fidèle à son intention : théoriser à l'aide de la philosophie les étapes d'une vie spirituelle débouchant sur la contemplation mystique. La spiritualité du *Poverello* avait ainsi sa philosophie.

Toute une lignée de disciples se réclamera de la pensée de Bonaventure, et ce sera souvent contre une tout autre façon de voir les choses, où l'aristotélisme prendra le pas sur l'augustinisme sans entraîner pour autant ses défenseurs hors des voies de l'orthodoxie. Cette nouvelle vision s'élaborait dans le même temps à Cologne et à Paris, avec les recherches de saint Albert le Grand et saint Thomas d'Aquin.

ARISTOTE DOMINICAIN

On a peine à le croire et pourtant c'est un fait : dans cet univers de pensée étroitement surveillée, où la hiérarchie ecclésiastique observait d'un œil plutôt malveillant, et pour les raisons que j'ai dites, l'irruption de pensées nouvelles, c'est l'aristotélisme qui va bel et bien s'imposer, et fournir pour des siècles le cadre philosophique du dogme chrétien. À première vue, c'était pourtant la pensée la moins faite pour exprimer le message des Écritures et des Pères. Un dieu « pensée de la pensée », parfaitement indifférent au monde qu'il aimante, en quelque sorte, à titre de fin suprême ; un monde éternel ; une âme humaine sans garantie appréciable d'immortalité : rien de tout cela ne prédisposait ce système, savantissime et glacé, à exprimer la paternité providente du dieu de la Bible, l'amour sauveur du Verbe incarné pour les hommes, l'infusion de l'Esprit-Saint dans les âmes rachetées, le repas eucharistique, avant-goût de l'éternel banquet des élus… Il faut croire que si, puisque c'est la langue d'Aristote que vont parler bientôt les successeurs de Pierre et des apôtres. La Bonne Nouvelle devra autant que possible s'annoncer en termes de puissance et d'acte, de matière et de forme, de substance et d'accidents. On se donnerait sûrement beaucoup de plaisir à imaginer, dans la manière de Lucien de Samosate, un dialogue des morts : Aristote et Jésus discutant aux Champs-Élyséens de cette rencontre, indépendante à coup sûr de leurs volontés respectives : le Sinaï et le Parthénon. Bethléem et Stagire, le Lycée et le mont des Oliviers... Beau sujet. Pour ma part, je préfère m'en tenir à la simple réalité : elle a déjà de quoi nous enchanter par son caractère décidément inattendu.

Car, en dépit des ukases pontificaux et des réticences dans l'Université, les recherches allaient bon train, au point que maintenant, parler de philosophie, c'était parler d'Aristote. Le plus drôle est que l'ordre des frères prêcheurs était, au départ, plutôt réservé. Si le premier titulaire de la chaire dominicaine de Paris, un certain Roland de Crémone, savait bien son Aristote et n'hésitait pas à en user dans son travail, ses collègues et successeurs ne se gênaient pas pour dissuader les étudiants d'y aller perdre leur temps : c'était, disait l'un d'eux, remplacer l'or massif par du toc. Mais à Paris et à Cologne, un chercheur de grande valeur poursuivait imperturbable un travail cyclopéen. C'était un Souabe, Albert, comte de Bollstaedt, plus connu sous le nom de saint Albert le Grand (vers 1206-1280), professeur de théologie, puis évêque de Ratisbonne. Il devait toutefois attendre l'auréole jusqu'en 1931.

« Albert, dit Gilson, s'est jeté sur tout le savoir gréco-arabe avec le joyeux appétit d'un colosse de bonne humeur, ou généralement tel, sauf lorsque des confrères bien intentionnés lui conseillaient de se modérer dans l'intérêt de la religion. Il y avait du pantagruélisme dans son cas, ou, plutôt, il y aura de l'albertinisme dans l'idéal pantagruélique du savoir » (*La Philosophie au Moyen Âge*, p. 504). On le surnommera le Docteur universel. Il a laissé une *Somme des créatures*, une *Somme de théologie*, un *Commentaire des Sentences*, bien sûr, mais aussi du corpus pseudo-dionysien. Surtout, il s'était attelé à une compilation encyclopédique où tout entrait : les mathématiques, la physique, la métaphysique, bref, tout ce que les Grecs et leurs disciples arabes et juifs avaient laissé. Voilà ce qu'il se proposait, de son propre aveu, de rendre intelligible aux gens de son temps. C'est dans ce cadre aux dimensions surhumaines qu'il situe l'Aristote néoplatonisé qui lui est parvenu. Sa méthode n'est pas précisément de celles que je conseillerais aujourd'hui pour une thèse. Il ne fait mention d'aucun texte ; en revanche, il les récrit, entrelardant les propositions des digressions qu'il jugeait indispensables, restituant de son cru les parties manquantes, procédant au besoin à des expériences – en botanique, par exemple –, afin de ne pas argumenter dans le vide, achevant à son idée les traités laissés en l'état. Il eût à n'en pas douter intéressé vivement le Stagirite, dont on a parfois l'impression qu'il est le collègue. On va rarement au bout de telles entreprises ; Albert y parvint cependant à force d'érudition et de vaillance. Son sérieux avait réussi à impressionner, à son corps défendant, le peu commode Roger Bacon. Et comme on ne prête qu'aux riches, la postérité lui fit endosser la paternité de grimoires traitant d'occultisme, comme le trop fameux *Grand Albert* évoqué par Gérard de Nerval. *Magister Albertus* devait aussi laisser son nom à la place Maubert.

C'est donc un système entier du savoir qu'Albert laissa derrière lui, où Aristote, tel du moins qu'il l'a reçu, fait enfin figure d'autorité, du moins en physique : « En ce qui touche à la foi, écrit-il, mieux vaut en croire saint Augustin que les philosophes, s'ils se trouvent en désaccord. Mais si l'on parlait médecine, j'en croirais plutôt, quant à moi, Galien et Hippocrate ; et si l'on parle des natures des choses, c'est plutôt Aristote que j'en crois, ou tel autre qui en a l'expérience. » – Et c'est à voir dans chaque cas : sur tel point touchant l'âme, il se dit en accord avec Aristote, et sur tel autre avec Platon. On voit donc nettement qu'Albert n'était en rien un inconditionnel d'Aristote, brûlant d'en imposer les vues, et pourtant, il ne craint pas de soutenir qu'il n'est de véritable philosophe qui ne connaisse Aristote et Platon. Mais ce qui est remarquable dans le texte que je viens de citer, c'est qu'Albert reconnaît à la philosophie comme telle, et par conséquent à Aristote, la maîtrise dans l'ordre de la nature. C'était admettre, par-delà des siècles de protectorat théologique, l'autonomie du territoire philosophique, où la raison a pleine compétence pour instrumenter. J'en sais plus d'un qui dut se retourner dans sa tombe – et Albert en connaissait d'autres, bien vivants ceux-là, chez qui cette rectitude d'esprit suscitait des réactions allergiques. Jusque chez ses frères, comme il le constate aimablement : « Il y a des ignares qui entendent combattre par tous les moyens l'usage de la philosophie, et surtout chez les Prêcheurs, où personne ne leur résiste, bêtes brutes qui blasphèment ce qu'ils ignorent... » Albert, on le voit, savait se faire des amis.

Cela dit, l'Aristote d'Albert, repensé et récrit, l'a été à la lumière du Pseudo-Denys, qu'il avait lui-même commenté, et de saint Augustin, car il y avait, comme tout le monde, baigné. L'âme humaine, par exemple, est selon lui une substance spirituelle et immortelle, comme on dit que la voyait Platon, et pas seulement la forme d'un corps. Pour lui, cette substance complète a aussi, comme l'enseigne Aristote, la fonction d'animer un corps. En ce qui concerne l'opération de connaissance, Albert s'inspire de l'aristotélisme arabisé, en utilisant la notion d'intellect agent. Mais il lui superpose une certaine – et mystérieuse – « application de l'Intellect incréé », transcendant, qui est l'action générale de Dieu comme source ultime de toute connaissance. On retrouve ici quelque chose de l'illumination augustinienne. Et cela montre assez qu'Albert le Grand, en dépit de ses audaces, est resté un homme de son temps.

Cette œuvre richissime et touffue inspirera des courants de pensée bien différents. Thomas d'Aquin, qu'Albert avait su distinguer parmi ses élèves de Cologne, la poursuivra en partie dans le sens d'une aristotélisation formelle de la théologie. Un autre courant, recueillant ce qui subsistait chez lui de vues néoplatoniciennes, s'en ira inspirer les grands mystiques rhénans.

DOCTOR ANGELICUS

Nul n'aurait probablement entendu parler de saint Thomas d'Aquin (1225-1274), dit « le Docteur angélique », s'il n'avait tenu qu'au seigneur Landulf son père. Ce dernier l'avait placé comme oblat, et dès l'âge de cinq ans, à l'abbaye bénédictine du Mont-Cassin. Il estimait sans doute que son haut lignage prédestinait l'enfant à coiffer un jour la mitre abbatiale et surtout à empocher les revenus de ce puissant monastère. Or, voilà que Thomas décida, contre la volonté de sa famille, d'endosser l'habit des frères prêcheurs, qu'il avait rencontrés à l'Université de Naples. Ce fut du même coup son premier contact avec la pensée d'Aristote, qu'il irait par la suite approfondir à Cologne sous la direction d'Albert le Grand, puis à Paris, où il fut le collègue de saint Bonaventure. Entrecoupée de missions diverses, sa vie fut celle d'un professeur par vocation, absorbé par le travail intellectuel au point d'en oublier parfois le monde extérieur. Bernard Gui rapporte que tout à la dictée d'un texte absorbant, Thomas s'était laissé brûler les doigts par la bougie qu'il tenait à la main. Et Bernard Gui s'y connaissait en brûlures, étant inquisiteur de son état. Thomas était un monstre de travail, mais un maître remarquable, qui laissait à ses étudiants un souvenir ébloui. Simple bachelier, il passait déjà pour renouveler tout ce qu'il touchait : dans la courte phrase où Guillaume de Tocco évoque l'ambiance de son cours, le mot de « nouveau » n'apparaît pas moins de huit fois ! S'il avait pu savoir qu'un jour, son nom couvrirait le plus rassis des conservatismes de pensée, saint Thomas eût certainement souffert. Il est vrai que le nom de Jeanne d'Arc servirait de même. Le malheur des êtres d'exception est de servir de porte-drapeau quand ils ne sont plus là pour qu'on puisse recueillir leur consentement.

L'œuvre de saint Thomas est parfaitement connue des philosophes. Devenue, en effet, la pensée officielle de l'Église catholique romaine, elle a bénéficié d'une immense diffusion, et suscité des gloses par bibliothèques entières : dix mille titres au moins ! Signalons les classiques *Commentaires* : la Bible, les inévitables *Sentences* de Pierre le Lombard, Boèce, le Pseudo-Denys, le prétendu Aristote du *Livre des causes*. On peut donc s'attendre à observer dans son œuvre une certaine influence néoplatonisante, d'autant plus qu'il pratique évidemment saint Augustin, et qu'il aura accès aux *Éléments de théologie* de Proclos dans la traduction du dominicain flamand Guillaume de Moerbecka : cela même lui permettra de reconnaître Proclos dans le fameux *Livre des causes*. Intrigué par Aristote dès le temps de sa jeunesse, saint Thomas avait tout de suite vu le parti qu'on pouvait en tirer. Il s'appliqua donc à commenter la plupart des traités de logique, de physique et de métaphysique, triant avec soin ce qui pouvait être intégré à une vision biblique du monde. À ces travaux déjà considérables s'ajoutent les habituels exercices universitaires : les *Questions disputées* – on en compte cinq cent dix ! –, et les éprouvantes *Quodlibétales*, ces improvisations sur n'importe quel problème, fût-il farfelu. Il y a aussi les opuscules sur divers sujets d'actualité : *L'Être et l'Essence, De l'unité de l'intellect, De l'éternité du monde*, et surtout, les deux célèbres *Sommes*. La première, *Contre les Gentils*, propose une apologétique chrétienne contre les tenants de la vision gréco-arabe du monde diffusée par les traductions qui, venant entre toutes les mains, pouvaient causer de fameux dégâts. Quant à la seconde, la *Somme de théologie*, elle s'adressait aux débutants, et il faut bien reconnaître qu'elle supposait acquis un volume de connaissances qui laisse rêveur l'étudiant d'aujourd'hui.

Il existe des ouvrages de toutes les tailles sur la pensée de saint Thomas dans son ensemble. Les petits livres du P.

Chenu, du P. Breton, de F. Van Steenberghen, que j'indique dans la bibliographie, constituent selon moi les meilleures initiations à ce jour. Je me contenterai ici de donner une idée du propos de saint Thomas et de sa méthode. Dans ce Paris de Louis IX, dit saint Louis, agité de controverses, traversé de courants divers, que veut-il faire, et comment s'y prend-il ? – La façon la plus simple de le savoir est encore de recourir à la *Somme de théologie*, puisqu'elle s'adressait à des débutants, et d'observer la façon dont il travaille.

Ce gros manuel fait défiler les grandes questions qui se posent à l'apprenti théologien, réparties selon trois divisions principales. La considération du plan est déjà éclairante. La première part de Dieu comme principe d'où tout procède ; la seconde expose le retour des créatures vers Dieu considéré comme leur fin ; la troisième précise les conditions spécifiques de ce retour : il se fait par et dans le Christ, Verbe incarné de Dieu. Procession, conversion ; expansion, retour : nous reconnaissons là le double mouvement hérité des néoplatoniciens à travers le Pseudo-Denys – qui pour Thomas n'a rien de « pseudo » – et saint Augustin. Mais ce thème classique de la pensée grecque est évidemment expurgé du caractère purement émanatiste, nécessaire, qu'il avait chez les « Gentils ». Ce schéma de l'émanation et de la conversion, de la procession et du retour, apparaît ici comme l'exposé d'un vouloir explicite du dieu créateur de la Genèse, posant hors de lui l'ensemble des êtres et les attirant à lui dans et par le Christ rédempteur des Évangiles. En d'autres endroits de son œuvre, saint Thomas a pris bien soin de distinguer, comme Albert le Grand le lui avait appris, le double regard qu'on peut porter sur cette aventure cosmique, qui a son point de départ et son point d'arrivée en Dieu. On peut prendre sur la création le point de vue du philosophe et le point de vue du théologien. Le premier s'intéressera en toute liberté à l'économie naturelle des choses, au jeu des causes et des effets ; le second subordonnera tout cela à la considération des rapports entre les créatures et Dieu, principe premier et fin dernière. Dans ce domaine, la raison peut accéder naturellement à certaines vérités, mais c'est, bien sûr, à la révélation que revient le dernier mot. Voilà qui est de première importance : nous découvrons ainsi quel statut saint Thomas réserve à la philosophie, et nous mesurons le progrès que confirme sa position par rapport aux âges antérieurs. La philosophie apparaît autonome sur le plan naturel – qui lui-même est de soi incomplet. Les deux plans sont donc parfaitement distingués, alors que chez saint Augustin, saint Anselme et autres, ils se confondaient. « Il faut convenir, écrivait Mgr Nédoncelle, qu'avec le thomisme, la notion que nous avons vue se former à l'époque des Pères s'écroule, du moins en apparence. Ou bien l'on sait une chose, ou bien on y croit ; quand la science survient, la croyance n'a que faire. La philosophie et le christianisme ne se mélangent pas plus, si j'ose dire, que l'huile et le vinaigre » (*Existe-t-il une philosophie chrétienne ?*, p. 42). C'est tout profit pour l'une et l'autre.

Appliquons-nous maintenant à la façon dont saint Thomas s'y prend dans la *Somme de théologie*, car on verra ainsi sa pensée en action. Nous en avons déjà une certaine idée pour l'avoir vue ailleurs sous forme d'ébauche. Soit une question que saint Thomas entend éclaircir dans l'esprit de ses étudiants. Prenons un exemple : première partie, seconde question, article 2 : « Dieu existe-t-il ? » Drôle de question, me dira-t-on, dans un milieu constitué d'ecclésiastiques, et en plein « Moyen Âge » ! Ces braves gens ne jouent-ils pas à se faire peur ? – Mais on se souvient peut-être des moines de l'abbaye du Bec, qui deux cents ans plus tôt demandaient à saint Anselme, leur abbé, de leur concocter un livre sur Dieu qui ne devrait rien à la sainte Écriture. Anselme leur avait finalement donné sa fameuse preuve, dont ils n'avaient aucunement besoin pour croire, mais qui leur permettait d'approfondir leur conviction intime. *Fides quaerens intellectum* : la foi cherchant à comprendre quelque chose de son objet. Or, en deux cents ans, les temps avaient changé. On croyait plus que jamais en Dieu – mais après ce déferlement de textes en provenance des Infidèles, on ne s'était jamais posé autant de questions. Il se disait tant de choses ! Du coup, on en arrivait à se faire de ce dieu et de ses rapports avec le monde (dont l'idée changeait !) une représentation assez floue, voire évanescente. Et voilà pourquoi saint Thomas, entreprenant de répondre à la question, commence par entasser les difficultés. Il n'y va pas par quatre chemins : « Est-ce que Dieu existe ? – On dirait bien que non. » Et du reste, pourquoi l'hypothèse « Dieu », alors qu'il semble bien qu'on pourrait en faire l'économie ? – Seulement, voilà : dans l'Exode, III, 14, Dieu en personne dit à Moïse : « Je suis celui qui suis. » Et là-dessus, saint Thomas expose cinq « voies » (il ne dit pas « preuves » !) au bout desquelles l'intelligence est bien obligée de reconnaître l'existence de Dieu comme nécessaire. Il les tire d'Aristote et de la tradition platonicienne. C'est ainsi qu'on arrive à reconnaître l'existence de Dieu par la considération du *mouvement*, qui postule un Premier Moteur ; par la *causalité* à l'œuvre dans le monde, et qui implique une cause efficiente- « mère », aucune cause seconde ne se suffisant à elle-même ; par la constatation de la *contingence* de ce monde, qui en appelle à un suprême Nécessaire ; par les *degrés de perfection* qu'on remarque dans le monde, inexplicables sinon par la participation à un absolu de perfection subsistant en soi ; par la *finalité*, pour terminer : les choses ne se gouvernent pas plus toutes seules qu'elles ne marchent d'elles-mêmes, et donc elles sont guidées par les fins immanentes à leur nature. Ces fins renvoient elles-mêmes à une Fin des fins. – Cela fait, saint Thomas peut revenir sur les objections qu'il avait accumulées à plaisir en commençant, et il les résout l'une après l'autre à la lumière de ce qu'il vient d'exposer. Ainsi se présenteront toutes les questions soulevées dans la *Somme de théologie* : objections, argument d'autorité, développement approfondi, réponse aux difficultés. C'est clair, ce peut être lassant pour le lecteur d'aujourd'hui – mais c'était utile pour l'apprenti théologien du XIIIe siècle, livré aux hasards des lectures faites sans guide et des discussions plus ou moins bien conduites. Il dispose maintenant d'un cadre dont il sera moins tenté de s'évader – et c'est exactement ce qu'il lui faut en un temps de controverses. Toutefois, ce que nous avons entrevu appelle deux observations.

La première a trait au dessein de saint Thomas. On aura remarqué au passage la synthèse qu'il opère à partir des deux ordres bien distincts, à savoir l'argument *théologique* – Exode, III, 14 – et l'argumentation *philosophique* : les voies vers Dieu tracées par les philosophes grecs, notamment par Aristote. Toute l'ingéniosité de saint Thomas est dans cet art, un art consommé : repenser la *philosophia* venant des Grecs *via* les Arabes et les Juifs, pour la mettre au service de la seule chose, finalement, qui l'aura intéressé tout au long de sa vie, à savoir l'exposé utile des vérités du salut. Saint Thomas ne fait pas de la philosophie pour le plaisir d'en faire. Édouard Jeauneau dit même qu'il n'a jamais écrit un seul livre « de pure philosophie », au sens où nous l'entendons. C'est un religieux, un homme de Dieu. C'est un théologien qui se donne la philosophie dont il a besoin pour systématiser les vérités de sa foi. La philosophie de saint Thomas ne s'explicite pas comme telle ; elle est en suspension dans son œuvre de théologien. Dans cette philosophie sous-jacente, c'est Aristote qui se taille évidemment la part du lion, ce qui n'a rien de surprenant : il traîne partout au moment où il enseigne ; tout le monde l'a à la bouche à propos de tout et de rien. On le connaît du reste plus ou moins bien – et Thomas, lui, s'est donné la peine de l'étudier à fond. Il sait qu'il contient des choses précieuses, irremplaçables même, mais encore faut-il déterminer à quel propos, sur quelles questions il dit vrai, faute de quoi on en fera un usage périlleux pour l'orthodoxie chrétienne. Si certaines thèses touchant la nature peuvent être reprises telles quelles – et saint Thomas ne s'en prive pas –, d'autres, en revanche, sont inassimilables à la révélation. Et dans ce cas, c'est à l'aide du platonisme en suspension dans les textes « apostoliques » de Denys, patristiques d'Augustin et autres, qu'il amendera et ajustera l'enseignement du Stagirite. De là résultera, et pour ainsi dire sans qu'il l'ait fait exprès, une philosophie bien à lui, le « thomisme », et notamment une philosophie de l'être originale.

Ma seconde remarque m'est inspirée par ce que nous venons d'entrevoir à propos des cinq « voies » vers Dieu. Elle a trait au bouleversement que l'aristotélisme thomiste introduit dans les habitudes de l'esprit. Autrefois, dans la perspective qui était celle de Denys, d'Augustin, d'Anselme, on se retirait du spectacle du monde pour se rendre attentif à la Parole intérieure, au Verbe « plus intime à soi que le soi lui-même », et qui vous révélait sa présence. Et quant au cosmos, c'est de haut qu'on le regardait, prenant sur lui le point de vue de ce Dieu présent dans l'âme. À présent, on peut bien garder la même ferveur, mais d'autres voies lui sont ouvertes, inattendues : le même cosmos apparaît comme une réserve inépuisable d'indices, à partir desquels on peut remonter vers l'absolu. Dans *Le Nom de la rose*, Umberto Eco prête au sinistre Jorge de Burgos, le réactionnaire anti-aristotélicien, un mot qui devait, en effet, concentrer pour plus d'un l'amertume secrétée par ce séisme philosophique : « Avant, dit-il, nous regardions vers le ciel, daignant jeter un regard courroucé à la boue de la matière, maintenant nous regardons vers la terre, et nous croyons au ciel sur le témoignage de la terre. Chaque mot du Philosophe, sur qui désormais jurent même les saints et les souverains pontifes, a renversé l'image du monde… » (p. 479). Voilà qui exprime parfaitement la hargne du courant adverse.

Cela étant bien présent à l'esprit, essayons d'entrer dans le contenu de cette pensée nouvelle, et combien dérangeante pour l'époque. Il va de soi que saint Thomas est loin d'innover en tout. Comme tous les intellectuels de son temps, il fait sienne la cosmographie géocentrique d'Aristote, – où donc en aurait-il pris une autre ? – complétée par telle ou telle donnée du néoplatonisme grec ou arabe. Et donc, la terre est au centre du monde, prise dans tout un emboîtement de sphères célestes transparentes en mouvement, porteuse des astres. Tout cela exerce une influence sur ce qui se passe ici-bas, dans le monde sublunaire, et Thomas va même jusqu'à reconnaître qu'à certains, l'influence des astres ne laisse de liberté que bien amoindrie. Cette machinerie est mue par Dieu, Premier Moteur immobile et Fin ultime. Mais là où nous constations chez Aristote un hiatus, entre la déité qui se pense – rien d'autre n'étant digne de sa contemplation – et le monde imparfait qu'elle aimante de façon nécessaire, nous voyons chez saint Thomas une présence voulue du Dieu biblique à ses créatures. Le dieu simplement aimable d'Aristote est chez saint Thomas un dieu aimant, qui a de surcroît sauvé par son Verbe incarné en Jésus-Christ une humanité qui ne le méritait pas.

C'est cette physique aristotélicienne, mais christianisée toutes les fois qu'il le faut, que saint Thomas expose. Comme l'a souligné S. Breton, « son langage se réfère à un milieu culturel où le physique est encore très lié au sensible » (*Saint Thomas d'Aquin*, p. 21). La mathématisation de l'univers viendra plus tard. Pour le moment, on vit dans un monde de « natures », de « substances ». Bref, il y a dans l'expérience des « quelque-chose » qui « sont » – et l'on se demande : *sont*-elles et comment, et *que* sont-elles ? *(An sit ; quid sit ?)* À la suite d'Aristote, saint Thomas a tourné le dos à la doctrine platonicienne des Idées séparées – si tant est que Platon l'ait jamais professée sous cette forme… –, où il voit une transposition frauduleuse des opérations de l'esprit dans la réalité. Les idées ne sont pas « à part » ; elles sont la forme des choses. Ici, nous retrouvons l'*hylémorphisme* que nous avons exposé lorsque nous parlions d'Aristote. Les anges mis à part, qui pour saint Thomas sont des formes pures, tous les êtres créés sont des *substances*, comme telles composées de *matière* et de *forme*, qui sont entre elles comme *puissance et acte*. Les substances elles-mêmes se manifestent par leurs déterminations complémentaires (position, couleur, odeur, etc.) qu'on appelle leurs *accidents*. Et là encore, substance et accidents sont entre eux comme puissance et acte. À ces distinctions, saint Thomas ajoute celle de l'*essence* et de l'*existence*, que nous avons vue pour la première fois exposée par Guillaume d'Auvergne, qui lui-même la tenait d'Avicenne.

Telle est donc la physique – et saint Thomas n'hésite pas à en utiliser commodément les données à des fins théologiques. Prenons, par exemple, le couple substance/accidents. Il va lui permettre d'expliciter pédagogiquement le dogme chrétien de la présence réelle du Christ dans l'eucharistie : à la messe, lors de la consécration, la substance du pain disparaît, et sous les accidents du pain qui demeurent intacts, c'est la substance du corps du Christ qui prend place. Aristote n'avait évidemment pas prévu le cas ! De même, le couple essence/existence va permettre à saint Thomas d'exposer de façon satisfaisante la théologie des anges. Les anges sont des formes pures, sans matière, donc des actes. Mais Dieu aussi est acte pur, sans matière aucune ! Comment en distinguer les anges ? – En cela que l'ange n'existe pas par essence ; son essence reçoit de Dieu l'existence. Seul l'Acte pur divin a pour essence d'exister. C'est à chaque instant qu'on voit saint Thomas plier à ses fins les concepts philosophiques qu'il puise chez Aristote et ses commentateurs juifs ou arabes. Encore une fois, c'est un théologien qui fait de la philosophie.

Dans l'univers ainsi structuré, quelle place tient l'homme ? Exactement celle que lui voyait Aristote : l'homme est une substance une, composée d'un *corps* et d'une *âme*, qui sont entre eux comme matière et forme, et donc comme puissance et acte. Spirituel par sa forme, matériel par son corps, l'homme est donc un être des confins. Son âme est une et triple, en ce sens qu'il est pourvu d'une âme végétative, sensitive et intellective, et cela même commande le processus de la connaissance qu'il prend de l'univers. Se refusant aux facilités de l'illumination augustinienne, saint Thomas reprend la théorie aristotélicienne de la connaissance. « Il n'y a rien dans l'intelligence qui n'ait d'abord été dans les sens. » Seuls les anges ont une vision intuitive des essences. Plongé dans le sensible, c'est du sensible que l'homme tire ce qu'il sait de vrai. Les substances étant composées de matière et de forme, et la forme donnant à la chose d'être ce qu'elle est, il va falloir tirer cette forme de la matière où elle s'individualise ; il va falloir l'en *abstraire*, afin qu'elle puisse devenir le principe de la connaissance qu'on prendra d'elle. *La forme* de la chose doit devenir en nous *l'idée* de l'objet. L'âme humaine est ainsi en puissance de devenir, d'une certaine façon, tout ce qu'elle connaît, dès lors que la forme de ses objets devient la forme de son intellect. Comment décrire cette opération, qui chez saint Thomas fourmille de détails ? En résumé, disons qu'au contact de l'objet et de nos sens, une image sensible se forme au niveau sensoriel, une image porteuse d'un contenu intelligible en puissance par l'intellect, lui-même en puissance de le recevoir ou, si l'on préfère, d'en être « informé ». Le mot connaîtra un bel avenir ! Sous cet aspect, on parle d'*intellect patient* ou *passif*. Mais comme rien ne saurait se faire passer soi-même de la puissance à l'acte, il faut en déduire l'existence, dans l'âme, d'une instance actualisante. Ce sera l'*intellect agent*. C'est lui qui fera passer à l'acte l'intelligible en puissance dans l'image sensible, autrement dit, qui fera d'une image matérielle une idée immatérielle. Il était inévitable que saint Thomas rencontrât la sempiternelle question que posait l'intellect agent : était-il multiple, ou n'y en avait-il qu'un pour tout le monde, comme le voulaient Alexandre d'Aphrodisias et les commentateurs arabes d'Aristote, que cela ne gênait en rien ? Soucieux de sauvegarder l'autonomie de la raison humaine, saint Thomas professe que chaque homme a le sien en propre.

Il nous reste à dire un mot de la métaphysique et de la morale de saint Thomas. Il n'était pas dans le tempérament de saint Thomas de développer une métaphysique de l'Un, dans l'esprit du Pseudo-Denys, qu'il a pourtant commenté. Sa métaphysique sera une ontologie, une philosophie de l'Être, dont il puisera les grandes lignes dans la *Métaphysique* d'Aristote. On sait qu'il y a introduit la distinction d'essence et d'existence, reprise d'Avicenne. Dieu seul est par essence ; les êtres créés reçoivent de Dieu le dynamisme existentiel qui fait de leur essence un existant. De même a-t-il développé la notion d'analogie : elle permet, sans sortir du concept d'être, sans non plus confondre le créateur et la créature, d'attribuer proportionnellement à chaque existant le degré d'être qui sied à sa nature. Dans cette perspective, Dieu seul est en plénitude l'être que les créatures se contentent d'avoir, et ce qui est vrai de l'existence l'est aussi de toutes les perfections qu'on voudra. Dieu, cause de tout, est éminemment – sans jamais qu'on sache comment – tout ce que sont les créatures : il est un, vrai, bon, et fondamentalement *être*. Pour parler de Dieu, si tant est qu'on le puisse, il convient de dépasser vers l'absolu les significations limitées de nos concepts. Quant à ce monde créé donné à notre expérience limitée, est-il là de toute éternité – ce qui ne le soustrairait nullement à la dépendance : on peut très bien imaginer une création divine éternelle ! –, ou bien a-t-il commencé à un moment donné du temps ? On en discutait beaucoup à l'époque ; on s'envoyait à la figure tous les arguments possibles. La position de saint Thomas est tout à fait équanime : quoi que disent les uns et les autres, et que cela leur plaise ou pas, rien ne nous permet de trancher dans un sens ou dans l'autre, du moins rationnellement. En effet, seule la Bible nous en instruit : « Au commencement… » – et ainsi seulement, par la grâce de Dieu, nous apprenons qu'il y a eu un commencement à tout. En dépit de son autonomie interne, la raison doit céder aux requêtes de la foi.

Aristote avait assigné pour but à l'activité humaine la béatitude, qu'il plaçait, on s'en souvient peut-être, dans l'exercice de l'intelligence contemplant son plus haut objet :

le divin. Ce bonheur trouvait ses limites dans notre finitude, qu'il eût été vain – et démesuré – de vouloir dépasser vers une éternité personnelle. Ces vues de l'*Éthique à Nicomaque*, saint Thomas les reprend, mais en transporte la réalisation plénière dans l'éternité promise par le Christ ressuscité. Il nous revient de nous rendre dociles à la grâce qui nous y prépare – et saint Thomas de citer saint Matthieu : « Là où est ton trésor, là aussi est ton cœur ». Homme de prière, saint Thomas n'envisageait pas d'autre récompense que Dieu lui-même enfin contemplé sans écran. – Cela dit, et pour redescendre sur terre, la morale de saint Thomas s'inscrit sans toucher à quoi que ce soit des cadres sociaux et des habitudes de son temps. L'esclavage, par exemple, est considéré comme tout à fait naturel en raison de l'ensemble des avantages qui résultent de cette institution – entendons : pour les maîtres. L'esclavage ne pose de problèmes que juridiques, et saint Thomas s'applique à les résoudre avec une aisance qui laisse rêveur. Supposons que l'esclave d'un Juif se convertisse au christianisme. Il doit être remis dans le circuit commercial sous trois mois, et l'esclave « né dans la maison » *(vernaculus)* et baptisé doit être émancipé sans compensation monétaire. « En cela, précise saint Thomas, l'Église ne commet pas d'injustice : les Juifs étant eux-mêmes les serviteurs de l'Église, elle peut disposer de leurs biens » (*Somme de th.*, IIa-IIae, X, 10, rép.). Pas davantage il ne lui vient à l'esprit que la torture pourrait bien, de soi, n'être pas très conforme à l'Évangile. Tel était l'humanisme – je ne dirai pas : chrétien, mais de la chrétienté.

La *Somme de théologie* ne fut jamais terminée, et nous savons par frère Réginald de Piperno que saint Thomas, favorisé, dit-il, d'une vision extatique, n'eut plus si grande envie de l'achever : « Tout ce que j'ai écrit, dit-il au frère, me paraît de la paille en comparaison de ce que j'ai vu... » Ce professeur infatigable, enfoncé dans sa théologie, et qui de sa vie n'avait cessé d'écrire sur Dieu, découvrait comme une récompense, à l'instar de Damascios, la suréminente vertu du silence. Cela suffirait à le rendre touchant et respectable.

Ce qu'il advint de cette pensée vaste et solide aurait de quoi déconcerter l'observateur, voire l'agacer. Et d'abord, arriva ce qui devait arriver : à l'instigation de maîtres séculiers, mais surtout franciscains, restés fidèles à l'augustinisme traditionnel, une cabale se monta. Trois ans après la mort de leur auteur, un certain nombre de propositions soutenues par saint Thomas furent prises dans une rafle englobant forfaitairement toute référence à l'aristotélisme, et condamnées par l'évêque de Paris, Étienne Tempier, sous peine d'excommunication. Je signale que cette sanction, en soi spirituelle, avait à l'époque des retombées tout à fait déplaisantes sur le plan temporel. Entre 1277 et 1279, un franciscain obscur publia un livre entier dénonçant cent dix-sept erreurs, pas une de moins, dans les écrits du défunt docteur. Des propositions thomistes furent censurées à Oxford trois fois de suite. La diffusion de saint Thomas s'en trouva freinée, jusqu'à ce que la canonisation, en 1323, vînt mettre un terme à cette agitation. Maintenant qu'il était au ciel, on était assuré qu'il ne s'était point égaré sur la terre, en dépit de ce qu'on avait raconté. Commença alors pour le thomisme une ère nouvelle. De condamnable qu'il était, saint Thomas devenait recommandable, et à mesure que passait le temps, carrément insurpassable. On donna ses textes pour l'expression définitive de la *philosophia perennis*, de la philosophie éternelle. Bref, à celui qu'on avait si allègrement condamné, on découvrait maintenant du génie. On lui voua un culte qui eût à coup sûr gêné sa réelle humilité. L'iconographie suivit le mouvement, et passa la mesure. On peut voir au Louvre le saint Thomas de Benozzo Gozzoli, trônant, replet et peu rassurant de visage, entre Platon et Aristote debout. À ses pieds, un Averroès à plat ventre, visiblement en état de choc. Au Kunstmuseum de Bâle, il déjeune avec saint Louis. À Syracuse, un tableau de l'école de Messine, daté du XVe siècle, le montre assis en chaire, flanqué des saints apôtres Pierre et Paul debout – ce qui l'eût à n'en pas douter horrifié. Plus bas, une cour de hauts personnages ecclésiastiques qu'il tient sous le charme : évêques, cardinaux. Et sous la chaire, Averroès toujours, couché comme pour une sieste, les yeux dans le vague, semblant attendre la fin d'une séance interminable. L'évêque Tempier n'avait assurément pas prévu cela ; saint Thomas non plus. Bien plus tard, Léon XIII, dans l'encyclique *Æterni Patris* de 1879, fera obligation aux clercs d'étudier *ad mentem sancti Thomae*, autrement dit selon l'esprit de saint Thomas. Ce que d'aucuns comprirent : *ad litteram*. On dressera alors saint Thomas contre Descartes, Kant, Bergson, Sartre, et à vrai dire contre tous, puisque saint Thomas avait tout dit de ce qui valait d'être dit. C'était juste le moment où cette pensée, audacieuse en son temps, ne pouvait vraiment plus expliquer grand-chose d'un monde dont l'image s'était entièrement renouvelée. Voyant toutes choses *sub specie aeternitatis*, il faut croire que les gens d'Église appréciaient mal la différence d'optique entre l'ère industrielle et les temps du bon roi saint Louis. On peut penser que saint Thomas en eût conçu quelque surprise, et éprouvé, peut-être, le même agacement que nous.

DES ARISTOTÉLICIENS EXTRÉMISTES

À la décharge de l'évêque Tempier et des augustiniens traditionalistes, il faut bien dire qu'ils se trouvaient engagés dans une affaire qui prenait vilaine tournure. On sait que les œuvres d'Averroès avaient commencé à pénétrer le milieu universitaire autour de 1230, et l'on s'était avisé que cet infidèle était l'un des meilleurs commentateurs d'Aristote, et peut-être le plus grand. Seulement, les propositions qu'on en tirait trente ans plus tard avaient de quoi alarmer les gardiens de l'orthodoxie. Là-dessus se greffa une histoire de compétence qui tenait à la structure de l'Université. Si les maîtres de la Faculté de théologie se préoccupaient par métier de concilier tant bien que mal les thèses philosophiques qu'on dégageait d'Aristote lu par Averroès et les requêtes du dogme chrétien, il se trouvait que les professeurs de la Faculté des Arts n'avaient pas tout à fait les mêmes scrupules. Certes, leur enseignement était censé constituer une propédeutique aux études de théologie : ils préparaient les futurs théologiens en leur fournissant de fortes bases philosophiques. Mais pris par leurs spécialités – et tous les spécialistes les comprendront –, ils en étaient venus à perdre un peu de vue les soucis des chers collègues d'en face : ils enseignaient la philosophie telle qu'ils la trouvaient dans les textes d'Aristote et d'Averroès, « *le* Commentateur », comme on disait, et que cela fût orthodoxe ou pas, les autres n'avaient, en somme, qu'à s'en débrouiller. C'était leur affaire. Et c'est ainsi que se constitua, vers 1260, ce mouvement qu'on appela dès ce temps « l'averroïsme », et que Renan désigna pour la postérité par le vocable d'« averroïsme latin ».

Albert le Grand avait ferraillé contre, et Thomas aussi dans la *Somme contre les Gentils*, et Bonaventure, puis Thomas de nouveau dans son traité *Sur l'unité de l'intellect contre les Averroïstes*. Toujours est-il qu'en dépit de toutes ces mises au point, les maîtres de la Faculté des Arts, plaçant Aristote « au plus haut degré de la supériorité humaine », comme l'avait reconnu Averroès, en étaient venus à considérer que la doctrine du Stagirite se confondait avec la philosophie tout court. Bref, les gens de la Faculté des Arts faisaient cavalier seul. Il serait toutefois absurde, parce qu'anachronique, d'en faire des « libres penseurs ». Ces intellectuels se considéraient comme chrétiens. Qu'auraient-ils été d'autre ? Juifs ? Mahométans ? En ces temps-là, la nature avait horreur du vide religieux. Simplement, ils poussaient jusqu'à ses conséquences extrêmes l'autonomie de la raison dans son domaine, d'ailleurs reconnue, on le sait, par un saint Albert le Grand ou un saint Thomas, dont la foi ne pouvait être mise en doute.

Il y avait parmi les maîtres de la Faculté des Arts, des têtes bien faites et ce que disaient ces gens ne manquait pas d'intérêt. Siger de Brabant († vers 1284) estimait que procéder en philosophe, c'était « chercher ce qu'ont voulu dire les philosophes (*intentionem philosophorum*) plutôt que la vérité » – ce qui, soit dit en passant, était exactement le contraire de ce que soutenait saint Thomas : la philosophie ne doit pas « s'occuper de ce qu'ont pensé les hommes, mais de la vérité des choses ». Siger s'intéresse tout naturellement à ce qu'a dit Aristote, même, précise-t-il, « s'il se trouvait par hasard que la pensée du Philosophe ne fût pas conforme à la vérité, et que la révélation nous eût transmis sur l'âme des conclusions que la raison naturelle ne saurait démontrer ». On entend bien ce que dit Siger – et qu'il ne peut pas ne pas dire dans le milieu où il vit : il y a une vérité et une seule, la foi, mais c'est trop demander que d'exiger sa compatibilité en tout point avec la raison naturelle. Bref, ce qu'enseigne le *Credo* est vrai, mais ce que démontre la philosophie n'est pas faux pour autant. Comme l'a dit d'une façon remarquable Jean Jolivet, « Pour Siger, il y a deux sphères : celle de la foi, de l'ordre surnaturel, du vrai ; celle des raisons, des conséquences logiques, de la nature – et, dirions-nous, du non-faux. Si bien qu'il a en somme une logique à trois valeurs », qui reste évidemment implicite (« La Philosophie médiévale », *Hist. de la Philos.*, Encycl. de la Pléiade, I, p. 1448). Mais lui-même, qu'en pensait-il, qu'il ne pouvait évidemment pas dire ? Discernait-il le double aboutissement de cette thèse : d'un côté un fidéisme à la saint Pierre Damien, à la saint Bernard, allergique à toute philosophie – et de l'autre la mécréance pure et simple, par fidélité à la philosophie ? À moins, bien sûr, qu'il n'eût vraiment professé la double vérité, comme le reprochait Étienne Tempier aux averroïstes, sans s'embarrasser de nuances... Mais cela, Siger ne l'a jamais enseigné explicitement. La réalité est sans doute moins simpliste, et l'on peut penser que Siger se fût enchanté de la façon dont Paul Veyne traite aujourd'hui de ce problème, posant que « la vérité est plurielle et analogique ». Il reste que Siger a emporté son secret dans la tombe. Au reste, pour nous, l'important reste de comprendre ce qui était en jeu dans ce dernier quart du XIIIe siècle – et quels étaient les joueurs : un petit cercle d'intellectuels parisiens.

Que racontait donc Siger de si inquiétant ? Il traitait, dans un ouvrage intitulé *De l'éternité du monde*, de ce sempiternel problème, sur lequel il opinait – rationnellement s'entend – dans le sens d'Aristote. Il aggravait son cas en recourant à la vieille théorie chaldéenne de l'éternel retour : « Les mêmes espèces qui ont existé reviennent selon un cycle, et les mêmes opinions, les mêmes lois, les mêmes religions… C'est le Philosophe qui le dit – et je n'affirme pas que cela soit vrai… » On imagine l'effet. Il prenait également position dans ses traités *De l'intellect* et *De la félicité* sur l'autre question, qui faisait couler autant de salive que d'encre : savoir si l'intellect agent est unique ou si chacun de nous a le sien en propre. Siger, comme tout le monde, a évolué au cours de sa vie, et s'il semble bien qu'il penchait pour l'existence d'une unique « âme intellective », à la façon des néoplatoniciens, il avait toutefois rencontré les opinions de Thémistios, d'Avicenne, d'Al-Gazali, et sans doute ne savait-il plus très bien qu'en penser : peut-être l'Intellect était-il Dieu lui-même ? À le voir hésiter en pareille matière, beaucoup se scandaliseront. On préférera les idées claires et l'expression tranchée de saint Thomas, du moins plus tard, quand l'horizon se sera éclairci. Comme je l'ai exposé plus haut, ce n'était pas encore demain la veille. Pour le moment, Siger, mis en cause en 1270, puis en 1272, intéressait vivement l'inquisiteur de France, qui le convoqua en 1277. En pure perte, car Siger avait quitté Paris. Réfugié en Italie, où on le mit en résidence surveillée, il disparut dans des circonstances mal éclaircies, poignardé, dit-on, par son secrétaire devenu fou. Une figure bien attachante, et il n'y a pas lieu de s'étonner qu'en son temps, nul ne l'ait vraiment compris.

Il y avait aussi ce Boèce de Dacie, aux dates invérifiables, qu'on voudra bien toutefois ne pas confondre avec le lointain ministre de Théodoric… En plus de ses commentaires d'Aristote, il avait écrit, lui aussi, un traité *De l'éternité du monde*. Ce problème, y disait-il, est de ceux dont le philosophe peut discuter et qu'il peut résoudre, puisqu'il relève d'un examen de la raison. Or, aucun philosophe ne peut prouver rationnellement que le monde a commencé, pas plus, du reste, que le contraire. Philosophiquement, nous ne pouvons constater que la génération, pas la création, et il est impossible, de ce fait, de « poser un premier homme » qui, par définition, se trouverait là hors de toute génération. Mais la Bible nous dit que ce fut le cas pour Adam. Il faut donc dire qu'il est là, comme du reste le monde, du fait de causes et de principes qui excèdent l'ordre naturel. Au reste, si ce qui relève de la foi était susceptible d'être démontré, on ne serait plus en présence d'un article de foi, mais d'une proposition scientifique. Naturel et surnaturel appartiennent à des ordres différents, et ne sauraient donc entrer en désaccord. Nous retrouvons les positions de Siger de Brabant. Dans un autre ouvrage, le traité *Du Souverain Bien ou de la vie philosophique*, Boèce de Dacie définit le plus haut degré de bonheur auquel l'homme puisse atteindre, à s'en tenir au seul examen de la raison. Il réside, non dans les plaisirs des sens ou dans la fortune, mais dans l'exercice de ce que l'homme a de plus haut comme faculté, et de vraiment divin : l'intellect spéculatif et pratique. Il lui procure la connaissance du vrai, donc la sagesse, qui culmine dans la contemplation du Premier principe. Il n'y a pas de meilleur état que de vaquer à la philosophie : « en effet, celui qui est plus parfait en la béatitude dont la raison nous apprend qu'elle est possible en cette vie, celui-là est plus proche de la béatitude que la foi nous fait attendre dans la vie future ». D'aucuns en conclueront que Boèce de Dacie pensait en pur païen, d'autres que rien dans ses œuvres n'est contraire à la foi. Gilson a sur lui une formule pénétrante : « Boèce de Dacie ne fait pas seulement abstraction de la foi chrétienne ; on ne le sent pas malheureux loin d'elle. Mais qui sommes-nous pour sonder les reins et les cœurs ? » (*La Philosophie au Moyen Âge*, p. 568.) Quoi qu'il en soit, de telles positions ne pouvaient sourire aux manieurs d'anathèmes. Boèce de Dacie fut englobé dans la condamnation de 1277. On le retrouve à Orviéto, comme Siger de Brabant, puis l'on perd définitivement sa trace. On eût aimé savoir ce qu'il était devenu.

À parcourir les 219 propositions alignées dans le *syllabus* pondu par l'évêque de Paris en 1277, où se mêlent des thèses censément professées par des gens aussi différents que saint Thomas, Siger de Brabant, Boèce de Dacie, sans compter les autres, on reste pantois. Il y a du père Ubu chez cet Étienne Tempier. Un vrai musée des horreurs qu'on prêtait à des philosophes ou à des théologiens qui n'avaient jamais rien dit de tel, du moins sous cette forme. En intention, c'était sûrement une défense de la foi chrétienne, mais faute de cette largeur d'esprit qui est le meilleur de l'intelligence, c'était contre tout renouvellement de la pensée qu'il dressait sa lourde machine de guerre. Que rien ni personne ne bouge ! Mais ni le thomisme, nous l'avons vu, ni même l'averroïsme, nous le verrons, ne seraient si facilement muselés. Les problèmes ne disparaissent qu'à la faveur d'une solution satisfaisante ou d'un changement de problématique, jamais suite à un décret. L'autorité peut déranger des gens, molester ou tuer des personnes, brûler des livres ; les idées ne meurent jamais que de leur belle mort, quand elles n'intéressent plus personne et ne produisent plus d'effets. L'aristotélisme, pour le moment, intéressait de plus en plus de monde en cette dernière moitié du XIIIe siècle, et cela excluait qu'un Étienne Tempier pût le supprimer d'un trait de plume. Il s'était même si bien installé au cœur de la pensée chrétienne qu'on n'était pas près de l'en déloger.

UN ART POUR TOUT SAVOIR

Parmi les adversaires acharnés de l'averroïsme se détache la figure étrange, assez déconcertante, de Raymond Lulle (1233-1316). Toujours considéré comme « un cas » par les historiens de la philosophie, qui échouent à le classer, sa personnalité est aujourd'hui mieux cernée grâce aux travaux de Louis Sala-Molins. Rejeton d'une illustre famille catalane, Lulle vit le jour à Majorque, où il grandit dans les milieux de cour. Il mena d'abord la vie charmante d'un troubadour, puis tout soudain, vers les trente ans, il décida de changer de vie du tout au tout. Contrairement à ce qu'ont laissé entendre les franciscains, Lulle n'est sans doute jamais entré en religion. Toujours est-il qu'il quitta du jour au lendemain femme et enfants, consacrant le reste de ses jours – et il vécut vieux – à la mission apostolique qu'il s'était découverte. Il apprend l'arabe, qu'il écrit aussi facilement que le latin et le catalan, fonde des collèges de langues à l'usage des prédicateurs, et entreprend d'évangéliser les musulmans. La masse énorme de ses livres – dans les trois cents titres ! – vise à démontrer qu'ils sont dans l'erreur, et que la seule vérité est celle du Christ. Toujours entre deux voyages, on le retrouve aux quatre coins du monde méditerranéen, cherchant passionnément à intéresser papes, rois, seigneurs, supérieurs d'ordres, à son grandissime projet de croisade intellectuelle, qu'il aurait volontiers vu se concrétiser dans une croisade tout court. Apôtre de la confrontation intellectuelle, il eût, à n'en pas douter, raffolé de l'Unesco : il attendait beaucoup, non sans naïveté, des échanges entre intellectuels de différentes religions. Ces colloques devaient déboucher, dans son esprit, sur une unification culturelle et politique du monde. Aura-t-on rêvé de cette *Cosmopolis* au cours des siècles !

On n'espère même pas résumer sa pensée, tout à la fois touffue et alambiquée. Lulle a touché à tous les sujets avec d'autant moins de préjugés qu'il était autodidacte. Mais il est sérieux, et il a su se munir de solides lectures. Toute la culture de son temps y passe, et avec cela il se complaît dans la poésie, que les connaisseurs disent excellente : les Catalans le tiennent, en tout cas, pour le vrai créateur de leur langue. Contentons-nous ici d'isoler quelques thèmes philosophiques, où nous reconnaîtrons la tradition « platonisante » d'Augustin et d'Anselme, et aussi la logique aristotélicienne, excellente selon Lulle pour démontrer, mais impuissante à inventer – tout cela englobé dans une sorte d'algèbre et de géométrie métaphysiques entièrement de son cru. Il y a là une vitalité, une faconde, un culot aussi, pour tout dire, qui forcent l'admiration.

Lulle nous met en présence de la totalité du monde, structuré par les grands principes absolus divins, qu'il appelle les *dignités* et qui définissent l'essence divine : bonté-grandeur-éternité ; pouvoir-sagesse-volonté ; vertu-vérité-gloire. Au niveau de la création, ces principes constituent l'essence de tout ce qui est. Parallèlement à ces *principes absolus*, Lulle isole des *principes relatifs* : différence-concordance-contrariété ; commencement-milieu-fin ; majorité-égalité-minorité, qui permettent de discerner l'agir ou le non-agir des principes absolus. Les principes de l'être étant en même temps ceux du connaître, la raison apparaît, dans cette perspective, « en prise » avec le monde, mais aussi avec Dieu tel qu'il a voulu se révéler. Toute une combinatoire, effroyablement compliquée, qu'il expose dans le *Grand Art*, traduit ces relations métaphysiques en cercles, carrés, triangles et syllogismes. Qui aura acquis la maîtrise de ces symboles devra nécessairement aboutir aux vérités essentielles de la foi chrétienne. Tout le contraire, on le voit, de l'averroïsme. Le *Grand Art* a-t-il converti un seul mahométan ? On peut en douter. Rabelais et Descartes n'y verront qu'un charabia fumeux, dont ils se sont bien amusés, à défaut d'être entrés dans une pensée infiniment éloignée de leur propre cadrage.

Si l'on voulait caractériser d'un mot la métaphysique de Lulle en son fond, on pourrait dire que pour lui, être, c'est essentiellement agir. Que l'on considère Dieu selon qu'il s'est révélé, ou l'homme selon l'expérience qu'on en a, être, c'est faire, ou mieux, faire, c'est être. Mais là où Dieu est absolu d'agir et d'être, l'homme et la nature sont toujours attirés par le non-agir et le non-être dont ils ont été tirés. Lulle a certainement été favorisé de cette intuition de l'être ou de la contingence qui anime certaines pensées jusque dans les temps modernes, très différemment d'ailleurs – Jean-Paul Richter, Sartre, Maritain, Lapicque, Luc Estang, Jorge Guillen et quelques autres : découvrir qu'on existe, c'est découvrir en même temps que cela ne va pas de soi. Tout semble sortir à chaque instant d'un je-ne-sais-quoi pour aller vers je-ne-sais-où. D'où cet ébranlement de la conscience, cet émerveillement fait d'angoisse – découverte de la finitude – et de joie : « j'existe ! », qui peut aboutir à la nausée sartrienne ou à l'affirmation d'un au-delà de tout dont tout procède. Pour Lulle, cette secousse-là met le sujet sur la voie de la philosophie. « J'existe, donc je suis en être », dit Lulle au début du *Livre de la contemplation* – et voilà qui le lance dans la quête de l'existant souverain dont il procède, et avec qui il veut entrer en dialogue.

Cette métaphysique de l'action, « ce dynamisme outrancier » (L. Sala-Molins), débouche sur l'utopie – mais n'est-ce pas plutôt un idéal que Lulle voyait réalisable ? – d'une cité hiérarchisée. Canaux par lesquels transite l'action des principes absolus, les autorités, pape, princes, doivent *être*, c'est-à-dire *œuvrer* à développer ce que chacun de leurs sujets possède en germe. Ainsi Lulle voit-il les choses dans l'*Arbre de vie*, où il développe la métaphore du tronc, des branches et de la sève. Là où les autorités déchoient de l'agir, par inertie ou perversion, l'influx des grands principes ne passe plus, et l'arbre social s'étiole avant de crever.

La philosophie de Lulle s'achève dans la contemplation, dans le dialogue qui s'établit entre sa conscience et son Principe. Mais c'est seulement quand il a accompli son devoir envers la société de ses semblables que l'homme peut s'y abandonner, non point dans la passivité béate, mais dans un propos incessant de re-création. L'homme n'est jamais achevé ici-bas ; il n'existe qu'en se re-créant. Et cela même n'est pas sans évoquer – mais Lulle le savait-il ? – la vision néoplatonicienne selon laquelle toute hypostase procède d'elle-même en même temps que de son principe. Tel est, en raccourci, le message fervent et terrible du *Livre de la contemplation* et du *Livre de l'ami et de l'aimé*.

Pensée puissante et touchante, qui fait hésiter entre le philosophe, le savant et l'illuminé. Lulle avait décidément pris son bien partout où il l'avait trouvé, et le cadet de ses soucis avait toujours été de se réclamer de celui-ci plutôt que de celui-là. Ce n'est pas un docteur parisien. Ses livres ne sont pas des manuels. Une pensée ivre du nectar puisé à trente-six fleurs. Tout ce qu'il fallait, en somme, pour intéresser à son cas les inquisiteurs de tout poil. Ils n'y manquèrent pas. Bien après la mort de Lulle, le sinistre Nicolau Eymerich (1320-1399), ce dominicain catalan auteur du *Manuel des inquisiteurs*, traduit et commenté par L. Sala-Molins, s'était mis en tête d'obtenir sa condamnation. Il s'était fait un bonheur de trouver dans l'œuvre de son compatriote « plus de cinq cents erreurs ». Encore ses disciples y avaient-ils ajouté, selon lui, une bonne vingtaine d'autres. Trop, c'est trop. Eymerich ne fut pas suivi ; le pape s'en tint à décréter qu'on jetât au feu la collection des écrits lulliens. Les Catalans ne s'empressèrent d'ailleurs pas d'obéir. Encore une chance que Raymond Lulle ait eu le temps de regagner les cieux avant le *floruit* de l'aimable Eymerich : ce dernier eût été bien capable de parvenir à ses fins. Il est vrai que si Lulle avait été condamné *post mortem*, Eymerich eût pu se donner le plaisir de le faire déterrer dans les formes, comme il est précisé dans le *Manuel* rédigé par ses soins.

La complexité même des textes lulliens valut au philosophe une réputation d'alchimiste – ce qui l'eût à coup sûr rendu furieux. Ainsi finissent les choses. Toute une lignée de bricoleurs, de faiseurs d'or, de distillateurs d'élixirs de jouvence et de potions magiques se réclamera de lui, le rendant plus que jamais suspect aux saintes gens de la police idéologique. En Allemagne, Nicolas de Cuse aura la bonne inspiration de l'étudier pour ce qu'il était. Plus tard, la Renaissance italienne et française y trouvera intérêt et bonheur. L'*Art magna*, le *Grand Art*, qui se donnait pour capable de résoudre les questions « au sujet de toute chose susceptible d'être connue, *de omni re scibili* » inspirera sans doute le titre célèbre du traité de Pic de la Mirandole.

FOI, COUPS ET BLESSURES

Un historien de la pensée manquerait à son devoir s'il quittait le XIIIe siècle sans évoquer – et ce n'est pas de gaieté de cœur – l'Inquisition et ses menées. J'ai exposé plus haut les inquiétudes légitimes des pasteurs devant la montée des périls que constituait pour la foi catholique l'irruption de tant et tant d'idées nouvelles. Les pensées sur lesquelles on avait vécu durant des siècles, et qui avaient fini par faire corps avec le christianisme, se voyaient contestées par d'autres, venues de l'antiquité païenne, de l'Islam, de la spiritualité juive. Toute une science s'était redécouverte, qui non seulement tenait logiquement debout en disant tout autre chose que ce à quoi on croyait, mais encore exerçait, par sa capacité à tout expliquer, à tout formuler, une fascination dont l'influence ne cessait de grandir. Cela, nous l'avons bien vu à propos des fameux problèmes de l'éternité du monde, de l'unicité ou de la multiplicité de l'intellect agent, de la destinée libre et éternelle de chaque homme, et de la si mal nommée « théorie de la double vérité ». À côté de ces questions qui n'intéressaient, je l'ai dit, qu'un cercle plutôt restreint d'écolâtres, d'autres se posaient, et cette fois dans les couches populaires de la chrétienté. On en venait à s'interroger sur la nature de la révélation ; on entendait revenir à la pauvreté évangélique, etc. Des sectes s'étaient formées, dont l'examen détaillé relève de l'histoire de l'Église : vaudois, cathares, fraticelles, béguins, dolciniens et autres bogomiles, dont la vitalité entraînante alarmait par ses retombées sociales désordonnées les pouvoirs ecclésiastiques et civils, si tant est qu'ils fussent partout et toujours en parfait accord. Une réaction devait nécessairement se manifester, et pontifes, évêques, autorités impériale et royale s'y engagèrent dès 1139, suite au second concile du Latran.

Mais fallait-il pour autant qu'elle prît des formes exorbitantes du droit, de l'amour du prochain tel que le prêche l'Évangile, et même du simple respect qu'on doit à la vie et à l'intégrité des personnes ? Je sais bien que nos « Droits de l'homme » cent fois, mille fois rappelés aujourd'hui à temps et à contretemps, n'avaient pas encore trouvé leur définition. Mais on pourrait penser qu'existaient au moins, comme au temps de Sophocle, des lois non écrites dans le cœur des hommes de bonne volonté. Or, à considérer les faits, il ne semble pas que cela ait été le cas. En 1231, les juridictions ordinaires se virent dessaisies par le pape Grégoire IX de leur tâche de surveillance, au profit de tribunaux d'exception ayant compétence pour instrumenter partout contre ceux qu'on désignait sous le nom d'hérétiques. La Sainte Inquisition était née, sorte de service de sécurité qui allait exercer ses talents jusqu'au XVe siècle dans ce qu'il est convenu d'appeler l'Europe, et en Espagne jusqu'en 1834, avec, il faut bien dire, une redoutable efficacité.

On sait mieux aujourd'hui, pour avoir enfin accès aux textes canoniques – cent fois approuvés explicitement par les souverains pontifes et confinés dans le secret le plus absolu – comment fonctionnait cette police idéologique. Ces protocoles, où tout est consigné avec un soin gourmand à l'usage de ceux qui avaient à les appliquer, se transmettaient de bouche d'inquisiteur à oreille d'inquisiteur. Je ne citerai que la *Practica* due à la plume du dominicain Bernard Gui (celui que met en scène, de façon très libre,

Umberto Eco dans *Le Nom de la rose*), abrégé et traduit en 1926 par G. Mollat, et le *Directorium* amoureusement fignolé par le dominicain Nicolau Eymerich, revu au XVIe siècle par le dominicain espagnol Francisco Peña : ce dernier texte, édité par L. Sala-Molins, comme je l'ai signalé à propos de Lulle, se trouve aujourd'hui à la portée de tout le monde. Je ne saurais trop recommander la lecture de ce *vade-mecum* du parfait inquisiteur à qui veut compléter sa formation personnelle quant à l'histoire des idées et de leur diffusion. Âmes sensibles – et estomacs délicats – s'abstenir.

Dans le corps des inquisiteurs, les Dominicains s'illustrèrent en priorité : « les chiens du Seigneur », selon un mauvais jeu de mots : *Dominicani – Domini canes* ». Secrètes étaient les procédures d'un bout à l'autre ; secrètes les délations, rétribuées par un volume plus ou moins conséquent d'indulgences, à valoir sur les peines éternelles ; secrètes les diverses séances, assorties de tortures codifiées de façon précise et vertueusement laissées aux soins du bras séculier ; secrètes les délibérations. Les avocats parfois commis dans ces affaires ne devaient jamais servir qu'à faciliter les aveux par d'astucieuses exhortations. Il faut bien reconnaître qu'une fois entraîné dans l'engrenage de ces procédures, le prévenu n'avait guère de chances de s'en tirer. L'emprisonnement à temps ou à vie était une grâce. Cela dit, s'il arrivait que l'inculpé ne se repentît point dans les conditions voulues, ou que, repenti, il eût la funeste idée de retomber dans ses erreurs, il était, comme on dit pudiquement, livré au bras séculier – entendez : remis aux autorités civiles et à leurs auxiliaires spécialisés, à qui revenait d'exécuter la sentence par le feu. Non sans avoir fait en sorte – le plus pratique était de lui lier la langue – que le supplicié n'attentât en rien, par ses imprécations, à la foi des spectateurs. Tout était prévu dans le moindre détail : il n'était que de suivre le mode d'emploi mis au point par les bons Pères.

Si complet était le bordereau récapitulatif des hérésies passées et présentes, que l'enquêteur – on hésite à dire : le magistrat –, n'était jamais embarrassé pour pêcher dans ce fatras un chef d'inculpation. On ne s'étonnera pas que les idées des philosophes païens ou infidèles aient été tenues pour hérétiques, avec effet rétroactif. Les autorités inquisitoriales n'hésitaient pas à pimenter l'odieux d'un peu de ridicule. Laissons cela, sans pourtant jamais l'oublier. En codifiant d'aussi misérables pratiques, en s'y livrant en toute bonne foi, sans l'ombre du commencement d'un remords – ne fallait-il pas retenir contre eux-mêmes les déserteurs ? – l'Église n'a pas amélioré son image. Qu'on veuille bien ne point invoquer ici la dureté de ces temps si éloignés : plus loin encore dans le passé, un Épicure, un Sénèque, un Épictète savaient là-dessus ce qu'il eût fallu savoir et témoignaient d'un plus haut respect de l'homme. Qu'on ne cherche pas non plus d'excuse dans le fait que d'autres totalitarismes, religieux ou politiques, ont cédé depuis à ces facilités sans nom, et sur une plus grande échelle. Aucun présent ne liquide le passé ; aucun passé ne justifie le présent. Nous touchons ici à l'imprescriptible, de quoi Vladimir Jankélévitch seul a bien parlé.

En 1969, dans son message de décembre, le pape Paul VI déclarait : « Nous reconnaissons comme une contribution à la paix le fait qu'on déplore désormais partout (...) la torture des prisonniers. La conscience du monde ne tolère plus de semblables délits, qui font retomber le déshonneur sur ceux qui les accomplissent. » Ainsi soit-il. Et mieux vaut tard que jamais.

*

En dépit des misères qui le marquèrent et des limites – combien contraignantes ! – qu'assignait à l'exercice de l'intelligence un totalitarisme dogmatique bien étranger à l'esprit de l'Évangile, en dépit aussi d'habitudes de pensée et de tics d'expression fatalement sclérosants, il faut tenir le XIIIe siècle pour un grand siècle philosophique. Je ne suis pas sûr que les philosophes des temps modernes l'aient toujours reconnu comme tel. Si le XIIe siècle avait retrouvé, notamment avec les Chartrains, avec Abélard et quelques autres, la joie de la lecture, l'appétit d'un savoir indéfiniment étendu, l'ivresse du raisonnement qui va loin, le XIIIe siècle avait éprouvé le goût d'une plus exacte rigueur de pensée, et compris l'intérêt de disposer d'un savoir qui se tient. Ces cathédrales de l'esprit, comme toutes les cathédrales, étaient soumises à la nécessité des restaurations dès lors qu'elles s'inscrivaient dans le temps d'une époque. Mais leurs bâtisseurs s'imaginaient volontiers les avoir édifiées pour l'éternité, et ceux qui les hantèrent au cours des temps partagèrent volontiers ce sentiment. Ils crurent trop facilement qu'ils avaient enfin trouvé ce que l'apôtre Paul refusait pourtant ici-bas aux tout premiers chrétiens : une demeure permanente. Et c'est ainsi que se pétrifia en rabâchages indéfinis ce qui d'abord était vie de l'esprit dans la lumière de l'amour.

XXI

LES CIEUX, LA TERRE, LES MOTS

Lorsque s'ouvre le XIVe siècle, la chrétienté vit sans trop le savoir ses derniers jours de grandeur. Les vieilles structures théocratiques qui jusqu'alors avaient résisté au conflit du sacerdoce et de l'Empire, commencent à céder sous la poussée d'idées politiques nouvelles. C'est avec une surprise indignée que les pontifes romains à triple couronne, qui se croyaient pour l'éternité maîtres des empereurs et des rois comme de leur Église, voient leurs prérogatives contestées sans ménagements. Une doctrine nouvelle de l'État est en train de prendre corps, élaborée notamment par les légistes du roi de France. Et le siècle s'ouvre sur l'attentat d'Anagni, impensable bousculade entre l'autocratissime Boniface VIII et Guillaume de Nogaret, le ministre d'un Philippe le Bel qui entendait bien être maître chez soi. Peu après, en 1309, soucieux de se dégager des factions romaines qui ne lui laissaient pas les mains libres, Clément V – un pape vraiment cultivé – transportera le siège apostolique en Avignon, donc dans la mouvance française. En 1378, le formidable édifice de la chrétienté se délabre de l'intérieur : Urbain VI se réinstalle à Rome – et Clément VII poursuit en Avignon. On avait toujours eu un pape ; voilà bien qu'on en avait deux, et bientôt trois. Trop de beau monde, vraiment, pour une Église qui se définissait comme une et sainte. Le grand schisme dépasserait de dix-sept ans le siècle. Ajoutons au tableau l'interminable guerre, dite de Cent ans, entre la France et l'Angleterre, les habituelles misères de santé et d'intendance qui accablaient les populations, et nous aurons une idée de l'ambiance. Elle n'était guère favorable à l'étude, et pourtant, l'apport du XIVe siècle à la philosophie fut, nous allons le voir, aussi important que varié.

LE DOCTEUR SUBTIL

Doctor subtilis : ce surnom, amplement mérité, que la tradition a imposé au franciscain écossais Jean Duns Scot (vers 1266-1308) – rien à voir, je le rappelle, avec Scot Érigène ! –, décourage une fois de plus l'exposé détaillé de ses thèses. Aujourd'hui encore, où son école poursuit sa carrière en milieu franciscain, les théories scotistes, par leur aspect quintessencié, ne laissent jamais le lecteur très sûr d'avoir compris. On sait que Duns Scot commenta à Oxford les inusables *Sentences* de Pierre le Lombard, et qu'il fit plusieurs séjours à Paris. L'un d'eux fut écourté par l'expulsion du théologien, qui s'était refusé à prendre le parti de Philippe le Bel dans ses empoignades avec Boniface VIII. Il y revint par la suite, et occupa quatre ans la chaire franciscaine de l'Université avant d'aller mourir à Cologne, où ses restes reposent encore dans la Minoritenkirche. On lui connaît, outre le *Commentaire des Sentences (Opus oxoniense)*, des *Questions de métaphysique*, ses cours de Paris *(Reportata parisiensia)*, des *Questions disputées*, des *Quodlibétales*, et quelques autres traités. Tout cela forme vingt-six volumes dans l'édition Vivès.

Tout franciscain qu'il était, Duns Scot avait pratiqué Aristote, et attachait du prix à ce qu'il apportait en logique, voire en métaphysique. Entre les commentateurs arabes, c'est Avicenne qu'il préférait à Averroès, lui empruntant même sa théorie de l'être, ainsi qu'une certaine conception, moins restrictive, nous allons le voir, que celle de saint Thomas, de l'intellect humain. Duns Scot est aussi un bon connaisseur de saint Augustin. Mais ce qui frappe, chez lui, c'est sa capacité à mettre le doigt sur le point faible des théories soutenues par ses contemporains, et à poser les problèmes tout autrement : c'est à cela qu'on reconnaît le philosophe. Il fut pourtant essentiellement un théologien, pour qui l'Écriture, les Pères et le magistère apostolique auront toujours et en tout le dernier mot. Mais à l'intérieur de ce fief spirituel de la révélation, il entendait définir aussi complètement que possible les pouvoirs de la raison philosophante.

Question préalable, au moins pédagogiquement, et que les philosophes se sont toujours posée : que peut-on connaître, au juste, et comment expliquer cette connaissance ? – La tradition augustinienne, longtemps reconduite avec des précisions et des nuances par l'école franciscaine, se rangeait à la théorie de l'illumination : si l'on connaît, c'est par l'infusion des raisons éternelles. Sans le Maître intérieur, notre savoir n'irait pas bien loin. Saint Thomas préférait, on le sait, la perspective aristotélicienne remaniée en fonction des requêtes de la révélation : l'universel est saisi dans les objets individuels par l'abstraction, par la médiation de l'intellect patient et de l'intellect agent, ce dernier faisant partie de l'équipement de chaque âme humaine. Les averroïstes « extrémistes » expliquaient eux aussi la connaissance par mode d'abstraction, mais ils auraient bien vu un intellect agent unique. Duns Scot refuse l'illumination, retient l'abstraction, mais estime que la conception thomiste n'est pas entièrement satisfaisante : elle ne va pas assez loin. Dans les individuels concrets, l'abstraction thomiste saisit l'être avec chaque fois ses modalités limitées incluses dans le sensible. Disons cela aussi simplement que possible : selon les thomistes, cela *est*, mais inséparablement, cela *est ceci* ou *est cela*, l'être étant saisi selon une proportion *analogique* dont Dieu est le terme premier. Pour Duns Scot, notre esprit dispose d'une faculté de type intuitif qui, percevant le concret singulier, y perçoit du même coup *l'être*, hors des limites que constituent les modalités concrètes de l'objet singulier. Si bien que pour lui, ce qu'atteint notre esprit, c'est l'être pur et *univoque*, celui des choses, celui de Dieu. On voit que le Docteur subtil – ô combien ! – reconnaît à l'esprit humain plus de pouvoir que ne le faisait le Docteur angélique : il est *capax Dei*, capable de Dieu. Et cela va loin : Duns Scot estime que si la capacité intellective des hommes était, par nature, inapte à saisir l'être intelligible *comme tel*, non seulement la béatitude céleste – contemplation de Dieu tel qu'il est – serait impossible, mais encore nul ne pourrait, sur terre, faire véritablement de la métaphysique… Aux aristotélisants qui font observer que c'est seulement au travers du sensible que nous accédons à l'intelligible, Duns Scot rétorque qu'il s'agit là d'une situation de fait, suite au péché originel, et non de droit. Et cela, Aristote ne pouvait évidemment pas le savoir ! Quant à faire de la théologie, comment y parviendrions-nous si, quand nous disons : « Dieu est » et « Le monde est », le verbe *être* n'avait pas le même sens exactement d'une phrase à l'autre ? Tout essai de théologie serait alors voué au quiproquo… On voit comment, chez Duns Scot, jouent raison naturelle et révélation surnaturelle. La révélation – Bible, Pères, magistère ecclésiastique les interprétant – instruit la raison naturelle de vérités qui relèvent d'elle, mais qu'en fait, elle n'a pas su reconnaître.

Cela étant, que pouvons-nous entrevoir de la métaphysique sous-jacente à la théologie de Duns Scot, et qui soit accessible et utile aux non-initiés ? – Qu'on m'absolve d'avance ! Reprenons la question de savoir si et comment l'âme découvre l'existence de Dieu. On se souvient que saint Augustin et les augustiniens s'en remettaient à l'illumination, au Maître intérieur, qui n'est autre que le Verbe, pour accéder aux vérités éternelles concentrées en lui, et ainsi affirmer l'existence de Dieu comme une évidence. Saint Anselme, j'ai montré de quelle façon, faisait sortir de l'idée de Dieu présente à l'esprit – et fût-elle refusée par l'incroyant – l'existence nécessaire de ce Dieu. Pour saint Bonaventure, la création impliquait une analogie entre Dieu créateur et ses créatures, qui en sont les ombres, les vestiges et les images : déchiffrer le livre de la création nous met en présence de son auteur. Nous savons enfin que les thomistes, suivant là-dessus le cheminement d'Aristote, s'appuyaient sur l'expérience sensible, considérée comme les effets d'un Principe ultime vers lequel l'esprit peut remonter selon cinq voies. Ici, Duns Scot procède à une inversion des perspectives. Selon lui, ce n'est pas à proprement parler par la physique qu'on parvient à Dieu ; le cheminement vers Dieu est métaphysique que de bout en bout. Prenons, par exemple, la première voie thomiste : tout mouvement postule en fin de compte un moteur que nous disons Premier et que nous identifions à Dieu. Bien. Mais à quel moment a-t-on cessé de se comporter en physicien pour devenir métaphysicien ? À y bien réfléchir, nous découvrons que pour dire Premier ce moteur et pour l'appeler Dieu, il faut déjà posséder par nature une intuition minimale de ce qu'est Dieu. Autrement dit, il faut déjà savoir, fût-ce de façon imparfaite, ce qui correspond à cette représentation d'un divin Moteur et de ses relations avec le mouvement. Faute de savoir déjà, fût-ce vaguement, ce qu'on cherche, on ne sait jamais clairement ce qu'on trouve. Et voilà pourquoi Duns Scot estime préférable de considérer d'emblée les propriétés métaphysiques des êtres. Si quelque chose existe, c'est que ce quelque chose était déjà « existible » – et donc sa cause est possible. Si cette cause possible est incausable, il s'agit de Dieu ; si elle est elle-même causable, comme tout le monde vous dira qu'une série infinie de causes causables est impossible, c'est qu'une cause incausable est possible. Mais comme cette cause incausable n'est elle-même possible qu'à la condition d'exister, il faut dire qu'elle existe. CQFD. Ce qui vaut pour la causalité vaut également pour la finalité. Formulons l'argument de façon plus large. L'idée de Dieu est-elle possible ? – Réponse : oui, car elle n'implique aucune contradiction. Mais nous sommes du même coup tenus de lui reconnaître l'existence, car si cette idée n'existait qu'en nous-mêmes, il nous faudrait la dire à la fois possible et impossible, ce qui est contradictoire. Ainsi, le Dieu auquel la raison accède, selon Duns Scot, est premier dans l'ordre de la causalité et de la finalité. Il est éternel, vivant, source de toute vérité. Il ne lui manque, si j'ose dire, que les déterminations dont nous a fait cadeau sa libre volonté en se révélant. Il est absolument libre – au point que le système des valeurs eût pu être tout autre s'il l'avait voulu –, il est juste, miséricordieux, provident, etc. Et nous pouvons le dire tel, car les attributs divins sont ce que Duns Scot appelle des *formalitates* – disons : « des aspects réels » –, entre lesquels existe une distinction de son invention. Elle n'est pas « réelle » – car autrement, on briserait l'unité de Dieu, le supprimant du même coup ; elle n'est pas non plus simplement « de raison », ce qui conduirait à des absurdités : qui nous empêcherait alors de dire que Dieu punit par miséricorde et qu'il pardonne par justice plutôt que le contraire ? – ; c'est une « distinction objective », d'un genre à part. Au reste, l'être étant, nous l'avons dit, univoque, cette multiplicité d'« aspects réels objectivement distincts » existe en tous les êtres singuliers. Ce sont même ces propriétés-là qui font d'un individu celui-là et pas un autre, cette essence-là *avec son degré d'existence*. Duns Scot économise ainsi la fameuse distinction entre essence et existence mise au point par Avicenne et reprise depuis par Guillaume d'Auvergne, saint Thomas, etc. Dans la perspective scotiste, elle ne s'impose plus : la transcendance du créateur par rapport à ses créatures apparaît de soi et dans tous les cas imaginables de l'être, et ne permet aucune confusion « panthéistique ». J'avais prévenu le lecteur : ce n'est pas là une pensée facile...

Plus aisé sera pour nous d'entrer dans la philosophie – dans la théologie, à vrai dire – de la liberté et de l'amour que professe Duns Scot. Et d'abord, Dieu y apparaît souverainement libre. Tout lui est possible ; il n'est limité par aucun *fatum* à l'antique, par aucun Bien auquel il devrait se conformer : étant amour, il est précisément le créateur de ce que nous mettons sous le concept de « Bien ». Tout, dit Duns Scot, tout est possible à Dieu – sauf, ajoute-t-il, ce qui implique contradiction. Restriction qui eût chagriné saint Pierre Damien ! Car la toute-puissance de Dieu ne fait pas de lui un potentat, qui s'abandonnerait aux caprices de l'arbitraire. Comme l'a enseigné l'apôtre Jean, « Dieu est amour » – et « il nous a aimés le premier » – en toute liberté : rien ne l'y obligeait. De même nous a-t-il créés libres, à son image, et c'est librement que nous pouvons l'aimer, car nous voyons clairement que c'est le seul parti à prendre. On retrouve ici un écho de la théologie augustinienne de la liberté : « là où le plaisir est à faire le bien, là est la liberté ». Car, en deçà de la vertu surnaturelle de charité, infusée au cœur des baptisés par le Saint-Esprit, la raison naturelle provoque la volonté à s'accomplir en plénitude en aimant le seul objet reconnu aimable par-dessus toutes choses. On voit ce que veut dire Duns Scot quand il affirme le primat de l'amour sur l'intelligence : l'intelligence a pour fin de diriger l'homme vers sa fin, précisément. Elle éclaire le vouloir, et c'est là sa plus noble fonction. On songe au mot célèbre de saint Augustin à propos des deux Cités : « l'amour de soi jusqu'au mépris de Dieu a fait la cité terrestre ; l'amour de Dieu jusqu'au mépris de soi a fait la cité céleste ». Pour Duns Scot, on pourrait dire qu'au niveau même de la cité des hommes, de la cité terrestre, cet amour de Dieu jusqu'au mépris de soi est possible, parce qu'il est raisonnable. La charité surnaturelle en reprendra le mouvement et l'achèvera, faisant sauter les limites imposées par la chute originelle. Toute la morale de Duns Scot est là dans son principe. L'homme est certes pécheur – mais tel qu'il est, il peut et doit manifester ce que Kant, bien plus tard, appellera une bonne volonté. Ainsi s'achève en amour cette formidable construction, où Paul Vignaux a vu « une phénoménologie de l'Absolu ». Duns Scot est, à n'en pas douter, l'une des pensées les plus accomplies des temps « médiévaux ».

Impénétrable aux non-spécialistes – voire aux non-médiévistes – est le maquis que constitue la postérité de Duns Scot. Et d'autant plus que chaque auteur se réfère à une pléiade de docteurs de seconde zone, soit pour s'en réclamer, soit pour s'en distinguer sur un point infime, soit encore pour vouer aux gémonies ceux qui n'ont censément rien compris à rien. Ivresse de la pensée livrée à elle-même ! Chacun est tellement sûr d'avoir enfin trouvé la meilleure formule, celle qui, expliquant tout, met fin à toute recherche subséquente ! Aussi laisserons-nous là l'école du Docteur subtil – encore qu'elle soit d'un grand intérêt pour les spécialistes –, pour affronter maintenant de tout autres pensées.

LES ROSES, LA ROSE ET LE NOM DE LA ROSE

Que diable a-t-on « dans » l'esprit lorsqu'on pense ? Jolie question, et que de fois l'aurons-nous rencontrée, depuis qu'au IIIe siècle, présentant les *Catégories* d'Aristote, Porphyre le premier la posa à propos des concepts ! Boèce, au VIe siècle, l'avait reprise, et Roscelin de Compiègne au XIe, et Abélard au XIIe, et beaucoup d'autres par la suite. Le plus curieux est qu'au XIIIe siècle, il semble bien qu'on ait oublié complètement Abélard et ses démêlés avec Guillaume de Champeaux, puisqu'on voit rebondir la sempiternelle querelle des universaux au XIVe avec un franciscain tout à fait remarquable, et à plusieurs points de vue : Guillaume d'Ockham (vers 1290-1350). Il avait fait ses études à Oxford, où il avait commenté les *Sentences* de Pierre le Lombard – et cela de telle manière que des âmes charitables crurent bien faire en rapportant au pape Jean XXII ce qu'il enseignait : sans doute jugeait-on que certaines propositions n'étaient pas très catholiques. Guillaume comparut donc en Avignon, où sans être explicitement condamné, il fut assigné à résidence. Ce qu'il avait entrevu à cette occasion de la cour pontificale avait de quoi troubler une âme franciscaine. Cet étalage impudent de luxe au moment précis où son ordre prônait avec vigueur le retour à la pauvreté évangélique – vertu fort suspecte aux yeux du pape en raison de l'extrémisme que manifestaient certains minorités, suivis par le petit peuple –, cette soif indiscrète de puissance politique, qui prétendait faire du pape le roi des rois, rien de tout cela ne pouvait sourire à Guillaume. Si bien qu'au bout de quelque temps, il décida de s'évader d'Avignon en compagnie de Michel de Césène, le supérieur général des Frères mineurs. Ils trouvèrent refuge à Munich auprès de Louis de Bavière, devenu entre-temps empereur d'Allemagne, qui lui-même était à couteaux tirés avec Jean XXII : il lui avait même suscité à Rome un anti-pape ! Guillaume finirait ses jours auprès du souverain, multipliant les manifestes pour la défense de l'Empire contre les empiètements de la papauté. Esprit d'une exceptionnelle vigueur, il laissa, outre son *Commentaire des Sentences*, des *Quodlibétales*, des commentaires de l'Aristote logicien et physicien, ainsi qu'une *Somme de toute la logique*. Comme ses collègues de l'époque, Guillaume d'Ockham est d'abord un théologien, et un théologien soucieux de rigueur, ce qui le rend tout à fait critique dans l'usage qu'on fait de la philosophie. Quand on prétend parler de Dieu, mieux vaut y regarder à deux fois, et ne pas raconter de confiance n'importe quelles balivernes.

C'est dans cet esprit que Guillaume d'Ockham jugea indispensable de mettre à plat, comme on dit aujourd'hui, tout ce qui avait trait aux universaux, et de régler la question selon une perspective où la logique serait maîtresse. Son argumentation est autrement simple que celles des systèmes de l'époque. Rappelons que dans toute proposition qu'on entend proférer, qu'on voit écrite ou qu'on pense en soi-même – et qui est faite d'un sujet, d'un verbe et d'un prédicat ou attribut – les termes sont porteurs d'une signification précise. Un terme, c'est un signe, en ce sens qu'il se rapporte à quelque chose dont il *tient la place* : c'est ce rôle que les scolastiques appellent la *suppositio*, et qu'il nous faut examiner de plus près.

Soit donc les trois propositions suivantes :

La rose est un mot de quatre lettres (1) ;
La rose est en train d'éclore (2) ;
La rose est une espèce botanique (3).

En chacune de ces propositions, qu'est-ce donc qui est chaque fois « supposé », autrement dit, à quoi le terme se substitue-t-il exactement ? Dans la proposition (1), c'est le *son* même dont le mot *rose* est fait *(suppositio materialis)*. Dans la proposition (2), c'est *l'une des choses bien réelles*, individuées, qu'il désigne *(suppositio personalis)*. Dans la proposition (3), c'est *quelque chose de commun* à ces individualités-là qui poussent dans mon jardin, et que je ne confonds ni avec les dalhias ni avec le persil *(suppositio simplex)*. Mais ce *quelque chose de commun* à toutes les roses, c'est *quoi*, au juste ? Cela n'intéresse en rien le logicien de le savoir, puisqu'il raisonne sur tout et n'importe quoi, réel ou pas. En revanche, cela importe beaucoup au métaphysicien, qui prétend légiférer sur des existants. Pour lui, quel genre d'être vise donc le terme *rose* dans la proposition (3) ? Est-ce quelque chose qui existerait hors de l'esprit, ou seulement dans l'esprit – et quoi ? On voit ici que Guillaume d'Ockham, partant d'une question de logique, pose un problème d'ontologie.

Là-dessus, Guillaume d'Ockham rappelle qu'on trouve chez les philosophes des réponses pour tous les goûts – qu'ils donnent pour autant de certitudes alors qu'il s'agit d'inventions nées d'une grande complication d'esprit. Il y a ceux qui affectent l'universel du coefficient maximum de réalité : *la rose*, c'est, sans jeu de mots, une essence, et elle existe. Et donc, chacun des individus *rose* en est une autre, et entre les deux essences, il y a une distinction réelle. Cela fait donc autant d'individus que de roses – plus un, qui est *la rose*. Absurde. Ou encore, il y a ceux qui posent l'universel *rose* comme *une nature commune* s'individualisant dans *cette rose-ci* ou dans une autre : entre cette nature et les individus, la distinction ne serait que formelle. Ainsi pensait Duns Scot, que Guillaume récuse. Le franciscain Pierre d'Auriole († 1322) s'en tirait en distinguant *la rose* prise absolument, et *les roses* en particulier, chacune étant telle ou telle. En somme, elles participent toutes de l'*Idée*, qui pourtant ne subsiste pas hors de l'esprit : l'esprit la conçoit en rapport avec les roses qu'il expérimente. Elle est la vérité de ces roses, autrement dit leur conformité à la nature *rose*. Inutile de préciser que Guillaume rejette ce restant de platonisme, si tant est que Platon ait jamais figé sa pensée de cette façon. Il y a aussi la position de saint Thomas : l'universel *rose* est « en puissance » dans chacune des roses de mon jardin, et c'est mon intellect agent qui l'en dégage, moyennant quoi je puis connaître qu'il s'agit bien d'une rose, et non d'un pissenlit. Entre l'universel et le singulier, la distinction n'est pas réelle ; elle est seulement de raison. Mais Guillaume n'a que faire de cette distinction, qu'il tient pour superfétatoire. Trop compliqué ! Ainsi, Guillaume estime avoir réglé son compte au *réalisme* des universaux, qu'il soit absolu ou mitigé. Un universel n'est pas une réalité ; seuls existent réellement les individus, dont on a une connaissance intuitive. Mais alors, que sont au juste les universaux ? – Tout simplement des concepts, eux-mêmes exprimés par des mots. Des concepts « aussi extérieurs aux choses que les mots que nous proférons à leur sujet » (Paul Vignaux, *Philosophie au Moyen Âge*, p. 175). L'universel est un signe conventionnel. C'est le signe d'une pluralité de choses singulières. D'un côté, il y a les choses ; de l'autre, il y a les termes qui les *désignent*. Un point, c'est tout. Des noms : voilà pourquoi on appelle *nominalisme*, dans la tradition, les thèses des philosophes – Roscelin, Abélard, Guillaume d'Ockham… – qui refusent toute réalité aux universaux, et n'y voient que des signes. On rencontre parfois le synonyme de *terminisme*. Il faut croire, disions-nous, qu'Abélard était bien oublié, car les contemporains se mirent à caractériser les nominalistes comme des « modernes », par opposition à ces « anciens » qu'étaient subitement devenus les thomistes et les scotistes. En philosophie comme ailleurs, on est toujours l'ancien ou le moderne de quelqu'un.

Il faut bien avouer qu'aux yeux d'un homme d'aujourd'hui, surtout s'il n'a guère fait de philosophie, ou s'il n'a gardé de ce temps de sa jeunesse qu'une obscure souvenance, ce défilé de positions métaphysiques à propos de roses – ou de ce qu'on voudra : j'ai pris l'exemple dans Pierre d'Auriole –, oui, ce catalogue de thèses a quelque chose d'insolite, voire de carrément loufoque. Ainsi pensait-on : en termes d'essences, de natures, etc. – et il était donc fatal qu'on s'interrogeât sur le degré de réalité de ces entités. En tout cas, cela même que nous venons de détailler nous permet d'apprécier la modernité dont les contemporains créditaient Guillaume d'Ockham. De la théologie, et surtout de la philosophie qui lui est sous-jacente, il entend retrancher ces excroissances parasitaires, ces superfluités que les âges ont multipliées en vue de tout expliquer, et qui selon lui n'expliquent rien du tout et embrouillent la question. On n'éclaire pas en compliquant. Aussi, le sévère franciscain tranche-t-il là-dedans comme avec une lame – le fameux « rasoir d'Ockham », comme on dira plus tard pour évoquer l'opération de nettoyage à laquelle il s'est livré sur l'intelligence humaine et ses produits. En fait, il s'agit simplement d'un principe d'économie : on n'a pas à poser une pluralité si l'on n'y est pas tenu par une nécessité, rationnelle, expérimentale, ou de foi définie. Il ne faut pas multiplier les êtres sans nécessité, et dans le travail intellectuel, on doit toujours choisir ce qui est le moins dispendieux pour l'esprit. Je dirais volontiers qu'avec Guillaume d'Ockham, on respire.

Pourtant, si la connaissance intuitive est la seule qui, portant sur des individus existants, permette de parvenir jusqu'aux faits, une question se pose, bien embarrassante : qu'est-ce que le théologien va bien pouvoir dire de beau sur Dieu ? Il ne peut même pas avancer une preuve de son existence : l'existence est un donné, pas la conclusion d'un raisonnement ! Dans ces conditions, quelle connaissance pouvons-nous avoir de Dieu, et fondée sur quoi ? – Réponse de Guillaume : « Je crois en un seul Dieu, le Père tout-puissant. » Tel est l'axiome fondamental de sa théologie. On va me dire que cela n'a rien de très original, des millions de gens répétant cela depuis des siècles dans leur prière du matin. Mais, à supposer qu'ils comprennent exactement ce qu'ils disent, ils n'en voient sûrement pas toutes les implications métaphysiques, et c'est cela que Guillaume entend faire découvrir.

Et tout d'abord, en commençant par *Credo*, Guillaume affirme que le contenu de la proposition est un acte de foi, hors duquel « on ne peut savoir avec évidence, écrit-il, que Dieu existe ». (*Quodlib.*, I, 9). Philosophiquement, cela ne saurait se démontrer. Quant à la toute-puissance de Dieu, elle va loin, si je puis dire : elle recouvre toute la surface du possible, sa connaissance étant aussi étendue que son pouvoir de réalisation. Dieu embrasse par sa connaissance et sa volonté, indissociables l'une de l'autre, l'infinité du possible. Il sait tout et peut tout faire – et même un monde qui eût été autre que celui-ci pour peu qu'il l'eût voulu. La seule limite est – comme pour Duns Scot – la contradiction : le dieu de Guillaume ne saurait, par exemple, poser un individu et ne le point poser. Si on se rappelle ce qui vient d'être dit des universaux – « quelque chose de commun à plusieurs » –, on voit très bien que si Dieu peut parfaitement ne pas créer un individu, dès lors qu'il l'a créé dans sa singularité, cet individu ne saurait, fût-ce par la puissance divine, devenir commun à d'autres, car il ne serait plus un individu. Il n'y a donc ni essences, ni natures, ni archétypes universels, rien qui puisse limiter la volonté absolue de Dieu. Contre l'aristotélisme arabe, qui voyait un dieu agissant par nécessité de nature, Guillaume d'Ockham affirme un dieu souverainement libre, de qui dépend un monde absolument contingent. Pas davantage on ne saurait prouver le caractère immatériel de l'âme, ou son immortalité : ce n'est pas que Guillaume en rejette l'hypothèse, mais rien de tout cela n'est du ressort de la raison naturelle, tout incapable d'en prouver quoi que ce soit. Seule la foi nous renseigne sur notre destinée, et sur ce que nous devons faire pour la réaliser telle que Dieu nous l'assigne. Selon Guillaume d'Ockham, « Dieu connaît les choses mêmes qu'il produit, et il les voit en les produisant » – et la révélation, nous communiquant, par la foi, le point de vue de Dieu, nous permet de juger des choses comme il en juge. Toutefois, « notre intelligence suffit à peine à saisir les vérités indispensables au salut », et donc, nous n'avons pas à nous soucier des autres, encore moins dans le détail. Toujours le principe d'économie : l'*homo viator*, l'homme en route vers la béatitude éternelle, s'est vu donner par Dieu de quoi y atteindre, et chercher plus loin serait inutile et oiseux. Selon une belle formule de Paul Vignaux, « même révélé, l'Absolu ne se laisse pas expliquer : il nous oppose un abîme de simplicité dans lequel notre analyse ne trouve plus où se prendre » (*La Philosophie au Moyen Âge*, p. 183). Tout bien pesé, et quoi qu'on ait pu dire des germes de scepticisme et de fidéisme dont il serait porteur, le système de Guillaume d'Ockham paraît plus sain parce que plus modeste que les constructions sophistiquées du siècle précédent. Le philosophe n'y est gêné par aucune entité controuvée, et j'imagine que l'âme pieuse, débarrassée des décors, des trompe-l'œil et des machineries, éprouvait quelque soulagement à se perdre en Dieu seul.

D'un tout autre point de vue, il convient de remarquer que l'empirisme radical de Guillaume, appuyé par l'omnipotence absolue d'un dieu que nulle nécessité naturelle ne lie, ouvert à toutes les possibilités de fait, hostile à toute déduction *a priori* à partir d'essences peu fiables –, cet empirisme ouvrait largement la voie au développement des sciences d'observation. Guillaume était des mêmes contrées que Bacon et Grossetête. Il avait l'esprit d'Oxford plus que de Paris.

On ne saurait quitter Guillaume d'Ockham sans évoquer son œuvre de polémiste, son aspect *refuznik*. Les théocrates de la papauté, qu'il avait eu tout le loisir d'observer en Avignon avant de choisir la liberté, entretenaient l'idée d'une souveraineté absolue du pontife, censément reçue du Christ, qui ferait de lui le maître de la terre entière, au temporel comme au spirituel. Cette *plenitudo potestatis* se symbolisait de façon parlante par l'étagement des couronnes, d'abord une, puis deux, puis trois en 1334, sur le couvre-chef papal. À partir de combien de couronnes jugerait-on qu'il fallait s'arrêter ? Le rapport de tout cela avec l'Évangile devenant de moins en moins évident, Guillaume estima de son devoir de rappeler l'enseignement du Nouveau Testament. L'apôtre Paul avait tant insisté sur la foi qui délivre les chrétiens de l'ancienne Loi ! « C'est pour être libres que Christ nous a rendu la liberté » (Galates V, 1). Or, dit Guillaume dans le *Breviloquium*, un opuscule sur le pouvoir pontifical, si vraiment le pape était le dépositaire d'une semblable omnipotence, « la loi chrétienne serait une loi de servitude effrayante », plus lourde sans comparaison que celle de Moïse. Rappelant celle des prophètes, la voix du franciscain s'élevait pour interdire « aux tyrans qui, pour le plus grand dommage de l'univers, se vantent d'être assis sur le siège de Pierre », d'utiliser l'autorité du Christ contre les droits et les libertés – *jura et libertates* – que les hommes tiennent de Dieu. Et puisque Jésus avait précisé à Pilate : « Mon royaume n'est pas de ce monde » (Jean XVIII, 36), ne fallait-il pas demander à ces gens de quel droit le vicaire du Christ se prévalait d'une souveraineté que le Sauveur n'avait pas revendiquée pour lui-même ? Tout cela était bel et bon – et incontestable –, mais si féroce était le ton que l'empereur Louis, pourtant peu suspect de complaisance à l'égard du pontife, tentera d'y mettre une sourdine. D'autre part, Guillaume s'était trouvé mêlé au *brain-trust* politique de l'empereur : Jean de Jandun († 1328), maître ès arts de l'Université de Paris, et Marsile de Padoue († vers 1343), recteur de la même Université. Ils professaient des idées bien différentes, étant averroïstes, et situaient la vérité du côté de la raison plutôt que de la foi. Réfugiés à Munich tout comme Guillaume, ils n'avaient guère en commun avec lui que la volonté de promouvoir la distinction pratique du spirituel et du temporel, de l'Église et des États. On aurait tort d'imaginer une quelconque connivence philosophique entre ces frères ennemis que rapprochait tout juste leur commun exil.

Guillaume disparu, tout un mouvement s'inspirera, d'ailleurs très librement, de lui : le *nominalisme*, qu'on appellera volontiers la *via moderna*, saura s'imposer brillamment dans les Universités du XIVe au XVIe siècle, à Paris principalement, à côté du thomisme et du scotisme. Il rassemblera des individualités profondément religieuses, qui souffraient de voir, dans les grandes synthèses du XIIIe siècle, la divine essence livrée aux indiscrétions spéculatives de la raison naturelle. Ces gens estimaient qu'on s'en remettait un peu trop à la métaphysique aristotélisante, et beaucoup d'anti-averroïstes trouvèrent là leur bien. La nature ayant horreur du vide, on en profitait pour revenir aux Pères, notamment à saint Augustin. À relire ces textes vénérables, on avait beau jeu de faire observer que rien ne s'y trouvait, en effet, des trop astucieuses machineries montées par Albert le Grand, Thomas, Duns Scot et autres. Qu'avait donc apporté à la foi ce long détour par l'Aristote physicien et métaphysicien, sinon des complications et des occasions de frôler de plus ou moins près l'hérésie ? On l'avait bien vu lors de la grande condamnation de 1277... Et de plus, c'était philosophiquement que Guillaume d'Ockham avait dénoncé l'incompétence de la philosophie à dire de Dieu quoi que ce fût d'utile au salut. Retour au fidéisme ? Intuition mystique de l'Ineffable, du dieu caché dont on ne saurait rien dire faute d'en avoir une expérience intellectuelle adéquate ? Sentiment qu'on ne pouvait dire grand-chose, finalement, de quoi que ce fût, et qu'il était sage de s'en tenir à sa petite expérience quotidienne ? D'autres formes de science – qui sait ? – apporteraient peut-être d'autres lumières, accordées à d'autres besoins. On était loin de la belle unanimité du siècle précédent, et à toutes ces questions, la réponse était maintenant dans le cœur de chacun.

AU-DELÀ DE DIEU

Étonnante diversité de ce siècle ! À peu près dans les mêmes temps, les leçons et les prêches d'un dominicain allemand éveillaient l'attention par leur austère mysticisme. Maître Eckhart (1260-1328) avait-il écouté à Cologne, comme on l'a dit, le grand Albert, et à Paris l'averroïste Siger de Brabant ? Il est déjà plus plausible qu'il ait commenté à Paris les *Sentences* de Pierre le Lombard, et certain qu'il y a occupé à deux reprises une chaire de théologie. En fait, ce professeur, prédicateur, ministre de son ordre, chargé de missions importantes, fut un grand voyageur. Il prêcha même devant la reine de Hongrie, et connut la cour pontificale d'Avignon dans les mêmes conditions que Guillaume d'Ockham. Sans doute est-ce là qu'il mourut, condamné à titre posthume par le peu commode Jean XXII. On a toutefois dit qu'il s'était soumis d'avance.

L'œuvre de Maître Eckhart laisse voir l'empreinte profonde d'Aristote, qu'il tient pour insurpassable dans les connaissances naturelles, mais il est hanté par les néoplatoniciens : le *Livre des XXIV Philosophes*, le *Livre des causes*, la théologie de Proclos, et bien sûr, le Pseudo-Denys.

L'œuvre est imposante. Maître Eckhart fut le promoteur de l'allemand comme Lulle l'avait été du catalan. Il réservait ses écrits latins aux gens de métier : *Commentaires des Sentences, Questions parisiennes*, qui sont l'écho de son enseignement magistral et des discussions qu'il dirigea, gloses de l'Écriture, sermons. En allemand, on a de lui des traités de spiritualité : *Du discernement, De la consolation, De la noblesse de l'homme*, ainsi que des notes prises à ses sermons par ses auditeurs. On peut dire d'Eckhart ce qu'on disait de Lulle ou de Duns Scot : il ne se résume pas. Il est d'ailleurs significatif – et pas tellement rassurant – que la plupart des auteurs qui entendent expliquer sa doctrine commencent par la dire quasi-insaisissable. Ce sont des moments successifs où coexistent de façon souvent abrupte les contradictoires, du genre : « Dieu est aussi bien tout entier en n'importe quoi que tout entier hors de n'importe quoi ». C'est qu'il s'agit chaque fois des deux faces, positive et négative, d'une même vérité qui reste à formuler. « Une espèce de dialectique sans synthèse », pour reprendre la formule géniale de Maurice de Gandillac. Là encore, il va falloir nous contenter de quelques intuitions, où s'exprime l'essentiel de sa philosophie.

La première, qui est la plus haute et la plus effarante, est ce qu'on pourrait appeler l'au-delà de Dieu. Cela vaut d'être éclairci. On se rappelle peut-être que Duns Scot soutenait le primat du vouloir – donc de l'amour – sur le connaître. Eckhart, lui, souligne le primat du connaître sur le vouloir, et même sur l'être, car ce que vise le connaître, ce n'est pas Dieu comme bon ou comme être, mais Dieu tel qu'en soi-même, dépouillé de cette bonté et de cet être qui sont pour nous des voies en même temps que des obstacles. En vérité, Dieu se cache derrière l'être, et quand il répond à Moïse, dans l'*Exode*, *« Ego sum qui sum »* (c'est le latin qu'Eckhart a sous les yeux), il veut dire non pas : « Je suis *celui qui suis* », mais bien : « Je suis *qui je suis.* » Bref, il se dissimule sous l'affirmation de son être. Pour reprendre une métaphore eckhartienne, l'être, dont Dieu se revêt pour être dit, n'est qu'une approche ; ce n'est que le parvis extérieur, la cour où il se tient en tant que Dieu, où il donne audience, alors que l'intellect est le temple même où la déité réside, isolée dans l'absolu de sa sainteté. Dès lors, attribuer l'être à la déité, l'appeler « un être » ou même « un être pur » est dérisoire ; autant dire que le soleil est pâle ou noir. « La déité est au-dessus de l'être », et c'est encore le nom d'« Un » qui, à tout prendre, lui conviendrait le moins mal. Pour étourdissante que soit la perspective, il faut donc distinguer *la déité* en soi, dont on ne peut parler que de façon négative, et *Dieu*, autrement dit la déité en tant qu'elle entre en rapport. Ce rapport est soit interne, soit externe. En effet, la déité s'engage dans un premier rapport, nécessaire, avec elle-même, qui constitue la Trinité sainte, au sein de laquelle le Fils procède du Père et le Saint-Esprit procède du Père et du Fils. En outre, extérieurement à elle, la déité pose les créatures, et pour elles, elle devient Dieu. Sans la création, la déité n'aurait jamais été Dieu ; elle n'est Dieu qu'au regard des créatures qui reçoivent d'elle leur être. On relève ici l'influence du néoplatonisme. Une telle altitude dut donner de fameux vertiges aux collègues de Maître Eckhart, peu enclins, on le sait, à quitter le « plancher des vaches » de l'ontologie banale. De même mesure-t-on la distance que prend Eckhart tant avec l'univocité de l'être selon Duns Scot qu'avec l'analogie de l'être selon saint Thomas.

Autre intuition : l'insertion de l'homme dans ce tableau de l'économie divine. La représentation que Maître Eckhart se fait de la création doit beaucoup à la conception platonicienne des archétypes. Dieu étant intellect, il connaît de toute éternité dans son Verbe l'être idéal de toutes les créatures possibles, qu'il fait passer à son gré de l'idéal à la réalité. Si bien que toute créature aurait, en quelque sorte, un double statut ontologique : un être virtuel en Dieu même, et un être réel, phénoménal, en ce monde-ci. L'homme, dit Eckhart, n'est que par l'âme, et même, faudrait-il dire, par « le fond secret » de l'âme, ou par « sa cîme », autrement dit par l'intellect, qui est son archétype en Dieu. Eckhart va fort loin dans ce sens : « Il y a dans l'âme une vertu – l'intellect –, telle que si l'âme était tout entière telle, elle serait increéée. » Ainsi unie par ce sommet d'elle-même à la déité, l'âme participe aux actions et passions de la vie trinitaire. En elle, le Verbe est incessamment engendré par le Père, et elle-même est engendrée par le Verbe. Elle est, si j'ose dire, à deux doigts d'être Dieu... Seulement, infiniment infinie est la distance de l'un à l'autre, au point que l'être créé peut être dit néant au regard de Dieu dont il procède. Dieu reste Dieu, et notre âme n'est que – mais elle est – son empreinte, sa représentation atténuée, exténuée.

Comment l'âme s'y prendra-t-elle pour faire coïncider ainsi son être empirique avec son être archétypal, son « être-en-Dieu » ? Eckhart emprunte ici le schéma néoplatonicien que nous connaissons bien. Procédant de Dieu, l'âme se voit incorporée par la création dans la multiplicité des choses. Il lui faut donc, pour revenir à l'unité originelle en Dieu, se dégager de tout ce en quoi elle est plongée, s'en abstraire radicalement. Cela exige donc de l'âme un détachement radical, une renonciation à toute volonté propre, à tout désir qui la maintiendrait dans le néant en la séparant de l'unicité divine. « Nous n'avons pas ici-bas, disait l'apôtre Paul, de demeure permanente. » Tout, donc, doit être dépassé : l'ensemble des créatures, bien sûr, mais même l'humanité du Christ sauveur en tant qu'elle est créature. Il faudra transcender les images et les concepts, parvenir à un degré tel de désintéressement que la vertu même et la récompense attachée à la vertu deviennent sans attraits. Plus haut, toujours plus haut, jusqu'à l'absolu seul à seul avec Dieu. C'est alors qu'en un instant, l'âme atteindra à une sorte d'indistinction – mais sans identification – avec Dieu. C'est avec émotion que nous retrouvons ici, après tant de siècles aux si lourdes pensées, l'élan sublime de Plotin et de ses disciples : « seul vers le Seul. »

On voit ici la qualité du mysticisme eckhartien, que la tradition appelle parfois « mysticisme spéculatif », purement intellectuel, pour le distinguer des autres courants contemplatifs, où l'on fait l'économie du pensé au profit du vécu, de l'intellectuel au profit de l'affectif. Foin des « nuits » et du vocabulaire emprunté aux relations amoureuses ! « Ce qui fait mon bonheur, dit Eckhart, ce n'est pas que Dieu soit bon, mais uniquement qu'il soit intellect et que je le sache ». Je ne vois pas qu'il y ait, dans le christianisme et vivant aussi profondément de lui, une spiritualité plus haute. Et plus délicate à saisir : on ne s'étonnera pas si de semblables formules, qu'il s'agisse de Dieu ou de la vie de l'âme sainte dans ses rapports avec lui, ont fait sursauter les employés de l'Inquisition, toujours enclins à flairer en ce qu'ils ne comprenaient pas très bien l'odeur pestifère de l'hérésie. Sachant ce qu'ils étaient, j'hésiterais à dire : mettons-nous à leur place… Il reste qu'un si haut enseignement, et délivré en un langage aussi délicat à décrypter, ne pouvait que susciter la défiance. D'autant plus que selon une habitude déjà bien ancrée, les ronds-de-cuir pontificaux œuvrèrent, non pas sur les textes mêmes de l'auteur, mais sur un lot de propositions concoctées en plusieurs fois par les inquisiteurs de Cologne, dont la bonne foi n'avait d'égale que l'ouverture d'esprit… L'examen du dossier prit d'ailleurs près de quatre ans. Bref, on finit par condamner en Avignon ce qu'on avait compris de ce qu'à Cologne on avait cru comprendre. Ainsi en va-t-il de la vérité en ce monde.

Par chance, la bulle de condamnation, signée de Jean XXII, n'eut de portée que limitée, et en tout cas, n'arrêta point la diffusion des œuvres de Maître Eckhart. On avait bien saisi que la censure atteignait une pensée comprise de travers. Deux dominicains germaniques la reprirent en la précisant : Henri Suso (vers 1296-1366), et Jean Tauler (vers

1300-1361). Ce dernier, qui lisait Proclos, eut l'élégance d'écrire que les païens – Platon, Proclos – avaient pu accéder à une claire vision de la pensée divine en se tournant vers le fond de leur âme. Le Flamand Jean Ruysbroeck, dit « l'Admirable » (1293-1381) prolongera l'influence de Maître Eckhart dans ces milieux pieux que la tradition désignera sous le nom de *devotio moderna*. C'est de ces conventicules de reclus et de recluses que sortira l'*Imitation de Jésus-Christ*. Il est probable que cette spiritualité hautement contemplative inspirera les mystiques espagnols du XVIe siècle, Jean de la Croix et Thérèse d'Avila.

Mais si riche et complexe est la pensée de Maître Eckhart qu'elle donnera naissance à d'étranges élucubrations. Parce que Hegel, au temps de ses études de théologie, avait recopié des formules tirées de la condamnation d'Avignon – sans pousser plus loin son information, selon Maurice de Gandillac, on prétendra que le professeur d'Iéna avait trouvé chez Maître Eckhart l'amorce de sa dialectique. Pire encore : dans *Le Mythe du XXe siècle* (1930), Alfred Rosenberg célèbre en Eckhart un héros nordique, précurseur du national-socialisme hitlérien en ce sens qu'il aurait défendu, contre Augustin, « Africain dégénéré », une religion purement aryenne et germanique, et fut pour cela condamné par un pape français... On songe à une chanson des mêmes années, évoquant un certain Lycée Papillon. En histoire de la philosophie, il ne faut jamais s'étonner de rien.

UN ÂGE D'ÉCOLES

L'Université, parce qu'elle était faite d'universitaires juxtaposés, rapprochés par la seule localisation de leurs chaires respectives, n'avait jamais été un havre de paix, fût-ce à l'apogée de la chrétienté. On s'y entreprenait, parfois courtoisement, d'autres fois moins, sur tel ou tel point d'exégèse ou de doctrine, et souvent on s'y empoignait.

Beaucoup de traités, pour ne pas dire la plupart, contestaient de façon plus ou moins virulente les thèses d'un voisin, voire celles qu'on lui prêtait pour trouver une raison de l'attaquer. Un panier de crabes, si l'on veut, mais de crabes astucieux. Et n'allons pas imaginer que la seule chose authentiquement partagée par ces docteurs, à savoir la même foi et le même baptême, ait jamais réalisé entre eux une entente évocatrice du Paradis terrestre. Paradoxalement, je serais tenté de dire que c'était cette foi même, par le dynamisme qu'elle soulevait dans les cœurs, par tout ce qu'on y investissait de conviction, qui attisait les querelles et portait à l'effervescence les divergences d'interprétation, loin de les calmer. La *rabies theologica* est, de toutes les maladies intellectuellement transmissibles, la moins facilement guérissable. Parce qu'on estimait, en toute bonne foi, détenir la meilleure façon de croire, et que la vraie foi, comme chacun le savait depuis Augustin, c'était la vraie philosophie, on se jugeait dépositaire de la seule manière droite d'opiner – ce qui est la définition de l'orthodoxie. Cela peut bien scandaliser l'observateur lointain, qui regarde les fils du même dieu d'amour s'entre – dévorer à propos des mille et une manières de parler de lui ; il n'en est pas moins vrai que cette guérilla fut profitable à la philosophie. On y élargissait ses connaissances ; on s'y aiguisait l'esprit, et finalement, chacun en bénéficiait. S'endormaient sur leurs positions ceux-là seuls qui eussent dormi de toute façon.

Mais le XIVe siècle a ceci de particulier que les courants s'y multiplient et s'y diversifient. C'est dans l'ordre des choses : les grandes individualités du proche passé ont créé les conditions de vie d'une école, qui engendre des épigones. Le thomisme, l'averroïsme, le scotisme, le nominalisme ockhamien, se sont constitués en autant d'écoles de pensée et de sensibilité, chacune rendant ses disciples attentifs à tel aspect plutôt qu'à tel autre de la réalité, que négligeaient les groupes rivaux. Et c'est ainsi qu'on avance : on *va* dans un sens plutôt que dans un autre, jusqu'à ce que le développement de la recherche, modifiant les perspectives, invalide les questions – sans invalider pour autant les vieilles réponses, puisqu'elles répondaient à d'autres questions. Mais les courants ne font pas que se multiplier ; ils se diversifient, et cela aussi est particulièrement sensible au XIVe siècle. À la faveur de toutes ces recherches en ordre séparé, d'autres points de vue apparaissent, auxquels nul n'avait encore songé, et c'est dans une direction nouvelle qu'on se précipite. Avant de le constater, ouvrons une parenthèse.

Peut-être voit-on mieux, maintenant, comment se constituent les systèmes philosophiques, et comprend-on pourquoi, en rigueur de termes, ils ne sauraient se périmer. Tous répondent adéquatement à des curiosités datées, conditionnées par l'état présent du savoir. C'est le moment de redire ce que nous affirmions au point de départ de ce livre : qui posera les problèmes comme saint Thomas les résoudra comme lui ; qui verra les choses comme Guillaume d'Ockham les voit aboutira aux mêmes conclusions que lui, etc. – la seule question étant de savoir *s'il faut* les poser et les voir comme l'un ou comme l'autre. C'est moins une question de vérité nécessaire – ce qui supposerait chez vous un accès, direct ou médiat, au Verbe divin – que de convenance personnelle. À moins que la discipline ecclésiastique intervenant au fil des condamnations, d'ailleurs sujettes à révision, nous l'avons constaté, ce ne soit une affaire d'obéissance personnelle. La grande condamnation de 1277 avait barré quelques rues, et si certains en tinrent scrupuleusement compte, d'autres empruntèrent plus ou moins discrètement les sens interdits. Encore une fois, si vous vous trouvez mieux ici que là, de grâce, restez-y, soyez heureux, et dites-nous à l'occasion les raisons de votre choix. Nous pourrons en discuter, et peut-être nous convaincrez-vous. Voilà qui vaut, je pense, pour tous les temps. Refermons donc la parenthèse.

Cela dit, c'est, à n'en pas douter, à partir du XIVe siècle que l'historien de la philosophie dite « médiévale » sent son objet échapper en partie à sa compétence. Ou plus exactement, il s'avise que ce qui se pensait à ce moment précis de l'histoire, notamment à Oxford et à Paris, intéresse en même temps l'historien des sciences, qui là-dessus peut en parler autrement que lui. Car si le siècle a fait notablement avancer la logique, il se trouve qu'on y a aussi progressé en mathématiques et en physique. À Oxford, Thomas Bradwardine († 1349), est d'abord – j'allais dire : comme tout le monde – un théologien. Confesseur d'Édouard III, qu'il accompagna à la bataille de Crécy, il se fût installé sur le siège de Cantorbéry si la peste ne l'avait emporté. Dans la ligne de saint Augustin, il s'intéresse à la liberté humaine, fondée selon lui sur l'omnipotence de Dieu, et il dénonce le néo-pélagianisme qu'il subodore chez certains de ses collègues : ceux qui croient trop facilement que l'homme peut parvenir à la perfection par ses propres moyens. Mais à côté de ces méditations, Bradwardine produit une *Géométrie spéculative*, un *Traité du continu*, un *Livre des proportions*. De tout cela, un Leibniz, trois siècles et demi plus tard, parlera encore avec faveur. Son collègue Richard Swineshead commente toujours les sacrées *Sentences* de Pierre le Lombard. Ah ! s'il avait pu savoir qu'autour de 1980, on les mettrait sur ordinateur… Car le saint homme publie aussi un *Livre des calculs* qui lui vaudra pour la postérité le surnom de « Calculateur ». Dans un autre traité, il s'intéresse au *Mouvement du ciel*. Et s'il admet qu'affirmer un être unique et supérieur est plus probable que prétendre le contraire, il n'en dit pas moins que si un esprit « culotté » (ainsi traduirais-je *protervus*…) avait envie de soutenir la possibilité d'une série causale allant à l'infini, il n'aurait pas de peine à trouver de quoi réfuter les arguments contraires d'Aristote. Il n'est pas le seul, nous allons le voir, à contester « le Maître de ceux qui savent », comme disait Dante, car voilà bien qu'on s'était mis, notamment sous l'influence de Guillaume d'Ockham, à savoir autrement.

Jean Buridan (vers 1300-1360), maître ès arts et recteur de l'Université de Paris, n'est guère connu du grand public que par les difficultés de son âne, incapable de se décider entre un boisseau d'avoine et un seau d'eau, et finissant par crever, victime de ce problème de la liberté qui tant avait préoccupé son maître. On chercherait en vain cet exemple dans l'œuvre : peut-être un collègue facétieux voulant caricaturer la thèse de Buridan sur le libre arbitre, selon laquelle le choix se fait toujours entre deux biens d'égale valeur... En fait, Buridan est un théologien passionné de physique autant que de morale. Il n'hésite pas, lui non plus, à critiquer à l'occasion la physique d'Aristote, par exemple sur la question du mouvement des projectiles. Il propose de lui substituer la théorie de l'élan (*impetus*) imprimé au corps propulsé, qui est proportionnel à la vitesse du moteur et à la masse du mobile. Le mouvement du projectile une fois lancé ne doit pas être vu comme extérieur à lui, mais bien comme intérieur. Il s'enhardit jusqu'à envisager l'extension de cette théorie aux corps célestes. Fameuse révolution, quand on y songe : équiparer la trajectoire de la balle que je lance à mon chien et l'orbe céleste des astres incorruptibles, qu'Aristote voyait mus par des actes purs, transposés par les chrétiens en moteurs plus ou moins angéliques ! Il y avait là de quoi faire dresser les cheveux sur la tête des théologiens classiques, même si fort poliment – et prudemment – Buridan sollicite leur avis. Peu après, à Paris toujours, Nicolas Oresme (env. 1348-1382), qui finit ses jours évêque de Lisieux, écrit un *Traité de la représentation des puissances et des mesures*, où il s'essaie à figurer géométriquement, par tout un système de lignes construites sur deux axes, les divers types de mouvements considérés selon l'accélération et la décélération. Et la machinerie céleste l'intrigue beaucoup.

Curieux sujets de méditation pour des théologiens ou des évêques, dira-t-on aujourd'hui, et qui nous surprendraient chez leurs actuels successeurs ! Mais encore une fois, c'est qu'en ce monde-là, qui est le leur à l'époque, tout se tient : les choses qui bougent, les intelligences humaines qui les regardent bouger et voudraient comprendre, les cieux où tournent les astres accrochés à leurs sphères gigognes, et où trône un dieu dont rien, absolument, ne vient limiter la toute-puissance, pas même ces lois que nous inférons à partir de la répétition des mêmes phénomènes. Le ciel et la terre, et les mots pour le dire : vient toujours un moment où l'on se met à douter de la validité des mots, et la représentation qu'on se fait du monde s'en ressent, et de proche en proche implose tout le système du monde. Or, c'est précisément cette vision-là du cosmos, la vision aristotélicienne omniprésente pour longtemps encore en dépit des insuffisances qu'on lui découvre, qui retient ces savants d'être, comme Pierre Duhem l'a trop généreusement cru, les précurseurs directs d'un Galilée ou d'un Descartes. Bien sûr, en s'attachant aux problèmes de la variation des « formes » : chaleur, vitesse, etc., du mouvement, voire de l'infini, ces gens nous laissent l'impression – à nous qui savons la suite – de s'attaquer, et valablement, aux grandes questions de la cosmologie à venir. Seulement, en dépit de leur ingéniosité à élaborer des concepts et à bricoler des techniques mentales, ils n'en restent pas moins dépendants d'une conception purement qualitative de la physique. On constate des chaleurs et des froideurs, des vitesses et des lenteurs selon lesquelles, dans un univers si bien rangé, toute chose regagne « son lieu », celui qui lui est assigné « par essence ». On ne sort pas si facilement d'une vision du monde. Non, certes, que ces chercheurs d'élite – car ils ne sont pas plus stupides que nous – aient manqué d'ingéniosité ou d'efficacité ; simplement, ils n'appliquaient pas leurs qualités sur les points stratégiques qui se révéleraient plus tard être les bons. Avec cela, ils sont cruellement démunis de moyens mathématiques – et comment l'auraient-ils su ? Sans aller chercher bien loin, en tenant compte du seul fait que l'usage des chiffres dits arabes ne se généralisera qu'assez avant dans la

Renaissance, le moindre calcul était toute une affaire. Essayez donc de diviser MDCXXII par VI – c'est l'exemple que donnait volontiers Robert Lenoble –, et vous m'en direz des nouvelles ! Et pour tout arranger, il y avait l'étroite dépendance idéologique, la suspicion inquisitoriale, épée de Damoclès toujours accrochée au-dessus de leur chaire, et la crainte des châtiments éternels : tout cela, pour peu qu'on y croie, vous ôte beaucoup de votre liberté de manœuvre. Je songe avec mélancolie à tout ce dont personne n'a jamais parlé, et pour cause : à ces intuitions qui peut-être illuminèrent un instant nos collègues d'autrefois, et qu'effrayés de leur propre audace, ils préférèrent garder pour eux. À se conformer aux critères officiels, on gagnait au moins la tranquillité : en tout lieu, en tout temps, il y a toujours un Jdanov, un Lyssenko à ménager, une vérité officielle à reconduire.

Les logiciens eux-mêmes contestaient Aristote. Le maître ès arts Nicolas d'Autrecourt, condamné en 1347 à réduire en cendres ses écrits devant la Sorbonne, avait pourtant mis beaucoup de soin à démontrer, dans la ligne de Guillaume d'Ockham, que la physique du Stagirite ne contenait pas une seule proposition qui tînt debout. Il fondait en effet sa théorie de la connaissance sur le seul principe d'évidence immédiate. Hors la constatation empirique de ce qui est, et l'affirmation que ce qui est n'est pas autre chose, il n'y a pour nous aucune certitude proprement dite. Si nous appliquons cela, par exemple, à la causalité, dont on sait que saint Thomas, à la suite d'Aristote, tirait des merveilles, nous nous apercevons que de ce qu'une chose est, on ne saurait conclure de façon évidente qu'il en existe une autre. Une sorte de Hume avant le temps, si l'on veut. Mais aurait-il éveillé Kant de son sommeil dogmatique ? Lui aurait-il révélé le caractère, non point analytique, mais synthétique du lien unissant l'effet à sa cause ? Ce n'est pas certain, car pour Nicolas d'Autrecourt, il arrive que la causalité soit donnée de façon évidente dans l'expérience même, dès lors qu'on veut bien se donner la peine d'expérimenter convenablement. On le voit une fois de plus : les problématiques des philosophes se recoupent parfois ; elles ne se recouvrent jamais. Toujours est-il que plus rien ne reste d'Aristote physicien après le passage de Nicolas d'Autrecourt : ni la substance, ni la génération, ni la corruption. Une couleur disparaît, remplacée par une autre ? Le vert d'une reliure cède la place à un jaune pisseux ? Mais qui vous dit que le vert ne s'est point dissipé en atomes imperceptibles ? Rien n'empêcherait de dire éternelles les choses du monde, si la foi ne nous obligeait à les affirmer périssables. Sous les coups de boutoir du logicien, les trop belles constructions aristotélisantes des théologiens s'écroulent comme des châteaux de cartes : ces gens savent-ils seulement ce qu'ils disent ? Il y a des probabilités, qui vont avec le temps, mais aucune d'entre elles, pour forte qu'elle soit, ne saurait entrer en concurrence avec les certitudes de la foi. Plutôt donc que « de passer dans l'étude d'Aristote vingt ou trente ans de sa vie, jusqu'à l'âge de la décrépitude », mieux vaut, assure Nicolas, s'en remettre à la foi en Christ. On mesure l'évolution d'une pensée : « À partir de Guillaume d'Ockham l'émancipation de la pensée philosophique est complète ; avec Nicolas d'Autrecourt, elle devient pleinement consciente d'elle-même » (E. Gilson, *La Philosophie au Moyen Âge*, p. 672). Certes, la foi demeure. Un jour viendra où elle ne règnera plus, dans la plus généreuse des hypothèses, que sur un secteur bien délimité de l'âme savante. Mais ce jour-là était encore loin, et nul, en cette dernière moitié du XIVe siècle, n'en avait seulement idée.

CHACUN POUR SOI ET DIEU POUR TOUS

Ainsi allait ce temps, si plein de trouvailles, d'anticipations, de malentendus et de tabous. La parole restait toujours aux théologiens, puisqu'aussi bien tout continuait de recevoir son sens ultime de la révélation divine. Mais la pensée chrétienne, chargée, surchargée, de tout ce qu'elle avait intégré au cours des siècles de systèmes disparates, de philosophies plus ou moins conciliables, avait comme implosé. Et tandis que les uns, protestant de leur orthodoxie, « élaboraient une physique renouvelée à leurs risques et périls », comme dit René Fréreux, et que d'autres démontraient par la seule vertu de la logique qu'Aristote n'avait rien démontré de ce qu'on utilisait de si bonne foi dans les *Sommes*, il s'en trouvait encore, comme le franciscain Jean de Ripa, maître à Paris en 1357-1358, pour élaborer un subtilissime super-scotisme, où tout le fini prenait son sens par rapport à un « infini possible », qui lui-même renvoyait à « l'Immense ». Spéculations à peine élucidées aujourd'hui, et qui valurent à son auteur le surnom peu rassurant de « Docteur difficile ». D'autres, enfin, dans la ligne de Maître Eckhart, parvenus en fin de course spéculative, trouvaient la paix de leur âme dans la perte de soi en l'Intellect divin. Alors, chacun pour soi et Dieu pour tous ? En quelque sorte – mais sans pourtant exclure du propos la sincérité de conviction des uns et des autres, ni même une certaine chaleur de générosité. On avait bien réfléchi ; on avait tout pesé sur ses propres balances, différentes de celles du voisin, et on brûlait du zèle de faire partager des convictions qui faisaient corps – n'est-ce pas ? – avec la Vérité. Il s'agissait, sinon toujours d'en dire plus, du moins d'énoncer aussi rigoureusement que possible, ce qu'on pouvait, ce qu'on devait dire, compte tenu de ce qu'il fallait croire pour être sauvé.

Et puis, à mesure qu'on avançait dans cet esprit, on voyait les disciplines se chevaucher, comme le constatait sans joie le chancelier Gerson (1362-1429), de son vrai nom Jean Charlier. Le spectacle qu'offrait son université n'avait pas de quoi le réjouir. Les grammairiens appliquaient à leurs problèmes les méthodes de la logique, et les logiciens en usaient de même avec la métaphysique ; on prétendait traiter de la logique en métaphysicien et de la métaphysique en logicien – et finalement, grammairiens, logiciens et métaphysiciens se retrouvaient pour infliger à la théologie les trois méthodes à la fois. Bref, c'était la confusion des ordres de connaissance, chacun usant du mode de signification propre à telle discipline en raison de son objet pour résoudre les problèmes posés par une autre discipline, ayant un objet différent. Suivez son regard : c'est le Docteur subtil que Gerson vise par priorité, c'est Duns Scot et ses épigones à la Jean de Ripa ; c'est aussi Raymond Lulle, et Bradwardine, et bien d'autres encore. Tous ces intellectuels avaient introduit en Dieu des formes métaphysiques, des quiddités, des relations idéales derrière quoi disparaissait le Dieu simple et libre de la foi. Réalisme de pacotille, entièrement controuvé, qui procédait d'une erreur de fond : aller imaginer « que tout ce que l'intellect connaît universellement, abstraitement et séparément, existe tel quel dans les choses et en Dieu ». Comme si nous étions en état de le savoir ! Trop de paganisme en tout cela. Ces gens ont trop bu à la coupe d'or de Babylone ; ils ont fini par s'y saouler. Plutôt donc que de s'adonner à ces recherches mal à propos, nées d'une curiosité vaine et d'un orgueil sans limites, on serait mieux inspiré d'en revenir à l'*Itinerarium* de saint Bonaventure : l'Université eut-elle jamais guide plus équilibré et plus sûr ? Devant ce qu'il voit comme un gâchis, Gerson se prend à rêver d'une théologie simplifiée, modeste catéchisme unifié qu'enseigneraient quelques maîtres, le moins possible – et s'il se pouvait même qu'il n'y eût qu'une école pour l'Église tout entière ! En lisant ce réquisitoire désabusé et féroce, on se prend à songer au titre vengeur d'un pamphlet de Maurice Clavel : *Dieu est Dieu, nom de Dieu !*

Jeanne d'Arc n'avait plus que deux ans à vivre quand, en 1429 mourut Gerson. La piété de cette simple fille des champs – si tant est qu'elle le fût –, un peu illuminée, certes, mais fraîche et sans détours, correspondait assez à l'idéal intime du chancelier, et beaucoup moins, on s'en doute, à la dévotion sophistiquée des universitaires parisiens à qui reviendra, deux ans plus tard, d'instruire son procès, car pour une fois, l'Inquisition n'y sera pas pour grand-chose. L'ambiance de l'affaire est magistralement rendue par Monteilhet dans sa *Pucelle*. « Un tribunal de haut niveau, écrit-il, constitué avec un certain éclectisme… » : soixante-quatorze docteurs et dix-neuf bacheliers en toute sorte de choses et de tous les ordres, présidés par l'ancien recteur Cauchon, promu entre-temps évêque de Beauvais. Le contraste a quelque chose de dérisoire en même temps que de sinistre. Les flammèches et la suie de Rouen ont quelque peu noirci les simarres de tous ces messieurs entre deux âges, qui si doctement savaient disserter de ce qui se passe à longueur d'éternité entre le Père, le Fils et le Saint-Esprit. Tout en gardant un œil, notez bien, sur les affaires de ce bas-monde : les choses étant ce qu'elles étaient, il apparaissait hors de question qu'on fit à Messieurs les Anglois nulle peine, même légère. Vingt-cinq ans plus tard, on annula purement et simplement le procès. C'est qu'entre-temps, le paysage politique avait changé, et avec lui bien des évidences. En somme, il ne s'était rien passé. Ce qui montre bien que tout le monde peut se tromper. Au fait, quelle théologie pouvait expliquer que le Dieu du ciel et de la terre ait décidé un beau jour de miser sur les Valois plutôt que sur les Lancastre ou sur qui l'on voudra, dès lors que Jésus avait précisé que son Royaume n'était pas de ce monde ? (Jean, 18, 36).

« PARVENUS À LA FIN DES TEMPS… »

« In fine mundi… »

Raymond de Sebonde,
Liber creaturarum, Prologue.

Car pour ces gens, que de notre si lointain observatoire nous voyons à deux pas de la Renaissance, il n'était pas douteux que le monde était déjà bien vieux, *Senescit mundus…* À s'en tenir aux chronologies bibliques, il avait, lorsque Jeanne d'Arc partit en fumée, quelque chose comme 5 751 printemps. Immensité de temps, quand on n'a aucune idée ni de la préhistoire, ni de la paléontologie et de leurs chiffres astronomiques, et que si courte est la vie. Car, en une époque où la peste noire sévissait férocement, et les famines, et la guerre de Cent Ans, bien proche était la mort ! Partout on la voyait, on la montrait, entraînant d'un bon pas vers le tombeau le troupeau lamentable des papes, des rois, des évêques, des bourgeois et des paysans, des enfants et des vieillards, et elle était bien la seule à sourire. Les danses macabres apparaissent dans les lettres à la fin du XIIIe siècle, et dans la peinture au début du XIVe, bal omniprésent des vivants et des morts. Dans l'Europe tout entière, on renouait après quinze siècles avec la danse du squelette qui pimentait d'un soupçon d'horreur le festin de Trimalcion ; avec aussi la ronde des vivants et des morts qui si gracieusement ornait le gobelet d'argent de Boscoreale avant que le Vésuve ne sortît de son sommeil. Et c'était là le dernier mot, à tout le moins le plus sûr, de la philosophie : savants et ignorants s'en allaient du même pas, et seule les accompagnait la divine espérance que n'avaient pas connue Pétrone, ni les viveurs insouciants de Pompéi. Il est vrai qu'ils ne savaient rien non plus du rougeoiement des Enfers, que si fort redoutaient les auditeurs des sermons sur la mort. Comme à toutes les époques de douleur, on ressortait l'*Apocalypse*, et l'on se prenait à prédire pour bientôt la venue de l'Antéchrist, se demandant même, devant tant de souffrances, si l'on n'avait pas déjà entamé le cycle des épreuves promises aux élus avant que ne sonne la trompette du dernier Jugement :

Tuba mirum
Spargens sonum...

L'admirable prose du *Dies irae*, écrite par Tommaso da Celano pour illustrer l'évangile du dernier dimanche après la Pentecôte, l'annonce par Jésus de la fin du monde, remontait à peine à cent ans. C'était l'esprit du temps.

Tant et si bien qu'on ne s'étonnera pas si, en l'an 1434, Ramon Sibiuda, plus connu sous le nom de Raymond de Sebonde († 1436) s'estimait rendu *in fine mundi*, autrement dit à la fin des temps. Et c'est bien cela qui incitait le recteur catalan de l'Université de Toulouse à revenir à l'essentiel. Dans son *Livre des créatures*, il juge bon de reprendre à la base la divine pédagogie, afin que chacun puisse s'informer des seules choses qui ont une réelle importance. Selon lui, les œuvres complètes de Dieu tiennent en deux volumes. Il y a d'abord le livre de la nature, dont chaque être est comme une lettre, la principale étant l'homme. Et puis, il y a la

Bible, que Dieu a dû rédiger par la suite, dès lors que le péché originel avait enténébré l'esprit humain, lui bouchant la compréhension du premier. Ces deux livres-là, la Nature et la Bible, jamais ne se contredisent, puisqu'ils sont de la même main divine. Ce sont les seuls qui permettent à l'homme, à tout homme, d'accéder à ce qu'il lui est utile de savoir : il n'y a rien à chercher en dehors. Aucune citation, donc, dans le *Liber creaturarum*, ni de l'Écriture – mais c'est déjà ce qu'avait fait saint Anselme dans le *Monologium* –, ni *a fortiori* des autorités. Cette science-là, qu'on pouvait apprendre, disait-il, et sans peine, en un mois de temps, développait « des arguments infaillibles auxquels nul ne saurait contredire », car ils étaient fondés « sur ce qu'il y a de plus certain à tout homme » : l'expérience des créatures et de l'homme lui-même, « principalement l'expérience de toute chose à l'intérieur de soi-même ». De quels témoins aurait-on besoin, ajoute Raymond de Sebonde, « sinon de l'homme lui-même » ?

Quel long chemin, qui ramenait la pensée chrétienne à saint Augustin, en passant par Raymond Lulle et saint Bonaventure ! « *Noverim me ; noverim Te…* Que je me connaisse, que je Te connaisse… » – et dans Ta lumière toutes choses ! Rien n'est plus présent à l'homme que son âme, et dans son âme, c'est Dieu qu'il trouve, et en Dieu tout le reste. Gorgée de physique et de métaphysique grecque et arabe, et de ratiocinations indéfiniment ressassées par la scolastique – chaque école courant sur son erre comme si le monde devait ne jamais finir –, la pensée chrétienne s'en revenait, du moins chez quelques-uns, à la simplicité du premier matin, quand Dieu faisait défiler devant l'homme « tous les animaux des champs et tous les oiseaux du ciel pour voir comment il les appellerait, afin que tout être vivant portât le nom que l'homme lui donnerait… » (Genèse II, 19).

On comprend pourquoi Montaigne, bien plus tard, trouva du profit à traduire, puis à commenter ce grimoire de Raymond de Sebonde, « basty d'un Espagnol barragoiné en terminaisons latines » (*Essais*, II.12), que l'humaniste Bunel avait laissé en cadeau à son père en prenant congé de lui après un agréable séjour. Il faut dire qu'il s'était passé entre-temps bien des choses : la réforme de Luther, le concile de Trente aussi, qui avait sans barguigner condamné ce naturalisme anthropocentrique, ce qui obligea Montaigne à remanier notablement le Prologue pour le rendre acceptable.

*

Cela faisait maintenant vingt siècles que sur les bords de la mer Égée, de la mer Ionienne, de la mer Tyrrhénienne, la *philosophia* avait fait son apparition. Faute de se satisfaire désormais des mythes et des légendes, il avait bien fallu « se faire une idée » des choses. Au fait, d'où venait qu'il y eût des choses, et qui ne tenaient pas en place ? Un monde un et multiple, et des hommes qui s'y agitaient un moment : trois petits tours et puis s'en vont – mais où ? De quoi tout cela était-il fait ? Vers quoi cela tendait-il ? Il avait bien fallu inventer l'art de donner un sens, ne fût-ce que pour savoir ce qu'on venait faire de beau au milieu de tout cela.

Alors, on se donna un langage commun pour ordonner les choses, qu'on appela *logos*, raison, et à mettre de l'ordre dans les phénomènes, on pensait découvrir celui qu'un plus haut *logos*, une suprême raison y avait mis de toute éternité. C'est dans cet esprit que l'on bâtit des physiques cohérentes. On imagina même un au-delà – un en deçà ? – de la physique, car il fallait bien que les physiques eussent un sens ultime, une origine, une fin. Et dans chacune des têtes pensantes s'élabora comme un double de ce monde-ci, une image où tout tenait, dieux compris. Des siècles durant, on confronta entre eux ces doubles idéaux. Les images se recoupaient ; elles ne se recouvraient jamais, chacune reflétant ce qu'un autre regard n'avait pas vu, ou voyait différemment. Les unes rendaient mieux compte de l'être, les autres du mouvement ; les unes expliquaient mieux le multiple, les autres justifiaient l'un. On en discutait sans guère se convaincre. Rien ne se perdait pourtant de ces visions globales qui toutes restaient partielles, chaque génération en tirant bénéfice. Le monde paraissait moins opaque, et les hommes savaient un peu mieux, au moins en théorie, quoi faire et ne pas faire. Les dieux eux-mêmes s'étaient comme épurés avec le temps, devenus sur le tard de simples aspects d'une déité unique dont on finirait par comprendre qu'elle échappait à toute formulation.

Entre-temps, un dieu nouveau était né au pays des Juifs, et ce dieu-là ne pensait pas en grec, mais en hébreu. Du coup, ses disciples vainqueurs mesurèrent la vérité des images grecques à celle des livres juifs, gardant celles-là seules qui s'accommodaient tant bien que mal à ce cadre nouveau, rejetant comme fausses celles qui ne s'y pliaient pas. Les siècles passant, d'autres problèmes se posèrent, et d'autres constructions virent le jour, s'engageant à leur tour dans un long devenir. Puis se levèrent d'autres penseurs, inquiets de ce trop-plein de philosophie incertaine, et qui séparèrent ce que Dieu, croyait-on, avait uni. Nous en étions là de notre histoire.

Moins encore qu'un autre livre d'histoire, précisément, celui-ci souffre une conclusion, puisque la suite de l'aventure continuera jusqu'à nos jours. Je quitte ce champ de ruines, ce chantier de fouilles, au moment où avec ce que nous appelons la Renaissance, mais dont nul, à l'époque, n'avait la moindre idée, s'annonçaient d'autres états de la pensée. Se dégageant de plus en plus de la religion qui la déterminait – mais cela prendra du temps – la philosophie retournera à la physique, qui avait été son premier statut, gardant juste ce qui lui conviendra de métaphysique pour se justifier. La religion, tout autant libérée d'un excès de philosophie et d'une métaphysique trop physique, reviendra, du moins pour certains, à travers les mythes et les images, à l'adoration silencieuse, amoureuse, de la divinité ineffable. Puis viendront d'autres états de la pensée, puis d'autres encore, et ainsi de suite jusqu'au jour – et n'est-il pas fatal qu'il arrive ? – où les hommes auront perdu, sinon la faculté, du moins le goût de penser.

Cela dit, le détour de la philosophie par le christianisme n'aura pas été sans effets. La raison y avait été entraînée dans des problèmes d'une autre nature, inconnus du monde antique. Il lui avait fallu les prendre en compte, adapter sa démarche, préciser son langage. L'instrument ainsi forgé lui resterait. Le parler philosophique d'aujourd'hui véhicule encore plus d'un concept datant de cette ère lointaine. Et puis, la pensée, sollicitée par le mystère chrétien, s'était ouverte à une dimension insoupçonnée de l'individualité, et les rapports de soi à Dieu, de soi aux autres – et de soi à soi – en étaient à jamais changés.

Au reste, rien n'aura été inutile de cet effort de vingt siècles pour se donner du monde une image qui le livrait tout entier, du moins le croyait-on, à la merci de l'intelligence, origine comprise, puisqu'aussi bien les hommes se placent d'emblée du point de vue de la totalité, et donc, finalement, du point de vue de Dieu. Rien n'aura été inutile, non seulement parce que les différents systèmes qui ont surgi sous nos yeux aux cours de ces siècles subsistent toujours intacts dans nos livres, où ils gardent pour le lecteur complice un peu de la vie qui en d'autres temps les anima. Mais aussi parce qu'on en retrouvera souvent les intuitions maîtresses chez les auteurs à venir, soit qu'ils les emportent dans leur propre mouvement pour les parfaire, soit qu'ils les rejettent au nom de principes nouveaux dont l'échec des vieilles solutions ont suscité l'invention. Pour neuve qu'elle paraisse, une philosophie est toujours une relecture. Vanité de nos divisions, de nos chapitres, de nos paragraphes ! Le Moyen Âge, c'est toujours l'Antiquité, et la Renaissance, c'est encore le Moyen Âge, et la pensée de notre temps est hantée par les problèmes et les solutions de tous les temps. On nous l'avait bien dit, Dieu seul pouvait s'offrir le luxe de créer *ex nihilo !*

On l'aura compris, si du moins j'ai su le dire : la philosophie ne se périme pas plus qu'elle ne se stocke. Ce n'est pas une matière, mais une forme, un acte. Perpétuelle fécondité des philosophies, pour lointaines qu'elles soient dans les âges ! Aujourd'hui encore, alors que les problèmes se posent si différemment d'autrefois, du haut d'un savoir devenu énorme et impossible à dominer – et toujours aussi tragiquement insuffisant à notre bonheur –, il se peut qu'au détour d'un vieux livre, un instant de connivence vienne réjouir notre esprit. Le temps d'une lecture, un aspect des choses ou de nous-même se dévoile à nos yeux, et nous découvrons que nous n'y avions seulement jamais songé. Il y eut donc des moments, dans l'histoire des hommes, où l'on pouvait être héraclitéen, parménidien, platonicien, aristotélicien, thomiste ou ce que vous voudrez – et s'en trouver comblé. Et la nostalgie que peut-être vous éprouvez de n'être plus contemporain de cette paix de l'esprit est savante. Elle vous assure déjà que vous êtes entré, au moins pour un moment, dans les raisons du philosophe qui apportait cette paix. Que vous avez conspiré avec une intuition dont vous n'avez plus envie de contester le bien-fondé : « En philosophie, disait Ferdinand Alquié, on ne réfute guère que ce qu'on n'a pas compris. » Et puis, vous découvrez aussi que ce moment-là de leur temps est toujours contemporain d'un laps de votre propre temps. Combien de temps ? Un instant fugitif ? Toute une vie ? À vous de voir : l'acte de philosophie est liberté souveraine. Au reste, si vous m'avez suivi jusque-là, vous savez bien, maintenant, que les philosophes ont tous raison de leur point de vue, et pas tout à fait raison ou franchement tort du point de vue des autres, et aussi que ni les uns ni les autres ne nous ont jamais livré l'absolu de la vérité, qui serait vision de la totalité. Or, de la totalité nous sommes partie prenante ; nous ne la transcenderons jamais. Les philosophes ne nous ont jamais livré la Vérité : seulement fait entrevoir, fait espérer, et pour limitée qu'ait été cette espérance, c'était autant de pris sur notre nuit.

Alors, poursuivez votre chemin. Devenez donc cartésien, kantien, marxiste si le cœur vous en dit, et sartrien et structuraliste, et autre chose aussi que je n'ose pas dire, pour la bonne raison que je n'en sais encore rien. À une question stupide qu'on lui posait un jour sur ce que serait la philosophie de demain, Bergson avait répondu : « Si je le savais, je la ferais. » Commencée il y a si longtemps, l'aventure de la pensée nous tente encore, et c'est une chance. Accueillons donc sans réticence l'envie d'être ceci, cela ou autre chose le temps d'une lecture. Au moins jusqu'à ce soir, car demain est un autre jour. Vous verrez bien. Car toujours l'esprit des hommes meurt à ce qu'il a été pour renaître autrement, et de cet autrement il n'a jamais l'idée jusqu'à ce qu'il le fasse advenir. Il n'y a pas de pensée définitive, où l'univers serait donné en gloire, comme dans le Paradis de Dante. En fait, il n'y a de pensée définitive que pour ceux qui ne pensent plus. On n'a jamais fini de mourir et de renaître à la pensée, et cela même ne va pas sans angoisse ni lassitude. Comme le Christ de Pascal, l'esprit des hommes est en agonie jusqu'à la fin du monde ; il ne faut pas dormir pendant ce temps-là. Même si parfois l'envie nous en prend, et si le sommeil, dogmatique ou pas, nous paraît une bonne solution.

*

Relisant les épreuves de cette nouvelle édition et rêvant de sa couverture, voilà bien que Monsu Desiderio s'imposait à moi comme une évidence. Desiderio, ce contemporain de Shakespeare dont nul n'a jamais su de certain, sinon l'effarant génie. Desiderio, bien sûr, qu'André Breton aimait ! Monuments disparates, colonnes droites ou torses, statues au regard perdu, inscriptions vouées au mutisme, splendeurs d'un immense passé s'effondrant d'un coup dans les lumières d'une même nuit. « Hantise de la dévastation » selon Pierre Seghers ? *Métaphysique des ruines*, selon un livre de Michel Onfray ? – Quoi de plus approprié à ce défilé séculaire de visions du monde, chacune se voyant dans l'instant promise à durer plus longtemps que le bronze – *Exegi monumentum aere perenius* – et qui n'ont d'éternel que d'avoir tenté d'éclairer un moment du temps ?

ANNEXES

TABLEAU CHRONOLOGIQUE
DES PRINCIPAUX PHILOSOPHES

*

SCHÉMA DES RELATIONS
ENTRE LES PRINCIPALES ÉCOLES
DANS L'ANTIQUITÉ ET AU MOYEN ÂGE LATIN

*

SITUATIONS DES LIEUX PHILOSOPHIQUES

*

LA MÉDITERRANÉE PHILOSOPHIQUE

TABLEAU CHRONOLOGIQUE

(Les dates, souvent approximatives, sont autant que possible indiquées entre parenthèses)

800 Homère (?) – Hésiode (?)

700 Les Sept Sages – Thalès (625-545) – Anaximandre (610-545)

600 Anaximène (586-526) – Pythagore (580-500)
Xénophane (570-480) – Héraclite (567-480) – Parménide (?) – Théagène de Rhégium

500 Anaxagore (500-428) – Protagoras (492-422) – Leucippe (490-460) – Empédocle d'Agrigente (490-435)
Socrate (470-399) – Gorgias (485-374) – Démocrite (460) – Zénon d'Élée (460) – Antisthène (445-360)

400 Euclide de M. (450-380) – Aristippe de C. († 350) – Hippias († 343) – Platon (428-348) – Diogène de Sinope (413-327)
Aristote (385-322) – Eubulide de Milet (?) – Pyrrhon (365-275) – Épicure (341-270)

300 Zénon de Cittium (336-264) – Timon (325-235) – Cléanthe (331-232) – Arcésilas (315-240)
Chrysippe (280-200) – Carnéade (219-129)

200 Panétius (185-112)
Posidonius (135-51) – Cicéron (106-43)

100 Lucrèce (98 ? -55) – Aenésidème (?)
Ecphante – Diotogène – Sthénidas (?) – Andronicus de Rhodes – Philon d'A. (-20-50 ap. J.-C.)

J.-C. Sénèque (-2-65 ap. J.-C.) – Démétrios le Cynique
Modératus de Gadès – Dion de Pruse (40-117) – Plutarque de Chéronée (46-125)

100 Épictète (50-125) – Apollonios de T. – Thraséas – Musonius – Helvidius – Clément d'Alexandrie
Favorinus d'Arles – Marc Aurèle (121-180) – Apulée (125-180) – Diogène d'Œnoanda

200 Albinos – Philostrate – Alexandre d'Aphrodisias – Sextus Empiricus – Atticus – Nouménios
Diogène Laërce – Julien le Théurge (?) – Ammonios Sakkas – Plotin (205-270) – Longin

300 Porphyre (234-310) – Jamblique (250-330)
Thémistios (317-388) – Julien l'Empereur (331-363)

400 Augustin (354-430) – Hypatia (375-415) – Synésios – Hiéroclès – Syrianos – Plutarque d'Athènes († 432)
Proclos (422-485)

500	Ammonios – Simplicius – Damascios Boèce (470-524) – Le Pseudo-Denys
600	
700	Alcuin (730-795)
800	Frédégise de T. († 834) – Al-Kindi († 873) Jean Scot Érigène († 870)
900	Heiric d'Auxerre (841-876) – Rémi d'Auxerre (841-908) Alfarabi († 950)
1000	Gerbert d'Aurillac († 1003) – Abbon de Fleury († 1004) – Avicenne (979-1037)
1100	Pierre Damien (1007-1072) – Othloh (1010-1070) Anselme de Cantorbéry (1033-1109) – Roscelin (1050-1120) – Béranger de T. († 1088) Fulbert de Chartres (960-1028) – Al-Gazali († 1111) – Bernard de Ch. (1130) Honorius Aug. (1088-1150) Gilbert de la Porrée (1076-1154) – Abélard (1079-1142) Guillaume de Champeaux († 1121) – Guillaume de Conches (1080-1145) – Hugues de Saint-Victor († 1141) Pierre le Lombard († 1160) – Clarembaud d'Arras († 1170) – Richard de Saint-Victor († 1173)
1200	Jean de Salisbury († 1180) – Averroès (1126-1198) – Maïmonide (1135-1204) – Alain de Lille (1128-1203) Robert Grossetête (1175-1253) – Roger Bacon (1210-1292) – Amaury de Bène († 1206) – David de Dinant Guillaume d'Auvergne (1180-1249) – Alexandre de Hales (1180-1245) Bonaventure (1221-1274) – Albert le Grand (1206-1280) – Thomas d'Aquin (1225-1274)
1300	Siger de Brabant († 1284) Boèce de Dacie – Raymond Lulle (1233-1316) – Jean Duns Scot (1266-1308) Maître Eckhart (1260-1328) – Guillaume d'Ockham (1290-1350) – Thomas Bradwardine († 1349)
1400	Richard Swineshead – Jean Buridan (1300-1360) – Nicolas d'Autrecourt – Jean de Ripa Jean Gerson (1362-1429)

SCHÉMA DES RELATIONS
ENTRE LES PRINCIPALES ÉCOLES
DANS L'ANTIQUITÉ ET AU MOYEN ÂGE LATIN

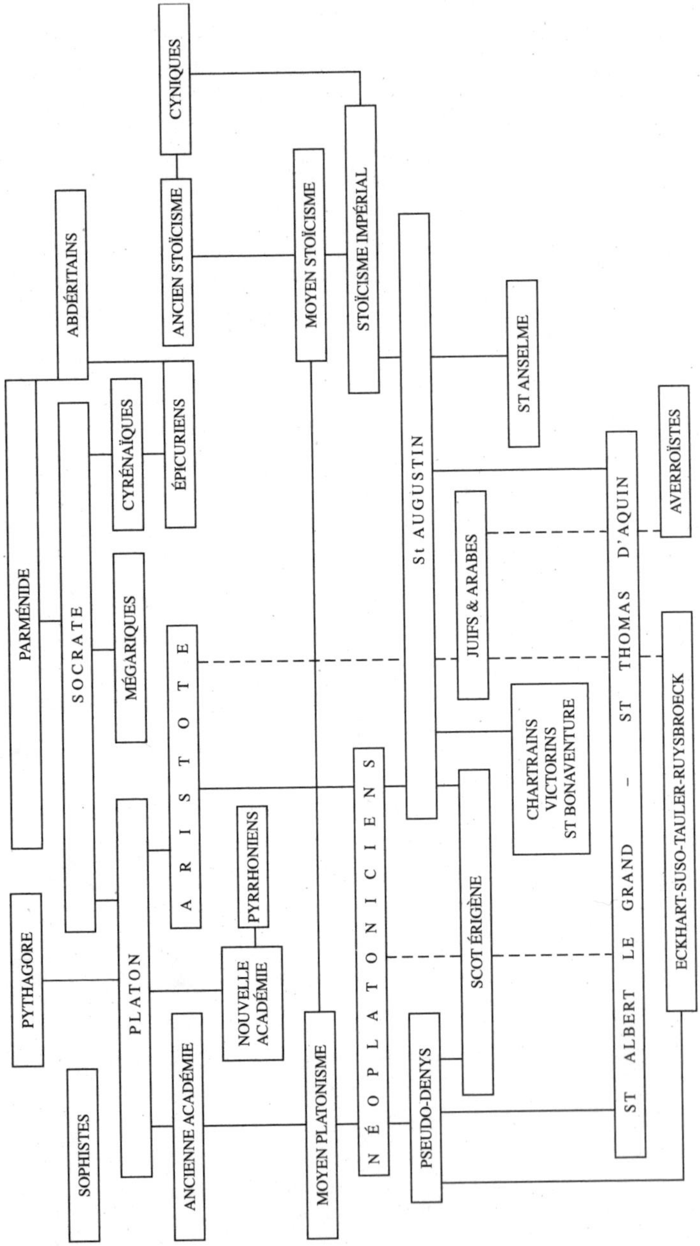
CYNIQUES
ABDÉRITAINS
ANCIEN STOÏCISME
MOYEN STOÏCISME
STOÏCISME IMPÉRIAL
ST ANSELME
PARMÉNIDE
SOCRATE
CYRÉNAÏQUES
ÉPICURIENS
MÉGARIQUES
St AUGUSTIN
AVERROÏSTES
JUIFS & ARABES
ARISTOTE
ST ALBERT LE GRAND – ST THOMAS D'AQUIN
ECKHART-SUSO-TAULER-RUYSBROECK
CHARTRAINS
VICTORINS
ST BONAVENTURE
PYRRHONIENS
NÉOPLATONICIENS
PLATON
PYTHAGORE
NOUVELLE ACADÉMIE
SCOT ÉRIGÈNE
SOPHISTES
ANCIENNE ACADÉMIE
MOYEN PLATONISME
PSEUDO-DENYS

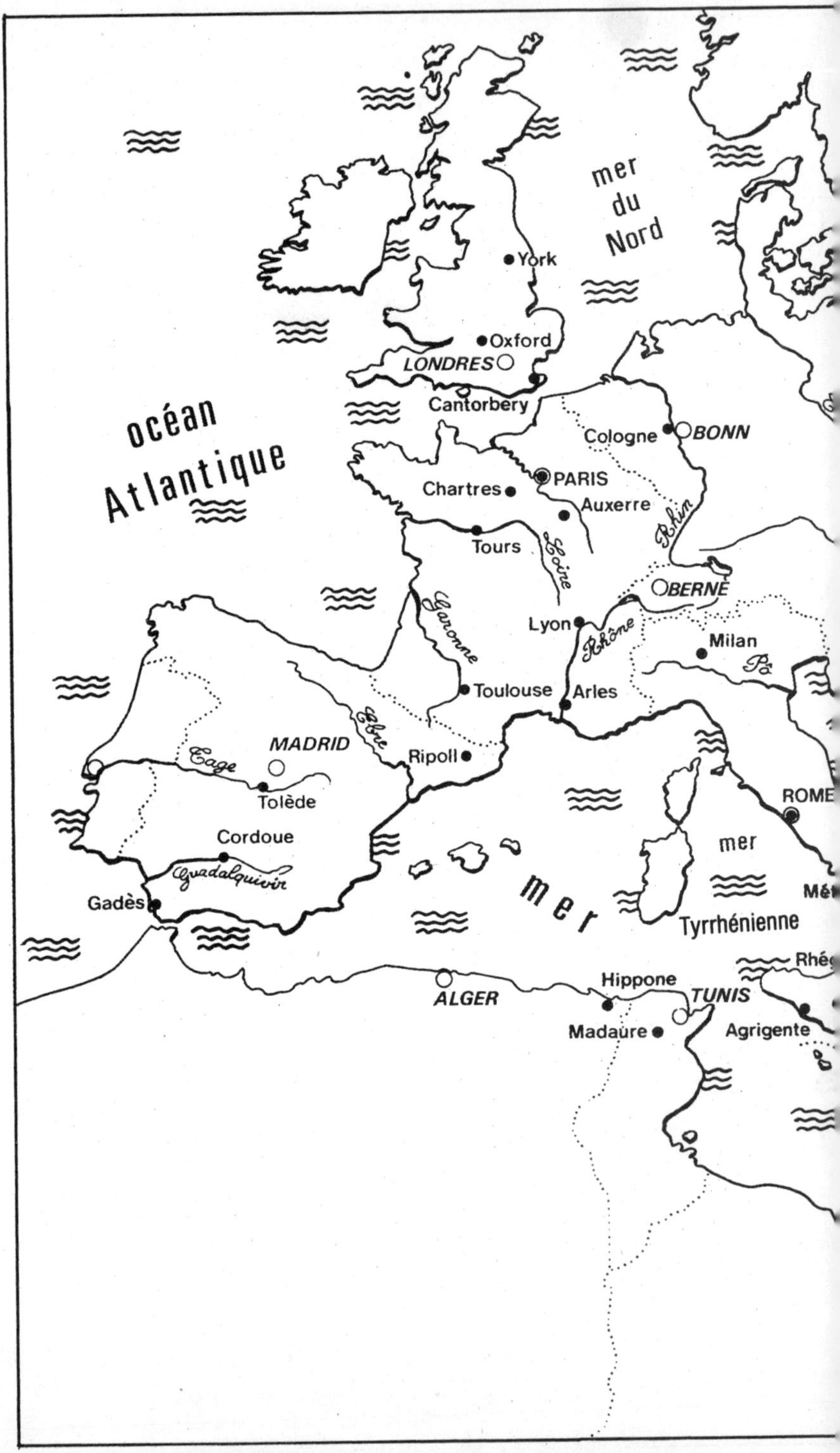

mer du Nord
York
Oxford
LONDRES
Cantorbery
océan Atlantique
Cologne
BONN
PARIS
Chartres
Auxerre
Rhin
Tours
Loire
BERNE
Garonne
Lyon
Rhône
Milan
Pô
Toulouse
Arles
Èbre
MADRID
Ripoll
Tage
Tolède
ROME
Cordoue
mer
Guadalquivir
mer
Gadès
Tyrrhénienne
ALGER
Hippone
TUNIS
Madaure
Agrigente

Situation des lieux philosophiques
Antiquité Moyen-Age
• : Lieu philosophique
◉ : Lieu philos.. Cap.
○ : Capitale
.....: Frontière
d'États au XXe siècle
Dniepr
Dniestr
mer d'Aral
BUCAREST
Danube
Pont Euxin
SOFIA
Sinope
ANA
Constantinople
Abdère
Chalcédoine
Stagire
Cyzique
ANKARA
Euphrate
icopolis
mer Égée
Clazomène
Smyrne (Izmir)
Colophon
Ephèse
Milet
Samos
Samosate
Tyane
Tigre
Tarse
Apamée
Antioche (Antakia)
hlionte
ATHÈNES
CRETE
RHODES
CHYPRE
NICOSIE
Citium (Lârnaka)
BEYROUTH
DAMAS
Tyr (Soûr)
Babylone
terranée
Cyrène
ENGHAZI
AMMAN
JERUSALEM
Alexandrie
LE CAIRE
Oxyrhynchus
Nil
mer Rouge

La Méditerranée philosophique

Dniepr
Dniestr
anube
PONT EUXIN
Sinope
gire
Byzance
Nicomédie (Izmit)
Abdère
Pruse (Bursa)
Euphrate
Lampsaque (Lâpseki)
ER.
Pergame (Bergama)
Samosate
EGEE
Apamée
Chalcis
Smyrne (Izmir)
Tyane
Clazomène
Colophon
Tarse
Chio
Athènes
Ephèse
Laodicée-du-Lycus (Denizli)
Milet
Apamée
Oenoanda
Antioche
(Antakia)
Rhodes
NICOSIE
CRETE
Citium
CHYPRE
(Lârnaka)
nie
BEYROUTH
Damas
Tyr
(Soûr)
EE
Césarée
(Sedot Yam)
AMMAN
Jérusalem
Alexandrie
LE CAIRE
Oxyrhynchus
Nil

BIBLIOGRAPHIE PÉDAGOGIQUE

Une bibliographie trop vaste est parfois un cadeau empoisonné. En plus de quelques ouvrages généraux, je m'en tiendrai donc à indiquer ici, en reprenant l'ordre des chapitres :

– des textes, autant que possible traduits en langue française, et dans l'édition actuellement la plus accessible ;

– quelques études sur les périodes ou les auteurs, assorties à l'occasion d'une indication pédagogique. L'ordre choisi n'est pas indifférent.

Le présent ouvrage constituant une simple approche, je voudrais que fût précisé ceci à l'adresse des gens de philosophie que la curiosité attirerait : si tel ouvrage qu'ils jugent indispensable – et il se peut que ce soit l'un des leurs… – ne figure pas dans cette liste, ce n'est pas nécessairement que je l'ignore ou que je le tienne pour négligeable. Simplement, je pense qu'un livre utile pour un initié peut se révéler funeste pour un profane, qu'il égarera ou détournera à jamais de la recherche personnelle.

OUVRAGES GÉNÉRAUX

Il est bon d'avoir sous la main quelque tableau synchronoptique des grands événements de l'histoire générale, par exemple Arno PETERS, *Histoire mondiale synchronoptique*, Bâle, Éd. académique de Suisse, s. d., ou Olivier de LA BROSSE, *Chronologie universelle, Église et culture occidentale,* Paris, Hachette, 1987. De même, il faut disposer d'une histoire générale de la philosophie et de quelques lexiques. Je conseille l'*Histoire de la philosophie* parue dans l'Encyclopédie de la Pléiade, Paris, Gallimard, 1969-1974, 3 vol ; 2e éd., 1999, 6 vol. (coll. « Folio Essais »). L'histoire plus ancienne d'Émile BRÉHIER, éd. revue, Paris, PUF, 2000-2001, 3 vol. (coll. « Quadrige »), peut toujours être consultée.

Les dictionnaires portent :

– soit sur la *langue* philosophique, comme le *Dictionnaire de la langue philosophique* de Paul FOULQUIÉ et Raymond SAINT-JEAN, 5e éd., Paris, PUF, 1987, ou le traditionnel *Vocabulaire technique et critique de la philosophie,* d'André LALANDE, 18e éd., Paris, PUF, 2002.

– soit sur des *époques*, comme *Le Vocabulaire des philosophes*, Paris, Ellipses, 2002 ;

– soit sur *une période précise*, comme le *Dictionnaire des philosophes antiques,* sous la direction de Richard GOULET, Paris, Éd. du CNRS, 1989, ou le *Dictionnaire du Moyen Âge*, sous la direction de Claude GAUVARD, Alain de LIBERA et Michel ZINK, Paris, PUF, 2002 ;

– soit sur *les auteurs* : c'est le cas du *Dictionnaire des philosophes,* sous la direction de Denis HUISMAN, 2e éd., Paris, PUF, 1993, 2 vol.

OUVRAGES RELATIFS À CHACUN DES CHAPITRES

1. Aux origines de la philosophie

Les travaux de Dumézil, de Leenhardt, de Lévi-Strauss, d'Éliade, de Dodds, de Van der Leeuw, de Duméry, constituent une spécialité à part, qui a sa bibliographie spécifique. Sur les rapports de la mentalité mythique et de la philosophie, on lira, d'un point de vue général :

Eric Robertson DODDS, *Les Grecs et l'irrationnel*, trad. de l'anglais, Paris, Flammarion, 1997 (coll. « Champs ») ;

Georges GUSDORF, *Mythe et Métaphysique*, nouv. éd., Paris, Flammarion, 1984 (coll. « Champs ») ;

Lucien JERPHAGNON, *Les Dieux ne sont jamais loin*, Paris, Desclée de Brouwer, 2002 ;

Jean PÉPIN, *Mythe et Allégorie*, 2e éd., Paris, Éd. augustiniennes, 1976 ;

Catherine SALLES, *Quand les dieux parlaient aux hommes,* Paris, Tallandier, 2003 ;

Jean-Pierre VERNANT, *Mythe et société en Grèce ancienne*, Paris, Maspero, 1974 ; *idem, Mythe et pensée chez les Grecs, Paris,* Éd. de la Découverte, 1985 ;

Paul VEYNE, *Les Grecs ont-ils cru à leurs mythes ?*, 2e éd., Paris, Éd du Seuil, 1992 (coll. « Points Essais »).

Luc FERRY, *La sagesse des mythes*, Plon, 2008.

2. Aux origines de la nature

Sur les philosophes de l'Antiquité dans leur ensemble

L'enseignement des philosophes anciens nous étant connu en grande partie par ce qu'en rapportent les doxographes, il est indispensable de fréquenter ces auteurs, en sachant toutefois qu'ils compilent un certain nombre de traditions, parfois divergentes, et qu'il convient de procéder à des recoupements. Bourrés d'anecdotes, ces recueils ne manquent jamais d'agrément, même pour le lecteur non philosophe. Le plus important de tous les doxographes, pour la philosophie, est :

DIOGÈNE LAËRCE, *Vies et doctrines des philosophes illustres,* éd. sous la dir. de Marie-Odile GOULET-CAZÉ, Paris, LGF, 1999 (coll. « La Pochothèque classique »).

Voir aussi :

VALÈRE MAXIME, *Faits et Dits mémorables,* éd. par Robert COMBÈS, Paris, les Belles Lettres, 1995-1997, 2 vol. (« Collection des Universités de France »).

AULU-GELLE, *Nuits attiques*, éd. par René MARACHE et Yvette JULIEN, Paris, les Belles Lettres, 1968-1997, 4 vol. (« Collection des Universités de France »), et dans l'ancienne coll. des « Classiques Garnier ».

ATHÉNÉE, *Les Déipnosophistes,* éd. par A.-M. DESROUSSEAUX, Paris, les Belles Lettres, 1956 (« Collection des Universités de France »).

MACROBE, *Saturnales,* éd. par Charles GUITTARD, Paris, les Belles Lettres, 1997 (coll. « La roue à livres »).

Pour un survol rapide, mais précis, de la philosophie antique, voir :

Jean-Paul DUMONT, *La Philosophie antique,* 10e éd., Paris, PUF, 2002 (coll. « Que sais-je ? »).

Giuseppe CAMBIANO, *La Filosofia in Grecia e a Roma*, Bari, Edizioni Laterza, 1983.

Sur les présocratiques

Si le texte grec de référence demeure : Hermann DIELS ET Walther KRANZ, *Die Fragmente der Vorsokratiker,* nouv. éd., Berlin, Weidmannsche Verlagsbuchhandlung, 1951-1952, 3 vol., constamment réédité, le lecteur de langue française dispose désormais des textes dans leur entier, fragments et doxographie, grâce à :

Jean-Paul DUMONT (avec la collaboration de Daniel DELATTRE et de Jean-Louis POIRIER), *Les Présocratiques*, Paris, Gallimard, 1989, (« Bibliothèque de la Pléiade »). En édition courante, *Les Écoles présocratiques,* Paris, Gallimard, 1991 (coll. « Folio Essais »).

Comme introduction, voir :

Jean BRUN, *Les Présocratiques*, 5e éd. corr., Paris, PUF, 1993 (coll. « Que sais-je ? »).

Comme lecture d'approfondissement, prendre :

Clémence RAMNOUX, *Études présocratiques,* Paris, Klincksieck, 1983, 2 vol.

Werner Wilhelm JAEGER, *À la naissance de la théologie, Essai sur les présocratiques*, trad. de l'allemand, Paris, Éd. du Cerf, 1966.

3. Le Tout, l'Un et la pensée

Les textes de référence sont les mêmes qu'au chapitre précédent. Toutefois, en ce qui touche les sophistes, je signale :

Jean-Paul DUMONT, *Les Sophistes : fragments et témoignages,* Paris, PUF, 1969 (coll. « SUP »).

Sur Héraclite

Jean BRUN, *Héraclite ou le philosophe de l'éternel retour*, Paris, Seghers, 1965 (coll. « Philosophes de tous les temps »).

Jean BOLLACK et Heinz WISMANN, *Héraclite ou la Séparation*, nouv. éd., Paris, Éd. de Minuit, 2001 (coll. « Le Sens commun »).

Sur Xénophane et Anaxagore

John BURNET, *L'Aurore de la philosophie grecque*, trad. de l'anglais, nouv. éd., Paris, Payot, 1970, p. 126-144 et 287-316 (« Bibliothèque scientifique »).

Sur Pythagore

Ivan GOBRY, *Pythagore*, nouv. éd., Paris, Éditions universitaires, 1992 (coll. « Les Grandes Leçons de philosophie »).

Jean-François MATTÉI, *Pythagore et les pythagoriciens*, 3e éd. mise à jour, Paris, PUF, 2001 (coll. « Que sais-je ? »).

Sur Parménide

Clémence RAMNOUX, *Parménide et ses successeurs immédiats,* Monte-Carlo, Éd. du Rocher, 1979 (coll. « Gnose »).

Sur Empédocle

Pour s'en faire une idée, voir :

EMPÉDOCLE, *Les Purifications,* trad. du grec et comm. par Jean BOLLACK, Paris, Éd. du Seuil, 2003 (coll. « Points Essais »).

Sur Leucippe et Démocrite

John BURNET, *L'Aurore de la philosophie grecque*, *op. cit.*, p. 379-403.

Francesco ROMANO, « Democrito e l'atomismo antique », *Siculorum gymnasium,* n° spécial XXXIII.1, 1980.

Sur les sophistes

Gilbert ROMEYER-DHERBEY, *Les Sophistes,* 5e éd. mise à jour, Paris, PUF, 2002 (coll. « Que sais-je ? »).

Jacqueline de ROMILLY, *Les Grands Sophistes dans l'Athènes de Périclès,* nouv. éd., Paris, le Grand livre du mois, 2000.

Sur la *philosophia* comme réalité dans la pensée antique :

Anne-Marie MALINGREY, *Philosophia*, Paris, Klincksieck, 1961.

4. Une conscience dans la cité

Yvon BELAVAL, « Socrate », in *Histoire de la philosophie*, t. I, vol. 1, Paris, Gallimard, 1999 (coll. « Folio Essais »).

Isidor F. STONE, *Le Procès de Socrate*, trad. de l'anglais, Paris, Odile Jacob, 1990.

Sur Socrate dans son milieu

Évelyne MÉRON, *Les Idées morales des interlocuteurs de Socrate dans les Dialogues platoniciens de jeunesse*, Paris, J. Vrin, 1979 (« Bibliothèque d'histoire de la philosophie »).

Sur les Mégariques

Jean BRUN, article in *Histoire de la philosophie*, t. I, vol. 1, Paris, Gallimard, 1999 (coll. « Folio Essais »).

5. La politique sous l'angle de l'éternel – Platon

On trouvera Platon dans la « Collection des Universités de France », Paris, les Belles Lettres (texte grec et trad.), et en traduction dans la collection « Garnier-Flammarion ». Voir aussi :

PLATON, *Œuvres complètes*, trad. du grec par Léon ROBIN et Joseph MOREAU, Paris, Gallimard, 1940-1943, 2 vol. (« Bibliothèque de la Pléiade »).

Sur Platon

Les études sur Platon défient en nombre l'imagination. On trouvera une bibliographie établie sur cent ans : Marcel DESCHOUX, *Visages de Platon*, Montréal, l'Harmattan, 1999 ; Joseph MOREAU, *Le Sens du platonisme*, Paris, les Belles Lettres, 1967 ; Jean-Claude FRAISSE, *Philia. La notion d'amitié dans la philosophie antique*, Paris, J. Vrin, 1974, p. 125-187 ; Victor GOLDSCHMIDT, *Les Dialogues de Platon*, 4e éd., Paris, PUF, 1988 (coll. « Dito ») ; *id.*, *Platonisme et pensée contemporaine*, nouv. éd., Paris, J. Vrin, 1990 (« Bibliothèque d'histoire de la philosophie ») ; André-Jean FESTUGIÈRE, *Contemplation et vie contemplative selon Platon*, nouv. éd., Paris, J. Vrin, 1975.

Sur la question débattue du « Platon non écrit »

Marie-Dominique RICHARD, *L'Enseignement oral de Platon*, préf. de Pierre HADOT, Éd. du Cerf, 1986.

Platon au Moyen Âge : voir infra.

Platon depuis la Renaissance

Jean-Louis VIEILLARD-BARON, *Platonisme et interprétation de Platon à l'époque moderne*, Vrin, 1988 (coll. « Bibliothèque d'histoire de la philosophie »).

Platon mathématicien

Antoinette VIRIEUX-REYMOND, *Platon ou la géométrisation de l'univers*, Paris, Seghers, 1970 (coll. « Savants du monde entier »).

6. La raison sur la terre comme au ciel – Aristote

On trouvera bon nombre de traités d'Aristote, texte grec et traduction, dans la « Collection des Universités de France », les Belles Lettres, ainsi qu'à la Librairie J. Vrin, en traduction française.

Sur Aristote

Jean BRUN, *Aristote et le Lycée*, Paris, PUF, 9e éd., 1999 (coll. « Que sais-je ? »).

Joseph MOREAU, *Aristote et son école*, PUF, 1962 (coll. « Les Grands Penseurs »).

William David ROSS, *Aristote*, trad. de l'anglais, Londres, Gordon & Breach, 1971, Publications Gramma.

Werner Wilhelm JAEGER, *Aristoteles : Grundlegung einer Geschichte seiner Entwicklung,* Berlin, 1923. A été traduit de l'allemand en anglais par Robinson : *Aristotle : Fondamentals of the History of his Development*, Oxford, 2e éd., 1948.

Pierre AUBENQUE, *Le Problème de l'Être chez Aristote*, Paris, PUF, 1966 (« Bibliothèque de philosophie contemporaine »).

Jean-Paul DUMONT, *Introduction à la méthode d'Aristote*, 2e éd., Paris, J. Vrin, 1992.

Gilbert ROMEYER-DHERBEY, *Les Choses mêmes*, Lausanne, l'Âge d'Homme, 1983.

7. Prophètes et chantres de la nature – Cyniques et cyrénaïques

Les textes sont malaisés à trouver en édition française. Je signale toutefois l'édition canadienne de Léonce PAQUET, *Les Cyniques grecs*, 2e éd., Ottawa, Éd. de l'université d'Ottawa, 1988 (coll. « Philosophica »).

Sur les cyniques

Marie-Odile GOULET-CAZÉ, *L'Ascèse cynique. Un commentaire de Diogène Laërce VI.70-71*, Paris, Librairie J. Vrin, 1988.

André-Jean FESTUGIÈRE, *La Vie spirituelle en Grèce à l'époque hellénistique*, Paris, A. et J. Picard, 1977, p. 131-156 (coll. « Empreinte »).

Sur les cyrénaïques

Émile BRÉHIER, « Les Cyrénaïques contre Épicure », in *Études de philosophie antique*, Paris, PUF, 1955, p. 179-184 (« Publ. de la Fac. des Lettres de Paris »).

Michel ONFRAY, *L'Invention du plaisir. Fragments cyrénaïques*, 2e éd., Paris, Grasset, 2002.

8. Philosophies pour un monde nouveau – Épicuriens, stoïciens et sceptiques

Les textes de référence sont toujours dans :

Hermann USENER, *Epicurea*, Leipzig, 1887,

ainsi que dans :

Ettore BIGNONE, *Epicuro. Opere, frammenti, testimonanze*, Bari, 1919, et Cyril BAILEY, *Epicurus, the extant remains*, Oxford, 1926. *Les Épicuriens*, sous la direction de Daniel DELATTRE et Jackie PIGEAUD, Gallimard, 2010, Bibl. de la Pléiade.

Sur Épicure et l'épicurisme

Jean BRUN, *L'Épicurisme*, 12e éd., Paris, PUF, 2002 (coll. « Que sais-je ? »).

Jean BOLLACK, André LAKS, « Études sur l'épicurisme antique », *Cahiers de Philologie*, 1, Publ. de l'université de Lille, 1976.

Idem, « Épicure à Phytoclès », *Cahiers de philologie, 3.*

Association Guillaume Budé, *Actes du VIIIe Congrès sur l'épicurisme,* Paris, les Belles Lettres, 1969.

André-Jean FESTUGIÈRE, *Épicure et ses dieux*, Paris, PUF, 1968.

Sur les rapports de l'épicurisme et du christianisme

W. SCHMID, *Epicuro e l'epicureismo cristiano*, trad. italienne par I. RONCA, Brescia, Paideia Editrice, 1984. Une véritable somme, avec une bibliographie de 482 titres.

Le stoïcisme

Les textes de référence sont toujours dans Hans von ARNIM, *Stoïcorum veterum fragmenta,* Teubner, 1903-1905, 3 vol.

On dispose encore de nombreux textes traduits pas divers spécialistes dans :

Les Stoïciens, éd. établie sous la dir. de Pierre-Maxime SCHUHL, Paris, Gallimard, 1962 (« Bibliothèque de la Pléiade »).

Sur les stoïciens et leur école

Jean BRUN, *Le Stoïcisme,* 14e éd., Paris, PUF, 2002 (coll. « Que sais-je ? »).

Patrice CAMBRONNE, « L'universel et le singulier dans l'*Hymne à Zeus* de Cléanthe », *Revue des études anciennes,* 1-2, 1998, p. 89-114.

Sur le cosmopolisme mysticiste des stoïciens, ne pas manquer :

Joseph BIDEZ, *La Cité du monde et la Cité du Soleil chez les stoïciens*, Paris, les Belles Lettres, 1932 (coll. d'« Études anciennes »).

Les sceptiques

Jean-Paul DUMONT, *Les Sceptiques grecs*, 3e éd., Paris, Paris, PUF, 1992, avec l'indication des sources dans les meilleures éditions, vocabulaire, etc.

Sur les sceptiques

Jean-Paul DUMONT, *Le Scepticisme et le phénomène*, 3e éd., Paris, J. Vrin, 1989 (« Bibliothèque d'histoire de la philosophie »).

9. Le temps des héritiers – La philosophie sous la République romaine

Pour se remettre en mémoire le cadre historique, voir :

Lucien JERPHAGNON, *Histoire de la Rome antique*, 4e éd., Paris, Tallandier, 2002. .

Sur la philosophie romaine du temps

Jean-Marie ANDRÉ, *La Philosophie à Rome*, Paris, PUF, 1977 (coll. « Littératures anciennes »).

Sur Panétius et Posidonius

Association Guillaume Budé, *Actes du VIIIe Congrès sur l'épicurisme,* Paris, les Belles Lettres, 1969.

Cicéron

On trouvera presque tout Cicéron, textes et traduction, dans la « Collection des Universités de France », Paris, les Belles Lettres.

Sur Cicéron

Pierre GRIMAL, *Cicéron*, Paris, Fayard, 1986.

Sur l'épicurisme romain

Marcello GIGANTE, *La Bibliothèque de Philodème de Gadara et l'épicurisme romain*, Paris, les Belles Lettres, 1987.

Alexandre ÉTIENNE et Dominic O'MEARA, *La Philosophie épicurienne*, Paris, Éd. du Cerf, 1996.

Lucrèce

Le *De rerum natura* de LUCRÈCE se trouve dans la « Collection des Universités de France ». Alfred ERNOUT et Léon ROBIN en ont donné un commentaire mot pour mot en 3 vol., Paris, les Belles lettres, nouv. éd, 1962.

Sur Lucrèce

Pierre BOYANCÉ, *Lucrèce et l'épicurisme*, Paris, PUF, 1963 (coll. « Les Grands Penseurs »).

Mayotte BOLLACK, *La Raison de Lucrèce*, Paris, Éd. de Minuit, 1978 (coll. « Le Sens commun »).

10. Le temps des héritiers Philosophie et philosophes sous les Césars

L'Idéologie de l'impérialisme romain, Paris, les Belles Lettres, 1974 (« Publications de l'université de Dijon »). Bon ensemble d'articles sur l'esprit romain à l'âge impérial.

Lucien JERPHAGNON, *Les Divins Césars*, Paris, Tallandier, 2e éd. 2004.

Sur la conduite de l'âme, ou psychagogie

Paul RABBOW, *Seelenführung, Methodik der Exerzitien in der Antike*, Münich, 1954.

Pierre HADOT, *Exercices spirituels et philosophie antique*, 3e éd., Paris, Études augustiniennes, 1993.

Les Traités de la royauté

Louis DELATTE, *Les Traités de la royauté d'Ecphante, Diotogène et Sthénidas*, Fac. de philosophie de Liège, Droz, 1942.

Sénèque

On en trouvera les textes et la traduction dans la « Collection des Universités de France », Paris, les Belles Lettres. Édition en français par Paul VEYNE, Paris, éd. Tallandier, (coll. TEXTO, 2007). Quelques traités traduits dans *Les Stoïciens* de la Pléiade.

Sur Sénèque

Pierre GRIMAL, *Sénèque ou la conscience de l'Empire*, Paris, 2e éd., Fayard, 1991.

Épictète

Les Entretiens figurent, texte et traduction, dans la « Collection des Universités de France », Paris, les Belles Lettres. On trouvera également une traduction des *Entretiens* et du *Manuel* dans *Les Stoïciens*, *op. cit.*, Paris, Gallimard, 1962 (« Bibliothèque de la Pléiade »).

Sur Dion de Pruse, dit Chrysostome

Vladimir VALDENBERG, « La théorie monarchique de Dion Chrysostome », *Revue des études grecques*, XL, 1927, p. 142-162.

Jean BEAUJEU, *La Religion romaine à l'apogée de l'Empire*, Paris, les Belles Lettres, 1955.

Marc Aurèle

La « Collection des Universités de France », Paris, les Belles Lettres, donne toujours la traduction, faite par Amédée I. TRANNOY. On lui préférera celle qui a été faite par Émile BRÉHIER, revue par Jean PÉPIN, avec notice et notes de Victor GOLDSCHMIDT, dans *Les Stoïciens*, Paris, Gallimard, 1962 (« Bibliothèque de la Pléiade »).

Sur Marc Aurèle

Pierre GRIMAL, *Marc Aurèle*, Paris, Fayard, 1991.

Pierre HADOT, *Exercices spirituels et philosophie antique*, Paris, Études augustiniennes, 3e éd., 1993.

Plutarque de Chéronée

On trouvera les textes et la traduction dans la « Collection des Universités de France », Paris, les Belles Lettres.

Sur Plutarque

Association Guillaume Budé, *Actes du VIIIe Congrès*, Paris, les Belles Lettres, 1969, p. 483-594.

Thérèse RENOIRTE, *Les « Conseils politiques » de Plutarque*, Université de Louvain, Publications universitaires de Louvain, 1951.

Apulée

Les textes se trouvent, avec la traduction, dans la « Collection des Universités de France ». *Les Métamorphoses* sont traduites par Pierre GRIMAL dans *Romans grecs et latins*, Paris, Gallimard, 1958 (« Bibliothèque de la Pléiade »).

Le moyen platonisme

Les textes d'Albinos, Nouménios et Atticos, ainsi que les *Oracles chaldaïques*, sont, avec la traduction d'Édouard DES PLACES, dans la « Collection des Universités de France », 3e éd., Paris, les Belles Lettres, 1996. Le très important *Prologue* d'Albinos a été traduit par R. LE CORRE, dans la *Revue philosophique*, janvier-mars 1956, p. 28-38.

Sur les moyen-platoniciens

John Miles DILLON, *The Middle Platonists. A Study of platonism*, 80 B.C. to A.D., Londres, Duckworth, 1977.

Je signale aussi les nombreuses études publiées sur le sujet dans la *Rivista di filosofia neo-scolastica*, Milan, de 1976 à 1985.

Alexandre d'Aphrodisias

Les textes de référence sont dans la coll. de l'Académie de Berlin, CAG, plusieurs tomes, ainsi qu'au *Supplementum* de la même Académie.

Paul MORAUX, *Alexandre d'Aphrodise, exégète de la noétique d'Aristote*, Liège, 1942.

Sextus Empiricus

SEXTUS EMPIRICUS, *Contre les Professeurs*, trad. par Catherine DALIMIER *et al.*, Paris, Éd du Seuil, 2002 (coll. « Points Essais »).

Idem, *Esquisses pyrrhoniennes*, éd. par Pierre Pellegrin, Paris, Éd du Seuil, 1997 (coll. « Points Essais »).

Id., *Œuvres choisies*, trad. par Jean GRENIER et Geneviève GORON, Paris, Aubier, 1948 (« Bibliothèque philosophique »).

Sur le philosophe et son image dans l'Empire romain

Lucien JERPHAGNON, « Le Philosophe et son image dans l'Empire romain », *Revue des travaux de l'Académie des sciences morales et politiques*, CXIII, 4e série, 1978, p. 321-340.

Athénée de Naucratis

Les Déipnosophistes sont toujours en cours de traduction dans la « Collection des Universités de France », qui n'en offre que le premier volume.

Philostrate

Le lecteur trouvera la *Vie d'Apollonios de Tyane,* trad. par Pierre GRIMAL dans *Romans grecs et latins*, Paris, Gallimard, 1958 (« Bibliothèque de la Pléiade »).

Voir aussi l'édition qu'Édouard DES PLACES a donnée du *Contre Hiéroclès* (Sossianus), Paris, Éd. du Cerf, 1986 (coll. « Sources chrétiennes »). En fait, contre Apollonios…

11. Des dieux et des mots

Sur la pensée hébraïque

Robert TURCAN, *Rome et ses dieux*, Paris, Hachette, 1998.

Claude TRESMONTANT, *Essai sur la pensée hébraïque*, 2e éd., Paris, Éd. du Cerf, 1956 (coll. « Lectio divina », 12).

Philon d'Alexandrie

Les textes et leurs traductions se trouvent dans la collection consacrée à ses œuvres, aux Éd. du Cerf.

Sur Philon d'Alexandrie

Jean DANIÉLOU, *Philon d'Alexandrie*, Paris, Fayard, 1958.

Philon d'Alexandrie, colloque national du CNRS, Lyon, 11-15 septembre 1975, Paris, Éd. du CNRS, 1967.

Émile BRÉHIER, *Les Idées philosophiques et religieuses de Philon d'Alexandrie*, 3e éd., Paris, J. Vrin, 1950.

Sur le christianisme primitif

Anne BERNET, *Les chrétiens dans l'Empire romain*, Perrin, 2003.

Sur les rapports du christianisme avec l'Empire

Lucien JERPHAGNON, *Les Divins Césars*, Paris, Tallandier, 2e éd., 2004.

Paul VEYNE, *Quand notre monde est devenu chrétien*, Albin Michel, 2007.

Luc FERRY et Lucien JERPHAGNON, *La Tentation du christianisme*, Grasset, 2009.

Sur les rapports du christianisme et du stoïcisme

Michel SPANNEUT, *Le Stoïcisme des Pères de l'Église*, Paris, Éd du Seuil, 1957 (coll. « Patristica Sorbonensia » I).

Clément d'Alexandrie et Origène

On trouvera une bonne partie de leurs textes dans la collection « Sources chrétiennes », aux Éd. du Cerf.

La gnose et les gnostiques

Écrits apocryphes chrétiens, sous la direction de François BOVON et Pierre GEOLTRAIN, Paris, Gallimard, 1997 (« Bibliothèque de la Pléiade »).

Jean DORESSE, *Les Livres secrets des gnostiques d'Égypte,* Paris, Plon, 1958-1963, 4 vol. ; nouv. éd., Monaco, Éd. du Rocher, 1992.

Michel TARDIEU, « Les Trois Stèles de Seth », *Revue des sciences philosophiques et théologiques*, LVII, 1973, p. 545-575.

Sur la gnose

Serge HUTIN, *Les Gnostiques*, 4e éd., Paris, PUF, 1978 (coll. « Que sais-je ? »).

Hans LEISEGANG, *La Gnose*, trad. par J. GOUÏLLARD, nouv. éd., Paris, Payot, 1971 (coll. « Petite bibliothèque Payot »).

Jacques LACARRIÈRE, *Les Gnostiques*, Paris, Gallimard, 1973 (coll. « Idées »).

Henri-Charles PUECH, *En quête de la Gnose*, I, Paris, Gallimard, 1978 (« Bibliothèque des sciences humaines »).

Robert M. GRANT, *La Gnose et les origines chrétiennes*, trad. par Jeanne HENRI MARROU, Paris, Éd du Seuil, 1964.

La réfutation de la gnose par saint Irénée de Lyon, sous le titre de *Contre les hérésies (Adversus haereses)*, se trouve, texte et traduction d'Adelin ROUSSEAU, dans la collection « Sources chrétiennes », aux Éd. du Cerf, nouv. éd., 2001.

12. L'absolu entrevu – Les néoplatoniciens

Le texte de référence, pour PLOTIN, est l'édition de Paul HENRY et Hans-Rudolf SCHWYZER, sous deux formes : l'*editio major*, Museum Lessianum,

1951-1973, 3 vol., et l'*editio minor*, Oxford, Clarendon Press, 1964-1982, 3 vol. Une traduction est en cours par Pierre HADOT, Paris, Éd. du Cerf, 1988.

Le lecteur peut encore recourir à l'édition d'Émile BRÉHIER, texte et traduction en 7 volumes, dans la « Collection des Universités de France », Paris, les Belles Lettres.

Les textes de PORPHYRE sont répartis sur un grand nombre d'éditions, dont le lecteur trouvera la liste dans la bibliographie fournie par Pierre HADOT à la fin de son article « Porphyre » de l'*Encyclopaedia Universalis*.

Quelques traités sont donnés, texte et traduction, dans la « Collection des Universités de France ». L'*Isagogè*, texte grec et latin avec traduction française, par Alain de LIBERA et Alain-Philippe SEGONDS, est à la librairie philosophique J. Vrin, 1998.

Même remarque pour JAMBLIQUE : on trouvera les textes de référence dans la bibliographie offerte par Jean TROUILLARD à la fin de son article « Jamblique » de l'*Encyclopaedia Universalis*.

Les Mystères d'Égypte sont, texte et traduction d'Édouard DES PLACES, dans la « Collection des Universités de France », Paris, les Belles Lettres, 1993.

Sur le néoplatonisme dans son ensemble

Néoplatonisme. Mélanges offerts à J Trouillard, Les Cahiers de Fontenay, 19-22, mars 1981.

Le Néoplatonisme, colloque international du CNRS, Royaumont, 9-13 juin 1969, Paris, Éd. du CNRS, 1971.

Pierre HADOT, *Plotin, Porphyre. Études néoplatoniciennes*, Paris, les Belles Lettres, 1999.

Sur Plotin

Pierre HADOT, *Plotin ou la simplicité du regard*, 3e éd., Paris, Études augustiniennes, 1989.

Jean TROUILLARD, *La Purification plotinienne* et *La Procession plotinienne*, Paris, PUF, 1955.

Jean-Michel CHARRUE, *Plotin lecteur de Platon*, Paris, les Belles Lettres, 2e éd., 1987.

Fondation Hardt, *Les Sources de Plotin*, Entretiens, V, Vandoeuvres-Genève, 1960.

Sur Porphyre

Joseph BIDEZ, *Vie de Porphyre*, rééd., Hildesheim, 1964.

Pierre HADOT, *Porphyre et Victorinus*, Paris, Études augustiniennes, 1968, 2 vol.

Fondation Hardt, *Porphyre*, Entretiens, XII, Vandoeuvres-Genève, 1966.

Pierre de LABRIOLLE, *La Réaction païenne,* 12e éd., l'Artisan du livre, 1940. Nombreuses citations du traité *Contre les chrétiens.*

Sur Jamblique

Dalsgaard LARSEN, *Jamblique de Chalcis, exégète et philosophe*, Aarhus, 1972.

13. Le crépuscule des dieux

Lucien JERPHAGNON, *Les Divins Césars*, Paris, Tallandier, 2e éd., 2004.

Charles PIÉTRI, *Roma Christiana*, Rome, EFR, 1976, 2 vol (« Bibliothèque de l'École française de Rome », 224).

L'empereur Julien

On trouvera les textes et la traduction dans la « Collection des Universités de France », édités par Joseph BIDEZ et Christian LACOMBRADE, Paris, les Belles Lettres, 1932-1965, 4 vol.

Quant aux textes de GRÉGOIRE DE NAZIANZE et de CYRILLE D'ALEXANDRIE, ils figurent dans la coll. « Sources chrétiennes », aux Éd. du Cerf, édités par Jean BERNARDI, André TULLIER, Paul GALLAY, Paul BURGUIÈRE *et al.*

Les *Lettres* de Grégoire sont dans la « Collection des Universités de France », édités par Paul GALLAY, Paris, les Belles Lettres, 1964-1967, 2 vol. Les *Lettres festales* de Cyrille figurent dans la collection « Sources chrétiennes » des Éd. du Cerf, éd. par Marie-Odile BOULNOIS et Bernard MEUNIER, 1991-1998, 3 vol.

Sur Julien

Lucien JERPHAGNON, *Julien, dit l'Apostat*, Paris, Tallandier, 2008.

Pierre RENUCCI, *Les Idées politiques et le gouvernement de l'empereur Julien*, Bruxelles, Latomus, 2000.

Centre de recherches de Nice, *L'Empereur Julien. De l'histoire à la légende*, et *De la légende au mythe*, Paris, les Belles Lettres, 1978-1981, 2 vol.

Sur Thémistios

Gilbert DAGRON, *L'Empire romain d'Orient au IVe siècle et les traditions politiques de l'hellénisme. Le témoignage de Thémistios,* Paris, Éd. de Boccard, 1968 (« Travaux et mémoires du Centre de recherches d'histoire et de civilisation byzantine », 3).

Louis MÉRIDIER, *Le philosophe Thémistios devant l'opinion de ses contemporains*, Hachette, 1906.

Hugo SCHNEIDER, *Die 34. Rede des Themistios*, Winthertur, P.G. Keller Verlag, 1966.

Le dernier néoplatonisme

Henri-Dominique SAFFREY, *Le Néoplatonisme après Plotin*, Paris, J. Vrin, 2000.

Sur Hiéroclès et Simplicius

Ilsetraut HADOT, *Le Problème du néoplatonisme alexandrin. Hiéroclès et Simplicius*, Paris, Études augustiniennes, 1978.

Noël AUJOULAT, *Le Néo-platonisme alexandrin. Hiéroclès d'Alexandrie*, Leyde, E.J. Brill, 1986.

Synésios de Cyrène

Les œuvres sont éditées par Christian LACOMBRADE et Noël AUJOULAT dans la « Collection des Universités de France », Paris, les Belles Lettres, 1978-2008.

Sur Synésios

Christian Lacombrade, *Synésios de Cyrène, hellène et chrétien*, Paris, les Belles Lettres, 1951.

Idem, *Le discours sur la Royauté de Synésios de Cyrène à l'empereur Arcadios*, Paris, les Belles Lettres, 1951.

Id., « Hypatie, Synésios de Cyrène et le patriarcat alexandrin », *Byzantion*, LXXI, 2, Bruxelles, 2001, p. 407-421.

Proclus

Les textes de référence figurent dans un grand nombre d'éditions. On en verra la liste dans l'article de Jean Trouillard, « Proclos », dans l'*Encyclopaedia Universalis*. Divers traités ou commentaires sur Platon sont dans la « Collection des Universités de France », Paris, les Belles Lettres : *Théologie platonicienne*, éd. par L.-G. Westerink et Henri-Dominique Saffrey, 1968-2003, 6 vol. ; *Trois Études sur la Providence*, éd. par Daniel Isaac, 1977-1982, 3 vol. ; *Sur le premier Alcibiade de Platon*, éd. par Alain-Philippe Segonds, 1985-1986, 2 vol. On trouvera également les *Éléments de théologie* trad., introd. et annot. par Jean Trouillard, Aubier-Montaigne, 1965 (« Bibliothèque philosophique »).

Sur Proclus

Jean Trouillard, *L'Un et l'âme selon Proclos*, Paris, les Belles Lettres, 1972 (coll. d'« Études anciennes »).

Idem, *La Mystagogie de Proclos*, Paris, les Belles Lettres, 1982.

Evangelos Moutsopoulos, *Les Structures de l'imaginaire dans la philosophie de Proclus*, Paris, les Belles Lettres, 1985.

Annick Charles-Saget, *L'Architecture du divin. Mathématique et philosophie chez Plotin et Proclus*, Paris, les Belles Lettres, 1982.

Damascius

Joseph Combès a donné les textes de référence dans la bibliographie de son article « Damascius », in Denis Huisman, *Dictionnaire des philosophes*, 2e éd., I, p. 725. On trouvera, édités par par L.-G. Westerink, Joseph Combès et Alain-Philippe Segonds dans la « Collection des Universités de France », Paris, les Belles Lettres, le *Traité des premiers principes*, 1986-2003, 4 vol., et le *Commentaire du Parménide de Platon*, 1997, 2 vol.

Sur Damascius

Joseph Combès, « La théologie aporétique de Damascius », in *Mélanges J. Trouillard*, *Les cahiers de Fontenay*, 19-22, mars 1981.

14. Les cieux nouveaux et la nouvelle terre – Saint Augustin

Saint Augustin

Œuvres, sous la direction de Lucien Jerphagnon, Paris, Gallimard, 1998-2002, 3 vol. (« Bibliothèque de la Pléiade ») – Édition bilingue, Institut d'études augustiniennes,Turnhout, Brepols.

Sur saint Augustin

Recherches augustiniennes, I, Paris, Institut d'études augustiniennes, 1958. Nombreux articles sur diverses questions.

Jean-Claude GUY, *Unité et structure logique de la Cité de Dieu*, Paris, Études augustiniennes, 1961.

Pierre COURCELLE, *Recherches sur les Confessions de saint Augustin*, nouv. éd., Paris, Éd. de Boccard, 1968.

Henri-Irénée MARROU, *Saint-Augustin et la fin de la culture antique*, 5e éd., Paris, Éd. de Boccard, 1983.

Goulven MADEC, *Saint Augustin et la philosophie*, Paris, Institut d'études augustiniennes, 1996.

Idem, Le Dieu d'Augustin, Paris, Éd. du Cerf, 1998.

Serge LANCEL, *Saint Augustin*, Paris, Fayard, 1999.

Peter BROWN, *Vie de saint Augustin*, 2e éd., Paris, Éd du Seuil, 2001.

Lucien JERPHAGNON, *Saint Augustin. Le pédagogue de Dieu*, Paris, Gallimard, 2002 (coll. « Découvertes »).

Id., *Augustin et la sagesse*, Desclée de Brouwer, 2006.

Sur le cercle de Milan

Pierre HADOT, *Marius Victorinus*, Paris, Études augustiniennes, 1971.

Goulven MADEC, « Le milieu milanais. Philosophie et christianisme », *Bulletin de littérature ecclésiastique*, 1987.

15. La fin de tout – Les grandes invasions

François PASCHOUD, *Roma aeterna*, Neuchatel, Attinger, 1967.

Pierre COURCELLE, *Histoire littéraire des grandes invasions germaniques*, 3e éd., Paris, Études augustiniennes, 1964.

Henri-Irénée MARROU, *Décadence romaine ou antiquité tardive ?*, Paris, Éd du Seuil, 1977.

Peter BROWN, *Genèse de l'antiquité tardive*, trad. de l'anglais, préf. de Paul VEYNE, Paris, Gallimard, 1978 (« Bibliothèque des Histoires »).

Romanité et cité chrétienne : permanences et mutations, intégration et exclusion..., Mélanges en l'honneur d'Yvette Duval, Paris, Éd. de Boccard, 2000.

Sur la période dite médiévale, on peut lire :

Jacques LE GOFF, *Un long Moyen Âge,* Tallandier, 2004.

Jacques LE GOFF, *Les Intellectuels au Moyen Âge*, Éd du Seuil, 1965 (coll. « Points Histoire »).

Pierre RICHÉ et Jacques VERGER, *Des Nains sur des épaules de géants,* Tallandier, 2006.

Sur la philosophie dite médiévale dans son ensemble

Émile BRÉHIER, *La Philosophie du Moyen Âge*, Albin Michel, nouv. éd., 1971 (coll. « L'Évolution de l'humanité »).

Étienne GILSON, *La Philosophie au Moyen Âge, des origines patrisitiques à la fin du* XIVe *siècle,* 2e éd., Paris, Payot, 1962 (« Bibliothèque historique »).

Idem, *L'Esprit de la philosophie médiévale*, 2e éd., Paris, J. Vrin, 1998.

Fernand VAN STEENBERGHEN, *La Bibliothèque de l'étudiant médiéviste*, Nauwelaerts, 1974.

Paul VIGNAUX, *Philosophie au Moyen Âge*, 3e éd., Vrin, 2004.

Alain de LIBERA, *Penser au Moyen Âge*, Paris, Éd. du Seuil, 1991.

Idem, *La Querelle des universaux*, Paris, Éd. du Seuil, 1996.

Id., *La Philosophie médiévale*, Paris, PUF, 5e éd., 2001 (coll. « Que sais-je ? »).

Jean JOLIVET, « La philosophie médiévale en Occident », in *Histoire de la philosophie*, t. I, vol. 2, Paris, Gallimard, 1999 (coll. « Folio Essais »).

Sur le latin médiéval

Riccardo QUINTO, « L25atino patristico e latino scolastico », *Rivista di Filosofia neo-scolastica*, LXXX, 1988, 1, p. 115-123.

Boèce

Le texte latin se trouve dans la *Patrologie latine* de MIGNE, LXII-LXIV.

La *Consolation de la philosophie* en traduction française figure dans plusieurs éditions, dont celle de Colette LAZAM (Paris, Rivages, 1991), et celle de Jean-Yves GUILLAUMIN (Paris, les Belles Lettres, 2002, coll. « La roue à livres »).

Sur Boèce

Pierre COURCELLE, *La Consolation de philosophie dans la tradition littéraire, Antécédents et postérité de Boèce,* Paris, Études augustiniennes, 1967.

Sur Frédégise

Ángel J. CAPPELLETTI, *Cuatro Filósofos de la alta Edad Media*, Mérida, Univ. de los Andes, Edidiones del rectorado, 1974, p. 11-43. en espagnol, avec textes cités en latin.

16. Résurgences néoplatoniciennes Le Pseudo-Denys – Jean Scot Érigène

Henri-Dominique SAFFREY, *L'Héritage des anciens au Moyen Âge*, Paris, J. Vrin, 2002.

Le Pseudo-Denys

Le texte grec se trouve dans MIGNE, *Patrologie grecque*, III, 119-1122. On dispose en français de la traduction de Maurice de GANDILLAC, *Œuvres complètes*, 2e éd., Paris, Aubier, 1980.

Sur le Pseudo-Denys

Édouard DES PLACES, « *Les Oracles Chaldaïques* et Denys l'Aéropagite », in *Mélanges Trouillard*, *op. cit.*, p. 291-295.

René ROQUES, *L'Univers dionysien*, Paris, Aubier, 1954 (coll. « Théologie »).

Idem, *Structures théologiques de la gnose à Richard de Saint-Victor*, Paris, PUF, 1962 (« Bibl. de l'École des Hautes Études, Sciences religieuses », LXXII).

Jean Scot Érigène

Les textes se trouvent dans MIGNE, *Patrologie latine*, CXXII. Une édition critique est en cours à Dublin, dans les *Scriptores Latini Hiberniae* : *De divisione naturae*, éd. par I. P. SHELDON-WILLIAMS *et al.*, 1968-1995, 4 vol ; *Carmina*, éd. par Michael W. HERREN, 1993. Dans la coll. « Sources chrétiennes », Éd. du Cerf : *Commentaires sur l'Évangile de Jean*, éd. par Édouard JEAUNEAU, nouv. éd., 1999 ; *Homélie sur le Prologue de Jean*, éd. par Édouard Jeauneau, 1969. Et *De la division de la nature*, éd. par Francis BERTIN, Paris, PUF, 1995-2000, 3 vol.

Sur Jean Scot Érigène

Jean Scot Érigène et l'histoire de la philosophie, colloque international du CNRS, Laon, 7-12 juillet 1975, Paris, Éd. du CNRS, 1977.

Édouard JEAUNEAU, *Études érigéniennes*, Paris, Institut d'études augustiniennes, 1987.

Goulven MADEC, *Jean Scot et ses auteurs*, Institut d'études augustiniennes, 1988.

The Minde of Eriugena, Papers of a Colloquium in Dublin, Dublin, Irish University Press, 1973.

17. Les penseurs de l'an mille

Pierre Damien

Les textes se trouvent dans MIGNE, *patrologie latine*, CXLIV-CXLV. Texte et traduction de la *Lettre sur la toute-puissance divine* par André CANTIN, dans la coll. « Sources chrétiennes », Paris, Éd. du Cerf, 1972.

Sur Pierre Damien

Ángel J. CAPPELLETTI, *Cuatro Filosofos..., op. cit., p. 45-129*. En espagnol, avec les textes cités en latin.

Anselme de Cantorbéry

Les textes se trouvent dans Migne, *Patrologie latine*, CLVIII-CLIX.

En philosophie, il suffira au lecteur de langue française de lire les *Œuvres philosophiques de saint Anselme*, trad. par Pierre ROUSSEAU, Paris, Aubier, 1947, ainsi que l'édition d'Alexandre KOYRÉ du *Proslogion*, 8e éd., Paris, J. Vrin, 1992, ou l'édition de Michel CORBIN, Paris, Éd. du Cerf, 1986.

Sur Anselme de Cantorbéry

Karl BARTH, *La Preuve de l'existence de Dieu d'après Anselme de Cantorbéry*, trad. française de J. CARRÈRE, Neuchâtel, Delachaux et Niestlé, nouv. éd., 1963. Rééd., Genève, Labor et Fides, 1985, préf. de Michel CORBIN.

Joseph MOREAU, *Pour ou contre l'insensé*, Paris, J. Vrin, 1967 (« Bibliothèque d'histoire de la philosophie »).

Paul VIGNAUX, *De saint Anselme à Luther*, Paris, J. Vrin, 1976, p. 76-130 (coll. « Études de philosophie médiévale »).

Spicilegium Beccense, I, Congrès international du IXe centenaire de l'arrivée d'Anselme au Bec, Paris, Vrin, 1959.

18. La joie de penser et de dire

Sur l'école de Chartres

Fernand BRUNNER, *Études sur le sens et la structure des systèmes réalistes. L'École de Chartres*, Cahiers de civilisation médiévale, I, 1958.

Sur le XIIe siècle

Marie-Madeleine DAVY, *Initiation médiévale. La Philosophie au XIIe siècle*, Paris, Albin Michel, 1980 (« Bibliothèque de l'hermétisme »).

Abélard

Les textes d'Abélard se trouvent dans Migne, *Patrologie latine*, CLXXVIII. On trouvera l'*Historia calamitatum*, éditée par Jacques MONFRIN, et *Du bien suprême*, édité par Jean JOLIVET, à la Librairie philosophique J. Vrin.

Les *Lettres complètes d'Abélard et d'Héloïse* sont traduites par Octave GRÉARD, nouv. éd. rev. par Édouard BOUYÉ, Paris, Gallimard, 2000 (coll. « Folio classique »).

Lamentations, trad. par Paul ZUMTHOR, ARLES, Actes Sud, 1992.

Sur Abélard

Maurice de GANDILLAC, « Sur quelques interprétations récentes d'Abélard », *Cahiers de civilisation médiévale*, IV, 3, juillet 1961, p. 293-301.

Étienne GILSON, *Héloïse et Abélard*, 3e éd., Paris, J. Vrin, 1984, (coll. « Essais d'art et d'histoire »).

Jean JOLIVET, *Abélard*, Paris, Seghers, 1969 (coll. « Philosophes de tous les temps »).

« Abélard. Le "Dialogue", la philosophie de la logique », *Cahiers de la Revue de théologie et de philosophie*, 6, Lausanne, 1981.

Michael T. CLANCHY, *Abélard*, trad. de l'anglais, Paris, Flammarion, 2000.

Sur l'école de Saint-Victor

L'œuvre d'Hugues de SAINT-VICTOR est traduite en français par Dominique POIREL, Bernadette JOLIÈS *et al.*, Turnhout, Brepols, 1997-2001, 2 vol.

J. CHÂTILLON, « De Guillaume de Champeaux à Thomas Gallus : chronique d'histoire littéraire et doctrinale de l'école de Saint-Victor », *Revue du Moyen Âge latin*, VIII, 1952, p. 139-162 et 247-272.

Patrice SICARD, éd., *Hugues de Saint-Victor et son école*, Turnhout, Brepols, 1991.

Sur l'école de Tolède

Alain GUY, *Histoire de la philosophie espagnole*, Toulouse, Public. de l'Univ. de Toulouse, 1983, chap. premier.

Sur Pierre le Lombard

Philippe DELHAYE, *Pierre le Lombard, sa vie, ses œuvres, sa morale*, Montréal, Paris, Institut d'études médiévales, J. Vrin, 1961.

Jacqueline HAMESSE, « Le traitement automatique du *Livre des Sentences* de Pierre Lombard, *Studies in Honour of Roberto Busa*, Pise, 1987, p. 71-77.

19. Aristote est de retour

Marie-Dominique CHENU, *Introduction à l'étude de saint Thomas d'Aquin*, 2e éd., Paris, J. Vrin, 1984, p. 28-34 (« Publications de l'Institut d'études médiévales, Université de Montréal »).

Fernand VAN STEENBERGHEN, *La Philosophie au XIIIe siècle*, Louvain, Publications de l'université de Louvain, 1966.

On trouvera de nombreux textes d'Avicenne, Averroès et Al-Gazali à la Librairie J. Vrin ; de Maïmonide, le *Guide des indécis*, publié sous le nom de *Guide des égarés*, a été édité par Salomon MUNK, Paris, Maisonneuve, 1978, 3 vol.

Voir aussi :

Maïmonide, délivrance et fidélité, actes du colloque de l'Unesco, décembre 1985, Toulouse, Érès, 1987.

Maurice-Ruben HAYOUN, *La Philosophie médiévale juive*, Paris, PUF, 1991 (coll. « Que sais-je ? »).

Salomon MUNK, *Mélanges de philosophie juive et arabe* (Ibn Gabirol), Paris, J. Vrin, 1988.

Sur Robert Grossetête

Une bibliographie complète figure dans les *Collectanea franciscana*, XXXIX, 1969, p. 362-418, et dans *Bibliographia francescana*, XII.3, 1964-1973, p. 367-374.

Voir aussi :

James J. MCEVOY, *Robert Grosseteste et la théologie à l'université d'Oxford*, trad. de l'anglais, Paris, Éd. du Cerf, 1999.

Robert W. SOUTHERN, *Robert Grosseteste : The Growth of an English Mind in Medieval Europe*, 2e éd., Oxford, Clarendon Press, 1992.

Sur Roger Bacon

Voir *Bibliographia francescana*, XIII.3, 1964-1973 ; Franco ALESSIO, « Un secolo di studi su Ruggero Bacone (1848-1957) », *Rivista critiqua di storia della filosofia*, XIV, p. 81-102, 1959 ; Efrem BETTONI, « Ruggero Bacone in alcune recenti publicaz. ital », *Rivista di filosofia neo-scolastica*, LVIII, Milano, 1966, p. 541-563 ; M. G. HACKETT, « Roger Bacon », in *Dictionary of the Middle Ages*, New York, 1983, t. II, p. 35-42 ; J. O. NORTH, « Roger Bacon », in *Lexikon des Mittelalters*, 1994, t. VII, p. 940-942.

Sur Alain de Lille

Guy RAYNAUD DE LAGE, *Alain de Lille, poète du XIIe siècle*, Paris, J. Vrin, 1951.

Sur la vie universitaire

Jacques LE GOFF, *Les Intellectuels au Moyen Âge*, *op. cit.*

Marie-Dominique CHENU, *Introduction à l'étude de saint Thomas d'Aquin, op. cit.*

Léo MOULIN, *La Vie des étudiants au Moyen Âge*, Paris, Albin Michel, 1991.

Jacques VERGER, *Les Universités au Moyen Âge*, Paris, PUF, 1999 (coll. « Quadrige »).

20. L'âge d'or de la scolastique

Alexandre de Hales

Summa theologica, Florence, Quaracchi, 1924-1948, 4 vol.

Jean de La Rochelle

Tractatus de divisione multiplici potentiarum animae, éd. par Pierre MICHAUD-QUANTIN, Paris, J. Vrin, 1964.

Somme de l'âme, éd. par Jean-Marie VERNIER, Paris, J. Vrin, 2001.

Saint Bonaventure

Texte publié dans les *Opera omnia*, Florence, Quaracchi, 1882-1902, 10 vol.

Recommandé : l'*Itinéraire*, trad. par Henry DUMÉRY, 5e éd., Paris, J. Vrin, 1986.

Sur saint Bonaventure

Jacques-Guy BOUGEROL, *Introduction à saint Bonaventure*, Paris, J. Vrin, 1988 (coll. « À la recherche de la vérité »).

Emmanuel FALQUE, *Saint Bonaventure*, Paris, J. Vrin, 2000.

Saint Albert le Grand

Les textes se trouvent dans les *Opera omnia*, Borgnet, 1890-1899, 38 vol. Une édition en 40 volumes est en cours : *Alberti Magni ordinaire fratrum praedicatorum episcopi Opera Omnia*, Münster, Aschendorff.

Sur saint Albert le Grand

Francis J. CATANIA, « A Bibliography of saint Albert the Great », *Modern Schoolman*, 37, 1959.

Winfried FAUSER, *Die Werke des Albertus Magnus in Ihren Handschriftlichen Überlieferung*, Münster, Aschendorff, 1982.

Alain de LIBERA, *Albert le Grand et la philosophie*, Paris, J. Vrin, 1990.

Saint Thomas d'Aquin

Outre les *Opera omnia* de l'éd. Vivès en 34 vol., 1871-1880, on trouve les textes dans l'édition dite « Léonine » parce qu'entreprise sur l'ordre de Léon XIII, au Collège des éditeurs de saint Thomas, Rome, 1882 et suiv.

La *Somme théologique*, texte et traduction, est parue aux éd. Desclée et C, coll. Éd. de la Revue des Jeunes, depuis 1925. Nouv. éd., Paris, Éd du Cerf, 1997-1999, 4 vol. – Un certain nombre de traités sont traduits à la Librairie J. Vrin, avec commentaire et notes.

Bibliographie récente et catalogue des œuvres par Gilles ÉMERY dans Jean-Pierre TORRELL, dir., *Initiation à saint Thomas d'Aquin*, Fribourg, Éditions universitaires, 1993, p. 483-567.

Sur saint Thomas d'Aquin

Angelus WALTZ, *Saint Thomas d'Aquin*, adaptation française par Paul NOVARINA, Louvain-Paris, Béatrice Nauwelaerts, 1962 (coll. « Philosophes médiévaux », V).

L'homme, son milieu, sa pensée :

Stanislas BRETON, *Saint Thomas d'Aquin*, 2e éd., Paris, Seghers, 1969 (coll. « Philosophes de tous les temps », n° 15).

Marie-Dominique CHENU, *Saint Thomas d'Aquin et la théologie*, Paris, Éd du Seuil, 1959 (coll. « Maîtres spirituels »). Illustré.

Idem, Introduction à l'étude de saint Thomas d'Aquin, Université de Montréal, Librairie J. Vrin, 1954.

Sur le système thomiste

Dominique DUBARLE, « Pensée scientifique et preuves traditionnelles de l'existence de Dieu », *De la connaissance de Dieu*, Recherches de philosophie, III-IV, Paris, Desclée de Brouwer, 1958, p. 35-112.

Étienne GILSON, *Le Thomisme*, 6e éd., Paris, J. Vrin, 1997, (coll. « Études de philosophie médiévale »)

Saint Thomas d'Aquin aujourd'hui, Paris, Desclée de Brouwer, 1963 (coll. « Recherches de philosophie », VI).

Fernand VAN STEENBERGHEN, *Le Thomisme*, 2e éd., Paris, PUF (coll. « Que sais-je ? »).

Sur l'averroïsme latin

Les textes de SIGER DE BRABANT sont édités à la Librairie J. Vrin.

Sur Siger de Brabant

Pierre MANDONNET, *Siger de Brabant et l'averroïsme latin au XIIIe siècle*, 2e éd., Louvain-Paris, Béatrice-Nauwelaerts, 1908-1911.

Pierre MICHAUD-QUANTIN, « La double vérité des averroïsmes. Un texte nouveau de Boèce de Dacie », *Theoria*, 22, 1956, p. 167-184.

Fernand Van STEENBERGHEN, *Siger de Brabant d'après ses œuvres inédites*, Louvain-Paris, Béatrice-Nauwelaerts, 1931-1942, 2 vol.

Idem, Maître Siger de Brabant, Louvain-Paris, Béatrice-Nauwelaerts, 1977.

Raymond Lulle

Une bonne part des textes dans les *Raimundi Lulli Opera latina*, Turnhout, Brepols, 1975-…, 8 vol.

Bibliographie complète in Erhard Wolfram PLATZECK, *Raimund Lull*, Düsseldorf, L. Schwann Verlag, 1964, 2 vol.

Sur Raymond Lulle

Louis SALA-MOLINS, *La Philosophie de l'amour chez Raymond Lulle*, Paris, La Haye, Mouton, 1974.

Raymond Lulle, Christianisme, Judaïsme, Islam, actes du colloque de l'université de Fribourg, Fribourg, Éditions universitaires, 1986.

Dominique de COURCELLES, *La Parole risquée de Raymond Lulle : entre judaïsme, christianisme et islam*, Paris, J. Vrin, 1993.

L'Inquisition

Laurent ALBARET, *L'Inquisition. Rempart de la foi ?* Paris, Gallimard, 1998 (coll. « Découvertes »).

Bernard GUI, *Manuel de l'Inquisiteur*, 2e éd., Paris, les Belles Lettres, 1964, 2 vol.

Nicolau EYMERICH et Francesco PEÑA, *Le Manuel des inquisiteurs*, éd. par Louis SALA-MOLINS, 2e éd., Paris, Albin Michel, 2001.

21. Les cieux, la terre, les mots

Jean Duns Scot

Les textes sont dans les *Opera omnia*, Paris, Vivès, 1891-1895, 26 vol. La Commission scotiste donne une édition critique en cours de parution, à Rome. *Le Traité du premier principe* est traduit dans les *Cahiers de la Revue de théologie et de philosophie* de Lausanne. Voir aussi *Sur la connaissance de Dieu et l'univocité de l'étant,* trad. par Olivier BOULNOIS, Paris, PUF, 1988 (coll. « Épiméthée »).

Sur Duns Scot

Paul VIGNAUX, *Philosophie au Moyen Âge, suivi de Lire Duns Scot aujourd'hui, op. cit.*

Étienne GILSON, *Jean Duns Scot. Introduction à ses positions fondamentales*, J. Vrin, 1952.

Guillaume d'Ockham

En raison de la dispersion des textes entre plusieurs éditions, je conseille de consulter la bibliographie que propose Maurice de GANDILLAC à la suite de son article « Ockham » dans l'*Encyclopaedia Universalis, et Pierre* ALFÉRI, *Guillaume d'Ockham, le singulier*, Paris, Éd. de Minuit, 1989.

Sur Guillaume d'Ockham

Léon BAUDRY, *Guillaume d'Occam. Sa vie, ses œuvres, ses idées sociales et politiques*, Paris, J. Vrin, 1950.

Idem, Lexique philosophique de Guillaume d'Ockham, Paris, J. Lethielleux, 1958.

Id. , « Les rapports de la raison et de la foi selon Guillaume d'Ockham », *Archives d'histoire doctrinale et littéraire du Moyen Âge*, XXXVII, 1962, p. 33-92.

Joël BIARD, *Guillaume d'Ockham : logique et philosophie,* Paris, PUF, 1997.

Maître Eckhart

Les textes, en allemand et en latin, sont édités par la *Deutsche Forschugsgemeinschaft, Stuttgart*, 1936-1978. En français, Jeanne ANCELET-

HUSTACHE a publié quelques traités et sermons aux Éd. du Seuil (coll. « Points Sagesses »), avec bibliographie complète : *Les Traités* (1996), *Sermons* (2003). La publication de l'*Œuvre latine* est en cours aux Éd. du Cerf.

Voir aussi :

Traités et sermons, trad. par Maurice de GANDILLAC, Paris, Aubier, 1952.

Traités et sermons, choix et trad. par Alain de LIBERA, Paris, Flammarion, 1993 (coll. « GF »).

Conseils spirituels, trad. par Wolfgang WACKERNAGEL, Paris, Rivages-poche, 2003.

Sur Maître Eckhart

Stanislas BRETON, « Métaphysique et mystique chez Maître Eckhart », *Recherches de sciences religieuses*, LXIV, 1976, p. 161-181.

Fernand BRUNNER, *Maître Eckhart*, Paris, Seghers, 1969 (coll. « Philosophes de tous les temps »). Avec des textes.

Alain de LIBERA, *Le Problème de l'être chez Maître Eckhart : logique et métaphysique de l'analogie*, Genève, Paris, Droz, H. Champion, 1980 *(Cahiers de la Revue de théologie et de philosophie de Lausanne).*

Idem, *Maître Eckhart et la mystique rhénane*, Paris, Éd. du Cerf, 1999.

Sur le courant « scientifique parisien »

On consultera *l'Histoire de la science*, sous la direction de Maurice DAUMAS, Paris, Gallimard, 1957 (« Encyclopédie de la Pléiade »), qui donne toutes les références utiles.

Jean de Ripa

Les textes *(Conclusiones, Determinationes, Lectura super « Primum sententiarum », Quaestio de gradu supremo)* sont édités par André COMBES, à la Librairie J. Vrin, 1957, 1961 et 1964.

Gerson

Les *Œuvres complètes* sont éditées sous la direction de Mgr GLORIEUX, Paris, Desclée de Brouwer, 1961-1973, 10 vol.

Sur Gerson

André COMBES, *Jean Gerson commentateur dionysien. Pour l'histoire des courants doctrinaux à l'Université de Paris à la fin du XIVe siècle*, 2e éd., Paris, J. Vrin, 1973.

Plusieurs ouvrages d'André Combes étudient Gerson dans ses rapports avec divers auteurs de son temps.

*

Suivre le devenir des auteurs et des systèmes au cours des âges est une entreprise passionnante, mais difficile.

Voir Giuseppe CAMBIANO, *Le Retour des Anciens*, trad. de l'italien, Paris, Belin, 1994.

Sur ce que sont devenus les auteurs et les systèmes à travers les âges, voir :

Socrate

Giannozzo MANETTI, *Vita Socratis et Senecae*, introd., texte et notes d'Alfonso DE PETRIS, Florence, L.S. Olschki, 1979. Deux figures de la philosophie vues par un humaniste florentin entre 1440 et 1450. Texte latin seulement ; commentaire en italien.

Platon

Je signale les admirables travaux entrepris à l'initiative de Raymond KLIBANSKY par le Warburg Institute : *Corpus platonicum Medii Aevi, Plato Latinus*. On verra, par exemple, en raison de son importance :

Raymond KLIBANSKY, *The Continuity of the Platonic Tradition during the Middle Ages, Plato's Parmenides in the Middle Ages and the Renaissance*, 2e éd., Milwood (NY), Kraus, 1984.

Aristote

Aristoteles Latinus, en cours de publication sous la direction de Georges LACOMBE, dans le *Corpus philosophorum Medii Aevi*, Bruges-Paris.

Voir aussi : Lorenzo MINIO-PALUELLO, « Note sull'Aristotele latino médiévale », *Rivista di filosofia neo-scolastica*, XLII, 1950, et XLVI, 1954.

Épicure

Wolfgang SCHMID, *Epicuro e l'epicureismo cristiano*, éd. par Italo RONCA, Brescia, Paideia Editrice, 1984.

Les stoïciens

Pour Sénèque, voir Giannozzo MANETTI, *Vita Socratis et Senecae*, signalé plus haut.

Michel SPANNEUT, *Le Stoïcisme des Pères de l'Église*, signalé plus haut.

Plotin et le néoplatonisme

Plotino e il neoplatonismo in oriente e in occidente, actes du colloque international de Rome, 5-9 octobre 1970, Rome, Accademia Nazionale dei Lincei, 1974.

Le Néoplatonisme, colloque international du CNRS, signalé plus haut. Toute une division sur la tradition néoplatonicienne dans le monde arabe, et au Moyen Âge en Occident.

Saint Augustin

Pierre COURCELLE, *Les Confessions de saint Augustin dans la tradition littéraire*, signalé plus haut.

Lucien JERPHAGNON, *Saint Augustin. Le pédagogue de Dieu*, Paris, Gallimard, 2002 (coll. « Découvertes »).

Idem. *Augustin et la sagesse*, Desclée de Brouwer, 2006.

Boèce

Pierre COURCELLE, *La Consolation de philosophie dans la tradition littéraire*, signalé plus haut.

Scot Érigène

Jean Scot Érigène et l'histoire de la philosophie, colloque international du CNRS, signalé plus haut.

*

Quelques opinions sur l'histoire de la philosophie

J'adopte, par strict souci d'objectivité, l'ordre alphabétique.

Ferdinand ALQUIÉ, *Signification de la philosophie*, Paris, Hachette, 1971.

Yvon BELAVAL, « L'Histoire de la philosophie et son enseignement », *Bulletin de la Société française de philosophie*, avril-juin 1962.

Idem, « Où va la philosophie dans son histoire ? », *Bulletin de la Société française de philosophie*, janvier-mars 1973.

Émile BRÉHIER, « Comment je comprends l'histoire de la philosophie », in *Études de philosophie antique*, Paris, PUF, 1955, p. 1-9.

Henri GOUHIER, *La Philosophie et son histoire,* Paris, J. Vrin, 2e éd., 2004.

Martial GUEROULT, *Leçon inaugurale au Collège de France*, du 4 décembre 1951, Paris, Collège de France, 1952.

Georges GUSDORF, *Traité de métaphysique*, Paris, Armand Colin, 1956, première partie

Maurice MERLEAU-PONTY, *Signes*, Paris, Gallimard, 1960, p. 158-200.

Maurice NÉDONCELLE, « Existe-t-il une réciprocité des consciences en histoire ? », in *Vers une philosophie de l'amour et de la personne,* Paris, Aubier, 1957, p. 191 et suiv.

Idem, « La fuite de l'œuvre devant son créateur », *ibidem*, p. 180 et suiv.

Id., « Les deux passés et le problème de l'histoire », *Revue des sciences religieuses*, XXXVI, 1962, p. 59 et suiv.

Paul NIZAN, *Les Chiens de garde*, nouv. éd., Paris, Maspéro, 1960, p. 7-28 et suiv.

Jean-Paul SARTRE, *L'Être et le néant*, Paris, Gallimard, 1943, p. 483, 615 et suiv.

Idem, *Les Carnets de la drôle de guerre*, Gallimard, 1983, p. 225 et suiv.

Enfin, trois volumes de communications :

Études sur l'histoire de la philosophie en hommage à Martial Gueroult, Paris, Fischbacher, 1964.

Institut des Hautes Études de Belgique, *Philosophie et méthode*, Éd. de l'université de Bruxelles, 1974.

La Philosophie de l'histoire de la philosophie, Paris, J. Vrin, 1956 (« Bibliothèque d'histoire de la philosophie).

INDEX ONOMASTIQUE

D

E

P

Q

R

Composé par Nord Compo
à Villeneuve-d'Ascq

Achevé d'imprimer en Italie en mars 2011
Dépôt légal : mars 2011
ISBN : 978-2-84734-764-7